Anja Wildemann, Sarah Fornol

Sprachsensibel unterrichten in der Grundschule
Anregungen für den Deutsch-, Mathematik- und Sachunterricht

Klett I Kallmeyer

Bibliografische Information der Deutschen Nationalbibliothek
Die Deutsche Nationalbibliothek verzeichnet diese Publikation in der Deutschen Nationalbibliografie; detaillierte bibliografische Daten sind im Internet über http://dnb.d-nb.de abrufbar.

Impressum
Anja Wildemann, Sarah Fornol
Sprachsensibel unterrichten in der Grundschule
Anregungen für den Deutsch-, Mathematik- und Sachunterricht

4. überarbeitete und erweiterte Auflage 2023

© 2016. Kallmeyer in Verbindung mit Klett
Friedrich Verlag GmbH
D-30159 Hannover
Alle Rechte vorbehalten.
www.friedrich-verlag.de

Redaktion: Dirk Haupt, Leipzig
Realisation: Stefan Zielasko
Druck: Beltz Grafische Betriebe GmbH, Bad Langensalza
Printed in Germany
ISBN: 978-3-7800-4848-6

Anja Wildemann, Sarah Fornol

Sprachsensibel unterrichten in der Grundschule

Anregungen für den Deutsch-, Mathematik- und Sachunterricht

Klett | Kallmeyer

9 Sprachsensibel unterrichten – Anregungen für die Unterrichtspraxis

Einleitung

> Es gib schlechterdings gewisse Kenntnisse, die allgemein sein müssen, und noch mehr eine gewisse Bildung der Gesinnungen und des Charakters, die keinem fehlen darf. Jeder ist offenbar nur dann ein guter Handwerker, Kaufmann, Soldat und Geschäftsmann, wenn er an sich und ohne Hinsicht auf seinen besonderen Beruf ein guter, anständiger, seinem Stande nach aufgeklärter Mensch und Bürger ist. Gibt ihm der Schulunterricht, was hierzu erforderlich ist, so erwirbt er die besondere Fähigkeit seines Berufes nachher sehr leicht und behält immer die Freiheit, wie im Leben so oft geschieht, von einem zum anderen überzugehen. (W. v. Humboldt 1809, Rechenschaftsbericht an den König)

Sprache ist ein Schlüssel für die Teilhabe an der Gesellschaft, sprachliches Können ein Schlüssel für die Teilhabe an Bildungsprozessen. Für beides ist Schule maßgeblich verantwortlich. Ihre Aufgabe ist es, an vorhandenes Können, so heterogen es auch sein mag, anzuschließen und es zu erweitern. In ihrem Buch „Heterogenität in der Schule" kehren Trautmann und Wischer (2011) die Frage nach der Heterogenität der Schüler(innen) um und stellen die Frage, wie heterogenitätsfähig die Schule ist. Das ist u. E. eine entscheidende Frage, denn dass Schüler(innen) in ihren Lernvoraussetzungen und -potenzialen verschieden sind, wird niemand ernsthaft von der Hand weisen. Es ist zudem in diversen Studien nachweislich belegt worden. Auch ist es, trotz nationaler Bildungsstandards, Common Sense, dass Schule und Unterricht nicht auf die Homogenisierung ihrer Schützlinge abzielen, sondern auf individualisierte Förderung. Schule muss sich jedoch mehr denn je die Frage stellen, wie sie mit Heterogenität umzugehen vermag, welche Konzepte und Materialien sie dafür bereithält, wie Lehrkräfte dafür mit Wissen und Können ausgestattet sind und wie gut die Umsetzung eines an Heterogenität ausgerichteten Unterrichts schließlich gelingt. Internationale und nationale Large-Scale-Studien können dabei Anhaltspunkte bereitstellen, wie erfolgreich Schulen und die darin Wirkenden sind. Sie bieten Orientierungen für ein Bildungsmonitoring auf der Ebene des Landes und Bundes und sollen schließlich bis in die einzelne Schule hineinwirken. Was aber ist mit der einzelnen Lehrperson, die Standards und curriculare Anforderungen täglich in ihrem Unterricht kompetenz- und schülerorientiert umzusetzen hat? Und wie stellt sich im Besonderen die Situation für Grundschullehrkräfte dar, die in der Regel weit mehr als ihr studiertes Fach unterrichten und darüber hinaus zunehmend in inklusiven Klassen agieren? Betrachten wir zunächst unabhängig von fachlichen Inhalten den Bereich der Sprache, so findet sich in der Grundschule, als diejenige schulische Einrichtung, die erstmals (nach dem Kindergarten) alle Kinder aufnimmt, ein Maximum an sprachlicher Vielfalt. Diese gestaltet sich in Abhängigkeit von diversen Faktoren, wie beispielsweise der kindlichen Erwerbssituation, der sprachlichen Anregungsqualität in der Familie, den gesprochenen Sprachen im unmittelbaren Umfeld, der kognitiven Entwicklung, den frühen Literacy-Erfahrungen usw. In der Schule kommt nun der Faktor „Sprache im Unterricht" hinzu. Dies betrifft nicht ausschließlich den Deutschunterricht, sondern ebenso die Sprache im jeweiligen Unterrichtsfach. Lange Zeit war dies ein eher vernachlässigter Bereich. Sicherlich gab es schon immer die Diskussion um Fachsprache, die aber vornehmlich in den dafür vorgesehenen wissenschaftlichen Disziplinen domänenbezogen geführt wurde. Gleichzeitig wird von den Schüler(inne)n fachsprachliche Kompetenz erwartet. So ist ein Ziel des Mathematikunterrichts der Grundschule die Anwendung mathematischer Fachbegriffe, wie beispielsweise Addieren, Subtrahieren oder Summe. Im Sachunterricht wird erwartet, dass die Schüler(innen) abhängig vom Inhalt einen entsprechenden Fachwortschatz aufbauen, z. B. wenn es um die Benennung von Pflanzenteilen bei der Bestimmung von Pflanzenarten geht. Vergleichbare Beispiele lassen sich für alle Schulfächer finden. Es bedarf also einer domänenspezifischen Fachsprache, um sich im jeweiligen Fach zurechtzufinden. Inzwischen ist darüber hinaus bekannt, dass allein die Beherrschung der Fachsprache nicht ausreicht, um fachliche Inhalte rezeptiv und produktiv zu verarbeiten und dadurch sein Wissen und Können zu steigern. Sprache in der Schule ist mehr als Sprache im Fach und daher auch mehr als Fachsprache. Seit einiger Zeit wird in Anlehnung an frühere Konzepte von Cummins (1984; 2003), Bernstein (1971; 1973) und anderen von „Bildungssprache" gesprochen und als didaktische Modellierung auf die damit einhergehenden Anforderungen an die Lernenden und Lehrenden von einem sprachsensiblen Unterricht. Was es heißt, sprachsensibel zu unterrichten, wird dabei sowohl für die einzelnen Unterrichtsfächer als auch fächerunabhängig konzeptualisiert und zum Teil in Handreichungen für den Unterricht konkretisiert. Lehrkräfte haben hier die Wahl zwischen Handreichungen für einzelne Unterrichtsfächer und solchen, die eher auf pädagogischer Ebene Qualitätsmerkmale für einen sprachsensiblen Unterricht formulieren. Hinzu kommen Handbücher für bestimmte Zielgruppen, wie z. B. für Schüler(innen) mit Deutsch als Zweitsprache oder für konkrete Handlungsfelder, wie z. B. das Unterrichten in inklusiven Klassen. Es ist zu begrüßen, dass Pädagogik und Fachdidaktik sich dieses Themas angenommen haben und bemüht sind, Antworten zu liefern, um die Lehrkräfte in ihrem Schulalltag zu unterstützen. Ebenso ist aber zu beobachten, dass mit der Bandbreite an Informationen keineswegs die Unsicherheit auf Seiten der Lehrenden abnimmt. Für Grundschullehrkräfte stellt sich die Situation auch deshalb besonders komplex dar, weil sie in der Regel nach dem Klassenlehrer(innen)prinzip mehr als ein Fach unterrichten. Neben fachlichem und fachdidaktischem Wissen benötigen sie sowohl allgemeine Informationen zum sprachlichen Lernen als auch Hilfen für einen sprachsensiblen Fachunterricht. In der aktuellen Entwicklung ist zudem ein Überblickswissen über Forschungserkenntnisse rund um Sprachbildung, -förderung und Bildungssprache unerlässlich. Dieses Buch richtet sich daher gezielt an Grundschullehrkräfte, die mehrere Fächer oder im Team unterrichten. Wir haben die drei Hauptfächer der Grundschule – Deutsch, Mathematik und Sachunterricht – gewählt, um daran exemplarisch die Anforderungen des jeweiligen Faches und Wege für einen sprachsensiblen Unterricht aufzuzeigen – immer vor dem Hintergrund aktueller Forschung. Viele der Anregungen für den Unterricht sind dabei auf andere Fächer der Grundschule übertragbar oder mit ihnen kombinierbar, so beispielsweise in einem integrativen Deutschunterricht, in dem die einzelnen Unterrichtsfächer miteinander verbunden werden. Bevor Sie jedoch weiterlesen, möchten wir Ihnen einige Leitfragen auf den Leseweg mitgeben.

Leitfragen für die Lektüre des Buches:
▶ Was beinhaltet für mich der Begriff *Kompetenzorientierung*?
▶ Wie berücksichtige ich Sprache in meinem Fachunterricht bislang?
▶ Inwiefern betrifft die Sprachförderung auch meinen Unterricht?
▶ Kenne ich Sprachförderkonzepte, die ich für meinen Unterricht nutzen kann?
▶ Was weiß ich über Bildungssprache?
▶ Kenne ich bereits Konzepte und Materialien für einen sprachsensiblen Unterricht?

Wir hoffen, dass Sie diese und noch andere Fragen nach dem Lesen des Buches für sich beantworten können bzw. neue, hilfreiche Antworten gefunden haben und wünschen Ihnen deshalb eine informative Lektüre, die Sie ermutigt, Ihre vielfältige Schülerschaft sprachsensibel zu unterrichten.

Im vorliegenden Buch befinden sich verschiedene Kästen. Dabei stehen die Kennungen „ R “ für Reflexion, „ B “ für Beispiel, „ F “ für Fokus.
Außerdem finden Sie ab S. 322 ein Glossar mit relevanten Fachbegriffen, die Ihnen beim Lesen des Textes begegnen.
Wir danken Prof. Dr. Hans H. Reich für das kritische Gegenlesen des Glossars.

1 Aufgaben und Ziele des Grundschulunterrichts

In Deutschland gibt es die Grundschule seit 1920. Sie wird von allen schulpflichtigen Kindern besucht und stellt ein wichtiges Bindeglied zwischen der Elementar- und der Sekundarstufe dar, denn „ihre Aufgabe ist die Vermittlung grundlegender Schulbildung, die jedem Schulkind grundsätzlich jede Form weiterführender Bildung eröffnet" (Götz/Sandfuchs 2014, S. 32). Neben der Ausbildung basaler Fertigkeiten und Fähigkeiten als Hinführung zu den weiterführenden Schulen, ist es zudem Aufgabe der Grundschule, die vorhandenen Fähigkeiten, die durch Familie, Kindergarten und Peers geprägt sind, zu erkennen und für das Lernen nutzbar zu machen (vgl. Wildemann 2018, S. 10). Die Aufgaben und Ziele des Grundschulunterrichts sind auf formaler Ebene in den nationalen Bildungsstandards und länderspezifischen Curricula definiert. Sie sind ein Orientierungsrahmen für unterrichtliches Handeln im Feld von Bildung und Erziehung. Lehrkräfte sind jedoch darüber hinaus aufgefordert, Passungen zwischen den formalen Vorgaben und den inter- und intraindividuellen Bedingungen herzustellen, um so für alle Schüler(innen) das Lernen erfolgreich zu gestalten.

1.1 Lernen als eine Frage von Angebot und Nutzen

Grundsätzlich speist sich der Erfolg jeglichen Unterrichts aus dem Zusammenwirken unterschiedlicher Faktoren. Dies beinhaltet zunächst grob skizziert Merkmale der Lehrperson, des Unterrichts, des Lernenden und des Kontextes. Im bekannten Angebots-Nutzungs-Modell – erstmals 2007 von Helmke veröffentlicht (hier zitiert aus Helmke 2021) – sind die genannten Merkmale noch weiter ausdifferenziert (vgl. Abb. 1, S. 12).

In dem von Helmke konzipierten Modell wird davon ausgegangen, dass Unterricht stets ein Angebot darstellt. Helmke referiert dabei auf das konstruktivistische Prinzip eines Lehr-Lern-Prozesses, in dessen Rahmen Unterricht nicht per se wirkt, sondern auch von der Nutzung oder Nutzbarkeit seitens der Schüler(innen) abhängt (Helmke 2021, S. 71 f.). Gallin und Ruf verweisen in diesem Zusammenhang zu Recht darauf, dass Lehrkräfte in einem angebotsorientierten Unterricht auch dafür Sorge tragen müssen, die bereitgestellten Angebote für die Schüler(innen) nutzbar zu machen (Gallin/Ruf 2011, S. 232 f.). Es muss also eine „Brücke" zwischen dem Unterricht und den Lernaktivitäten geben: Die Wahrnehmung und Interpretation des Lernangebots sowie die Motivation beeinflussen die Lernaktivitäten auf Schüler(innen)seite, sie werden von Helmke daher als „Mediationsprozesse" deklariert (ebd. S. 71). Dabei unterliegen die

Lernenden wiederum zusätzlichen Einflussfaktoren, die zum einen durch familiäre und individuelle Begebenheiten und zum anderen durch den unmittelbaren schulischen Kontext bestimmt werden. Besonders die vorhandenen Lernpotenziale resultieren in einem erheblichen Maße aus dem familiären Erziehungs- und Bildungsverhalten. Geht man zudem davon aus, dass das elterliche Wirken während der Grundschulzeit weiterhin äußerst prägend ist, so ist der Faktor „Familie" die zweite zentrale Einflussgröße neben dem Faktor „Unterricht". Erweitert man das Modell nun um den Aspekt „Sprache", wird deutlich, an welchen Schnittstellen dieser wirken kann und wo sich somit Potenziale eines sprachsensiblen Grundschulunterrichts und letztlich für die Ausbildung von Bildungssprache verbergen (vgl. Abb. 2, S. 13).

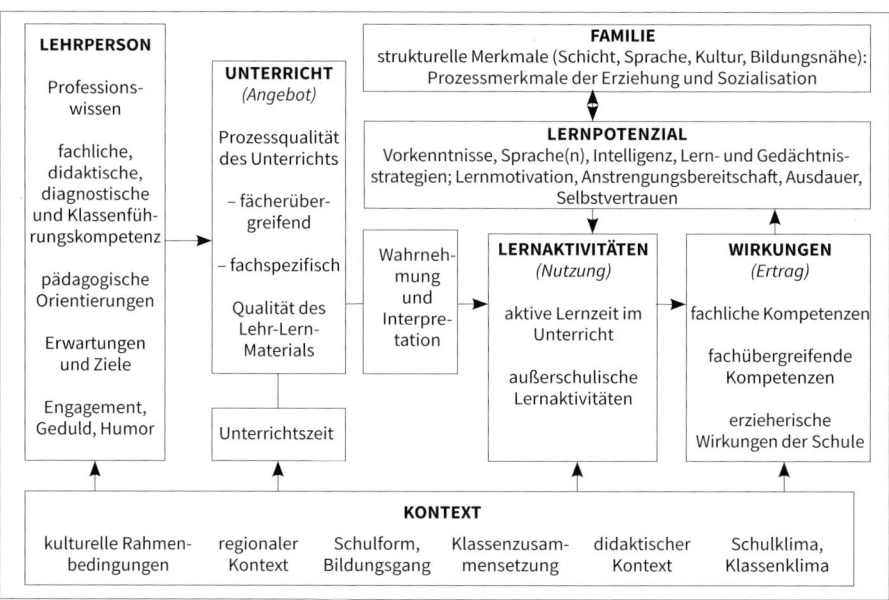

Abb. 1: Angebots-Nutzungs-Modell nach Helmke (2021, S. 71)

Ersichtlich wird an dem erweiterten Modell, dass der Faktor „Sprache" an allen personen- und unterrichtsbezogenen Wirkungsbereichen unmittelbar beteiligt ist. Neben der Abhängigkeit sprachlicher Kompetenzen auf Schüler(innen)seite zeigt es aber auch, dass sich sprachliches Lernen nicht automatisch einstellt, sondern ebenfalls der Angebots- und Nutzungs-Variable unterliegt. Das professionsbezogene sprachliche Wissen und Können sowie diagnostische Kompetenzen der Lehrkraft sind dabei maßgeblich für die Unterrichtsqualität. Beeinflusst wird diese zudem von Überzeugungen der Lehrkräfte hinsichtlich sprachlicher Varianz innerhalb einer Klasse (s. dazu auch Riebling 2013; Trautmann/Wischer 2011; Hachfeld 2013). Konkreter heißt das, dass Grundschullehrkräfte willens und in der Lage sein

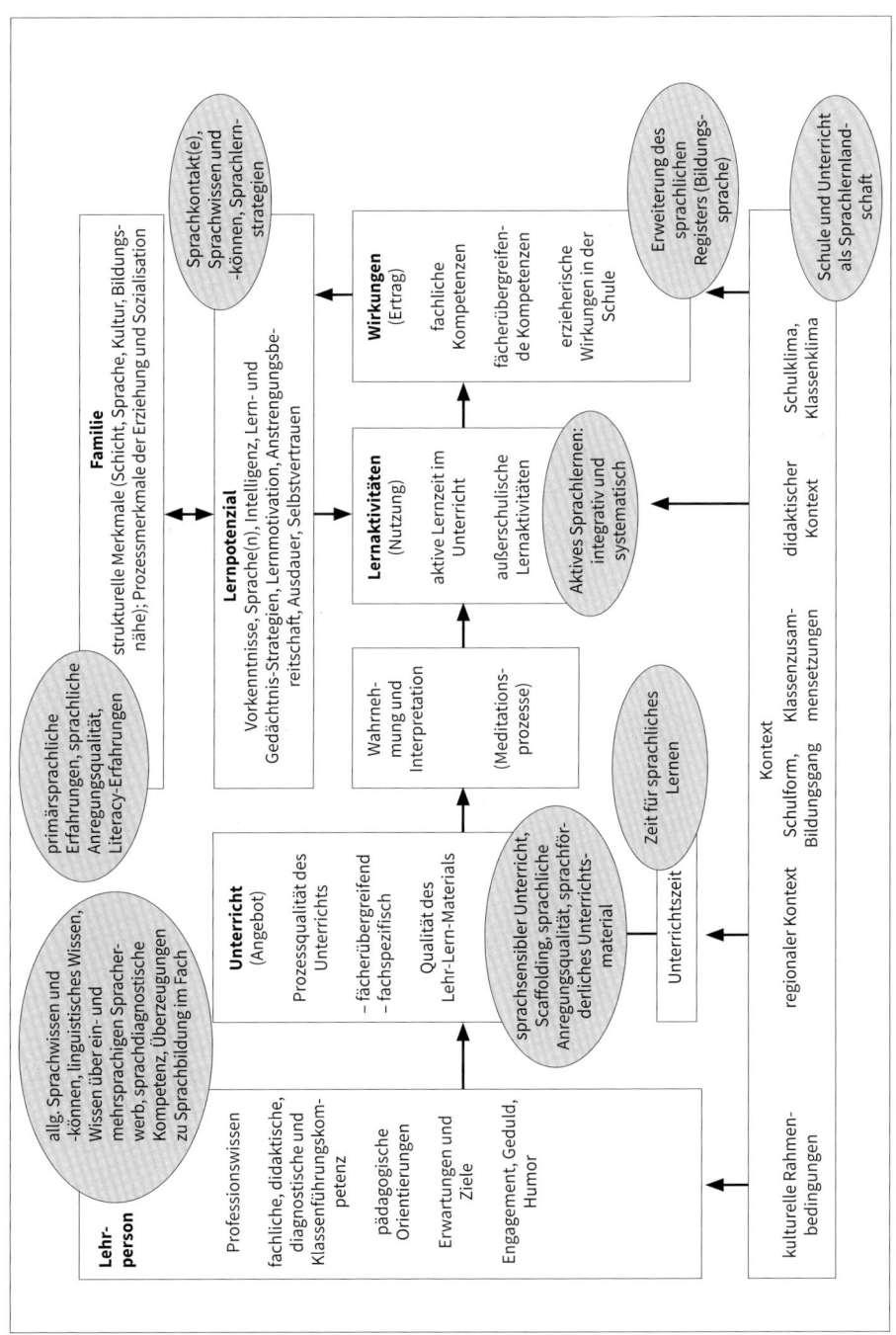

Abb. 2: Angebots-Nutzungs-Modell nach Helmke mit Erweiterung um den Aspekt „Sprache"

müssen, Sprachkompetenzen ihrer Schüler(innen) zu diagnostizieren und ihren Unterricht sprachsensibel bzw. sprachförderlich zu gestalten, um auf diese Weise ein möglichst optimales Lernangebot zu offerieren. Dass dies bislang nicht mehrheitlich der Fall ist, zeigt die Studie von Riebling (2013), in der sie belegen kann, dass Lehrkräfte trotz artikulierter Zustimmung zu Anforderungen eines sprachsensiblen Sachfachunterrichts einen solchen in ihrem Unterrichtsalltag kaum realisieren (vgl. Kap. 7.1). Sie resümiert: „Nur wenige Lehrkräfte planen und gestalten ihren Unterricht systematisch mit Blick auf das Register Bildungssprache und die individuellen sprachlichen Voraussetzungen und Entwicklungsprozesse der Schülerinnen und Schüler" (Riebling 2013, S. 159). Zu einem ähnlichen Ergebnis kommen Heyder und Schädlich (2015) im Rahmen einer Befragung von Fremdsprachenlehrkräften. Sie konstatieren, „[...] dass herkunftsbedingte Mehrsprachigkeit in den theoretischen Einstellungen der befragten Lehrkräfte durchaus favorisiert, unterrichtspraktisch jedoch stark marginalisiert wird" (ebd., S. 247). Riebling kommt außerdem zu dem Ergebnis, dass eher sprachorientierte Lehrkräfte die Sprachbildung als eine Aufgabe des Fachunterrichts ansehen, während weniger sprachorientierte Lehrkräfte davon ausgehen, dass Schüler(innen) bereits über ein gewisses Maß an Sprachkompetenzen verfügen müssen, um erfolgreich am Fachunterricht teilnehmen zu können (vgl. Riebling 2013, S. 186). Diese Annahme beeinflusst wiederum die Planung und Gestaltung des Fachunterrichts (Angebot) und wirkt sich auf der Nutzenseite auf die Lernentwicklungen der Schüler(innen) aus. In der Professionsforschung gelten Vorurteile, Vorstellungen, subjektive Theorien, Einstellungen, Ziele und Wertehaltungen als Komponenten professioneller Kompetenz (vgl. Kunter/Baumert 2006). Es wird theoretisch angenommen, dass Überzeugungen dem Wissen vorgeschaltet sind und sie während eines Lernprozesses eine Filterfunktion übernehmen, die Bedeutungsbeimessung steuern sowie die Motivation und die Leistung beeinflussen. Darüber hinaus wird davon ausgegangen, dass Überzeugungen auch die Anwendung von Wissen und damit die Unterrichtsqualität beeinflussen (vgl. Trautmann 2005; Wischmeier 2012). Ist das Ziel eines lernförderlichen Grundschulunterrichts, neben den fachlichen auch (bildungs-)sprachliche Kompetenzen bei den Schüler(inne)n anzubahnen, so ist eine weitmögliche Passung von Angebot und Nutzung erforderlich, d. h. für die Lehrperson, die sprachbezogenen Lernpotenziale auf Schüler(innen)seite zu berücksichtigen und sprachliches Lernen in Unterrichtszeit sowie Lernaktivität zu integrieren.

Führen Sie sich eine konkrete Unterrichtssituation (z. B. eine mündliche Aufgabe oder ein Unterrichtsgespräch) im Sachunterricht oder Mathematikunterricht vor Augen. Überlegen Sie, wie Sie die sprachlichen Kompetenzen Ihrer Schüler(innen) schon bei der Planung berücksichtigen können.

1.2 Kompetenzorientierung

Seit der „Klieme-Expertise", spätestens seit den Empfehlungen der Kultusministerkonferenz, folgt der Schulunterricht deutschlandweit sogenannten Regelstandards. Dabei war es u. a. Aufgabe einer interdisziplinären Expertengruppe rund um Eckhard Klieme, eine fachliche Fundierung für die Formulierung von Qualitätskriterien für das hiesige Bildungssystem auszuarbeiten (vgl. BMBF 2007/2009, S. 14). Die „Klieme-Expertise" formuliert daher nicht nur Standards, sondern zeigt zudem deren Implementierung in das bestehende Schulsystem auf. Die *Expertise zur Entwicklung nationaler Bildungsstandards* – so der korrekte Titel – hat dabei den Charakter einer Bestandsaufnahme und Empfehlung, die sich vornehmlich an die Kultusministerkonferenz richten sollte, welche zum Zeitpunkt der Erstellung bereits an der Entwicklung nationaler Bildungsstandards arbeitete. In der Expertise werden Bildungsstandards wie folgt definiert:

> Bildungsstandards formulieren Anforderungen an das Lehren und Lernen in der Schule. Sie benennen Ziele für die pädagogische Arbeit, ausgedrückt als erwünschte Lernergebnisse der Schülerinnen und Schüler. Damit konkretisieren Standards den Bildungsauftrag, den allgemeinbildende Schulen zu erfüllen haben. Bildungsstandards, wie sie in dieser Expertise konzipiert werden, greifen allgemeine Bildungsziele auf. Sie benennen die Kompetenzen, welche die Schule ihren Schülerinnen und Schülern vermitteln muss, damit bestimmte zentrale Bildungsziele erreicht werden. Die Bildungsstandards legen fest, welche Kompetenzen die Kinder oder Jugendlichen bis zu einer bestimmten Jahrgangsstufe erworben haben sollen. Die Kompetenzen werden so konkret beschrieben, dass sie in Aufgabenstellungen umgesetzt und prinzipiell mit Hilfe von Testverfahren erfasst werden können. (ebd., S. 19)

Bildungsstandards werden danach vor allem als Anforderungen an die Gestaltung von Schule und Unterricht formuliert, die sich wiederum in den Leistungen der Schüler(innen) widerspiegeln. Wesentliche Instrumente der Realisierung sind dabei Aufgaben bzw. Aufgabenstellungen und Testverfahren. Aufgaben dienen vor allem dazu, zu überprüfen, „ob eine Person das angestrebte Ergebnis oder Handlungspotential entwickelt hat" (ebd., S. 23), sie sind somit als Leistungsaufgaben und damit als Bestandteil von Testverfahren zu verstehen. Gleichzeitig sollen Aufgaben, die sich an den jeweiligen Kompetenzmodellen bzw. -niveaus ausrichten, zur „Lernplanung" herangezogen werden (vgl. ebd., S. 24). In der „Klieme-Expertise" wird somit zwischen Leistungs- und Lernaufgaben unterschieden, wobei der Fokus sehr eindeutig auf den Leistungsaufgaben liegt.

Beinahe parallel zur Entwicklung der „Klieme-Expertise" hat die Kultusministerkonferenz nach ihrem Beschluss vom 23./24.05.2002 für ausgewählte Bereiche der Regelschule – Grundschule, Hauptschule, Realschule, Gymnasium – Standards formuliert. Für die Grundschule liegen als ein Ergebnis seit 2004 Bildungsstandards für die Fächer Deutsch und Mathematik vor. Eine überarbeitete und geänderte Fassung liegt seit 2022 vor (vgl. KMK 2004a, i.d.F. vom 23.06.2022; KMK 2004b, i.d.F. vom 23.06.2022) Diese wurden von den Bundesländern im Schuljahr 2005/06 übernommen. Abweichend von der Empfehlung der „Klieme-Expertise" wurden jedoch keine Mindeststandards, sondern sogenannte Regelstandards festgehalten (vgl. dazu auch Wildemann 2015, S. 102). Für die Grundschule gilt daher:

> Bei den in Deutschland eingeführten Bildungsstandards handelt es sich um Regelstandards, die angeben, welches Kompetenzniveau Schülerinnen und Schüler im Durchschnitt in einem Fach erreichen sollen. Bereits in den Jahren 2003 und 2004 hat die KMK Bildungsstandards für den Primarbereich (Jahrgangsstufe 4), den Ersten Schulabschluss (damals Hauptschulabschluss, Jahrgangsstufe 9) und den Mittleren Schulabschluss (Jahrgangsstufe 10) verabschiedet. Sie bilden seither verbindliche normative Referenzpunkte für die länderspezifischen curricularen Vorgaben und die Orientierung des Unterrichts, für die Ausgestaltung von Prüfungen und im Rahmen der KMK-Strategie zum Bildungsmonitoring für die Überprüfung der Standarderreichung mit länderübergreifenden Testverfahren (VERA und IQB-Bildungstrend) (vgl. KMK 2004a, i.d.F. vom 23.06.2022, S. 2).

Besonders hingewiesen wird in diesem Abschnitt auf die Verbindlichkeit (normative Referenzpunkte), die mit den Bildungsstandards vorliegen. Gleichzeitig wird die Verantwortung für eine spezifische Umsetzung an die Länder übergeben. Es bleibt ihre Aufgabe curriculare Vorgaben zu entwickeln, an denen sich Lehrende orientieren sollen.

Die curricularen Vorgaben sind nach wie vor Ländersache, stehen jedoch in der Pflicht, sich an den nationalen Bildungsstandards der Kultusministerkonferenz auszurichten. Das Resultat sind keine einheitlich implementierten Standards, sondern eine Anpassung an landesspezifische Begebenheiten (vgl. Zeitler et al. 2010, S. 33). Ein ebenso großes Feld ist die Entwicklung von standardbasierten Kompetenzstufenmodellen. Neben einer Abstufung im Sinne einer Kompetenz- bzw. Leistungsdifferenzierung sind bei der Entwicklung vor allem fachliche, fachdidaktische, testtheoretische und curriculare Kriterien zu berücksichtigen. Aus testtheoretischer Perspektive ist wiederum die Operationalisierung von Kompetenzen von essenzieller Bedeutung. Nur wenn es gelingt, Kompetenzen in messbare Items (oder Aufgaben) zu transferieren, können mit ihrer Hilfe Leistungsspektren und Leistungsgrenzen trennscharf erfasst werden. Aus diesem Grund liegen bis dato noch nicht für alle Kompetenzbereiche des Faches Deutsch wissenschaftlich fundierte Kompetenzmodelle vor. Für den Bereich *Lesen* wird für die Grundschule in der Regel auf das Lesekompetenzmodell von *IGLU* (Bos et al. 2003) rekurriert. Im Zuge des *IQB-Bildungstrends*, der in der Grundschule am Ende der vierten Jahrgangsstufe durchgeführt wird, wurden außerdem Kompetenzstufenmodelle für die Teilbereiche *Zuhören*, *Lesen* und *Orthografie* entwickelt (vgl. Bremerich-Vos et al. 2017). Für die Bereiche *Schreiben* sowie *Sprache* und *Sprachgebrauch untersuchen* liegen seit einiger Zeit

Entwürfe vor (vgl. Becker-Mrotzek/Schindler 2007; Bremerich-Vos/Böhme 2009; Bremerich-Vos et al. 2009, S. 94 ff.). Hier hat sich der Kompetenzbereich *Sprache und Sprachgebrauch untersuchen* als besonders problematisch erwiesen, da er zum einen mit den übrigen Bereichen verzahnt ist und zum anderen Inhalte bereithält, die sich nur schwerlich messen lassen, wie beispielsweise der Subbereich *Sprachliche Verständigung und sprachliche Vielfalt untersuchen*. Bereits in Bezug auf die KMK-Empfehlungen aus 2004 stellen Bremerich-Vos und Böhme (2009, S. 376) fest, dass sich lediglich Teilbereiche zur Überprüfung deklarativen Wissens eignen. Dies gilt auch für die Aktualisierungen aus dem Jahr 2022 (vgl. KMK 2004a, i.d.F. vom 23.06.2022).

Instrumente der Umsetzung und Überprüfung von Standards finden sich schließlich in Aufgaben und Tests wieder. Die Bildungsstandards für die Fächer Deutsch und Mathematik enthalten jeweils Aufgabenbeispiele für die Teilbereiche. Sie illustrieren und konkretisieren die Anforderungen der Bildungsstandards. In deren weiterentwickelten Fassung sind sie nicht mehr im Dokument selbst, sondern separat online publiziert, sodass sie in kürzeren Zeitabständen aktualisiert werden können (vgl. KMK 2004a, i.d.F. vom 23.06.2022, S. 3). Gleiches gilt für das Fach Mathematik (vgl. KMK 2004b, i.d.F. vom 23.06.2022). Außerdem werden bundesweit zentrale Vergleichsarbeiten – *VERA 3* – durchgeführt, mit denen die Leistungen von Drittklässler(inne)n vergleichend erfasst werden. Auch hierfür gibt es einen Fundus an Aufgabenbeispielen, die den Lehrkräften zur Verfügung stehen. Obwohl die Vergleichsarbeiten ebenfalls als Werkzeug des Bildungsmonitorings gelten, ist eine Weiterentwicklung des Unterrichts allein auf ihrer Grundlage nur schwer möglich, da den Lehrkräften hier, anders als bei *IGLU* und *PIRLS*, bei denen Lehrkräfte Unterstützungsangebote für den Umgang mit den Ergebnissen erhalten, lediglich die Testergebnisse rückgemeldet werden. Für diese fehlende Verzahnung von Testung und Beratung steht *VERA* bis heute in der Kritik (vgl. Wildemann/Vach 2022, S. 166). Neben *VERA* wird in Deutschland der *IQB-Bildungstrends*, an dem ebenfalls alle Bundesländer beteiligt sind, durchgeführt. Hier werden wiederum die Leistungen von Viertklässler(inne)n in den Fächern Deutsch (Zuhören, Lesen, Orthografie) und Mathematik überprüft (vgl. Stanat et al. 2017). Darüber hinaus beteiligt sich Deutschland auf Primarstufenebene an den internationalen Vergleichsstudien *PIRLS/IGLU* und *TIMSS*.

PIRLS (Progress in International Reading Literacy Study), in Deutschland *IGLU (Internationale Grundschul-Lese-Untersuchung)*, erfasst alle fünf Jahre die Lesekompetenz von Schüler(inne)n am Ende der Grundschulzeit.

TIMSS (Trends in International Mathematics and Science Study) erhebt am Ende der vierten Jahrgangsstufe das mathematische und naturwissenschaftliche Grundverständnis von Schüler(inne)n. Die Erhebung findet alle vier Jahre statt.

IQB-Ländervergleich für die Primarstufe wird in Deutschland auf Länderebene für die Grundschule alle fünf Jahre durchgeführt. Überprüft werden Kompetenzen am Ende der vierten Jahrgangsstufe in den Fächern Deutsch und Mathematik.

Kompetenzstufenmodelle, Aufgabenbeispiele, Vergleichsarbeiten und -studien sind letztlich Instrumente für die Unterrichtsentwicklung. Ein kompetenzorientierter Unterricht basiert auf diesen äußeren Faktoren, bedarf jedoch für seine Umsetzung vor Ort zusätzlich der Schülerorientierung. Das heißt, das Können und Wissen der Schüler(innen) bleibt trotz aller Anforderungen und Standards ein entscheidender Ausgangspunkt für die Planung und Gestaltung von Unterricht (vgl. Feindt/Meyer 2010, S. 29). Folglich heißt „Kompetenzorientierung [...], die Kompetenzen der Lerner(innen) vor dem Hintergrund der Bildungsstandards und curricularen Vorgaben systematisch zu erfassen und daraus möglichst passgenaue Lernangebote abzuleiten, die die Schüler(innen) kognitiv herausfordern und ihren Kompetenzerwerb fördern" (Wildemann 2010a, S. 39).

Für den Unterricht in der Grundschule muss die domänenspezifische Konzeption der Bildungsstandards für die Fächer Deutsch und Mathematik insofern erweitert gedacht werden, als dass hier der Unterricht nicht selten fächerübergreifend oder -verbindend realisiert wird. Auch die Tatsache, dass sprachrezeptive und sprachproduktive Kompetenzen in allen Fächern erforderlich sind, macht die Sprachbildung so bedeutsam. Betrachtet man allein die als allgemein deklarierten Kompetenzen im Fach Mathematik der Primarstufe, sind alle dort aufgeführten Fähigkeiten (Problemlösen, Kommunizieren, Argumentieren, Modellieren, Darstellen) nicht nur Ergebnis inhaltlicher Auseinandersetzungen, sondern stets eingebunden in sprachliche Prozesse. Kompetenzorientierung beinhaltet in den Sachfächern daher per se auch eine Orientierung am jeweiligen Sprachvermögen einer Schülerin oder eines Schülers.

1.3 Umgang mit Heterogenität

Verschiedenheit, Vielfalt bzw. Diversität und Heterogenität sind zentrale Begriffe in der pädagogischen Diskussion rund um Schule und Unterricht. Betrachtet man die Termini sowohl diachron als auch synchron, also im Kontext temporaler Entwicklungen und aktueller Zuschreibungen, so wird deutlich, dass der

Umgang mit Heterogenität einem Wandel unterzogen ist, der nicht losgelöst von gesellschaftlichen Entwicklungen betrachtet werden kann. Wenning ermahnt daher zu Recht:

> Eine Analyse von Rahmenbedingungen der Entwicklung und Weiterentwicklung des Bildungswesens und dessen gesellschaftlicher Wirkungen muß [sic!] u. a. nach den Funktionen für die Gesamtgesellschaft fragen, um z. B. Auskunft über die Stellung des Bildungssystems als gesellschaftliches Teilsystem zu erhalten […]. (Wenning 1999, S. 144)

Die Auseinandersetzung mit Heterogenität bzw. Differenz beginnt in Deutschland spätestens mit der Einführung des preußischen Schulwesens im 18. Jahrhundert. Neben der Elementarschule gab es noch das Gymnasium und die Universität. Mädchen waren bis Anfang des 20. Jahrhunderts von der gymnasialen Schulbildung sowie einem Universitätsstudium ausgeschlossen (vgl. Hansen-Schaberg 2011, S. 81 f.). Durch die Dreiteilung des Bildungswesens und die beschränkte Zugänglichkeit für bestimmte Personengruppen wurden Differenzannahmen damit zugleich vorweggenommen und weiter tradiert. Auch die Schullandheimbewegung, die in ihrem Ursprung eine reformerische Gegenbewegung zum staatlichen Schulwesen darstellte, kann als ein Exempel für die Tradierung von Heterogenitätsvorstellungen genommen werden. Die Schülerschaft setzte sich hier vorwiegend aus reformzugewandten und gutsituierten Familien zusammen (vgl. ebd., S. 87); die Zugänglichkeit galt also längst nicht für alle Kinder und Jugendlichen. Wenn hier von einer Tradierung der Heterogenität gesprochen wird, dann ist dies durchaus nicht als ein humanistisches Verständnis von Vielfalt zu verstehen, sondern als eine gesellschaftlich und politisch determinierte Sichtweise auf Unterschiedlichkeit, die es zu bewahren galt, um bestimmten Personen einen Aufstieg durch Bildung zu ermöglichen und anderen zu erschweren oder gar zu verwehren und damit bestehende Machtverhältnisse zu legitimieren (s. auch Prengel 1993; Sturm 2016, S. 44 ff.; Wenning 1999, S. 195 ff.).

Erst in der Weimarer Republik und der damit einhergehenden Abkehr von der ständischen Gesellschaft rückte statt der sozialen Beschaffenheit des Elternhauses das individuelle Leistungsvermögen des Kindes ins Zentrum von institutioneller Erziehung und Bildung (vgl. Hansen-Schaberg 2011, S. 93; Prengel 2010, S. 9). Dabei ist „Reformbewegung […] der Sammelbegriff für die ab 1890 im Kontext allgemeiner Reformbewegungen wie Lebensform, Frauenbewegung, Jugendbewegung u. a. einsetzenden umfassenden Bemühungen um die Reform der Erziehung und ihrer Institutionen, speziell der Schule und des Unterrichts" (Kemnitz/Sandfuchs 2009, S. 25). Insgesamt lassen sich darunter sehr unterschiedliche Ansätze und Methoden subsumieren, allen gemein ist jedoch das Bestreben nach mehr Orientierung an den Schüler(inne)n. Das lernende Kind wird nun, mehr als je zuvor, als Individuum mit unterschiedlichen Potenzialen, Interessen und Fähigkeiten angesehen, wodurch auch der Heterogenitätsbegriff eine Neukonzeptionalisierung erfährt. Das Bildungssystem und seine Strukturen dienen nicht mehr primär als Legitimationsinstrumente für die Aufrechterhaltung von gesellschaftlicher Heterogenität, vielmehr wird individuelle Heterogenität als Anlass für eine Pädagogik „vom Kinde aus" genommen (vgl. Oelkers 2010, S. 13). Prengel erinnert in diesem Zusammenhang zu Recht an die Zeit des Nationalsozialismus in Deutschland, „der Unterschiede zwischen Menschen in extrem hierarchisierenden, biologistischen, Vernichtung legitimierten Ideologien entwirft [...]" (Prengel 2010, S. 9) und damit die reformerischen Bestrebungen, die Ende des 19. und Anfang des 20. Jahrhunderts begonnen hatten, abrupt beendete.

Nach dem Zweiten Weltkrieg wurde Bildung in Schule und Unterricht in Deutschland „regelrecht zweigeteilt" (Kemnitz/Sandfuchs 2009, S. 26) fortgesetzt. Während in der DDR ein Einheitsschulwesen aufgebaut wurde, etablierte sich in der BRD nach und nach ein gegliedertes Schulsystem (vgl. Baumert et al. 2008, S. 53 f.). Vor allem die 1950er-Jahre waren in der Bundesrepublik stark davon geprägt, an die Reformgedanken aus der Weimarer Zeit anzuknüpfen. In der Zeit von 1960 bis zum Ende des Jahrhunderts gab es zahlreiche gesellschaftliche und politische Entwicklungen und Veränderungen, die sich auch im Schulwesen widerspiegeln, die jedoch keine Veränderung der Grundstruktur herbeiführten (vgl. ebd., S. 58). Vor allem die in den 1950er-Jahren beginnende und in den 1970er-Jahren auf ihrem Höhepunkt befindliche Arbeitsmigration, stellte die Schulen vor neue Herausforderungen, die zum Teil nur sehr zögerlich angenommen wurden (s. dazu auch Auernheimer 2015; Krüger-Potratz 2005; Rösch 2001). Auch die Wiedervereinigung zwischen DDR und BRD und der daraus folgende Beitritt der DDR zur Bundesrepublik zogen strukturelle Probleme nach sich. Sie führten zu grundlegenden Schulreformen in den neuen Bundesländern, die eine „Übernahme des westdeutschen Grundmodells" (ebd., S. 70) beinhalteten.

Im Laufe des 20. Jahrhunderts wurde die schulische Bildung hierzulande zunehmend von internationalen Entwicklungen beeinflusst. Globalisierung ist dabei ein wichtiges Stichwort, um das sich weitere Merkmale wie beispielsweise Kulturalität, Ethnizität, Mehrsprachigkeit, Digitalität, Diversität usw. ranken. Inklusion ist das andere Stichwort, welches spätestens seit der *UN-Behindertenkonvention* 2006 auch für die schulische Praxis virulent ist. In diesem Kontext erfolgen in Abhängigkeit von theoretischen Positionen zahlreiche Merkmalsbestimmungen von Heterogenität. Für die Schule sollen an dieser Stelle jene Kategorien herausgegriffen werden, die für den Unterricht von Relevanz sind. Dazu zählen wir in Anlehnung an Prengel (1999) und Wenning (2007, 2017) die Folgenden:

Alter

In Deutschland sind Schulklassen vor allem nach dem Prinzip der Jahrgangsklassen, in denen Kinder einer Altersgruppe zusammen unterrichtet werden, konzipiert. Mit der flexiblen Schuleingangsstufe und jahrgangsgemischten Klassen gibt es zudem Formen, die versuchen, jene Homogenisierungsbestrebungen durch Altersmischung aufzuheben. Aber auch ohne diese Alternativen sind Grundschulklassen nie altershomogen, da u. a. durch vorzeitige Einschulung, Zurückstellung und Zuwanderung eine natürliche Mischung stattfindet. Berücksichtigt man zudem die unterschiedlichen kindlichen Sozialisationsbedingungen, so spielt neben dem Lebensalter das Entwicklungsalter des einzelnen Kindes eine wichtige Rolle.

Geschlecht/Gender

Aus verschiedenen Studien (z. B. *IGLU*, *PISA*, *TIMSS*) ist bekannt, dass in bestimmten unterrichtsrelevanten Bereichen Unterschiede zwischen den Leistungen von Mädchen und Jungen bestehen. Die Ursachen dafür sind vor allem sozialisatorisch und gesellschaftlich zu verorten (vgl. Dresel et al. 2010). Das heißt, Mädchen und Jungen sehen sich von Beginn an mit geschlechtsbezogenen Erwartungen, Vorstellungen und Zuschreibungen konfrontiert, die wiederum ihr eigenes Handeln und ihre Kognitionen prägen (vgl. dazu auch Popp 2011). In der Schule werden die bis dahin tradierten Geschlechterdisparitäten häufig fortgesetzt (vgl. Faulstich-Wieland 2010) und strukturieren damit die Wahrnehmungen und Handlungen sowohl bei den Schüler(inne)n als auch auf Lehrer(innen)seite. Auch das Konstrukt des „doing gender" spielt hierbei zunehmen eine Rolle (vgl. Wenning 2017)

Herkunft

Die Kategorie *Herkunft* beinhaltet wiederum mehrere Dimensionen. Dazu zählen zunächst die Familie und der damit verbundene sozioökonomische Status. Sie ist prägend für die ersten sozialen und emotionalen Erfahrungen, die Kinder machen. Prengel weist auf die verschiedenen Familienkonstellationen hin und stellt fest, dass wir „ein gemeinsames Modell ‚normalen Familienlebens' nicht mehr voraussetzen" können (Prengel 1999, S. 25). Dies gilt beinahe 20 Jahre später mehr denn je. Nationale und internationale Studien richten ihre Aufmerksamkeit jedoch inzwischen stärker auf das kulturelle Kapital, welches Familien ihren Kindern in der Lage sind mitzugeben, um den Bildungserfolg möglichst zu sichern.

Neben der Familie als primärer Sozialisationsinstanz spielen im Kontext von Migration auch Aspekte wie Kultur und Ethnie eine Rolle im Diskurs um Heterogenität. Der Aspekt Migration ist in den großen Large-Scale-Studien stets eine von mehreren Bezugsgrößen, um den Lernerfolg oder -misserfolg von Schüler(inne)n zu erklären. Dass diese Größe weder einheitlich ist (vgl. Wenning 2015) und zudem nicht alleinig ausschlaggebend sein muss, ist inzwischen auch empirisch belegt (vgl. Eckhardt 2008; Heppt et al. 2016). Dennoch kann sie für die Gestaltung von Unterricht als eine von mehreren Variablen relevant sein.

Gesundheit

Im Zuge inklusiver Bildung ist auch Gesundheit, in diesem Zusammenhang zumeist als Gegenpart von Behinderung verstanden (siehe dazu Wenning 2017, S. 50) eine relevante Kategorie. Ein anderes Verständnis liegt hingegen vor, wenn Krankheit oder Behinderung als „als Teil menschlicher Vielfalt und damit von Normalität" (ebd., S. 51) wahrgenommen und konstruiert wird.

Leistung/Kompetenzen

Über welche Erfahrungen, welches Wissen und welche Fähigkeiten Grundschüler(innen) verfügen, ist im Sinne des Angebots-Nutzungs-Modells (vgl. Kap. 1.1) entscheidend für den Unterricht. Dabei wird davon ausgegangen, dass Lerner(innen) mit unterschiedlichen Lernvoraussetzungen und -potenzialen in die Schule eintreten, die sich auch in divergenten Lernwegen widerspiegeln (vgl. Wildemann 2018). Die Gründe dafür können sehr unterschiedlich sein. Ohne Frage spielen hier auch Persönlichkeitsmerkmale sowie Begabung und Behinderung eine Rolle.

Sprache(n)

Eine in den letzten Jahren stark im Zentrum der Aufmerksamkeit stehende Kategorie von Heterogenität ist die Sprache bzw. auch Mehrsprachigkeit. Ihre Betrachtung ist vor allem geprägt durch die bereits erläuterten Kategorien, hier insbesondere durch die Determinanten Leistung und Herkunft. Sprachliche Kompetenzen von Schüler(inne)n gelten als *Key incidents* für den Schulerfolg. Das Anknüpfen an sprachliche Voraussetzungen und Potenziale wird dabei als eine wesentliche Aufgabe des Deutschunterrichts angesehen (vgl. Wildemann/Vach 2022), aber auch zunehmend als Aufgabe anderer Unterrichtsfächer modelliert (s. dazu Ahrenholz 2010a, Becker-Mrotzek et al. 2013).

Die skizzierten Entwicklungen des deutschen Bildungssystems vom 18. Jahrhundert bis heute zeigen, dass allen Bildungsentscheidungen und -bewegungen ein gewisses Verständnis von Heterogenität inhärent ist. Mit dem Konstrukt *Heterogenität* verbinden sich Zuschreibungen, die durchaus normativen Charakter haben, denn „sie [die Heterogenität] existiert nicht umstandslos, wird konstruiert und kann überall festgestellt werden, wenn dies das Ziel ist" (Wenning 2007, S. 24). Dabei impliziert der Begriff *Heterogenität* auch immer den Gegenbegriff der *Homogenität*. Den Vorwurf, ein Ort zu sein, der vornehmlich auf Homogenität abzielt, muss sich Schule bis heute gefallen lassen. Insbesondere mit der Einführung von nationalen Bildungsstandards für die Grundschule im Schuljahr 2005/06 wurde die Debatte um Homogenisierungsbestrebungen erneut entfacht (s. dazu auch Spinner 2005; Frederking 2008).

Neben dem Begriff der *Heterogenität* existieren weitere Bezeichnungen, mit denen versucht wird, weniger auf Unterschiedlichkeit und Differenz und mehr auf Vielfalt zu verweisen. Diese werden vordringlich ausgehend von der Interkulturellen Pädagogik, die sich als wissenschaftliche Disziplin gegen Ende der 1960er-Jahre und Anfang der 1970er-Jahre herausgebildet hat, diskutiert. Im Verständnis der Interkulturellen Pädagogik rekurriert Heterogenität als sozial konstruierter Zustand auf die „Unterschiedlichkeit von Lebenslagen" (Gogolin/Krüger-Potratz 2020, S. 15). Oft vorschnell wird Interkulturalität dabei auf eine Auseinandersetzung des Individuums und der Gesellschaft mit dem „Eigenen" und dem „Fremden" reduziert. Nach Welsch fußt dies auf dem in Anlehnung an die Kulturvorstellung Herders entstandenen *Kugelmodell*, nach dem Kulturen als in sich geschlossene und homogene Kugeln betrachtet werden, die sich wiederum von anderen Kulturen abgrenzen (vgl. Welsch 2010, S. 40 f.). Da eine solche Auffassung eine sehr enge Sichtweise auf Kulturen und den darin agierenden Individuen beinhaltet und bezweifelt wird, dass ein derartig eindimensionales Verständnis den sich wandelnden Lebensbedingungen in einer globalisierten Welt gerecht wird, wurden in den letzten Jahrzehnten in der Erziehungs- und Kulturwissenschaft alternative Konzepte entworfen und diskutiert (vgl. Allio-Näcke et al. 2005; Breinig/ Lösch 2002). Ein Beispiel dafür ist der Terminus Transkulturalität, mit dem versucht wird, kulturelle Identitäten und Zugehörigkeiten nicht antinomisch, sondern „quer" zu denken (s. dazu auch Welsch 1995, 2005, 2010; Wintersteiner 2006). Auch Krüger-Potratz plädiert für einen weiten Kulturbegriff, wenn sie schreibt:

> In dieser Weitung der Perspektive erscheint Interkulturelle Bildung und Erziehung letztlich als nichts anderes, aber auch nichts Schwierigeres, als Erziehung und Bildung *in einer und für eine* sprachlich, ethnisch, nationale, sozial und im weitesten Sinn kulturell pluralisierte(n) demokratische(n) Gesellschaft. (Krüger-Potratz 2005, S. 15; Hervorhebung im Original)

Krüger-Potratz stellt darüber hinaus fest, dass der Zusatz „interkulturell" – oder auch andere – überflüssig wird, wenn „Bildung und Erziehung im Ausgang von sprachlich-kultureller Heterogenität und transnationaler Beziehungen gedacht und konzipiert werden" (Krüger-Potratz 2005, S. 34). Sie bringt damit zum Ausdruck, dass es im Grunde genommen weniger um Begriffe als vielmehr um die damit einhergehenden Auffassungen und Vorstellungen von Heterogenität geht. Dennoch kommt man natürlich nicht darum herum, mit Begriffen zu hantieren, wenn man über Schüler(innen) und ihre Eigenschaften spricht. Wir möchten in diesem Zusammenhang auf Prengels *Pädagogik der Vielfalt* (1993) zurückkommen, um daran aufzuzeigen, dass Heterogenitätskonstrukte keinesfalls als Hierarchisierungsinstrumente misszuverstehen sind, sondern einen weiten Blick auf Schüler(innen) voraussetzen, der eine „Anerkennung von Heterogenität in der Bildung auf der Basis gleicher Rechte" (Prengel 1999, S. 15) beinhaltet. Für eine pädagogische Umsetzung benennt Prengel (1993, S. 180 ff.) zwölf Thesen[1]:

- ▶ Grundlage ist ein egalitärer Differenzbegriff, d. h. Differenzen werden nicht „zur Legitimation von Hierarchien herangezogen" (ebd., S. 180). Das ist u. E. bedeutsam bei der Wahrnehmung von Schüler(inne)n und der Individualdiagnose von Kompetenzen.
- ▶ Daher sind polarisierende Festschreibungen von Daseinsformen zu vermeiden und stattdessen eine Offenheit für Vielfalt anzunehmen. Es geht im Unterricht also nicht um Anpassung, sondern um Differenzierung und Individualisierung.

---

1 Prengel verwendet in diesem Zusammenhang den Begriff *Differenz*, der in der fachwissenschaftlichen Debatte auch durch die Bezeichnung *Heterogenität* dargestellt wird. Wir verwenden beide Begriffe hier synonym.

- Im Umgang mit Heterogenität ist die Einbeziehung mehrerer Ebenen unerlässlich, z. B. Zugehörigkeiten, Geschlecht, Behinderung, psychosoziale Begebenheiten usw. – sowohl inter- als auch intrapersonal. Wir ziehen daraus die Schlussfolgerung, dass ein Schüler oder eine Schülerin nicht aufgrund nur eines Merkmals beurteilt werden darf, sondern stets als komplexe Persönlichkeit wahrgenommen werden sollte.
- Stigmatisierungen, wie z. B. einseitig geschlechtsbezogene Zuschreibungen, gilt es zu vermeiden. Differenzen werden vor allem als Folge von sozialen, soziokulturellen und gesellschaftlichen Einflüssen, denen das Individuum ausgesetzt ist, betrachtet.
- Differenzen sind nicht statisch, sondern flexibel zu denken. Sie unterliegen einem stetigen Wandel. Für Lehrkräfte heißt das aus unserer Sicht, dass sie aufgefordert sind, ihre Sichtweisen, Einstellungen und ihr Wissen an diesen Veränderungen auszurichten. Weiterbildung ist hier ein wichtiges Stichwort.
- Heterogenität ist als ein historisch gewachsenes Konstrukt zu verstehen und muss vor dem Hintergrund der jeweiligen Geschichte eingeordnet werden. Dies gilt u. E. sowohl für die inländische als auch für die ausländische Geschichte, was besonders für Familien mit Zuwanderungsgeschichte zu beachten ist (s. dazu auch Brizić 2007).
- Heterogenität ist die Folge von Zuschreibungen und Festlegungen von anderen und daher stets zu hinterfragen. Für Lehrkräfte bedeutet dies aus unserer Sicht, dass diese aufgefordert sind, ihren eigenen Heterogenitätsbegriff nicht alltagstheoretisch, sondern auf der Grundlage von Fachwissen zu entwickeln und zu reflektieren.
- Individuen und Gruppen kommt grundsätzlich das Recht auf Differenz und Gleichheit zu. Für die Schule beinhaltet dies u. E. die Anerkennung von Differenz und einen sanktionsfreien und förderlichen Umgang damit.
- Jegliche Wahrnehmung von Heterogenität ist subjektiv und damit unvollständig. In der Schule kann u.E. eine Annäherung an die Wahrheit, wenn überhaupt von Wahrheit gesprochen werden kann, durch verschiedene Sichtweisen, z. B. durch unterschiedliche Personen (Eltern, Erzieher[innen], Mitschüler[innen], Freunde, Geschwister) auf einen Schüler oder eine Schülerin, erfolgen.
- „Differente kulturelle Lebensweisen existieren nicht separat, ohne einander zu beeinflussen" (ebd., S. 182). Daher sollten kulturelle Stigmatisierungen vermieden werden.
- Heterogene Lebensformen unterliegen, so Prengel, dem Gleichheitsrecht, da keine Lebensform anderen voranzustellen ist, sondern alle gleichberechtigt nebeneinander existieren.
- Sind Differenz und Gleichheit – im Sinne von Gleichberechtigung – akzeptiert, sind die Ziele nicht Assimilation, Homogenisierung oder gar Separierung, sondern der demokratische Umgang mit vorhandener Vielfalt.

Folgt man Prengel, so geht es im Umgang mit Heterogenität in der Schule zunächst darum, ein weites Verständnis zu entwickeln. Nur auf dieser Grundlage kann allen Schüler(inne)n ein gleichberechtigter Zugang zu Bildung ermöglicht werden. Eine ähnliche Sichtweise nimmt Oomen-Welke (2000, 2014) mit dem Fokus auf mehrsprachige Lerner(innen), als eine spezifische und zugleich äußerst heterogene Gruppe, ein. Ihr Konzept einer „Didaktik der Sprachenvielfalt" versteht sie in erster Linie als ein „Sensibilisierungsprogramm für Lehrpersonen" (Oomen-Welke 2017, S. 623), welches darauf abzielt, gegenüber mehrsprachigen Schüler(inne)n eine aufgeschlossene, anerkennende und zugewandte Haltung einzunehmen.

Während einer Gruppenarbeitsphase sprechen mehrere Schüler(innen) in einer anderen Sprache als Deutsch miteinander. Sie verstehen diese Sprache nicht. Was denken Sie spontan? Wie könnten Sie reagieren, wenn Sie sich die Thesen Prengels vor Augen führen?

Zweifelsfrei ist die eigene Haltung gegenüber Heterogenität eine wesentliche Voraussetzung, um im Unterricht pädagogisch und didaktisch angemessen zu agieren. Das haben auch zahlreiche Studien belegen können (vgl. dazu u.a. Calderhead 1996; Hachfeld 2013; Hachfeld et al. 2012; Pajares 1992). Darüber hinaus gilt es abzuwägen, inwieweit eine „Pädagogik der Vielfalt" im Schulalltag umsetzbar ist und wo ggf. institutionelle oder auch persönliche Grenzen liegen. Vor dem Hintergrund eines demokratischen Differenzverständnisses bei gleichzeitiger Berücksichtigung der schulischen Begebenheiten schlussfolgert Prengel deshalb:

> Aber aus der Einsicht in die Illusion der Vielfalt – niemand sollte sich in ihrem unbegrenzten Besitz wähnen – folgte nun die Auseinandersetzung mit der Notwendigkeit, Vielfalt begrenzende Strukturen von Schule transparent zu machen und so auch Freiräume für Vielfalt zu öffnen und zu sichern. (Prengel 1999, S. 15)

Der Umgang mit Heterogenität beinhaltet demzufolge die Offenheit gegenüber allen Ausdrucksformen von Vielfalt, eingeschlossen deren Wandel, in einer sich stetig verändernden Gesellschaft, die sich auch im Mikrokosmos Schule widerspiegelt. Dabei findet jeder Unterricht im Kontext von Heterogenität statt und benötigt daher Lehrer(innen), die bereit sind, Strukturen für Differenzierung, individuelles Lernen und Kompetenzorientierung zu schaffen. Die diagnostische Erfassung von Lernvoraussetzungen, -potenzialen und -entwicklungsverläufen der Schüler(innen) ist eine grundlegende Voraussetzung dafür, dass ein an Heterogenität ausgerichteter Unterricht gelingen kann. Wie dies erfolgen kann, wird im anschließenden Kapitel grundlegend dargestellt und in Bezug auf bildungssprachliche Fähigkeiten in Kapitel 7.2.1 spezifiziert.

1.4 Diagnose und Lernbegleitung

Das Einschätzen und Beurteilen von Schülerleistungen sowie das systematische Erfassen von Lernpotenzialen sind zentrale Aufgaben von Lehrkräften. Sie stellen neben dem Lehren, Erziehen, Beraten und Innovieren ein wichtiges Handlungsfeld dar, so auch nachzulesen in den *Standards für die Lehrerbildung* (vgl. KMK 2004c, i.d.F. vom 16.05.2019). Bezugnehmend auf die Gestaltung von Unterricht werden darin folgende acht Kompetenzen[2] aufgeführt (ebd., S. 7 ff.):

▶ Lehrerinnen und Lehrer planen Unterricht fach- und sachgerecht und führen ihn sachlich und fachlich korrekt durch (Kompetenz 1)

▶ Lehrerinnen und Lehrer unterstützen durch die Gestaltung von Lernsituationen das Lernen von Schülerinnen und Schülern. Sie motivieren Schülerinnen und Schüler und befähigen sie, Zusammenhänge herzustellen und Gelerntes zu nutzen. (Kompetenz 2)

▶ Lehrerinnen und Lehrer fördern die Fähigkeiten von Schülerinnen und Schülern zum selbstbestimmten Lernen und Arbeiten. (Kompetenz 3)

▶ Lehrerinnen und Lehrer kennen die sozialen und kulturellen Lebensbedingungen von Schülerinnen und Schülern und nehmen im Rahmen der Schule Einfluss auf deren individuelle Entwicklung. (Kompetenz 4)

▶ Lehrerinnen und Lehrer vermitteln Werte und Normen und unterstützen selbstbestimmtes Urteilen und Handeln von Schülerinnen und Schülern. (Kompetenz 5)

▶ Lehrerinnen und Lehrer finden Lösungsansätze für Schwierigkeiten und Konflikte in Schule und Unterricht. (Kompetenz 6)

▶ Lehrerinnen und Lehrer diagnostizieren Lernvoraussetzungen und Lernprozesse von Schülerinnen und Schülern; sie fördern Schülerinnen und Schüler gezielt und beraten Lernende und deren Eltern. (Kompetenz 7)

▶ Lehrerinnen und Lehrer erfassen Leistungen von Schülerinnen und Schülern auf der Grundlage transparenter Beurteilungsmaßstäbe. (Kompetenz 8)

Auf den ersten Blick erscheint vor allem die Kompetenz 7, in der es konkret um die Diagnosefähigkeiten von Lehrkräften geht, relevant für den eigenen Unterricht zu sein. Dies wäre jedoch eine verkürzte Wahrnehmung, da Diagnose nicht losgelöst von den übrigen Handlungsfeldern stattfindet. So ist sie stets intentional, dient beispielsweise der Beurteilung von Schülerleistungen, der Unterrichtsplanung, der Beratung von Eltern und Vielem mehr. Mit Ingenkamp und Lissmann gesprochen ist es „Zweck diagnostischer Tätigkeiten [...], Informationen zur Optimierung des pädagogischen Handelns zu gewinnen" (2008, S. 12). Ein solches pädagogisches – und darin aufgehend didaktisches – Den-

---

2 Insgesamt werden in den Standards für die Lehrerbildung elf Kompetenzen benannt. Die Kompetenzen 9, 10 und 11, die hier nicht aufgeführt sind, umfassen vor allem Fähigkeiten in Bezug auf die eigene Lehrer(innen)persönlichkeit und die Mitgestaltung von Schule (vgl. KMK 2004c, i.d.F. vom 16.05.2019, S. 12f.).

ken und Handeln, findet in der Grundschule auf diversen Ebenen statt. Nimmt man die Maxime von Ingenkamp und Lissmann ernst, dann sind die primären Ziele diagnostischer Tätigkeiten die Evaluation, Reflexion und, wenn erforderlich, die Veränderung des eigenen pädagogischen Handelns. Die regelmäßige Diagnose von Lernvoraussetzungen und -entwicklungen dient danach nicht alleinig der Einschätzung des Schülerkönnens, sondern vornehmlich der Überprüfung der Wirksamkeit des eigenen Unterrichts. Dies entspricht dem Konzept des Angebots-Nutzungsmodells nach Helmke, welches wir bereits in Kapitel 1.1 vorgestellt haben. Helmke (2021, S. 129 ff.) verweist – u. a. in Anlehnung an eigene Untersuchungen, die er zusammen mit Weinert durchgeführt hat – insbesondere auf den Zusammenhang der Lehrer(innen)merkmale „Strukturiertheit" und „Diagnosekompetenz" mit dem „Lernerfolg" der Schüler(innen). Danach korreliert ein hohes Maß an Diagnosekompetenz mit der Häufigkeit der Strukturierungshilfen und beides zusammen wirkt sich wiederum positiv auf die Schülerleistungen aus. Deutlich wird daran aber auch, dass Diagnosekompetenz kein alleiniger Faktor für Unterrichtsqualität und Lernerfolg ist, sondern vielmehr, so Helmke, eine Katalysatorvariable, die andere Unterrichtsmerkmale, wie beispielsweise in die „Strukturiertheit", beeinflusst (vgl. ebd.).

Bei Lehrkräften, die also über eine hohe Diagnosekompetenz verfügen und zudem die Schülerleistungen systematischer und regelmäßiger erfassen, ist in der Folge der Unterricht auch schülerorientierter. Diagnose wird damit zur Kernaufgabe von Lehrkräften, ob nun Lernvoraussetzungen erfasst, Lernentwicklungen dokumentiert oder auch der eigene Unterricht evaluiert werden sollen. Forschungsergebnisse, die uns dazu seit Langem vorliegen, bestätigen zum einen die hohe Bedeutsamkeit der Diagnose sowie das Zusammenspiel verschiedener Unterrichtsmerkmale für die Unterrichtsqualität (vgl. auch Helmke/Weinert 1997; Lipowsky 2006; Spinath 2005; van Buer/Zlatkin-Troitschanskaia 2009; Weinert/Helmke 1987).

Diagnostik und diagnostische Kompetenz

Diagnostik beinhaltet alle diagnostischen Tätigkeiten, um Voraussetzungen, Potenziale und Entwicklungen von Lernenden systematisch zu ermitteln, zu analysieren und daraus Handlungsoptionen abzuleiten. Sie dient der Optimierung individuellen Lernens sowie der Qualitätssicherung des Unterrichts (vgl. dazu Ingenkamp/Lissmann 2008, S. 13).

Diagnostische Kompetenz zeigt sich in der Fähigkeit, diagnostische Urteile treffen zu können. Sie umfasst ein Bündel an Fähigkeiten. Dazu gehören diagnostisches Wissen, also das Wissen über Verfahren und Instrumente, diagnostisches Können im Sinne eines Anwendungsbezugs und nicht zuletzt didaktisches Können, welches auf den diagnostischen Erkenntnissen aufbaut (vgl. Helmke 2012, S. 121 f.; Hesse/Latzko 2017, S. 25 f.; Weinert 2000, S. 14 f.; Wildemann 2010b, S. 188, Wildemann/Merkert 2023).

Seit Anfang 2015 liegt außerdem die *Gemeinsame Empfehlung von Hochschulrektorenkonferenz und Kultusministerkonferenz* für eine *Lehrerbildung für eine Schule der Vielfalt* vor (vgl. KMK & HRK 2015). Gefordert wird darin: „Im Vorbereitungsdienst müssen künftige Lehrerinnen und Lehrer in die Lage versetzt werden, diagnostische Verfahren anzuwenden, im Unterricht eine Vielfalt von Lernzugängen in Form von vielfältigen Aufgaben und Themenstellungen auf unterschiedlichen Handlungsniveaus anzubieten und den eigenen Unterricht kontinuierlich evaluieren zu können." (ebd., S. 4) Auch in den nationalen Bildungsstandards für die Fächer Deutsch und Mathematik wird auf die Notwendigkeit einer Passung zwischen kindlichen Fähigkeiten und Lernangeboten implizit hingewiesen:

> Im Deutschunterricht werden daher sprachdiagnostische Erkenntnisse einschließlich entsprechender Beobachtungen genutzt. Alle Schülerinnen und Schüler bedürfen individueller Zuwendung, Schülerinnen und Schüler mit verzögerter Entwicklung oder mit besonderer Begabung auch spezifischer Förderung. (KMK 2004a, i.d.F. vom 23.06.2022, S. 6)

> Der Mathematikunterricht des Primarbereichs greift die frühen mathematischen Erfahrungen der Kinder auf, vertieft, systematisiert und erweitert sie und entwickelt aus ihnen grundlegende mathematische Kompetenzen. Auf diese Weise wird die Grundlage für das Mathematiklernen in den weiterführenden Schulen und für die lebenslange Auseinandersetzung mit mathematischen Anforderungen des täglichen Lebens geschaffen. [...] Unterricht, der sich an den Bildungsstandards orientiert, nimmt die Lernprozesse und Lernergebnisse der Schülerinnen und Schüler in den Blick und geht konstruktiv mit Fehlern und Präkonzepten um. Ebenso wird ermöglicht, individuelle Lernwege zu entwickeln und für das weitere Lernen zu nutzen, damit mathematisches Wissen flexibel und mit Einsicht in vielfältigen kontextbezogenen Situationen angewendet werden kann. Unterricht in Mathematik muss die verschiedenen Vorerfahrungen und Bedürfnisse der Schülerinnen und Schüler einbeziehen und alle Lernenden dazu ermutigen, Interesse an mathematischen Zusammenhängen zu gewinnen und selbstbewusst und kreativ ihre individuellen Fähigkeiten und Entwicklungspotenziale zu nutzen. Dadurch kann Inklusion im Mathematikunterricht realisiert werden. (KMK 2004b, i.d.F. vom 23.06.2022, S.6f.)

Wenn in den Bildungsstandards für den Deutschunterricht eine Anknüpfung an den Entwicklungsstand eines Kindes und für den Mathematikunterricht die Berücksichtigung der Leistungsheterogenität innerhalb der Schülerschaft vorausgesetzt werden, so impliziert eine solche Annahme die gezielte Wahrnehmung differenter Entwicklungen und Leistungsspektren durch die Lehrperson. Diagnostik wird damit zu einer Teildimension des Unterrichtens, wobei es vor allem um das richtige Passungsverhältnis zwischen Unterricht und den festgestellten Bedarfen der Schüler(innen) geht (vgl. dazu auch Hattie 2013, S. 235). Wie ist es in der Grundschule aber um die Diagnosekompetenz und vor allem um die Diagnosepraxis von Lehrer(inne)n im Hinblick auf das sprachliche Können ihrer Schüler(innen) bestellt? Ebenfalls mit Bezug auf die bereits angeführte Passung von Diagnostik und Unterricht, stellt Ehlich fest: „Die auf Förderung [dabei schließt ein weiter Förderbegriff u. E. Unterricht ein] zielende Sprachstandserhebung ist bislang weder für Lernende, deren Muttersprache Deutsch ist, noch für Lernende, deren Muttersprache nicht oder nicht ausschließlich das Deutsche ist, befriedigend oder gar hinreichend." (Ehlich 2005a, S. 37) Bredel führt diesen Zustand, der sich bis heute nicht maßgeblich geändert hat, auf zwei Desiderata zurück. Zum einen attestiert sie Lehrkräften aufgrund fehlender Aus- und Fortbildungsstrukturen unzureichende professionelle Kompetenzen in den Bereichen Diagnostik und Förderung (vgl. Bredel 2007, S. 113) und zum anderen kritisiert sie den Mangel an wissenschaftlichen Diagnose- und Fördermodellen, was ihres Erachtens dazu geführt hat, dass sich in den Schulen eine „Augenscheindiagnostik" (ebd., S. 78) etabliert hat. Zu einem ähnlichen Resultat kommt Eckerth (2013), die in ihrer Studie die Diagnose- und Förderpraxis von Grundschullehrkräften und anderen pädagogischen Fachkräften untersucht hat. Neben einer Fragebogenerhebung, in der die Gruppe der Lehrenden vor allem ihr eigenes diagnostisches und unterrichtliches Handeln einschätzen sollte, wurden Unterrichtsbeobachtungen durchgeführt. Insgesamt nahmen für das erste Schuljahr 59 und für das zweite Schuljahr 65 pädagogische Fachkräfte an der Befragung teil.[3] Die Gruppe der pädagogischen Fachkräfte setzte sich aus Grundschullehrkräften, Sonderpädagog(inn)en, Sozialpädagog(inn)en, Erzieher(inne)n und studentischen Mitarbeiter(inne)n zusammen, wobei die Anzahl der Lehrkräfte in beiden Stichproben dominant war. An der teilnehmenden Beobachtung nahmen wieder 49 Lerngruppen aus dem ersten Schuljahr und 41 Lerngruppen aus dem zweiten Schuljahr teil (Eckerth 2013, S. 136 ff.). Die Beobachtung wurde mittels des *PQA* (Beobachtungsverfahren zur Erfassung der Prozessqualität des schriftsprachlichen und mathematischen Anfangsunterrichts, vgl. Eckerth 2013; Gabriel 2014) in den ersten Klassen an drei Messzeitpunkten und in der zweiten Klasse an einem Messzeitpunkt durchgeführt. Die Ergebnisse der Gesamtstudie der Diagnosepraxis ergibt folgendes Bild (vgl. Eckerth 2013, S. 143 ff. und 341 ff.):

▶ Pädagogische Fachkräfte erfassen die schriftsprachlichen Fähigkeiten in den ersten beiden Schuljahren vor allem spontan, situativ und angebunden an den aktuellen Unterricht.

▶ Spontane, situative Beobachtungen wurden zudem gegen Ende der Schuleingangsphase signifikant häufiger durchgeführt als zu Beginn.

▶ Gezielte Unterrichtsbeobachtungen finden hingegen kaum statt.

▶ Beobachtet wurde vornehmlich in geöffneten Lehr-Lern-Situationen, hier jedoch sowohl prozess- als auch produktorientiert.

---

3 Die Untersuchung wurde ebenfalls in der Kita durchgeführt.

▸ Wenn Diagnoseverfahren eingesetzt wurden, dann mehrheitlich informelle Verfahren.

▸ Bei der Analyse der Lernvoraussetzungen fand hauptsächlich eine Orientierung an einer individuellen Bezugsnorm statt.

Festhalten lässt sich für die ersten zwei Schuljahre, dass Lehrkräfte hier vor allem durch unterrichtsimmanente, unsystematische und ungeplante Beobachtungen zu ihren diagnostischen Urteilen gelangen. Auch der *IQB-Ländervergleich* für die vierte Jahrgangsstufe kommt zu dem Ergebnis, dass Sprachstandsfeststellungen in erster Linie durch Beobachtungen durch die Lehrkräfte erfolgen (Stanat et al. 2012b, S. 255). Geht es um die konkrete Feststellung eines Sprachförderbedarfs werden jedoch überwiegend standardisierte Verfahren herangezogen (vgl. ebd., S. 256). Interessant ist im Hinblick auf die Diagnosekompetenzen auch die Untersuchung von Dollinger (2013), die darin die Diagnosegenauigkeit von Erzieher(inne)n (n=44) und Lehrer(inne)n (n= 36) in den Bereichen *Wortschatz, Lesen, Phonologische Bewusstheit* und *Mathematik* untersucht hat. Im Bereich *Wortschatz* wird danach ein durchschnittliches Kind von den Erzieher(inne)n um 16 Prozent signifikant überschätzt (vgl. ebd., S. 117), während Lehrkräfte dieses um 2 Prozent überschätzen (vgl. ebd., S. 125). Im Lesen hingegen wird ein durchschnittlicher Schüler von Lehrkräften um 14 Prozent signifikant unterschätzt (vgl. ebd., S. 126), von Erzieher(inne)n wiederum lediglich um 4 Prozent (vgl. ebd., S. 118). Auch im Bereich der *Phonologischen Bewusstheit* unterscheiden sich Erzieher(innen) und Lehrer(innen) hinsichtlich ihrer Diagnosegenauigkeit. Während Erzieher(innen) ein durchschnittliches Kind hier um 11 Prozent überschätzen (vgl. ebd., S. 120), überschätzen Lehrkräfte um 7 Prozent (vgl. ebd., S. 128). Bezüglich der mathematischen Kompetenzen sind die Einschätzungen der Erzieher(innen) besonders wenig differenziert, gerade Kinder mit guten mathematischen Kompetenzen werden deutlich unterschätzt (vgl. ebd., S. 121). Dollinger führt für ihre Ergebnisse verschiedene Begründungen ins Feld, so z. B., dass im Elementarbereich die sprachliche Förderung zumeist im Vordergrund steht, hier insbesondere die Förderung der *Phonologischen Bewusstheit* (vgl. ebd., S. 120). Mit Blick auf Kinder mit Migrationshintergrund kommt Dollinger außerdem zu der Erkenntnis:

> Sowohl Erzieher wie auch Lehrer schätzen die Kompetenzen der Kinder mit Migrationshintergrund tendenziell exakter ein als die Fähigkeiten der Kinder ohne Migrationshintergrund. Bei den Erziehern zeigt sich dies rein im sprachlichen Bereich, bei den Lehrpersonen auch im mathematischen. (ebd., S. 148)

Für die Gruppe der Lehrkräfte kommt Dollinger außerdem zu dem Resultat, dass Lehrkräfte die Kompetenzen in den Bereichen *Wortschatz, Lesen* und *Phonologische Bewusstheit* gegen Ende des ersten Schuljahres zunehmend exakter einschätzen, während die mathematischen Kompetenzen weiterhin signifikant unterschätzt werden (vgl. ebd., S. 167 ff.). Zu bedenken ist bei derartigen Ergebnissen, dass neben personenbezogenen Merkmalen sicherlich die (fachspezifische) Professio-

nalisierung der einzelnen Lehrkräfte eine Einflussgröße darstellt. Für Deutsch-
und Mathematiklehrkräfte (n=1744) stellt der *IQB-Ländervergleich* hierzu fest,
dass diese für die Bereiche „Leistungsdiagnostik und –beurteilung" sowie „Bin-
nendifferenzierung/individuelle Förderung" mit 52,8 Prozent und 61,5 Prozent einen hohen subjektiven Fortbildungsbedarf angeben, der Anteil der tatsächlich besuchten Fortbildungsveranstaltungen mit 17,7 Prozent und 13,9 Prozent jedoch
vergleichsweise gering ausfällt (vgl. Richter et al. 2012, S. 247). Ein Grund dafür
ist sicherlich auch das niedrige Fortbildungsbudget an den Schulen, das in keiner
Relation zu den anfallenden Kosten für viele Fortbildungen steht. Zwischen Anspruch und Wirklichkeit klafft hier somit nach wie vor eine Lücke, die sich schließlich in der Diagnosepraxis, wie Eckerth (2013) nachgewiesen hat, widerspiegelt.

▶ Wie ermitteln Sie das sprachliche Können Ihrer Schüler(innen)?

▶ Welche Prüfverfahren (Tests, Screenings, Beobachtungen, Profilanalyse) für die
   Sprachdiagnostik kennen Sie?

▶ Wonach entscheiden Sie, ob Sie a) eine Sprachdiagnostik durchführen und b) welches
   Diagnoseverfahren Sie dafür verwenden?

1.4.1 Sprach-Diagnose im Fachunterricht

Sprachkompetenz gilt als Schlüsselqualifikation für das Lernen in der Schule (vgl.
u.a. bei Chudaske 2012; Michalak 2014; Schmölzer-Eibinger 2013). Dies gilt weit
über den Deutschunterricht hinaus. Aber erst in den letzten Jahren ist Sprache
verstärkt in den Fokus des primär „nichtsprachlichen" Fachunterrichts gerückt.
Im Vordergrund stehen dabei auf der einen Seite Konzepte für einen sprachsensiblen Fachunterricht, die Lehrkräften Handlungsoptionen an die Hand geben
wollen (vgl. dazu Beese et al. 2014; Kurtz et al. 2014; Weis 2013) – allen voran Lei-
sens *Handbuch Sprachförderung im Fach. Sprachsensibler Fachunterricht in der Praxis,*
welches erstmals 2010 im Varus Verlag und schließlich 2013 im Klett Verlag neu erschienen ist. Aktuell ist eine Auflage aus dem Jahr 2017 erhältlich. Auf der anderen Seite widmet sich die fachdidaktische Forschung vermehrt Fragen zu Anforderungen, Voraussetzungen und Gelingensbedingungen eines Fachunterrichts,
der neben dem fachlichen auch das sprachliche Können der Schüler(innen) berücksichtigt (s. dazu Ahrenholz 2010a, Ahrenholz et al. 2019; Benholz et al. 2010;
Becker-Mrotzek et al. 2013; Röhner/Hövelbrinks 2013a; Hövelbrinks 2014; Riebling 2013; Schmölzer-Eibinger 2011). Wie sieht es nun aber mit der Diagnose
sprachlicher Kompetenzen im Fachunterricht aus? Hier kann bislang nur auf wenige empirische Daten verwiesen werden. Für den Physikunterricht können die
Arbeiten von Kulgemeyer/Schecker (2009, 2013) genannt werden – sie thematisieren fachsprachliche Kompetenzen für den Unterricht in der Sekundarstufe.

Auf der Grundlage eines Kompetenzmodells (vgl. Kulgemeyer 2010; Kulgemeyer/ Schecker 2012) haben sie einen Test entwickelt, der vier Aspekte eines Kommunikationsaktes (Kontext, Code, Darstellungsform, Sachaspekt) erfasst. Die Testaufgaben umfassen Aufgaben aus den Bereichen Energie, Wärmelehre und Elektrizitätslehre und bestehen aus geschlossenen und offenen Aufgabenformaten (vgl. Kulgemeyer 2010, S. 91ff.). Ein Beispiel für eine geschlossene Aufgabe ist in Abb. 3 zu finden. Der vollständige Test ist in Kulgemeyer 2010 abgebildet.

In der Tabelle findest du drei Aussagen, die ein Physiker getroffen hat. Wenn er mit seinen Fachkollegen spricht, dann formuliert er allerdings anders, als wenn er mit seiner Familie redet. Mit seinen Fachkollegen spricht er Fachsprache, mit seiner Familie Alltagssprache. **Entscheide, welche dieser Aussagen in Alltagssprache und welche in Fachsprache formuliert sind!**		
	Alltags- sprache	Fach- sprache
Um den Energieverbrauch zu verringern, muss jeder für sich Anstrengungen unternehmen.	⊗	○
Körper gleicher Masse können mehr Energie speichern, wenn sie eine höhere spezifische Wärmekapazität haben.	○	⊗
Energie bleibt erhalten, sie kann nur von einer Energieform, z. B. Kinetischer Energie, in eine andere umgewandelt werden.	○	⊗

Abb. 3: Beispielaufgabe für die Aspekte „Code" und „Sachaspekt" mit Lösung (Kulgemeyer/Schecker 2012, S. 33)

Hinsichtlich der Diagnose von kommunikativer Kompetenz in Abhängigkeit zum Fachwissen kommen Kulgemeyer und Schecker zu dem Fazit, dass mit dem Instrument nicht allein die domänenspezifische Kommunikationskompetenz, sondern auch der Zusammenhang von physikalischer Kommunikationskompetenz und physikalischem Fachwissen untersucht werden kann (vgl. Kulgemeyer/ Schecker 2012, S. 52). Gleichzeitig stellen sie aber auch fest, dass vorhandenes Fachwissen zwar eine Voraussetzung für eine durchschnittliche adressatengemäße Kommunikationskompetenz ist, es aber auch Hinweise darauf gibt, „dass ein sehr hohes Fachwissen ein Hindernis für das Erreichen überdurchschnittlicher adressatengemäßer Kommunikationskompetenz ist" (ebd., S. 53). Vergleichbare Arbeiten liegen für das Unterrichtsfach Chemie vor. So beispielsweise von Busch und Ralle (2013), welche mündliche und schriftliche Schüler(innen)äußerungen auf ihren fachsprachlichen Gehalt hin analysiert haben. Auch die Studie von Kobow (2015) versucht ähnlich wie Kulgemeyer und Schecker ein Modell inklusive Test zur Kommunikationskompetenz im Chemieunterricht zu entwickeln. Hier wurden die Aspekte „Informationen erschließen", „Informationen weitergeben" und „Argumentieren" untersucht. Alle drei Komponenten sind auch für den Mathematik- und Sachunterricht in der Grundschule relevant (vgl. dazu Kap. 6).

Für den Mathematikunterricht in der Primarstufe hat u. a. Schütte (2009) untersucht, wie dieser durch die Lehrkräfte sprachlich gestaltet wird. Ein wesentliches Resultat seiner Studie ist, dass Mathematiklehrkräfte sprachliches Lernen nicht explizit, sondern vornehmlich implizit gestalten. Konkret heißt dies,

> [...] dass die Bedeutungen der Begriffe sowie inhaltliche Bezüge zwischen den neu zu lernenden mathematischen Begriffen bzw. Fachtermini oder der zu bereits bekannten alltagssprachlichen Begrifflichkeiten nicht oder nur implizit hergestellt werden. Die Bedeutungen oder Bezüge werden nicht explizit von der Lehrperson in den Unterrichtsdiskurs aufgenommen und finden so in der Interaktion des Klassengesprächs keine Berücksichtigung. (Schütte 2009, S. 195)

Obwohl sich Schüttes Untersuchung der sprachlichen Unterrichtsgestaltung und nicht der Diagnostik im Fach widmet, lassen seine Erkenntnisse doch Rückschlüsse auf das Verhältnis von Diagnose und Unterricht zu. Wenn der Mathematikunterricht relativ losgelöst von den Kompetenzen und Bedarfen der Schüler(innen) erfolgt, kann zweierlei vermutet werden: entweder ignorieren die Lehrkräfte die Sprachkompetenzen ihrer Schüler(innen)schaft trotz besseren Wissens oder sie kennen deren sprachliche Fähigkeiten nicht oder nicht ausreichend. Beides spricht dafür, dass Sprachdiagnostik in ihrer Unterrichtsplanung keine oder nur eine äußerst geringe Rolle spielt. Dies würde auch den Studienergebnissen von Riebling (2013, S. 140 f.) entsprechen, die festgestellt hat, dass Lehrkräfte den naturwissenschaftlichen Unterricht weitaus häufiger mit Blick auf die fachlichen als auf die sprachlichen Lernvoraussetzungen ihrer Schüler(innen) planen (vgl. auch Kap. 7.1).

Für die Sprachdiagnostik im Fachunterricht liegen somit bislang nur wenige Einsichten vor, die unmittelbar für die Diagnose in der Schule genutzt werden können. Hier bedarf es noch weiterer wissenschaftlicher Erkenntnisse und einer Modellierung von quantitativen und qualitativen Diagnoseinstrumenten. Dabei gelten für die Sprachdiagnose im Fachunterricht jedoch die gleichen grundlegenden Anforderungen wie für die allgemeine Sprachdiagnostik. Sie sollten von Lehrkräften bereits im Vorfeld mitbedacht werden.

1.4.2 Leitfragen diagnostischen Handelns

Diagnose ist kein Nebenprodukt des Unterrichts, auch wenn bisherige Studienresultate aufgezeigt haben, dass Lehrkräfte bevorzugt Unterrichtsprozesse oder -produkte für eine Augenscheindiagnose heranziehen. Hierbei handelt es sich in der Regel um ungeplante und unsystematische Beobachtungen, mit denen nicht selten Bezugsgruppeneffekte einhergehen. Will man im Fachunterricht trotz des Fehlens standardisierter Diagnoseinstrumente die sprachlichen Fähigkeiten seiner Schüler(innen), z. B. mittels Beobachtung, diagnostizieren, so sind die grundlegenden Anforderungen diagnostischen Handelns dennoch zu berücksichtigen. Dafür ist es erforderlich, sich bereits im Vorfeld handlungsleitende Fragen zu stellen (vgl. auch Wildemann/Vach 2022, S. 172, Wildemann/Merkert 2023).

Bezugsgruppeneffekt

Bei Bezugsgruppeneffekten werden Schüler(innen) einer Klasse miteinander verglichen. Der Einfluss der Leistungsstärke einer Klasse beeinflusst dabei zunächst das Selbstkonzept. So zeigen Schüler(innen) in eher leistungsschwachen Klassen oft ein höheres Selbstkonzept, während Schüler(innen) mit identischer Leistungsstärke ein eher niedriges Selbstkonzept aufweisen, wenn sie in einer leistungsstarken Klasse sind. Der Bezugsgruppeneffekt spiegelt sich dabei auch in den Leistungsbeurteilungen durch die Lehrkräfte wider; in leistungsstarken Klassen werden Schüler(innen) bei gleicher Leistung vergleichbar schlechter beurteilt als in leistungsschwachen Klassen (vgl. Wild/Möller 2015, S. 188).

Warum soll diagnostiziert werden (Zielfrage)?

Diagnose ist stets intentional, wobei die Frage, worauf die Diagnose abzielt, unterschiedlich beantwortet werden kann. Geht es darum, die sprachlichen *Lernvoraussetzungen* der Schüler(innen) z. B. vor Beginn einer Unterrichtssequenz zu erfassen, so stehen in der Regel Wortschatz (alltagssprachlich und fachsprachlich), Lesefähigkeiten bei unterschiedlichen Textformaten sowie die mündlichen und schriftlichen Kommunikationsfähigkeiten im Fokus. Soll die *Lernprogression* festgehalten werden, so genügt eine einmalige Diagnose nicht, vielmehr sind dann diagnostische Schleifen (s. Wildemann 2018, S. 118) erforderlich. Bei einer einmaligen Überprüfung des *Lern- und Leistungsstandes*, beispielsweise am Ende einer Unterrichtssequenz, handelt es sich in der Regel um Wissensabfragen.

Was soll diagnostiziert werden (Inhaltsfrage)?

Besteht Klarheit über das Ziel der Sprachdiagnostik, so kann auch die Inhaltsfrage beantwortet werden. Hier ist zu unterscheiden, welcher Sprachbereich (*Sprechen, Zuhören, Lesen, Schreiben*) im Fokus der Diagnose steht. Hat man sich für einen Bereich entschieden – und es ist sinnvoll, nicht gleich mit mehreren Sprachbereichen zu beginnen, sondern diese nach und nach gezielt in den Blick zu nehmen – so muss dieser nun konkreter formuliert werden. Sollen beispielsweise die Lesekompetenzen im Fachunterricht in den Blick genommen werden, so ist vorher festzulegen, welche dies im Einzelnen sind. Auch hier helfen Fragen weiter: Geht es darum, ob Schüler(innen) Schlüsselwörter in einem kontinuierlichen Text erkennen oder sollen sie die Gesamtaussage des Textes erfassen (s. dazu auch Kap. 8.2)? Wollen Sie erfahren, ob Ihre Schüler(innen) diskontinuierliche Texte (z. B. Grafiken, Diagramme, Tabellen) lesen können (vgl. dazu auch Kap. 6.3.4)? Außerdem kann die Diagnose innerhalb der vier Sprachbereiche noch spezifischer auf die Anforderungen im Mathematik- oder Sachunterricht ausgerichtet werden, z. B. indem bildungssprachliche Fähigkeiten wie „Beschreiben", „Erklären", „Argumentieren", „Vermutungen formulieren", „Informationen weitergeben" überprüft werden. Für die Überprüfung bildungssprachlicher Fähigkeiten wird derzeit in dem Projekt *BiSpra* ein Test entwickelt (vgl. Uesseler et al. 2013 und Kap. 5.1 sowie 7.2.1).

BiSpra

Das Projekt *BiSpra* wurde von 2009 bis 2016 durchgeführt. Untersucht wurde darin, welche Merkmale von Bildungssprache Grundschulkindern mit unterschiedlichem sprachlichen und sozialen Hintergrund besondere Probleme bereiten. Verglichen wurden dabei auch die bildungssprachlichen Leistungen von Kindern mit Deutsch als Erstsprache und Deutsch als Zweitsprache. Um das bildungssprachliche Vermögen zu testen, wurden in der ersten Förderphase Hörverstehensaufgaben für die zweite und dritte Jahrgangsstufe erprobt (vgl. Heppt et al. 2012). In der zweiten Förderphase *(BiSpra II)* wurde ein standardisiertes Testinstrument für die Überprüfung bildungssprachlicher Fähigkeiten entwickelt (Birgit Heppt, Judith Köhne-Fuetterer, Jenny Eglinsky, Anna Volodina, Petra Stanat, Sabine Weinert: BiSpra 2-4. Test zur Erfassung bildungssprachlicher Kompetenzen bei Grundschulkindern der Jahrgangsstufen 2 bis 4.Münster: Waxmann, 202)

Wer soll diagnostiziert werden (Zielgruppenfrage)?

Dies ist wahrscheinlich die am einfachsten zu beantwortende Leitfrage. Überprüft werden können entweder die Kompetenzen einzelner Schüler(innen) oder eine Schülergruppe – auch der gesamten Klasse. Es handelt sich dennoch um eine äußerst wichtige Frage, da sich mit ihrer Beantwortung die nächste Frage stellt, nämlich wie diagnostiziert werden soll. Bevor aber vorschnell die Methodenfrage geklärt wird, sollte noch entschieden werden, ob die Leistung einer Schülerin oder eines Schülers überprüft werden soll oder ob es darum geht, sich einen Überblick über den Leistungsstand in der Klasse zu verschaffen. Geht es um eine Einzeldiagnose, muss stets die Frage gestellt werden, ob eine einmalige Überprüfung ausreichend ist, um vertiefende Informationen zu erhalten. Soll hingegen der Leistungsstand aller Schüler(innen) erfasst werden, so muss klar sein, dass für eine vertiefende Einzelfallanalyse ggf. zusätzliche diagnostische Tätigkeiten erforderlich sind.

Wie soll diagnostiziert werden (Methodenfrage)?

An die Ziel- und Inhaltsfrage schließt sich wiederum die Frage des Vorgehens an. Sicherlich können in Kooperation mit der Deutschlehrkraft auch standardisierte Verfahren angewandt werden, wenn es beispielsweise um die Erfassung der domänenübergreifenden Lesekompetenz oder den allgemeinen Wortschatz geht. Die Anwendung solcher Verfahren ist wichtig, um festzustellen, ob Schüler(innen) hier einen grundlegenden Förderbedarf haben, denn wenn eine Schülerin oder ein Schüler bereits im Alltagswortschatz erhebliche Entwicklungsrückstände aufweist, dann sollte dies sowohl Inhalt der Sprachförderung sein als auch im Fachunterricht berücksichtigt werden. Für den Fachunterricht sind ggf. zusätzliche Überprüfungen hilfreich, um zu wissen, ob eine Schülerin oder ein Schüler hier spezielle Unterstützung benötigt. Da es für die Überprüfung fachspezifischer Sprachfähigkeiten bislang kein Testinstrument gibt, sind Lehrkräfte in diesem Fall auf Unterrichtsbeobachtungen oder die Analyse von schriftlichen Schüler(innen)leistungen angewiesen. Für beides sind nachfolgend einige Hinweise für die Durchführung formuliert (siehe dazu auch Wildemann/Merkert 2023; S. 90):

Systematische Unterrichtsbeobachtungen
- ▶ Klären Sie zunächst die Ziel-, Zielgruppen- und Inhaltsfrage.
- ▶ Legen Sie ein Beobachtungsmerkmal fest.
- ▶ Wählen Sie Aufgaben bzw. Lernsettings aus, anhand derer Sie die Beobachtung durchführen wollen.
- ▶ Halten Sie Ihre Beobachtungsfragen und die dazugehörigen Beobachtungskriterien schriftlich fest.
- ▶ Formulieren Sie ggf. vorab eine Prognose.
- ▶ Beobachten Sie nun das Lernverhalten der Schülerin oder des Schülers hinsichtlich des gewählten Merkmals.
- ▶ Halten Sie Ihre Beobachtung schriftlich fest. Versuchen Sie dabei, das Lernverhalten zunächst nur zu beschreiben und noch nicht zu bewerten.
- ▶ Vergleichen Sie Ihre Beobachtung mit Ihrer zuvor geäußerten Prognose.
- ▶ Analysieren Sie das beobachtete Lernverhalten anhand Ihrer Kriterien und geben eine abschließende Einschätzung.
- ▶ Reflektieren Sie die Lernleistung vor dem Hintergrund weiterer Variablen (Lernvoraussetzungen, Unterricht, Lernsituation usw.)
- ▶ Geben Sie ein vorerst abschließendes Urteil und formulieren Sie angemessene Förderschritte oder Unterstützungsmaßnahmen, die für das jeweilige Kind erreichbar sind.

Die systematische Beobachtung einer einzelnen Schülerin oder eines einzelnen Schülers ist recht aufwendig (siehe dazu auch Wildemann/Merkert 2020, S. 89ff.). Vor allem die Formulierung von Beobachtungsfragen und -kriterien fällt anfangs nicht leicht. Hier bietet es sich an, mit anderen Kolleg(inn)en, auch fächerübergreifend zusammenzuarbeiten und gemeinsam Beobachtungskriterien oder ggf. ein Beobachtungsraster zu erarbeiten. Besteht die Möglichkeit, dass eine Kollegin oder ein Kollege beobachtet, während die oder der andere unterrichtet, sollte diese Gelegenheit unbedingt genutzt werden. Neben der Schüler(innen)beobachtung können auf diese Weise ggf. Rückmeldungen zum Lehrer-Schüler-Verhalten gemacht werden.

Analyse von Schülertexten

▸ Auch hier ist im ersten Schritt die Ziel-, Zielgruppen- und Inhaltsfrage zu beantworten.

▸ Für die Textanalyse sind Analysekriterien festzulegen. Diese können verschiedene Teilaspekte beinhalten, z. B. die korrekte Anwendung des Fachwortschatzes, Verknüpfungen zwischen Wörtern, Sätzen und Textteilen usw. (vgl. auch Kap. 5).

▸ Beachten Sie die Aufgabenformulierung. Sie wirkt sich auf das Schreiben und letztlich auf den Schüler(innen)text aus. Vorzugsweise sollten Sie Aufgabenformate verwenden, die den Schüler(inne)n bereits vertraut sind.

▸ Achten Sie darauf, dass das Leseverständnis bei schriftlich formulierten Aufgaben nicht das Schreiben behindert.

▸ Geben Sie für die Aufgabenbearbeitung ausreichend Zeit.

▸ Formulieren Sie ggf. eine Prognose/ein Musterbeispiel.

▸ Markieren Sie in den Schüler(innen)texten die analyserelevanten Stellen.

▸ Halten Sie das Ergebnis Ihrer Analyse schriftlich fest.

▸ Vergleichen Sie das Ergebnis mit Ihrer zuvor geäußerten Prognose.

▸ Geben Sie ein vorerst abschließendes Urteil und formulieren Sie Förderschritte oder Unterstützungsmaßnahmen.

Eine Analyse von Schüler(innen)texten kann im Gegensatz zur systematischen Beobachtung für die gesamte Klasse durchgeführt werden. Hier ist aber darauf zu achten, dass kein Vergleich zwischen den Schüler(inne)n vorgenommen wird, um Bezugsgruppeneffekte zu vermeiden (vgl. Fokuskasten, S. 36/37). Vielmehr geht es um die Einzelleistung einer Schülerin oder eines Schülers.

Was geschieht mit den Ergebnissen (Anschlussfrage)?
Obwohl hier als Anschlussfrage tituliert, handelt es sich keinesfalls um eine Frage, die erst nach Abschluss der eigentlichen Diagnose gestellt wird. Ganz im Gegenteil, im Fokus steht vielmehr die Anschlussfähigkeit, also die Überlegung, wie die Erkenntnisse aus der diagnostischen Überprüfung weiter genutzt werden können. Daher muss vor Beginn der Diagnosetätigkeit danach gefragt werden, ob beispielsweise Förder- oder Unterstützungsmaßnahmen eingeleitet, lediglich eine Leistungsbeurteilung erfolgen oder vornehmlich der eigene Unterricht evaluiert und angepasst werden soll. Dabei sollten Lehrkräfte sich außerdem fragen, ob die Ergebnisse ausschließlich für den eigenen Unterricht oder darüber hinaus auch für andere Kolleg(inn)en von Interesse sind. Ist Zweiteres der Fall, ist es sinnvoll, die Kolleg(inn)en von Beginn an in die Diagnoseplanung und -tätigkeiten einzubeziehen und dadurch ein umfassenderes Bild von einer Schülerin oder einem Schüler oder der Klasse zu erhalten. Fördermaßnahmen, die auf eine gemeinsame, vielschichtigere Diagnose aufbauen, lassen sich zudem leichter umsetzen, wenn ein einheitliches Diagnose- und Förderkonzept vorliegt.

2 Sprachentwicklung am Übergang

In der kindlichen Sprachentwicklung spielen verschiedene Institutionen eine maßgebliche Rolle. Dazu zählt als erstes die Familie als primäre Sozialisationsinstanz. Die in ihr realisierten Diskurspraktiken beschreibt Heller sehr anschaulich als habitualisierte Aushandlungsprozesse zwischen den beteiligten Akteuren, in deren Kontext Kinder kommunikative Kompetenzen weniger in einem entwicklungspsychologischen Sinne erwerben, sondern sich diese v. a. in interaktiver Weise aneignen (vgl. Heller 2012, S. 17 ff.) Auch Bredel favorisiert den Begriff der *Sprachaneignung*, da er die Intentionalität und Eigenaktivität des Kindes hervorhebt. Sie stellt fest: „Der Aneignungsbegriff intendiert, dass das Individuum die Angebote der umgebenden Wirklichkeit selektiv aufnimmt und konstruktiv an die eigenen, zu einem bestimmten Zeitpunkt verfügbaren Kompetenzen anschließt." (Bredel 2007, S. 80) Das Zusammenspiel von inneren und äußeren Merkmalen beinhaltet folglich sowohl entwicklungsbedingte als auch umweltbedingte Einflussfaktoren. Maas bezeichnet ersteres als „Ausstattung" und meint mit Entwicklung in diesem Zusammenhang „die Entfaltung biologischer Anlagen" (Maas 2008, S. 277). Letzteres deklariert er als „Ausbau", in dessen Zuge eine Erweiterung der biologischen angelegten Sprachstrukturen innerhalb eines sozialen Raumes erfolgt (vgl. ebd., S. 281). Für die Sprachbildung im Elementarbereich sind die familiären Kommunikationserfahrungen eines Kindes bedeutsam, da sie ein Fundament für den weiteren Sprachaneignungsprozess darstellen.

Neben der Familie als früheste Instanz der kindlichen Entwicklung können mehrere sprachbiografische Schnittstellen benannt werden. Dazu zählen vor allem die institutionellen Übergänge, also der Übergang von der Familie in den Kindergarten, der Wechsel vom Kindergarten in die Grundschule, am Ende der Grundschulzeit der Übergang in eine weiterführende Schule und schließlich der Übergang ins Berufsleben oder an eine Hochschule. Verbunden sind mit solchen Übergängen, auch Transitionen genannt, stets Änderungen der kindlichen oder jugendlichen Erfahrungs- und Lebenswelten, was nicht nur institutionelle Begebenheiten einschließt, sondern auch damit einhergehende Kontextfaktoren, wie beispielsweise veränderte Peer-Group-Konstellationen. Nachfolgend werden vornehmlich die institutionellen Übergänge am Anfang und Ende der Grundschulzeit skizziert, um daran aufzuzeigen, welche sprachbezogenen Aneignungsaufgaben daran gekoppelt sind und wie Grundschullehrkräfte damit umgehen können.

Transitionen

Transitionen bezeichnen Übergänge, mit denen Veränderungen einhergehen, die sich nicht nur auf das Kind, sondern auf das gesamte soziale System, in dem das Kind bis dahin verankert ist, auswirken. Dazu gehört in erster Linie die Familie. Transitionen stellen das Kind und sein Umfeld vor neue Anforderungen, die es zu bewältigen gilt. Dazu gehören beispielsweise ein geänderter Tagesrhythmus, neue Bezugspersonen, andere Rituale, aber eben auch veränderte sprachliche Anforderungen (s. auch Niesel/Griebel 2010, Textor, o. J.).

2.1 Der Schulanfang als Schnittstelle zwischen Familien- und Schulsprache

In der Schule wird eine andere Sprache gesprochen als in der Familie. In Anlehnung an das Konstrukt von Koch und Oesterreicher (1985) wird in der Familie vorwiegend die „Sprache der Nähe" und in der Schule in zunehmendem Maße die „Sprache der Distanz" realisiert (vgl. auch Kap. 4.3). Obwohl in der familiären Sprachsozialisation des Kindes Aspekte der konzeptionellen Mündlichkeit überwiegen (s. Fokuskasten), ist sie zugleich der Ort der ersten literalen Spracherfahrungen: Kinder erleben ihre Eltern und Geschwister lesend, ihnen wird vorgelesen, Bilderbücher werden gemeinsam angeschaut, Hörmedien werden von ihnen rezipiert und auch Filme spielen eine Rolle in ihrem Alltag. So ergab die Zusatzuntersuchung *mini-KIM*[4], die im Rahmen der *KIM*-Studie vom Medienpädagogischen Forschungsverbund Südwest (mpfs) durchgeführt wurde, dass im Alltag der 2–3-Jährigen die höchste Buchbindung besteht, während bei den 4–5-Jährigen bereits ein Wandel zu audio-visuellen Medien festzustellen ist (vgl. KIM-Studie 2012, S. 67 f.) (s. auch Abb. 4 aus dem Jahr 2012). Damit findet bereits vor der Einschulung ein Wandel des medialen Nutzungsverhaltens statt. Das zeigt sich auch in der jüngeren miniKIM aus dem Jahr 2020 (S.16f.)

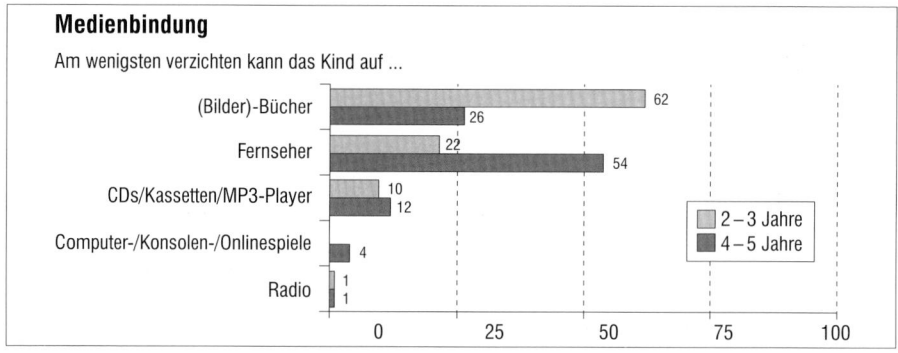

Abb. 4: Medienbindung Zwei- bis Dreijähriger und Vier- bis Fünfjähriger (N=632) gemäß der Sonderstudie *mini-KIM* (vgl. KIM-Studie 2012, S. 67 f.)

---

4   Die Ergebnisse aus der miniKiM Studie 2020 sind online einsehbar unter: https://www.mpfs.de/studien/minikim-studie/2020/, letzter aufruf: 16.02.2023.

Medial und konzeptionelle Mündlichkeit und Schriftlichkeit

Koch und Oesterreicher (1985) unterscheiden Sprache hinsichtlich ihrer medialen und konzeptionellen Mündlichkeit und Schriftlichkeit. Sprache kann zunächst in unterschiedlichen medialen Formen vorliegen. Zum einen kann Sprache medial mündlich sein. Es handelt sich dabei um das gesprochene, flüchtige Wort. Zum anderen kann Sprache medial schriftlich vorliegen, z. B. als ein geschriebener Text auf einem Blatt Papier. Es stellt sich aber nicht nur die Frage, in welcher Form Sprache vorliegt, sondern auch, wie sie gestaltet ist. Diesbezüglich kann zwischen konzeptioneller Mündlichkeit und Schriftlichkeit unterschieden werden. Sowohl das Telefonat mit einer Freundin als auch ein Vortrag vor dem Kollegium sind medial mündlich. Jedoch wird sich die Sprecherin oder der Sprecher je nach Situation anders ausdrücken. Bei einem Vortrag wird eine Art und Weise des Sprachgebrauchs vorliegen bzw. verlangt, die eher an das Schriftliche erinnert – sie ist daher zwar medial mündlich, aber konzeptionell schriftlich. Bei einem Telefonat mit einer Freundin können umgangssprachliche Ausdrücke verwendet oder Sätze nicht beendet werden – die Ausdrucksweise ist deshalb eher konzeptionell mündlich. Gleiches gilt für die medial schriftlich vorliegende Sprache. Eine SMS an einen Bekannten liegt ebenso medial schriftlich vor wie ein Brief an eine Behörde. Formuliert werden würde die SMS aber eher in einem umgangssprachlichen, lockeren Ton, also konzeptionell mündlich. Der formelle Brief ist dagegen mit großer Wahrscheinlichkeit durch eine sachliche und distanzierte Ausdrucksweise geprägt, die der konzeptionellen Schriftlichkeit zugeordnet werden kann.

Gerade die gemeinsame Bilderbuchbetrachtung findet losgelöst von der alltagssprachlichen Kommunikation statt. Es handelt sich dabei „um eine herausgehobene, ritualisierte Situation" (Wildeman/Rathmann 2014, S. 10), in dessen Zuge die Kinder vor allem durch implizites Lernen Formen konzeptioneller Schriftlichkeit kennenlernen. Bereits zu diesem Zeitpunkt spreizt sich jedoch die Schere zwischen denjenigen, die über umfassende Schriftsprachbegegnungen verfügen und denjenigen, die keine oder nur sehr wenige Erfahrungen sammeln können. Bereits 1993 kamen Hurrelmann et al. in ihrer bekannten Studie zum *Leseklima in der Familie* zu folgender Feststellung:

> Es konnte gezeigt werden, daß [sic!] das Lesen in der Familie im Gesamtkontext der Mediennutzung betrachtet werden muß [sic!], daß [sic!] das Lesen der Kinder sich in Abhängigkeit von dem Lesen der Eltern und der sozialen (interaktiven und kommunikativen) Einbindung der Buchlektüre in den Familienalltag entfaltet und daß [sic!] die Leseförderung durch die Eltern unter bestimmten Voraussetzungen einen erheblichen Anregungswert in bezug [sic!] auf das Lesen der Kinder hat. Zudem wurde nachgewiesen, daß [sic!] sich eine intensive familiale Lesesozialisation häufig im Rahmen eines anregenden und freizeitaktiven Leseklimas vollzieht. (Hurrelmann et al. 1993, S. 226)

Die Erkenntnisse von Hurrelmann et al. wurden bis heute in unterschiedlichen Studien für verschiedene Teilbereiche mehr oder weniger repliziert. So beschreibt auch Wieler in ihrer Studie zum *Vorlesen in der Familie* das elterliche Vorleseverhalten als besonders förderlich, wenn dabei zum einen das kindliche Verstehen durch Interaktion und Kooperation abgesichert und zum anderen in der „Zone der nächsten Entwicklung" agiert wird (vgl. Wieler 1997, S. 315 f.). Ähnliche Resultate hat Fenberg, die das elterliche Vorleseverhalten und dessen Auswirkungen auf die Leseentwicklung von Kindern untersucht hat, bereits 1994 erzielt. Sie bildet unterschiedliche Vorlesetypen – den mutterdominierten Interaktionsstil, den kinddominierten Interaktionsstil und den ausgewogenen Interaktionsstil[5] –, wobei der ausgewogene Interaktionsstil, bei dem sich Elternteil und Kind gleichermaßen und gleichberechtigt am Vorlesegespräch beteiligen, am förderlichsten ist (vgl. Feneberg 1994, S. 177 ff.). Die Bedeutung familiärer Kommunikations- und Literalitätspraktiken konnte auch Müller in ihrer Studie *Kindliche Erzählfähigkeiten und (schrift-)sprachsozialisatorische Einflüsse in der Familie* nachweisen. Danach erweisen sich in dem von ihr untersuchten Sample, Familien, die ihren Kindern über die alltagssprachliche Kommunikation hinausgehende literale Spracherfahrungen ermöglichen, als besonders förderlich für deren narrative Entwicklung (vgl. Müller 2012, S. 238 f.) Eine weitere Studie liegt von Heller vor, die *Kommunikative Erfahrungen von Kindern in Familie und Unterricht* untersucht hat. Sie analysiert vor allem das Interaktionsmuster des Argumentierens als eine sowohl familiäre als auch schulische Diskurspraktik und deren Passungsverhältnis für das schulische Lernen (vgl. Heller 2012, S. 46). Das ist insofern interessant, als dass Diskursfunktionen als ein wesentliches Merkmal von Bildungssprache deklariert werden, deren Anwendung bereits bei Erstklässler(inne)n festgestellt werden konnte (s. dazu Hövelbrinks 2014; Röhner/Hövelbrinks 2012 und auch Kap. 5.2). Heller unterscheidet mit Blick auf die Schule schließlich zwischen der Herstellung von Passung und der Herstellung von Divergenz. Dabei kann eine Passung sowohl durch die Familie hergestellt werden, indem sie Diskurspraktiken realisiert, die auf die schulischen Anforderungen vorbereiten (z. B. Vorlesen), als auch durch die Lehrperson, indem sie bei weniger guten Voraussetzungen entsprechende Unterstützungsverfahren (z. B. Aufgreifen von Schüleräußerungen) einsetzt (vgl. ebd., S. 261). Ähnlich verhält es sich mit der Herstellung von Divergenz, die dann besteht, wenn „die familialen Diskurspraktiken in relativer Ferne zu den unterrichtlichen Diskursanforderungen stehen" (ebd., S. 267). Dabei kommt Heller auch zu dem Ergebnis, dass Passung vor allem ein Resultat von Erwartungen auf Seiten der Schule bzw. Lehrperson und deren Entsprechung auf Seiten des Kindes ist. Gleiches gilt, wenn Passung nicht gelingt, also Divergenz besteht und Erwartungen der Lehrkräfte nicht erfüllt werden bzw. niedrige Erwartungen sich verfestigen und letztlich zu niedrigen Schülerleistungen führen (vgl. ebd., S. 270). Heller schlussfolgert daraus:

---

5   An der Studie von Feneberg nahmen ausschließlich Mütter mit ihren Kindern teil.

> Bei fehlender Involviertheit [der Schüler(innen)] entfällt somit die „Nutzung" der Gesprächs-unterstützung der Lehrperon als externer Erwerbsressource. Werden einzelne Schüler(innen) durch das Zurückweisen ihrer Beiträge wiederholt als nicht vollwertige member der unter-richtlichen Diskursgemeinschaft definiert, ist zudem mit einer allmählichen Abnahme der Par-tizipationsbereitschaft zu rechnen. (Heller 2012, S. 259; Hervorhebung im Original)

Die skizzierten Studien zeigen auf, dass Kinder bereits frühzeitig sprachliche Erfahrungen sammeln, sprachliches Wissen aufbauen und sich sprachliche Kompetenzen aneignen, die sich einerseits von der Sprache, die in der Schule realisiert wird, unterscheiden, die andererseits aber auch vorbereitend für die Weiterentwicklung in der Schule sind. Die Sprache der Schule, die Schmölzer-Eibinger et al. als Sprache bezeichnen, die „exklusiv in der Schule verortet ist" (2013a, S. 13), erfordert von den Lerner(inne)n somit bereits anschlussfähige Voraussetzungen. Dies war lange *Common Sense* in den Fachdidaktiken. Inzwischen ist es jedoch unumstritten, dass schulsprachliche Fähigkeiten sich nicht von allein einstellen, sondern, dass es Aufgabe von Schule und Unterricht ist, diese gezielt anzubahnen. Der Schulanfang stellt hierbei eine essenzielle Schnittstelle dar, da die Kinder erstmals mit den sprachlichen Gebrauchspraktiken der Schule konfrontiert werden. Der Sprachliche Anfangsunterricht hat deshalb eine wichtige Brückenfunktion für den Übergang vom familiären in den schulischen Sprachraum, da in ihm basale Sprachfähigkeiten mit zunehmender Annäherung an konzeptionelle Schriftsprachlichkeit aufgriffen und erweitert werden (vgl. Wildemann 2015, 2018). Dennoch ist die Schulsprache kein Spezifikum des Deutschunterrichts, sondern Unterrichtsmedium und daher Lerngegenstand in allen Unterrichtsfächern.

2.2 Sprachliches Können am Ende der Grundschulzeit

Über welche Kompetenzen Schüler(innen) am Ende der Grundschulzeit verfügen sollen, ist in den nationalen Bildungsstandards festgelegt. Es gibt sie für die Fächer Deutsch, Mathematik und die erste Fremdsprache (Englisch oder Französisch). Für den Sachunterricht liegen hingegen keine formalen Bildungsstandards auf der Ebene des Bundes vor. Hier bietet der *Perspektivrahmen Sachunterricht* der *Gesellschaft für Didaktik des Sachunterrichts (GDSU)* eine gute Orientierung. Der Perspektivrahmen formuliert fünf inhaltsbezogene Perspektiven für die kompetenzorientierte Ausrichtung des Sachunterrichts in der Grundschule und verbindet diese zugleich mit zahlreichen Zieldimensionen (GDSU 2013, s. auch Kap. 6.3.1). Dabei legt er, insbesondere in seiner zweiten Überarbeitung besonderen Wert auf vernetztes Lernen (s. auch Hartinger/Giest 2015, S. 259). Neben dem Perspektivrahmen sind die Lehrpläne der einzelnen Bundesländer eine formale und inhaltliche Bezugsgröße für die Gestaltung des Sachunterrichts. Sie fußen zum einen auf den pädagogischen *Empfehlungen zur Arbeit in der Grundschu-*

le. Beschluss der KMK vom 02.07.1970 i. d. F. vom 11.06.2015 und zum anderen auf dem bereits genannten *Perspektivrahmen Sachunterricht* der GDSU. Vergleichbares gilt für den Deutsch- und Mathematikunterricht, deren Zielperspektiven einerseits durch die Bildungsstandards und andererseits durch die länderspezifischen Lehrpläne ausdifferenziert sind.

Die Bildungsstandards des Faches Deutsch erfüllen in der Grundschulbildung eine doppelte Funktion: Sie untergliedern sich in prozessbezogene und domänenspezifische Kompetenzbereiche für die fünf Bereiche *Sprechen und Zuhören, Schreiben, Lesen (prozessbezogen)* sowie *Sich mit Texten und anderen Medien auseinandersetzen* und *Sprache und Sprachgebrauch untersuchen* (domänenspezifisch). Darüber hinaus umfassen sie basale Fähigkeiten, die für das Lernen in allen Fächern und damit für den Schulerfolg relevant sind.

> Der Auftrag des Primarbereichs ist die Entfaltung grundlegender Bildung. Sie ist die Basis für weiterführendes Lernen sowie für die gesellschaftliche und kulturelle Teilhabe. Die Förderung der sprachlichen Kompetenzen ist ein wesentlicher Bestandteil dieses Bildungsauftrags. (KMK 2004a, i.d.F. vom 23.06.2022, S.6)

Da sich die Länder verpflichtet haben, die Bildungsstandards umzusetzen, gibt es – trotz unterschiedlicher Lehrpläne – gemeinsame Richtlinien für die Leistungserwartungen am Ende der Grundschulzeit. Damit einher geht die Erwartung, dass Grundschullehrkräfte ihren Unterricht kompetenzorientiert gestalten, damit die Schüler(innen) die erwarteten Fähigkeiten kumulativ aufbauen können. Wie die Kompetenzen im Einzelnen aussehen, ist in den Bildungsstandards zwar enthalten, allerdings werden diese vor allem in Form von Könnensbeschreibungen formuliert und stellen keine „expliziten Definitionen der jeweiligen Kompetenzkonstrukte" (vgl. Stanat et al. 2012, S. 21) dar. Ein Grund dafür mag auch sein, dass die Bildungsstandards zwar im Nachgang der ersten Ergebnisse aus den ersten Schulleistungsstudien *TIMSS, PISA* und *IGLU* entstanden (vgl. KMK 2005, S .9), die Standards selbst jedoch nicht evidenzbasiert sind. So gibt es nicht wenige Standards und Kompetenzen, die nicht in überprüfbare Aufgaben überführt werden können und sich damit nicht für eine Testung eignen (s. auch Bremerich-Vos 2013, S. 10 ff.) Auch fehlt es an entsprechenden Kompetenzmodellen, anhand derer Lehrkräfte Kompetenzerwartungen ablesen und für den eigenen Unterricht nutzen können. Dennoch sind die länderübergreifenden Bildungsstandards und die darin formulierten Kompetenzen abschlussbezogen, nicht nur hinsichtlich der zu erreichenden Schulabschlüsse, sondern auch für den Übergang von der Grundschule in eine weiterführende Schule. Sie sind damit wegweisend für die Unterrichtsgestaltung in der Grundschule.

Für die Grundschule wird mit dem IQB-Bildungstrend für die Fächer Deutsch und Mathematik versucht, die Leistungen am Ende der vierten Jahrgangsstufe zu erfassen und für das Bildungsmonitoring zu nutzen. Einbezogen wurden bis 2016 ausschließlich Daten von Schüler(inne)n, die „zielgleich" unterrichtet werden, d. h. Kinder mit einem sonderpädagogischen Förderbedarf, die „zieldifferent" am Unterricht teilnehmen, wurden von den Resultaten ausgeschlossen (vgl. Stanat et al. 2012c). Erst im IQB-Bildungsstrend 2016 wurden erstmals ergänzend Daten von Schülerinnen und Schülern mit sonderpädagogischem Förderbedarf berücksichtigt (vgl. Stanat et al. 2017). Die Einstufung der Leistungen erfolgt schließlich auf der Grundlage von Kompetenzstufenmodellen. Für das Fach Deutsch wurden im Rahmen des *IQB-Ländervergleichs (später IQB-Bildungstrend)* Kompetenzstufenmodelle für die Teilbereiche *Zuhören, Lesen* und *Orthographie* (vgl. Bremerich-Vos et al. 2012) und für das Fach Mathematik ein Globalmodell sowie inhaltliche Modelle zu den Subbereichen *Zahlen und Operationen, Raum und Form, Muster und Strukturen, Größen und Messen* sowie *Daten, Häufigkeit und Wahrscheinlichkeit* (vgl. Reiss et al. 2012) entwickelt. Die Ergebnisse aus den Jahren 2012 und 2016 veröffentlichten Ländervergleich, lassen dabei einen mittleren Wert, aber auch erhebliche Abweichungen zwischen den einzelnen Bundesländern erkennen. Ablesbar wird an solchen Resultaten, dass Leistungsdisparitäten in der Regel durch mehrere Variablen beeinflusst werden, von denen der Unterricht jedoch eine wichtige Einflussgröße darstellt. Dies wird auch durch die Erhebungen im Rahmen der *IGLU*-Studien bestätigt. Danach besteht zum einen ein Zusammenhang zwischen den Noten in den Fächern Deutsch, Mathematik und Sachunterricht und der Schullaufbahnempfehlung. Zum anderen ziehen Lehrkräfte am Ende der Grundschulzeit am häufigsten die Deutschnote als Basis für eine Schulempfehlung heran (vgl. Stubbe et al. 2012, S. 214 , 2017, S. 241ff. ,2017, S. 241ff.).

Bislang wurden die formalen Vorgaben für das Ende der Grundschulzeit skizziert. Der Übergang in die Sekundarstufe ist aber darüber hinaus mit sprachlichen Herausforderungen verbunden, die im Fachunterricht oft implizit mitschwingen. Insbesondere die bildungssprachlichen Anforderungen steigern sich im Laufe der Schulzeit, werden im Fachunterricht jedoch noch zu selten transparent dargestellt und damit auch für die Schüler(innen) nur schwer nachvollziehbar (s. dazu Schmölzer-Eibinger 2013, S. 31). Vollmer spricht in diesem Zusammenhang auch von Bildungssprache als ein „in doppelter Weise dynamisches Konstrukt" (Vollmer 2013, S. 43) und meint damit zum einen die gesellschaftsbedingten sprachlichen Veränderungen, die sich auf den bildungssprachlichen Gebrauch auswirken sowie zum anderen die fortschreitenden schulischen Anforderungen:

> Auch im schulischen Handlungsraum ist Bildungssprache kein statisches Konstrukt. Die Entwicklungsdynamik bildungssprachlicher Kompetenz ist einerseits an die kognitiv-intellektuellen Themen, Aufgaben und Aktivitäten gebunden, die mit dem Alter und den Jahrgangsstufen ansteigend in den einzelnen Fächern und Lernbereichen angesiedelt sind. Andererseits steht die Entwicklung bildungssprachlicher Kompetenz – insbesondere bei sprachlichen Risikogruppen – im Zusam-

menhang mit der fortschreitenden sprachlichen Biographie der Lernenden insgesamt: Wie weit ist der jeweilige Entwicklungsstand eines Lerners in der Alltags- bzw. Umgangssprache? Verfügt er bereits über bildungssprachliche (Teil-)Kompetenzen, ggf. auch in einer anderen Sprache als der Schulsprache? In welchem Maße begegnet der Lerner außerhalb der Schule bildungssprachlichen Gebrauchsmustern als Modellen für den eigenen Sprachgebrauch? (Vollmer 2013, S. 43 f.)

Um zum Gelingen des Übergangs in die Sekundarstufe beizutragen, müssen sich Grundschullehrkräfte daher die Frage stellen, inwieweit es ihnen gelungen ist, die sprachlichen – insbesondere die bildungssprachlichen – Kompetenzen ihrer Schüler(innen) in einer für sie optimalen Weise auszubauen. Dies ist keine rein selbstreferenzielle Frage, denn Fakt ist, dass Grundschullehrkräfte in einigen Bundesländern gezwungen sind, eine Übergangsempfehlung auszusprechen, nach der die Schüler(innen), die vier Jahre gemeinsam gelernt haben, in selektierender Weise beurteilt werden. Hierbei spielen die Noten eine ausschlaggebende Rolle. Berücksichtigt man die Tatsache, dass die Schulnoten u. a. von den sprachlichen Leistungen beeinflusst werden, so wird deutlich, welche Wirkkraft Sprache im Fach hat.

2.3 Zweitspracherwerb

Der Zweitspracherwerb stellt eine Übergangssituation dar, da Lerner(innen) sich hier in einem Übergang zwischen zwei verschiedenen Sprachsystemen bewegen, obwohl in der Fachliteratur oft vereinfachend davon ausgegangen wird, dass sich der Erwerb der zweiten Sprache an den Erwerb der Erstsprache anschließt (vgl. Ahrenholz 2017; Siebert-Ott 2003). Realiter spielen jedoch beide Sprachen in der Lebenswelt vieler Mehrsprachiger, wenn auch nicht immer in einem ausgewogenen Verhältnis, eine Rolle, sodass häufiger ein „gemischter Sprachkontakt" vorliegt. Zugleich ist aus der Forschung bekannt, dass der Zweitspracherwerb nicht per se langsamer erfolgt als der Erwerb des Deutschen als Erstsprache (vgl. Haberzettl 2007; Tracy 2008). Vielmehr lassen sich strukturelle Regelmäßigkeiten nachzeichnen (vgl. Grießhaber 2007; Haberzettl 2014), die für einen ähnlich kontinuierlichen Verlauf sprechen, wie er für den Erstspracherwerb bekannt ist. Dennoch können für den Zweitspracherwerb weniger universelle Aussagen getroffen werden, da sowohl innersprachliche als auch außersprachliche Faktoren (z. B. Kontaktdauer, Quantität und Qualität des sprachlichen Inputs) Einfluss auf den Verlauf nehmen (vgl. Wildemann 2018, S. 59 ff.). Aus diesem Grund existieren verschiedene Erklärungsmodelle bzw. Hypothesen (s. Fokuskasten) für den zweitsprachlichen Erwerb nebeneinander (s. dazu auch Becker 2011; Jeuk 2003). Dabei beinhaltet vor allem die *Interlanguagehypothese* einen lernerorientierten Blick auf den kindlichen Zweitspracherwerb und ermöglicht deshalb, über die linguistische Seite hinaus, auch aus didaktischer Perspektive hilfreiche Erklärungen für den eigenen Unterricht. Die *Interlanguagehypothese* beruht seit Selinker (1972) auf der Annahme, dass mit dem Kontakt zur zweiten, in diesem Fall zur deutschen Sprache, verschiedene Aneignungs- bzw. Lernanforderungen einhergehen, die von Sprachlerner(inne)n konstruktiv bewältigt werden. Dabei werden sowohl sprachliche Formen aus der Erstsprache als auch Formen aus der Zielsprache Deutsch realisiert. Darüber hinaus werden Sprachformen gebildet, die weder auf die eine noch auf die andere Bezugssprache rückführbar sind. Es entstehen somit eigenständige Systeme, die einer individuellen Entwicklungsdynamik unterliegen (vgl. Wildemann 2018, S. 64). Aus diesen Gründen werden synonym die Begriffe *Interimssprache* oder *Lerner(innen)sprache* verwendet. Die *Interlanguagehypothese* beschreibt somit eine dynamische, konstruktive und progressive verlaufende Entwicklung, bei der die Lernenden als Konstrukteure ihrer Sprachaneignung gesehen werden (s. dazu auch Bredel 2007). Für den sprachsensiblen Grundschulunterricht ist eine lerner(innen)orientierte Sicht insofern bedeutsam, als dass die Schüler(innen) als aktiv Lernende betrachtet werden, die sich zudem noch in einem Lernprozess befinden, den es zu unterstützen gilt.

Überblick über einige bekannte Hypothesen zum Zweitspracherwerb

▶ Nach der *Identitätshypothese*, die von Vertreter(inne)n der Universalgrammatik befürwortet wird, unterliegt der Erst- und Zweitspracherwerb den gleichen Gesetzmäßigkeiten, d. h. angeborenen Strukturen, wobei die Erstsprache nicht den Zweitspracherwerb beeinflusst.

▶ Die *Kontrastivhypothese* geht davon aus, dass sich der Zweitspracherwerb in Abhängigkeit zur Erstsprache vollzieht. Dabei kommt es zu Übertragungen (Transfers) aus der Erstsprache in die Zweitsprache. Diese können gelingen (positive Transfers) oder zu Fehlern (negative Transfers) führen.

▶ Die *Schwellenniveauhypothese* beschreibt drei Niveaus der Zweitsprachentwicklung. Auf dem untersten Niveau werden beide Sprachen wenig beherrscht, es wird auch von doppelter Halbsprachigkeit (Semilingualismus) gesprochen, wobei diese Zuschreibung zu Recht äußerst umstritten ist (s. dazu Jeuk 2003). Auf dem mittleren Niveau ist die Erstsprache besser ausgebildet als die Zweitsprache. Die höchste Stufe ist schließlich erreicht, wenn in beiden Sprachen eine hohe Kompetenz vorhanden ist (additive Zweisprachigkeit).

▶ Die *Separate Development Hypothesis* geht aus der Fremdsprachenforschung zum Bilingualismus hervor. Sie besagt, dass sich die beiden Sprachsysteme unabhängig voneinander entwickeln.

▶ Die *Teachability-Hypothese* (Lehrbarkeitshypothese) geht ebenfalls auf die Fremdsprachenforschung zurück. Danach lässt sich die Sprachentwicklung durch Sprachlehrprozesse nachhaltig beeinflussen.

(s. dazu auch Jeuk 2021)

Über die Hypothesen zum Zweitspracherwerb hinaus, die versuchen, auf der Basis linguistischer Bezugsrahmen theoretische Orientierungen aufzuzeigen, ist es für Lehrkräfte u. E. aus pädagogisch und didaktischer Sicht wichtig, die produktiven und rezeptiven Leistungen von Kindern mit Deutsch als Zweitsprache genauer zu betrachten. Dies haben u. a. Ehlich et al. (2008) in Zusammenarbeit mit anderen im *Referenzrahmen zur altersspezifischen Sprachaneignung* getan. Sie berufen sich dabei auf Resultate aus empirischen Untersuchungen, deklarieren aber auch die Forschungsdesiderata. Letztlich kommen sie zu sechs Aneignungsbereichen, die sie als Basisqualifikationen bezeichnen (siehe dazu auch Wildemann/Merkert 2020, S. 126ff.).

Phonische Basisqualifikationen

Zu den phonischen Basisqualifikationen gehören nach Ehlich et al. „die Wahrnehmung, Unterscheidung und Produktion von Lauten, Silben und Wörtern sowie die Erfassung und zielsprachliche Produktion von übergreifenden intonatorischen Strukturen (z. B. Wort und Äußerungsprosodie)" (Ehlich et al. 2008, S. 19). Für die kindliche Sprachentwicklung im Mündlichen sind sie essenziell. Die Fähigkeiten in diesem Bereich hängen bei Kindern mit Deutsch als Zweitsprache maßgeblich vom Kontakt mit dieser ab. Haben sie frühzeitig umfassenden Kontakt zur deutschen Sprache, so gelingt es ihnen problemlos, ihre phonischen Fähigkeiten bis zum Ende des dritten Lebensjahres vollständig auszubilden (vgl. Falk et al. 2008, S. 37). Anders verhält es sich, wenn die Zweitsprache Deutsch erst später hinzukommt und zudem der Sprachkontakt weniger intensiv ist. Dann muss mit einer langsameren Entwicklung und mit stärkeren Einflüssen aus der Erstsprache gerechnet werden. Es kann zu Interferenzen zwischen beiden Lautsystemen kommen, d. h. Sprachlaute aus der Erstsprache werden in die Zweitsprache eingefügt und Sprachlaute aus dem Deutschen beispielsweise weggelassen. Eine Förderung der Phonologischen Bewusstheit, wie sie oft vorgeschlagen wird, ist folglich unter Berücksichtigung der erstsprachlichen Kompetenzen und möglicher Interferenzerscheinungen des jeweiligen Kindes zu gestalten. Um sich einen ersten Eindruck zu verschaffen, bieten sich z. B. informelle Beobachtungen an, etwa im Rahmen von Lautspielen (Reime bilden und Nachsprechen von Silben und Wörtern).

Interferenzen

Interferenzen bezeichnen Übertragungen von einem Sprachsystem in ein anderes. Für Lerner(innen) mit späterem Kontakt zur Zweitsprache Deutsch lassen sich Übertragungen (Transfers) von der besser beherrschten Erstsprache in die weniger gut beherrschte Zweitsprache beobachten. Dies kann natürlich auch umgekehrt der Fall sein, nämlich, wenn das Deutsche besser beherrscht wird als die vermeintliche Erstsprache.

Pragmatische Basisqualifikationen

In der kommunikativen Interaktion mit anderen sind pragmatische Basisqualifikationen erforderlich, um sich sprachlich angemessen verhalten zu können. Dazu müssen Sprecher(innen) über passende Sprachhandlungsmuster verfügen. Mit

Blick auf zweitsprachliche Schüler(innen), ist es wichtig zu bedenken, dass sprachpragmatische Fähigkeiten in allen Sprachen bedeutsam sind. Sie werden folglich auch in jeder Sprache erworben (vgl. Trautmann/Reich 2008, S. 43 f.), also auch in anderen Sprachen als Deutsch. Kinder sind dafür auf vielfältige Sprechhandlungen innerhalb und außerhalb der Familie angewiesen. Ist dies gewährleistet, können sie die basalen Fähigkeiten kommunikativen Handelns frühzeitig aufbauen und für die Aneignung pragmatischer Kompetenzen in der Zweitsprache darauf zurückgreifen. Entscheidend für das Voranschreiten der zweitsprachlichen Kommunikationskompetenzen sind dann die sprachlichen Mittel (z. B. Wortschatz, Wortbildung, syntaktische Mittel), die der Sprecherin oder dem Sprecher in der Zielsprache Deutsch zur Verfügung stehen. Gibt es hier noch Einschränkungen, so wirken sich diese auch auf die Sprachhandlungskompetenz aus, da einfach nicht genügend Sprachmaterial vorhanden ist. Gerade in der fachdidaktischen Diskussion um den Unterricht mit sogenannten Seiteneinsteiger(inne)n, also Kindern, die ohne oder nur mit sehr geringen Deutschkenntnissen in die Schule kommen, sollte berücksichtigt werden, dass diese bereits in einer Sprache sozialisiert sind, also über grundlegende pragmatische Fähigkeiten verfügen, sie diese aber aufgrund fehlender Deutschkenntnisse nicht oder nur unzureichend nutzen können. In einem sprachsensiblen Unterricht sollten Lehrkräfte daher auf Zusatzmaterialien zurückgreifen, z. B. bildliche Darstellungen, um den Kindern die Kommunikation zu ermöglichen und so sukzessive ihr Sprachvermögen zu erweitern.

Semantische Basisqualifikationen

Die semantischen Basisqualifikationen, insbesondere der Wortschatz, stehen häufig im Fokus von Lehrkräften. Das geschieht nicht ganz zu Unrecht, ist der Wortschatz doch maßgeblich mitverantwortlich für die Kompetenzen im Lesen und Schreiben (s. dazu Ehlers 2014; Schmölzer-Eibinger 2011). Sowohl der passive und aktive Wortschatz als auch die dazugehörige Differenzierung des Wortschatzes auf der Ebene der Wortbedeutungen und der Wortbildung gehören zu den semantischen Basisqualifikationen. Ihre Entwicklung hängt wiederum von der Intensität und Qualität des Sprachkontaktes ab. Auch deshalb besteht in der Gruppe der Kinder, die sich Deutsch als ihre zweite Sprache aneignen, eine enorme Variationsbreite und es lassen sich keine einheitlichen Aussagen zum Aneignungsverlauf formulieren. Wichtig ist hier der Blick auf das einzelne Kind und seine Lernbedingungen sowie auf seine Aneignungsstrategien. Beobachten lassen sich beispielsweise Wortneuschöpfungen (Neologismen), Wortwiederholungen (Paraphrasierungen) und Überdehnungen, bei denen ein Obergriff für verschiedenen Unterformen verwendet wird (vgl. Komor/Reich 2008, S. 53; Rösch 2003, S. 16 f.; Wildemann 2018, S. 66 f.).

Morphologisch-syntaktische Basisqualifikationen

In Abhängigkeit zu den anderen Basisqualifikationen bauen die Lerner(innen) ihre morphologisch-syntaktischen, also ihre grammatikalischen Fähigkeiten aus. Auch hier geht man davon aus, dass Kinder, die erfolgreich einen Erstsprach-erwerb durchlaufen haben, über grundlegende Sprachstrukturen verfügen und diese zum Teil für den Zweitspracherwerb nutzen können. Wiederum gilt, je mehr Kontakt zur Zweitsprache besteht, umso besser ausgeprägt ist die Beherr-schung der formalen Prinzipien. Dennoch lassen sich einige Bereiche ausma-chen, in denen häufiger eine langsamere, teilweise durch die gesamte Grund-schulzeit anhaltende Entwicklung festgestellt werden kann. Auf der Wortebene kann dies die Pluralbildung, die Realisierung des Genitivs, die Genusmarkie-rung, den Tempus sowie die korrekte Anwendung von Präpositionen betreffen. Auf der Satzebene ist die Aneignung der Stellung des Verbs im Satz ein essenzi-elles Merkmal für die morphologisch-syntaktischen Fähigkeiten (vgl. Kemp et al. 2008 S. 70 ff.). Auch die Subjekt-Verb-Kongruenz bereitet häufiger noch länger Schwierigkeiten. Es erfolgt eine Progression von einfachen zu zunehmend kom-plexeren Strukturen, wie z. B. der Verbklammer oder die Verknüpfung von Ne-bensätzen (s. dazu auch Apeltauer 2012; Grießhaber 2010a), wie sie in bildungs-sprachlichen Settings oft gefordert werden.

Diskursive Basisqualifikationen

Die diskursiven Basisqualifikationen, die ja insbesondere in der Realisierung von Bildungssprache eine herausragende Rolle spielen (s. dazu Kap. 5.2) stützen sich vor allem auf Verfahren des Sprecherwechsels im Rahmen interaktiver Kommu-nikationen. Sie beinhalten daher, „neben der Aneignung dieser eher formalen Strukturen [gemeint ist hier der Sprecher(innen)wechsel] die Befähigung zum komplexen zweckgerichteten sprachlichen Handeln mit anderen" (Ehlich et al. 2008, S. 20). Wie schon die pragmatischen Basisqualifikationen eignen sich Kin-der diese bereits frühzeitig im Spiel mit anderen an – und zwar in jeder Sprache. Sie sind also ebenfalls nicht an eine bestimmte Sprache gebunden. Aber auch hier spielen die Umweltbedingungen, wie z. B. Erzähltraditionen in der Familie (vgl. Guckelsberger/Reich 2008, S. 84), eine wichtige Rolle für die Entwicklung. Folglich sind die diskursiven Fähigkeiten bei den Schüler(inne)n in der Regel heterogen.

Literale Basisqualifikationen

Unterschieden wird im *Referenzrahmen zur altersspezifischen Sprachaneignung* von Ehlich et al. (2008) zwischen Literalen Basisqualifikationen I und Literalen Basis-qualifikationen II. Zu ersten gehören vor allem Vorläuferfähigkeiten für das Le-sen und Schreiben. Erst mit Fortschreiten der schriftsprachlichen Entwicklung werden zunehmend orthografische Strukturen für das Lesen und Schreiben ge-nutzt, die dann zu den Literalen Basisqualifikationen II gezählt werden (vgl. Eh-lich et al. 2008, S. 20). Es wird somit von einem Zusammenhang zwischen frühen Literacy-Erfahrungen (Literale BQ I) und einem fortgeschrittenen Schriftsprach-erwerb (Literale BQ II) ausgegangen, der ja auch als empirisch gesichert gilt. Für Schüler(innen) mit Deutsch als Zweitsprache wird häufiger festgestellt, dass sie, obwohl im Mündlichen unauffällig, Schwierigkeiten beim Lesen und Schreiben zeigen (s. auch Ehlers 2014). Auch hierfür lassen sich sprachkontaktabhängige Unterschiede nachzeichnen. Bei Kindern, die früh Kontakt zur deutschen Sprache haben, insbesondere bilingual aufwachsende, sind auf der Ebene des Wortschreibens meist keine Interferenzerscheinungen auszumachen. Anders verhält es sich bei Kindern mit geringen Deutschkenntnissen, die aber in ihrer Erstsprache bereits alphabetisiert sind. Hier kommt es sehr wohl zu Interferenzen zwischen beiden Sprachen auf der phonologischen und orthografischen Ebene (vgl. Bredel/Reich 2008, S. 99). Insgesamt beklagen Bredel und Reich jedoch einen uneinheitlichen Forschungsstand zu den literalen Fähigkeiten von Schüler(inne)n mit Deutsch als Zweitsprache (ebd., S. 100), der vermutlich auf kindbezogene Voraussetzungen, unterschiedliche Lernbedingungen und nicht zuletzt auf verschiedene Forschungssettings zurückzuführen ist.

▶ Überlegen Sie, welche Basisqualifikationen für das (1) Sprechen, (2) Schreiben und (3) Lesen bedeutsam sind.

▶ Wählen Sie eine Ihrer Unterrichtsplanungen aus und prüfen Sie diese hinsichtlich der Basisqualifikationen, die darin von den Schüler(inne)n erwartet werden.

Betrachtet man bisherige Forschungserkenntnisse, so ist unbedingt festzuhalten, dass Schüler(innen) mit Deutsch als ihrer zweiten Sprache nicht per se über schlechtere Sprachkompetenzen verfügen als primärsprachlich deutsche Kinder (s. dazu auch Eckerth 2008). Bereits für die Beherrschung der Basisqualifikationen wurde mehrfach festgestellt, dass die kindlichen Fähigkeiten maßgeblich vom Sprachkontakt und von der Intensität dieses Kontaktes beeinflusst werden. Dies bestätigen auch Ergebnisse aus dem Landauer Projekt *Sprachkompetenzen und Sprachbewusstheit*[6], in dem Sprachprofilanalysen mündlicher Erzählungen von 223 primärsprachlich deutschen und 277 mehrsprachigen Grundschüler(inne)n am Ende der dritten Klasse erstellt wurden. Danach unterscheiden sich die alltagssprachlich mündlichen Deutschkenntnisse Ein- und Mehrsprachiger lediglich in der Kategorie Aufgabenbewältigung signifikant voneinander (s. Abb. 5, S. 52).

In der Studie wurden vor allem die Sprachkompetenzen deutsch-russischer und deutsch-türkischer Schüler(innen) im Vergleich zu denen ihrer primärsprachlich deutschen Altersgenossen in den Blick genommen. Hier zeigt sich zunächst, dass es zwischen beiden zweisprachigen Gruppen Unterschiede in Bezug auf das Verhältnis von Erst- und Zweitsprache gibt. In der deutsch-türkischen Gruppe besteht eine einigermaßen ausgewogene Zweisprachigkeit,

---

6 Das vom BMBF geförderte Projekt, welches an der Universität Koblenz-Landau bis Ende 2016 durchgeführt wurde, trägt den Langtitel *Metasprachliche Interaktionen in mehrsprachigen Lernsettings als Prädiktor für Sprachbewusstheit und deren Bedeutung für sprachliches Lernen im Deutsch-, Fremdsprachen- und Herkunftssprachenunterricht.*

		N	MW	SD	t-Test
Textumfang	einsprachig	223	61,60	27,941	
	mehrsprachig	277	60,16	21,912	t(498)=.643, p=.520
Aufgabenbewältigung	einsprachig	223	10,99	3,575	
	mehrsprachig	277	10,20	3,281	t(498)=2.57, p=.011*
Erzähltypische	einsprachig	223	3,63	2,587	
Elemente	mehrsprachig	277	3,40	2,387	t(498)=.227, p=.309
Lexik gesamt	einsprachig	223	15,46	4,872	
(Inhaltswörter, types)	mehrsprachig	277	14,71	4,506	t(498)=.549, p=.075
Aussageverbindungen	einsprachig	223	2,78	1,302	
types	mehrsprachig	277	2,71	1,252	t(498)=.944, p=.547

Abb. 5: Deutschsprachige Tulpenbeet-Ergebnisse im Vergleich (vgl. Akbulut et al. 2015, S. 122)

während die Deutschkompetenz der deutsch-russischen Kinder in allen Kategorien signifikant höher ist (Akbulut et al. 2015, S. 122 f.). Diese Ergebnisse korrespondieren mit den Möglichkeiten der Schüler(innen), ihre Erstsprache auch außerhalb des familiären Umfelds zu benutzen: 43 Prozent der deutsch-türkischen Kinder verwenden das Türkische auch im Freundeskreis, dies ist lediglich bei 16,7 Prozent der deutsch-russischen Kinder der Fall. Ähnlich sieht es für den Besuch des Herkunftssprachenunterrichts aus: 63,3 Prozent aus der deutsch-türkischen Gruppe und nur 26,6 Prozent aus der deutsch-russischen Gruppe nehmen am Herkunftssprachenunterricht teil. Hingegen sind in der Gesamtgruppe, d. h. alle 277 zweitsprachigen Lerner(innen), über 88,7 Prozent in Deutschland geboren und 92,8 Prozent von ihnen haben einen Kindergarten in Deutschland besucht (vgl. Wildemann et al. 2014). Das zeigt sich wiederum in der Verwendung des Deutschen als ihrer vorherrschenden Umgebungssprache, wo sie ähnliche Ergebnisse erzielen. Vor allem in den Sprachbereichen *Grammatik* und *Semantik* sind mehr Transfererscheinungen vom Deutschen ins Russische bzw. Türkische als umgekehrt zu beobachten (vgl. Akbulut et al. 2015, S. 123, Wildemann et al. 2018a). Diese und andere Daten (s. z. B. bei Becker 2012) führen zu der Annahme, dass mit dem fortgeschrittenen Grundschulalter und bei bestimmten Umweltbedingungen das Deutsche im Verhältnis zur Familiensprache dominanter wird und sich Transfererscheinungen umkehren. Die Ergebnisse aus über 500 Sprachprofilen zeigen demnach, dass die sogenannten zweitsprachlichen (Deutsch-)Kompetenzen bei Kindern nicht unbedingt geringer sind als die ihrer primärsprachlich deutschen Altersgenossen. Vielmehr spielen auch die Umweltfaktoren eine Rolle bei der Aneignung, beispielsweise der Besuch eines Kindergartens in Deutschland, Sprachpräferenzen in der Familie und Peer-Group und nicht zuletzt, wie schon für die Entwicklung der Basisqualifikationen ins Feld geführt, die Kontaktdauer und -intensität mit der deutschen Sprache. Somit ist Sprachkompetenz eine wichtige Voraussetzung für Bildungserfolg, darf jedoch nicht als unabhängige Variable verstanden werden.

3 Schlüsselkompetenz Sprache

Sprache stellt ein kulturelles, kommunikatives sowie kognitives Werkzeug des Menschen dar. Sie dient sowohl der Verständigung innerhalb einer Sprachgemeinschaft als auch der Erkenntnisgewinnung, denn mithilfe der Sprache ist es möglich, „uns selbst und andere zu verstehen und das, was unsere Wirklichkeit ausmacht, zu benennen, zu ergründen und zu gestalten" (Jampert et al. 2005, S. 17). Dementsprechend ermöglicht es Sprache nicht nur, Gedanken und Bedürfnisse auszudrücken, sondern nimmt eine zentrale Funktion bei der Entstehung dieser ein (vgl. Holler 2005, S. 26). In der Schule dient Sprache somit der Kommunikation, der Instruktion, dem Verstehen und ist zugleich Lerngegenstand (s. Kap. 6.1.1). Sämtliche Bildungsprozesse sind hier sprachlich determiniert, weshalb sprachliches Können und Lernerfolg auf die eine oder andere Weise miteinander verwoben sind.

3.1 Bildungserfolg durch Sprache

Inwiefern Sprachkompetenz mit fachlichen Leistungen verknüpft ist und welche Auswirkungen dies auf einzelne Schüler(innen)gruppen hat, wird bei der Betrachtung der internationalen Schulleistungsstudien sowie anderer empirischer Studien deutlich, über die im Folgenden ein kurzer Überblick gegeben wird.

Eine oft fokussierte Schüler(innen)gruppe dieser Studien sind die Lernenden mit Migrationshintergrund, da diese in vielen Leistungsbereichen schlechter abschneiden als ihre Mitschüler(innen) ohne Migrationshintergrund. So zeigte sich durch eine latente Profilanalyse, bei der die Ergebnisse der *Trends in International Mathematics and Science Study (TIMSS)* aus dem Jahr 2011 mit denjenigen der *Internationalen Grundschul-Lese-Untersuchung (IGLU)* in Zusammenhang gebracht und sieben Leistungstypen ausgemacht wurden, dass Lernende mit Migrationshintergrund mit 36 Prozent in den beiden untersten Leistungstypen deutlich überrepräsentiert sind. Lediglich 1 Prozent von ihnen ist in der höchsten Leistungsgruppe wiederzufinden (vgl. Bos et al. 2011, S. 291). Auch im *IQB-Ländervergleich 2012* wurde durch Regressionsanalysen ersichtlich, dass die Häufigkeit des Gebrauchs der deutschen Sprache in der Familie einen Einfluss auf die erreichten Kompetenzen der getesteten Neuntklässler(innen) besitzt. Bei vergleichbarem sozioökonomischem Status der Familie sowie Bildungshintergrund und Geburtsland der Eltern, erreichten diejenigen Lerner(innen), die zu Hause lediglich manchmal die deutsche Sprache sprechen, geringere Leistungen in den Bereichen *Mathematik* und *Naturwissenschaften* als diejenigen mit ausschließlich deutscher Familiensprache. Zwischen letztgenannten und den Schüler(inne)n, die zu Hause nie Deutsch sprechen, lag eineinhalb bis zwei Jahre Lernzeitdifferenz (vgl. Pöhlmann et al. 2013, S. 326 f.). Der IQB-Bildungstrend 2016, an dem Viertklässler:innen teilgenommen haben, erbrachte ähnliche Erkenntnisse für das Fach Deutsch. Die zuwanderungsbezogenen Disparitäten sind hier am stärksten in den Bereichen Zuhören sowie Orthographie ausgeprägt. Im Fach Mathematik unterscheiden sich die Leistungen von Kindern mit und ohne Zuwanderungshintergrund ebenfalls, jedoch lassen sich keine signifikanten Veränderungen der Disparitäten mathematischer Kompetenzen im Vergleich der Jahre 2007, 2011 und 2015 aufzeigen (vgl. Rjosk et al. 2017, S. 269ff.). Dennoch konstatieren Rjosk et al. (2017), dass die Befunde des Bildungstrends erneut deutlich machen, wie wichtig (bildungs)sprachliche Fähigkeiten für den Kompetenzerwerb sind.

Das Ziel der *Berliner Längsschnittstudie zur Lesekompetenzentwicklung von Grundschulkindern (BeLesen)* war die Identifikation von individuellen Faktoren und Kontextmerkmalen, die sich auf die schulischen Leistungen von Schüler(inne)n mit Migrationshintergrund auswirken (Merkens/Schründer-Lenzen 2010). Zu Beginn der Untersuchungen waren mehr als 1.200 Lernende der ersten Jahrgangsstufe an der Längsschnittstudie beteiligt. Der Anteil derjenigen Kinder mit Migrationshintergrund lag bei 30 Prozent (vgl. Merkens 2007, S. 7). Getestet wurden die Leistungen in den Bereichen *Lesen, Rechtschreiben* und *Mathematik,* in denen die Lernenden mit Migrationshintergrund durchweg schlechter abschnitten: „Bei ihnen sind die sprachlichen Fähigkeiten, die sie in die Schule mitbringen, offensichtlich eine wesentliche Einflussgröße" (Merkens 2007, S. 15).

Die *Hannoversche Grundschulstudie* (Tiedemann/Billmann-Mahecha 2004) analysierte die Leistungs- und Persönlichkeitsentwicklung von 2.400 Grundschulkindern der zweiten bis vierten Klasse. Festgestellt wurde dabei u. a., dass ein signifikanter Hauptunterschied hinsichtlich der Leseleistungen und der in der Familie gesprochenen Sprache besteht. Kinder aus Familien mit einem Migrationshintergrund erzielten signifikant schlechtere Leistungen im Bereich *Lesen* als ihre Mitschüler(innen) aus primär deutsch- bzw. gemischtsprachigen Familien. Darüber hinaus konnte im Rahmen der Längsschnittstudie die Bedeutung der Lesekompetenz für die Leistungen in anderen Fächern aufgezeigt werden. Schüler(innen) mit einer hohen Lesekompetenz verfügen in Bezug auf die Wissens- und Interessensentwicklung über günstigere Voraussetzungen: „Als das wichtigste Resultat [...] ist das Aufweis [sic!] der Bedeutung der Lesekompetenz für den Wissensstand bereits im Grundschulalter anzusehen" (Köbl et al. 2006, S. 208).

Die Bedeutung der Lesekompetenz wurde bereits im Jahr 2000 im Rahmen des *Programme for International Student Assessment (PISA)* aufgezeigt. Die Item-Konstruktion von *PISA* ist auf die Fragestellung ausgerichtet, welche Rolle die Sprache für Lernerfolgschancen spielt. Um die höchsten Kompetenzstufen in den Bereichen *Mathematik* und *Naturwissenschaften* zu erreichen, „ist es erforderlich, dass die Getesteten einen reflexiven Zugang zu den unterschiedlichen Modi der Welterfahrung entwickelt haben – und diesen auch auf textliche Aufgabenstellungen anzuwenden vermögen" (Gogolin 2013b, S. 37). Zur Betonung der Bedeutung von Sprache im Fachunterricht als notwendige Grundlage für den Erwerb fachlichen Wissens wurden daher die Bezeichnungen *Mathematical Literacy* und *Scientific Literacy* im Rahmen der weiteren *PISA-Studien* aufgegriffen.

> Ein nicht überraschendes, sondern überaus einleuchtendes Ergebnis der Studie ist, dass Defizite in der Lesekompetenz sich kumulativ auf die Leistungsmöglichkeiten in den anderen untersuchten Sachgebieten auswirken. Eine hohe mathematische oder naturwissenschaftliche Leistungsfähigkeit ist demnach unwahrscheinlich, wenn keine weitreichend, mindestens rezeptive Kompetenz zum Durchdringen komplexer und relativ abstrakter Texte vorhanden ist.(Gogolin 2013b, S. 37)

Der Zusammenhang von Sprache und Mathematik wurde u. a. auch durch die interdisziplinäre Studie *Sprachliche und konzeptuelle Herausforderungen für mehrsprachige Lernende in den Zentralen Prüfungen 10 im Unterrichtsfach Mathematik – Empirische Analyse* (Gürsoy et al. 2013) aufgezeigt. Dafür wurden Prüfungstexte von zwei Jahren linguistisch wie mathematisch analysiert, Mathematikleistungen, Sprachkompetenz und sprachliche Hintergrunddaten von Schüler(inne)n aus 67 Kursen erhoben und mit 20 mehrsprachigen Lernenden klinische Interviews durchgeführt. Als eines der wichtigsten Ergebnisse bezeichnen Gürsoy et al. den

> Nachweis, dass die Sprachkompetenz der Schülerinnen und Schüler die Mathematikleistung erheblich beeinflusst, und zwar mehr als die Familiensprache, der Zeitpunkt des Deutscherwerbs, der sozioökonomische Status oder der Migrationshintergrund jeweils allein […] Die höhere Relevanz der Sprachkompetenz gegenüber den Familienhintergründen […] ist insofern didaktisch von großer Bedeutung, als die Sprachkompetenz im Gegensatz zu den Familienhintergründen unterrichtlich unmittelbar gefördert werden kann. Dazu ist jedoch zunächst eine genauere Lokalisierung der sprachlichen Hürden notwendig. (2013, S. 15 f.)

Bei einer Unterteilung der Stichprobe in sprachlich benachteiligte, mittlere und privilegierte Gruppen von Schüler(inne)n und einem Vergleich mit der Gesamtstichprobe wird ersichtlich, dass eine extreme Notendifferenz vorliegt: Die Mathematikleistung der sprachlich privilegierten Lernenden liegt im Durchschnitt bei der Note 3 (50,3 Punkte im Leistungstest), die der sprachlich benachteiligten Schüler(innen) bei der Note 5 (37,3 Punkte im Leistungstest). Gürsoy et al. betonen, dass diese Differenz umso beachtlicher ist, wenn bedacht wird, dass die Gesamtstichprobe aus bildungserfolgreichen Lerner(inne)n bestand, „nämlich denjenigen, die im Erweiterungs-Kurs den Mittleren Schulabschluss anstreben und zum Teil auch ihre Schullaufbahn in Richtung Fachober-schulreife oder Abitur fortsetzen" (ebd., S. 16). Die Analysen der Prüfungstexte der Fächer Mathematik und Deutsch hat u.a. gezeigt, dass signifikante Unter-schiede hinsichtlich der Häufigkeit von Artikeln und Präpositionen als Funktionswörter bestehen und die durchschnittliche Satz- und Textlänge der Aufgabentexte im Fach Mathematik höher ist.

> Das häufigere Vorkommen von Nomen und Verben sowie Präpositionen und Artikelwörtern in den mathematischen Aufgabentexten – sogar häufiger als Zahlwörter – ist zurückzuführen darauf, dass in der Mathematik nicht die quantitativen Angaben allein, sondern ihre Beziehungen zueinander eine zentrale Rolle spielen. (ebd., S. 17 f.)

Auch im Primarbereich lässt sich nachweisen, dass die Sprachkompetenz im Mathematikunterricht von besonderer Bedeutung ist. Merkert (2022) legt mit dem Verfahren SAMT (Sprachliche Ausdrucksfähigkeit in Mathematik) ein Instrument vor, mit dem die Kompetenz von Dritt- und Viertklässler:innen erfasst werden kann, über mathematische Inhalte zu kommunizieren und zu argumentieren. Im Spezifischen werden durch SAMT folgende Sprachhandlungen evoziert und einem bestimmten Niveau der schriftsprachlich-mathematischen Kompetenz zugeordnet: „das Benennen von wesentlichen Informationen einer Fragestellung, das Beschreiben eines Sachverhalts, das Erklären eigener Lösungsstrategien, das Begründen der Lösung sowie auch das Verallgemeinern von Gesetzmäßigkeiten unter Verwendung einer dem fachlichen Kontext angemessen [sic!] Lexik und Morphosyntax" (Merkert/Wildemann 2019, 42). Die Validierung des Instruments erfolgte an zwei Messzeitpunkten. Am ersten Messzeitpunkt nahmen 439 Lernende der dritten Jahrgangsstufe (49.0 Prozent weiblich) teil. Am zweiten Messzeitpunkt waren die Schüler:innen in der vierten Klasse (n=408, 49,5 Prozent weiblich). Die faktorielle Validität wurde mittels konfirmatorischer Faktorenanalyse getestet, während für die Bestimmung der kriterialen Validität „Hypothesen zu den Zusammenhängen zwischen den SAMT-Ergebnissen und den mathematischen Kompetenzen, den basalen Lesefertigkeiten sowie den soziodemographischen Daten, die ebenfalls erhoben wurden, aufgestellt und überprüft" (Merkert, 2022) wurden. Die psychometrischen Kennwerte des Verfahren können insgesamt als gut bis sehr gut bezeichnet werden. Ebenso konnten alle aufgestellten Hypothesen bestätigt werden. Es zeigten sich darüber hinaus signifikante Korrelationen von mittlerer Höhe zwischen SAMT und den mathematischen Kompetenzen sowie den basalen Lesefertigkeiten. Unter Kontrolle des sozioökonomischen Status, des Migrationshintergrundes sowie des Intelligenzquotienten fielen die Korrelationen erwartungsgemäß schwächer aus (vgl. Merkert, 2022).

Somit wird deutlich, dass Sprache auch im vermeintlich spracharmen Fach Mathematik eine große Rolle spielt (vgl. Prediger et al. 2015; Bochnik/Ufer 2016; Prediger 2019; Kempert et al. 2019). Die Wechselwirkung zwischen sprachlichen und konzeptuellen Hürden zeigte sich auch bei der vertiefenden Analyse der Interviews (vgl. ebd., S. 20). Für die Primarstufe bestehen ähnliche Erkenntnisse. So untersuchten Heinze et al. (2007) in der Studie *Sozialisation und Akkulturation in Erfahrungsräumen von Kindern mit Migrationshintergrund – Schule und Familie (SOKKE)* den Zusammenhang von Sprachkompetenz und mathematischer Leistung. Sowohl bei Schüler(inne)n mit und ohne Migrationshintergrund zeigen die Ergebnisse eine „signifikante Korrelation zwischen Sprachstand und Mathematikleistung" (2007, S. 573). Die Forschergruppe sieht damit ihre Vermutung bestätigt, dass die Kompetenzen in der Unterrichtssprache als eine zentrale Bedingung für das fachliche Lernen im Mathematikunterricht anzusehen sind (vgl. Heinze et al. 2011, S. 26). Dies deckt sich mit einer methodisch vergleichbaren Operationalisierung der Daten von *TIMSS 2011* und *IGLU 2011*, bei der „latente Korrelationen von $r=.54$ zwischen Mathematik und Lesen [...] sowie $r=.74$ zwischen Mathematik und Naturwissenschaften beobachtet werden" (Wendt et al. 2015) konnten.

Auch die Studie *Kompetenzen und Einstellungen von Schülerinnen und Schülern – Jahrgangsstufe 4 (KESS 4)*, an der etwa 14.000 Viertklässler(innen) teilgenommen haben, konnte zum einen nachweisen, dass eine Korrelation zwischen der Lesekompetenz und dem mathematischen Grundverständnis besteht. Zum anderen zeigte sich ein hochsignifikanter Zusammenhang zwischen der Rechtschreibleistung und der Dauer des Deutschsprechens (vgl. Bos/Pietsch 2006).

In der *Erhebung zum Lese- und Mathematikverständnis – Entwicklungen in den Jahrgangsstufen 4 bis 6 in Berlin (ELEMENT)* wurden zu drei Messzeitpunkten die Lernausgangslagen und Lernfortschritte von insgesamt etwa 3.000 Lernenden ermittelt. Dabei wurden das Leseverständnis, die Mathematikleistungen und die Leistungen im Fach Englisch vom Ende der vierten bis zum Ende der sechsten Jahrgangsstufe überprüft. Ersichtlich wurde dabei, dass die Lernstände beim Lesen und im Bereich der mathematischen Kompetenzen mit dem höchsten Schulabschluss der Eltern in Zusammenhang stehen (vgl. Lehmann/Lenkeit 2008, S. 43).

Diese Auswahl an Befunden empirischer Studien zeigt auf, dass Sprache in jeglichem Unterricht eine besondere Bedeutung zukommt und ihre Beherrschung entscheidend für den Leistungserfolg in allen Fächern der Grundschule ist. Dabei ist bei allen Studien zu beachten, dass Sprachkompetenzen zwei- oder mehrsprachiger Lerner(innen) nicht per se schlechter sind als die ihrer Altersgenossen, die primärsprachlich Deutsch sprechen, insbesondere wenn ein umfangreicher Kontakt zur deutschen Sprache besteht (s. dazu auch Kap. 2.4).

3.2 Die Bedeutung von Sprachkompetenz im Unterricht

In jedem Unterrichtsfach – auch in vermeintlich spracharmen Fächern wie Mathematik – ist die rezeptive sowie produktive sprachliche Kompetenz relevant für schulischen Erfolg. Die Bedeutung von Sprache in der Schule äußert sich dabei auf vier verschiedenen Ebenen: Sprache ist sowohl Lernvoraussetzung, Lernhindernis, Lernmedium als auch Lerngegenstand (vgl. Meyer/Prediger 2012, S. 2).

Die Beherrschung derjenigen Sprache, die im Unterricht gesprochen wird, ist eine unmittelbare Voraussetzung, um sich fachliche Inhalte anzueignen und die eigene fachliche Kompetenz darzustellen. Die Lernenden sollten den Äußerungen der Lehrkräfte folgen und sie verstehen können. Dabei kann es sich z. B. um Impulse zum Weiterdenken, konkrete Arbeitsanweisungen oder Erläuterungen von Sachverhalten handeln. Auch die mündlichen Äußerungen der Mitschüler(innen) sollten im Rahmen von Unterrichtsgesprächen im Klassenverband, Gruppen- oder Partnerarbeit verstanden werden. Ebenso erfolgt eine Verarbeitung medial schriftlicher Sprache: Um Texte inhaltlich zu verstehen, müssen sie erst einmal sprachlich entschlüsselt werden. Hierbei spielt das semantische Wissen eine besondere Rolle, denn bereits drei bis fünf Prozent nicht verstandene Wörter blockieren das Textverständnis (vgl. Apeltauer 2017, S. 248). Das Verstehen schriftlicher Arbeitsaufträge oder Sachtexte bedarf daher vor allem schriftsprachlicher Kompetenz. Unabdingbar für schulischen Erfolg ist auch die produktive Beteiligung am Unterricht. Die Schüler(innen) zeigen durch mündliche Redebeiträge, ob sie fachliche Inhalte durchdrungen haben. Sie legen ihre Meinung dar, reflektieren das eigene Handeln oder diskutieren fachliche Hypothesen im Unterrichtsdiskurs sowie innerhalb von Arbeitsphasen mit ihren Mitschüler(inne)n. Im Medium der Schrift offenbaren sie fachliche Kenntnisse bei der Produktion eigener Texte sowie der Erstellung von Grafiken oder Tabellen – wobei erneut die Sprache als „kognitives Werkzeug" (Vollmer/Thürmann 2010, S. 110) zum Tragen kommt.

Für diejenigen Lerner(innen) aber, deren sprachliche Kompetenz weniger ausgebildet ist, stellt Sprache damit rückschließend eines der größten Lernhindernisse dar. Welche vielfältigen Auswirkungen dies auf die Schüler(innen) haben kann, zeigt Tajmel (2013) innerhalb einer Fortbildung zur sprachlichen Sensibilisierung von Lehrkräften auf. Dabei wird durch das *Prinzip des Seitenwechsels* eine Sprachnotsituation erzeugt, wie sie zwar vielen Lernenden im Unterricht bekannt ist, die aber nur selten explizit thematisiert und daher oft von Seiten der Lehrkräfte nicht oder nur unzureichend wahrgenommen wird. Um dieses zu ändern, führt Tajmel ein physikalisches Experiment (vgl. Abb. 6) durch, das die Lehrkräfte im Anschluss mit ihren eigenen Worten beschreiben sollen – eine Erklärung wird nicht eingefordert. Somit müssen lediglich physikalische Grundkenntnisse vorhanden sein.

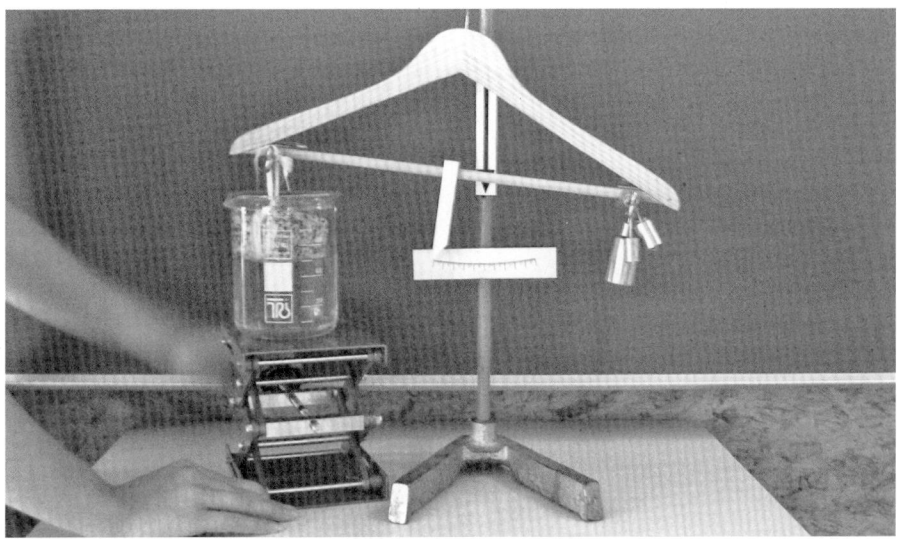

Abb. 6: Das Experiment zum Prinzip Seitenwechsel (Tajmel/Starl 2009, o. S.)

Um die Teilnehmer(innen) in Sprachnot zu bringen, wird von ihnen verlangt, die Beschreibung nicht in der ihnen vertrauten deutschen, sondern in ihrer besten Fremdsprache vorzunehmen. Auf diese Weise erfahren die Lehrkräfte oft erstmals selbst, was es heißt, eine Sache verstanden zu haben, jedoch nicht über die sprachlichen Mittel zu verfügen, um die eigenen Beobachtungen und Erkenntnisse mitzuteilen. Einige beispielhafte Äußerungen von Lehrkräften, wie sie in unseren Fortbildungen getätigt wurden, sind in Abbildung 7 dargestellt.

So habe ich mich gefühlt
Ich habe mich für meine schlechten Sprachkenntnisse geschämt.
Ich hatte Angst, dass ich meine Beschreibung vorlesen muss.
Ich war verärgert, dass ich ohne Vorbereitung oder Hilfestellungen in diese Situation gebracht wurde.
Ich war hilflos und habe gar nichts geschrieben, weil ich wusste, dass ich die Aufgabe nicht bewältigen kann.
Ich war verzweifelt, weil ich das, was ich im Kopf hatte, nicht aufschreiben/ausdrücken konnte.
Ich war enttäuscht von mir selber, weil mir selbst einfache Vokabeln nicht mehr eingefallen sind.
Ich habe mich unter Druck gesetzt gefühlt. Ich hatte Angst, die Aufgabe nicht bewältigen zu können.
Ich bin in Zeitnot geraten und konnte nicht mehr richtig denken.
Ich war sehr unmotiviert, weil ich schon im Vorfeld wusste, dass ich diese Aufgabe nicht bewältigen kann.
Ich habe mich einfach nur schlecht gefühlt.

Abb. 7: Lehrer(innen)äußerungen zu Empfindungen während des Schreibprozesses nach dem Prinzip des Seitenwechsels

Die Lehrkräfte äußern mehrheitlich negative Gefühle in Bezug auf ihre eigene Person, aber auch hinsichtlich der Situation, in die sie von anderen gebracht wurden. Diese gehen von Trotzreaktionen und Verärgerung über Schamgefühle bis zu einem Gefühl der Minderwertigkeit. Der Unmut und die Hilflosigkeit bestehen vor allen darin, etwas, das inhaltlich bzw. fachlich verstanden und erfasst wurde, nicht sprachlich wiedergeben zu können: „Ich habe doch ganz genau verstanden, was dort passiert ist und kann es auf Deutsch auch ohne Probleme beschreiben. Die Fremdsprache hat mich dagegen vollkommen blockiert." Selbstzweifel entstehen vor allem dadurch, dass es sich bei den erforderlichen Vokabeln noch nicht einmal um komplexe und abstrakte Fachbegriffe handelt (z. B. *Kleiderbügel, Faden, Gewicht, schwerer als, leichter als ...*), sondern um Begriffe, die aus dem Alltag vertraut sind. Dass selbst diese von der Mehrheit der Lehrkräfte auch in ihrer besten Fremdsprache nicht abgerufen werden können und das Nachdenken sehr viel Zeit in Anspruch nimmt, vermischt sich mit einem Sich-in-Frage-stellen als kompetente Lernerin bzw. kompetenter Lerner. Mit ihrem Ergebnis waren die wenigsten der Teilnehmer(innen) zufrieden. Neben der Suche nach passenden Begriffen stellten sich für viele Fragen hinsichtlich des Satzbaus: „Wie sagt man das noch mal? Kann ich das so formulieren?" Geholfen hätte den Lehrkräften nach eigenen Angaben eine ausführlichere Einführung durch die Fortbildnerinnen. So wurden die erforderlichen Begriffe zwar im Rahmen des gezeigten Experiments erwähnt, jedoch nicht explizit thematisiert. Eine Vorgehensweise, die in der Schule täglich vorkommt. Vermisst wurde außerdem die Beigabe zentraler Vokabeln, auch über die Fachbegriffe hinaus – sowie Satzstrukturen für die eigene Verschriftung (vgl. Abb. 8).

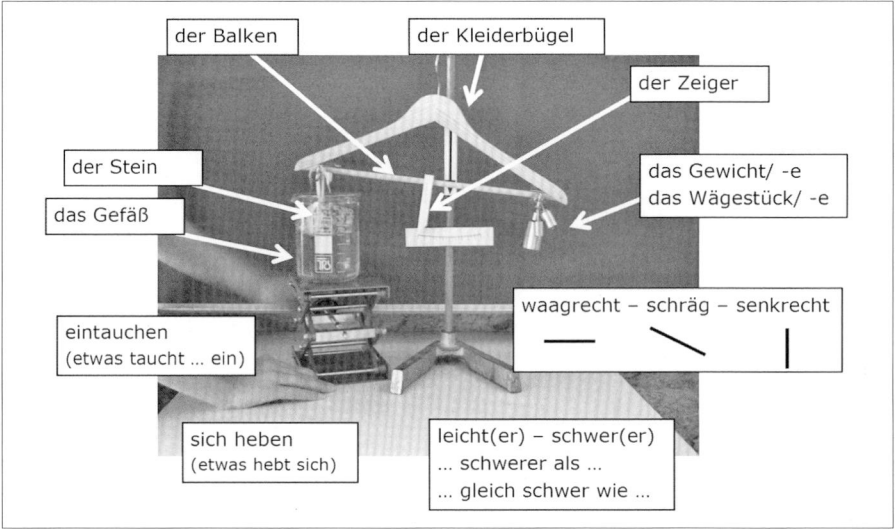

Abb. 8: Zentrale Begriffe und Satzstrukturen zum Experiment (in Anlehnung an Tajmel 2010, S. 151)

Abschließend wurden die Lehrkräfte dazu befragt, wie viel Zeit sie bei der Bearbeitung der Aufgabe für die Sprache bzw. den fachlichen Inhalt aufgewandt haben. Die Rückmeldungen der Teilnehmer(innen) decken sich mit den Angaben derjenigen Lehrkräfte, die an der Fortbildung von Tajmel teilgenommen haben. Sie geben „eine Verteilung von 10 bis 15% für Physik gegenüber 85 bis 90 % für Sprache an" (2013, S. 201). Dies macht deutlich, welchen Raum Sprache einnimmt, wenn sie nicht ausreichend beherrscht wird. Den Lehrkräften kann durch das *Prinzip des Seitenwechsels* der enge Zusammenhang zwischen Sprache und Inhalt und die Funktion der Sprache als Lernmedium in allen Fächern verdeutlicht werden. Bei den Lehrenden ist nach dem Experiment erfahrungsgemäß die Bereitschaft einer solchen Sprachnotsituation der Schüler(innen) im eigenen Unterricht vorzubeugen, wesentlich höher. Eine solche Sensibilisierung ist aus unserer Sicht unbedingt erforderlich, um die Bedeutung der Arbeit mit Sprache als Lerngegenstand im Deutsch-, aber auch im übrigen Fachunterricht zu erkennen und daraus Handlungsoptionen abzuleiten (s. Kap. 5 und 6).

▶ Nehmen Sie sich eines Ihrer Arbeitsblätter aus dem Deutsch-, Sach- oder Mathematikunterricht. Versuchen Sie das Arbeitsblatt in eine von Ihnen gut beherrschte Fremdsprache zu übersetzen. Sie dürfen keine Hilfsmittel verwenden. Wie lange haben Sie für die Übersetzung benötigt? Konnten Sie das Arbeitsblatt vollständig übersetzen? Was ist Ihnen schwergefallen? Wie haben Sie sich dabei gefühlt?

▶ Wiederholen Sie die Übersetzung mit einem anderen Arbeitsblatt. Nutzen Sie dafür ein zweisprachiges Wörterbuch, das Internet und fragen Sie ggf. Sprecher(innen) dieser Sprache. Wie gut ist Ihnen die Übersetzung nun gelungen? Wo haben die Hilfsmittel oder andere Personen geholfen? Wie haben Sie sich dieses Mal gefühlt?

3.3 Sprachförderung und Sprachbildung

Maßnahmen zur Sprachförderung beruhen auf der Tatsache, dass der Spracherwerb eines Kindes sowohl durch biologische Voraussetzungen als auch durch soziale Bedingungen beeinflusst wird (vgl. Lisker 2011, S. 11; Maas 2008, S. 277 ff.). Die Elementar- und Primarpädagogik können die Sprachaneignung von Kindern daher positiv beeinflussen, wenn „wirkmächtige Umweltfaktoren, wie z. B. die Inputsprache der Erzieherin bzw. des Erziehers, so gestaltet [werden], dass Kinder eine für ihre Sprachentwicklung förderliche Umwelt vorfinden" (Fried 2013, S. 175). Die außerfamiliären Institutionen tragen deshalb erheblich dazu bei, dass Kinder ihr biologisch angelegtes Sprachvermögen möglichst optimal entfalten können.

Laut Kammermeyer und Roux betonte bereits Comenius im 17. Jahrhundert die Bedeutung spielerischer sprachlicher Erziehung durch Sprechhandlungen und Schreibübungen, die durch Mütter und Erzieher(innen) angeregt werden (vgl. 2013, S. 516). In seinem Werk *Die Menschenerziehung* (1826/2013) geht auch Fröbel als Begründer des Kindergartens auf diese Aspekte ein. Er bezeichnet die Erwachsenen als passive wie aktive Sprachvorbilder, die den Kindern innerhalb von Spielsituationen die Möglichkeit geben können, sich sprachlich auszuprobieren, weiterzuentwickeln und zu üben. Damit das Kind „jedes mit seinem richtigen Namen, Worte, und jedes Wort in sich klar und rein nach seinen Bestandteilen" benennen kann, muss „ihm alles Umgebende richtig, klar und rein vorgeführt" werden (Fröbel 1826/2013, S. 67). Der Pädagoge betrachtet die Sache und die Sprache als unzertrennlich miteinander verbunden und plädiert dafür, keine isolierte Förderung der Sprache durchzuführen, sondern sie an Inhalte zu binden, denn „überhaupt würden wir selbst und besonders unsere Kinder zu einer bei weitem gründlicheren Spracheinsicht gelangen, wenn wir bei dem Sprachenlehren unseren Kindern die Wörter bei Weitem mehr an die wirkliche Anschauung der Sache und des Gegenstandes selbst knüpften" (ebd., S. 273). Darüber hinaus betont Fröbel auch die Bedeutung des Sprechens von Reimversen oder des gemeinsamen Singens, das in der Familie stattfindet und auch in der weiteren Betreuung eine Rolle spielen sollte: „Wir nehmen uns als Erziehern sehr viel, und noch mehr dem Kinde als Zögling und Mensch dadurch, dass die rhythmische, taktische, die Entwicklung gesetzmäßiger Bewegung in früher Bildung so bald zurücktritt" (ebd., S. 83). Fried gibt an, dass die Ansätze Fröbels im Rahmen der traditionellen Kindergartenpädagogik bis in die 1950er-Jahre hinein Bestand hatten und auch heute in Teilen weitergeführt werden. Kritisiert wurde jedoch gegen Ende der 1960er-Jahre, dass sich vornehmlich die durch Fröbel beschriebene „nachgehende", durch emotional-motivationale Faktoren bestimmte, Sprachförderung in Form spielerischer Sprachförderaktivitäten durchgesetzt hat, während die ebenfalls von ihm beschriebene „vorschreibende" Sprachförderung im Sinne einer systematisch-herausfordernden Herangehensweise zu wenig Beachtung fand (vgl. Fried 2013, S. 176 f.). Im Rahmen der sich anschließenden Kindergartenreform war zunächst die funktionale Sprachförderung dominant, bei der gezielt diejenigen Teilfertigkeiten in den Blick der Förderung gelangten, die sich in der empirischen Forschung als relevant für die Sprachentwicklung erwiesen haben. Dieser einseitige Blick auf die linguistische Dimension von Sprache führte dazu, dass die pragmatische Seite zu stark vernachlässigt wurde. So setzte man vorzugsweise ohne Einbezug der Kommunikationssituation gezielte Wortschatz- und Syntaxübungen ein. Dementsprechend folgte als zweiter Abschnitt der Kindergartenreform ein situativer Ansatz, der die Pädagogik der frühen Kindheit bis heute prägt. Dabei liegt der Fokus auf der Integration aller Kinder durch die Förderung ihrer kommunikativen Kompetenz, wobei den linguistischen Sprachmitteln bisweilen nur eine instrumentelle Funktion zugekommen ist. Die Ergebnisse der in den vergangenen Jahren durchgeführten Schulleistungsstudien trugen u. a. zur Skepsis gegenüber der situativen Sprachförderung bei, die bislang nur ansatzweise empirisch erforscht ist, weshalb aktuelle Ansätze das Ziel verfolgen, sowohl die kommunikative als auch die linguistische Kompetenz der Kinder zu fördern und zudem ihre Literacy-Kompetenzen auszubauen (vgl. ebd., S. 177). Dass dabei nicht ausschließlich der Situations-, sondern auch der Funktionsansatz bis heute Bestand hat, zeigt sich durch die aktuell verbreiteten Materialien zur Förderung der Phonologischen Bewusstheit in Form von gezielten, und z.T. als einseitig kritisierten Trainingsprogrammen (vgl. Rank/Wildemann 2014, S. 10). Einen guten Überblick über die Wirksamkeit unterschiedlichster Maßnahmen der Sprachförderung sowie Gelingensbedingungen bietet die Expertise von Schneider et al. (2013).

	Unterscheidungskriterium	Beschreibung	Beispiele
Organisation	additiv	außerhalb der Regelgruppe, zusätzliches Angebot	
	alltagsintegriert	innerhalb des Gruppenalltags	
Adressaten	universell	alle Kinder betreffend	
	kompensatorisch	Kinder mit bestimmten Sprachförderbedarfen, z. B. Kinder im Zweitspracherwerbsprozess	
Inhalt	linguistisch-strukturorientiert „focus on structure"	auf bestimmte sprachliche Strukturen bezogen (z. B. die phonologische Bewusstheit)	Würzburger Training ‚Hören lauschen lernen' (Küspert & Schneider 2006) Neue Wege der sprachlichen Förderung von Migrantenkindern (Penner 2003) Deutsch für den Schulstart (Kaltenbacher & Klages 2007) Sprachliche Frühförderung (Tracy 2003)
	pädagogisch-kommunikativ „focus on meaning"	sprachliche Mitteilung im Vordergrund	Wir verstehen uns gut (Schlösser 2001) Lust auf Sprache (Ulrich 2003)
	an Schrift orientiert „focus on print"		Würzburger Training ‚Hören lauschen lernen 2' (Plume & Schneider 2004)
Methodik	Training der Kinder	feste Abfolge von Fördereinheiten; unterrichtsähnlich	
	Sprachförderstrategien der Erzieher(innen)	Sprachförderkompetenz der pädagogischen Fachkraft im Fokus	

Abb. 9: Übersicht über Sprachfördermaßnahmen (Kammermeyer/Roux 2013, S. 519)

Mittlerweile besteht eine Vielzahl unterschiedlicher Sprachfördermaßnahmen, die von Kammermeyer und Roux 2013 überblicksartig zusammengefasst wurden (vgl. Abb. 9). Im Hinblick auf die Organisation bzw. die Form der Sprachförderung ist zwischen der additiven und alltagsintegrierten Sprachförderung zu unterscheiden (s. auch Jungmann et al. 2015, S. 38). Erstgenannte wird außerhalb der Regelgruppe – sowohl im Kindergarten als auch in der Grundschule – als zusätzliches Angebot durchgeführt und richtet sich an Kinder mit einem bestimmen Sprachförderbedarf. Die additive Sprachförderung „wird auch als kompensatorische oder zusätzliche Sprachförderung bezeichnet, da sie sich selektiv auf bestimmte Risikogruppen bezieht und das Ziel hat, kompensatorisch bzw. im Sinne sekundärer Prävention potentielle Sprachentwicklungsprobleme im Deutschen zu vermeiden" (Kammermeyer et al. 2011, S. 8). Ihre Wirksamkeit ist bisher nur in wenigen Studien untersucht worden, von denen einzelne im Folgenden exemplarisch dargestellt werden. Dieser Blick auf bisherige Förderkonzepte und deren Erfolg ist insofern wichtig, als dass sich damit grundlegende Fragen zur Umsetzung von Sprachförderung im Grundschulunterricht beantworten lassen.

3.3.1 Wirksamkeit additiver Sprachförderung

Die *Evaluationsstudie zur Sprachförderung von Vorschulkindern (EVAS)* von Roos et al. (2010) wurde als wissenschaftliche Begleitung des Programms *Sag' mal was – Sprachförderung für Vorschulkinder der Landesstiftung Baden-Württemberg* durchgeführt und sollte sowohl die Wirksamkeit als auch die Nachhaltigkeit des Sprachförderprogramms ermitteln. Mit einem Prä-Post-Design wurde die sprachliche wie schulische Leistungsentwicklung von 544 Kindern aus Kindergärten in Heidelberg und Mannheim von Beginn des Vorschuljahres bis zum Ende der zweiten Schulklasse erhoben. 230 Kinder mit Sprachförderbedarf bildeten die Experimentalgruppe und erhielten über den angegebenen Zeitraum eine zusätzliche Förderung mit dem Programm *Sag' mal was*. Sie wurden in drei Teilgruppen mit je unterschiedlichen Förderkonzeptionen (A, B, C) aufgeteilt:

▶ Sprachförderung A: *Neue Wege der sprachlichen Frühförderung* (nach Penner 2003)
  Das Konzept richtet sich an Kinder mit und ohne Migrationshintergrund, die durch einzelne Übungseinheiten drei bis fünfmal in der Woche etwa zehn Minuten gefördert werden sollen. Der Schwerpunkt der Förderung liegt „auf dem Erwerb von kontextreduzierten und abstrakten Formen des Sprachgebrauchs" (Poletzek et al. 2008, o.S.). Auf eine explizite Vermittlungsmethode wird dabei verzichtet. Das Programm ist in drei Module unterteilt. Das erste Modul zum Thema *Sprachrhythmus und Wortbildung* wird in einem Zeitraum von drei Monaten durchgeführt und dient dazu, den Kindern die Bedeutung von Regelmäßigkeiten in der Sprachrhythmik zu verdeutlichen. Die Durchführung des zweiten Moduls zum Bereich *Grammatik* erfolgt in einem Zeitraum von bis zu

sechs Monaten. Zum dritten Modul mit dem Thema *Sprachverstehen* liegen keine zeitlichen Angaben vor. Zentraler Bestandteil sind hier Übungen zu abstrakten sprachlichen Verstehensmerkmalen wie Referenzen, Zeitabfolgen oder Aktiv- und Passivformen. Innerhalb der insgesamt 32 Bausteine, die sich auf die drei Module verteilen, werden wichtige linguistische Entwicklungsbereiche wie die Phonologie oder die Verbenendstellung und -klammer nicht mitberücksichtigt.

▶ Sprachförderung B: *Sprachliche Frühförderung* (nach Tracy 2003)
Das Programm richtet sich an Kinder, die in ihrer Erstsprache altersgemäß entwickelt sind, aber Probleme mit dem Erwerb des Deutschen als Zweitsprache haben. Die von Tracy entwickelten vier Meilensteine „von Einwortäußerungen über erste Wortkombinationen mit einfachen Sätzen mit finiten Verben bis hin zu komplexen Satzstrukturen" (ebd.) dienen dem Förderkonzept als Grundlage und den pädagogischen Fachkräften als Leitfaden. Ihnen werden keine konkreten Materialien und Übungseinheiten vorgegeben. Vielmehr werden sie dazu befähigt, ein Sprachangebot mit eigenen Materialien zu entwickeln und den Kindern eine intensive sprachliche Interaktion zu ermöglichen. Im Vordergrund stehen daher sprachwissenschaftliche Grundlagen, die Kenntnis von Spracherwerbsverläufen bei ein- und mehrsprachigen Kindern sowie die Sprachstandsdiagnostik.

▶ Sprachförderung C: *Das Sprachförderprogramm* (nach Kaltenbacher und Klages 2005)
Zielgruppe dieses Programms sind fünf- bis sechsjährige Kinder, die die sprachlichen Anforderungen, welche Schule und Unterricht mit sich bringen, im letzten Kindergartenjahr nicht erfüllen. Davon betroffen sind u. a. Kinder mit einem Migrationshintergrund oder Kinder aus bildungsfernen Familien. Das letzte Jahr im Kindergarten soll deshalb für die Durchführung der insgesamt 180 Förderstunden des Programms genutzt werden. Maximal sechs Kinder werden täglich eine Stunde lang gefördert. Schwerpunkt dabei sind neben alltagsrelevanten auch akademische sprachliche Fähigkeiten. Dafür werden gezielt linguistische Bereiche, die als Problembereiche des Zweitspracherwerbs identifiziert wurden, in den Blick genommen, wie z. B. die Anwendung des Genus- und Kasussystems, der Erwerb räumlicher Präpositionen oder der Wortschatz. Entwickelt wurde ein Curriculum mit insgesamt fünf Förderbereichen. Drei davon beziehen sich konkret auf die Verbesserung der sprachlichen Kompetenzen (Wortschatz, Grammatik und Text). Die übrigen zwei Bereiche greifen Vorläuferfähigkeiten auf (mathematische Vorläuferfähigkeiten und Phonologische Bewusstheit). Hinsichtlich des Sprachstands des Kindes kann dabei bei jedem Förderbereich zwischen vier unterschiedlichen Niveaustufen ausgewählt werden. Das Sprachprogramm umfasst insgesamt 400 Spiele und multimedial gestaltetes Arbeitsmaterial. Ebenso wie bei Penner (2003) und Tracy (2003) wird eine implizite Förderung der sprachlichen Kompetenzen angestrebt (vgl. ebd.).

Die erste Vergleichsgruppe umfasste 95 Kinder mit Förderbedarf, die keine spezifische, zusätzliche Förderung, sondern nur die im Kindergarten übliche sprachliche Bildung erhielten. Darüber hinaus gab es eine zweite Vergleichsgruppe mit 219 Kindern ohne Förderbedarf, die folglich ebenfalls keine spezifische Förderung erhielten. An insgesamt vier Messzeitpunkten wurden die sprachlichen Leistungen der Kinder mittels des *Heidelberger Sprachentwicklungstests (HSET)* (Grimm/Schöler 1991) erhoben. Die schulischen Leistungen wurden in verschiedenen Bereichen ermittelt. Das Leseverständnis wurde mit dem *Leseverständnistest für Erst- bis Sechstklässler (ELFE 1– 6)* (Lenhard/Schneider 2006) überprüft, die Lesegeschwindigkeit mit der *Würzburger Leise Leseprobe (WLLP-R) (Küspert/Schneider 2011)*. Die Rechtschreibfähigkeiten wurden mithilfe der *Hamburger Schreibprobe (HSP)* (May 2002) erfasst und die mathematischen Leistungen mit dem *Deutschen Mathematiktest für zweite Klassen (DEMAT 2+)* (Krajewski et al. 2004). Darüber hinaus wurden ein Intelligenztest (*Coloured Progressive Matrices*) (Raven 2002) zu Beginn der Erhebung und der *Fragebogen zur Erfassung emotionaler und sozialer Schulerfahrungen von Grundschulkindern erster und zweiter Klassen (FEESS 1– 2)* (Rauer/Schuck 2004) am Ende der zweiten Klasse durchgeführt. Zudem wurden die Eltern gebeten, einen Fragebogen zum familiären und sozialen Hintergrund sowie einen Fragenkatalog zur Mediennutzung des Kindes auszufüllen. Die Lehrkräfte mussten jeweils am Schuljahresende in einem Fragebogen ihre Einschätzung der Lese- und Rechtschreibfähigkeit der Schüler(innen) angeben. Die spezifischen Sprachfördermaßnahmen wurden in einem Zeitraum von sechs Monaten mit vier bis fünf Stunden Förderzeit pro Woche durchgeführt (vgl. Roos et al. 2010, S. 8 ff.). Die Auswertung der Sprachfördermaßnahmen zeigte, dass sich die Leistungen der Gruppen mit und ohne Förderbedarf auch nach der Förderung unter Berücksichtigung aller Einflussgrößen noch bedeutsam unterschieden – der Leistungsabstand verringerte sich nur unerheblich: „Das Sprachniveau der Kinder ohne Förderbedarf liegt signifikant über dem der Gruppen mit Förderbedarf, wobei sich die Gruppen mit spezifischer und unspezifischer Förderung nicht in den sprachlichen Leistungen unterscheiden" (Roos et al. 2010, S. 32). Eine bedeutsame Verbesserung ist lediglich bei der Plural-Singular-Bildung bei den Kindern mit Förderbedarf auszumachen. Hier verbesserten sich diejenigen Kinder, die mit dem Programm nach Kaltenbacher/Klages 2005 gefördert wurden, durchschnittlich stärker als diejenigen, die eine Förderung nach Penner (2003) erhielten. Der schulische Leistungsvergleich am Ende der zweiten Jahrgangsstufe zeigte in allen vier Leistungsbereichen, dass Unterschiede zwischen den Kindern mit und ohne Förderbedarf bestehen bleiben und nicht zwischen den Leistungen der Kinder mit und ohne spezifische Förderung differenziert werden kann. Die sprachlichen Leistungen haben sich zwar zum Ende der zweiten Klassen bei allen Schüler(inne)n verbessert, das Ergebnismuster bleibt jedoch das gleiche wie auch bei den schulischen Leistungen:

Dieses Ergebnis ist das für die Evaluation der Sprachfördermaßnahmen bedeutendste. Zeigt es doch, dass sich die Gruppe der nicht in spezielle Sprachfördermaßnahmen involvierten Kinder mit Förderbedarf in allen untersuchten Aspekten nicht von der mit viel Aufwand zusätzlich geförderten Gruppe unterscheidet (Roos et al. 2010, S. 69).

Die Weingartener Studie von Gasteiger-Klicpera et al. (2010), die das Programm *Sag' mal was* ebenfalls evaluierte, kommt zu einem ähnlichen Ergebnis. Roos et al. (2010) vermuten, dass ein früherer Förderzeitpunkt als auch eine Verlängerung der Sprachfördermaßnahmen sinnvoll gewesen wären, um einen Fördereffekt zu erzielen. Diese Ansicht teilen auch Redder et al. (2011), die nicht nur die geplanten – und letztendlich nicht vollständig durchgeführten – 120 Förderstunden für „eine an sich bereits problematische Bedingung" (2011, S. 26) erachten, sondern auch anmerken, dass die eingesetzten Förderangebote lediglich von Spracherwerbsforscher(inne)n entwickelt und dadurch zu einseitig ausgerichtet sein könnten. Darüber hinaus merken Kammermeyer et al. (2011) an, dass die Implementierung der Sprachfördermaßnahmen nicht ausreichend kontrolliert wurde. Die Tatsache, dass Erzieher(innen) sich oft nicht auf die konsequente Durchführung eines Sprachförderkonzepts beschränken und stattdessen ein eigenes Konzept entwickeln, bei dem sie mehrere Maßnahmen zu einem unspezifischen Förderansatz vermischen (vgl. Wiener 2007; Wolf 2007; Wild/Möller 2015, S. 379), macht die methodische Vorgehensweise in der *EVAS*-Studie fragwürdig. Hinzu kommt, dass inzwischen hinlänglich bekannt ist, dass theoriebasierte Fortbildungen alleine zumeist wenig wirksam sind. Wissen, Einstellungen und Erfahrungslernen müssen miteinander einhergehen, damit Erzieher(innen) und Lehrkräfte ihr pädagogisches Handeln langfristig verändern (vgl. Wahl 2002; Rank et al. 2011).

Im Rahmen der *Evaluation der kompensatorischen Sprachförderung (EkoS)* untersuchten Wolf et al. (2011) die Wirksamkeit des Sprachförderprogramms *Handlung und Sprache* (nach Häuser/Jülisch 2006) in Brandenburger Kindergärten (n=904[7]). Verglichen wurden die sprachlichen Kompetenzen von Kindern mit Förderbedarf aus zwei Gruppen. Die Kinder der Treatmentgruppe erhielten zwischen dem ersten und zweiten Messzeitpunkt die vorschulische Sprachförderung. In der ersten Vergleichsgruppe waren Kinder, die zwar ebenfalls einen Sprachförderbedarf aufwiesen, jedoch Kindergärten besuchten, in denen es keine ausgebildete Sprachförderlehrkraft gab und die dementsprechend keine kompensatorische Förderung erhielten. Die zweite Vergleichsgruppe setzte sich aus Kindern ohne Förderbedarf, die auch keine Sprachförderung erhielten, zusammen. Die sprachlichen Kompetenzen der Kinder wurden beim ersten und zweiten Messzeitpunkt mit dem *Kindersprachtest für das Vorschulalter (KISTE)* (Häuser et al. 1994) erfasst. Zudem wurde das *Bielefelder Screening zur Früherkennung von*

---

7   Beim zweiten Messzeitpunkt lagen Daten von insgesamt 437 Kindern vor, beim dritten Messzeitpunkt waren es 330 Kinder (vgl. Wolf et al. 2011, S. 13 ff.).

Lese-Rechtschreibschwierigkeiten (BISC) (Jansen 2002) und das *Heidelberger Auditive Screening in der Einschulungsuntersuchung (HASE)* (Brunner/Schöler 2001/2002) eingesetzt.[8] Beim dritten Messzeitpunkt wurden zur Erfassung der schulischen Leistungen die *Würzburger Leise Leseprobe (WLLP-R) (Küspert/Schneider 2011), Der Deutsche Mathematiktest für erste Klassen (DEMAT 1+)* (Krajewski et al. 2002), der *Fragebogen zur Erfassung emotionaler und sozialer Schulerfahrungen von Grundschulkindern erster und zweiter Klassen (FEESS 1–2)* (Rauer/Schuck 2004) *sowie Knuspels Leseaufgaben (KNUSPEL-L)* (Marx 1998) verwendet. Zudem wurde eine Befragung der Lehrkräfte durchgeführt (vgl. Wolf et al. 2011, S. 11 ff.). Bei der Analyse der Daten zeigte sich, dass sich die Treatment-Kinder vom ersten bis zum zweiten Messzeitpunkt im Erkennen semantischer Inkonsistenzen, der Satzbildung sowie der Phonologischen Bewusstheit im engeren Sinne leicht verbessert haben. „Kinder mit schwächeren Ausgangskompetenzen, Kinder aus sozial schwachen Familien und Migrantenfamilien und Kinder, die sehr häufig an den Fördereinheiten teilgenommen haben, hatten direkt nach der Förderung am stärksten von der Maßnahme profitiert" (ebd., S. 37). Hier ist ein Anstieg von mehr als einer halben Standardabweichung zu verzeichnen. In den Vergleichsgruppen ist diese Verbesserung nicht auszumachen. Die Auswertungen der Messergebnisse zwischen der zweiten und dritten Erhebung zeigen, dass die Sprachkompetenzen der Kinder aus der Treatmentgruppe sowie der zweiten Vergleichsgruppe gleichbleibend waren, während sie sich bei der ersten Vergleichsgruppe (Kinder mit Förderbedarf, die keine Förderung erhielten) verbessert haben. Hinsichtlich der Nachhaltigkeit der Fördermaßnahmen wurde ein Vergleich der Entwicklung der Kinder aus der Treatmentgruppe mit derjenigen der Kinder aus der Vergleichsgruppe 1 durchgeführt. In allen Bereichen wird ein Leistungsvorsprung der Vergleichsgruppe(n) ersichtlich. Keine signifikanten Unterschiede waren bei der Dekodierfähigkeit sowie den Mathematikleistungen feststellbar. Beim Hörverstehen und dem Fähigkeitsselbstkonzept der Kinder ist jedoch ein geringfügiger signifikanter Effekt ersichtlich (vgl. ebd., S. 24). Die Forschergruppe mahnt dazu, diese Ergebnisse mit Vorsicht zu interpretieren, da die Ausgangslagen in den einzelnen Untersuchungsgruppen sehr unterschiedlich waren: „Die Treatmentgruppe war dabei in jeder Hinsicht die Gruppe mit den ungünstigsten Ausgangslagen" (ebd., S. 38). Ebenso wie bei der *EVAS*-Studie konnte keine Dokumentation der Sprachförderung stattfinden, sodass fraglich bleibt, ob die Maßnahmen von den Erzieher(inne)n auch wirklich durchgeführt wurden. Hinzu kommt, dass auch die Gestaltung des Mathematik- und Deutschunterrichts die Sprachkompetenzen der Kinder beeinflusst und die Effekte der Sprachförderung überdeckt haben könnte (vgl. ebd., S. 40 f.).

Auf die beiden dargestellten Studien *EVAS* und *EkoS* nehmen auch Sachse et al. (2012) im Rahmen ihrer Studie *Deutsch-Sprachförderung vor der Schule (DACHS)* Bezug. Darin untersuchen sie die Wirksamkeit des Sprachförderprogramms

---

8   Das Verfahren *HASE* wurde nur beim ersten Messzeitpunkt eingesetzt (vgl. Wolf et al. 2011, S. 11).

Deutsch für den Schulstart (Kaltenbacher/Klages 2007) im Vergleich zu unspezifischen Fördermaßnahmen auf seine Wirksamkeit. Mittels Randomisierung wurden sprachförderbedürftige Vorschulkinder der Interventionsgruppe (n=79) oder der Vergleichsgruppe (n=46) zugeordnet. Die elf Lehrkräfte, die in den Interventionsgruppen das Förderprogramm durchführten, erhielten im Vorfeld eine zweitägige Fortbildung. Zudem fanden in der Mitte des insgesamt neunmonatigen Förderkurses mit 10–15 Wochenstunden zwei halbtägige Reflexionstermine statt. Die sieben Lehrkräfte, die in den Vergleichsgruppen unterrichteten und dort eine herkömmliche Förderung durchführen sollten, wurden nicht explizit fortgebildet, sondern erhielten die *Handreichung für die Deutsch-Frühförderung in Vorlaufkursen* (Althaus et al. 2002). Zur Überprüfung der Wirksamkeit des Sprachförderkonzepts wäre eigentlich eine Kontrollgruppe mit Kindern, die zwar sprachförderbedürftig sind, aber keine Förderung erhalten, notwendig gewesen: „Eine geeignete Kontrollgruppe dieser Art konnte leider nicht rekrutiert werden, da seit 2004 alle als sprachförderbedürftig identifizierten Kinder in Hessen die Vorlaufkurse besuchen" (Sachse et al. 2012, S. 195). Die sprachlichen Leistungen der Kinder wurden beim Prä- und Posttest mit dem *Heidelberger Sprachentwicklungstest (HSET)* (Grimm/Schöler 1991), dem *Aktiven Wortschatztest für 3–5-jährige Kinder (AWST-R)* (Kiese-Himmel 2005) und dem *Heidelberger Auditiven Screening in der Einschulungsuntersuchung (HASE)* (Brunner/Schöler 2007) erhoben. Beim dritten Messzeitpunkt wurden zur Erfassung der schriftsprachlichen Leistungen der *Diagnostische Rechtschreibtest (DRT 1)* (Müller 2003) und die *Würzburger Leise-Leseprobe (WLLP-R) (Küspert/Schneider 2011)* eingesetzt. Zudem wurden die Lehrkräfte dazu aufgefordert, die sprachlichen Kompetenzen der Kinder auf einer fünfstufigen Skala einzuschätzen. Die Auswertungen der Daten zeigen keine signifikanten Interaktionseffekte. Dies weist darauf hin, „dass sich die Leistungssteigerungen in der IG [Interventionsgruppe] nicht von den Veränderungen in der VG [Vergleichsgruppe] unterschieden" (Sachse et al. 2012, S. 198). Auch die Auswertung der Testergebnisse zu den Lese- und Rechtschreibleistungen der Kinder am Ende der ersten Jahrgangsstufe zeigten keinen signifikanten Leistungsunterschied zwischen den beiden Gruppen. Bei der Beurteilung durch die Lehrkräfte fand sich lediglich in Bezug auf den Bereich *Grammatik* ein signifikanter Effekt zugunsten der Vergleichsgruppe. Darüber hinaus erbrachte der Vergleich der sprachlichen Leistungen der Kinder vor und nach den Vorlaufkursen die Erkenntnis, dass sich diese auch nach der Intervention weiterhin auf einem kritischen Niveau befanden. Damit reihen sich die Ergebnisse der *DACHS*-Studie in die Befunde der bereits vorgestellten Studien ein. Auch Sachse et al. betonen, dass möglicherweise die Fortbildung für die Lehrkräfte nicht intensiv genug oder deren sprachförderliches Verhalten nicht angemessen waren. Sie weisen darauf hin, dass die Ergebnisse der Studie nicht zwangsläufig bedeuten, dass das evaluierte Programm nicht zur Sprachförderung geeignet ist. Vielmehr geben sie zu bedenken, dass die Sprachfördergruppen z. T. sehr groß waren (bis zu zwölf Kinder pro Gruppe), die Förderung frühzeitiger ansetzen sollte und „die Inhalte der Vorlaufkurse meist völlig isoliert vom restlichen Alltag sowie der sonstigen Förderung der Kinder stattfinden und den Erzieherinnen der Kinder weitestgehend unbekannt ist, wie genau die Kinder in den Kursen gefördert werden" (ebd., S. 199).

Dass die Sprachförderkompetenz der Erzieher(innen) und Lehrkräfte ebenso entscheidend ist wie das durchgeführte Sprachförderprogramm, deutet sich auch in den Ergebnissen der Studie *Was wirkt wie – Evaluation der Sprachförderung in Rheinland-Pfalz* von Kammermeyer et al. (2013) an. Ziel war es, zu beschreiben unter welchen Bedingungen die von dem Bundesland finanzierte additive Sprachförderung am besten gelingt und welche Merkmale die sogenannten Positiv-Sprachfördergruppen, deren Kinder die größten Fortschritte erzielten, kennzeichnen. Es zeigte sich, „dass die Qualität der emotionalen Unterstützung und der Gruppenführung sehr gut bis ausgezeichnet ist, die [sprachliche] Anregungsqualität hingegen nur unzureichend ist" (Kammermeyer et al. 2013, S. 3). Bei den drei identifizierten Positiv-Sprachfördergruppen konnte als einzige Gemeinsamkeit der gemeinsame Landkreis und damit die ländliche Umgebung ermittelt werden. Sie unterscheiden sich hinsichtlich der Prozessqualität in den Gruppen nicht signifikant von der Gesamtstichprobe. Zwei der drei Positiv-Sprachfördergruppen zeichneten sich allerdings durch eine besonders gute Prozessqualität hinsichtlich der Kindergartengruppe sowie der Einrichtung aus. Die Forschergruppe schließt daraus, dass der alleinige Blick auf das jeweilige additive Sprachförderkonzept nicht ausreichend ist, sondern stattdessen die Prozessqualität in der Sprachförder-, der Kindergartengruppe sowie der Einrichtung ebenfalls berücksichtigt werden muss (vgl. ebd., S. 3 ff.; s. dazu auch Schneider et al. 2013).

Zusammenfassend zeigen die dargestellten empirischen Studien mit einigen Ausnahmen auf, dass additive Sprachförderprogramme nicht die gewünschte Wirksamkeit erzielen.

> Dies mag [...] auch daran liegen, dass in vielen Fällen zwar die Erzieherinnen für die Umsetzung einer Fördermaßnahme geschult wurden, allerdings die Umsetzung selbst nicht kontrolliert bzw. supervidiert wurde, sodass nichts darüber bekannt ist, wie die Fördermaßnahmen in der Praxis realisiert wurden (Schneider et al. 2012, S. 9 f.).

Die zumeist fehlenden Erfolge der Sprachförderung zeigen aber nicht zwangsläufig die Defizite additiver Förderung, sondern bisweilen die Effektivität von alltagsintegrierter Förderung, wie sie z. T. in den Vergleichsgruppen durchgeführt wurde, auf. Hinweise auf den generellen Einfluss sprachanregender Alltagsaktivitäten finden sich z. B. bei Mierau et al. (2008), die untersuchten, wie sich die Qualität der Kindertagesbetreuung von 51 Kindergartengruppen und Kindergärten auf die Sprachentwicklung von Kindern auswirkt. Der Sprachstand der Kindergartenkinder (n=204) wurde über die *Grenzsteine der Entwicklung* (Laewen 2003), das Screening-Verfahren *Wir Erzieherinnen schätzen den Sprachstand ein (WESPE)*

(Eichhorn/Liebe 2006), den *Kindersprachtest für das Vorschulalter (KISTE)* (Häuser et al. 1994) sowie dem *Peabody-Picture-Vocabulary-Test-Revised (PPVT-R)* (Dunn/ Dunn 1981) erfasst. Zur Ermittlung der sozialen Kompetenz wurde die *Skala zur Erfassung des Sozialverhaltens bei Vorschulkindern (SESV)* (Tietze et al. 1981) verwendet. Die Fertigkeiten der Kinder zur Bewältigung von Alltagssituationen wurden über die *Vineland Adaptive Behavior Scale* (Sparrow et al. 1984) erfasst. Darüber hinaus wurde die Struktur- und Prozessqualität durch das Instrumentarium des Forschungs- und Entwicklungsinstituts *PädQuis*, Items verschiedener Versionen der *Kindergartenskala (KES)* (Tietze et al. 2005a; 2007), *der Caregiver-Interaction-Scale (CIS)* (Arnett 1989) und dem Fragebogen zu kindlichen Aktivitäten im Kindergartensetting für Erzieher(innen) *(AKFRA-Kindergarten)* (Roßbach/Leal 1993) ermittelt. Die Daten wurden u. a. verwendet, um zu beschreiben, wie eine sprachfördernde Lernumwelt im Kindergarten gestaltet ist:

> Traditionelle sprachliche Aktivitäten wie Raten und Reimen mit den Kindern, Lieder singen, Geschichten erzählen und Bilderbücher sprachlich begleitet ansehen, sprachliche Aktivitäten mit musikalischen Aktivitäten zu verbinden, Rollenspiele mit der Notwendigkeit vielfältigen sprachlichen Ausdrucks zu initiieren, scheinen nach den vorliegenden Analysen einen Effekt zu haben. […] Es sind offensichtlich die natürlichen durch Spiel und Informalität gekennzeichneten Alltagssituationen im Kindergarten, in denen durch eine bewusste und zielorientierte Pädagogik nachhaltige Sprachförderung erfolgen kann.
>
> (Mierau et al. 2008, S. 58)

3.3.2 Systematische alltagsintegrierte Sprachförderung

Die Erkenntnisse über den Einfluss der Prozessqualität, also u.a. die Interaktion zwischen Erzieher(inne)n und Kindern auf die (sprachliche) Entwicklung der Kinder (s. dazu auch Tietze et al. 2005b; Sylva et al. 2008) lassen vermuten, dass eine systematische alltagsintegrierte Förderung im Elementar- und Primarbereich bei guten Kontextbedingungen wirksam sein kann. Im Gegensatz zu den additiven Sprachfördermaßnahmen finden diese nicht gesondert, sondern innerhalb des Gruppenalltags statt. Dabei wird in alltäglichen Situationen an die Interessen und Bedürfnisse der Kinder angeknüpft. Die Sprachförderung verläuft damit zwar beiläufig, aber dennoch systematisch. Sie wird auch als universelle Fördermaßnahme oder primäre Prävention bezeichnet, da sie sich auf alle Kinder bezieht (vgl. Kammermeyer et al. 2011, S. 8). Es sei bereits an dieser Stelle erwähnt, dass in den letzten Jahren in diesem Zusammenhang zudem der Begriff der Sprachbildung eingebracht und von der „klassischen" Sprachförderung abgegrenzt wird:

> Sprachförderung bezeichnet in Abgrenzung zur sprachlichen Bildung gezielte Fördermaßnahmen, die sich insbesondere an Kinder mit besonderen Schwierigkeiten richten, die dia-

gnostisch ermittelt wurden. Die Maßnahmen können in der Schule unterrichtsintegriert oder additiv erfolgen. Sprachförderung ist häufig ausgerichtet auf bestimmte Adressatengruppen und basiert auf spezifischen sprachdidaktischen Konzepten und Ansätzen, die den besonderen Förderbedarf berücksichtigen, Sprachförderung erfolgt oftmals in der Kleingruppe, aber nicht zwingend, und hat kompensatorische Ziele. Dabei bezeichnet Sprachförderung in Abgrenzung zur Lese- und Schreibförderung die Förderung der allgemeinen sprachlichen Fähigkeiten, etwa des Wortschatzes oder der Grammatik. Diese Fähigkeiten werden sowohl im Mündlichen als auch im Schriftlichen benötigt. (Kucharz et al. 2014, S. 52)

Zunächst ist der Blick auf Studien zu richten, die die Effektivität sogenannter alltagsintegrierter Sprachförderung empirisch untersuchen. Basierend auf der belegten Wirksamkeit der Anregungsqualität durch das häusliche Umfeld (vgl. Painter 1969; Schaefer 1969; Levenstein 1970, 1971) und eigenen Vorarbeiten in Bezug auf die sprachliche Förderung von Kindern in Krippen (vgl. Beller 1985; Beller 1993), führten Beller et al. (2007) eine Interventionsstudie durch. Sie verfolgten das Ziel, das sprachliche Anregungsniveau in Kindergärten zu erhöhen und die Wirksamkeit des eingesetzten Modells zur Sprachförderung zu überprüfen. Dafür wurde in der Studie der sprachliche und kognitive Entwicklungsstand von Kindern einer Interventionsgruppe (n=88) und einer Kontrollgruppe (n=67) an zwei Messzeitpunkten miteinander verglichen. Zur Erfassung der Daten diente einerseits die Entwicklungstabelle nach Beller/Beller (2000). Andererseits wurden der *Sprachentwicklungstest (SETK-2)* (Grimm 2000); *(SETK-3 – 5)*; (Grimm 2001) und die *Screening-Version (SSV)* (Grimm 2003) eingesetzt. Darüber hinaus wurde zum einen das Sprachanregungsniveau der beteiligten Erzieher(innen) eingeschätzt (vgl. Gierke 2003) und zum anderen zur Einschätzung des Erziehungsstils der Betreuer(innen) das Instrument von Beller et al. (1996) verwendet. Außerdem wurde zur Ermittlung des sozioökonomischen Status ein Elternfragebogen ausgegeben. Die Intervention erfolgte in dem Zeitraum von Januar bis Juni 2005. Unter Supervision der Projektkoordinatorin und der Projektleitung fand eine Fortbildung für die Erzieher(innen) (n=18) der Interventionsgruppe an ihrem Arbeitsplatz statt. Sie wurden einmal pro Woche von studentischen Mitarbeiter(inne)n geschult. Zusätzlich wurden zwei eintägige externe Fortbildungen durchgeführt. Außerdem fand in der zweiten Hälfte der Intervention eine Beobachtung der Erzieher(innen) im Kindergartenalltag statt, an die sich ein gemeinsamer Austausch anschloss. Die Betreuer(innen) (n=13) der Kontrollgruppe wurden in zweiwöchigen Abständen insgesamt fünf Mal für 60 Minuten besucht. Die Auswertung der Daten zeigte, dass das sprachliche Anregungsniveau der Erzieher(innen) durch die systematische Fortbildung erhöht wurde – es konnten signifikante Unterschiede zu den Erzieher(inne)n der Kontrollgruppen festgestellt werden. Ähnliche Ergebnisse wurden in Bezug auf den Erziehungsstil ausgemacht. Es konnten zudem bei der Auswertung der Entwicklungstabellen Auswirkungen auf die Sprachentwicklung der Kinder festgestellt werden:

In der Analyse wurden die Pre-Post-Veränderungen in der Sprachentwicklung anhand von 3 Faktoren und deren Interaktion getestet. Der Faktor Intervention ist signifikant, d. h. die Kinder in der Interventionsgruppe haben sich in der Fortbildungsphase mehr verändert als die Kinder in der Kontrollgruppe – unabhängig vom Alter und ethnischer Herkunft der Kinder. (Beller et al. 2007, S. 66)

Der Zuwachs der Kinder aus der Interventionsgruppe liegt über dem erwarteten Zuwachs in dem Zeitraum zwischen den Erhebungen. Es zeigte sich außerdem, dass die Veränderungen mit zunehmendem Alter der Kinder – unabhängig von den beiden Gruppen – geringer werden, das Alter also unabhängig von der Intervention mit der Sprachentwicklung in Verbindung steht. Hinsichtlich des Faktors der ethnischen Herkunft zeigten sich keine signifikanten Unterschiede – alle Kinder scheinen von einer systematischen, alltagsintegrierten Förderung zu profitieren. Jedoch wurde ein Interaktionseffekt zwischen den Faktoren Alter und ethnische Herkunft ausgemacht. Die erreichten Werte beim Sprachentwicklungstest unterscheiden sich beim Pre- und Posttest der Kinder aus der Kontrollgruppe nicht signifikant. In der anderen Gruppe verringerte sich dagegen „der Anteil der Kinder, die den kritischen Wert in der Sprachproduktion unterschritten hatten" (ebd., S. 68) signifikant. Bezüglich der kognitiven Entwicklung lassen sich ebenfalls bei den Kindern aus der Interventionsgruppe signifikante Effekte zwischen den beiden Messzeitpunkten feststellen (vgl. ebd.). Seit Mai 2007 wurde die Wirkung des entwickelten Fortbildungsmoduls zur Sprachanregung im Rahmen des Projekts *Systematische sprachliche Anregung im Kindergartenalltag zur Erhöhung der Bildungschancen 4 – 5-jähriger Kinder aus sozialschwachen und Migrantenfamilien – eine pädagogische Intervention* von Beller und Beller (2009) erneut erprobt. Beteiligt waren bei dieser Erhebung Erzieher(innen), die vier- und fünfjährige Kinder deutscher, türkischer und arabischer Herkunft (n=151) betreuten. Ihr Sprachstand wurde vor und nach der Intervention durch den *Heidelberger Sprachentwicklungstest (HSET)* (Grimm/Schöler 1991) erhoben. Zudem wurde der kognitive Entwicklungsstand der Kinder erfasst. Das sprachliche Anregungspotenzial sowie der Erziehungsstil der Erzieher(innen) wurden in der Pre- und Post-Erhebung durch Videoaufnahmen dokumentiert und analysiert. Die Befunde ähneln der Studie von 2007, jedoch nicht in allen Bereichen:

In Bezug auf die angestrebte Förderung der Sprachentwicklung der Kinder durch die Intervention war diese nur für eine Teilstichprobe, d. h. für die Vierjährigen Kinder [sic!] – unabhängig von ihrer sprachlichen Herkunft – signifikant erfolgreich. Bei den Fünfjährigen Kindern [sic!] konnte die Intervention den Sprachentwicklungsstand in diesem Zeitraum nicht signifikant im Vergleich zu den Fünfjährigen in der Vergleichsgruppe erhöhen. (Beller/Beller 2009, S. 9)

Vermutet wird, dass der Wechsel vom Elementar- in den Primarbereich der Fünfjährigen während der Erhebung einen Einfluss hatte oder eine sprachliche

Förderung bei dieser Altersgruppe daher weniger effektiv ist. Um Langzeitwirkungen zu ermitteln, wäre es jedoch, so die Forschergruppe, erforderlich, alle Kinder bis zum Ende der Grundschulzeit zu begleiten und jährlich zu testen (vgl. ebd., S. 152). Beller/Beller heben in Bezug auf ihre Untersuchung besonders hervor, dass gezeigt wurde,

> dass [bei] eine[r] Intervention, in der keinerlei sprachliche Strukturen beim Kind trainiert wurden, sondern ‚nur' das sprachliche Anregungsniveau der Erzieher sowie ihr Erziehungsstil zum Positiven verändert wurde, die Kinder sich signifikant positiv in ihrer grammatikalischen Kompetenz verändert haben (Beller/Beller 2009, S. 153).

Die Erkenntnisse in Bezug auf die Sprachförderkompetenz der Fachkräfte decken sich mit Befunden aus der Spracherwerbsforschung, „die bestimmtes Verhalten als sprachförderlich belegen und die Formulierung von Sprachförderstrategien erlauben. [...] Die Qualität des sprachlichen Inputs ist für die Sprachentwicklung entscheidend" (Schneider et al. 2012, S. 25 f.).

Ähnlich wie bei Beller et al. (2007) sowie Beller und Beller (2009) wurde auch im Rahmen der Studie von Kucharz et al. (2015) der Fokus nicht nur auf die alltagsintegrierte Sprachfördermaßnahme an sich, sondern auch auf die Sprachförderkompetenz der Förderpersonen gerichtet. Diese Vorgehensweise erschließt sich zum einen aus den Prognosen der Studien zur Wirksamkeit additiver Programme – dort wurden bereits die (mangelnden) sprachfördernden Kompetenzen der Erzieher(innen) und/oder Lehrkräfte angemahnt. Zum anderen weisen neben den bereits vorgestellten Studien die Befunde weiterer Studien, die den Blick auf die Sprachförderkompetenzen von Lehrkräften richten, ebenfalls in die Richtung, dass es sich hier um eine entscheidende Komponente innerhalb guter Sprachförderung handelt (vgl. Fried 2010; Schneider et al. 2013). Im Rahmen der Längsschnittstudie mit Kontrollgruppendesign von Kucharz et al. (2015) wurde ein alltagsintegriertes und durchgängiges Sprachförderkonzept – das sogenannte *Fellbach-Konzept* – entwickelt, durchgeführt und evaluiert. Es handelt sich um ein Förderkonzept, das sowohl im Elementar- als auch im Primarbereich eingesetzt werden kann und bei dem ein Fokus auf die Sprachfördertechniken der pädagogischen Fachkräfte gelegt wird. Um die Durchgängigkeit des Konzeptes zu gewährleisten ist es erforderlich, dass eine enge Kooperation zwischen den Pädagog(inn)en des Elementar- und Primarbereichs erfolgt und mit dem gleichen Sprachförderkonzept gearbeitet wird. Daher finden gemeinsame Fortbildungen und Coachings im Laufe eines Jahres statt (vgl. Beckerle et al. 2014, S. 48 f.). Für die Evaluierung des Konzepts wurde eine Modellgruppe mit acht Erzieherinnen und sechs Grundschullehrerinnen gebildet, die insgesamt 120 Kinder betreuten. Diese pädagogischen Fachkräfte nahmen an der einjährigen Weiterqualifizierung teil, durch welche sich die Sprachfördertechniken der Pädagoginnen und zugleich die Sprachkompetenzen der Kinder verbessern sollten (vgl. Beckerle et al. 2012, S. 116). Weitere vier Erzieherinnen und zwei Grundschullehrerinnen, die insgesamt 54 Kinder betreuten, bildeten die Kontrollgruppe, die keine Fortbildung erhielt. „Dies ist zur Überprüfung einer Intervention notwendig, weil sich alle Kinder in der Regel über die Zeit sprachlich weiterentwickeln und nur durch eine Kontrollgruppe der Effekt einer Maßnahme überprüft werden kann" (Kucharz et al. 2015, S. 17). Die Datenerhebung erfolgte zu drei Messzeitpunkten (vgl. Abb. 10).

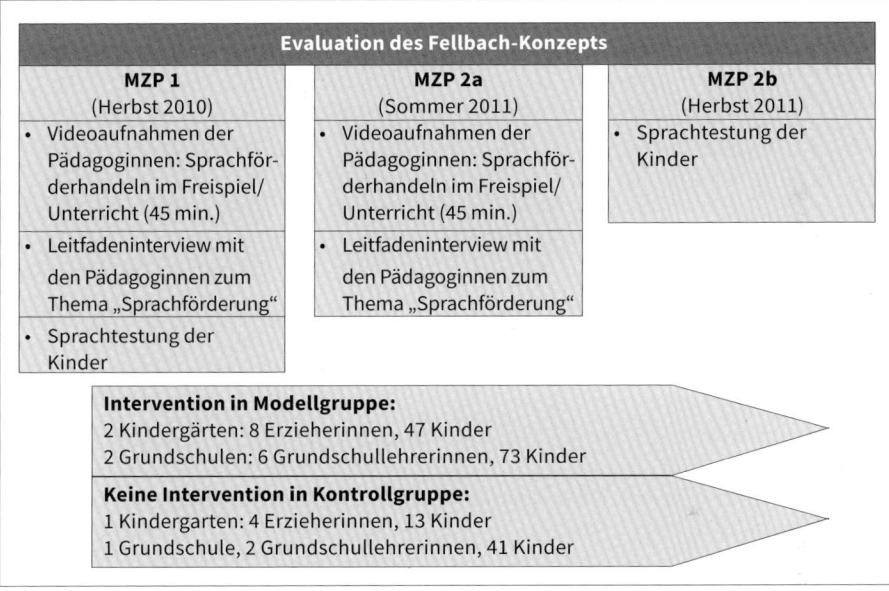

Abb. 10: Forschungsdesign der Evaluation des Fellbach-Konzepts (Kucharz et al. 2015, S. 18)

Alle Fachkräfte wurden hinsichtlich der Thematik *Sprachförderung* vor und nach der Intervention interviewt. Außerdem wurden Videoaufnahmen ihres Sprachhandelns in Unterrichts- und von Spielsituationen gemacht. Auch die Sprachstände der Kinder (n=195) wurden beim Pre- und Posttest erhoben. Dafür wurden der *Potsdam-Illinois Test für Psycholinguistische Fähigkeiten (P-ITPA)* (Esser/Wyschkon 2010), der *Sprachentwicklungstest für 3–5-jährige Kinder (SETK 3–5)* (Grimm 2001) und das *Heidelberger Auditive Screening in der Einschulungsuntersuchung (HASE)* (Brunner/Schöler 2007) eingesetzt. Die Inhaltsanalyse der Interviews zeigte, dass sich das Wissen der Fachkräfte durch die Weiterqualifizierung positiv verändert hat. Bei den Pädagoginnen aus der Kontrollgruppe zeigten sich keine Veränderungen. Die Auswertung der Interviews zeigt, dass die weiterqualifizierten Fachkräfte zum zweiten Messzeitpunkt signifikant mehr Sprachfördertechniken einsetzten als diejenigen der Kontrollgruppe (vgl. Abb. 11). Hinsichtlich der Sprachleistungen der Kinder konnte ermittelt werden, dass sich die Ausgangsleistungen dieser zu Beginn der Messungen nicht bedeutsam un-

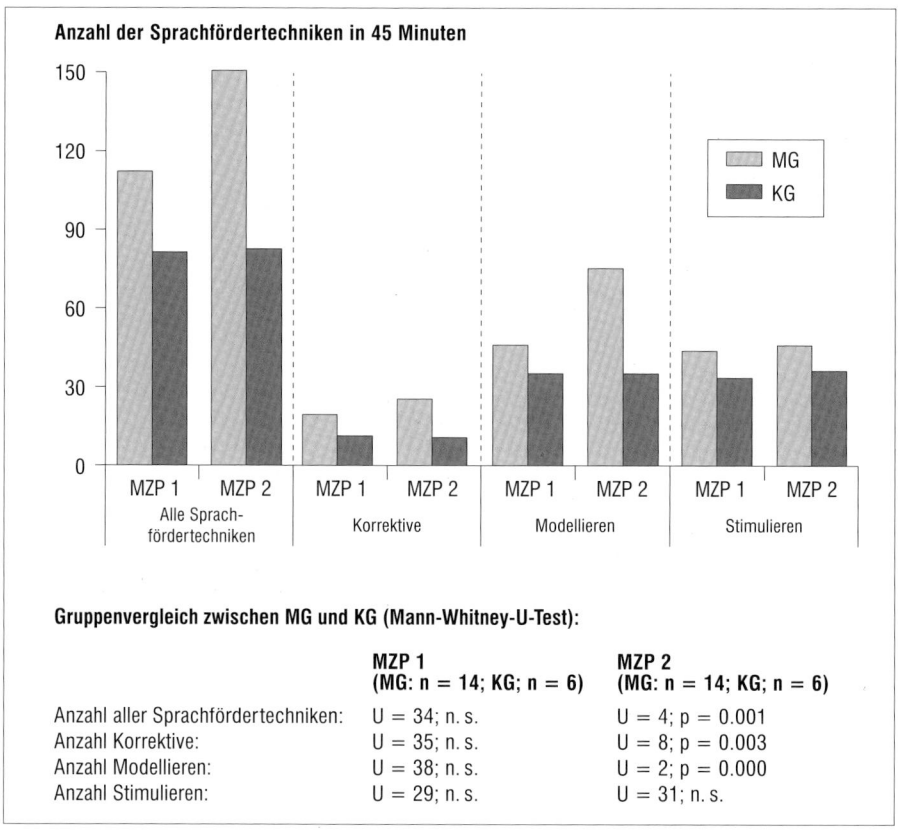

Abb. 11: Gruppenvergleiche hinsichtlich der Anzahl der verwendeten Sprachfördertechniken (Kucharz et al. 2015, S. 23)

terschieden. Nach der Intervention zeigte sich jedoch eine tendenzielle Verbesserung der sprachlichen Leistungen von den Kindern, deren Fachkräfte an der Weiterqualifizierung teilgenommen hatten (vgl. Abb. 12) (s. auch Beckerle et al. 2016). „Diese Ergebnisse sind noch mit einer gewissen Vorsicht zu interpretieren, weil sie das statistische Signifikanzniveau nur in der Tendenz erreichen." (Kucharz et al. 2015, S. 24) Trotz der kleinen Stichprobe deutet die Studie von Kucharz et al. darauf hin, dass sich die sprachlichen Kompetenzen von Kindern durch eine umfassende Weiterqualifizierung von Fachkräften hinsichtlich einer alltagsintegrierten Sprachförderung steigern lassen.

Buschmann et al. (2011) überprüften die Wirksamkeit einer alltagsintegrierten Sprachförderung durch den Einsatz des *Heidelberger Trainingsprogramms* in einer Krippen- sowie einer Kindergartenstudie. Für die Krippenstudie wurden sprachauffällige ein- und mehrsprachige Kinder (n=37) aus dem Raum Heidelberg und Stuttgart im Alter von 16 bis 30 Monaten ausgewählt. Ihre Eltern erhiel-

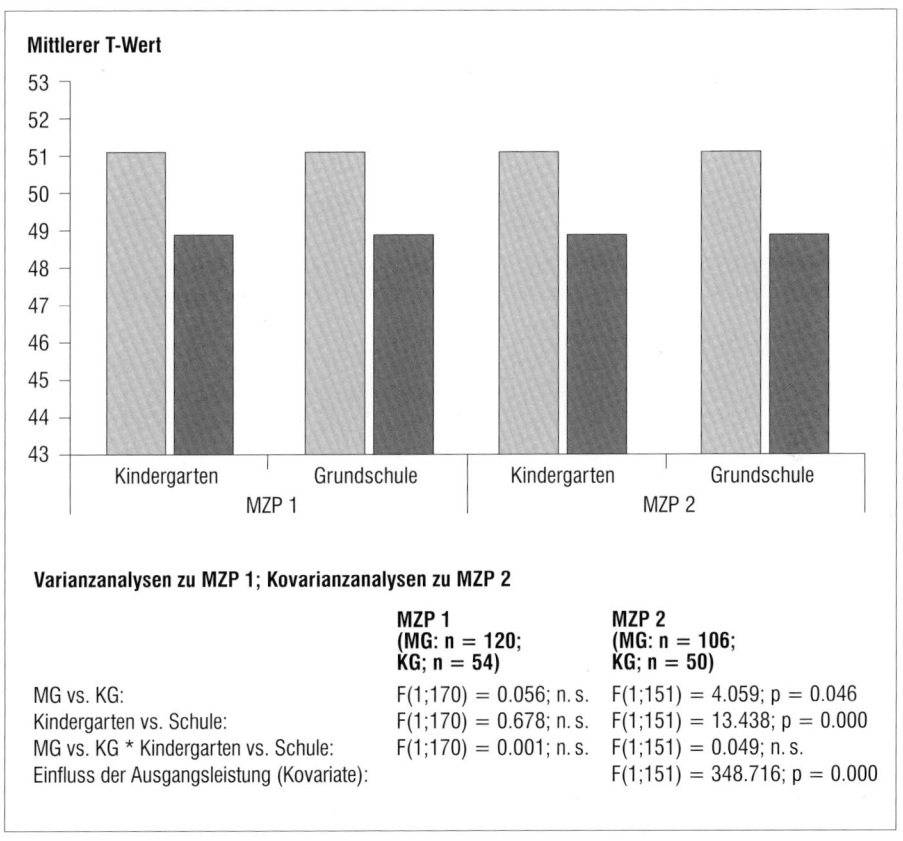

Abb. 12: Sprachliche Leistungen der Kinder im Vergleich (Kucharz et al. 2015, S. 23)

ten den Fragebogen *Eltern antworten (ELAN)* (Bockmann/Kiese-Himmel 2006). Diejenigen Kinder, denen durch den Fragebogen ein Prozentrang unter 20 zugewiesen wurde und die damit als verzögert sprachentwickelt deklariert wurden, erhielten eine Einladung zum Prätest mit Eingangs- und Interaktionsdiagnostik. Dort wurden die rezeptiven wie expressiven Sprachkompetenzen der Kinder mit dem *Sprachentwicklungstest für zweijährige Kinder (SETK-2)* (Grimm 2000) erhoben, der um Items aus den *Bayley Scales of Infant Development (BSID-II-NL)* (van der Meulen et al. 2002) ergänzt wurde. Zur Erfassung von Verhaltensauffälligkeiten wurde darüber hinaus die *Child Behaviour Checklist (CBCL)* (Achenbach 2002) eingesetzt. Daten zur Familie wurden mit einem weiteren Fragebogen erfasst. Die Interaktionsdiagnostik wurde in einem separaten Raum in der Kindertagesstätte durchgeführt und per Videoaufnahme aufgezeichnet. Dabei betrachtete eine Erzieherin gemeinsam mit dem Kind ein Bilderbuch. Anschließend wurden die Erzieher(innen) aus Heidelberg der Interventionsgruppe zugeordnet. Sie nahmen an dem *Heidelberger Trainingsprogramm* teil, das aus 25 Unterrichtseinheiten bestand. Die pädagogischen Fachkräfte aus Stuttgart erhielten dagegen eine ganztägige Fortbildung, in der ähnliche Inhalte wie beim *Heidelberger Trainingsprogramm* thematisiert wurden – jedoch deutlich direktiver als in der anderen Gruppe. Sie erhielten darüber hinaus im Gegensatz zu den Erzieher(inne)n aus Heidelberg weder aktive Übungsmöglichkeiten noch Supervisionen. Alle pädagogischen Fachkräfte wurden gebeten, täglich etwa zehn Minuten mit den sprachauffälligen Kindern, die an der Studie teilnahmen, ein Bilderbuch zu betrachten. Sechs Monate nach dem Prätest wurden die Eltern erneut gebeten, den *ELAN*-Fragebogen auszufüllen. Außerdem wurde erneut der *SETK-2* sowie der *CBCL 1,5-5* eingesetzt und eine Videosequenz der Interaktion zwischen pädagogischer Fachkraft und Krippenkind bei der Betrachtung eines Bilderbuchs aufgezeichnet (vgl. Buschmann et al. 2010). Die Auswertungen zeigten, „dass in Folge des Trainingsprogramms die Erzieher(innen) ihr sprachliches Interaktionsverhalten deutlich veränderten und dauerhaft verbesserten" (Sachse et al. 2011, S. 100). Der Vergleich der sprachlichen Fortschritte der Kinder zeigte, dass die Krippenkinder aus Heidelberg signifikant mehr Wörter und Mehrwortkombinationen produzierten als die Kinder der Vergleichsgruppe (vgl. ebd.). Buschmann et al. führten eine Studie mit ähnlichem Design auch mit Kindern im Alter von drei bis fünf Jahren (n=146) durch. Die insgesamt teilnehmenden 49 Erzieher(innen) erhielten zunächst eine gemeinsame eintägige Fortbildung und wurden anschließend wie auch in der Krippenstudie in zwei Gruppen unterteilt, deren weitere Fortbildung sich unterschied. Die Ergebnisse zeigen, dass die Kinder, deren pädagogische Fachkräfte mit dem *Heidelberger Trainingsprogramm* fortgebildet wurden, eine vermehrte Sprechfreude und größere Redeanteile aufwiesen. „Insbesondere die sprachlich schwächsten Kinder produzierten längere und komplexere Äußerungen als die Kinder der Vergleichsgruppe" (Sachse et al. 2011, S. 100).

Die angeführten Studienergebnisse machen deutlich, dass alltagsintegrierte Förderkonzepte sich größtenteils als wirksam erwiesen haben, wenn die Qualifizierung der pädagogischen Fachkräfte sowohl Wissensvermittlung, eine Theorie-Praxis-Verzahnung und die regelmäßige Reflexion des Gelernten beinhalten, als auch längerfristig angelegt sind. Bedacht werden sollte dabei allerdings, dass langfristige Wirkungen noch nicht untersucht wurden. „Auch lässt sich anhand der Befundlage nicht beurteilen, inwieweit unspezifisch sprachanregende Förderkonzepte kompensatorisch wirken" (Paetsch et al. 2014, S. 327). Unter Einzug des Forschungsstands zu additiver Sprachförderung sowie der Professionalisierung pädagogischer Fachkräfte kann konstatiert werden, dass neben dem durchgeführten Programm insbesondere die Sprachförderkompetenz der Erzieher(innen) eine besondere Rolle spielt. Festgehalten werden kann auch auch, dass eine auf die Vorschulzeit konzentrierte Sprachförderung scheinbar für viele Kinder nicht ausreichend ist. Vielmehr sollte sich die Förderung sprachlicher Kompetenzen über einen möglichst langen Zeitraum erstrecken.

Somit geht mit der Entwicklung von einer additiven Sprachförderung hin zu einer integrativen Sprachförderung auch eine neue, bereits angesprochene Neukonzeptualisierung einher, die sich auch in der dafür gewählten Terminologie widerspiegelt.

Der Terminus der Sprachförderung wird zunehmend, aber noch nicht einheitlich, von dem der Sprachbildung abgegrenzt, bisweilen aber auch noch als Oberbegriff verwendet (vgl. Kammermeyer/Roux 2013, S. 515, vgl. Beckerle 2017, 15ff.). Gemäß Wildemann und Vach (2022) richtet sich Sprachförderung an Kinder mit speziellen Bedarfen, wie z. B. Problemen bei einzelnen grammatischen Phänomenen. Sie kann sowohl auf das einzelne Kind als auch auf eine Kleingruppe mit ähnlichen Schwierigkeiten ausgerichtet sein. Die Begleitung bei der Entwicklung der jeweiligen sprachlichen Fähigkeiten gilt dann als abgeschlossen, wenn die zuvor angestrebte Entwicklung erreicht worden ist.

Sprachförderung stellt demnach eine intensive und vertiefende Unterstützung der individuellen Sprachaneignung durch zusätzliche Lernangebote dar, deren Zielgruppe insbesondere, aber nicht ausschließlich Kinder mit Deutsch als Zweitsprache sind (vgl. Wildemann/Vach 2022, S. 187). Sie kann sowohl unterrichtsintegriert wie auch additiv erfolgen und bezieht sich auf den Ausbau der sprachlichen Fähigkeiten der Lernenden, während bei der Lese- und Schreibförderung die handlungsbezogenen Fähigkeiten des Lesens und Schreibens gezielt gefördert werden (vgl. Schneider et al. 2012, S. 23).

Im Gegensatz dazu ist sprachliche Bildung Aufgabe der Bildungsinstitutionen für alle Kinder und Jugendliche. Sie erfolgt alltagsintegriert, aber nicht beiläufig, sondern gezielt. Sprachliche Bildung bezeichnet alle durch das Bildungssystem systematisch angeregten Sprachentwicklungsprozesse und ist allgemeine Aufgabe im Elementarbereich und des Unterrichts in allen Fächern. Die Erzieherin bzw. der Erzieher oder Lehrperson greift geeignete Situationen auf, plant und gestaltet sprachlich bildende Kontexte und integriert sprachliche Förderstrategien in das Sprachangebot aller Kinder und Jugendlichen (Schneider et al. 2012, S. 23).

Durchgängige Sprachbildung

Eine durchgängige Sprachbildung nimmt alle Lernenden in den Blick und konzentriert sich nicht gezielt auf die Förderung einzelner sprachlicher Problembereiche, sondern vielmehr auf die Weiterentwicklung der sprachlichen Kompetenzen insgesamt. Sie kommt damit dem Prinzip einer alltagsintegrierten Sprachförderung am nächsten. Hierbei geht es vor allem um die Förderung schriftsprachlicher bzw. bildungssprachlicher Kompetenzen, die für die Bewältigung der schulischen Anforderungen erforderlich sind. Um nachhaltige Verbesserungen der sprachlichen Kompetenzen zu erzielen, sollte die Durchgängigkeit der sprachlichen Bildung zum einen vertikal gestaltet sein und sich vom Elementarbereich, über den Primar- und Sekundarbereich bis hin zur universitären Ausbildung erstrecken. Zum anderen sollte die Durchgängigkeit auch auf der horizontalen Ebene bestehen. Das bedeutet, dass nicht nur im Sprachunterricht, wie dem Fach Deutsch, sondern auch im Fachunterricht die sprachlichen Kompetenzen der Schüler(innen) gezielt in den Blick genommen und weiterentwickelt werden.

Um das Verständnis von Sprachbildung als eine sprachliche Unterstützung über die gesamte Schullaufbahn und das gesamte Curriculum hinweg zu verdeutlichen, wurde im Rahmen des Modellprogramms *Förderung von Kindern und Jugendlichen mit Migrationshintergrund (FörMig)* die Bezeichnung der *durchgängigen Sprachbildung* gewählt (vgl. Gogolin 2008). Sprachliche Bildung ist hier als ein Kontinuum zu verstehen, das sich in Form der Durchgängigkeit auf verschiedenen Dimensionen abbilden lässt. Der kumulative Aufbau sprachlicher Fähigkeiten – also die sprachliche Kompetenzentwicklung mit zunehmendem Alter – wird innerhalb der vertikalen, bildungsbiografischen Dimension verortet. Dies umfasst die Übergänge zwischen den Bildungsstufen, die Zäsuren innerhalb des Kontinuums darstellen, welche überwunden werden müssen. In *FörMig*-Modellversuchen wird dem Übergang durch stufenübergreifende Fortbildungsangebote sowie der Entwicklung gemeinsamer Materialien und sprachdiagnostischer Instrumente begegnet. Die horizontale Dimension der durchgängigen Sprachbildung umfasst die Verbindungsstellen innerhalb des Bildungssystems und wird auch als situativ-thematisch bezeichnet. Sprachliche Bildung wird nicht nur als Aufgabe des Deutsch-, sondern auch des Fachunterrichts gesehen, da Sprach- und Fachlernen in allen Bereichen als zusammengehörig betrachtet werden. Sie wird sowohl durch fachspezifische (fachsprachliches Register) als auch fächerübergreifende (bildungssprachliches Register) Sprachlernaufgaben realisiert. Die dritte Dimension innerhalb der durchgängigen Sprachbildung befasst sich mit dem Aspekt der Mehrsprachigkeit und „macht schließlich explizit, dass die Sprache(n), über die Kinder und Jugendliche verfügen, die Aneignung von Bildungssprache (positiv) beeinflussen kann bzw. können" (Salem 2013, S. 17). Reich unterscheidet hier zwischen der sprachsozialisatorischen sowie der interlingualen Dimension. Innerhalb der sprachsozialisatorischen Dimension stehen Verbindungen sprachlicher Primär- und Sekundärsozialisation im Mittelpunkt:

> Aus der schulischen Perspektive bedeutet Durchgängigkeit hier, dass die Schule exemplarisch Berührungsflächen zwischen schulischen und außerschulischen Situationen schafft und Wege aufzeigt, außerschulische Kommunikationssituationen als Bildungsgelegenheiten aufzusuchen und – nicht zuletzt mit Hilfe des schulisch erworbenen Wissens und Könnens – durchzustehen und zu reflektieren. (Reich 2013, S. 66)

Innerhalb der interlingualen Dimension sieht Reich die durchgängige Sprachbildung insofern verortet, als dass berücksichtigt werden muss, dass Kindern und Jugendlichen in der Regel mehr als nur eine Sprache zur Verfügung steht, die sie sowohl strategisch als auch situationsangemessen im Sinne einer aktiven Mehrsprachigkeit nutzen können (vgl. ebd., S. 67). Nicht nur beim Modellprogramm *FörMig* richtet sich der Blick in Bezug auf sprachliche Bildung vor allem auf Schüler(innen) mit einem Migrationshintergrund sowie die Berücksichtigung von Sprache im schulischen Deutsch- wie Fachunterricht. Der Frage, wie ein solcher Unterricht gestaltet werden kann, wird in Kapitel 4 nachgegangen.

Zusammenfassend ist an dieser Stelle zunächst festzuhalten, dass mit der Entwicklung der Sprachförderung als ein Bestandteil von Sprachbildung ein grundsätzlicher Verständniswandel einhergegangen ist. So wird nicht mehr ausschließlich an den fehlenden Voraussetzungen der Kinder angesetzt, um diese den Anforderungen der Bildungsinstitutionen und einer vermeintlichen Norm anzupassen. Vielmehr besteht das Ziel der Bemühungen nun darin, die Bildungsangebote bzw. den Unterricht an die vorhandenen sprachlichen Voraussetzungen der Lernenden anzupassen und diese sukzessive zu erweitern. Alltagsintegrierte wie kompensatorische (additive) Sprachfördermaßnahmen haben sich in den bisher vorliegenden Studien als unterschiedlich effektiv erwiesen. Daher sollten beide Vorgehensweisen nicht als sich einander ausschließend betrachtet werden, „sondern es wird vielfach sinnvoll oder sogar erforderlich sein, sie miteinander zu kombinieren" (Schneider et al. 2012, S. 16; s. dazu auch Kap. 5).

▶ Was konnten Sie über additive und alltagsintegrierte Sprachförderung im Elementarbereich erfahren?

▶ Halten Sie die vorgestellten Sprachförderformen oder Ausschnitte davon für übertragbar auf den Grundschulunterricht?

▶ Wie wird Sprachförderung an Ihrer Schule bislang durchgeführt?

3.4 Folgerungen für den Grundschulunterricht

Der Blick in den Elementarbereich, in dem Sprachförderung wesentlich prominenter durch Projekte und Maßnahmen vertreten ist als in der Schule, kann für den Unterricht in der Grundschule lohnend sein. Daher möchten wir auf vier der zuvor dargestellten Erkenntnisse hier noch einmal rekurrieren, um daraus Schlussfolgerungen für die Sprachbildung und -förderung in der Primarstufe abzuleiten.

Die Sprachbeherrschung ist ein Prädiktor für Lernerfolg

Um die sprachlichen Fähigkeiten von Schüler(inne)n einschätzen zu können, sollte jede Lehrkraft Kenntnisse über grundlegende Bedingungen des Erst- und Zweitspracherwerbs besitzen. Dazu gehört auch das Wissen über intra- und interpersonale Faktoren der Sprachaneignung. Neben diesem Grundlagenwissen ist es erforderlich, sich ein genaues Bild der sprachlichen Leistungen seiner Schülerschaft zu machen. Zusätzliche oder unterrichtsimmanente Sprachförderung kann nur dann sinnvoll gestaltet werden, wenn bekannt ist, wo sich das einzelne Kind in seinem Sprachlernprozess befindet und welche Unterstützungsmaßnahmen passend sind. Die Lehrkraft hat somit in hohem Maße Sorge dafür zu tragen, dass alle Schüler(innen) die Chance erhalten, ihre Sprachkompetenzen auszubauen. Ihnen sollte zudem bewusst sein, dass fehlende Sprachkompetenzen ebenso das fachliche Lernen beeinflussen. Ein „guter" Fachunterricht ist daher in Anlehnung an die sprachlichen Voraussetzungen der Schüler(innen) sowohl bildungssprachlich ausgerichtet als auch sprachlich unterstützend angelegt.

Sprachkompetenzen wirken sich auf das Selbstkonzept der Lernenden aus

Aus den Arbeiten von Tajmel (2013) sowie zahlreichen eigenen Fortbildungsmaßnahmen wurde deutlich, dass ein Zusammenhang zwischen den individuellen Sprachkompetenzen und der Selbstwahrnehmung der Schüler(innen) besteht. Für Heranwachsende, die sich permanent als „defizitäre" Sprachnutzer(innen) erleben, ist es schwer, ein positives Selbstkonzept auszubilden bzw. aufrechtzuerhalten. Dies umso mehr, wenn ihnen z. B. durch Kommentare der Lehrkraft oder schlechte Noten immer wieder zurückgespiegelt wird, dass ihre sprachlichen Fähigkeiten unzureichend sind, um erfolgreich am Unterricht teilzunehmen. Schnell kann sich dann bei den betroffenen Schüler(inne)n die Überzeugung herausbilden, dass ihre schulischen Anstrengungen grundsätzlich und zum Scheitern verurteilt sind, da sie nicht über die entsprechende sprachliche Begabung/Kompetenz verfügen. Dies wiederum kann sich negativ auf die Leistungsmotivation auswirken – ein Teufelskreislauf beginnt. Rosebrock und Nix (2020) haben dies in ihrem Mehrebenenmodell für das Lesen sehr eindrücklich aufgezeigt, indem sie auf der Subjektebene das „Selbstkonzept als (Nicht-)Leser(in)" verorten. Ein solches Selbstkonzept beinhaltet auf der Grundlage positiver und negativer Leseerfahrungen motivationale Einstellungen und Überzeugungen in Bezug auf (Nicht-)Begabungen und (Nicht-)Können (vgl. ebd., S. 21 f.). Das in der Fachdidaktik diskutierte (lesebezogene) Selbstkonzept lässt sich auf den Fachunterricht übertragen. Nicht selten geht ein negatives Selbstkonzept mit Rückzug oder gar Verweigerung einher. So konnten beispielsweise Röhner und Hausmann Oliva im Rahmen einer explorativen Studie bei zweitsprachlichen Schulanfänger(inne)n einen Rückgang der sprachlichen Produktivität im Vergleich zur Sprachproduktion im Kindergarten belegen (vgl. Röhner/Hausmann Oliva 2020, s. dazu auch Kap. 7.1.1). Als Begründung für dieses Ergebnis vermuten die Autoren, dass die Kinder weniger Gelegenheit haben, sich in freien Gesprächen miteinander zu verständigen, während gleichzeitig der Anteil der Lehrer-Schüler(innen)-Gespräche mit hohem Komplexitätsgrad zunimmt (vgl. ebd.).

Die Wirksamkeit von Sprachförderung hängt von unterschiedlichen Faktoren ab
Unterschiedliche Studien haben gezeigt, dass vor allem im Elementarbereich additive Fördermaßnahmen tendenziell weniger wirksam sind als eine alltagsintegrierte Sprachförderung. Zu diesem vorläufigen Fazit kommt auch die Expertise zur *Wirksamkeit der Sprachförderung* von Schneider et al. (2013). Empfohlen wird darin für den Primarbereich die Förderung der Basiskompetenzen Lesen und Schreiben. Neben Lese- und Schreibflüssigkeit gehören dazu auch motivationale Aspekte. Angeraten wird außerdem eine situative Einbettung der Sprachförderung (vgl. ebd., S. 96 f.), die auch oder gerade für Grundschüler(innen) mit Deutsch als Zweitsprache empfehlenswert ist: „Für die Förderung in Deutsch als Zweitsprache ist ein auf die sprachlichen Formen fokussierter Unterricht, der in kommunikative Situationen eingebettet ist, zu bevorzugen" (ebd., S. 97). Als Indikatoren für gute Sprachförderung werden insgesamt genannt: systematische Sprachbildung und -förderung als Teil der Schulentwicklung, gute diagnostische Fähigkeiten der Lehrkräfte, Einsatz praxistauglicher Diagnoseinstrumente, Förderung der Basisfähigkeiten im Lesen und Schreiben, Vermittlung von Lese- und Schreibstrategien, Situierung der Sprachförderung – auch im Fachunterricht, kooperative Lernformen. (ebd., S. 98 ff.)

Darüber hinaus hängt die Wirksamkeit von Sprachfördermaßnahmen entscheidend von der Person ab, die die Sprachförderung durchführt (vgl. Kap. 3.3.1 und 3.3.2). Ihre Professionalität zeigt sich in der diagnostischen Kompetenz, dem pädagogischen Handeln, aber auch in ihren Überzeugungen und Einstellungen (vgl. Baumert 2006; Calderhead 1996; Hachfeld 2013, Egert/Hopf 2016; Lemmer et al. 2019).

Die Sprachförderkompetenz beeinflusst das sprachliche Lernen
Studien von Kammermeyer et al. (2013) oder von Kucharz et al. (2015) zeigen, dass nicht allein die Sprachfördermethode – also additiv oder integrativ – ausschlaggebend ist, wenn es um die Wirksamkeit geht, sondern allen voran die

Sprachförderkompetenzen der Erzieher(innen) und Lehrer(innen) darüber entscheiden, ob eine Sprachförderung erfolgreich ist. Gerade additive Fördermaßnahmen verlieren ihre Wirkkraft, wenn außerhalb der Maßnahme keine sprachförderliche Lernumgebung besteht. Hier mangelt es zudem noch zu häufig an einer guten sprachlichen Anregungsqualität, um die Sprachaneignung der Kinder nachhaltig zu fördern (s. dazu auch Weinert et al. 2012). Für angehende oder bereits tätige Lehrkräfte bedeutet dies, dass sie in den Bereichen Sprachwissen, Sprachdiagnostik und Sprachförderung gut aus- und weitergebildet werden müssen. Für den Frühbereich empfehlen Schneider et al. die „Einrichtung von Qualitätszirkeln, in denen die Erfahrungen mit der Sprachförderung reflektiert und neue Impulse eingebracht werden können" (vgl. ebd. 2013, S. 95). Eine vergleichbare Form des Austausches ist ebenfalls für Grundschulen denkbar, schulintern oder auch in Kooperation mit Nachbarschulen, denn auch für sie gilt, dass nicht allein theoriebasierte Fortbildungen die Sprachförderkompetenz steigern, sondern, dass eine Anbindung an die Praxis erfolgen muss, um das Gelernte auch in den eigenen Unterricht zu implementieren (vgl. Esteve 2011a, b; Lipowsky 2011; Wildemann et al. 2014).

▶ Überlegen Sie, welche Merkmale einer gelingenden Sprachförderung oder Sprachbildung Sie in Ihrer Schule bereits umsetzen. Tauschen Sie sich dazu auch mit Kolleg(inn)en aus.

▶ Diskutieren Sie anschließend im Kollegium, ob es Merkmale oder Maßnahmen gibt, die in Ihrer Schule kurz-, mittel- und langfristig umgesetzt werden können.

4 Zur Herkunft und Bedeutung des Begriffs Bildungssprache

Es besteht Einigkeit darüber, dass die Sprachkompetenz von Schüler(inne)n eine entscheidende Komponente in Bezug auf den Schulerfolg darstellt (vgl. Kap. 3.1). Jedoch muss sprachliche Kompetenz dabei differenziert betrachtet werden. Es ist zwischen alltags-, bildungs- und fachsprachlicher Kompetenz zu unterscheiden, wobei es gerade die beiden letztgenannten sprachlichen Register sind, die für den schulischen Erfolg von Bedeutung sind.

Alltagssprachliche Kompetenzen werden vornehmlich in den ersten Lebensjahren in der Familie und dem familiären Umfeld erworben. Die Alltagssprache entwickelt sich damit „ausgehend vom Objekt der Anschauung" (Rincke 2010, S. 246) und „verbindet die Angehörigen einer Gemeinschaft ‚im Alltag' und im lebensweltlichen Umgang" (Fürnkäs 1992, S. 282). Ihre Anwendung erfolgt kontextbezogen, das Verstehen ist vom jeweiligen Kontext abhängig und die Gesprächssituation darin eingebettet. Dadurch, dass sich die Kommunikationspartner in der Regel in einer gemeinsamen Situation befinden, ist der Einsatz paralinguistischer Mittel wie Gestik und Mimik möglich, um das Verständnis weiter zu unterstützen (vgl. Eckhardt 2008, S. 93). Mit dem Eintritt in die Schule werden die Kommunikationssituationen, mit denen sich die Kinder konfrontiert sehen, abstrakter (vgl. Wildemann 2015, 2018). Es wird in fachbezogenen Situationen über Inhalte gesprochen, die nicht greifbar sind, weshalb auch die Sprache zunehmend komplexer wird und man sich der Bildungs- und Fachsprache bedienen muss. Das hat Auswirkungen auf unterschiedliche Ebenen der Sprachproduktion, z. B. Verwendung von unpersönlichen Ausdrücken, Passivkonstruktionen, Fachwörtern, komplexen Satzgefügen etc.

Insbesondere der Begriff *Bildungssprache*, der sich bis ins 19. Jahrhundert zurückverfolgen lässt (vgl. Kap. 3.4.1), steht seit einigen Jahren im Fokus wissenschaftlicher Forschung und Diskussion. Eine inhaltlich klare Begriffsbeschreibung gibt es bislang jedoch nicht. Dies hängt u. a. mit der Neufassung des Konzepts Bildungssprache zusammen, die auf Neumann, Gogolin und Roth zurückzuführen ist. Die Forschergruppe hat im Rahmen der Entwicklung des *BLK*-Programms *FörMig* über einprägsame Begriffe zur Beschreibung der „Sprache der Schule" (Roth 2015, S. 37) diskutiert und verwendete den Ausdruck der Bildungssprache erstmals in dem von der *BLK* veröffentlichten Gutachten des Projektes (Gogolin et al. 2003).

> Nun erging es diesem Terminus wie vielen neugeschöpften, vielleicht allzu griffigen Begriffen: Noch bevor über seine Bedeutung im wissenschaftlichen Sprachgebrauch Klarheit hergestellt wurde, ist er in Dokumente der unterschiedlichsten Arten eingewandert – vom politischen Statement bis zur wissenschaftlichen Sekundärquelle. So wurde er allzu rasch zu

einem *common sense*-Begriff, einem Terminus also, der (weil er sich scheinbar von selbst versteht) keiner weiteren Klärung bedarf. Der ‚Streitfall' – der klärende wissenschaftliche Disput – steht also noch aus. (Gogolin 2009, S. 264; Hervorhebung im Original)

Das Konzept von Bildungssprache hat sich auf diese Weise gleichsam „von selbst" konsolidiert. Jedoch befindet sich die empirische Forschung im Rückstand gegenüber dieser Verselbstständigung. Es bestehen große Forschungslücken hinsichtlich der Beschreibung bildungssprachlicher Kompetenzen für verschiedene Altersklassen oder Erwerbsbedingungen sowie der Entwicklung dieser Fähigkeiten. Auch die sprachlichen Merkmale, durch die sich Bildungssprache charakterisieren lässt, sind nur teilweise empirisch fundiert. Somit muss das mittlerweile stark normierte sprachliche Register nun in einem Rückschritt durch die Forschung aufgearbeitet werden, um es auf einer empirischen Befundlage eindeutig abgrenzen, definieren und damit für die schulische Praxis nutzbar machen zu können (vgl. Fornol/Hövelbrinks 2019).

4.1 Einblicke in die Begriffsgenese

Das Konzept Bildungssprache existiert bereits seit dem 18. Jahrhundert, allerdings in Form der Bezeichnung Büchersprache: „Die Worte Aufklärung, Kultur, Bildung sind in unserer Sprache noch neue Ankömmlinge. Sie gehören vor der Hand bloß zur Büchersprache. Der gemeine Haufe verstehet sie kaum" (Mendelsohn 1784, S. 3). Moritz bezeichnete diese Büchersprache als „Konstituente der Bücherwelt" (vgl. 1786, S. 107) und ordnete ihr Substantive als Merkmale zu (vgl. 1785, S. 31).

Sprachliche Register

Mit dem Begriff des *sprachlichen Registers* werden gesellschaftliche Sprachverwendungskonventionen bezeichnet, die in Abhängigkeit von kommunikativen Rahmen bzw. Kontext sowohl in gesprochener wie auch in geschriebener Sprache realisiert werden. Je nach Situation und Kommunikationspartner:innen kann z. B. eine unterschiedliche Abschiedsfloskel verwendet werden. Ein lässiges Tschüss oder Tschau ist bei der Verabschiedung von einem Freund angebracht und ausreichend, würde bei einer E-Mail an den/die Vorgesetzte/n aber wahrscheinlich für Irritationen sorgen. Wenn Kinder in die Schule kommen, werden sie dort zunehmend mit Kommunikationssituationen konfrontiert, die sich von ihren Alltagserfahrungen unterscheiden und die sprachliche Mittel erfordern, über die die Heranwachsenden nicht verfügen, z. B. wenn sie in allgemeiner Weise, einem nicht persönlichen bekanntem Publikum (vgl. Maas 2008) den eigenen Rechenweg möglichst verallgemeinernd mündlich oder schriftlich darlegen sollen. Daher müssen die Lernenden im Verlauf der Schulzeit ihr akademisches bzw. bildungssprachliches Register sukzessive weiter ausbauen, um den Anforderungen der Lehrkräfte gerecht zu werden.

Zunehmende Beachtung fand der Begriff der *Bildungssprache* in den 1920er-Jahren. Das sprachliche Register galt zu dieser Zeit als eine Sprache der Gebildeten, die als hoch und reich beschrieben wurde. Sie wurde der Mundart der gesellschaftlichen Unterschicht gegenübergestellt, wodurch eine Auf- bzw. Abwertung derjenigen, die diese sprachlichen Register nutzten, impliziert wurde. Bildungssprache strebt nach Drachs Auffassung „der Hochsprache zu, an deren Vorbild sich modelnd ohne dieses jedoch völlig zu erreichen. [...] Alle gebildeten Deutschen sprechen diese, der Hochsprache angenäherte, aber doch gelegentlich – bald mehr bald weniger – von der Heimatmundart angehauchte Bildungssprache" (Drach 1928, S. 672). Mundart, Bildungs- und Hochsprache sind nach Ansicht Drachs je nach Situation und Kontext als angemessen zu betrachten und „da es im Leben somit keine allgemeingültige Stufe gibt, die überall richtig wäre, kann eine solche auch für die Schule nicht festgelegt werden" (ebd.).

Scheler ging auf das Konstrukt von Bildungssprache explizit in den 1920er-Jahren ein, indem er diese als Problem der Wissenssoziologie in zwei Aufsätzen thematisierte. Gemäß Scheler ist Bildungssprache eine Folge von Kooperationen zwischen Lehr- und Wissenschaftsorganisationen. Diese Institutionen

> entwickeln je nach ihrer Artung Dogmen, Prinzipien, Theorien in Formulierungen, die sich über die natürliche Sprache in die Sphäre der ‚Bildungssprache' erheben, resp. in ‚künstlichen' Zeichensystemen ausgedrückt werden, je nach Konventionen der Messung und einer ‚Axiomatik', die sie je gemeinsam anerkennen (1960, S. 31 f.).

Erstmals in die Lexikografie und damit einhergehend in den Wahrnehmungsbereich der Linguistik wurde der Begriff der *Bildungssprache* 1971 durch den Duden eingeführt, was sich laut Ortner wie folgt begründen lässt: „Die Erfassung einer Varietät beginnt meist lexikografisch, und zwar mit der Buchung aller besonders auffälligen Ausdrücke" (2009, S. 2230). Als bildungssprachlich wurden 1971 unter anderem die Wörter *analog* oder *Kompetenz* bezeichnet, weil sie weder den Fachsprachen noch der Alltagssprache zugeordnet werden konnten. Die Klassifizierung wurde dadurch erleichtert, dass es sich bei bildungssprachlichen Begriffen in der Regel um Fremdwörter handelte (vgl. Duden 1971, S. IX). Grundlegend für eine Beschreibung von Bildungssprache war demnach zunächst die Ermittlung von sprachlichen Abweichungen von bis dahin gängigen Bezeichnungen.

Gemäß Roth (2015) ordnete Ickler Bildungssprache als erster als sprachliches Register ein. Er bezeichnet sie als „feines Benehmen", denn „Wer sich hier einen Schnitzer zuschulden kommen läßt [sic!], entlarvt sich als Prolet oder Parvenü und erregt eine ähnliche Art von Anstoß" (1997, S. 355). Ickler spricht sich für die Verwendung des Begriffs *Bildungssprache* anstelle der damals sonst üblichen Bezeichnung der „Hochsprache" aus, da diese durch ihre Definition als gepflegte, durchdachte und mustergültige Sprache eine „nicht immer erwünschte Nebenbedeutung des Normativen" (1997, S. 350) beinhalte. Er macht seine Meinung u. a. durch Bezug auf einen Vortrag von Förster (1990) deutlich, der Begriffe wie *Antlitz* oder *siegestrunken* nicht nur in älteren Texten, sondern auch im aktiven Sprachgebrauch erhalten möchte. Eine Verwendung solcher Ausdrücke im Alltag sieht Ickler jedoch nicht als angemessen an:

> Wenn jemand im alltäglichen Gespräch etwa so daherreden wollte [...] – so würde er wohl die Frage provozieren, ob er, salopp gesprochen, noch alle Tassen im Schrank habe. Steht dergleichen jedoch in einem Buch, so bringen die wenigsten Leser den Mut auf, den Verfasser auszulachen. (ebd., S. 357)

In der Literatur könne sich die „geschwollene" Ausdrucksweise – so Ickler – zwar auf ein Imponiergehabe des Autors bzw. der Autorin zurückführen lassen, oftmals gehe es aber um den künstlerischen Aspekt, wenn ein/e Verfasser:in „die Freude am Schöpfen aus der ganzen Fülle der Bildungssprache entdeckt habe" (ebd., S. 358). Wird jedoch nicht das „künstlerische Wohlgefallen" (ebd.), sondern vor allem der Zweck der Inhaltsvermittlung verfolgt, müsse darauf geachtet werden, dass durch eine bildungssprachliche Ausdrucksweise nicht (nur) über die Abwesenheit von Inhalt hinweggetäuscht werde. Zusammenfassend sieht Ickler bei der Verwendung von Bildungssprache die Gefahr einer „imponiersprachlichen Geschwollenheit" (1997, S. 360), die seiner Auffassung nach zu Unrecht ein hohes Ansehen in der akademischen Bildung habe, verweist aber auch auf ihre ästhetische Dimension. Ihm scheint an einem „vernünftigen" Maß (vgl. ebd.) an bildungssprachlichen Ausdrucksweise gelegen zu sein, das sich nach dem Verwendungszusammenhang und der Funktion der Aussage richtet.

Pörksen sieht Bildungssprache als dasjenige sprachliche Register an, das eine Vermittlungsposition einnimmt. Es ist seiner Auffassung nach gekennzeichnet „durch die Disziplin des sprachlichen Ausdrucks und einen differenzierten, Fachliches einbeziehenden Wortschatz" (1986, S. 16) und wird von ihm auch als „Gemeinsprache" (ebd., S. 161) bezeichnet, weil es den Übergang wissenschaftlicher Begriffe in die Alltagssprache ermöglicht, sodass komplexe Inhalte für die breite Öffentlichkeit sprachlich verständlich ausgedrückt werden können. Er definiert Bildungssprache daher als „eine allgemein durchsichtige, zugleich anschauliche und erklärende Sprache, die imstande ist, überaus komplexe Sachverhalte knapp abzubilden und weit auseinanderliegende Gegenstandsbezirke in *einem* Stil auszuarbeiten" (ebd., S. 124; Hervorhebung im Original). Ihre Eigenschaften fasst er wie folgt zusammen (ebd., 124 f.):

1. Sie ist sachgebunden: Am Gegenstand erarbeitet, ist sie derart beweglich, daß [sic!] sich vorstellen ließe, sie könnte, abgelöst, sich verselbstständigen und nichtssagend werden. Das ist bei ihren Nachahmern lediglich gelegentlich eingetreten, nicht bei ihrem Urheber.
2. Sie ist enthusiastisch: Sachlichkeit und Enthusiasmus sind die beiden Pfeiler, auf denen sie ruht.

3. Sie hat [...] dienenden Charakter: Sie verzichtet auf rhetorischen Punkt, schiebt sich nicht als Schein dazwischen, sie dient dem Durchblick auf den Gegenstand.

4. Sie ist anschauungsgebunden und entwirft einen Raum, in dem die Objekte vorstellbar werden.

5. Sie verbindet Abstraktion und Konkretion, ist, entgegen dem ersten Eindruck, sogar hochgradig abstrakt, verbindet aber diese Allgemeinheit mit einem auf das Detail gerichteten, genauen, ins Reale verliebten Blick.

6. Aus dieser paradoxen Verbindung entspringt eine eigentümliche Art der Begriffsbildung.

7. Sie versteht es, komplexe Sachverhalte und dynamische Wechselwirkungen knapp abzubilden.

8. Sie verfügt über eine große Vielfalt der Mittel – vom Wortschatz bis zu den Gattungen.

9. Die Form hat nicht in erster Linie eine in unserem Sinn ästhetische Funktion, sie dient als Erkenntnisinstrument.

10. Die Sprache drückt Respekt vor den Phänomenen aus – nicht zuletzt durch das andeutende, offenhaltende Darstellen.

11. Sie ist sich ihrer selbst, das heißt ihres den Gegenstand konstituierenden und deformierenden Charakters bewußt [sic!].

12. Es ist eine allgemein durchsichtige und bewegliche Bildungssprache von großer Reichweite.

Pörksen zeigt damit die Verbundenheit von Sprache und Wissenschaft auf. Ein eindimensionaler wissenschaftlicher Sprachtypus, der sich durch Tabellen und Zahlen kennzeichnen lässt, führt seiner Auffassung nach zu einem Auseinanderklaffen von Wissenschaft und Bildung. Vielmehr sollte „die Sprache der Wissenschaft eine geklärte Sprache der Erfahrungswelt" (ebd., S. 129) darstellen, damit sie den Bezug zum Alltag nicht verliert. Pörksen nimmt dabei Bezug auf Habermas, für den ein wesentliches Merkmal dieses sprachlichen Registers darin besteht „daß [sic!] sie grundsätzlich für alle offensteht, die sich mit den Mitteln der allgemeinen Schulbildung ein Orientierungswissen verschaffen können" (1981, S. 345). Die Vermittlung zwischen sprachlichen Registern sieht auch Ortner (2009) als wichtige Aufgabe der Bildungssprache an – jedoch in umgekehrter Weise. Er versteht Bildungssprache als eine „Ausbauvarietät" (2009, S. 2228) der Alltagssprache, da sie es ermöglicht, „Wissen, das über das Allgemeinwissen hinausgeht" (ebd., 2227) für die Allgemeinheit verständlich zu vermitteln. Somit stellt sich die Frage, ob Bildungssprache nun eine Vereinfachung der Fach- und Wissenschaftssprache (vgl. Pörksen 1986) oder eine erweiterte und komplexere Form der Alltagssprache (vgl. Ortner 2009) darstellt. Diese Zuordnung fällt insbesondere deshalb schwer, da eine eindeutige Abgrenzung der sprachlichen Register nicht immer möglich ist. So können sich alltagssprachliche Wortbestandteile in der Fachsprache wiederfinden, wenn z. B. das Tierjunge des Rebhuhns als Piepser oder das des Seehundes als *Heuler* bezeichnet wird. Alltagssprachliche Begriffe können aber auch Bedeutungsveränderungen unterzogen werden. Das schwache Verb *schleifen* kann sowohl als langsames, lustloses Gehen verstanden werden, wie auch in historischen Zusammenhängen als Schleifen einer Burg oder Befestigungsanlage, die abgerissen wird. Dahingehend ist mit dem Schleifen als starkem Verb die Bearbeitung einer Oberfläche und mit dem Nomen Schleifen das dazugehörige Fertigungsverfahren gemeint. Ebenso kann aber auch eine Fahrradkette auf dem Boden schleifen oder man kann umgangssprachlich *alles schleifen lassen.* Die jeweilige Bedeutung der Begriffe kann sich der Kommunikationspartner nur über den Kontext erschließen. Begriffe aus der Wissenschaft können gleichfalls in die Alltagssprache übertragen und „zum allgemeinen Orientierungswissen" (Ortner 2009, S. 2228) werden. So ist die typisch fachsprachliche Formel H_2O für ein Wassermolekül auch Nichtchemikern ein Begriff. Insbesondere im lexikalischen Bereich sind demnach fließende Übergänge zwischen den Registern in beide Richtungen möglich (vgl. Ahrenholz 2010):

> Der Wortschatz der Bildungssprache ist ein Konglomerat aus Allerweltswörtern, d. h. solchen, die in allen Registern vorkommen können, und speziellen ‚gehobenen' Wörtern. Die Bildungssprache ist eines der Repertoires, aus denen das Sprachverhalten sich zusammensetzt. Darüber hinaus dient sie als Fundus jeder Verständigung, die sich rhetorischer Appelle bedient, also auch [...] eines großen Teils der typisch geisteswissenschaftlichen Argumentation. In der Bildungssprache sind unsere naiv-psychologischen Überzeugungen und naiven Handlungstheorien aufgehoben. (Ickler 1997, S. 351)

Eine Beschreibung von Bildungssprache sollte deshalb nicht auf bestimmte lexikalische Begriffe beschränkt sein. Durch ihre Funktion als Vermittler ist sie wesentlich weitgreifender zu betrachten. Um komplexe Inhalte in einer dekontextualisierten Situation verständlich zu vermitteln, müssen vielmehr die lexikalischen Begriffe in bestimmte syntaktische Strukturen eingebettet werden, die wiederum im Rahmen verschiedener Sprachhandlungen ihre funktionale Verwendung finden, so z. B. domänenspezifisch in den Unterrichtsfächern (s. dazu auch Kap. 5.2).

4.2 Soziolinguistischer Zugang zur Bildungssprache

Der kurze Blick in die Begriffshistorie des Konstrukts Bildungssprache hat deutlich gemacht, dass sie u. a. als Sprache der Gebildeten aufgefasst wurde (vgl. Drach 1928). In abgeschwächter Form knüpfen an diese Auffassung auch die soziolinguistischen Zugänge zur Bildungssprache an. So sieht der Soziologe Bernstein das Ausmaß an schulischem Erfolg in der schichtspezifischen Sprachsozialisation von Kindern und Jugendlichen begründet. Innerhalb seiner Defizithypothese ordnete er auf der Grundlage von Lebensbedingungen und Rollenbeziehungen den verschiedenen Schichten unterschiedliche Sprachcodes zu, die für das Ausmaß an Schulerfolg verantwortlich seien. Bildungsungleichheit entstehe laut Bernstein dadurch, dass Kinder, die der Mittelschicht entstammen, über einen „elaborierten Code" verfügen, der ihnen eine differenzierte Ausdrucksweise ermöglicht. Kinder aus der Unterschicht nutzen demgegenüber lediglich einen „restringierten Code", dessen Ausdrucksmöglichkeiten durch einförmige Konstruktionen eingeschränkt sei, was negative Auswirkungen auf den Schulerfolg habe (vgl. Bernstein 1971). „Wir meinen, daß [sic!] die messbaren Unterschiede in der Sprachgewandtheit *(language facility)* bei verschiedenen Schichten aus grundlegend unterschiedlichen Sprach*formen (modes of speech)* hervorgehen, die man in der Mittelschicht und der unteren Arbeiterschicht findet" (Bernstein 1972, S. 108; Hervorhebungen im Original). Um diese These zu überprüfen, wurden fünfjährige Kinder eines Mittelschichtgebiets sowie eines Arbeiterviertels in London hinsichtlich spezifischer Unterschiede in ihrem Wortklassengebrauch untersucht. Die Variablen der Geschlechtszugehörigkeit, Sozialschicht, Intelligenz und Kommunikationsgüte zwischen Mutter und Kind sollten hinsichtlich ihres Einflusses auf den Wortklassengebrauch analysiert werden. Bernsteins Theorie schien in der Hinsicht bestätigt, dass die Variable der sozialen Schicht den stärksten Zusammenhang mit dem Wortklassengebrauch aufwies: „Kinder der Mittelschicht gebrauchten signifikant mehr unterschiedliche Substantive, Verben und Adjektive als Kinder der Arbeiterschicht und erzielten in allen Aufgaben bessere Ergebnisse" (Chudaske 2012, S. 89). Folglich wirkt sich laut Bernstein das schichtenspezifische Sprachverhalten positiv bzw. negativ auf die kognitive Entwicklung aus. Im Deutschen wurde der Begriff der *Sprachbarriere* gewählt, um die von Bernstein ermittelte, schichtenspezifische Ungleichheit des schulischen Erfolgs zu beschreiben (vgl. Löffler 2010, S. 156).

Gegenüber Bernsteins Theorie, das Sprachverhalten soziokulturell zu determinieren, besteht eine kritische Haltung, die sich unter anderem aus der Überzeugung ergibt, dass die

> Häufigkeiten bestimmter Wörter einer Wortklasse in einer Rede oder einem Text lediglich Oberflächenmerkmale eines Sprachcodes darstellen, von denen Rückschlüsse auf psychische und soziale Eigenschaften einer Person äußerst fragwürdig seien. Korrelationen zwischen diesen Variablen würden zu Unrecht als Kausalzusammenhänge interpretiert, was zwar Aussagen zur sprachlichen Kompetenz, nicht jedoch zum intellektuellen Vermögen und zur sozialen Situation der Person erlaube. (ebd., S. 89 f.)

Hauptvertreter der Kritik an der Defizithypothese Bernsteins war der Soziolinguist Labov. In seinen Studien über die Sprachen amerikanischer Städte und dem Non-Standard-English der dunkelhäutigen Bevölkerung konnte er aufzeigen, dass deren Sprache nicht restringiert bzw. defizitär ist. Hinsichtlich der Ausdrucksfähigkeit, des Wortreichtums und der Grammatikalität erwiesen sich beide Sprachnutzer:innen als ebenbürtig: „Der Sprecher der Mittelschicht [...] mag gebildeter sein, in keiner Weise argumentiert er jedoch ‚rationaler' oder ‚intelligenter'" (Labov 1971, S. 82). Bernstein verweist abwehrend darauf, dass seine Beschreibungen sprachlicher Sozialisationsformen nicht als Bewertungen der verschiedenen sprachlichen Formen missverstanden werden dürfen (vgl.

1971, S. 31 f.). Er empfindet den „restringierten Code" an sich nicht als mangelhaft, sondern kritisiert „dass sich die Schule fast ausschließlich des elaborierten Kodes bediene. Sie setzt das kontextunabhängige, universale Sprechen in einer bemerkenswerten Selbstverständlichkeit voraus" (Obermayer 2013, S. 31). Im Rahmen einer Weiterentwicklung der Code-Theorie unterscheidet Bernstein in der „Theorie des pädagogischen Diskurses" zwischen einem horizontalen und einem vertikalen Diskurs, um die ungleiche Wissensvermittlung in der Gesellschaft zu verdeutlichen. Darin werden die Aspekte des sprachlichen Reichtums und der pädagogischen Kommunikation verstärkt berücksichtigt. Bei dem Wissen im horizontalen Diskurs handelt es sich um ein geteiltes Alltagswissen, das z. B. in der Familie durch Erklärungen oder Nachahmungen erworben wird, und nicht zwangsläufig in einem Zusammenhang steht. Der vertikale Diskurs umfasst dagegen Wissensformen, die systematisch, zusammenhängend und explizit durch Bildungsinstitutionen oder anschließende berufliche Ausbildungen erworben werden.

> Ein erfolgreicher Wissenserwerb setzt das Verfügen des vertikalen Diskurses voraus. Somit werden Schüler, die über diesen Diskurs nicht verfügen, vom Bildungserfolg ausgeschlossen. Wie aufgezeigt, sind vor allem Lernende aus den unteren sozialen Schichten von dieser Diskriminierung betroffen. (Obermayer 2013, S. 32)

Bernstein zeigt durch seine Arbeiten, dass sich die im Familienkontext erworbenen, alltäglichen Sprachformen in ihrer Komplexität unterscheiden und kritisiert, dass die Institution Schule nicht darum bemüht ist, eine Verteilung von Wissen in der Gesellschaft zu erreichen, weil sie die bestehenden Differenzen nicht aufgreift, sondern ignoriert: „Aus soziologischer Sicht geht es also bei der Beschäftigung mit der Bildungssprache um die Regelung des Zugangs zu gesellschaftlicher Partizipation und um die Verteilung von Wissen in der Gesellschaft" (Quehl/Trapp 2020, S. 20 f.).

Zusammenfassend ist festzuhalten, dass der soziolinguistische Zugang zur Bildungssprache gesellschaftliche Stratifikationen in den Blick nimmt:

> Bildungssprache bedeutet hier eine als Distinktionsmerkmal fungierende Art und Weise des Sprachgebrauchs. [...] Sie dient demnach Angehörigen privilegierter gesellschaftlicher Gruppen unter anderem dazu, ihren eigenen gesellschaftlichen Status zu markieren und sich gegenüber anderen Gruppen abzugrenzen. (Gantefort 2013, S. 72)

4.3 Linguistischer Zugang zur Bildungssprache

Der linguistische Zugang zur Charakterisierung der sprachlichen Register erfolgt vornehmlich über die systemisch-funktionale Linguistik nach Halliday (1978). Er betrachtet Texte und sprachliche Äußerungen im Kontext der Situation und nicht hinsichtlich einzelner Wörter oder der Konstruktion von Sätzen. Halliday ist der Auffassung, dass Äußerungen je nach Funktion unterschiedlich ausfallen und entwickelte die systemisch-funktionale Linguistik, die suggeriert, dass Sprecher(innen) über ein sprachliches System verfügen, das sie gemäß der jeweiligen Situation auswählen. So verfügt das Deutsche über ein System an unterschiedlichen Begrüßungsformeln, das sich vom eher förmlichen *Guten Tag* über das lockere *Wie geht's?* bis zum dialektisch geprägten *Grüezi* erstreckt. Die Wahl einer Begrüßungsformel ist von der Beziehung der Kommunikationspartner:innen sowie der Situation, in der sie sich befinden, abhängig. Dementsprechend wird die jeweilige Begrüßungsformel gemäß ihrer Funktion aus dem vorhandenen System ausgewählt: „Dabei bestimmt eigentlich nicht die Situation das ‚Register', sondern die Konvention, die für bestimmte Situationen eine bestimmte ‚Sprache' als angemessen betrachtet" (Halliday 1973, S. 161). Das Verständnis des Sprechers oder der Sprecherin von der Situation spiegelt sich in seiner Wahl des sprachlichen Ausdrucks wider. Ebenso kann der Kontext aber auch durch den gewählten Ausdruck beeinflusst werden: Mittels eines Wechsels der bisherigen Begrüßungsformel kann der Sprecher oder die Sprecherin z. B. eine vertrautere Atmosphäre erzeugen bzw. Distanz aufbauen und damit das Verhältnis zu seinem Gegenüber beeinflussen. Sprache hat somit eine soziale Funktion (vgl. ebd., S. 22).

Halliday entwickelte drei Dimensionen mit verschiedenen Funktionen. Das *Field of Discourse* beschreibt das, worüber sich die Kommunikationspartner:innen austauschen – das Thema und die Art der sozialen Handlung. Diese Dimension besitzt eine ideationelle Funktion (Erkenntnisfunktion). Durch die Sprache werden die Erfahrungen und die Sicht des Sprechers oder der Sprecherin auf die Welt vermittelt (vgl. Halliday 1978, S. 117). Dies erfolgt z. B. durch Nominalgruppen als sogenannte Darsteller einer Situation. Verben und Verbalgruppen dienen dazu, einen Prozess darzustellen, während es mithilfe von Adverbien und Junktionen möglich ist, die Umstände der verbalisierten Erfahrungen zu verdeutlichen. Der *Tenor of Discourse* umfasst die Kommunikationspartner:innen, ihren Status sowie ihre Beziehung zueinander. Die sprachliche Realisierung dieser Dimension erfolgt über die interpersonale Funktion (Handlungsfunktion). Die Sprache soll in diesem Kontext zur Gestaltung von sozialen Beziehungen beitragen: "This is the component through which the speaker intrudes himself into the context of situation, both expressing his own attitudes and judgements and seeking to influence the attitudes and behavior of others" (Halliday 1994, S. 27). Die Dimension des *Art of Discourse* nimmt dagegen Bezug darauf, wie Sprache in der Interaktion funktioniert. So besteht ein Unterschied darin, ob etwas mündlich oder schriftlich kommuniziert wird. Da die Sprache beim geschriebenen Text die Erfahrungen rekonstruieren muss, um zu einer gemeinsamen Verstehensbasis beizutragen, besitzt diese Dimension eine textuelle Funktion, durch welche die Sprache der Situation angepasst wird: "This is the component which provides the texture; that which makes the difference between language that is suspended in *vacuo* and language that is operational in a context of situation" (Halliday 1978, S. 112 f.; Hervorhebungen im Original). Mittel wie Gestik, Mimik oder die Prosodie, die in der mündlichen Kommunikationssituation ergänzend eingesetzt werden und das Verständnis erleichtern, müssen im medial schriftlichen Diskurs z. B. durch sprachliche Mittel zur Herstellung von Textkohäsion kompensiert werden.

Gogolin und Lange fassen die Bedeutungen der verschiedenen Kontexte und Funktionen wie folgt zusammen:

> So haben Äußerungen z. B. eine andere Form, je nachdem, ob sie in formellem oder in informellem Kontext fallen; ob sie an ein Fachpublikum gerichtet sind oder an Laien etc. Nach der Funktion des Sprachgebrauchs bestimmen sich die Regeln, die jeweils angemessen sind. (2011, S. 110)

Redemittel werden also nach Halliday gemäß der Bedeutung ausgewählt, die dem jeweiligen Handlungszusammenhang – dem situativen Kontext – entspricht. Aufgrund der durchlaufenen Sozialisation erfolgt diese Auswahl in der Regel unbewusst: „Trotzdem wird sich jede/r an Situationen erinnern, in denen sie/er sich ‚im Ton vergriffen' oder eine Irritation gespürt hat [...] oder auch an eine Situation, in der der soziale Kontext so ungewohnt war, dass man nicht recht wusste, was man sagen sollte" (Quehl/Trapp 2020, S. 16). Die Funktionale Grammatik bietet „eine Basis dafür zu beschreiben, wie und warum sprachliche Mittel variiert werden, und zwar im Verhältnis sowohl zu der Person, die die Mittel gebraucht, als auch zu dem Zweck, für den sie gebraucht werden" (Gogolin 2012, S. 161).

Die amerikanische Linguistin Schleppegrell greift Hallidays Überlegungen auf und beschreibt die „language of schooling" (2001) bzw. „academic language" (2006; 2012) als ein „register[9] of schooling" (2001), deren lexikalische wie grammatikalische Charakteristika sie herausarbeitet, um eine gezielte Weiterentwicklung der sprachlichen Kompetenzen von Schüler(inne)n zu ermöglichen. Sie betrachtet das Konstrukt *language of schooling* mit seinen Merkmalen losgelöst von der Zuordnung zu einer bestimmten Sprache wie z. B. Englisch, Deutsch oder Chinesisch. Vielmehr sieht Schleppegrell die *language of schooling* als ein Register mit sprachenübergreifenden Merkmalen an, das in der Schule „as the institutional framework in which children are socialized into ways of formal learning in our society" (2001, S. 437) vermittelt wird und damit im Sinne von Habermas „grundsätzlich für alle offensteht, die sich mit den Mitteln

---

9 In Anlehnung an Halliday definiert Schleppegrell den Terminus *Register* wie folgt: "A register is the constellation of lexical and grammatical features that characterizes particular uses of language [...]. Registers vary because what we do with language varies from context to context. The choice of different lexical and grammatical options is related to the functional purposes that are foregrounded by speakers/writers in responding to the demands of various tasks. [...] For any particular text type, these features can be described in terms of the lexical and grammatical features and the organizational structure found in that text type" (2001, S. 432).

der allgemeinen Schulbildung ein Orientierungswissen verschaffen können"
(1981, S. 345). Indem Schleppegrell die Erwartungshaltungen von Lehrkräften
in den Blick nimmt, zeigt sie jedoch auf, dass eine uneingeschränkte und damit
„grundsätzlich[e]" (ebd.). Möglichkeit der Aneignung des Registers in der Schule nicht zwangsläufig gegeben ist. Bereits im Elementar- und Primarbereich
werden Kinder mit impliziten sprachlichen Anforderungen der pädagogischen
Fachkräfte konfrontiert. So werden sie z. B. in einer gemeinsamen Gesprächs-
runde aufgefordert, von einem vergangenen Erlebnis zu erzählen oder einen in
der Mitte liegenden Gegenstand zu beschreiben. Dabei stellen sich bei den Lehrenden unwillkürlich Erwartungen ein: "the teacher expects that objects will
be named and descriped, even when in plain sight; talk will be explicitly groun-
ded temporally and spatially; minimal shared background knowledge or context will be assumed on the part of the audience; and thematic ties will be lexi-
calized" (Schleppegrell 2001, S. 433). Damit wird ein „*literate style*" (Michaels/
Cook-Gumperz 1984, S. 658; Hervorhebung im Original) erwartet, der z. B. stärker durch Nominalphrasen als durch gestische Verweise oder deiktische Ausdrücke geprägt ist. Diese Erwartungen können nicht alle Lerner(innen) erfüllen. Viele Kinder können in ihrem Elternhaus zu wenige Erfahrungen mit dem
spezifischen Register machen (vgl. Snow et al. 1989) und verfügen darüber hinaus ggf. nicht über das Wissen, dass die Schule – das sprachliche Ausdrucks-
vermögen betreffend – spezielle Anforderungen an sie stellt (vgl. Schleppegrell
2001, S. 434). Laut Michaels (1981) treten pädagogische Fachkräfte anders mit
den Kindern in Interaktion, wenn diese über die erwarteten sprachlichen Ge-
staltungsmittel verfügen. Sie ermöglichen diesen Schüler(inne)n im Rahmen
der Anschlusskommunikation eine Weiterentwicklung ihrer sprachlichen Fähigkeiten. Lernende, die bei ihren Erzählungen z. B. auf die Einführung von Situationen oder Personen verzichten, wirken oft unstrukturiert. Es besteht die
Gefahr, dass die Lehrkraft übersieht, dass die Ursache für die unvollständigen
oder lückenhaften Formulierungen in einem geringeren Sprachvermögen der
Kinder begründet sind. Die Schüler(innen) erfahren daher z.T. keine sprachliche Unterstützung und damit nicht die Möglichkeit, sich sprachlich weiterzuentwickeln. Da die sprachlichen Anforderungen im Verlauf der Schulzeit an-
steigen, haben diese Lernenden i.d.R. wenig Chancen auf schulischen Erfolg,
denn "their success ultimately depends on mastery of *academic language* features that enable them to present information authoritatively in conventionally
structured ways" (Schleppegrell 2001, S. 434 f.). In ihren Arbeiten stellt Schleppegrell jedoch heraus, dass es nicht zutreffend ist, die *language of schooling* im
Vergleich zur „ordinary interactional language" (ebd., S. 442) generell als ex-
pliziter und komplexer zu beschreiben. Auch informelle Gespräche stellen
komplexe Anforderungen an die Kommunikationspartner:innen, und zwar insofern, als dass diese Verkettungen zwischen (unvollständigen) Sätzen und Verbindungen der verschiedenen Diskurse unter Berücksichtigung des gemeinsamen Hintergrundwissens erkennen müssen. In Schulbuchtexten, die sich der

academic language bedienen, besteht die Komplexität demgegenüber primär auf der syntaktischen Ebene, weil attributive Adjektive, Partizipien, Präpositionalphrasen oder Adverbialphrasen Verwendung finden. Dass informelle Gespräche im Gegensatz zur *academic language* weniger explizit seien, weil dort häufig nur indirekt, z. B. über Personalpronomen, auf etwas verwiesen wird, stellt Schleppegrell unter Rückgriff auf Hallidays Registertheorie (1978) ebenfalls infrage. Sie macht deutlich, dass in einer mündlichen Kommunikationssituation, bei der ein gemeinsames Hintergrundwissen besteht, die Notwendigkeit Personen oder Gegenstände explizit zu benennen, nicht besteht, da diese in der Situation kontextualisiert sind. Obwohl durch ein Pronomen quasi nur indirekt auf etwas verwiesen wird, sind sie dadurch nicht automatisch weniger explizit. Ihre Wahl ist vielmehr als funktional für die bestehende Situation anzusehen: „Clarity of meaning does not depend on explicit lexis. Clarity of meaning depends on prior knowledge and a match between the speaker/writer's presentation and the background knowledge and expectations of the listener/reader" (ebd.). Im schulischen Kontext werden aber oftmals explizite Benennungen eingefordert, denn „Schooling is a context in which assumptions about shared situational knowledge often need to be suspended" (ebd.). Übertragen auf das Beispiel der Pronomen bedeutet dies, dass der schulische Kontext die implizite Anforderung an die Lernenden stellt, diese durch konkrete Bezeichnungen in Form von Nomen zu ersetzen (vgl. Schleppegrell 2001, S. 442). Schüler(innen) müssen sich also in der Schule auf künstliche Kommunikationssituationen einstellen, die in Bezug auf die Aspekte Explizitheit und Komplexität andere Erwartungen an sie stellen, als die natürliche Kommunikation im Alltag.

> Beim Sprachgebrauch in der Schule geht es nicht nur um den Erwerb eines spezifischen Sprachregisters, sondern um eine besondere Form sprachlichen Handelns, um ganz konkrete Tätigkeiten innerhalb von Handlungssituationen. Es wird eine eigenständige Form menschlicher Kommunikation und sozialen Miteinanders in einem spezifischen institutionellen und sozialen Kontext gelebt. (Cathomas 2007, S. 187)

Feilke greift diesen Gedanken im Rahmen seiner Differenzierung zwischen den Registern der Schul- und Bildungssprache auf, um zu verdeutlichen, dass „sowohl sprachsystembezogene als auch schulspezifische sprachlichen Normen und Praktiken" (Morek/Heller 2012, S. 85) beim Sprachgebrauch in der Schule zu berücksichtigen sind. Er verweist auf eine Pilotstudie über die Entwicklung von Argumentationsfähigkeiten, an der er Mitte der 1980er-Jahre beteiligt war. Im Rahmen des Projekts mussten Schüler(innen) einer fünften Jahrgangsstufe Aufgaben zu einer der bekannten Vater-und-Sohn-Bildergeschichten von Plauen (2004, S. 50) bearbeiten (vgl. Abb. 13).

1. Schreibe zu der Bildergeschichte eine
   ausführliche Erzählung.
2. Erfinde eine passende Überschrift
3. **Worin besteht der Witz der Geschichte?**

Abb. 13: Bildergeschichte *Vorgetäuschte Kraft* (in: Feilke 2013, S. 114)

Auf die Frage, worin der Witz der Bildergeschichte bestehe, antwortete ein
Schüler: „Der Witz besteht in Bild Nr. 5" (Feilke 2013, S. 114). Die Anforderung
dieser Aufgabe liegt aus bildungssprachlicher Sicht in der Fähigkeit, einerseits
die Aufgabenstellung und andererseits den Witz zu verstehen und ihn erklären
zu können: „Es geht nicht darum, wiederzugeben, was auf dem Bild zu sehen
ist; vielmehr muss das, was zu sehen ist, *sprachlich* als Indiz für bestimmte Deutungen ausgewiesen werden" (ebd., S. 115; Hervorhebung im Original). Gefordert sind daher Sprachverständnis und sprachliche Texthandlungskompetenz –
kognitive Operationen, die bildungssprachliche Fähigkeiten voraussetzen. Aus
schulsprachlicher Sicht wird anhand der Antwort des Schülers deutlich, dass er
kognitiv dazu in der Lage ist, die Geschichte zu analysieren und ihren Witz zu
erkennen. Er reagiert kommunikativ angemessen, wenn er davon ausgeht, dass
die Lehrkraft über diese Fähigkeiten ebenfalls verfügt. Sein „Fehler" liegt in der
Nichtbeachtung der Spracherwartungen im Sinne der Schulsprache. Diese stellen eine fiktive Erwartung an ihn, die er nicht erfüllt: „Er soll antworten, als sei
der Lehrer bzw. der Adressat seines Antworttextes gar nicht anwesend und als
habe der die Geschichte nicht schon verstanden" (ebd., S. 116). Die Ursache für
die scheinbar unzureichende Antwort des Schülers ist also unterschiedlich zu
interpretieren: Aus bildungssprachlicher Sicht verfügt er noch nicht über ein

ausreichendes Sprachverständnis bzw. eine angemessene Sprachproduktivität, um die richtige Antwort geben zu können. Aus schulsprachlicher Sicht dagegen beachtet der Schüler lediglich die fiktiv erzeugte Situation der Institution Schule nicht und gibt daher zwar eine kommunikativ angemessene, aber keine schulsprachlich erwartete Antwort. Dies geht auch mit der Formulierung der Aufgabenstellung als geschlossene Frage einher, die eine bildungssprachlich angemessene Antwort indirekt „verhindert".

Indem er diese didaktische Zielsetzung der Schulsprache deutlich macht, zeigt Feilke auf, dass sie nicht als linguistische Varietät bezeichnet, sondern als „ein Instrument der Erziehung zur Bildungssprache" (ebd., S. 117) aufgefasst werden muss. Seine Auffassung verdeutlicht er am Beispiel der Erörterung, die als Textform ausschließlich in der Institution Schule vorzufinden ist, weil sie nur dort einen (didaktischen) Zweck im Sinne der Schulsprache erfüllt. Im Alltag, also außerschulisch, werden Erörterungen nicht benötigt. Da die Sprachhandlungsform des Erörterns im Gegensatz zur Textgattung aber dem Register der Bildungssprache zugeordnet werden kann, wird durch das Verfassen von Erörterungen in der Schule auch der Erwerb von bildungssprachlichen Kompetenzen gefördert (vgl. Feilke 2013, S. 120). Ähnliche Auffassungen vertreten Gogolin und Lange, deren Ansicht nach Schulsprache lediglich einen Ausschnitt von Bildungssprache darstellt, der sich auf das sprachliche Repertoire bezieht, welches ausschließlich auf den Kontext Schule zutrifft (vgl. 2011, S. 112).

Charakterisiert werden können Register also nur über die Kommunikationssituationen, in denen sie angewandt werden: Die Fachsprache ist z. B. eine für den Fachunterricht spezifische Sprache. Dabei sind die einzelnen Register, wie u. a. Prediger betont, nicht als disjunkte Kategorien zu verstehen, „sondern als graduelle Unterscheidungen in einem Kontinuum" (2013, S. 175). Gibbons beschreibt die sprachlichen Veränderungen durch den Wechsel der Register auch mit dem Begriff „mode continuum" und führt das folgende Beispiel an:

▸ Ein Kind zeigt bei einem Experiment in der Kleingruppe auf Stecknadeln und sagt: „Guck, der bewegt sie. Die da sind nicht hängen geblieben." Das Kind befindet sich mit seinen Kommunikationspartner:innen in einer konkreten Situation/einem gemeinsamen Kontext und hat aufgrund von Gestik die Möglichkeit, auf die Gegenstände zu verweisen, ohne sie explizit benennen zu müssen.

▸ Das Kind teilt der Lehrkraft anschließend seine Erkenntnis mit: „Wir haben herausgefunden, die Stecknadeln bleiben an dem Magneten hängen." Da die Lehrkraft sich nicht direkt in der vorherigen Situation befunden hat, muss das Kind an dieser Stelle einige Bedeutungen sprachlich herstellen. Es leitet daher seine Aussage mit der Phrase „Wir haben herausgefunden" ein und benennt die Begriffe „Stecknadel" und „Magnet": Die Sprache wird kontextreduzierter. Da die Durchführung des Experiments nur kurze Zeit zurückliegt, ist es dem Kind aber möglich, das Pronomen „wir" zu nutzen und davon auszugehen, dass die Lehrkraft weiß, welche Beteiligten damit gemeint sind.

▶ In einer Versuchsbeschreibung schreibt das Kind: „Unser Experiment zeigt, dass Magnete einige Metalle anziehen." Es ist anzunehmen, dass vor der Verschriftlichung des Ergebnisses eine fachliche Auseinandersetzung mit dem Experiment im Unterricht stattgefunden haben muss, da das Kind Fachbegriffe wie „Experiment" „Metalle" und „anziehen" verwendet. Auf die an der Durchführung beteiligten Schüler(innen) wird zwar noch durch das Possessivpronomen „unser" verwiesen, jedoch ist das Subjekt und damit der „Akteur" des Satzes nun das Wort „Experiment". Neben der Distanzierung wird durch den schriftlich formulierten Satz auch eine Verallgemeinerung deutlich. Das Kind verzichtet auf einen verweisenden Artikel und bezieht sich auf Magnete im Allgemeinen. Zudem wird der Begriff der „Stecknadel" durch den Oberbegriff „Metalle" ersetzt. Der Inhalt der Aussage wird zusätzlich dadurch verändert, dass das Kind eine Einschränkung vornimmt und lediglich von „einigen" Metallen spricht, die von dem Magneten angezogen werden.

▶ In einem Kinderlexikon lässt sich folgende Aussage finden: „Magnetische Anziehung tritt nur zwischen eisenhaltigen Metallen auf." Diese Formulierung ist im Gegensatz zu den vorherigen Texten vollkommen von Handlungen oder einem Kontext losgelöst. Durch die Nominalisierung des Verbs „anziehen" wird der Text komplexer. Er verdichtet sich auch dadurch, dass vorwiegend Inhaltswörter auftreten und vermittelt eine verallgemeinerte, aber spezifische Aussage (vgl. Gibbons 2002, S. 4; vgl. Quehl/Trapp 2020, S. 17 f.).

Diese Entwicklungen sprachlicher Formen entlang eines Kontinuums können mithilfe der folgenden Grafik zusammengefasst werden (s. Abb. 14).

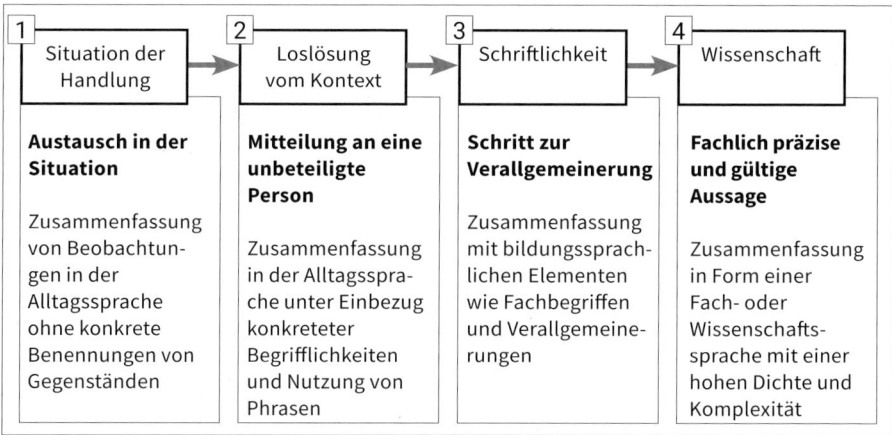

Abb. 14: Grafische Darstellung des „mode continuums" nach Gibbons (2002)

Dabei stellt die dritte Stufe der Grafik das zielsprachliche Register des Primarbereichs dar: Bildungssprache.[10] Ihr Gebrauch ist jedoch nicht auf die medial schriftliche Verwendung zu beschränken. Dies kann durch das Modell des Nähe- und Distanzsprechens der Romanisten und Linguisten Koch und Oesterreicher (1985) verdeutlicht werden. Sie zeigen auf, dass die mediale Dimension je nach Akt der Versprachlichung phonisch (mündlich) oder graphisch (schriftlich) sein kann. Da die Zuordnung der Realisationsform der Äußerung eindeutig vorzunehmen ist, stehen sich Mündlichkeit und Schriftlichkeit innerhalb dieser Dimension „als zwei konträre Erscheinungsformen dichotomisch gegenüber" (Wildemann 2003, S. 92). Die Veränderung des Mediums hat Auswirkungen auf den Inhalt und die Form der Äußerung (vgl. Günther 1997, S. 71). Die konzeptionelle Dimension von Sprache ist gemäß Koch und Oesterreicher in die Bereiche mündlich und schriftlich zu untergliedern. Aufgrund der Polarität dieser Ausdrucksweisen herrscht innerhalb dieser Dimension allerdings keine Dichotomie vor – vielmehr sind ein Kontinuum an Konzeptionsmöglichkeiten und damit einhergehend fließende Übergänge aufgrund verschiedener Kommunikationsbedingungen und daraus resultierenden Versprachlichungsstrategien vorhanden (vgl. Dürscheid 2016, S. 44). Koch und Oesterreicher sehen die konzeptionelle Dimension auch als Endpunkte des Kontinuums (vgl. 1994, S. 587) und das Spektrum zwischen ihnen „als den Raum, in dem [sich] nähe- und distanzsprachliche Komponenten im Rahmen der einzelnen Parameter [...] mischen und damit bestimmte Äußerungsformen konstituieren" (Koch/Oesterreicher 1985, S. 21). Kriterien für die Zuordnung von Äußerungen innerhalb der konzeptionellen Dimension erfolgen auf Grundlage kommunikativer Parameter, auf die im weiteren Verlauf noch näher eingegangen wird. Ein Gesetzestext ist innerhalb der medialen Dimension als graphisch einzuordnen und stellt außerdem einen Prototyp für konzeptionelle Schriftlichkeit dar. Beim Chatten wird das gleiche Medium genutzt, konzeptionell ist diese Ausdrucksweise aber der Mündlichkeit zuzuordnen. Demgegenüber ist ein vertrautes Gespräch eines Ehepaares als konzeptionell mündlich sowie medial phonisch einzugliedern. Eine Vorlesung an einer Universität ist zwar ebenfalls dem phonischen Medium zuzuordnen, jedoch wird die gewählte Ausdrucksweise konzeptionell schriftlich sein (vgl. Giesau 2014, S. 48; s. Abb. 15).

---

10 Die vierte Stufe, der die Register der Fach- und Wissenschaftssprache zuzuordnen sind, geht über den Primarbereich hinaus und findet sich z. B. im Unterricht der Oberstufe oder im Rahmen wissenschaftlicher Vorträge an der Universität wieder.

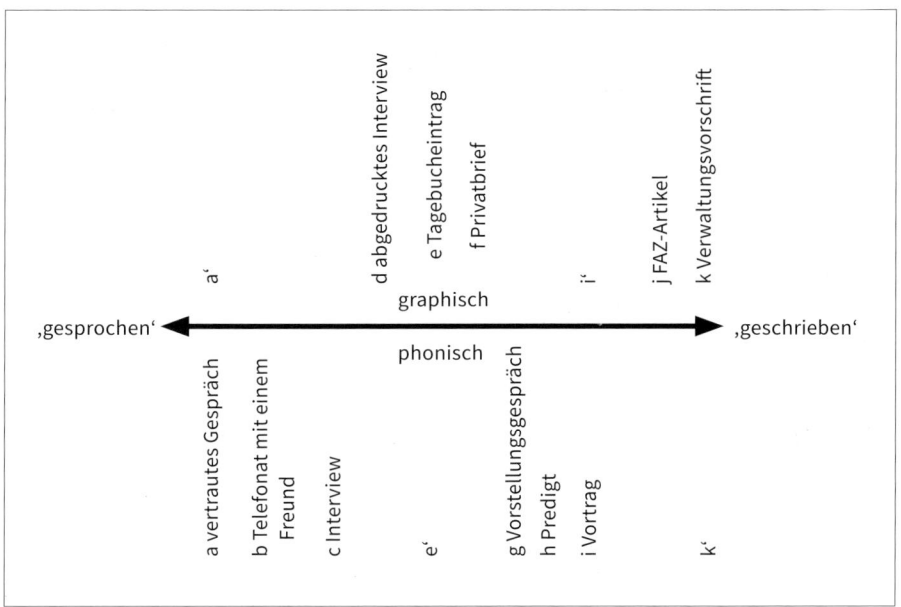

Abb. 15: Kontinuum konzeptioneller Mündlichkeit und Schriftlichkeit (Koch/Oesterreicher 1985, S. 18)

▶ Üben Sie sich mithilfe des Arbeitsblatts aus dem Downloadmaterial ⬇ in der Zuordnung verschiedener Textformen zur medialen und konzeptionellen Mündlichkeit bzw. Schriftlichkeit.

▶ Welche weiteren Beispiele fallen Ihnen in Bezug auf das schulische Lernen ein?

Für die Unterscheidung von mündlicher und schriftlicher Sprache wird seit Koch und Oesterreicher (1985) zwischen Konzeption und Medium unterschieden. Danach können gesprochene und geschriebene Texte (Medium) sowohl konzeptionell mündlich als auch konzeptionell schriftlich (Konzeption) sein. (s. auch Kap. 2.1, Fokuskasten auf S. 41) Entscheidend ist, dass es zwischen konzeptioneller Mündlichkeit und konzeptioneller Schriftlichkeit fließende Übergänge gibt, weshalb Koch und Oesterreicher von einem Kontinuum ausgehen. Besonders anschaulich wird dies in den Texten von Schreibanfänger(inne)n, die sehr häufig noch Merkmale konzeptioneller Mündlichkeit enthalten, da die Kognitionen der Kinder noch stark mündlich geprägt sind.

Günther ist der Ansicht, dass die Eckpunkte reiner konzeptioneller Mündlichkeit bzw. Schriftlichkeit nur noch in Ausnahmesituationen, wie beim Fluchen bzw. beim Verfassen juristischer Texte vorkommen (vgl. 1997, S. 68). Auch wenn Medium und Konzeption laut Koch und Oesterreicher prinzipiell unabhängig voneinander sein können, so besteht dennoch „einerseits zwischen dem phonischen Medium und konzeptionell mündlichen Äußerungsformen, andererseits zwischen dem grafischen Medium und konzeptionell schriftlichen Äußerungsformen eine ausgeprägte Affinität" (1994, S. 587).

Aufgrund der vielfältigen Situierungen von Äußerungen im Rahmen des konzeptionellen Kontinuums führen Koch und Oesterreicher die Termini „Sprache der Nähe" sowie „Sprache der Distanz" ein und verdeutlichen dadurch die Mehrdimensionalität dieses Raums (vgl. Wildemann 2003, S. 93). Auf der Grundlage extremer Mündlichkeit und Schriftlichkeit arbeiten sie verschiedene Kommunikationsbedingungen heraus, die charakterisierend für die jeweilige Konzeption sind. Das Register der Alltagssprache ist der Sprache der Nähe gleichzusetzen. Hier ist die Rollenverteilung der Kommunikationspartner offen und der Rollenwechsel durch Dialogizität geprägt. Produktion und Rezeption sind direkt miteinander verbunden, was den beteiligten Personen eine Face-to-Face-Interaktion ermöglicht. Sie können sich gezielt über Elemente des situativen Kontextes austauschen und verfügen damit über ein gemeinsames Wissen, was das inhaltliche Verständnis erleichtert. Zudem können Missverständnisse oder Unklarheiten unmittelbar aufgezeigt werden und die Äußerungen der Kommunikationspartner ohne eine größere Planung spontan erfolgen. Die Sprache der Distanz, die wiederum der Bildungs- wie Fachsprache entspricht, zeichnet sich dagegen durch eine feste Rollenverteilung von Produzent und Rezipient aus. Auch eine totale Monologizität ist innerhalb dieser Konzeption möglich. Oft verläuft die Kommunikation zeitlich versetzt, sodass der Produzent das Wissen und die Bedürfnisse des Rezipienten bereits im Vorfeld berücksichtigen muss. Da dieser oftmals nicht als Person, sondern als anonyme Instanz erscheint, ist die schriftliche Sprache durch Öffentlichkeit geprägt. Weil den Kommunikationspartner:innen kein gemeinsamer Kontext vorliegt, müssen alle wichtigen Elemente explizit versprachlicht werden, um ein Verstehen zu ermöglichen. Dies erfordert eine ausführliche Planung der zu vermittelnden Inhalte sowie gegebenenfalls eine spätere Überarbeitung des Produkts (vgl. Koch/Oesterreicher 1985, S. 19 ff.). Durch diese Versprachlichungsstrategien innerhalb der Sprache der Distanz entsteht „eine höhere Kompaktheit, Integration, Komplexität, Elaboriertheit, Planung und Informationsdichte in den Formulierungen als in der Mündlichkeit. Dies äußert sich (u. a.) in einem hypotaktischen Satzbau – im Gegensatz zu den häufig parataktischen Formulierungen der gesprochenen Sprache" (Merklinger 2010, S. 27)

Koch und Oesterreicher orientieren sich vor allem an den Bedingungen, unter denen gesprochen oder geschrieben wird. Eine vereinfachte Übersicht über Merkmale mündlicher und schriftlicher Sprache haben Wildemann/Rathmann (2015a) zusammengestellt.

Merkmale mündlicher Sprache „Sprache der Nähe"	Merkmale schriftlicher Sprache „Sprache der Distanz"
Sprache im Hier und Jetzt	Raum-zeitliche Distanz
Einbettung in einen Handlungs- bzw. Situations-zusammenhang	dekontextualisiert (Entfernung von der unmittelbaren Situation)
Dialogizität und Sprecherwechsel (Face-to-Face-Kommunikation)	Monologizität
Vertrautheit zwischen den Kommunikations-partnern	gewisse Distanz zum Adressaten
spontan (ungeplant)	reflektiert (geplant, ggf. überarbeitet)
freie Themenentwicklung, oft Themensprünge	festes Thema
geringere Informationsdichte und Komplexität	größere Informationsdichte und Komplexität
geringere Elaboriertheit (in Bezug auf Wortschatz, Satzbau und Grammatik)	größere Elaboriertheit (in Bezug auf Wortschatz, Satzbau und Grammatik)
eher parataktischer Satzbau (Aneinanderrei-hung von Hauptsätzen)	eher hypotaktischer Satzbau (Nebensätze, eingeschobene Sätze)
häufige Satzabbrüche und unvollständige Sätze	vollständige Sätze (syntaktische und grammati-kalische Korrektheit)

Abb. 16: Merkmale gesprochener und geschriebener Sprache in Anlehnung an Koch/Oesterreicher 2008, S. 201, Koch/Oesterreicher 1985, aus Wildemann/Rathmann 2015a, S. 25

Die Gegenüberstellung von Koch und Oesterreicher steht heutzutage bisweilen in der Kritik. Die hohe Wertschätzung des konzeptionellen Aspektes, die mit dem Modell einhergeht, wird kritisiert und den Autoren eine „Liquidierung des Medialen" vorgeworfen (Wrobel 2010, S. 32; s. auch Dürscheid 2016 und Ágel/Henning 2007). Während Koch und Oesterreicher der konzeptuellen Dimension vielfältige Differenzierungen zukommen lassen und diese explizit in Form der kommunikativen Parameter machen, bleibt die Dimension des Mediums hinsichtlich einer Differenzierung unberücksichtigt. Gründe dafür stellt zum einen das Transferargument dar, das die Möglichkeit des Medienwechsels beschreibt. Zum anderen argumentieren Koch und Oesterreicher, dass sich konzeptionelle Mündlichkeit und Schriftlichkeit in anthropologischen Grundkonstellationen fundieren, „die als allgemeine Kommunikationsbedingungen sprachliches Handeln prägten" (Wrobel 2010, S. 32), welche nicht an Medien gekoppelt seien. Thaler widerspricht diesen Darlegungen mit folgender Begründung:

Ein Teil der die Konzeption einer Äußerung bzw. Textsorte oder Diskursart bestimmenden außersprachlichen Faktoren sind [sic!] allein aufgrund der technischen Eigenschaften des zu ihrer Vermittlung eingesetzten Mediums bestimmt [...]. Sowohl die Medialität einer Äußerung (gesprochen/geschrieben) als auch die Eigenschaften des konkreten Mediums haben unweigerlich einen Einfluss auf die Konzeption einer Äußerung, sodass es nicht sinnvoll erscheint, letztere unabhängig davon zu analysieren. (2007, S. 175, 177)

Als Beispiel führt Thaler die Transposition durch eine computergestützte Konvertierung an, bei der eine Umwandlung ohne den Wechsel des Mediums erfolgen kann. Diese Äußerungsform würde zwei medialen Realisierungsformen entsprechen, weshalb die Einschränkung der Dichotomie nicht geltend sei (2007, S. 154). Dehn schließt sich der Ansicht an, dass die medialen Bedingungen bei der Zuordnung von Äußerungen nicht vernachlässigt werden dürfen, da sie „zentral sind für Mündlichkeit (Stimmlage, Gestik, Pausen …) wie für Schriftlichkeit (Papier, Bildschirm; Format und Layout …) und Konzeption und Medium immer auch aneinander gebunden sind" (2011, S. 137). Außerdem erfolgt Kritik an dem Modell von Koch und Oesterreicher durch Feilke, der die Idee des Kontinuums schlichtweg für falsch hält: „Ein Schrifttext muss in jedem Fall den Bedingungen konzeptioneller Schriftlichkeit genügen, wenn eine Form der Distanzkommunikation vorliegt. Genügt er diesen Bedingungen nicht, ist er einfach ein schlechter Text. Er wird im Extremfall unverständlich" (2007, S. 34). Beispielhaft zeigt er anhand argumentativer Texte auf, dass Mittel konzeptioneller Mündlichkeit auch Ausdruck hochgradig konzeptioneller Schriftlichkeit sein können:

> Konzeptionelle Schriftlichkeit umfasst ebenso distanzsprachliche wie nähesprachliche Inventarien/Register/Prozeduren. In dieser Sicht sind nähesprachliche Verfahren der Schriftlichkeit dann gerade nicht aus der Mündlichkeit entlehnt oder einer vorgeblichen Re-Oralisierung geschuldet, sondern *genuin* konzeptionell schriftlich. (Feilke 2010, S. 213; Hervorhebung im Original)

Diese Einschätzung teilt auch Fornol (2016c; 2020) auf Grundlage der Analyse von Schülertexten aus dem Primarbereich. Die Lernenden greifen in ihren Texten teilweise auf Formulierungen zurück, die vermeintlich konzeptionell mündlich geprägt sind: „Zuerst beißen wir mit den Zähnen ab" oder „Unsere Verdauung". Sie rekurrieren dabei jedoch nicht auf eine bestimmte Gruppe von Menschen, sondern beziehen sich auf die Gattung Mensch. Es gelingt ihnen auf diese Art und Weise, eine indirekte Verallgemeinerung zu erzeugen - ebenso wie es vielfach in Schulbuchtexten im Primarbereich der Fall ist (vgl. Fornol 2020).

Trotz der Kritik kann das Modell des Nähe- und Distanzsprechens zur Abgrenzung der sprachlichen Register herangezogen werden: Sprache im Unterricht ist sowohl in der medial geschriebenen als auch in der medial mündlichen Form der konzeptionellen Schriftlichkeit zuzuweisen. Die Kommunikationsbedingungen im Unterricht sind nicht privat, sondern öffentlich sowie auf Objektivität und Reflexion gerichtet. Zudem sind die Versprachlichungsstrategien durch Kompaktheit, eine hohe Informationsdichte und Elaboriertheit geprägt (vgl. Dehn 2011, S. 138): "Academic language, especially written language, is typically much denser, and has a lot of information packed into a fiew words" (Gibbons 2010, S. 28). Diese Rückführungen auf das Modell von Koch und Oesterreicher lassen Gogolin zu dem Rückschluss kommen, dass

Bildungssprache „die Merkmale formeller, monologischer schriftförmiger Kommunikation auf[weist], während Alltagssprachgebrauch eher dialogisch gestaltet ist und die Merkmale informeller mündlicher Kommunikation aufweist" (2009, S. 270).

Es muss konstatiert werden, dass die Merkmale konzeptioneller Schriftlichkeit lediglich einen Bestandteil im Rahmen der Definition von Bildungssprache darstellen, weshalb diese medial mündlich wie schriftlich als Teil der Schriftsprache definiert werden kann (vgl. Feilke 2012). Bisweilen wird der Terminus *Schriftsprache* aber auch synonym verwendet (vgl. Dehn 2011). Überschneidungen finden sich auch mit dem Begriff der *Alltäglichen Wissenschaftssprache (AWS)*, den der Linguist Ehlich (2005b) geprägt hat. Er zeigt in seinem Beitrag aus dem Jahr 1995 zur Lehre der deutschen Wissenschaftssprache sprachliche Schwierigkeiten auf, die ausländische Studienbewerber(innen) bei der *Prüfung zum Nachweise deutscher Sprachkenntnisse (PNdS)* haben. Sie sind zu einer Textwiedergabe aufgefordert. Dabei müssen sie einen zweimalig vorgelesenen wissenschaftlichen Text schriftlich wiedergeben, der laut Prüfungsordnung keine speziellen Fachkenntnisse voraussetzt. Ehlichs Analyse der insgesamt 81 Texte der Studienbewerber(innen) zeigt, dass sich insbesondere die Formulierungen *einen Grundsatz ableiten* und *eine Erkenntnis setzt sich durch* als besondere Hürde erweisen. Diese Ausdrücke erscheinen laut Ehlich „auf den ersten Blick als Bestandteil der deutschen Alltagssprache", können ihr aber nicht umstandslos zugeordnet werden, stammen aber ebenso wenig „aus der Terminologie einer bestimmten Disziplin" (1995, S. 337), also einer Fachsprache. Pörksen spricht daher von einer gleitenden Skala der Wissenschaftssprache, die verschiedene Typen beinhaltet. Den einen Extremfall dieser Skala stellt die formalisierte Sprache oder Konstruktsprache dar, welche bisweilen die „Grenzen zur Nichtsprachlichkeit" (1994, S. 287) überschreitet. Der andere Extremfall zeigt die Nähe zur Alltagssprache und den z. T. sogar fließenden Übergang dorthin. Pörksen plädiert dafür, die Wissenschaftssprache weder als Terminologie noch als Sprachstil zu definieren, da ihr dieses heterogene Kontinuum zugrunde liegen würde (vgl. ebd., S. 287 f.).

Laut Ehlich bedürfen die von ihm identifizierten sprachlichen Phänomene aber einer genaueren Bestimmung, weil sie eine Funktion in der Wissenschaftssprache erfüllen:

> Diese Gruppe sprachlicher Erscheinungen verdient einen eigenen Namen. Er kann helfen, darauf aufmerksam zu machen, daß [sic!] hier ein spezifisches sprachliches Problem vorliegt. Der Terminus soll dazu beitragen, die Charakteristik des Phänomens zu erfassen. Ich schlage dafür die Bezeichnung ‚alltägliche Wissenschaftssprache‘ oder auch ‚wissenschaftliche Alltagssprache‘ vor. (ebd., S. 340)

Die Alltägliche Wissenschaftssprache ist damit seiner Meinung nach ein Bestandteil der Wissenschaftssprache, „der sich sowohl aus alltäglichen wie aus mehr oder minder determinologisierten wissenschaftssprachlichen lexikalischen Strukturen zusammensetzt" (Ehlich/Graefen 2001, S. 372). Während die Wissenschaftssprache so komplex ist, „dass sie von Laien häufig nicht verstanden werden kann" (Busch/Ralle 2013, S. 280) und ihre Merkmale „ein hoher Grad der Normierung und ein entsprechend kontextfreier Gebrauch der sprachlichen Ausdrücke sowie deren Einbettung in einen theoretischen Zusammenhang" (Habermas 1981, S. 344) sind, ermöglicht die Alltägliche Wissenschaftssprache einen Einstieg in die Fachwelt. Dafür bedarf es Ausdrucksmittel der Alltagssprache, denen die methodologische Funktion der Wissensvermittlung zukommt. Sie sind Bestandteile der Alltäglichen Wissenschaftssprache und können in seltenen Fällen sogar zu Mitteln der Wissenschaftssprache werden und damit kategoriale Qualität erreichen (vgl. Uesseler et al. 2013, S. 50). Ehlich sieht in der Alltäglichen Wissenschaftssprache eine „Substruktur der Sprache" und in ihrem Erwerb eine „Vorschule der Wissenschaft" (1995, S. 347). Sie stellt seiner Auffassung nach sowohl für Lernende mit Deutsch als Zweit- wie auch als Erstsprache eine Herausforderung dar und sollte im Unterrichtsalltag vermittelt werden, damit „jene sprachliche Flexibilität erworben [werden kann], die für den kommunikativen Komplexionsgrad wissenschaftlicher Kommunikation unumgänglich ist" (ebd., S. 348). Unter Bezugnahme auf Ehlich plädiert Redder (2010) dafür, den Ausdruck Bildungssprache nicht als wissenschaftliche Kategorie zu verwenden, da ihm „zweifellos deskriptive Qualität und damit eine heuristische Funktion zukommen, während seine Erklärungsqualität noch nicht übergreifend bestimmt ist" (Uesseler et al. 2013, S. 48). Vielmehr bedarf es einer Erweiterung des Konzepts Bildungssprache um einen methodologischen Aspekt, sodass Bildungssprache definiert werden kann als „sprachliches Handeln, welches als Methode der Gewinnung und Umsetzung von Bildung dient, genauer: von institutionell selektiertem gesellschaftlichen Wissen, um an einer Gesellschaft angemessen partizipieren zu können" (ebd., S. 49). Abgesicherter erscheint ihr daher der Terminus der Alltäglichen Wissenschaftssprache, die sie als Teil von Bildungssprache definiert (vgl. ebd., S. 48).

4.4 Erziehungswissenschaftlicher und sprachdidaktischer Zugang zur Bildungssprache

Für die Abgrenzung von Alltags- und Bildungssprache wird die Differenzierung des Pädagogen Cummins (1984) zwischen *Basic Interpersonal Communicative Skills (BISC)* und *Cognitive Academic Language Proficiency (CALP)* herangezogen.

BICS und CALP

Cummins (1984) bezeichnet mit den *Basic Interpersonal Communicative Skills (BICS)* sprachliche Kompetenzen, die im Alltag erworben und dort auch funktional verortet werden können. Sie werden benötigt, um sich über alltägliche, wenig komplexe Inhalte auszutauschen bzw. untereinander verständigen zu können. Dies gelingt z. B. auch Kindern mit Deutsch als Zweitsprache nach verhältnismäßig kurzer Kontaktzeit mit der deutschen Sprache. Eine größere Herausforderung stellt dagegen der Erwerb der *Cognitive Acadamic Language Proficiency (CALP)* dar, die in dekontextualisierten Situationen, innerhalb derer ein Austausch über komplexe und abstrakte Inhalte erfolgt, verortet werden kann. Nicht alle Kinder erhalten innerhalb ihres familiären Umfelds einen Zugang zu dieser sprachlichen Ausdrucksweise. In der Schule werden sie jedoch zunehmend damit konfrontiert, wenn sie Prozesse detailliert beschreiben und dabei Fachbegriffe oder verallgemeinernde und unpersönliche Ausdrucksweisen verwenden sollen. Der Erwerb von *CALP* erfolgt laut Cummins (2003) etwa fünf bis acht Jahre, weshalb die Bildungsinstitutionen diese sprachlichen Kompetenzen so früh wie möglich gezielt fördern sollten.

Grundlage seiner Überlegungen stellen die Erkenntnisse von Skutnabb-Kangas und Toukomaa im Rahmen der Schwellenniveauhypothese dar, welche besagt, dass unterschiedliche Stufen oder Niveaus der Sprachfähigkeiten existieren, die von Zweitsprachenlerner(inne)n bewältigt werden müssen (vgl. Jeuk 2003, S. 24, s. auch Kap. 2.3). Skutnabb-Kangas und Toukomaa konnten ermitteln, dass zweisprachige Kinder, die bereits in ihrem Herkunftsland eine Grundschule besucht hatten, ein höheres Niveau in der Zweitsprache erreichten als Schüler(innen), die erstmalig in Deutschland zur Schule gingen (vgl. 1976, S. 81). Cummins sieht die Ursache für diese Erkenntnis darin, dass diese Schüler(innen) nicht nur alltagssprachliche *(BICS)*, sondern auch akademische Kompetenzen *(CALP)* in ihrer Herkunftssprache erwerben, mithin auch bereits ein Bewusstsein dafür ausbilden konnten, dass es unterschiedliche sprachliche Register gibt. *BICS* dienen der Verständigung in Alltagssituationen, „in denen die sprachlich vermittelten Inhalte in der Regel durch den sozialen Kontext unterstützt werden" (Heppt et al. 2012, S. 350). Die Kommunikationspartner:innen können sich direkt aufeinander beziehen, ihre Äußerungen durch Gestik, Mimik sowie Intonation unterstützen und sind mit dem Gesprächsgegenstand vertraut. Aufgrund dieser Faktoren wird das inhaltliche Verstehen wesentlich erleichtert (vgl. Chudaske 2012, S. 175). *CALP* wird dagegen genutzt, um anspruchsvollere bzw. komplexere Inhalte zu vermitteln. Dies geschieht in der Regel in kontextreduzierten Situationen, wie z. B. in Unterrichtsgesprächen (vgl. Bailey/Butler 2003, S. 8 f.). Die Kommunikationspartner:innen sind hier darauf angewiesen, Inhalte vorwiegend oder sogar allein durch Sprache darzustellen, und dies möglichst differenziert und präzise.

> Mit der CALP können abstraktere Themen diskutiert werden, erst bei Beherrschung dieses sprachlichen Kompetenzbereiches ist eine Teilnahme an fachlichen Diskursen bzw. Unterrichtsgesprächen möglich, so dass die Grundlage für schulischen Erfolg geschaffen ist. (Chudaske 2012, S. 175)

Bei einer Untersuchung der Erwerbsdauer bildungssprachlicher Kompetenzen wurde ermittelt, dass der Erwerb der akademischen Kompetenzen fünf bis acht Jahre dauert, während die alltagssprachlichen Kompetenzen in einem Zeitraum von lediglich sechs Monaten bis zwei Jahren erworben werden können (vgl. Cummins 2003, S. 323 f.). Es wird daher vermutet, dass insbesondere Schüler(innen) mit Deutsch als Zweitsprache bei der Entwicklung bildungssprachlicher Kompetenzen benachteiligt sind, was jedoch die Ergebnisse einiger aktueller empirischer Studien nicht bestätigen (vgl. dazu Kap. 5.1).

Seine Forschungsergebnisse fasst Cummins in einem Modell zusammen, das den Bereich aufzeigen soll, „in dem Schüler fähig sind, den kognitiven und sprachlichen Anforderungen der Schule zu genügen" (Obermayer 2013, S. 33):

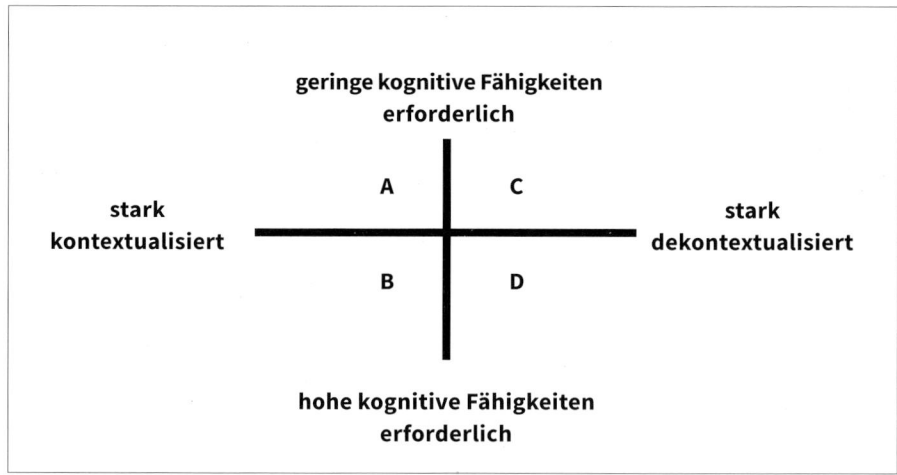

Abb. 17: Proficiency-Modell (Könnens-Modell) (übersetzt nach Cummins 2000, S. 68)

Auf der x-Achse des Modells wird der Grad der kontextuellen Einbettung abgebildet. In stark kontextualisierten Situationen ist es den Kommunika-
tionspartner:innen möglich, eine direkte Rückmeldung bei Verständnisproblemen zu erhalten. In einer kontextreduzierten bis dekontextualisierten
Situation müssen sich die Kommunikationsteilnehmer(innen) die Inhalte
selbstständig erarbeiten und sich um ein Verstehen bemühen. Die y-Achse des
Modells stellt die erforderlichen kognitiven Leistungen dar. Innerhalb von kognitiv anspruchslosen sprachlichen Aufgaben und Aktivitäten sind keine komplexen Denkleistungen erforderlich, da die sprachlichen Anforderungen automatisiert sind. Der Bereich der hohen kognitiven Anforderung stellt den
umgekehrten Fall dar: Es sind hohe kognitive Fähigkeiten erforderlich und
die sprachlichen Anforderungen müssen ggf. erst noch erarbeitet werden (vgl.
Cummins 2000, S. 67 ff.). Die vier Quadranten des Könnens-Modells stellen die
beiden Sprachniveaus sowie zwei Abstufungen dar. Quadrant A stellt die Basis und damit ein Sprachniveau dar, das sehr schnell erworben werden kann,
weil eine hohe Kontexteinbettung und nur sehr geringe kognitive Anforderungen vorhanden sind. Üblicherweise findet der Erwerb im Rahmen der familiären Sozialisation statt. Cummins bezeichnet diesen Bereich seines Modells
auch als *conversational proficiency* (Gesprächs- bzw. Dialogfähigkeiten). Personen, die dieses Sprachniveau nicht erwerben, ist es nicht möglich, sich an Kommunikationssituationen zu beteiligen, weshalb sie, so Cummins, aus der Gesellschaft ausgeschlossen sind (vgl. ebd., S. 68). Aufbauend auf den basalen
Kompetenzen des Quadranten A, können im Bereich B komplexe und abstrakte kognitive Leistungen erbracht werden, sofern eine kontextnahe Situation besteht, wie z. B. beim gemeinsamen Experimentieren einer Schüler(innen)grup-
pe. Das Sprachniveau des Quadranten C steht dagegen für Tätigkeiten wie das
Bearbeiten von Arbeitsblättern, welches losgelöst von einer konkreten Handlungssituation erfolgt, kognitiv aber wenig anspruchsvoll ist. Die *academic proficiency* (bildungssprachliche Fähigkeit) als Ziel der Sprachentwicklung wird erst
auf dem Sprachniveau des Quadranten D erreicht: Auf dieser Ebene werden
komplexe und abstrakte sprachliche Ausdrücke auch ohne einen kontextualen Bezug verstanden. Cummins sieht in diesem Bereich auch die Erwartungen von Schule und damit die zu erreichenden sprachlichen Kompetenzen der
Schüler(innen) verortet (ebd., S. 67 f.).

Pohl sieht in dem von Cummins entwickelten Vier-Felder-Schema das Potenzial einer detaillierteren „Einschätzung sprachlicher Anforderungen und Kompe-
tenzstände", kritisiert jedoch, dass „relativ offen [bleibt], was genau unter der kognitiven Dimension gefasst ist" (2016, 59).

Im Rahmen des Modellprojekts *FörMig* definiert Gogolin Bildungssprache als
das Register, das vorwiegend in Bildungskontexten verortet werden kann, weil
es vornehmlich in Lehrwerken, Unterrichtsgesprächen und Prüfungen Verwendung findet. Zugleich macht sie deutlich, dass die Beherrschung dieses Registers
grundlegend für den Schulerfolg ist.

> Bildungssprachliche Fähigkeiten äußern sich darin, sich in der komplexen Welt vielgestaltiger Texte (im Medium des Mündlichen ebenso wie in der Schrift, dem Bild) rezipierend und produzierend zurechtzufinden. Diese Textekompetenz [sic!], die wir als ‚bildungssprachliche Kompetenz‘ bezeichnen, ist es letzten Endes […], die ein heranwachsender Mensch benötigt, um seinen Bildungsprozess der Sache nach und auch formal erfolgreich zu bestehen. (Gogolin 2007, S. 75)

Die Forschergruppe des Modellprojekts *FörMig* ist der Auffassung, dass der Zugang zu diesem sprachlichen Register nicht selbstverständlich ist, weil Kinder mit Deutsch als Zweitsprache beim Erwerb von Bildungssprache größere Schwierigkeiten als muttersprachlich deutsche Sprecher(innen) haben (vgl. Gogolin et al. 2004, S. 150 ff.). Dabei besteht das zentrale Problem nach wie vor im „monolingualen Habitus" (Gogolin 1991) der Schule:

> In einer Schule mit monolingualem Selbstverständnis wird Bildungssprache nicht explizit vermittelt. Vielmehr beruht das alltägliche Handeln auf der Annahme, dass alle nötigen sprachlichen Grundlagen ‚normalerweise‘ außerhalb der Schule erworben werden, und dass das, was noch fehlt, durch die Unterrichtsprozesse hindurch implizit hinzugewonnen wird. Diese Annahmen sind in unserem Bildungssystem tief verwurzelt, und sie gehören aller Wahrscheinlichkeit nach zu den Mechanismen, die die soziale Selektivität des Bildungssystems mit hervorbringen und stützen. (Gogolin et al. 2011, S. 17)

Dadurch, dass die Schule aber denjenigen Ort darstellt, der allen Lerner(inne)n einen Zugang zur Schrift und dem Schrifttum ermöglichen sollte, ist es ihre primäre Aufgabe, „dafür zu sorgen, dass sie [die Schüler(innen)] mit den sich steigernden Anforderungen an die Schriftförmigkeit der Unterrichtskommunikation Schritt halten können" (Gogolin 2013b, S. 40).

4.5 Räumliche und funktionale Verortung von Bildungssprache

Das Register von Bildungssprache findet seine räumliche Verortung vornehmlich in den Bildungsinstitutionen, als „Medium der Aneignung schulischen Wissens" (Roth 2015, S. 38) mit einem „Anteil sprachlicher Formen, deren Beherrschung die Schule für das Lernen selbstverständlich voraussetzt" (Feilke 2012, S. 4). Damit wäre sie dem Register der Schulsprache gleichzusetzen, das Vollmer und Thürmann als

> Grundlage jeglichen unterrichtlichen Lehrens und Lernens [definieren]. Es setzt die Fähigkeit, sich in Alltagssituationen verständigen, also lesend und hörend verstehen sowie Texte mündlich und schriftlich produzieren zu können, im Sinne funktionaler Grundbildung (*literacy*), voraus, geht jedoch in seiner Spezifik weit darüber hinaus, was man u.a. daran er-

kennen kann, dass sich die Produktion mündlicher Äußerungen den Gebrauchsmustern der Schriftsprache (*conceptual literacy*) annähert. Schulsprache verlangt den Lernenden sorgfältig ausgeführte Prozesse des Planens und Überprüfens eigenen Kommunikationsverhaltens ab sowie die Nutzung von Feedback für Optimierungsprozesse und die Weiterentwicklung der eigenen schulsprachlichen Kompetenzen. (2010, S. 109; Hervorhebungen im Original)

Bereits angeführt wurde die Differenzierung, die Feilke (2013) zwischen den Registern der Schul- und Bildungssprache vorgenommen hat. Dadurch wird deutlich, dass Bildungssprache eine allgemeinere Sprachhandlungsform als die Schulsprache darstellt, „weil sie nicht nur auf das Lehren und Lernen bezogen ist, sondern auch epistemisch verwendet werden kann" (Feilke 2012, S. 5). Der Ausdruck der Bildungssprache „signalisiert, dass es sich hier um eine Sprache handelt, die nicht nur in der Schule, sondern in jedem Bildungskontext von Bedeutung ist" (Schmölzer-Eibinger 2013, S. 25). Begründet werden kann diese erweiterte räumliche Verortung zum einen mit dem Zusammenhang zwischen inhaltlicher und sprachlicher Komplexität. Der Austausch über komplexe Themen mit einem hohen Abstraktionsgrad sowie einer hohen Informationsdichte erfordert eine entsprechende sprachliche Ausdrucksweise (vgl. Zydatiß 2010; Gogolin 2013a; Schmölzer-Eibinger 2013). Damit kann auch der Austausch über die Dramaturgie eines Theaterstücks in einem privaten Rahmen durch den Gebrauch von Bildungssprache geprägt sein. Zum anderen geht die räumliche Verortung des Registers mit seiner Funktion einher. Bildungssprache wird als Vermittler zwischen unterschiedlich anspruchsvollen Registern angesehen:

Die Bildungssprache ist ein Medium, das es einerseits ermöglicht, bestimmte nicht alltagssprachlich zu behandelnde Themen anzusprechen und auszuführen, andererseits sowohl nicht-alltagssprachliche wie alltagssprachliche Themen *anders* auszuführen, als das in der (im Wesentlichen mündlichen) Alltagskommunikation und in der Kommunikation der Nähe der Fall ist. (Ortner 2009, S. 2234; Hervorhebung im Original)

Der Gebrauch von Bildungssprache muss für eine gesellschaftliche Teilhabe erlernt werden. Daher ist die Schule als Ort des Lehrens und Lernens in diesem Zusammenhang naheliegend:

‚Bildungssprache' ist eine Art Sprache, die durch die Ziele und Traditionen der Bildungseinrichtungen geprägt ist. Sie dient der Vermittlung fachlicher Kenntnisse und Fähigkeiten und zugleich der Einübung anerkannter Formen der beruflichen und staatsbürgerlichen Kommunikation. (Reich 2008, S. 9)

Dies bedeutet aber nicht, dass ihr Gebrauch sich ausschließlich dort verorten lassen muss. Morek und Heller (2012) ergänzen diese Auffassung durch die

Unterscheidung zwischen einer kommunikativen, epistemischen und sozialen Funktion von Bildungssprache. Aus kommunikativer Sicht dient Bildungssprache dem Zweck des Wissenstransfers, da es sowohl im Alltag als auch in der Wissenschaft Texte gibt, „die sachlich komplexe Sachverhalte darstellen und von daher ebenso auf entsprechend komplexe Mittel angewiesen sind" (Morek/Heller 2012, S. 74). Als Werkzeug des Denkens kann Bildungssprache aus epistemischer Sicht bezeichnet werden. Morek und Heller gehen davon aus, dass jemand, der das Register von Bildungssprache beherrscht, auch zu kognitiv komplexen Denkoperationen in der Lage ist, weil diese beiden Prozesse als eng miteinander verzahnt anzusehen seien (vgl. ebd., S. 75). Stets hat Bildungssprache auch eine soziale Funktion. In der konkreten Sprachhandlungsfunktion sichert sie die Teilhabe am aktuellen, darüber hinaus auch die Teilhabe am gesellschaftlichen Diskurs. Alle drei von Morek und Heller benannten Funktionen von Bildungssprache lassen sich sowohl in den Bildungsinstitutionen als auch darüber hinaus innerhalb von Bildungskontexten verorten. Die Schule kann insbesondere dazu beitragen, dass die Beherrschung bildungssprachlicher Kompetenzen aus sozialsymbolischer Sicht nicht durch Faktoren wie Bildungsnähe oder sozioökonomischen Status des Elternhauses im Vorfeld festgelegt und unveränderbar ist.

5 Merkmale von Bildungssprache

Bislang erfolgte die gezielte Weiterentwicklung sprachlicher Kompetenzen in der Schule vornehmlich hinsichtlich des Registers der Fachsprache:

> Fachsprachliche Sprachmittel werden im Unterricht meist explizit eingeführt, die bildungssprachlichen dagegen oft nicht. Nur wenn die Bildungssprache selbst zum unterrichtlichen Lerngegenstand wird, verringert sich die Gefahr unbemerkter Benachteiligungen. (Meyer/Prediger 2012, S. 4)

Begründet werden kann dies u. a. dadurch, dass die Verantwortung des Erlernens der Fachsprache auf konkrete Fachbereiche übertragen werden kann, denn bei der Fachsprache handelt es sich um ein sprachliches Register, das sich für einzelne Schulfächer spezifizieren lässt – so wird im Fach Physik eine andere Fachsprache geltend als im Biologieunterricht (vgl. Hopf/Eckhardt 2013, S. 119). Damit ist die Fachsprache zwingend an das Fachliche gebunden und muss fachspezifische Erwartungen erfüllen. Sie wird auch als ein vertiefter allgemeinsprachlicher Wortschatz bezeichnet (vgl. Busch/Ralle 2013, S. 278 f.). Dies ist damit zu begründen, dass in den verschiedenen Schulfächern unterschiedliche sprachliche Mittel von Bedeutung sind und es sich dabei auch um gemeinsprachliche Ausdrücke handeln kann, die eine besondere fachliche Bedeutung besitzen. Diese Fachausdrücke gelten gemeinsam mit der fachsprachlichen Lexik als wesentliche Indikatoren für Fachsprache (vgl. Grießhaber 2013, S. 58). Insgesamt sind fachsprachliche Ausdrücke zwingend erforderlich, um Fachwissen präzise zu versprachlichen und eine fachsprachliche Kompetenz zu entwickeln (vgl. Busch/Ralle 2013, S. 281). Damit kommt dem Register der Fachsprache ein Alleinstellungsmerkmal zu, dennoch haben Fachsprachen auch Schnittmengen mit Bildungssprache, wie im Folgenden deutlich wird. Seibicke definiert die fachsprachliche Lexik durch sechs Merkmale: „ein außerordentlich hoher Anteil von Substantiven, darunter besonders viele Komposita, eine Menge Abkürzungen und Kurzwörter sowie besondere Zeichen und Symbole, aktive Neubildungen und rasche Veränderungen der Lexik mit einem hohen Austausch zwischen den Sprachen" (zitiert nach Grießhaber 2010b, S. 38 f.). Für Lange zählen zudem fachspezifische Textsorten wie das Versuchsprotokoll oder die Quelleninterpretation zu den Merkmalen der Fachsprache (2012, S. 127). Rincke fasst diese Annahmen wie folgt zusammen: „Die Fachsprache einer Disziplin ist demnach durch ein bestimmtes Fachvokabular, ein sprachliches Inventar, um Fachvokabeln untereinander zu verbinden, und die Rücksichtnahme auf die jeweils vorliegende Kommunikationssituation gekennzeichnet" (2010, S. 238). Er überträgt diese Ausführungen beispielhaft auf das Fach Physik, dessen Fachsprache für ihn zunächst durch

Substantivierungen, mehrgliedrige Komposita sowie Adjektive mit Präfixen oder spezifischen Endungen (-bar, -los, -reich, -arm) und Komposita mit Ziffern, Buchstaben oder Sonderzeichen gekennzeichnet ist. Das sprachliche Inventar, das der Verbindung dieses Fachvokabulars dient, ist durch Funktionsverbgefüge, Nominalisierungsgruppen, Satzglieder, komplexe Attribute und einen unpersönlichen Stil charakterisiert. Die Kommunikationssituation erfährt eine Berücksichtigung durch die Beachtung der Kommunikationsanforderungen und -muster sowie des engen Sprechen-Handeln-Zusammenhangs (vgl. ebd., S. 237 f.). Konträr zu dieser Auffassung ist Rösch der Meinung, dass die Fachsprache keine eigene Syntax bzw. Lexik besitzt, sondern vorhandene sprachliche Formen wie Nominalisierungen aufgreift und lediglich in einer spezifischen Art und Weise nutzt (vgl. 2013, S. 22). Diese Ansicht erscheint insofern logisch, als dass nicht davon ausgegangen werden kann, dass für jedes Schulfach, das ja wie bereits dargestellt über eine eigene Fachsprache verfügt, eine eigene Lexik besteht. Vielmehr setzen sich die fachsprachlichen Lexika aus gemeinsamen sprachlichen Formen zusammen und sind hauptsächlich durch die spezifischen Fachausdrücke zu unterscheiden. Dies kann auch durch eine Aussage von Busch und Ralle untermauert werden: „Folglich wird immer ein Gerüst an allgemein sprachlichem Material benötigt, um einen aussagekräftigen Fachtext zu verstehen oder zu formulieren" (2013, S. 279). Seibicke verdeutlicht den Zusammenhang zwischen dem allgemeinen und fachlichen Wortschatz, indem er zwischen drei Hauptgruppen unterscheidet. Zu seinen Überlegungen werden ergänzend die Ausführungen von Busch und Ralle (2013, S. 280 f.) herangezogen, die in Anlehnung an Vollmer (1980), Rincke (2010) und Leisen (2010) ebenfalls eine Differenzierung der verschiedenen Begriffsgruppen der Fachsprache vorgenommen haben:

▸ Der **Allgemeinwortschatz** ist laut Seibicke durch lexikalische Elemente geprägt, die nicht nur in der fachlichen Kommunikation, sondern ebenso häufig auch außerhalb des fachlichen Diskurses verwendet werden (vgl. 1976, S. 71). Busch und Ralle benennen dafür beispielhaft das Wort „Salz" und bezeichnen es als einen modifizierten Fachbegriff, der in Alltag und Fach eine ähnliche Bedeutung aufweist. Sie treffen eine weitere Unterscheidung und beziehen sich zudem auf Begriffe, die zwar sowohl in der Alltags- als auch in der Fachsprache geläufig sind, aber unterschiedliche Bedeutungen haben. Ein Beispiel dafür ist der Begriff *Niederschlag*: Er wird im Alltag mit dem Wort „Regen" übersetzt, während er in der Geographie auch Phänomene wie Hagel oder Schnee umfasst, „im Fach Chemie dagegen ist ein ausfallender Feststoff in einer Flüssigkeit gemeint, der sich am Boden eines Gefäßes sammelt" (Busch/Ralle 2013, S. 281).

▸ Der **fachbezogene Wortschatz** beinhaltet lexikalische Elemente, die vorwiegend in Fachtexten vorkommen (vgl. Seibicke 1976, S. 71). Laut Busch und Ralle kann ein solcher Fachbegriff auch durch sich wandelnde fachliche Bedeutungen geprägt, nahezu fachlich gebunden und historisch gewandelt sein.

Diese Definition trifft beispielsweise auf den Fachbegriff *Oxidation* zu (vgl. 2013, S. 281).

▶ Der **facheigene Wortschatz** bildet den dritten Bestandteil von Seibickes Unterteilung. Er beinhaltet diejenigen lexikalischen Elemente, die ausschließlich in fachlichen Kommunikationssituationen verwendet werden (vgl. 1976, S. 71). Busch und Ralle bezeichnen diese Begriffe als „echte" Fachbegriffe und nennen als Beispiel das Wort „Oxidationszahl", welches im Alltag keine Verwendung findet (vgl. 2013, S. 280).

Durch diese Differenzierungen wird deutlich, dass diejenigen lexikalischen Elemente, die ausschließlich dem Register der Fachsprache zugeordnet werden und als „echte" Fachbegriffe zu verstehen sind, verhältnismäßig selten vorkommen. Es handelt sich hier vorwiegend um das spezifische Fachvokabular für ein bestimmtes Schulfach, also um sprachliche Mittel, die für ein Schulfach typisch sind, wie der Ausdruck *einen rechten Winkel bestimmen* im Mathematikunterricht (vgl. Ahrenholz 2010). Insofern ist Rösch Recht zu geben, wenn sie sagt, dass Fachsprache nicht über eine genuin eigene Lexik und Syntax verfügt. Vielmehr sind die sprachlichen Formen, derer sich Fachsprache bedient, alltags- und bildungssprachliche Elemente. Hier wird deutlich, dass Bildungssprache wesentlich weiter zu fassen ist als Fachsprache und auch auf einer anderen Ebene angesiedelt werden muss. Zugleich zeigt sich, dass es fließende Übergänge und auch Übereinstimmungen zwischen den Registern gibt (vgl. Ahrenholz 2010, S. 17; vgl. auch Lange 2012, S. 127 f.).

Dennoch stellt die Beschreibung bildungssprachlicher Kompetenz nach wie vor eine besondere Herausforderung dar, weil die sprachlichen Indikatoren bzw. Merkmale, die das sprachliche Register charakterisieren, nicht hinreichend empirisch belegt sind. Sie wurden z.T. aus der angloamerikanischen Forschung (vgl. Schleppegrell 2001; Bailey/Butler 2003) für das Deutsche adaptiert und bedürfen daher noch einer empirischen Prüfung: „Einigkeit besteht auch darüber, dass die sprachlichen Merkmale der ‚Bildungssprache', oder besser die sprachlichen Mittel, derer sich der schulische Fachunterricht bedient, im Wesentlichen nicht umfassend empirisch erforscht sind" (Ahrenholz 2013, S. 87; s. dazu auch Redder et al. 2011; Berendes et al. 2013; Gantefort 2013; Hövelbrinks 2014 ; Fornol/Hövelbrinks 2019). Verwiesen wird oft auf eine unveröffentlichte Zusammenstellung von Reich (2008), die im Rahmen einer Schulung gemeinsam mit den Teilnehmer(inne)n erarbeitet wurde. Mit Bezug auf Ehlichs (2005) *Konzept der sprachlichen Basisqualifikationen* unterscheidet Reich zwischen der diskursiven, lexikalisch-semantischen und syntaktischen bildungssprachlichen Dimension. Diese Strukturierung soll im Folgenden zur Beschreibung der Merkmale des Registers von Bildungssprache herangezogen werden.

5.1 Lexikalisch-semantische und syntaktische Dimension

Insbesondere hinsichtlich der lexikalisch-semantischen und syntaktischen Merkmale von Bildungssprache wird in der Literatur immer wieder Bezug auf die unveröffentlichte Zusammenstellung von Reich genommen. Ebenso wie das Konstrukt Bildungssprache scheinen sich auch diese Merkmalszuschreibungen verselbstständigt zu haben – empirisch belegt für die deutsche Sprache sind sie bislang nicht. Hövelbrinks (2014) hat eine Übersicht der in der Literatur von deutsch- und englischsprachigen Autor(innen) angeführten bildungssprachlichen Indikatoren zusammengestellt. Dabei hat sie auch Arbeiten aus der Fachsprachenforschung miteinbezogen, „um die Übergangsfunktion der Bildungssprache zwischen Alltags- und Fachsprache(n) berücksichtigen zu können" (2014, S. 102). Ihre Übersicht wurde von uns leicht verändert übernommen und durch weitere Autor(innen) ergänzt (vgl. Abb. 18).

Autor(in), Quelle	Bezeichnung	Lexik (Semantik und Wortbildung)	Grammatik auf Satz- und Textebene
▸ Ahrenholz (2012; 2013)	▸ Bildungs-sprache	▸ seltene Konjunktio-nen ▸ trennbare Verben ▸ (unechte) reflexive Verben	▸ Passivgebrauch ▸ unpersönliche Konstruktio-nen ▸ komplexe Attribute (u.a. unter Verwendung von Partizipformen) ▸ Adverbial- und Relativsätze ▸ komplexe Prädikationen ▸ Appositionen
▸ Bailey (2006)	▸ Academic language	▸ Fachbegriffe, die Alltagsbegriffe neu besetzen ▸ Präpositionen (die je nach Kontext eine unterschiedliche Bedeutung haben) ▸ Kollokationen ▸ idiomatische Ausdrücke	▸ Passivkonstruktionen ▸ Hypotaxen ▸ Relativsätze ▸ Komparativsätze (z. B. X ist größer als Y) ▸ Konditionalsätze (z. B. wenn … dann …) ▸ Nominalphrasen
▸ Biber (1988)	▸ Literate; typical writing	▸ Nominalisierungen ▸ Konjunktionen ▸ präzise Bedeutun-gen	▸ Relativsätze u. a. verschach-telte Sätze ▸ Passiv ▸ Partizipien-Einschübe statt Nebensätze

▸ Eckhardt (2008)	▸ schulbezoge-ne Sprache	▸ viele Strukturwörter (Partikel, Artikel, Pronomen, Zahlwörter, Präpositionen, Adverbien, Konjunktionen) ▸ Fachwortschatz ▸ Komposita	▸ Passiv ▸ komplexe Sätze mit komplexer Verbstellung
▸ Feilke (2012)	▸ Bildungs-sprache	▸ fachsprachliche Ausdrücke ▸ Präpositionen ▸ Komposita ▸ Nominalisierungen ▸ konditionale und modale Adjektive und Adverbien	▸ Passivkonstruktionen ▸ komplexe Adverbiale (Präpositionaladverbiale) ▸ komplexe Attribute ▸ Partizipialattribute ▸ explizite Konnexion (z. B. konditionale und finale Konstruktionen) mit spezifischen semantischen Effekten (z. B. adversativer Konnektor) ▸ Funktionsverbgefüge ▸ Nominalisierungsverb-gefüge ▸ Modalverben ▸ Modalisierungen (z. B. Konjunktivformen, konzessive Konstruktionen)
▸ Gibbons (2006; 2010)	▸ schulisches Register; academic language	▸ Nominalisierungen ▸ hohe lexikalische Dichte durch viele Inhaltswörter	▸ nominale Gruppen ▸ viele adverbiale Bestim-mungen
▸ Gogolin et al. 2004; Gogolin/ Roth 2007; Gogolin et al. 2007	▸ Bildungs-sprache	▸ Komposita ▸ Fachwortschatz ▸ Konjunktionen ▸ hohe Dichte von Inhaltswörtern ▸ Substantivierungen ▸ Konstruktionen mit lassen	▸ Passiv ▸ Futur ▸ Konjunktiv ▸ Satzgefüge mit mehreren Teilen ▸ unpersönliche Ausdrücke ▸ Attribute

▸ Jeuk (2010)	▸ Bildungs-sprache; Schriftlichkeit	▸ verweisende Pronomen, dabei v. a. Indefinitprono-men (man, jemand etc.) ▸ Konjunktionen und Satzadverbien zur Satzverknüpfung	▸ Erzählzeit Präteritum ▸ Passiv ▸ Konjunktiv ▸ unpersönliches Subjekt (z. B. durch es) ▸ Genitivattribute ▸ Partizipialkonstruktionen ▸ Nominalstil ▸ Funktionsverbgefüge
▸ Koch/ Oesterreicher (1985, 1994)	▸ Sprache der Distanz; ▸ konzeptionel-le Schriftlich-keit	▸ Differenzierung von Präpositionen ▸ präzise Wortwahl; hohe Variation ▸ intensive Wortbil-dung inklusive Entlehnungen ▸ abstrakter Wortschatz mit konsequenten Begriffshierarchien ▸ Konjunktionen, die die logische Relation präzisieren ▸ hohe Type-Token-Relation	▸ hierarchisch komplexe Textgliederung durch explizite Gliederungsele-mente wie einerseits, schließlich, zwar ▸ indirekte Rede ▸ wohlgeformte kompakte Sätze ▸ Hypotaxen (auch mehrfa-che) mit entsprechenden Konjunktionen ▸ regularisierter Tempus- und Modusgebrauch ▸ Partizipialkonstruktionen ▸ Nominalstil
▸ Leckie-Tarry (1995)	▸ literate	▸ Fachbegriffe, die Alltagsbegriffe neu besetzen ▸ subordinierende Konnektoren ▸ mehr Wortmorpho-logie, damit präziser ▸ Komposita	▸ Hypotaxen/hierarchisierte Sätze ▸ Nominalstil, viele non-finite Verbformen (Infinitive, Parti-zipien, Gerundien) ▸ eher Präsenz (sprachabhän-gig)
▸ Leisen (1991; 2010)	▸ Unterrichts-sprache	▸ Fachwortschatz ▸ Komposita ▸ viele Derivate (z. B. Konversion und Wortkürzungen) ▸ reflexive Verben ▸ Substantivierungen	▸ infinite Verbalphrasen ▸ viel Passiv und unpersön-liche Verben ▸ Konjunktiv (v. a. Konjunktiv I) ▸ eher Präsenz ▸ Funktionsverbgefüge ▸ attributives Genitiv ▸ Konditional- und Finalsätze ▸ Relativsätze ▸ Attributreihungen

▸ Luchtenberg (1988; 1991)	▸ allgemeine Unterrichts-sprache ▸ Fachsprachen der Primar-stufe	▸ trennbare Verben (meist getrennt durch Imperative) ▸ viele schulbezogene neue Wörter ▸ Fachbegriffe (präziser als Umgangssprache) ▸ exzessive Wortbil-dung (Präfixe, Komposita und Ableitungen)	▸ viele Infinitive ▸ Passiv ▸ Nominalstil ▸ Funktionsverben ▸ komplexe Sätze ▸ Aufzählungen ▸ Attribute
▸ Maas (2010)	▸ Literate Register	▸ s. Ausbauformen auf Satz- und Textebene	▸ grundlegende Einheit: vollständiger Satz (Prädikat + Ergänzungen) ▸ Ausbauformen (chronolo-gisch): mit Adjunkt (adverbiale Bestimmungen), subordinierende Satzgefü-ge, koordinierende Satzgefüge, Attribution durch Adjektive und Relativsätze
▸ Ohm et al. (2007)	▸ Fachsprachen	▸ exakte Fachbegriffe ▸ Satzverknüpfungen mit logischen Operationen ▸ Komposita ▸ Prä- und Suffixe ▸ Fremdwörter ▸ Abkürzungen	▸ Genitivattribute ▸ Partizipialattribute, Adjektivattribute ▸ Vorgangs- und Zustandspas-siv ▸ Imperativ
▸ Ortner (2009)	▸ Bildungs-sprache	▸ Ausbauwortschatz statt nur Grundwort-schatz (z. B. Schnittpflanze statt Blume) ▸ feste Kollokationen und Phraseologis-men ▸ Fachtermini ▸ Ausdrücke für textsortenspezifi-sche Operationen (z. B. argumentieren)	▸ hohe Korrektheit in Bezug auf Satzvollständigkeit und Verbstellung ▸ komplexe Attribute ▸ breites Spektrum der Modi ▸ erweiterte Infinitiv- und Partizipialgruppen ▸ Nominalstil mit umfangrei-chen Nominalphrasen ▸ Appositionen ▸ Ellipsen ▸ Hypotaxen

▸ Projekt BiSpra (Heppt et al. 2012; Berendes et al. 2013)	▸ Bildungssprache	▸ Nominalisierungen ▸ Satzkonnektoren ▸ allgemeiner und fachspezifischer bildungssprachlicher Wortschatz	▸ Passiv ▸ längere Nominalphrasen ▸ komplexe Nebensatzgefüge ▸ erhöhte Satzlänge
▸ Quehl/Scheffler (2008)	▸ Sprache der Schule	▸ Komposita ▸ unbestimmtes man ▸ trennbare Verben, deren Vorsilben die Bedeutung verändern ▸ rückverweisende Pronomen ▸ Nominalisierungen ▸ reflexive Verben ▸ Konjunktionen und adverbiale Ersatzformen	▸ Passiv ▸ Bedingungssätze ▸ Relativsätze ▸ Verben + Präpositionen ▸ Inversion
▸ Reich (2008)	▸ Bildungssprache	▸ Begriffe der Allgemeinsprache ▸ Ausdrücke der „gehobenen" Sprache: differenzierende und abstrahierende Ausdrücke ▸ Präfixverben, darunter viele mit untrennbarem Präfix und mit Reflexivpronomen ▸ nominale Zusammensetzungen ▸ normierte Fachbegriffe	▸ explizite Markierungen der Kohäsion ▸ Satzgefüge (Konjunktionalsätze, Relativsätze, erweiterte Infinitive) ▸ unpersönliche Konstruktionen (Passiv-Sätze, man-Sätze, ist-zu-Sätze, Sätze mit reflexivem Verb) ▸ Funktionalverbgefüge (z. B. zur Explosion bringen, einer Prüfung unterziehen) ▸ umfängliche Attribute (z. B. die nach oben offene Richter-Skala, der sich daraus ergebende Schluss)
▸ Rincke (2010)	▸ Fachsprachen	▸ exklusives Vokabular (Begriffe sind durch domänenspezifische Bedeutungen gekennzeichnet) ▸ substantivierte Infinitive	▸ Funktionsverbgefüge (z. B. Arbeit verrichten, Anwendung finden) ▸ Nominalisierungsgruppen (z. B. die Ermittlung der Wertepaare)

		▸ Adjektive auf -bar, -los, -reich, -arm, -fest ▸ Adjektiv mit Präfix (z. B. antistatisch) ▸ mehrgliedrige Komposita (z. B. Lochblende) ▸ Komposita mit Ziffern, Buchstaben oder Sonderzeichen (z. B. 47-Ohm-Wider-stand) ▸ Mehrwortkomplexe (z. B. Differenzver-stärker mit hochohmigen Eingangswiderstand) ▸ Wortbildungen mit Eigenamen (z. B. Lorentzkraft) ▸ fachspezifische Akronyme (z. B. CNO-Zyklus)	▸ Satzglieder anstelle von Gliedsätzen (z. B. nach Durchführung der Messung) ▸ komplexe Attribute statt Attributsätze (z. B. der auf der Fahrbahn reibungsfrei gleitende Wagen) ▸ unpersönlicher Stil (z. B. man-Form oder Passiv)
▸ Roelcke (2010)	▸ Fachsprachen	▸ Komposita ▸ Derivata (z. B. spezifische Pluralformen und Konversionen) ▸ Konnektoren/ Satzadverbien zur Kohäsion ▸ reflexive Verben	▸ eher Präsens ▸ komplexe Attribute ▸ Präpositionalkonstruktion ▸ Funktionsverbgefüge ▸ Nebensätze (v. a. final und konditional) ▸ Genitiv, dafür wenig Dativ und Akkusativ ▸ Passiv
▸ Rösch (2005; 2009)	▸ Unterrichts-sprache; subject related language	▸ Komposita ▸ Wortbildung mit Prä- und Suffixen	▸ Nominalstil/Deverbalisation ▸ unpersönliche Ausdrücke durch Passiv, reflexive Verben und Infinitive
▸ Schleppegrell (2001; 2004)	▸ language of schooling; academic language; ▸ register of schooling	▸ spezifische, technische Begriffe (bzw. specific, technical dense) ▸ Nominalisierungen ▸ Konjunktionen mit engen Bedeutungs-relationen	▸ Attributionen in der Nominalphrase ▸ Relativsätze ▸ Präpositionalphrasen ▸ hierarchisch eingebettete Sätze

▸ Schmölzer-Eibinger (2011; 2013; Schmölzer-Eibinger et al. 2013b)	▸ Schulsprache; Sprache der Schule	▸ Fremdwörter ▸ Fachbegriffe (z. B. Atome, Edelgase) ▸ Komposita (z. B. die Ionenbindung) ▸ Nominalisierungen (z. B. das Bestreben) ▸ viele Abstrakta (z. B. Atome, Edelgase) ▸ komplexe Attribute (z. B. edelgasähnliche Elektronenhülle) ▸ hohe lexikalische Dichte ▸ Verzicht auf Redundanzen	▸ komplexe syntaktische Strukturen (lange Sätze, viele Nebensätze) ▸ Passivkonstruktionen ▸ Funktionsverbgefüge ▸ unpersönliche Ausdrücke
▸ Steinmüller/Scharnhorst (1987)	▸ Fachsprachen	▸ Komposita ▸ Präfixe ▸ Fachbegriffe	▸ unpersönliche Satzstrukturen (Passiv, Ausdrücke mit es und man) ▸ Relativsätze ▸ präzisierte Nominalphrasen (z. B. durch Adjektivattribute)

Abb. 18: Übersicht über Merkmale von Bildungssprache (in Anlehnung an Hövelbrinks 2014, S. 104 ff.)

Bislang erfolgte bei der Analyse und Bestimmung bildungssprachlicher Mittel ein starker Fokus auf Sachtexte bzw. naturwissenschaftliche Unterrichtsinhalte. Weniger Berücksichtigung fand das Konstrukt Bildungssprache jedoch im Hinblick auf literarische Texte. So kritisiert Steinbrenner (2018) eine bislang fehlende ästhetische Dimension von Bildungssprache und ist der Ansicht, dass die gängigen Definitionen die Literatur und ihre Sprachlichkeit nicht berücksichtigen. Dies wäre jedoch wichtig, da Sachtexte sowie literarische Texte andere (bildungssprachliche) Merkmale bzw. Ausdrucksformen umfassen. So finden sich in literarischen Texten weniger Fachbegriffe. Dies bedeutet allerdings nicht, dass keine herausfordernde Lexik vorhanden ist. Ausdrücke wie missmutig, trotten, lebhaft oder Gestalt begegnen Lernenden in der Regel nicht in ihrem Alltag – in der Literatur kommen sie dagegen durchaus vor. Gleichzeitig muss oft Welt- und Erfahrungswissen herangezogen werden, um sich Informationen zwischen den Zeilen zu erschließen und Verbindungen herzustellen (vgl. Kapitel 7.5). Somit hält Steinbrenner ein weiteres außer Acht lassen der ästhetischen Dimension von Bildungssprache für fatal, denn

Literatur spielt eine wesentliche Rolle für den Erwerb von Literalität und mithin auch für den Erwerb von Bildungssprache. Vor allem Literatur bietet ästhetische Zugänge für Literalität und diese sind besonders für Kinder aus schriftfernen Milieus und für Kinder mit Deutsch als Zweitsprache von zentraler Bedeutung, damit sie Bildungssprache nicht einseitig als starres, von außen gesetztes Konstrukt erfahren. Für viele Kinder ist gerade die Schule ein wichtiger Ort, der solche ästhetischen Zugänge entwickeln kann und muss (2018, 15).

Auch Wildemann (2018) kritisiert, dass es bislang noch nahezu keine Erkenntnisse zur „(Bildungs-)Sprachlichkeit des Literaturunterrichts" gibt (2018, 23) und arbeitet die Verwobenheit von lyrischer Sprache und Bildungssprache heraus, indem sie aufzeigt, dass Merkmale wie sprachliche Abstraktheit, Verdichtung sowie sprachliche Strukturiertheit nicht nur für Bildungssprache, sondern auch für das Lyrische zutreffend sind. Auf Grund der erheblichen Forschungslücken in diesem Bereich werden nachfolgend vornehmlich Forschungsergebnisse zu den in der Tabelle (vgl. Abb. 18) angeführten sprachlichen Mitteln dargestellt. Erste empirische Zugänge zur Beschreibung literaler bildungssprachlicher Fähigkeiten lassen sich jedoch für das medial Mündliche bei Beckert/Juska-Bacher 2015 und Juska-Bacher/Beckert 2015 sowie für das medial Schriftliche bei Budumlu et al. 2018 und Budumlu et al. 2020 nachlesen. Wie bereits erwähnt, sind die Indikatoren nur vereinzelt für den deutschsprachigen Raum empirisch belegt. Vielfach wurden sie aus der angloamerikanischen Forschung adaptiert. Biber (1988) untersuchte in seiner Studie 481 Texte verschiedener Textsorten hinsichtlich lexikalischer und morphosyntaktischer Merkmale. Mittels einer Faktorenanalyse identifizierte er sechs Dimensionen der sprachlichen Mittel, die er als ”textual dimensions in speech and writing" (1988, S. 101) bezeichnet. Deutlich wird dabei die Tatsache „that there is no simple correspondance between speaking/writing and oral/literate characteristics" (ebd., S. 45), da auch medial mündliche Texte von Schriftlichkeit geprägt sein können und medial schriftliche Texte – Biber führt hier persönliche Briefe als Beispiel an – auch Ausdrucksmittel enthalten können, die typisch für mündliche Kommunikationssituationen sind (vgl. das Modell von Koch/Oesterreicher in Kap. 4.3). Die von Biber ermittelten sechs Dimensionen lassen sich hinsichtlich sprachlicher Mittel konzeptioneller Schriftlichkeit charakterisieren (vgl. Abb. 19).

Dimension	Funktion	Sprachliche Mittel
Dimension 1	Inhaltliche Dichte	abwechslungsreicher, reichhaltiger Wortschatz / Nominal- und Präpositionalphrasen / Komposita
Dimension 2	Sachlicher Ausdruck	Präsens; wenig belebte Referenten; Verben vorwiegend im Imperativ oder Infinitiv; Passiv; Adjektivattribute; Nominalstil
Dimension 3	Explizitheit	Relativ- und Adverbialsätze / Koordinierende Konjunktionen / Nominalisierungen / Adverbien

Dimension 4	Überzeugender Ausdruck	Konditionalsätze / Modalverben / Konjunktiv I und II direkte Anrede des Adressaten/der Adressatin; rhetorische Fragen
Dimension 5	Abstraktion	Verben mit unbelebtem Agens / (abstrakte) Fachbegriffe / Passiv / Partizipialergänzungen
Dimension 6	Informierender Ausdruck	Relativsätze, Konditionalsätze, Finalsätze usw., durch die Informationen, Meinungen oder Aussagen transportiert werden

Abb. 19: Charakterisierung der sechs Dimensionen nach Biber (1988); eigene Zusammenstellung

Biber konnte durch seine Analyse aufzeigen, dass ein Text nicht nur dadurch beeinflusst wird, ob er medial mündlich oder schriftlich vorliegt, sondern dass insbesondere der Zweck bzw. die Funktion des Textes eine Rolle bei der Wahl der sprachlichen Mittel spielt. Darauf bezugnehmend konstatiert Schleppegrell mit Blick auf das schulische Register: „To understand the demands that schooling makes on students, we need to understand and acknowledge the linguistic challenges of school-based language" (2001, S. 436). Schleppegrell arbeitete sprachliche Indikatoren des schulischen Registers aus der Perspektive der Funktionalen Linguistik heraus. Dafür analysierte sie sowohl Texte aus Schulbüchern als auch Texte, die von Schüler(inne)n verfasst wurden, und extrahierte unter Rückgriff auf Halliday (1978) ihre charakteristischen sprachlichen Mittel im kontextuellen Gebrauch (vgl. Abb. 20).

Kontext	Funktion	Grammatikalische Mittel
Aufzeigen von Wissen	Ideationale Metafunktion (Erkenntnisfunktion)	Nominalstil mit spezifischen und abstrakten Fachbegriffen zur Demonstration des fachlichen Wissens
		Herstellen von logischen Verknüpfungen durch Nomen, Verben und Präpositionen anstelle von Konjunktionen
Distanziertes Verhältnis zum Kommunikationspartner	Interpersonale Metafunktion (Handlungsfunktion)	Deklarativer Modus und Verwendung von Modalverben, um Zustimmung oder Ablehnung sachlich konkret mitteilen zu können
		Indirekte Vermittlung von Einstellungen
Strukturiertheit des Textes	Textuelle Metafunktion (Strukturierende Funktion)	Verwendung kohäsiver Mittel zur Herstellung von Textkohärenz
		Übereinstimmung der inneren wie äußeren Struktur des Textes (bekannte Information am Satzanfang, neue Information am Satzende)
		Verdichtung der Inhalte durch Nominalisierungen und Nominalphrasen

Abb. 20: Sprachliche Indikatoren von Bildungssprache in Anlehnung an Schleppegrell (2004, S. 74)

Auch die Forschergruppe um die Bildungsforscherin Bailey (2007) des *National Center for Research on Evaluation, Standards, and Student Testing (CRESST)* widmete sich dem akademischen Sprachregister im Rahmen verschiedener Untersuchungen. Sie identifizieren u. a. mittels Schulbuchanalysen die folgenden sprachlichen Phänomene als Indikatoren der *Academic Language:*

► Fachbegriffe, die Alltagsbegriffe neu besetzen und/oder fachspezifisch sind,
► Präpositionen, die je nach Kontext eine unterschiedliche Bedeutung haben,
► Nominalisierungen,
► Satzkonnektoren,
► Kollokationen,
► idiomatische Ausdrücke,
► Passivkonstruktionen,
► Partizipialkonstruktionen,
► Hypotaxen,
► Relativsätze,
► Komparativsätze (z. B. X ist größer als Y),
► Konditionalsätze (z. B. wenn ... dann ...),
► Nominalphrasen,
► Präpositionalphrasen (vgl. Bailey et al. 2007, S. 127 ff.).

Die ersten empirischen Ansätze in Deutschland hinsichtlich der Erforschung bildungssprachlicher Indikatoren wurden in dem Projekt *Bilinguale Schule* von Gogolin et al. (2007) unternommen. Es handelte sich um die wissenschaftliche Begleitung eines Schulversuchs zur Förderung der Zweisprachigkeit. Ziel war die Erprobung eines Modells bilingualen Unterrichts. Kinder mit monolingualen wie bilingualen Spracherfahrungen sollten die Möglichkeit erhalten „vom ersten Schultag an gemeinsam in zwei Sprachen zu lernen und bikulturelle Erfahrungen zu machen. Sie sollen die Sprachen mündlich und schriftlich auf möglichst hohem Niveau entwickeln und auch fachsprachliche Kenntnisse im Rahmen des Sachunterrichts erwerben" (Gogolin et al. 2007, S. i). Für den Schulversuch sollten italienisch-deutsche, portugiesisch- bzw. spanisch-deutsche und türkisch-deutsche Modellklassen zusammengestellt werden. Vorgesehen war, dass 50 Prozent der teilnehmenden Schüler(innen) einsprachig deutsch und die übrigen 50 Prozent innerhalb der Familie zweisprachig in der jeweiligen Partnersprache aufgewachsen sind. Die reale Situation war jedoch eine andere. Insgesamt fanden sich vier Sprachgruppen: A einsprachig deutsche Kinder; B in der Partnersprache einsprachige Kinder; C in einer anderen Familiensprache zweisprachige Kinder; D in Deutsch und der Partnersprache zweisprachige Kinder.

In jedem der vier Schuljahre fanden Erhebungen statt. In der ersten Klasse wurden am Beginn und am Ende des Schuljahres je zwei mündliche Sprachproben in der deutschen Sprache und der Partnersprache erhoben. Impulse dafür lieferten farbige Bilder bzw. Bildergeschichten. Am Ende der zweiten und dritten Jahrgangsstufe wurde jeweils eine mündliche Sprachprobe zu verschiedenen Impulsen in beiden Sprachen erhoben. In der vierten Klasse wurden zu acht farbigen Sachabbildungen sowie einer Zeichnung weitere neun Sprachproben erhoben. Auch im schriftlichen Bereich fanden in jedem Schuljahr Erhebungen statt. In der ersten Jahrgangsstufe wurden die Verfahren *Das leere Blatt* (Dehn 1988), der *Emblemtest* (Richter/Brügelmann 1994), das *Buchstabendiktat* (Hüttis-Graff 1996) und der *Sofa-Test* (Dehn 1988) durchgeführt. Im zweiten Schuljahr verfassten die Kinder eine freie Schreibprobe zu einer aus der ersten Klasse bekannten Bildergeschichte. Die Auswertung dieser bezog sich auf die Textlänge und -komplexität sowie Fehler im Bereich Orthografie und Grammatik und einer vertiefenden Analyse des Wortschatzes, der Satzergänzungen und -verbindungen, Textkohärenz und Hinweise literarischer Vorkenntnisse. Im dritten Schuljahr füllten die Schüler(innen) einen *Cloze-Test* (Lückentext) aus und erhielten die Aufgabe, den Schluss einer Geschichte zu verfassen.

Cloze-Test (C-Test)

Der *Cloze-Test* oder in abgekürzter Form auch *C-Test* genannt, ist ein Lückentext, mit dem der allgemeine Sprachstand in einer Sprache erfasst werden kann (vgl. Baur/Spettmann 2007). Er besteht in der Regel aus drei oder vier kurzen Texten, die systematisch „beschädigt" und dadurch in Lückentexte umgeformt wurden. So wird bei jedem dritten Wort etwa die Hälfte der Buchstaben entfernt. Jeder Text erhält so etwa 10 bis 20 Lücken, die ergänzt werden müssen. Dafür ist pro Text eine Bearbeitungszeit von fünf Minuten vorgesehen. Der erste und der letzte Satz eines Textes bleiben erhalten, damit für die Testperson ein Gesamtzusammenhang erkennbar und eine Orientierungsmöglichkeit gegeben ist. Bei einem *C-Test* wird die allgemeine Sprachfähigkeit insbesondere hinsichtlich der Lesekompetenz und des Grads des Textverständnisses ermittelt. Zudem können rudimentäre Hinweise auf orthografisch-morphologische Fertigkeiten festgestellt werden. Die Schreibfertigkeit kann durch einen solchen Lückentext nicht erfasst werden.

Im vierten Schuljahr bestanden die schriftlichen Sprachproben in Tests zur Leistungsmessung im Bereich *Mathematik* und *Leseverstehen* der *IGLU*-Studie (2003) sowie *KESS*-Studie (2005). Die Tests für das *Leseverständnis* fanden in beiden Sprachen statt, während die Mathematikaufgaben nur auf Deutsch gestellt wurden. Im ersten und im vierten Schuljahr wurde ein standardisierter Fragebogen an die Eltern herausgegeben. Sie mussten darin Sozialdaten angeben, aber auch Auskünfte über ihre Sprachkenntnisse und den Sprachgebrauch des Kindes bzw. in der Familie machen. Zudem sollten sie Gründe für ihre Schulwahl angeben. Mit den Lehrkräften wurden zu Beginn des Schulversuchs Leitfadeninterviews geführt und auch sie mussten einen standardisierten Fragebogen ausfüllen. Dieser enthielt Fragen nach der Ausbildung und der Berufserfahrung, den eigenen Sprachkenntnissen, Unterrichtszielen und -methoden sowie der persönlichen Einstellung zum Modell der bilingualen Klassen. In jedem Schuljahr wurden außerdem durchgängig an drei Tagen Unterrichtsbeobachtungen in den Modellklassen durchgeführt (vgl. Gogolin et al. 2007, S. 4 ff.).

Das Modell der bilingualen Erziehung beinhaltete das didaktische Konzept der koordinierten Alphabetisierung, d. h., dass der Schriftspracherwerb sowohl in der deutschen als auch in der Partnersprache erfolgen sollte. Der Sachunterricht wurde zunächst in der deutschen Sprache, später auch in der Partnersprache erteilt. Die übrigen Fächer wurden in der deutschen Sprache unterrichtet. Hinsichtlich der Ergebnisse des Schulversuches sollen im Folgenden die Analysen hinsichtlich der allgemein- und bildungssprachlichen Fähigkeiten der Kinder dargestellt werden. Bezüglich der Kompetenzen in der Alltagssprache zeigten sich ungleiche Eingangsvoraussetzungen der Schüler(innen), die sich auch im Verlauf der vier Schuljahre nicht ausgleichen ließen. Beispielhaft sollen dafür die Ergebnisse der Analyse des verbal mündlichen Wortschatzes herangezogen werden. Der Vergleich zwischen der ersten und vierten Klasse zeigt, dass die Kinder ähnlich viele Verben verwenden, nämlich durchschnittlich 36 im ersten und 41 im vierten Schuljahr. Zu bedenken ist dabei, dass für die erste Klasse zwei und für die vierte Klasse neun Sprachproben vorliegen, von denen zwei für die Gegenüberstellung ausgewählt wurden. Es liegen also keine vergleichbaren Erhebungsbedingungen vor, „das vorliegende Ergebnis stellt eine tendenzielle Unterschätzung dar" (Gogolin et al. 2007, S. 52). Besonders für Kinder, die bereits nach der ersten Klasse gute Sprachkompetenzen entwickelt haben, erweist sich der Umfang des verbalen Wortschatzes im Deutschen als nicht aussagekräftig, es besteht lediglich eine schwache signifikante Korrelation (r=.27, p<0,05). Anders sieht es bei der Partnersprache aus, bei der ein hoher Zusammenhang besteht (r=.73, p<.0.01). Dies lässt sich anhand der einzelnen Gruppen verdeutlichen:

> So gibt es für die Kinder, die mit altersgemäßen Deutschkenntnissen eingeschult wurden (Gruppen A, C und D) im Deutschen keine erkennbaren Zusammenhänge: Für die Gruppen A und D werden lediglich jeweils 8 % der Varianz erklärt. Für die Gruppe C sind es 20 %, aber in negativer Richtung, d. h., dass die Kinder mit einem umfangreicheren verbalen Wortschatz im ersten Schuljahr im vierten tendenziell sogar weniger Verben verwenden. Ein ganz deutlich positiver Zusammenhang ergibt sich nur für die Gruppe B, also die Kinder, die ohne Deutschkenntnisse eingeschult wurden. Hier werden 80 % der Varianz erklärt. (ebd.)

Zwar sollten Effekte der individuellen Lernbedingungen, kognitiver Grundfähigkeiten oder Motivation der Kinder, die bei der Evaluation nicht berücksichtigt wurden, nicht als mögliche Einflussfaktoren ausgeschlossen werden. Die vorliegenden Ergebnisse zeigen aber dennoch Tendenzen dahingehend auf, dass die ersten Bildungserfahrungen in der Zweitsprache Deutsch von besonderer Bedeutung sind:

> Kinder, die nach einem Jahr Deutschlernen in der bilingualen Schule bereits viele Verben verwenden, steigern sich auch entsprechend bis zum Ende des vierten Schuljahres – hingegen weisen Kinder mit geringen Werten am Ende des ersten Schuljahres auch am Ende der vierten Klasse noch einen vergleichsweise niedrigen verbalen Wortschatz auf. (ebd.)

Gogolin et al. verweisen jedoch darauf, dass diese Ergebnisse anhand einer größeren Stichprobe und unter Einbezug der erwähnten Kontrollvariablen weiter abgesichert werden müssen. Zuwächse bei der quantitativen Entwicklung in der deutschen Sprache und der Partnersprache lassen sich vor allem bei den Gruppen C (zweisprachig mit anderer Familiensprache) und D (zweisprachig Deutsch/ Partnersprache) feststellen. Die Gruppe B[11] (einsprachig Partnersprache) zeigt dagegen im vierten Schuljahr niedrigere Werte in der deutschen Sprache, jedoch einen erfreulichen Anstieg in der Partnersprache auf (vgl. Abb. 21).

Verbaler Wortschatz im Schuljahresvergleich		*Deutsch*		*Partnersprache*	
		1. Schuljahr	**4. Schuljahr**	**1. Schuljahr**	**4. Schuljahr**
A = einsprachig Deutsch	MW	40,99	41,28	0,29	8,95
	SD	33,68	17,28	1,05	8,59
B = einsprachig Partnersprache	MW	23,75	21,50	15,38	24,50
	SD	18,45	8,06	6,06	22,94
C = zweispr. mit anderer Familiensprache	MW	23,21	41,00	2,57	12,14
	SD	11,59	16,97	3,26	10,67
D = zweispr. Deutsch-Partnersprache	MW	34,11	43,29	21,18	35,19
	SD	19,23	16,83	8,33	23,45
Insgesamt	MW	35,97	41,05	9,23	20,04
	SD	27,12	17,12	11,34	20,61

Abb. 21: Vergleich des verbalen Wortschatzes im ersten und vierten Schuljahr (Gogolin et al. 2007, S. 53)

Gogolin und Roth (2007) bezeichnen das Ergebnis hinsichtlich des verbalen Wortschatzes als stellvertretend für das Gesamtresultat des Schulversuchs: Hinsichtlich der Sprachkompetenzen im Deutschen haben sich die Kenntnisse bei den einsprachig deutschen und mit einer Partnersprache zweisprachig eingeschulten Schüler(inne)n einigermaßen angeglichen. Die jeweils lebensweltlich vorhandenen Sprachen der Kinder konnten nicht vollkommen ausgeglichen werden. Diejenigen Kinder, die ohne Deutschkenntnisse eingeschult wurden, konnten den Kenntnisstand der übrigen drei Gruppen nicht erreichen. Diejenigen Kinder, die ohne lebensweltlichen Gebrauch der Partnersprache teilgenommen haben, erreichten wiederum den Kenntnisstand der bilingualen Schüler(innen) nicht. Interessant ist der Befund der mit neun Kindern jedoch relativ kleinen Gruppe C (zweisprachig mit anderer Familiensprache). Sie konnten in der ihnen zuvor unbekannten Partnersprache bessere Werte als die einsprachig deutschen Kinder erreichen. Im Deutschen erzielten sie außerdem bessere Ergebnisse als alle anderen Gruppen. Dadurch konnte aufgezeigt werden, dass Bilingualität keine benachteiligende Voraussetzung für Schüler(innen) darstellt. Die Befunde bestätigen außerdem die Er-

---

[11] Es handelt sich hier nur noch um vier Kinder, die von der ersten bis vierten Klasse an allen Erhebungen teilgenommen haben.

gebnisse internationaler Forschung, die besagen, dass der Zweitspracherwerb mit vier bis sechs Jahren länger andauert als die Grundschulzeit (vgl. Gogolin/ Roth 2007, S. 39 f.).

Hinsichtlich der bildungssprachlichen Kompetenzen wurden die mündlichen Sprachproben der Schüler(innen) auf die folgenden Phänomene hin untersucht: Passiv, unpersönliche Ausdrücke, Konjunktiv, Konstruktionen mit lassen, Substantivierungen, Komposita, Attribute. Die Forschergruppe konnte im Hinblick auf die Verteilung der sprachlichen Phänomene keine signifikanten Unterschiede zwischen den Gruppen feststellen. Lediglich die Kinder der Gruppe B verwendeten seltener Komposita als die Schüler(innen) der anderen Gruppen. Zur Ermittlung der Möglichkeit empirisch nachweisbarer Phänomene von Bildungssprache wurde anschließend eine Faktorenanalyse durchgeführt. Dabei wurden vier Komponenten ermittelt, wobei die vierte mit dem Faktor *Konstruktionen mit lassen* aufgrund geringer Fallzahlen nicht weiter berücksichtigt wurde (vgl. Abb. 22).

Umgangssprachlicher Modus	Akademischer Modus	Elaborierter Modus
Attribute	Substantivierungen	Konjunktiv
hochfrequente Verwendung sprechsprachlicher Floskeln	Komposita	Passiv
umgangssprachliche Wendungen	hochfrequenter Einsatz von Verben	
Tendenz zur Verwendung von Satzgefügen	hochfrequenter Einsatz von unpersönlichen Ausdrücken	
Abstraktionsleistungen werden erkennbar	hochfrequenter Einsatz von Konnektoren	
unpersönliche Ausdrücke werden in geringem Umfang verwendet		

Abb. 22: Ermittelte Komponenten zur Beschreibung von Bildungssprache aus dem Hamburger Modellversuch (Gogolin et al. 2007, S. 59)

Für den umgangssprachlichen und elaborierten Modus lassen sich zwischen den Gruppen keine Unterschiede feststellen, jedoch besteht ein signifikanter Unterschied beim akademischen Modus, da die Gruppe B (einsprachig Partnersprache) sich im Vergleich zu den anderen drei Gruppen als deutlich weniger weit entwickelt erweist. Die Betrachtung der Verteilung der Modi zeigt, dass die einsprachig deutsch eingeschulten Kinder über einen geringen Vorsprung verfügen, da nur hier der akademische Modus dominierend ist. Ein signifikanter Unterschied hinsichtlich des akademischen Modus zeigt sich nur zwischen ihnen und den Schüler(inne)n der Gruppe B (vgl. Abb. 23).

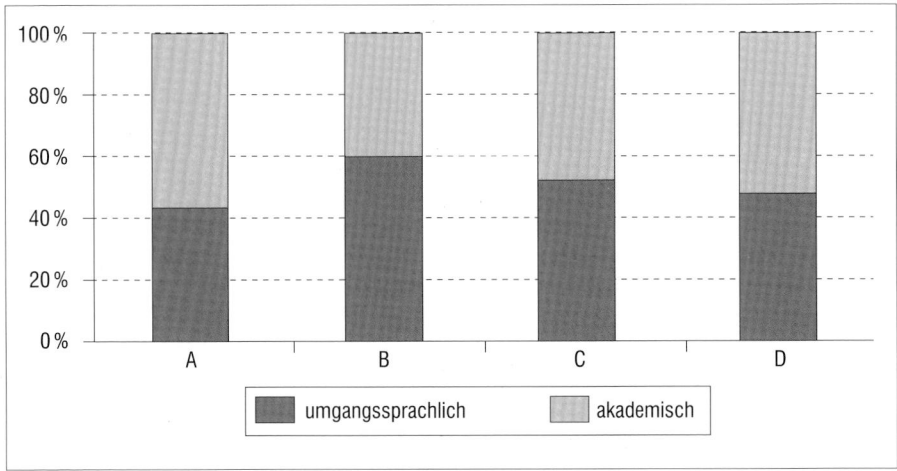

Abb. 23: Verteilung der Sprachstile in den Gruppen (Gogolin et al. 2007, S. 60)

Zusammenhänge zwischen dem Sprachmodus der Kinder und dem Bildungs-
grad sowie der Sprachpraxis der Eltern konnten nicht festgestellt werden. Die
Unterschiede scheinen laut Forschergruppe im noch nicht abgeschlossenen Erwerb der Zweitsprache zu liegen. Nachgewiesen werden konnten außerdem Beziehungen zu den Ergebnissen der Leistungstests: „Es bestehen signifikante Zusammenhänge auf dem 0,01-Niveau zwischen dem akademischen Sprachmodus
und den Ergebnissen im Lesen wie auch in der Mathematik. Hingegen bestehen
keine Zusammenhänge in diesen Leistungsbereichen mit dem umgangssprachlichen Modus" (Gogolin et al. 2007, S. 61). Aufgrund der geringen Fallzahlen
kann auch hier nur von Tendenzen gesprochen werden. Jedoch ist festzuhalten,
dass mit dem Schulversuch *Bilinguale Schule* ein erster Nachweis für die Bedeutung von Bildungssprache für die Leistungsentwicklung der Schüler(innen) im
deutschsprachigen Raum erbracht wurde.

Insbesondere mit der Diagnostik bildungssprachlicher Kompetenzen beschäftigt sich die vom *BMBF* geförderte *Forschungsinitiative Sprachdiagnostik und
Sprachförderung (FISS)*, deren beiden Teilprojekte im Folgenden vorgestellt werden. Das linguistische Teilprojekt des Verbundprojekts *Bildungssprachliche Kompetenzen. Anforderungen, Sprachbearbeitung und Diagnostik (BiSpra)* entwickelt
ein Diagnoseinstrument zur Erfassung von bildungssprachlichen Fähigkeiten
bei Viert- und Fünfklässler(inne)n. Die Forschergruppe fokussiert dabei vor allem Fähigkeiten im Bereich der Alltäglichen Wissenschaftssprache als Teil von
Bildungssprache (vgl. Kap. 4.3). Mit dem entwickelten Instrument sollen Ver-
stehensleistungen von Schüler(inne)n durch ein Multiple-Choice-Testformat
erfasst werden. Grundlage für die Entwicklung waren Schulbuchtexte und Unterrichtsmaterialien der Sach- und Gesellschaftskunde sowie des naturwissenschaftlichen Unterrichts der Jahrgangsstufen 4 bis 5.

Aus den Texten wurden Ausdrücke und Phrasen ausgewählt, die der Alltäglichen Wissenschaftssprache zuzuordnen sind, weil sie in ihrer Bedeutung von der Alltagssprache verändernd oder erweiternd abweichen oder weil der symbolische Anteil des Ausdrucks durch operative Prozeduren (z. B. Präfixe) so weit verändert wurde, dass eine Umorganisation des sprachlichen Wissens erforderlich ist, um die Bedeutung des Ausdrucks zu erfassen (Uesseler et al. 2013, S. 54).

Die ausgewählten Ausdrücke wurden anschließend unterschiedlichen Schwierigkeitsstufen zugeordnet. Als bekannt und damit der niedrigsten Schwierigkeitsstufe zuzuordnen waren Begriffe wie *Sonnenstrahl,* deren einzelne Elemente sich bei der Zusammensetzung nicht verändern. Im mittleren Bereich ordnete die Forschergruppe Ausdrücke ein, deren Bedeutung sich leicht ableiten lässt, auch wenn der Begriff an sich unbekannt ist (z. B. befestigen). Als eher schwierig wurden Begriffe betrachtet, die den Lernenden aus dem Alltag bekannt sind, aber eine andere Bedeutung im fachlichen Kontext erhalten (z. B. eintreten). Dies kann auch durch eine Präfigierung erfolgen (z. B. entsprechen). Da insbesondere präfigierte Verben als Hürde der Alltäglichen Wissenschaftssprache angesehen werden, bestand etwa 70 Prozent des Itempools aus Präfix- und Partikelverben mit Reflexionspronomen und Funktionsverbgefügen. In Bezug auf die Substantive wurden Komposita und Derivationen ausgewählt. Die einzelnen Items wurden so konstruiert, dass eine Leerstelle in einem Satz ergänzt werden musste. Dafür standen den Schüler(inne)n vier Lösungsvorschläge zur Verfügung (vgl. Abb. 24). Der Aufbau der Items war möglichst einheitlich, um eine vergleichbare Schwierigkeit zu gewährleisten (vgl. ebd., S. 55 f.).

Die Pilotierung der ersten Testkonstruktion ergab sowohl in der vierten wie auch der fünften Jahrgangsstufe, einen signifikanten Unterschied zwischen ein- und mehrsprachigen Lernenden bei der Zahl der richtigen Antworten:

In Jgst. 4 lösen mehrsprachige SchülerInnen im Durchschnitt 13 von 102 Items weniger als ihre einsprachigen MitschülerInnen und liegen damit 13 Prozentpunkte unter der Anzahl der richtigen Antworten der einsprachigen SchülerInnen. Auch in der Jgst. 5 macht sich der Unterschied in der Anzahl der richtigen Lösungen zwischen SchülerInnen mit und ohne Migrationshinweis mit 10 Prozentpunkten Differenz immer noch bemerkbar. (Uesseler et al. 2013, S. 60 f.)

In den vierten Klassen zeigt sich außerdem ein signifikanter Unterschied zwischen Kindern aus bildungsnahen und bildungsfernen Elternhäusern, der durch die Anzahl der Bücher im Haushalt ermittelt wurde. Schüler(innen), in deren Elternhaushalt mehr als 20 Bücher existieren, schneiden signifikant besser ab als diejenigen, deren Eltern weniger als 20 Bücher besitzen. Zwischen den Geschlechtern zeigen sich keine signifikanten Unterschiede. Uesseler et al. konnten durch die Verwendung zweier Testteile außerdem nachweisen, dass ein Zusammenhang „zwischen den schülerseitigen Fähigkeiten im Bereich der Verbstämme und de-

---

B1

Forscher versuchten herauszufinden, in ——————— ——————— die Dinosaurier ausgestorben sind.
- ○ welcher Reihenfolge
- ○ welchem Durchlauf
- ○ welcher Rangfolge
- ○ welcher Reihenwirkung

- -

B2

Die Sauerstoffproduktion ——————— allerdings nur ein, wenn es Tag ist. In der Nacht kann die Pflanze keinen Sauerstoff herstellen, weil sie dafür das Sonnenlicht braucht.
- ○ geht
- ○ beginnt
- ○ tritt
- ○ wandert

- -

B3

Anders ist es bei Großkatzen wie Löwen. Sie ——————— sich zu größeren Gruppen zusammen, um gemeinsam zu jagen und die Jungen großzuziehen.
- ○ verbinden
- ○ schließen
- ○ kommen
- ○ fügen

Abb. 24: Beispiel für Testitems (Uesseler et al. 2013, S. 56 f.)

nen im Bereich der Präfixe, Präpositionen und Partikel" (2013, S. 64) besteht. Die Forschergruppe weist darauf hin, dass die Ergebnisse nur erste Tendenzen darstellen und weiter abgesichert werden müssen. Sie wollen insbesondere noch ermitteln, welchen Einfluss der sozioökonomische Status auf die Fähigkeiten in der alltäglichen Wissenschaftssprache hat und die Items validieren.

Ebenfalls im Rahmen des oben angeführten Teilprojekts ist ein Beitrag von Runge (2013) entstanden. Darin wird die Nutzung bildungssprachlicher Verben in naturwissenschaftlichen Aufgabenstellungen bei Schüler(inne)n der vierten und fünften Jahrgangsstufe fokussiert. Im Rahmen einer experimentellen Einzelerhebung wurde den Lernenden ein Videoclip zum Thema *Stromkreis* gezeigt, der darstellt, wie man mittels eines einfachen Stromkreises eine Lampe bauen kann. Den Schüler(inne)n wurde anschließend folgende Frage gestellt: „Wie kann man sich selbst eine Lampe bauen?". Ihre sprachlichen Realisierungen wurden videografiert und anschließend transkribiert. Für die Datenauswertung wurden aus der Gesamtstichprobe (n=242) 80 Schüler(innen) nach Schultyp, Geschlecht und Sprachhintergrund ausgewählt. Die Analyse einer einzelnen Filmsequenz zeigte, dass die Schüler(innen) bei der Verbalisierung neben einzelnen spezifischen Verben (z. B. wickeln, stecken, binden) sowie Passepartout-Verben (z. B. machen) auch Präfix- und Partikelverben verwendeten. Der Vergleich der Geschlechter zeigte, dass Jungen wesentlich häufiger Verben verwenden, „die sich nicht nur auf die konkrete Handlung beziehen, sondern auch auf das dahinterliegende Konzept wie *anschließen, verbinden*" (Runge 2013, S. 168; Hervorhebung im Original). Mädchen nutzen häufiger das Passe-Partout-Wort machen (vgl. Abb. 25).

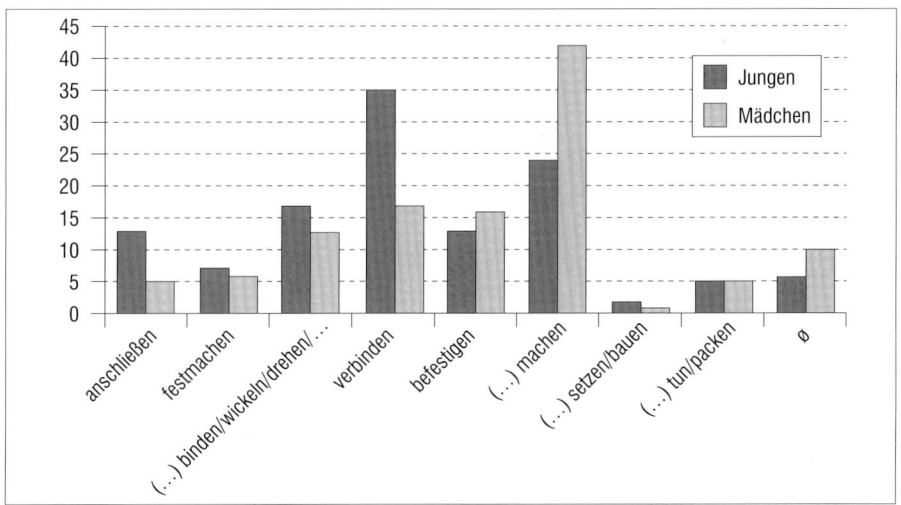

Abb. 25: Unterschiede zwischen Geschlechtern bei der Verwendungshäufigkeit von Verben (Runge 2013, S. 168)

In Bezug auf den sprachlichen Hintergrund zeigen sich insgesamt geringere Unterschiede als zwischen den Geschlechtern. Der deutlichste Unterschied zeigt sich bei dem Verb *verbinden*, das von einsprachigen Schüler(inne)n etwa doppelt so häufig verwendet wird (vgl. Abb. 26).

Unterschiede zwischen Viert- und Fünftklässlern zeigen sich bei einzelnen Verben wie *anschließen* oder *verbinden*, aber nicht in Bezug auf das Passepartout-Verb machen. Die Ergebnisse weisen außerdem darauf hin, dass Schüler(innen), die aus einem Stadtteil mit einer niedrigen Arbeitslosigkeit und damit mit geringen Sozialleistungsanteilen (SLA) stammen, über einen größeren Wortschatzpool verfügen, da Lernende mit einem hohen SLA wesentlich häufiger zur Verwendung von Passepartout-Wörtern greifen (vgl. Abb. 27).

Zur inhaltlichen Beurteilung wurde eine Globaleinschätzung mit dreistufiger Ordnung vorgenommen. Dadurch kommt Runge abschließend zu der Vermutung, „dass auch die fachliche Kenntnis über das Thema ‚Strom' eine wichtige Rolle bei der Fähigkeit, darüber zu sprechen, spielt" (ebd., S. 171). Im Bereich des Hörverstehens ist die Studie von Eckhardt (2008) anzusiedeln. Sie hat unter-

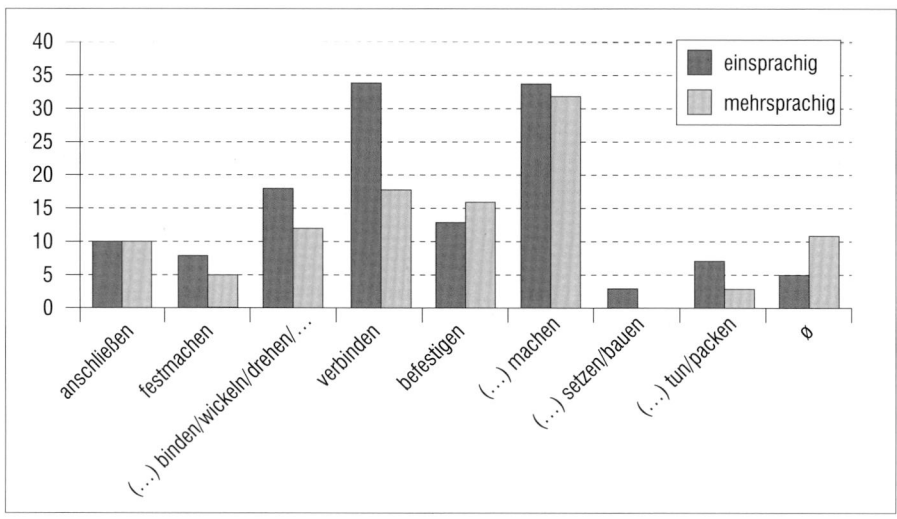

Abb. 26: Unterschiede zwischen ein- und mehrsprachigen Schüler(inne)n bei der Verwendungshäufigkeit von Verben (Runge 2013, S. 169)

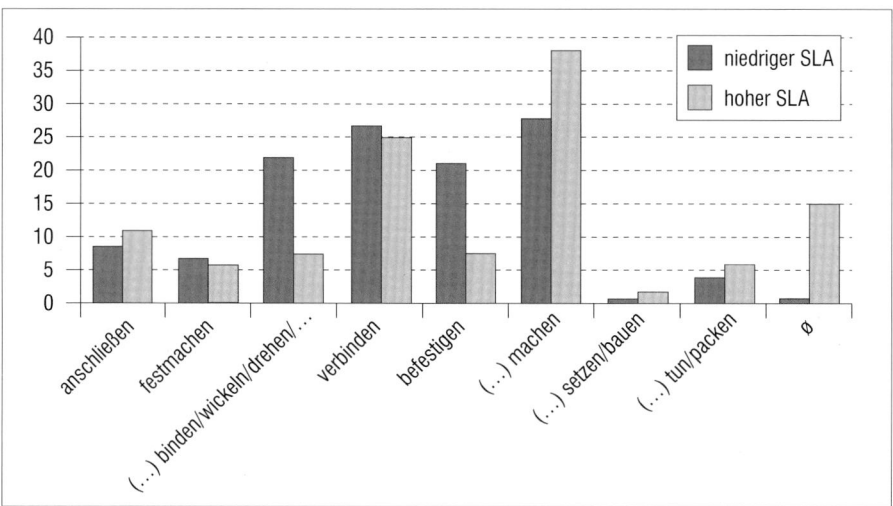

Abb. 27: Unterschiede zwischen Schüler(inne)n aus einem Schulgebiet mit niedrigem oder hohem SLA bei der Verwendungshäufigkeit von Verben (Runge 2013, S. 170)

sucht, ob sich Leistungsunterschiede zwischen ein- und mehrsprachigen Kindern beim Nacherzählen von Texten mit alltags- und schulbezogenen Inhalten aufzeigen lassen. Dafür wurden zwei Stimulustexte ausgewählt, die einsprachigen (n=66) und mehrsprachigen (n=124) Drittklässler(inne)n vorgelesen wurden (vgl. Abb. 28).

Der Schulausflug

Heute hat die 3. Klasse einen Schulausflug gemacht. Jetzt ist es schon Abend und sie wollen mit dem Autobus zur Stadt zurückfahren. Aber als der Lehrer die Kinder zählt, merkt er, dass ein Schüler fehlt. Keiner weiß, wo Hannes geblieben ist. Die Schüler warten im Bus, während der Lehrer zurück in den Wald geht, um Hannes zu suchen. Er erinnert sich daran, dass Hannes beim Geländespiel noch da war. Die Kinder warten zusammen mit dem Busfahrer. Langsam werden sie unruhig. Es ist schon dunkel unter den Bäumen. Doch dann kommen Hannes und der Lehrer aus der Dämmerung. Es war nichts geschehen. Hannes hatte sich einen Stock geschnitzt, und dabei war er hinter den anderen zurückgeblieben.

Wörter: 119

Strom

Wenn man das Licht einschaltet, wird es sofort hell. Das war nicht immer so. Früher mussten die Menschen Kerzen und Lampen anzünden, wenn es Abend wurde. Vor mehr als 100 Jahren hat aber jemand entdeckt, dass man Strom erzeugen und damit Licht machen kann. Es gibt verschiedene Möglichkeiten, Strom zu gewinnen. Zum Beispiel kann man mit Windrädern und Sonnenstrahlen Strom erzeugen. Auch in Wasserkraftwerken, Atomkraftwerken und Kohlekraftwerken kann man Strom produzieren. In einem Kraftwerk werden Rohstoffe, wie zum Beispiel Wasser oder Kohle, in Strom umgewandelt. Strom kostet viel Geld. Man kann aber viel Strom sparen, indem man beim Verlassen eines Raumes das Licht, das Radio oder den Fernseher ausmacht.

Wörter: 114

Abb. 28: Stimulustexte (Eckhardt 2008, S. 99)

Die Schüler(innen) hatten die Aufgabe, die beiden Texte mündlich wiederzugeben. Diese Sprachproben wurden videografiert und anschließend hinsichtlich ihrer Vollständigkeit und der Darstellungsweise der Inhalte ausgewertet. Die Ergebnisse zeigen, dass die alltagsbezogenen Texte signifikant vollständiger nacherzählt wurden als die schulbezogenen Texte. In Bezug auf die beiden Schüler(innen)gruppen konnte jedoch nicht nachgewiesen werden, dass sich

> bei Texten mit schulbezogenen Inhalten ein größerer Leistungsnachteil zeigt als bei Texten mit alltagsbezogenen Inhalten. Zwar liefern die Analysen Hinweise darauf, dass die Nacherzählung eines Textes mit Alltagsbezug einfacher ist als die Nacherzählung eines Textes mit Schulbezug, es zeigte sich jedoch kein signifikanter Unterschied zwischen Kindern deutscher und nichtdeutscher Herkunftssprache noch wurde ein zusätzlicher Leistungsnachteil der Kinder mit Migrationshintergrund bei der Nacherzählung des schulbezogenen Textes festgestellt. (Eckhardt 2008, S. 129)

Im Rahmen einer zweiten Erhebung untersuchte Eckhardt den Einfluss von Texten mit alltags- und schulbezogenen Inhalten auf schriftliche Sprachleistungen, die durch je einen C-Test mit alltags- bzw. schulbezogenem Inhalt ermittelt wurden. An dieser Erhebung waren 212 einsprachige und 317 mehrsprachige Schüler(innen) der vierten Jahrgangsstufe beteiligt. Als Stimulus für die mündlichen Nacherzählungen dienten insgesamt sechs überarbeitete Lehrbuchtexte. Drei von ihnen beinhalteten alltägliche Erlebnisse aus der Lebenswelt der Kinder (Thema *Fernsehen, Sommerferien* und *Fahrradfahren*), die übrigen drei waren schulbezogen (Thema *Meeresschildkröten, Wasserkreislauf* und *Weltall*).

Die Analysen der schriftlichen Leistungen zeigten einen signifikanten Interaktionseffekt zwischen dem sprachlichen Hintergrund der Kinder und dem Textinhalt ($F(1,508)=4.18$, $p=.04$, $f=.08$). Die mehrsprachigen Kinder zeigten im Vergleich zu den einsprachigen Kindern demnach geringere Leistungen bei Texten mit schulbezogenen Inhalten als bei Texten mit alltagsbezogenen Inhalten. Es handelt sich jedoch um einen sehr kleinen Effekt, der unter Kontrolle des sozioökonomischen Status verschwindet. Dies ist als Hinweis darauf zu sehen, dass auch die soziale Herkunft der Kinder sich als ausschlaggebend auf ihre Leistungen erweist und die Unterschiede „nicht vorrangig auf die zu Hause gesprochene Sprache zurückzuführen" (ebd., S.152) sind. Innerhalb der Auswertungen der mündlichen Sprachproben zeigten sich keine signifikanten Unterschiede zwischen den Schüler(innen)gruppen. Eckhardt vermutet daher unter Rückbezug auf Knapp (1999), dass „in der schriftlichen Kommunikation orthografische und grammatikalische Fehler deutlich erkennbar sind, während lexikalische und syntaktische Fehler in der mündlichen Kommunikation möglicherweise überhört werden" (ebd.). Die schriftlichen Anforderungen erscheinen ihr mit einer höheren lexikalischen und syntaktischen Komplexität verbunden zu sein, die zu den erhöhten Schwierigkeiten der mehrsprachigen Kinder geführt haben könnten. Insgesamt hat sich der sozioökonomische Status der Familien als bedeutsamer erwiesen als der sprachliche Hintergrund der Kinder. Nachgewiesen werden konnte außerdem, dass sich die sprachlichen Anforderungen von alltags- und schulbezogenen Texten unterscheiden (vgl. ebd., S. 153). Eckhardt setzte sich daher anschließend mit der Frage auseinander, wie sich die Sprachkomplexität von Texten mit schulbezogenem Inhalt auf das Hörverstehen der beiden Schüler(innen)gruppen auswirkt. Sie entwickelten vier Textversionen, die sich hinsichtlich der Komplexität des Wortschatzes und der Grammatik unterschieden:

▶ Version A: leichter Wortschatz und einfache Grammatik,
▶ Version B: leichter Wortschatz und komplexe Grammatik,
▶ Version C: schwerer Wortschatz und einfache Grammatik,
▶ Version D: schwerer Wortschatz und komplexe Grammatik.

Die Versionen mit einem schweren Wortschatz weisen spezifischere bzw. fachsprachlichere Begriffe auf als die Texte mit einem einfachen Wortschatz. So wurde z. B. das Verb *übernachten* anstelle von *schlafen*, das Adjektiv *milder* anstelle von *wärmer* oder das Substantiv *Nachwuchs* anstelle von *junger Vogel* gewählt. Zudem wurden vermehrt Komposita verwendet. Die Versionen mit einer komplexen Grammatik enthalten viele Hypotaxen und damit Satzverbindungen durch Konjunktionen, Subjunktionen und Relativpronomen sowie viele Passivkonstruktionen (vgl. ebd., S. 156ff.). Es wurden insgesamt 12 Texte mit verschiedenen schulbezogenen Themen entwickelt. An dieser Erhebung nahmen 208 einsprachige und 302 mehrsprachige Viertklässler(innen) teil. Ihnen wurden im Klassenverbund nacheinander vier Texte unterschiedlicher Inhalte sowie unterschiedlicher Textversionen vorgespielt und visualisiert. Zu jedem Text mussten die Kinder im Anschluss einen Hörverstehenstest, bestehend aus Multiple-Choice-Fragen, beantworten. Diese wurde von der Testleiterin vorgelesen, „um eine Konfundierung zwischen Hörverstehen und Leseverstehen zu vermeiden" (Eckhardt 2008, S. 172). Unabhängig von der gehörten Version erzielten die mehrsprachigen Kinder durchschnittlich geringere Hörverstehensleistungen als die einsprachigen Kinder. Es konnte aber kein zusätzlicher Leistungsnachteil bei den anspruchsvolleren Versionen nachgewiesen werden. Eckhardt stellt daher erneut die Vermutung an, dass die entscheidende Hürde im Schriftspracherwerb anzusiedeln ist und sich spezifische Sprachschwierigkeiten von mehrsprachigen Schüler(inne)n bei schulbezogenen Inhalten eher über produktive schriftliche Sprachkenntnisse erheben lassen (vgl. ebd., S. 188). Eckhardt untersuchte schließlich noch das Hörverstehen in Abhängigkeit von der Einbettung der Sprache in soziale Handlung. Dafür wurden Filmszenen ausgewählt, um mit der Sprache auch den sozialen Kontext und paralinguistische Merkmale transportieren zu können. Ausgewählt wurden zwei Filme mit alltagsbezogenen Inhalten, die jeweils einmal Sprache mit und ohne soziale Handlung zeigen. Letztere umfasste eine vollständige Nacherzählung der Filmszene von einer Schülerin, die so aufgezeichnet wurde, als wenn es sich um eine natürliche Gesprächssituation handeln würde. Die Stichprobe dieser Erhebung setzte sich aus 208 einsprachigen und 290 mehrsprachigen Kindern der vierten Jahrgangsstufe zusammen. Sie sahen nacheinander die zwei Filme, von denen jeweils einer in der Version *Sprache mit sozialer Handlung* und einer in der Version *Sprache ohne soziale Handlung* war. Ebenso wie bei der vorherigen Untersuchung wurden im Anschluss Hörverstehenstests durchgeführt. Die Datenauswertungen zeigten, dass die Leistungen der mehrsprachigen Kinder insgesamt geringer waren als die der einsprachigen Kinder. Sie lieferten aber insgesamt „keine Hinweise darauf, dass Schülerinnen und Schüler nichtdeutscher Herkunftssprache in Situationen, in denen die Einbettung der Sprache in eine soziale Handlung fehlt, zusätzlich geringere Hörverstehensleistungen erreichen als in Situationen, in denen Sprache in eine soziale Handlung eingebettet ist" (ebd., S. 204). Insgesamt konnte Eckhardt im Rahmen ihrer Untersuchungen daher einen ersten Hinweis darauf geben, dass kein zusätzlicher Leistungsnachteil für mehrsprachige Kinder „bei Texten mit alltags- und schulbezogenen Inhalten, bei höherer Sprachkomplexität und der Dekontextualisierung von Sprache" (ebd., S. 220) besteht.

Die Forschergruppe des Teilprojekts Erziehungswissenschaften der *BiSpra*-Forschergruppe (vgl. Heppt et al. 2012; Berendes et al. 2013; Haag et al. 2013;

Heppt et al. 2014a; Heppt et al. 2014b, Weinert et al 2016; Heppt et al. 2020)) knüpft an Eckhardts Studie an und untersucht das Hörverstehen alltags- und bildungssprachlicher Texte von Schüler(inne)n mit und ohne Migrationshintergrund im Grundschulalter. Auf Grundlage der Erkenntnisse von Eckhardt wurden im *Bi-Spra-Projekt* Hörverstehenstexte in vier Variationen entwickelt:

▶ einfacher Wortschatz und einfache Grammatik,
▶ anspruchsvoller Wortschatz und einfache Grammatik,
▶ einfacher Wortschatz und komplexe Grammatik,
▶ anspruchsvoller Wortschatz und komplexe Grammatik.

Im Rahmen einer Pilotstudie (n = 160) wurden zunächst die beiden sprachlichen Extreme (Text 1 und 4) erprobt. Aufgezeigt werden konnte, dass den Kindern – unabhängig von ihrem sprachlichen Hintergrund – die komplexeren Texte mehr Schwierigkeiten bereiteten. Die einsprachigen Schüler(innen) schnitten bei beiden Textvarianten besser ab, jedoch konnte – ebenso wie bei Eckhardt (2008) – bei den Kindern mit Migrationshintergrund kein zusätzlicher Leistungsnachteil bei den besonders komplexen Texten nachgewiesen werden (vgl. Heppt et al. 2012, S. 353; Berendes et al. 2013, S. 29). Ein anderes Ergebnis erbrachten die ebenfalls innerhalb der Studie eingesetzten Wortschatz- und Grammatiktests. Verwendet wurden Itemsets des *WWT 6-10* zur Erfassung des rezeptiven Wortschatzes (n = 493) sowie des *TROG-D* zur Abbildung des Grammatikverständnisses (n = 485). Mittels Mediansplit fand eine Unterteilung in einfache (hochfrequente und alltagssprachliche) und anspruchsvolle (niedrigfrequente und bildungssprachliche) Itemblöcke statt. Bei beiden Verfahren wurde den Schüler(inne)n ein Wort oder Satz auditiv dargeboten, dem sie eines von vier Bildern zuordnen mussten. In beiden Bereichen konnten durch Kovarianzanalysen signifikante Haupteffekte bezüglich der Faktoren Itemschwierigkeit und Migrationsstatus aufgezeigt werden. Schüler(innen) mit Migrationshintergrund schnitten insgesamt schlechter ab. Bei den einfachen Wortschatz- und Grammatikitems war jedoch kein statistisch signifikanter Unterschied auszumachen. Bei den anspruchsvolleren Items zeigte sich dagegen unter Kontrolle des sozioökonomischen Status ein zusätzlicher Leistungsnachteil für die Kinder mit Migrationshintergrund (vgl. Berendes et al. 2013, S. 36). Heppt et al. (2016) nahmen im Rahmen der Studie die türkischsprachigen Schüler(innen) im Vergleich zu einsprachigen Kindern näher in den Blick. Auch dabei zeigte sich, dass allen Lernenden die bildungssprachlichen Texte größere Schwierigkeiten bereiteten, als die alltagssprachlichen Texte:

> Dabei war der Leistungsnachteil der türkischsprachigen Kinder bei den bildungssprachlichen Anforderungen nicht stärker ausgeprägt als bei den alltagssprachlichen Anforderungen. Zudem blieben türkischsprachige Kinder in ihren Leistungen im Verständnis der Alltagssprache und der Bildungssprache zwar hinter deutschsprachigen Kindern und hinter Kindern mit anderen Erstsprachen zurück, jedoch verschwand dieser Effekt bei Kontrolle des sozialen und bildungsbezogenen familiären Hintergrunds (Fornol et al. 2016, S. 159).

Die Ergebnisse deuten deshalb darauf hin, dass bildungssprachliche Anforderungen für alle Schüler(innen) eine besondere Herausforderung darstellen, was die Forderung eines sprachsensiblen Unterrichts für alle Lernenden weiter unterstützt. Auf Grundlage der Forschungsergebnisse der BiSpra-Studie steht mittlerweile ein käuflich zu erwerbender Test zur Erfassung bildungssprachlicher Kompetenzen bei Grundschulkindern der Jahrgangsstufen 2 bis 4 zur Verfügung (vgl. Heppt et al. 2020; s. auch Kap. 7.2.1 sowie Fokuskasten auf S. 35).

▶ Achten Sie in der nächsten Zeit in Ihrem Unterricht gezielt auf die Verben, die Ihre Schüler(innen) in mündlichen und schriftlichen Redebeiträgen verwenden. Wie häufig kommen die sogenannten Passepartout-Verben wie *machen*, *tun*, *brauchen* oder *kommen* vor?

▶ Stellen Sie für eine anschließende Unterrichtsstunde im Vorfeld eine Auswahl derjenigen Verben für Ihre Schüler(innen) zusammen, die Ihrer Auffassung nach zur Bearbeitung der von Ihnen gestellten Arbeitsaufträge zentral sind.

Hövelbrinks (2014) untersuchte für den deutschsprachigen Raum erstmalig umfassend die Verwendung bildungssprachlicher Merkmale von Kindern der ersten Jahrgangsstufe in Unterrichtsgesprächen. Dafür fokussierte sie im Rahmen ihres Dissertationsprojekts[12] die Gruppe der mehrsprachigen Schüler(innen), die zudem aus sozial schwächeren Familien stammen. Die ausgewählte Stichprobe besteht aus zwei Fallgruppen mit insgesamt 43 Lernenden:

> Fallgruppe 1 (FG1) besteht aus 20 mehrsprachig aufwachsenden Kindern, die eine Zuwanderungsgeschichte in ihrer Familie mitbringen und in einem sozial schwachen Stadtquartier zur Schule gehen. […] Die Kinder aus Fallgruppe 2 (FG2) besuchen eine Schule in einem sozial besser gestellten Quartier […]. FG2 besteht aus 23 Kindern, von denen 17 Kinder bzw. 74 % einsprachig und 6 Kinder bzw. 26 % mehrsprachig aufwachsen. (2014, S. 122 ff.)

Für das Promotionsprojekt wurden in den beiden Fallgruppen insgesamt 19 Unterrichtsstunden zu vier verschiedenen naturwissenschaftlichen Lernbereichen aufgezeichnet. Für die Datenanalyse wurde letztendlich die reine Unterrichtszeit von drei Stunden zu der Einheit *Die Welt ist bunt – Optik, Licht und Farben* ausgewählt.

Hövelbrinks legte ihrer Arbeit die folgende Arbeitsdefinition bildungssprachlicher Kompetenzen zugrunde: „Bildungssprachliche Kompetenz umfasst die Fähigkeit zur rezeptiven und produktiven Anwendung (zumeist schriftsprachlicher)

---

12 Die Dissertation von Hövelbrinks (2014) ist innerhalb des Forschungsprojekts *Sprachförderung von Migrantenkindern im Kontext naturwissenschaftlich-technischen Lernens* (Röhner et al. 2009) entstanden.

morphosyntaktischer und lexikalischer Elemente für die Realisierung (zumeist kontextgebundener) fachlich angemessener Diskursfunktionen." (ebd., S. 110) Sie leistet dahingehend einen wesentlichen Beitrag zur Forschung, als dass sie Bildungssprache mehrperspektivisch in den Blick nimmt und bildungssprachliche Mittel „in funktionaler Verbindung mit den dadurch vollzogenen Sprachhandlungen" (ebd.) betrachtet (s. dazu Kap. 5.2). Dafür analysiert sie videografierte Unterrichtsdiskurse zu verschiedenen naturwissenschaftlichen Themen dreischrittig. Zunächst wurden die lexikalischen und morphosyntaktischen Mittel anhand eines deduktiv entwickelten Kategoriensystems deskriptiv-analytisch ausgewertet. Dadurch konnte ein Vergleich der verwendeten bildungssprachlichen Mittel von Kindern mit Deutsch als Muttersprache (DaM) und Deutsch als Zweitsprache (DaZ) durchgeführt werden (vgl. Abb. 29).

Indikator	FG1 (2024 Äußerungen)		FG 2 (3078 Äußerungen)	
	absolut	pro 100 Äußerungen	absolut	pro 100 Äußerungen
Satzkomplexität				
Nur HS	739	36,51	1533	49,81
Nur NS	40	1,98	74	2,40
Parataxe	78	3,85	168	5,46
Doppelte Prädikation	8	0,40	17	0,55
Hypotaxe	61	3,01	97	3,15
Satzverknüpfung				
Konnektor HS	134	6,62	262	8,51
Konnektor NS	80	3,95	113	3,67
Ohne Konnektor	2	0,10	3	0,10
Relativ-/Fragepronomen	34	1,68	88	2,86
Infinitivergänzung	4	0,20	13	0,42
Partizipialergänzung	0	0	0	0
Wortbildung				
Kompositum	103	5,09	245	7,96
Nominalisierung	12	0,59	24	0,78
Untrennbare Verben	31	1,53	75	2,44
Trennbare Verben	157	7,76	366	11,89
Modus				
Konjunktiv I	0	0	0	0
Konjunktiv II	1	0,05	20	0,65

Unpersönliche Ausdrucksweise				
Vorgangspassiv	1	0,05	5	0,16
Zustandspassiv	0	0	7	0,23
Ersatzform *man*	53	2,62	94	3,05
Satzerweiterungen				
Apposition	4	0,20	17	0,55
Adjektivattribut	58	2,87	140	4,55
Genitivattribut	0	0	0	0
Präposition	209	10,33	561	18,23
Gesamt	**1809**	**89,38**	**3922**	**127,42**

Abb. 29: Ergebnisse der deduktiven Kodierung bildungssprachlicher Mittel beider Fallgruppen (leicht verändert aus Hövelbrinks 2014, S. 163 f.)

Hövelbrinks konnte aufzeigen, dass die Lernenden der ersten Fallgruppe (Zuwanderungshintergrund und sozial schwaches Schulgebiet) „im Hinblick auf den Großteil der deduktiv erfassten bildungssprachlichen Merkmale signifikant schlechter abschneiden" (ebd., S. 209). Signifikante Unterschiede zeigen sich bei der Verwendung von vollständigen Einzelsätzen und Parataxen, Hauptsatzkonnektoren, dem Anschluss durch Relativ- und Fragepronomen, trennbaren und untrennbaren Verben, Komposita, Konjunktiv II, Adjektivattributen, Präpositionen, Appositionen sowie Eigenkorrekturen. Keine signifikanten Unterschiede zeigten sich hinsichtlich der Verwendung von Hypotaxen, doppelten Prädikationen, Nebensatzkonnektoren, Infinitivergänzungen, Nominalisierungen und der Passiversatzform *man*. Sie wurden aber von den Schüler(inne)n der FG1 tendenziell seltener verwendet (vgl. Hövelbrinks 2014, S. 208). Besonders interessant ist der Befund, dass die mehrsprachigen Kinder untrennbare Verben vielfältiger einsetzen als die Kinder der zweiten Fallgruppe, denn sie gelten dem bisherigen Forschungsstand nach als eine der schwierigsten Verbformen im Zweitspracherwerb (vgl. Hepsöyler/Liebe-Harkort 1991). Laut Hövelbrinks bietet sich hier ein interessanter Anknüpfungspunkt für weitere Forschungsvorhaben an, um der Frage nachzugehen, ob untrennbare Verben eine besondere Hürde beim Erwerb bildungssprachlicher Kompetenzen darstellen oder ob sie bei den mehrsprachigen Schüler(inne)n der vorgestellten Studie zum Erhebungszeitpunkt noch nicht als solche im mentalen Lexikon verortet waren. Entgegen der vorherigen Erwartungen haben sich die mehrsprachigen Kinder zudem bei der Verwendung früher Fachwörter im naturwissenschaftlich-technischen Lernen als sicherer im Umgang mit ihnen erwiesen. Nicht ausgeschlossen werden darf allerdings die Überlegung, dass die Kinder der Vergleichsgruppe sich sprachlich flexibler zeigten und teilweise treffende Umschreibungen anstelle von Fachwörtern verwendet haben. Dahingehend könnte eine weitere Auswertung des vorliegenden Datenmaterials erfolgen. Laut Hövelbrinks ist eine weitere mögliche Erklärung für ihren Befund die z.T. unterschiedliche Rahmenbedingungen der aufgezeichneten Unterrichtseinheit – die mehrsprachigen Schüler(innen) der Fallgruppe 1 nahmen an einer achtmonatigen Förderreihe teil, in welche die Unterrichtseinheit eingegliedert wurde, während die Kinder aus der Fallgruppe 2 lediglich eine vierstündige Unterrichtseinheit erhielten (vgl. Hövelbrinks 2014, S. 212). Insgesamt sind die Befunde auf Grund der geringen Stichprobengröße zurückhaltend zu interpretieren. Darüber hinaus war kein reiner Vergleich von ein- und mehrsprachigen Lernenden gegeben, da in der Vergleichsgruppe (FG2) neben 17 einsprachigen auch sechs mehrsprachige Kinder waren. Denkbar wäre auch, dass die ermittelten Gruppenunterschiede auf Einflüsse des soziokulturellen Hintergrunds zurückzuführen sind.

Das BeFo-Projekt

Im Rahmen der *BeFo-Studie* (Rösch/Rotter 2010) wurde eine Sprachförderung, bei der eine explizite Thematisierung formaler Aspekte von Sprache nach dem *Focus on form-Ansatz* stattfindet mit einer impliziten Sprachförderung in den Fächern Mathematik und Sachunterricht nach dem *Focus on meaning-Ansatz* verglichen. Da das Projekt *Jacobs-Sommercamp*, auf das die *BeFo-Studie* aufbaut, Hinweise auf die Bedeutung explizit kognitiv-aktivierter Lernphasen für die Sprachförderung geliefert hat, wurde erwartet, dass sich deutliche Unterschiede zwischen den Sprachfördergruppen zeigen werden. Die Auswertung der Ergebnisse zeigte jedoch Nulleffekte hinsichtlich der verschiedenen Fördermaßnahmen, was u.a. auf die unzureichend ausgebildeten Sprachförderkräfte und die Dauer der Förderung zurückgeführt wurde (vgl. Rösch 2014).

Ziel des Forschungsprojekts von Webersik (2015) war die Entwicklung und Evaluierung eines Instruments zur Erfassung von Fördereffekten in der gesprochenen Schulsprache.[13] Die Hauptstichprobe bildete eine zufällig ausgewählte Stichprobe aus der Studie von Stanat und Rösch mit dem Titel *Bedeutung und Form. Fachbezogene und systematische Förderung in der Zweitsprache (BeFo I)* sowie der Folgestudie *Vertiefende Analysen zu Bedingungen der Wirksamkeit sprachsystematischer und fachbezogener Sprachförderung bei Grundschulkindern nicht-deutscher Herkunftssprache (BeFo II)* von Stanat.

Sie beinhaltete 150 Kinder der dritten Jahrgangsstufe, die in ihrer Familie neben der deutschen auch eine andere Sprache sprechen. Mit ihnen wurden Einzelinterviews von etwa 20 bis 30 Minuten durchgeführt. Dabei wurden ihnen drei kurze, tonlose Filmsequenzen präsentiert, die sie nacherzählen mussten. Um eine dekontextualisierte Situation zu erzeugen, gab der Testleiter vor, den Film nicht zu kennen. Die Kinder waren daher aufgefordert, die Inhalte mög-

---

13 Der von Webersik verwendete Begriff „Schulsprache" in ihrer Studie kann als synonym zum Konstrukt Bildungssprache angesehen werden.

lichst genau und explizit wiederzugeben (vgl. Webersik 2015, S. 182). Nach der Transkription der Daten fand eine Kodierung lexikalischer und morphosyntaktischer sprachlicher Mittel statt. Durch die Analyse der Daten einer Pilotierungsstichprobe konnten die Indikatoren Nominalisierungen und man-Sätze ausgeschlossen werden, da sie selten verwendet und damit nicht als charakteristisch für die gesprochene, sondern eher für die geschriebene Schulsprache angesehen wurden. Ebenfalls als problematisch in ihrer quantitativen Erfassung wurden Fachbegriffe angesehen, da ihre Zuordnung als Alltags- oder Fachbegriff oft sehr schwierig ist. Gleiches gilt für Komposita: „Da es auch hier kein objektives Kriterium gibt, nach dem zwischen spezifisch schulsprachlichen und eher alltagssprachlichen Komposita unterschieden werden kann, ist eine angemessene Operationalisierung dieser Phänomene kaum möglich" (Webersik 2015, S. 209). Auch diese sprachlichen Mittel wurden daher bei der Auswertung der Daten der Hauptuntersuchung nicht berücksichtigt. Herangezogen wurden jedoch die folgenden Indikatoren:

Sprachliche Bereiche	Konkrete Strukturen
Lexikalische Dichte, Spezifik und Vielfalt	verbaler Wortschatz (v. a. Präfixverben)
	Funktionswortschatz (v. a. Präpositionen und Konjunktionen)
	Attribute
Komplexität und Vollständigkeit	Satzverbindungen und Satzgefüge (Nebensätze)
	Komplexe Nominalphrasen (Attribute)
	Präpositionalphrasen
	Vollständigkeit des Prädikats
Weitere grammatikalische Merkmale	Passivstrukturen
	Konjunktivstrukturen

Abb. 30: Ausgewählte Indikatoren der gesprochenen Schulsprache (Webersik 2015, S. 209)

Außerdem wurden die ermittelten Indikatoren bzw. Stolpersteine des DaZ-Erwerbs fortgeschrittener Lernender kodiert, die durch die folgenden zusätzlichen Förderschwerpunkte aus dem *BeFo-Projekt* ergänzt wurden (vgl. Abb. 31).

Wortschatz	großer verbaler Wortschatz (Präfix- und Modalverben)
	großer adjektivischer Wortschatz
	großer Funktionswortschatz (Konjunktionen, Präpositionen)
Syntax	Satzverbindungen (Konnektoren)
	Satzgefüge (Subordination)
	attributive Strukturen

Satzmodelle	Verbklammer
	Inversion
Verbalflexion	Präteritumsformen
	Konjunktivstrukturen
	Passivstrukturen
	Subjekt-Verb-Kongruenz (Schwerpunkt: starke Verben)
	Perfekt (Partizip II-Bildung und Verwendung von *haben* und *sein*)
Nominalflexion	Adjektivkomparation
	Pluralmarkierung

Abb. 31: Indikatoren und Stolpersteine des DaZ-Erwerbs fortgeschrittener Lernender (Webersik 2015, S. 137; 210)

Die Auswertung der Daten der Hauptstichprobe zeigte, dass Konjunktiv- und Konjunktiversatzformen sowie Passivstrukturen nicht von den Kindern verwendet und daher verworfen wurden. Mittels explorativer Faktorenanalyse wurden die übrigen Indikatoren analysiert, um zu überprüfen „welche Variablen miteinander in Beziehung stehen und anteilig dieselbe Dimension des untersuchten Merkmals erfassen. Variablen, die hoch miteinander korrelieren, erfassen vermutlich ähnliche Informationen bzw. eine ähnliche Merkmalsdimension" (ebd., S. 285). Basierend auf diesen Ergebnissen konstruierte Webersik vier verschiedene Skalen, von denen die der *Elaborierten Sprachverwendung* vorgestellt werden soll. Sie enthält 14 Items, „die theoretisch basierte Indikatoren einer fortgeschrittenen, schulsprachlichen Sprachverwendung erfassen" (ebd., S. 297). Es handelt sich um Verben mit und ohne Präfix, Modalverben, Adjektive, Präpositionen, Wechselpräpositionen Konnektoren (wie z. B. Subjunktionen), adjektivische und possessive Attribute, Präpositionalphrasen, Satzverbindungen, Satzgefüge und Passivstrukturen. Die Skala weist mit α =.83 eine hohe Reliabilität auf.

> Auch die Objektivität des auf dieser Skala basierten Testwerts ist mit einer Intraklassenkorrelation von 0.94 als sehr hoch einzustufen. Durch den Nachweis von faktorieller Validität und Kriteriumsvalidität erfahren die aus anderen Forschungsarbeiten abgeleiteten Indikatoren schulsprachlicher bzw. fortgeschrittener DaZ-Kompetenz empirische Bestätigung. (ebd., S. 341)

Damit liegen für den medial mündlichen Gebrauch von Bildungssprache bereits empirische Ergebnisse hinsichtlich der sprachlichen Mittel vor, dennoch besteht auch hier weiterhin Forschungsbedarf, um bildungssprachliche Kompetenzentwicklung beschreiben zu können. In der Studie von Eckhardt (2008) wurde vermutet, dass sich Leistungsnachteile von mehrsprachigen Schüler(inne)n im Bereich der konzeptionellen Schriftlichkeit eher in medial schriftlich produzierten Texten von Kindern finden lassen, da sich damit andere Anforderungen an die Lernenden stellen. Hinweise darauf, dass einige bildungssprachliche

Indikatoren einen Planungsaufwand benötigen, der eher im Rahmen medial schriftlicher als mündlicher Produktionen realisiert werden kann, lieferten auch die Befunde von Hövelbrinks (2014) und Webersik (2015), die z. B. keine Nominalisierungen in ihrem Datenmaterial vorfanden.

Daher untersucht Fornol (2020) im Rahmen ihres Forschungsprojektes schriftliche Schüler(innen)texte aus dem Fach Sachunterricht hinsichtlich der Verwendung bildungssprachlicher Mittel. Dem Projekt liegt ein Datenkorpus von 474 Schüler(innen)texten zugrunde, die zu drei Messzeitpunkten von Grundschüler(inne)n der zweiten bis vierten Jahrgangsstufe zu verschiedenen sachunterrichtlichen Themen, wie z. B. dem *Wasserkreislauf*, dem *Linksabbiegen* oder dem Prozess der *Verdauung* angefertigt wurden. Die Auswertung der Daten erfolgt durch eine mehrperspektivische Analyse.

		Gruppe A (n=70)	Gruppe B (n=97)
MZP 1	Textlänge	*M*=70,50	*M*=82,95
	Lexikalische Mittel	*M*=19,45	*M*=34,18
	Syntaktische Mittel	*M*=20,78	*M*=25,64
	Mittel insgesamt	***M*=40,23**	***M*=59,83**
		Gruppe A (n=74)	Gruppe B (n=94)
MZP 2	Textlänge	*M*=60,91	*M*=112,27
	Lexikalische Mittel	*M*=31,78	*M*=24,69
	Syntaktische Mittel	*M*=21,29	*M*=23,05
	Mittel insgesamt	***M*=53,07**	***M*=47,75**
		Gruppe A (n=58)	Gruppe B (n=81)
MZP 3	Textlänge	*M*=72,88	*M*=81,63
	Lexikalische Mittel	*M*=36,81	*M*=35,14
	Syntaktische Mittel	*M*=22,23	*M*=24,59
	Mittel insgesamt	***M*=59,04**	***M*=59,74**

Abb. 32: Durchschnittliche Verwendung bildungssprachlicher Mittel in den Schüler(innen)texten (vgl. Fornol 2020)

Auf Grundlage eines deduktiv entwickelten Kategoriensystems in Anlehnung an Hövelbrinks (2014) wurden zunächst mittels Frequenzanalyse (vgl. Mayring 2015) die bildungssprachlichen Mittel identifiziert und die Häufigkeit ihrer Verwendung bestimmt. Es konnte aufgezeigt werden, dass Lernende der zweiten bis vierten Jahrgangsstufe alle untersuchten bildungssprachlichen Mittel in ihren Texten realisieren – jedoch in unterschiedlicher Frequenz. So wurden z. B. *Komposita, Fachbegriffe, Präpositionalphrasen, kohäsive Mittel* sowie *Konnektoren von Haupt- und Nebensätzen* stark frequent in den Texten gebraucht, während *Nominalisierungen, ambige Nomen und Verben, Partizipial- und Infinitivergänzungen* sowie *Funktionsverbgefüge* eher selten realisiert wurden. Diese Befunde zeigen, dass auch die Verwendungsmöglichkeiten bildungssprachlicher Mittel zu berücksichtigen sind, denn einige Strukturen können wesentlich häufiger funktional in Texten realisiert werden als andere.

Im Anschluss an die deskriptive Datenanalyse erfolgte eine Untersuchung von Gruppenunterschieden (u.a. *Thema der Texte*; *Geschlecht*; *sprachlicher Hintergrund*; *Bildungsabschluss der Eltern*; *Messzeitpunkt*). Dabei wurden signifikante Haupteffekte für die unabhängige Variable des *Themas* ersichtlich (vgl. Abb. 33).

Variable		B	T	P
Konstante		6.918	0.743	0.458
Thema	Entwicklungs- und Lebensbedingungen vom Menschen	15.596	5.741	0.000
	Meteorologische und kosmische Prozesse	19.236	6.322	0.000
	Orientierung in der Umwelt	6.604	2.228	0.027
	Ver- und Entsorgung	29.543	9.736	0.000
Sprachlicher Hintergrund	mehrsprachig	-0.732	-0.599	0.550
Geschlecht	Mädchen	-1.354	-1.417	0.158
Bildungsabschluss der Eltern	mittlerer Bildungsabschluss Eltern	-0.033	-0.028	0.978
	hoher Bildungsabschluss Eltern	3.089	2.387	0.018
Messzeitpunkt	Messzeitpunkt 2	-6.089	-4.632	0.000
	Messzeitpunkt 3	4.319	3.324	0.001

Abb. 33: Ergebnisse des gemischten Modells für die abhängige Variable „Bildungssprachliche Mittel" (Auszug aus: Fornol 2020, S. 253).

Für die unabhängigen Variablen *Sprachlicher Hintergrund* und *Geschlecht* zeigte sich kein auf dem Niveau .05 signifikanter Effekt. Ersichtlich wurde jedoch, dass Lernende, deren Eltern über einen hohen Bildungsabschluss verfügen (mindestens eine/r der Erziehungsberechtigten besitzt einen Hochschulabschluss) signifikant mehr bildungssprachliche Mittel in ihren Texten verwenden, als Schüler(innen), deren Eltern einen niedrigen Bildungsabschluss (mindestens eine/r der Erziehungsberechtigten hat einen Haupt- oder Realschulabschluss) besitzen. Zudem konnte aufgezeigt werden, dass Lernende im Zeitraum von etwa einem Jahr (Messzeitpunkt eins bis drei) signifikant mehr bildungssprachliche Mittel in ihren Texten realisieren (vgl. Fornol 2020). Im Rahmen der Datenauswertung wurde zudem die Frage in den Blick genommen, welche der untersuchten Variablen den stärksten Einfluss auf den Gebrauch bildungssprachlicher Mittel aufweist. Dafür wurde das konditionale R^2 herangezogen (vgl. Nakagawa/Schielzeth 2013) und analog zum adjustierten R^2 bei herkömmlichen Regressionsmodellen interpretiert. Ersichtlich wurde, dass das R^2 am stärksten abnimmt, wenn die Variable *Thema* aus dem Modell entfernt wird. Somit scheint die Wahl des Themas die Möglichkeiten des Gebrauchs bildungssprachlicher Mittel entscheidend zu beeinflussen (ebd.). Zusammenfassend kann mit den Befunden der multivariaten Analysen empirisch untermauert werden, dass Bildungssprache „sowohl entwicklungs-, kontext- als auch inputabhängig ist" (Tietze et al. 2016, S. 5).

In einem zweiten Schritt wurde mittels verschränktem Sampling eine Teilstichprobe von 28 Schülertexten zum Thema *Die Verdauung* bestimmt, um auf Grundlage einer strukturierenden qualitativen Inhaltsanalyse (vgl. Kuckartz 2014) zu erforschen, welche bildungssprachlichen Funktionen die in diesen Texten verwendeten bildungssprachlichen Mittel realisieren. Die Ergebnisse der qualitativen Analyse zeigen auf, dass bereits Grundschüler(innen) in der Lage sind, bildungssprachliche Mittel funktional zu gebrauchen. Zugleich wurde deutlich, dass einige sprachliche Mittel unterschiedlichen Funktionen dienen. So nutzen die Lernenden doppelte Prädikationen, um aufeinander folgende Prozesse darzustellen, aber auch, um die Folgen einzelner Prozesse darzulegen oder Objekte näher zu beschreiben. Neben den üblichen bildungssprachlichen Mitteln wurden in den Texten der Lernenden zudem weitere sprachliche Mittel entdeckt, welche typische bildungssprachliche Merkmale wie die Funktion der Verallgemeinerung erfüllen, jedoch vermeintlich eher als konzeptionell mündliche sprachliche Mittel gelten (vgl. Fornol 2016c; 2020; vgl. auch Kap. 4).

Auch wenn die bildungssprachlichen Indikatoren nur vereinzelt empirisch belegt sind, besteht Einigkeit darüber, dass durch sie u. a. die zentralen Merkmale von Bildungssprache der Verdichtung und Dekontextualisierung erzeugt werden. Durch lexikalisch gefüllte Nominalphrasen wird zum einen eine referentielle Eindeutigkeit garantiert und zum anderen eine klare informationsstrukturelle Gliederung ermöglicht. Dadurch wird die Herstellung lokaler als auch globaler Kohärenz erleichtert (vgl. Morek/Heller 2012, S. 72). Auch Nominalisierungen und Komposita führen auf lexikalisch-semantischer Ebene zu einer „hohen propositionalen Dichte des Kommunikats" (Gantefort/Roth 2010, S. 579) sowie einer Präzisierung der Inhalte. Dies beinhaltet zwangsläufig auch Fachtermini, wodurch die Schnittstelle der Register Bildungs- und Fachsprache erneut deutlich wird. Ahrenholz analysierte in einer „kleinen explorativen Fallstudie" (2010, S. 19) eine Sachunterrichtsstunde mit dem Blick auf sprachliche Ausdrucksschwierigkeiten. Er führte eine quantitative Beschreibung der Wortverwendungen durch und schätzte anschließend die Verwendungshäufigkeiten, Kontexte und den Gebrauch der Begriffe in der Unterrichtsstunde ein. An der Fallstudie waren elf Schüler(innen) beteiligt, von denen sechs monolingual deutsch aufgewachsen sind. Als sprachlich problematisch stellten sich in der Unterrichtsstunde die Begriffe *Thermometer, Messgerät, Glasbehälter, Röhr-*

chen, Gaskocher, Flüssigkeit, Gefrierpunkt, Siedepunkt und *Messort* dar. Ahrenholz erachtet die Termini *Gefrier-* und *Siedepunkt* als eindeutig bildungssprachlich, während für ihn die Zuordnung der anderen Begrifflichkeiten (*Thermometer, Behälter, Röhrchen, Gaskocher*) weniger eindeutig erscheint. Mittels einer Einschätzung der Vorkommenshäufigkeiten und Kontexte zieht er daher *Das Deutsche Spracharchiv* am *IDS-Mannheim (DSAv)* sowie *Das Digitale Wörterbuch der deutschen Sprache des 20. Jahrhunderts* an der *Berlin-Brandenburgischen Akademie der Wissenschaften (DWDS)* heran. Die Auflistung der Wortfrequenzen zeigt, dass auch die letztgenannten Begriffe eher der Bildungssprache zuzuordnen sind, da sie als konzeptionell schriftlich eingestuft werden können. Durch die Analyse der Unterrichtsgespräche kann Ahrenholz aufzeigen, dass aufgrund der Begrifflichkeiten insbesondere bei Kindern mit Deutsch als Zweitsprache „eine Diskrepanz zwischen der Aneignung des sachfachlichen Wissens [...] und der sprachlichen Verarbeitung dieses Wissens" (2010, S. 25) entsteht. Problematisch kann auch eine doppelte Bedeutung von Wörtern in der Alltags- bzw. Allgemeinsprache und der Bildungssprache sein. Um Bildungssprache zu verstehen, wird bereits ein Verständnis, also ein abstraktes Bedeutungswissen vorausgesetzt. Die Alltagsbedeutung einzelner Begriffe entspricht nicht immer der bildungssprachlichen Bedeutung, was zu erheblichen Verständnisproblemen führen kann (vgl. Gaerbert/Bannwarth 2010; Benholz/Rau 2011; Ahrenholz 2010, Fornol 2020). Anhand einer Schülerantwort bezüglich einer mathematischen Textaufgabe ermittelt Feilke, dass die Bezeichnung „unter/über der Meereshöhe" alltagssprachlich als eine Größe gedeutet wird, die sich verändert und individuell messbar ist, denn die Nomen *Meer* und *Höhe* sind aus dem alltäglichen Sprachgebrauch bekannt. Jedoch stellt das Kompositum *Meereshöhe* als Fachbegriff eine Konstante dar, die nicht beeinflusst wird, weshalb eine klare Abgrenzung dieses Terminus von der alltagssprachlichen Bedeutung erforderlich ist (vgl. 2012, S. 11). Zu den lexikalisch-semantischen Merkmalen von Bildungssprache sind außerdem Präfixverben zu zählen, die in der explorativen Fallstudie von Ahrenholz ebenfalls untersucht wurden. Da die Verben sich *ausdehnen*, sich *erwärmen*, sich *zusammenziehen*, sich *abkühlen*, *hochsteigen* und *gefrieren* ebenso wie die bereits angeführten Nomen ein sprachliches Hindernis für die Schüler(innen) darstellten, wurden sie ebenfalls mithilfe der Daten der *DSAv* und *DWDS* näher untersucht und konnten der konzeptionellen Schriftlichkeit zugeordnet werden. Ahrenholz begründet die besondere Schwierigkeit beim Verstehen der Verben damit, dass „sie hier in Ausdrücken verwendet werden, die kein belebendes Agens haben. [...] Alle können auch mit einem belebten Agens verwendet werden, z.T. allerdings mit anderer Bedeutung" (2010, S. 26).

Die Dekontextualisierung ergibt sich nicht nur durch die Verwendung von Subjekten anstelle von Pronomen, wodurch Haltungen nicht intonatorisch oder paraverbal ausgedrückt werden, sondern insbesondere auch durch die Verwendung des Passivs und Konjunktivs (vgl. Gantefort/Roth 2010, S. 579; Heppt et al.

2012, S. 351). Dieser Modus der Repräsentation führt zu einer Allgemeingültigkeit und damit einhergehend einer erhöhten Wissenschaftlichkeit von Aussagen. „Der Vorgangs- und Prozesscharakter des Geschehens tritt gegenüber der Dimension des Handelns oder Verursachens in den Vordergrund" (Gaebert/Bannwarth 2010, S. 157).

Pohl (2016) mahnt jedoch davor, sich zu stark auf einzelne sprachliche Ausdrucksmittel wie z.B. dem Passiv zu fokussieren, um bildungssprachliche Fähigkeiten zu beschreiben. Als Beleg führt er schriftliche Darstellungen von Fünft- sowie Elftklässlern zur Beschreibung von Achsendiagrammen an. In Klasse 5 wurden u.a. folgende Beschreibungen vorgenommen: (Hinweis an die Redaktion: den Begriff Kurve bitte immer kursiv schreiben)

▸ In den ersten 5 Monaten verläuft die Kurve quer nach oben.
▸ Bis zum 5. Monat geht die Kurve steil nach oben.
▸ Die Kurve ist am Anfang ein schräger Strich. (Pohl 2016, 55; Hervorhebungen im Original)

Die Lernenden der Jahrgangsstufe 11 realisieren das Passiv ebenfalls nicht, dennoch erscheinen ihre Darstellungen sprachlich komplexer:
▸ Die Reaktionsgeschwindigkeit der Kurve B steigt in einem längeren Zeitraum langsam, aber stetig an.
▸ Der Kurvenverlauf ist somit viel flacher im Anstieg, dafür aber auch gleichmäßiger.
▸ Bei der Kurve A [...] kann man nach kurzer Zeit bereits eine starke Steigung feststellen (ebd., 55f.; Hervorhebungen im Original).

Mit diesen Beispielen macht Pohl deutlich, dass die Darstellungen der Lernenden aus dem höheren Jahrgangs sprachlich anspruchsvoller erscheinen, obwohl in beiden Fällen auf das Lexem Kurve zurückgegriffen wurde und zudem kein Passiv verwendet wurde. Dennoch bestehen in allen Fällen „Varianten eines täterabgewandten Sprachgebrauchs", die Pohl „für fach- und bildungssprachliche Kontexte ohnehin [als] einschlägiger" (2016, 56) erachtet.

Somit sind einerseits bei der Beschreibung bildungssprachlicher Fähigkeiten sprachliche Ausdrucksmittel immer hinsichtlich ihrer kontextuellen Einbettung und funktionalen Verwendung zu betrachten. Andererseits ist der Blick jedoch auch über die sprachlichen Ausdrucksmittel hinaus zu weiten, um Entwicklungsunterschiede in mündlichen wie schriftlichen Formulierungen beschreiben zu können. Einen Beitrag dazu leistet der Einbezug der diskursiven Dimension von Bildungssprache, die im nachfolgenden Kapitel dargestellt wird.

5.2 Diskursive Dimension

Um einen Bezug zu Unterrichtssituationen zu ermöglichen, ist es nicht ausreichend, bildungssprachliche Kompetenzen lediglich auf grammatikalischer Ebene zu beschreiben. Vielmehr müssen linguistisch-pragmatische Sichtweisen miteinbezogen werden (vgl. Hövelbrinks 2014).

> Neben einem Formulierungswissen, das morphologisch-syntaktische und lexikalische Komponenten im engeren Sinne umfasst, gehören zur Bildungssprache Diskurs- und Textkompetenzen, d. h. Musterwissen über den Aufbau von Textsorten und die konventionelle Art und Weise, bestimmte Sprachhandlungen auszuführen, also zum Beispiel zu berichten, zu beschreiben, zu begründen, zu argumentieren, zu erklären. (Lengyel 2010, S. 597)

Eine Aneignung fachlichen Wissens ist demnach nur durch den Gebrauch schulischer Sprachhandlungsmuster möglich. Sie unterscheiden sich von alltäglichen Handlungsmustern, denen Kinder sehr früh bei der Interaktion mit ihren Eltern begegnen. Diese Muster werden spielerisch erprobt und sind als Bestandteil des Spracherwerbs anzusehen. Mit dem Eintritt in der Schule stehen die Kinder vor der Herausforderung, „bereits früher erworbene Muster in einer neuen Weise zu gebrauchen" (Ehlich 1991, S. 137) und darüber hinaus weitere neue Muster zu erwerben. Dafür müssen sie sich sprachlich-kognitiver Operationen (vgl. Ohm 2010), wie dem BESCHREIBEN oder ERKLÄREN, bedienen. Es handelt sich dabei um schulisch geforderte Sprachmuster, die u. a. von Vollmer und Thürmann (2010) als Diskursfunktionen bezeichnet werden, „die als kognitives Werkzeug in verschiedenen fachlichen Kontexten dienen und damit sprachliches Handeln im Unterricht abbilden" (Hövelbrinks 2014, S. 66). In ihnen kommen „grundlegende kognitive Operationen und deren verbale Realisierungen simultan zum Ausdruck [...], jeweils bezogen auf bestimmte Inhalte und deren (rezeptive oder produktive) Bearbeitung" (Vollmer 2011, S. 1).

Im Rahmen des internationalen Schulsprachenprojekts des Europarates wurde u. a. die Sprachlichkeit des Fachlernens in Sachfächern untersucht. In diesem Zusammenhang wurden in fünf deutschen Bundesländern neuere Curricula für die Fächer Biologie, Mathematik, und Geschichte „systematisch mit dem Ziel analysiert [...], explizit oder auch implizit verankerte Konzepte eines fachbasierten Sprachlernens zu ermitteln" (Vollmer/Thürmann 2010, S. 111). Die sprachlich-kommunikativen Anforderungen konnten überwiegend durch Sprachhandlungsverben identifiziert werden. Mittels dieser Operatoren – auch Diskursfunktionen genannt – wurde eine Verbindung der sprachlichen Anforderungen zu konkreten Inhalten oder kognitiven Prozessen hergestellt. Die Verbindung mit den Diskurstypen wird ersichtlich, wenn Schüler(innen) die Aufgabe erhalten, ein Experiment zu beschreiben oder Versuchsprotokolle zu vergleichen. Nur durch die Sprachhandlungsformen können klare Ausdrucksfähigkeit sowie differenzierendes Verstehen erreicht werden.

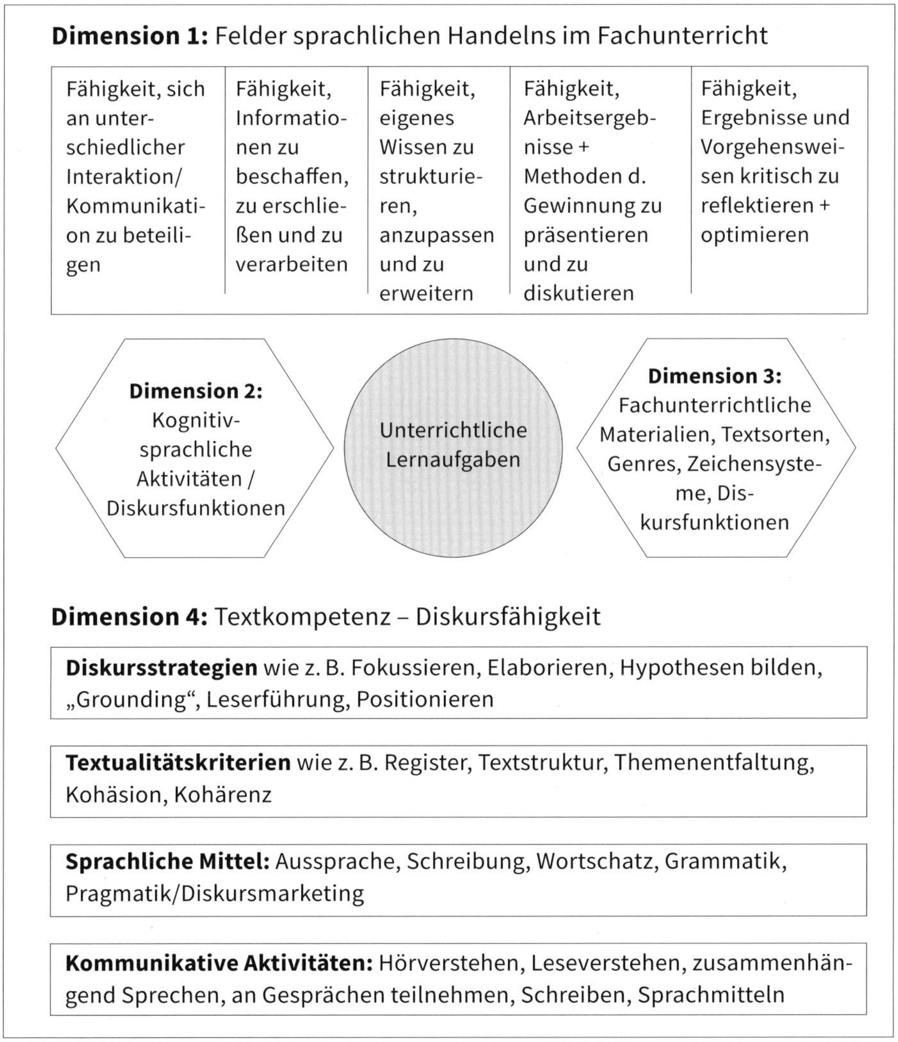

Dimension 1: Felder sprachlichen Handelns im Fachunterricht

Fähigkeit, sich an unterschiedlicher Interaktion/ Kommunikation zu beteiligen	Fähigkeit, Informationen zu beschaffen, zu erschließen und zu verarbeiten	Fähigkeit, eigenes Wissen zu strukturieren, anzupassen und zu erweitern	Fähigkeit, Arbeitsergebnisse + Methoden d. Gewinnung zu präsentieren und zu diskutieren	Fähigkeit, Ergebnisse und Vorgehensweisen kritisch zu reflektieren + optimieren

Dimension 2:
Kognitiv-sprachliche Aktivitäten / Diskursfunktionen

Unterrichtliche Lernaufgaben

Dimension 3:
Fachunterrichtliche Materialien, Textsorten, Genres, Zeichensysteme, Diskursfunktionen

Dimension 4: Textkompetenz – Diskursfähigkeit

Diskursstrategien wie z. B. Fokussieren, Elaborieren, Hypothesen bilden, „Grounding", Leserführung, Positionieren

Textualitätskriterien wie z. B. Register, Textstruktur, Themenentfaltung, Kohäsion, Kohärenz

Sprachliche Mittel: Aussprache, Schreibung, Wortschatz, Grammatik, Pragmatik/Diskursmarketing

Kommunikative Aktivitäten: Hörverstehen, Leseverstehen, zusammenhängend Sprechen, an Gesprächen teilnehmen, Schreiben, Sprachmitteln

Abb. 34: Modell zur Beschreibung von Bildungssprache im Fachunterricht (Vollmer/Thürmann 2010, S. 113)

So wird deutlich, dass es sich bei den Diskursfunktionen nicht um die gleichnamigen Verben in ihrer Alltagsfunktion handelt, sondern um Handlungen, die sprachlich-kognitiv charakterisiert sind und durch ein Verbum ausgedrückt werden (vgl. Vollmer 2011, S. 3). In dem im Rahmen des Schulsprachenprojekts von Vollmer und Thürmann entwickelten Modells zur Beschreibung von Schulsprache im Fachunterricht sind die Sprachhandlungsformen in allen vier Dimensionen vertreten (vgl. Abb. 34).

Innerhalb der ersten Dimension wird der Verlauf der Wissensaneignung in fünf verschiedenen Handlungsfeldern zusammengefasst. So sollen sich die Schüler(innen) im Handlungsfeld 1 „rezeptiv und produktiv an den unterrichtlichen Interaktionen sowohl in fachlich-sachlicher als auch in sozial angemessener Weise beteiligen können" (Vollmer/Thürmann 2010, S. 114). Dabei sind nicht nur alltagssprachliche Kompetenzen, sondern auch zunehmend Diskursverläufe eines akademischen Sprachgebrauchs erforderlich. Das zweite Handlungsfeld beschreibt die Fähigkeit der Informationsrecherche und das Erschließen des Wissens. Dies geht auch mit einer Erweiterung und Umstrukturierung des eigenen Wissens einher (s. Handlungsfeld 3). Im vierten Handlungsfeld steht die Fähigkeit der Schüler(innen) im Mittelpunkt, ihre Ergebnisse und Erkenntnisse darzustellen und untereinander zu diskutieren. Das fünfte Handlungsfeld beschreibt schließlich die Fähigkeit, das eigene Vorgehen sowie die erlernten Inhalte kritisch zu reflektieren. Daraus können Rückschlüsse für zukünftige Herangehensweise gezogen werden. In der zweiten Dimension des Modells werden die Diskursfunktionen konkret aufgezeigt. Es wurden sechs Diskursfunktionen herausgearbeitet, die den gemeinsamen Kern der schulischen Curricula darstellen. Vollmer (2011) ergänzte die Sammlung um zwei weitere Diskursfunktionen:

Die acht zentralen Diskursfunktionen – Makrofunktionen nach Vollmer (2011, S. 2)

1. AUSHANDELN (engl. *Negotiating*) von Bedeutung wie von Prozessen
2. ERFASSEN/BENENNEN (engl. *Naming*)
3. BESCHREIBEN/DARSTELLEN (engl. *Describing*)
4. BERICHTEN / ERZÄHLEN (engl. *Reporting/Narrating*)
5. ERKLÄREN / ERLÄUTERN (engl. *Explaining*)
6. ARGUMENTIEREN/STELLUNG NEHMEN (engl. *Arguing/Positioning*)
7. BEURTEILEN / (BE)WERTEN (engl. *Evaluating*)
8. SIMULIEREN / MODELLIEREN (engl. *Simulating/Modelling*)

Die insgesamt acht Diskursfunktionen werden von Vollmer und Thürmann auch als Makrofunktionen bezeichnet, da sie „den grundlegenden Wissensstrukturen nach Mohan (1986) zu entsprechen scheinen" (Vollmer 2011, S. 2). Als Mikrofunktionen können z. B. das Zusammenfassen oder auch Vergleichen angesehen werden, da sie kürzere Diskursabschnitte darstellen und z.T. innerhalb eines Satzes abgehandelt werden können (vgl. Vollmer/Thürmann 2010, S. 116 f.). Beispielhaft für eine Makrofunktion soll an dieser Stelle die Diskursfunktion Beschreiben weiter ausgeführt werden. Diese Sprachhandlungsform beinhaltet die Kompetenz, fachbezogene Beiträge kurz und ohne zusätzliche Gestik oder Mimik mündlich zu formulieren. Ziel ist es, dass die Zuhörer(innen) die Inhalte ohne Rückfragen verstehen. Dafür müssen direkt beobachtbare Inhalte bzw. Ergebnisse von Experimenten nach Merkmalen wie Aussehen, Funktion und Relation unter Rückbezug auf Tatsachen beschrieben und ggf. mit anderen Lebewesen, Objekten, Ergebnisse etc., die fachlich relevant sind, verglichen werden. Dementsprechend ist für diese Diskursfunktion „ein reichhaltiges Repertoire an qualitativem wie quantifizierenden Wortschatz, insbesondere Qualifikatoren in adjektivischer und nominaler Hinsicht sowie in Verbform [erforderlich]. Als Tempus dominiert grundsätzlich das Präsens, Satztyp und Modus sind indikativisch" (Vollmer 2011, S. 6).

Die dritte Dimension des Modells umfasst die Materialien, die üblicherweise im Unterricht eingesetzt werden. Es wird hier verallgemeinernd von Texten gesprochen, die aber nach Sach- und Gebrauchstexten, allgemeinen oder spezialisierenden Texten, dem Grad der Konventionalisierung, der Funktion sowie der Darstellungsform und der medialen Realisierung voneinander unterschieden werden können. Es gibt Textsorten wie die Versuchsbeschreibung, bei der nur eine Diskursfunktion im Mittelpunkt steht. Es können aber auch mehrere Diskursfunktionen miteinander kombiniert werden (vgl. Vollmer/Thürmann 2010, S. 117 f.).

Im Rahmen der vierten Dimension spielt die Diskursfähigkeit eine Rolle. Damit wird die Fähigkeit bezeichnet

> strategiegeleitet unter Berücksichtigung situativer Faktoren und eigener Such- bzw. Mitteilungsabsichten aus Inventaren sprachlicher Mittel begründet auszuwählen und diese sprachlichen Elemente zu Texten zu ‚verdichten' bzw. bei der Rezeption von Texten aus der Verwendung spezifischer sprachlicher Mittel auf die Konstruktion spezifischer Bedeutungen und die Verwendung spezifischer Diskursstrategien unter Berücksichtigung situativer Faktoren zu schließen. (Vollmer/Thürmann 2010, S. 118)

Unter Anwendung von Diskursstrategien soll es gelingen, einen Diskurs in der Form zu gestalten, dass die Mitteilungsabsicht und Intention in Bezug auf den situativen Kontext erfolgreich realisiert wird. „Sprachhandlungen sind in aller Regel durch das Machtgefüge und die persönlichen, sozialen und institutionellen Beziehungen zwischen den Handelnden geprägt" (ebd., S. 119). Mittels der Diskursstrategien können bestehende Unterschiede reflektiert und überbrückt werden, um eine möglichst effektive Handlungsabsicht effizient umsetzen zu können.

Das dargestellte Modell zur Beschreibung von Schulsprache im Fachunterricht entwickelten Vollmer und Thürmann (2013) zu einem Referenzrahmen weiter.

Ziel des Referenzrahmens ist es, bildungssprachliche Kompetenzen fächerübergreifend in fünf Dimensionen und weiteren Komponenten vorzugeben, „die dann den Fachdidaktiken zur Verifizierung, Modifizierung und Konkretisierung angeboten werden" (Vollmer/Thürmann 2013, S. 46). Mithilfe des Modells soll eine curriculare Grobplanung von bildungssprachlichen Kompetenzerwartungen ermöglicht werden. Mittels der ersten drei Dimensionen können bildungssprachliche Anforderungen bestimmt werden: In der Inhaltsdimension (Dimension 1) spiegeln sich sowohl die fachunterrichtliche Relevanz als auch bildungssprachliche Kompetenzen durch die Festlegung von Inhalten und Methoden wieder. Die zweite Dimension berücksichtigt die eingesetzten Textsorten und Genres und damit einhergehend ihre Zeichensysteme, Modalitäten und Konventionen, während die dritte Dimension die erforderlichen Diskursfunktionen aufgreift (vgl. Vollmer/Thürmann 2013, S. 46). Im Anschluss an die Bestimmung der bildungssprachlichen Anforderungen können diese in der vierten Dimension auf die Text- und Diskurskompetenz übertragen werden. Abschließend ist es auf dieser Grundlage möglich, in der fünften Dimension einzelsprachliche Mittel „beim Verfassen von mündlichen oder schriftlichen Äußerungen und zusammenhängenden Texten" (Vollmer/Thürmann 2013, S. 46) auszuwählen. Durch den Einbezug zweier weiterer Dimensionen (Dimension 6: Felder sprachlichen Handelns im Unterricht/Dimension 7: Soziokultureller Kontext und personale Faktoren) soll sich zudem eine Anwendungsperspektive auf der Prozessebene des Unterrichts ergeben – zusätzlich werden hier die Steuerung durch Lernaufgaben, die personalen Faktoren und der soziokulturelle Kontext berücksichtigt (vgl. ebd. S. 47 f.).

> Mit diesem Modell wird also zweierlei erreicht: In erster Linie ist es ein Raster für die curriculare Detailplanung und die fachunterrichtliche Konkretisierung allgemeiner bildungssprachlicher Dimensionen, das der Identifikation fächerübergreifender Gemeinsamkeiten und Differenzen zum Zweck der arbeitsteiligen didaktisch-methodischen Planung im Rahmen eines bildungssprachlichen Gesamtkonzepts dient. In zweiter Linie ist es ein Raster für konkrete Unterrichtsplanung und -analyse, mit dem sich überprüfen lässt, welche bildungssprachlichen Anforderungen und Abläufe in Verbindung mit einer bestimmten Aufgabe vermutlich eine Rolle spielen bzw. gespielt haben. Insofern taugt das Modell auch als Folie für forschungsmäßige Fragestellungen und didaktische Projektionen. (Vollmer/Thürmann 2013, S. 48 f.)

Welche Bedeutung Diskursfunktionen im schulischen Unterricht zukommt, zeigen Donnerhack et al. durch eine Analyse von Kernlehrplänen für die Grundschule und Sek. I sowie der Analyse curricularer Dokumente einzelner Sachfächer auf. Sie konstatieren, dass die Diskursfähigkeiten dort nicht systematisch oder verständlich abgebildet werden. So wurden für die Sachfächer der Sek. I insgesamt 286 verschiedene Operatoren ermittelt, die oft nur ein- oder zweimal Erwähnung finden und daher „keinerlei strukturbildende Wirkung" (Donnerhack et al. 2013, S. 384) besitzen. Zudem werden die erwarteten Sprachhandlungen häufig nicht näher umschrieben bzw. präzisiert, obwohl ihnen im Unterricht eine besondere Bedeutung zukommt:

> Betrachtet man unterrichtliche Diskursabläufe unter dem Aspekt der Fähigkeit, für eine konkrete Situation und den Aufgaben angemessen sprachliche und textuelle Strategien und Mittel aus verfügbaren Inventaren begründet auszuwählen, dann müssen neben den

linguistischen Aspekten auch weitere in den Blick genommen werden: *Modalität* (z. B. konzeptuell/medial mündlich bzw. schriftlich), *kommunikative Aktivitäten* wie Hören, Sprechen, Lesen, Schreiben, Vermitteln in mehrsprachigen Situationen sowie *kognitive Operationen und Funktionen*. (Vollmer/Thürmann 2013, S. 44; Hervorhebungen im Original)

Für den Primarbereich hat Rathmann (2021) eine Übersicht über wichtige Operatoren erstellt. Sie hilft Lehrkräften, die Anforderungen und (sprachlichen) Voraussetzungen der jeweiligen Operatoren besser einschätzen zu können.

Schleppegrell unterscheidet bei den Sprachhandlungsformen zwischen den *personal genres*, den *factual genres* und den *analytical genres*. Insbesondere letztere erachtet sie für den schulischen Sprachgebrauch und damit einhergehend für den Bildungserfolg als relevant, weil sie eine aktive Umstrukturierung von Wissen erfordern, wie es z. B. beim Erklären oder Argumentieren der Fall ist (vgl. Schleppegrell 2004, S. 85 ff.). Heppt et al. (2012) greifen diese Perspektive aus der funktionalen Linguistik auf und stimmen Schleppegrell zu, die in Bezug auf die englische Sprache nachweisen konnte, dass zur Realisierung der für die schulische Kommunikation bedeutenden Diskursfunktionen „bestimmte lexikalische und grammatische Strukturen nötig [sind], die sich von lexikalischen und grammatischen Merkmalen der Alltagssprache unterscheiden" (Heppt et al. 2012, S. 350). Sprachhandlungsformen als Bestandteil des bildungssprachlichen Inventars werden ebenso von Feilke angeführt, der diese als „kommunikative und kognitive Problemlöseverfahren" (2012, S. 12) beschreibt, gleichzeitig aber vor einer bildungspolitisch motivierten Operatorenkonjunktur warnt. Zudem weist er darauf hin, dass die Diskursfunktionen in den unterschiedlichen Fächern andere Bedeutungen besitzen können, wie er am Beispiel des Operators des *Interpretierens* veranschaulicht. Auch Gogolin und Lange plädieren dafür, den Bestand an vorhandenen Redemitteln zu differenzieren. Sie unterscheiden zwischen Mitteln, die von der Aufgabenstellung und spezifischen Konstellation unabhängig sind und denjenigen, „die für die verschiedenen sachlichen und fachlichen Verzweigungen spezifisch sind" (2011, S. 113). Dennoch erklärt Feilke die Sprachhandlungsformen insgesamt für Bezugsgrößen, die von didaktisch elementarer Bedeutung sind (vgl. 2012, S. 12). Dies zeigte sich auch in der bereits vorgestellten Studie von Hövelbrinks (2014), innerhalb derer sie bildungssprachliche Diskursfunktionen identifizierte. Sie konnte nachweisen, „dass der Lernkontext einen starken Einfluss auf das Verwenden typischer, fachbezogener Sprachhandlungen hat" (2014, S. 269). Die häufigsten Diskursfunktionen in den beiden Fallgruppen der Untersuchung waren das Berichten, Beschreiben und Explorieren. Das Argumentieren war in der Gruppe der einsprachigen Schüler(innen) innerhalb von spielerischen Situationen ebenfalls häufig vertreten. Die vermeintlich typische Sprachhandlungsform im naturwissenschaftlichen Unterricht des Erklärens, fand sich in beiden Fallgruppen nur zu 9 Prozent. Dies könnte damit zu begründen sein, dass sich die Kinder erst in der ersten Jahrgangsstufe befanden und diese Sprachhandlungsform erst im weiteren Verlauf der Schulzeit erworben wird. Ein Indikator dafür wäre die wesentlich häufigere Verwendung bildungssprachlicher Mittel von einsprachigen Kindern beim Erklären im Vergleich zu den mehrsprachigen Kindern. Insgesamt waren die verwendeten sprachlichen Mittel innerhalb der Diskursfunktionen auf der syntaktischen Ebene vorzufinden:

> Im Vergleich zum Gesamtmaterial kommen v. a. Hypotaxen, Parataxen mit doppelter Prädikation und Konnektoren gehäuft vor, während Indikatoren auf Wortebene – v. a. trennbare und untrennbare Verben, Komposita und Präpositionen – in den bildungssprachlichen Diskursfunktionen beider Fallgruppen weniger stark vertreten sind als im Gesamtmaterial (ebd., S. 324 f.).

Das Explorieren hat sich als eine der Sprachhandlungsformen entwickelt, die „eine vergleichsweise hohe Variabilität der bildungssprachlichen Mittel" (ebd., S. 271) aufweist und daher verstärkt mit dem Ziel kreatives Sprachpotenzial zu evozieren, eingesetzt werden sollte. Hövelbrinks ist es bei der Analyse z.T. schwer gefallen, die verschiedenen Sprachhandlungsformen trennscharf zu unterscheiden. Es fanden sich Parallelen zwischen dem Berichten und Beschreiben sowie dem Beschreiben und Erklären. Deutlich wurde außerdem, dass die Sprachhandlungsform des Vergleichens durch das Beschreiben realisiert wird. Daher fordert Hövelbrinks in Anlehnung an Vollmer und Thürmann (2010) die Entwicklung eines hierarchisch komplexeren Systems der Diskursfunktionen.

Für Bailey (2006) umfasst die diskursive Dimension der *acadamic language* nicht nur die Beherrschung von Sprachhandlungsfunktionen, sondern auch pragmatisches Wissen und das Wissen um Gesprächskonventionen in Bildungskontexten, um zu wissen, wann diese eingefordert werden bzw. funktional für die jeweilige Aufgabe oder Situation sind. Dazu gehört auch das Wissen um sprachliche Anforderungen in einzelnen Fächern und die damit verbundenen Unterschiede zwischen den Sprachhandlungsfunktionen – wie bereits weiter oben in Bezug auf Feilke (2012) und Gogolin/Lange (2011) erwähnt. Jedes Schulfach habe seine eigenen Normen und diese „need to be acquired to meet teacher expectations" (Bailey 2006, S. 16). Morek und Heller greifen diese Perspektive auf. Sie sind der Meinung, dass bildungssprachlich agieren zu können mehr umfasst, als über lexikalische und syntaktische sprachliche Mittel zu verfügen und entwickeln deshalb den Terminus der *bildungssprachlichen Praktiken*, als einen „Begriff für normativ überformtes und (im besten Falle) epistemisch funktionales sprachliches Handeln im Kontext Schule" (Morek/Heller 2012, S. 84). Sie kritisieren, dass bei der Betrachtung von Bildungssprache vornehmlich diese Oberflächenmerkmale fokussiert werden: „Nur vereinzelt werden auch übersatzmäßige und diskursive Aspekte in den Blick genommen" (ebd., S. 73). Da der Bildungssprache laut Morek und Heller wie bereits erwähnt nicht nur eine sozialsymbolische, sondern auch eine epistemische und kommunikative Funktion zukommt, sind interaktive Praktiken im Umgang mit Bildungssprache besonders bedeutsam. Wenn sprach-

017	Pa:	das is glaub_ich an zEHn oder (0.5) ab äh ZWÖLF
018		oder so::;
019		(0.6)
020		oder an (.) DREIzehn;
021		(0.4)
022	Le:	a?
023		(0.6)
024		das hab_ich jetzt NICH verstanden;
025		(0.8)
026	Pa:	das is irgendwie (0.9) zehn oder (0.8)
027		ZWÖLF oder so;
028		(0.5)
029	Le:	zwölf UHR?
030		80.8)
031	Pa:	!NEIN!;
032		(–)
034	Le:	zwölf [perSOnen?]
035	K2:	[ab ZWÖLF] (xxx) (0.4) ebend anders;
036		(0.7)
037	Le:	hä?
038		(0.3)
039		hab_ich Immer noch nicht verstan[den;]
040	K2:	[ab]
		[ZWÖ::LF;]
041	Pa:	[ZWÖ:LF]
042	K3:	ein film ab ZWÖLF;
043	Le:	=ja ab zwölf (0.3) UHR?
044		(0.6)
045	Ks:	!NEI:::N!;
046	K3:	=!EIN! film ab zwÖ::lf;
047	Mo:	[=ab zwölf JAHre]
048	K4:	[ab zwölf lässt sich das] angu[cken;]
049	K2:	[ab zwölf] JAHre alt;
050	Le:	zwölf JAH:re.
051		= ja müsst ihr auch daBEI sAgen: [13].

Abb. 35: Missverständnis durch die implizite Vermittlung sprachbezogener Erwartungen (Morek/Heller 2012, S. 87)

bezogene Erwartungen von Lehrkräften nur implizit zum Gegenstand gemacht werden, kann dies aufseiten der Schüler(innen) unverständlich bleiben oder zu Missverständnissen führen. Morek und Heller nehmen in diesem Punkt Bezug auf einen Sitzkreis im Unterricht. Dort erzählt ein Schüler davon, dass er einen Kinofilm gesehen hat und bezieht sich auf die Altersfreigabe – jedoch nicht so, wie es die Lehrkraft für angemessen hält. Durch indirekte Hinweise möchte sie dem Schüler zu verstehen geben, dass ihr eine Information fehlt. Dieser fasst ihre Nachfragen jedoch als Verständnisproblem auf und gerät dadurch in eine mehr und mehr verzweifelte Situation (vgl. Abb. 35).

Dem Schüler fehlt es noch an der richtigen Interpretation der impliziten Aufforderung der Lehrkraft, der Kontextualisierungskompetenz als einer von drei Teildimensionen des mehrdimensionalen Modells der Diskurskompetenz. Daneben gibt es außerdem die Vertextungskompetenz, die dazu befähigt, einen Text z. B. im Sinne einer fachgruppenspezifischen Textsorte zu strukturieren sowie die Markierungskompetenz, welche das Wissen um den Einsatz sprachlicher wie non-sprachlicher Mittel zur Herstellung von Kohärenz umfasst (vgl. Quasthoff 2009). Somit ist zu den Diskurskompetenzen auch das von Reich benannte Wissen um stilistische Konventionen zugehörig. Bei der medial mündlichen wie schriftlichen Textproduktion in Bildungskontexten muss sich der Sprecher/Schreiber möglichst sachlich und nicht zu ausschweifend ausdrücken, Inhalte logisch strukturieren und zwischen wesentlichen und unwesentlichen Informationen unterscheiden können (vgl. Reich 2008, S. 10, s. dazu auch Lengyel et al. 2009). Je nach Situation bzw. Textsorte oder Fach kann den einzelnen Elementen unterschiedliche Gewichtung zukommen. Wichtig ist es deshalb, Bildungssprache immer im jeweiligen Kontext ihrer Verwendung zu betrachten, um zu prüfen, ob die verwendeten sprachlichen Praktiken oder Mittel ihren Zweck erfüllen und der Sprecher in der Lage ist, seine mündlichen wie schriftlichen Beiträge der situativen Rahmung angemessen kontextualisierend anzupassen (vgl. Morek/Heller 2012, S. 92 ff.).

▶ Welche der von Vollmer und Thürmann genannten acht Diskursfunktionen spielen in Ihrem Unterricht oft, selten oder nie eine Rolle?

▶ Was denken Sie, wie Sie die Schüler(innen) bei der Aneignung bildungssprachlicher Diskursfunktionen unterstützen können?

6 Sprache in den Fächern

Bildungssprache kann gemäß Vollmer und Thürmann „als ‚Geheimsprache' der Bildungs- und Lebenschancen zuteilenden Institution Schule bzw. als ihr eigentliches, aber geheimes Curriculum [...], das bislang kaum transparent und eindeutig kodifiziert ist und an dem sich viele Lernende mächtig reiben oder gar scheitern" (2010, S. 109) angesehen werden. Die Problematik besteht darin, dass Schule die Beherrschung bildungssprachlicher Formen „für das Lernen selbstverständlich voraussetzt, deren Gebrauch [...] aber gar nicht lehrt" (Feilke 2012, S. 4). Begründet werden kann die Haltung der Schule mit ihrem bereits erwähnten „monolingualen Habitus" (Gogolin 1991).

Wie anhand der bereits angeführten Arbeiten von Schleppegrell (2001) deutlich wurde, sehen sich die Lerner(innen) in der Schule mit Erwartungen konfrontiert, die ihnen nicht transparent gemacht werden und der gewünschten Verwendung eines sprachlichen Registers, mit dem sie nicht vertraut sind: „Auf normativer Ebene ist mit ‚Bildungssprache' dasjenige Register bezeichnet, dessen Beherrschung vom ‚erfolgreichen Schüler' erwartet wird" (Gogolin 2009, S. 269). Es begegnet den Lerner(inne)n in zahlreichen Lehrwerken und muss genutzt werden, um sich mündlich oder schriftlich zu äußern (vgl. Ahrenholz 2013, S. 88). Im Verlauf der Bildungsbiografie spezialisieren sich die zu erbringenden Anforderungen und differenzieren sich zudem domänenspezifisch aus. Dabei bleiben die Einforderungen der bildungssprachlichen Ausdrucksweisen jedoch stetig implizit (vgl. Gogolin 2009, S. 268; vgl. auch Lengyel 2010, S. 597). Da Bildungssprache aber nicht mitgängig im Alltag erworben wird, sondern immer auch eine „explizite Vermittlung sprachlich-konzeptioneller Fähigkeiten" (Gantefort/Roth 2010, S. 576) benötigt, ist es nicht ausreichend die sprachlichen Anforderungen nur transparent zu machen. Vielmehr bedarf es einer systematischen und durchgängigen Unterstützung der Lernenden beim Erwerb dieses Registers. Dafür müssen sich Lehrkräfte zunächst die Herausforderungen, die den Lernenden in den einzelnen Fächern begegnen, bewusst machen (vgl. Kap. 7.2.1). Ohne das Wissen um sprachliche Stolperstellen ist eine vorbeugende und unterstützende Unterrichtsgestaltung nicht möglich. Die Auseinandersetzung mit der Sprache im Fach ermöglicht aber auch den Blick auf sprachliche Ressourcen, die das jeweilige Unterrichtsfach mit sich bringt. Dabei spielt Sprache in den Sachfächern nicht nur implizit, sondern auch explizit, ausgedrückt in den Kompetenzerwartungen eine wesentliche Rolle. Eine Auswahl aus dem Lehrplan für Nordrhein-Westfalen mag dies exemplarisch verdeutlichen.

Fach	Kompetenzerwartungen
Sachun-terricht	▸ **Beschreiben** Ähnlichkeiten und Unterschiede (von Materialien) ▸ **Erkunden** Körperbau und Lebensbedingungen von Tieren und **dokumentieren** die Ergebnisse ▸ Beobachten und **benennen** ausgewählte Pflanzen ▸ Erkunden und **beschreiben** verschiedene Berufe ▸ Zeichnen und **beschreiben** ihren Schulweg ▸ **Erklären** optische und akustische Zeichen und geltende Verkehrsregeln ▸ **Formulieren** eigene Bedürfnisse, Gefühle und Interessen ▸ **Ermitteln** wichtige Ereignisse und Daten zur eigenen Lebensgeschichte und stellen diese chronologisch dar ▸ **Beschreiben** und **vergleichen** Gebräuche und Gewohnheiten von Menschen anderer Kulturen mit den eigenen ▸ Schreiben und gestalten eigene Geschichten unter Nutzung vorhandener Medien
Mathe-matik	▸ **Entdecken** und **Beschreiben** Beziehungen zwischen Zahlen mit eigenen Worten ▸ **Verwenden Fachbegriffe** richtig ▸ **Beschreiben** Rechenwege für andere nachvollziehbar mündlich oder in schriftlicher Form ▸ **Orientieren** sich nach mündlicher Anweisung im Raum ▸ **Beschreiben** Wege und Lagebeziehungen ▸ Erkennen und **benennen** die geometrischen Körper ▸ **Vergleichen** und **ordnen** Längen, Zeitspannen und Geldbeträge ▸ **Lesen** einfache Uhrzeiten **ab** ▸ **Formulieren** zu Spiel- und Sachsituationen sowie zu einfachen Sachaufgaben (Rechengeschichten) mathematische Fragen und Aufgabenstellungen ▸ **Formulieren** zu vorgegebenen Gleichungen Rechengeschichten
Sport	▸ Körperteile erspüren und **benennen** ▸ Verbessern durch Üben ihre koordinativen und konditionellen Fähigkeiten und **sprechen darüber** ▸ Spiele erfinden, **beschreiben** und Spielbedingungen herstellen ▸ Gefundene Spielidee **dokumentieren** ▸ Sich über Spielideen **austauschen** ▸ **Vereinbarungen** treffen ▸ **Beschreiben** ihre Körper- und Lauferfahrungen ▸ **Gestalten** Kinderlieder, Gedichte und Texte ▸ **Entwickeln** Spielszenen und zeigen sie
Kunst	▸ Untersuchen und **beschreiben** Materialeigenschaften ▸ Experimentieren mit unterschiedlichen Werkzeugen und Materialien und **beschreiben** ihre Erfahrungen ▸ **Setzen** Erlebtes und Fantastisches in Bildern und Bildergeschichten **um** ▸ **Spüren verschiedene Schriftzeichen** und -bilder in Umwelt und Medien **auf** ▸ Gestalten **Mitteilungen** und Plakate ▸ Improvisieren und **reflektieren** Spielszenen ▸ **Stimmen** den Einsatz von Sprache und Musik **ab** ▸ **Sprechen** über Empfindungen und Gefühle bei der Betrachtung von Bildern und Objekten ▸ **Respektieren** Betrachtungen anderer und **vergleichen** sie mit den eigenen

Abb. 36: Aus dem Lehrplan des Landes Nordrhein-Westfalen 2008[14]

---

14 Wir danken Claudia Rathmann für die Bereitstellung der tabellarischen Übersicht.

Im Folgenden werden anhand der Fächer Deutsch, Mathematik und Sachunterricht exemplarisch nicht nur sprachliche Herausforderungen, sondern auch Chancen für einen sprachsensiblen Fachunterricht aufgezeigt. Dabei wird außerdem deutlich, wie gewinnbringend ein fächerübergreifendes bzw. vernetztes Arbeiten unter Kolleg(inn)en hinsichtlich der Weiterentwicklung der Sprachkompetenzen der Schüler(innen) sein kann.

6.1 Sprache im Fach Deutsch

In seinem Essay *Die schreckliche deutsche Sprache* schreibt Mark Twain:

> Es gibt bestimmt keine andere Sprache, die so schludrig und planlos gebaut ist und sich dem Zugriff so aalglatt und flüchtig entzieht. [...] und wenn man glaubt, endlich eine Regel gefunden zu haben, die einem sicheren Boden unter den Füßen bietet. Auf dem man sich inmitten des allgemeinen Aufruhrs der zehn verschiedenen Wortarten ein bisschen ausruhen kann, dann blättert man um und liest: «Man trage nun Sorge, dass der Schüler folgende *Ausnahmen* beachte.» (Twain 2010/1880, S. 9; Hervorhebung im Original)

Twain betrachtet die deutsche Sprache aus der Sicht eines von außen Kommenden und beschreibt sehr anschaulich, wie es im Grunde genommen Lernenden geht, wenn sie versuchen, die Regularitäten des Deutschen zu erlernen. Dabei ist die Aneignung des Deutschen mit all seinen Regeln und Ausnahmen Aufgabe aller Schüler(innen). Während jedoch primärsprachlich deutsche Schüler(innen) einen Großteil davon ungesteuert und unbewusst im Zuge ihres primären Erstspracherwerbs erwerben, müssen Schüler(innen) mit anderen Erstsprachen als dem Deutschen, diese größtenteils im Laufe ihrer Grundschulzeit erlernen, und zwar neben bzw. während des fortlaufenden Unterrichts. Vor dem Hintergrund dieser und anderer Kontextbedingungen, also den Bedingungen von Heterogenität (s. Kap. 1.3) auf der einen Seite und curricularen und fachdidaktischen Entwicklungen auf der anderen Seite, ist, so Rupp, ein „sprachintegrativer interkultureller Deutschunterricht" (Rupp 2014, S. 66 f.) erforderlich, der sowohl an den Entwicklungen als auch an den didaktischen und methodischen Konzepten im In- und Ausland und der Fremdsprachendidaktik ausgerichtet ist. Dies beinhaltet nach Rupp eine Erweiterung des hiesigen Deutschunterrichts um bereits erprobte Unterrichtskonzepte, wie beispielsweise dem bilingualen Sachfachunterricht *(CLIL)* oder dem sprachintegrativen Grammatikunterricht.

CLIL

Content and Language Integratet Learning (CLIL) beinhaltet sowohl sachliches als auch sprachliches Lernen und wird deshalb auch als „bilingualer Sachfachunterricht" bezeichnet. Es ist damit ein fächerverbindendes Unterrichtsprinzip. Allgemein lässt sich festhalten, dass der Fachunterricht im *CLIL*-Unterricht in zwei Sprachen erfolgt. Dies können grundsätzlich alle Sprachen sein, inklusive Minderheiten- und Regionalsprachen. Mehrheitlich erfolgt der bilinguale Sachfachunterricht jedoch in einer Mehrheitssprache in Kombination mit einer modernen Fremdsprache. Ein wesentliches Ziel von *CLIL* im deutschsprachigen Raum ist es, Sachfachkompetenzen zu vermitteln und dies durch sprachliche Lernprozesse zu unterstützen (vgl. Wolf 2010, S. 298 ff.).

Für eine Realisierung betrachtet er zwei Aspekte des Lehrer(innen)handelns als unumgänglich (vgl. ebd., S. 67):

▶ Die Auswahl der Inhalte für die Lernbereiche beinhaltet die Einbeziehung anderer Sprachen – Erst- und Fremdsprachen – in den Unterricht, wie sie auch in den nationalen Bildungsstandards und den Lehrplänen der Bundesländer vorgesehen ist (s. dazu auch Kap. 6.1.3).

▶ Bei der Auswahl der methodischen Vermittlungskonzepte und -verfahren stehen nicht nur die vier Kompetenzbereiche des Faches im Zentrum, sondern darüber hinaus werden fünf „Vermittlungsformen und -konzepte aus anderen Kulturen und Ländern" (ebd.) einbezogen. Beispielhaft führt er dazu Konzepte zur mündlichen Kommunikation, zum kreativen Schreiben und zu *Reading Literacy* aus dem anglo-amerikanischen Raum auf.

Insbesondere aus der Fremdsprachen- und Mehrsprachigkeitsdidaktik sind vergleichbare didaktische Unterrichtskonzepte hervorgegangen. Grundlegend – auch für den deutschsprachigen Raum – ist dabei das *Language Awareness*-Konzept aus dem britischen und amerikanischen Kontext. Es beinhaltet über die rein sprachlich-kognitive Ebene des bis dato präferierten Sprachunterrichts hinaus, affektive (Einstellungen gegenüber Sprachen, Sprachneugier), sozial-pragmatische (kritischer Sprachgebrauch) und kritische Aspekte (Sprache als Machtinstrument/*Critical Language Awareness*) in der unterrichtlichen Auseinandersetzung mit Sprachen (vgl. Luchtenberg 2014, S. 108) und zielt insgesamt darauf ab, die Sensibilität für Sprache, Sprachen und sprachliches Lernen bei allen Lernenden zu erhöhen. In Anlehnung an das britische *Language Awareness*-Konzept lassen sich drei Zielperspektiven eines sprachsensibilisierenden Deutschunterrichts hierzulande konkretisieren (s. auch Wildemann/Vach 2022, S. 116 f.):

▶ Wecken von Sprachneugier und -interesse

Hier wird besonders die Einbettung in eine interkulturelle Pädagogik deutlich. Ziel ist es, bei allen Schüler(inne)n, egal ob ein-, zwei- oder mehrsprachig, das Sprachinteresse zu wecken und damit einhergehend die Offenheit gegenüber anderen Sprachen aufrechtzuerhalten oder aufzubauen. In der Auseinandersetzung mit verschiedenen Sprachen spielen dabei zunächst sprachlich-kognitive Aspekte eine wesentliche Rolle, denn eine solche Tätigkeit erfordert sprachliches Wissen und Können. Mit der Zieldimension der Sprachoffenheit stehen wiederum die Einstellungen und Haltungen der Schüler(innen) im Zentrum der Aufmerksamkeit, womit vordringlich affektive Lernziele verfolgt werden. Um einen sprachsensiblen Unterricht durchzuführen, der auf die Spracheinstellungen der Schüler(innen) abzielt, ist es erforderlich, dass die Lehrkräfte über eine entsprechende Sprachaufmerksamkeit und -offenheit verfügen. Dazu gehört es auch, dass sie sich selbst als Lernende verstehen. Oft wird dieser „Lernbereich" von Lehrkräften unterschätzt und entsprechend vernachlässigt. Für die Lernmotivation der Schüler(innen) ist es aber unbedingt erforderlich, dass sie ihre und andere Sprachen als gewinnbringend für das Lernen erleben. Nur wenn dies auch in den unterrichtlichen Handlungen für sie erkennbar ist, können vielsprachige Ressourcen genutzt werden. Wird eine solche Haltung im Deutschunterricht konsequent eingehalten, kann auch der Sachfachunterricht von einem zugewandten und akzeptierenden Lernklima profitieren.

▶ Herstellen von Sprachaufmerksamkeit

Language Awareness wird im Allgemeinen im deutschsprachigen Raum mit „Sprachbewusstheit" übersetzt, gerade aber in der Mehrsprachigkeitsdidaktik wird eher die Bezeichnung „Sprachaufmerksamkeit" bevorzugt (s. dazu Belke 2006; Oomen-Welke 1999; Wildemann 2010c). Dies begründet sich darin, dass die Mehrheit der hiesigen Sprachbewusstheitskonzepte primär den Grammatikunterricht im Blick haben, während Vertreter(innen) einer Mehr- oder Vielsprachigkeitsdidaktik zunächst darauf abzielen, dass Lerner(innen) aufmerksam werden für Sprachen, deren Struktur, Funktion und Gebrauch. Dies schließt zwar sehr wohl auch grammatikalische Phänomene ein, zielt aber nicht alleine darauf, sondern will Sprache und Sprachen (siehe dazu auch Bien-Miller/Wildemann 2020) vor allem in den Horizont der Schüler(innen) rücken und so zum Gegenstand des eigenen Denkens machen. Ein wesentlicher Moment ist dabei die Sprachthematisierung, also das reflexive Nachdenken und Sprechen über Sprache und Sprachen. Dies kann auf sehr unterschiedlichen Spracheebenen erfolgen, wobei eine Orientierung an den von Ehlich et al. (2008) erstellten Basisqualifikationen erfolgen kann (s. dazu Kap. 2.3). Dem Deutschunterricht kommt hierbei die Aufgabe zu, Anlässe zu schaffen und Aufgaben zu formulieren, die eine sprachreflexive Auseinandersetzung mit dem Deutschen und anderen Sprachen ermöglichen. Diese sollten sich zum einen an den Sprachinteressen der Schüler(innen) ausrichten, zum anderen aber auch neue sprachliche Lernfelder eröffnen, um das sprachliche Wissen der Lernenden zu erweitern. Wichtig ist dabei zudem, zu berücksichtigen, dass jeder Sprachnutzer und jede Sprachnutzerin über sogenannte Präkonzepte (vgl. Oomen-Welke 2000; 2017b) in Bezug auf Sprachen verfügt. Aus diesen heraus werden von ihnen subjektive Hypothesen gebildet, die es in einem sprachsensiblen Deutschunterricht hervorzuholen und aufzugreifen gilt.

Präkonzepte

Als sprachliche Präkonzepte bezeichnet Oomen-Welke Sprachvorstellungen bzw. subjekti-ve Theorien von Sprachenlerner(inne)n, mit denen versucht wird, Sprachphänomene auf der Grundlage des individuellen Sprach- und Weltwissens zu erklären. Diese können sich auf Sprachbedeutungen, Sprachstrukturen, Sprachfunktionen und auf Gebrauchsformen von Sprachen beziehen. Sie beinhalten darüber hinaus aber auch Einstellungen gegen-über Sprachen und deren Bewertung (vgl. Oomen-Welke 2014, 2017a). Exemplarisch kön-nen hier die schriftbezogenen Vorstellungen von Schulanfänger(inne)n aufgeführt wer-den. Schreibanfänger(innen) begründen ihre Schreibungen oftmals nicht regelgeleitet, sondern erfahrungsbezogen („Maus wird klein geschrieben, weil sie ja klein ist.").

▶ *Bewusstmachung von Sprachlernstrategien*

Aus der Forschung ist bekannt, dass Lerner(innen), die über mehr als eine Sprache verfügen, ihr vorhandenes Wissen für das Lernen der Zielsprache Deutsch nutzen (vgl. Apeltauer 2010; Wildenauer-Józsa 2005). Wildenauer-Józ-sa hat dies in einer Studie mit erwachsenen Deutschlerner(inne)n untersucht und dabei festgestellt, dass gerade am Beginn des Lernprozesses, wenn die deutschsprachigen Kompetenzen noch nicht so gut ausgebildet sind, vermehrt auf das erstsprachliche Wissen zurückgegriffen wird. Die Übertragungsver-suche von der Erst- in die Zielsprache lassen, so Wildenauer-Józsa, mit zuneh-mender Deutschkompetenz schließlich nach. Dies ist u. E. ein zu beachtendes Resultat, wenn es in der Schule, um den Unterricht mit Schüler(inne)n ohne oder mit sehr geringen Deutschkenntnissen geht. Denn verfügen diese über eine gut entwickelte Erstsprache, was in der Regel zumindest im Mündlichen der Fall ist, dann sollte ihnen die Gelegenheit gegeben werden, ihr erstsprach-liches Wissen für das Lernen des Deutschen zu nutzen, z. B. indem zentrale Be-griffe eines Themas auch in der Erstsprache abgebildet sind. Auch Apeltauer hat Sprachlernstrategien untersucht, fokussiert aber eine wesentlich jüngere Gruppe, nämlich Vor- und Grundschulkinder. Im Rahmen einer mehrjährigen Beobachtung, die bis in das erste Schuljahr hineinreichte, konnte er mit seinem Team zwölf Formen der kindlichen Lernerselbststeuerung ausmachen, die da wären (vgl. Apeltauer 2010, S. 105 f.):

– Nachahmung,
– Selbstkorrekturen (selbstinitiiert, fremd initiiert und übernommen und lernerinitiierte Fremdkorrekturen),
– Präzisierungen des Ausdrucks,
– Nachfragen,
– spontane Meta-Kommentare,
– Selbstbewertungen,
– Hilfe anfordern,
– Verweigerungen,

- spielerische Variationen und Abwandlungen von Wörtern,
- Lieder, die Lernende selbst entwickeln und an ihre Bedürfnisse anpassen,
- Spiele mit Namen und Wörtern,
- Interaktionssteuerung.

Die von den Kindern selbst initiierten und auch von außen initiierten Selbststeuerungen zeigen dabei eine große Nähe zu kindlichen Handlungsweisen im primären Spracherwerb auf, was noch einmal die systematische Nähe von Erst- und Zweitspracherwerb bestätigt (s. dazu Kap. 2.3). Sie betreffen außerdem das ganze Spektrum der relevanten Sprachlernbereiche, ausgehend von Strategien auf der phonologischen bis hin Tätigkeiten auf der morphosyntaktischen Ebene. Während Apeltauer auf der phonologischen Ebene bis hin zu Tätigkeiten auf der vornehmlich spontane Selbststeuerungen jüngerer Kinder nachzeichnet, muss sich ein sprachsensibler Deutschunterricht die Frage stellen, wie in ihm Sprachlernstrategien gezielt eingesetzt und von den Schüler(inne)n schließlich bewusst herangezogen werden können. Apeltauer schlägt hier vor, in einem ersten Schritt die Selbststeuerungsprozesse der Kinder zu erfassen und einzuordnen, um sich zunächst ein Bild von den individuellen Lernstrategien zu machen (vgl. ebd., S. 120). Hierzu muss aber festgehalten werden, das Apeltauer in seiner Auflistung zwölf Strategien benennt, die durch ein bestimmtes Verhalten der Lernenden sichtbar und damit auch nachvollziehbar werden. Bekannt ist hingegen noch sehr wenig über diejenigen mentalen Steuerungsprozesse, die implizit ablaufen und sich daher einer Beobachtung entziehen. Hier können Aufgabenstellungen, bei denen Schüler(innen) ihre Vorgehensweise offenlegen müssen, Auskunft über Lern- und Problemlösestrategien geben. Das Verbalisieren eigener Strategien ermöglicht dabei nicht nur Lehrkräften Einsichten in sprachstrategisches Denken ihrer Schüler(innen), sondern initiiert auch bei den Schüler(inne)n einen Lernprozess, in dessen Zuge sie die zuvor unbewusst angewandten Lernstrategien nun zunehmend bewusster einsetzen (s. dazu Kap. 7.3).

Im deutschdidaktischen Diskurs wurde anknüpfend an das *Language Awareness*-Konzept die „Didaktik der Sprachenvielfalt", welche vornehmlich durch die Arbeiten von Oomen-Welke (1999; 2000; 2017b) geprägt wurde, entwickelt. Oomen-Welke spricht in diesem Zusammenhang auch von einem „differenziellen Deutschunterricht", in dem alle Lernenden in ihren (sprach-)heterogenen Voraussetzungen, Bedürfnissen und Kompetenzen mitgedacht werden (vgl. Oomen-Welke 2014, S. 482; Oomen-Welke 2013, S. 414). Dabei geht es um mehr als das reine Wissen um Mehrsprachigkeit in den außerschulischen Lebenswelten der Schüler(innen), bei gleichzeitiger Nichtbeachtung im Unterricht. Vielsprachigkeitsdidaktik, wie sie Oomen-Welke verstanden wissen will, ist vielmehr eine integrative Didaktik, wie sie auch von Rupp konzipiert wird, bei der es darum geht, andere lebensweltliche und fachdidaktische Zugänge für den Deutschunterricht nutzbar zu machen. Dies trifft nicht immer auf Zustimmung, vor allem, da viele Lehrkräfte sich hierzulande nicht ausreichend aus- und fortgebildet fühlen, um einen solchen Deutschunterricht zu realisieren. Auch befürchten einige Lehrkräfte, dass die Einbeziehung anderer Sprachen zu einer Verdrängung des Deutschen und folglich zu schlechteren Deutschleistungen aller Schüler(innen) führt. Oomen-Welke hat dem bereits 1999 entgegengehalten:

> Von Anfang an bleibt allerdings klar, dass der Unterricht zur allgemeinen Verständigung einer gemeinsamen Sprache bedarf, des Deutschen. Vielsprachiger Deutschunterricht bedeutet nicht Sprachengebrauch nach Belieben. Andere Sprachen sollen jedoch *zugelassen* und *genutzt* werden – zur Sicherung des Verständnisses (das ist üblich) oder bei interessanten Beobachtungen. (Oomen-Welke 1999, S. 19 f. , Hervorhebungen im Original)

In welchen Kernbereichen ein sprachsensibler Deutschunterricht an das Sprachvermögen anknüpfen und dieses darüber hinaus besser für das Lernen nutzbar machen kann, wird in den nachfolgenden Kapiteln aufgezeigt. Bevor Sie aber weiterlesen, versuchen Sie die nachfolgende Frage für sich zu beantworten.

Was wissen Sie über die Lernbedingungen von Schüler(inne)n, die Deutsch als Erst-, Zweit- oder Fremdsprache lernen?

6.1.1 Deutsch als Kommunikations-, Instruktions- und Lernersprache

Im Deutschunterricht wird in der Regel, wenn es sich nicht gerade um bilinguale Schulmodelle oder den Fremdsprachenunterricht handelt, ausschließlich Deutsch gesprochen. D. h. neben der alltäglichen Unterrichtskommunikation werden alle mündlichen und schriftlichen Aufträge und Aufgaben sowie jegliche Arbeitsprozesse und Ergebnispräsentationen in deutscher Sprache vollzogen. Das gilt selbstverständlich ebenso für die Lehr-Lernmaterialien. Dass Deutsch Unterrichts- und Zielsprache ist, ist dabei aufgrund seiner fachlichen Determiniertheit ein unumstößliches Merkmal. Vergessen wird dabei jedoch noch zu häufig, dass Lerner(innen) niemals über die gleichen sprachlichen Voraussetzungen verfügen, um die Unterrichtssprache rezeptiv und produktiv anzuwenden und die Bedingungen für das Erreichen der geforderten Kompetenzen in der Zielsprache Deutsch damit ungleich sind. Sowohl für primärsprachlich deutsche Schüler(innen), die aufgrund ihres sozioökonomischen Umfeldes über eher geringe Sprachkompetenzen verfügen, als auch für einen Teil der Schüler(innen) mit Deutsch als Zweitsprache ist das Deutsche zugleich Lerner(innen)sprache. Von ihnen wird erwartet, dass sie ihre Deutschkompetenzen während des täglich stattfindenden Unterrichts weiterentwickeln, oft ohne dass darauf besondere Rücksicht genommen wird oder sie Unterstützung erhalten.

Um die unterschiedlichen Voraussetzungen und Bedingungen von DaZ-, DaF- und DaE-Lerner(inne)n[15] aufzuzeigen, hat Rösch eine vergleichende Übersicht zusammengestellt, die zudem verdeutlicht, mit welchen Anforderungen sich Sprachenlerner(innen) konfrontiert sehen (s. Abb. 37). Betrachtet man zunächst die Schüler(innen) mit Deutsch als Zweitsprache, so wird ersichtlich, dass ihr Zweitspracherwerb zumeist ungesteuert, d. h. ohne gezielten unterrichtlichen Input erfolgt und sich außerdem meist durch die Grundschulzeit hindurchzieht. Gleichzeitig entwickelt sich ihre Erstsprache weiter, sodass es ggf. zu Interferenzen zwischen beiden Sprachen kommen kann. Im Unterricht wird ihre Erstsprache jedoch nicht als Kommunikations- und Instruktionssprache genutzt, sondern das Deutsche, welches sie sich noch aneignen, sodass es beinahe unweigerlich zu Problemen kommen muss. Da aber sprachliches Können eine unabdingbare Voraussetzung für die Beteiligung in allen Fächern ist, besteht die Gefahr, mangelhafter Partizipation (s. dazu auch Heller 2012), die sich wiederum in ausbleibendem Schulerfolg ausdrückt. Die besseren Voraussetzungen haben hingegen Schüler(innen), die Deutsch als Fremdsprache erlernen, wenn die Zielsprache im fremdsprachlichen Unterricht systemisch gelehrt und gelernt wird. Deutsch als Fremdsprache ist jedoch in der deutschen Regelgrundschule kein Unterrichtsfach, sodass diese Gruppe im Grunde genommen ausgeklammert werden kann. Interessant wird sie wiederum vor dem Hintergrund ansteigender Flüchtlingsbewegungen nach Deutschland, denn hier handelt es sich um Kinder, die mit einer voll ausgebildeten Erstsprache, aber keinen oder nur rudimentären Deutschkenntnissen in die Grundschule kommen. Die Bundesländer reagieren hier mit unterschiedlichen Maßnahmen, u. a. auch mit Separierung in Förder- oder Vorkursen (auch Auffangklassen genannt), in denen zunächst die basalen Deutschkenntnisse vermittelt werden sollen. In einem solchen Unterricht greifen vermehrt die Ansätze und Methoden der Fremdsprachdidaktik. In Deutschland sind die Bedingungen nach wie vor für die Schüler(innen) am besten, die Deutsch nicht nur als ihre Erstsprache erworben haben, sondern zudem durch Familie und Kindergarten über umfangreiche und differenzielle Sprachkenntnisse verfügen. Für sie findet der Deutschunterricht in ihrer am besten beherrschten Sprache statt, d. h. Kommunikations-, Instruktions- und Zielsprache sind identisch mit der Ausgangssprache. Wenn Deutsch nicht nur die Unterrichtssprache, sondern für einige Schüler (innen) zugleich die Lerner(innen)sprache ist, hat dies Konsequenzen für einen sprachsensiblen Deutschunterricht, in dem die sprachliche Förderung stets voraus- und mitgedacht ist. Zu unterscheiden sind dabei unterrichtsimmanente Formen der Sprachbildung sowie zusätzliche Formen der Sprachförderung (siehe auch Wildemann/Merkert 2020 und Kap. 3).

---

15   DaZ = Deutsch als Zweitsprache; DaF = Deutsch als Fremdsprache; DaE = Deutsch als Erstsprache

	DaZ – Deutsch als Zweisprache	DaF – Deutsch als Fremdsprache	DaE – Deutsch als Erstsprache
Funktion	Kommunikations- und Instruktionssprache in allen Fächern, Voraussetzung für Schulerfolg und gesellschaftliche Integration	i.d.R. ein gewähltes Fach, Lernerfolg verbessert die Berufschancen	Erstsprache, Kommunikations- und Instruktionssprache sind identisch
Sprach-erwerbs-situation	Erstsprache ist sozialisationsbedingt oft nicht altersgemäß ausgebildet; Spracherwerb erfolgt weitgehend ungesteuert; Schüler(innen) haben z.T. ein schwieriges Verhältnis zur Zielsprache	Erstsprache ist altersgemäß (und sozialisationsbedingt) ausgebildet; Spracherwerb erfolgt weitgehend gesteuert; Schüler(innen) zeigen i. d. R. Interesse an der Zielsprache	Erstsprache ist altersgemäß (und sozialisationsbedingt) ausgebildet; Unterricht unterstützt die Synchronisation von gesteuertem und ungesteuertem Erwerb
Lernsitu-ation	Lernerschwernisse aufgrund psychosozialer Bedingungen; Erstsprache wird i. d. R. nicht als Unterrichtssprache genutzt; Zielsprache ist von Anfang an Instruktionssprache	weitgehende Übereinstimmung zwischen häuslichem und schulischem Umfeld; Erstsprache steht auch im Unterricht zur Verfügung; Zielsprache ist Lerngegenstand	weitgehende Übereinstimmung zwischen häuslichem und schulischem Umfeld; Erstsprache ist Unterrichtssprache; Zielsprache ist Instruktionssprache und Lerngegenstand
	keine verbindliche Lehrerausbildung	fundierte Lehrerausbildung	fundierte Lehrerausbildung
Rahmen-bedin-gungen	keine verbindliche Lehrerausbildung; kaum Berücksichtigung der Spracherwerbssituation in Rahmenplänen und Lehrwerken	fundierte Lehrerausbildung; Rahmenpläne und Lehrwerke sind angepasst an das Alter und den Erwerbsprozess	fundierte Lehrerausbildung; Spracherwerb ist die Grundlage für Rahmenpläne und Lehrwerke in allen Fächern
Didaktik	Zweitsprachen- versus zweisprachige Förderung; Verzahnung versus Entkoppelung von Sprach- und Sachlernen; Zielsprachenförderung als Unterrichtsprinzip in allen Fächern	kommunikative/ konstruktivistische Wende; Orientierung am ‚natürlichen' Zweitspracherwerb, Öffnung gegenüber Mehrsprachigkeit; Verstärkung des (bilingualen) Sach-/Fachlernens	kommunikative/kognitive Wende; Sprachreflexion steht im Vordergrund; Methodenlernen im Umgang mit Texten in allen Fächern

Abb. 37: Überblick über DaZ, DaF und DaE (leicht verändert nach Rösch 2011, S. 16, s. auch Wildemann/ Vach 2022, S. 25)

Sowohl Sprachförderung als auch Sprachbildung sollten den grundlegenden Prämissen folgen:

▶ Diagnosebasierte, gestaltete und systematische Lehr-Lern-Methoden und Materialien mit dem Ziel der effektiven und nachhaltigen Sprachbildung oder Sprachförderung auf unterschiedlichen Sprachebenen (phonologisch, morphologisch, lexikalisch, morphosyntaktisch, pragmatisch, diskursiv, literat).

▶ Implizites als auch explizites Lernen, indem Sprache integriert in Sprachhandlungskontexte realisiert wird (Sprachhandlungskompetenz) und dekontextualisiert über Sprache, ihre Strukturen und Funktionen nachgedacht wird (Sprachthematisierungen).

▶ Auch im Deutschunterricht sollen fachliches und sprachliches Lernen miteinander verbunden werden, sodass in der thematischen Auseinandersetzung Raum für Sprachausbau gegeben ist.

Lehrkräfte, die in ihrem Deutschunterricht die lernersprachlichen Fähigkeiten ihrer Schüler(innen) berücksichtigen wollen, benötigen daher ein Wissen über Sprachkontaktphänomene, bei denen es zu Mischungen beider Sprachen kommt. Dazu gehört das *Code-Switching*, bei dem beide Sprachen unter Einhaltung ihrer spezifischen Struktur innerhalb einer Äußerung realisiert werden. Riehl trennt das *Code-Switching* zudem vom Sprachtransfer, denn während bei ersterem ein nahtloser Übergang von einer Sprache in eine andere erfolgt, die sprachlichen Strukturen davon aber unberührt bleiben, sind beim Sprachtransfer Veränderungen auf lexikalischer und grammatischer Ebene zu beobachten (vgl. Riehl 2014, S. 21 f.). Eine weitere Abgrenzung findet zum *Code-Mixing* statt, das immer dann vorliegt, wenn Sprecher(innen) spontan, d. h. unbewusst Wörter oder Phrasen in die jeweils andere Sprache integrieren. Sowohl *Code-Switching* als auch *Code-Mixing* setzen das Vorhandensein zweier Sprachsysteme voraus, während bei *Code-Switching* jedoch ein bewusster Zugriff auf das eine oder andere Sprachsystem erfolgt, handelt es sich bei *Code-Mixing* nicht um eine bewusste Wahl (vgl. Jeuk 2003, S. 36). Für Lehrkräfte, die nicht mit den Erstsprachen der Schüler(innen) vertraut sind – und das ist der Regelfall – ist es äußerst schwierig zu erkennen, ob diese kompetent zwischen zwei Sprachen *switchen* oder ob sie Wörter aus ihrer Erstsprache mit dem Deutschen mixen. Da ein Grund für *Code-Mixing* auf der Wortebene, und dies ist die häufigste Form, aber die Nichtverfügbarkeit des erforderlichen Wortes im Deutschen ist, lässt sich sehr wohl beobachten, ob Schüler(innen) in mündlichen Settings häufiger aus einer „Sprachnot" heraus ein erstsprachliches Wort einbauen. Auch durch gezieltes Nachfragen oder die Bitte um Übersetzung ins Deutsche kann zusätzlich festgestellt werden, ob das entsprechende Wort im mentalen Lexikon eines Schülers oder einer Schülerin verankert ist.

Nicht zu unterschätzen sind auch die bereits erlernten Sprachen, über die Schüler(innen) mit Deutsch als Zweitsprache verfügen. Noch zu oft wird defizitorientiert auf das geschaut, was Zweitsprachlerner(inne)n im Unterricht in Bezug auf die deutsche Sprache nicht gelingt, ohne zu berücksichtigen, dass man es ggf. mit kompetenten Erstsprachennutzer(inne)n zu tun hat. Hier lohnen sich diagnostische Verfahren, die auch die Erstsprachenkompetenzen überprüfen, wie beispielsweise *HAVAS-5, INGA 3-4, Cito-Test* oder der *WWT 6-10*. Da die Zahl der Diagnoseinstrumente begrenzt ist, können zudem Auskünfte der Eltern und der Herkunftssprachenlehrkräfte weitere Informationen liefern. Von Interesse sollte dabei auch sein, ob Schüler(innen) in ihrer Erstsprache alphabetisiert und damit schon in Besitz schriftsprachlicher Fähigkeiten sind.

6.1.2 Lesen und Schreiben als Kernkompetenzen

Das Lesen und Schreiben gehört zu den zentralen Lernbereichen des Deutschunterrichts in der Grundschule. Beide gelten als Schlüsselqualifikationen für das schulische Lernen und letztlich für den Schulerfolg. Zugleich ist bekannt, dass in den großen *Large-Scale-Studien*, wie *PISA* und *PIRLS/IGLU* Schüler(innen) mit Deutsch als Zweitsprache noch immer schlechter abschneiden als ihre primärsprachlich deutschen Mitschüler(innen), obwohl sie in der *IGLU*-Studie 2011 und 2016 signifikant bessere Ergebnisse erzielten als noch 2001.

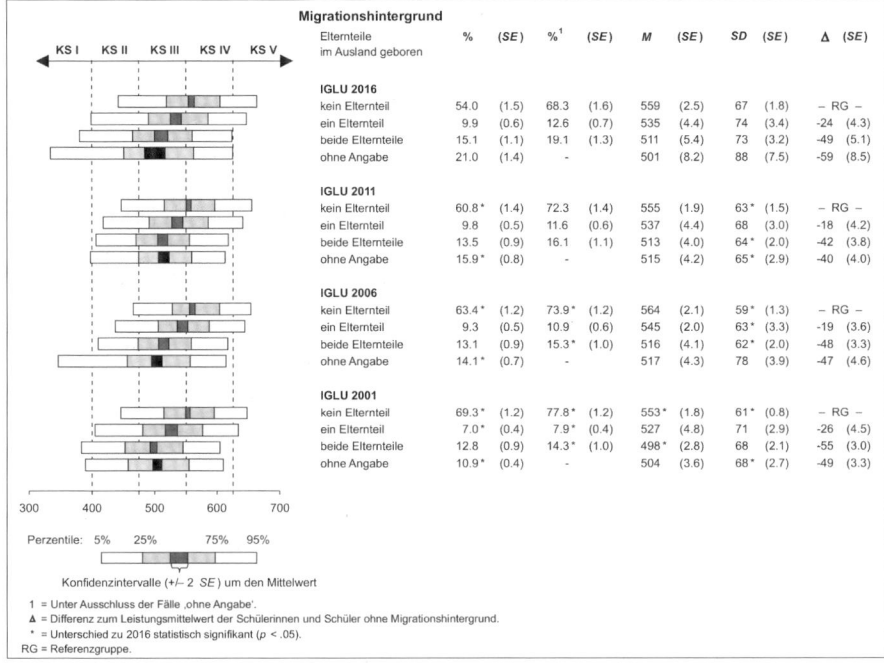

Abb. 38: Lesekompetenzen von Schüler(inne)n ohne und mit Migrationshintergrund aus den Jahren 2001, 2006, 2011 und 2016 (Wendt/Schwippert 2017, S. 225)

Da Schüler(innen) ohne Migrationshintergrund ihre Lesekompetenzen nur geringfügig verbessern konnten, hat sich die Schere zwischen Schüler(inne)n mit

Deutsch als Erstsprache und Schüler(inne)n mit Deutsch als Zweitsprache zwar verringert, es bestehen aber weiterhin Kompetenzunterschiede, vor allem in Bezug auf die Gruppe der Schüler(innen), die nicht über die Lesekompetenzstufe I hinauskommt. Auch der Anteil der Schüler(innen) mit Migrationshintergrund, der die höchste Lesekompetenzstufe erreicht, ist deutlich geringer als jener der Schüler(innen) ohne Migrationshintergrund (s. Abb. 38). Neben der Variable „Migrationshintergrund" stellt zudem der sozioökonomische Status eine Einflussgröße auf die Lesekompetenz dar, daher wurden in der *IGLU*-Studie erweiterte Regressionsanalysen durchgeführt, die den familiären Sprachgebrauch und Buchbesitz, das Bildungsniveau und die soziale Zugehörigkeit der Familien erfassen (vgl. Schwippert et al. 2012, S. 202 ff.). Eine Veränderung zeichnet sich insofern ab, als dass 2011 „die Effekte des Buchbesitzes, des Bildungshintergrunds der Eltern und des ausgeübten Berufs stärker sind als das Merkmal Herkunft der Eltern und des familiären Sprachgebrauchs" (ebd., S. 205). Damit wird eine Tendenz deutlich, die sich auch aus anderen Erhebungen ablesen lässt, nämlich die Bedeutung des sozioökonomischen Status und Bildungsgrades der Familie. In *IGLU* 2011 wurde auch diese Variable überprüft. Hier bestehen im internationalen Vergleich erhebliche Unterschiede im Zusammenhang von Lesekompetenz und sozialen Disparitäten. Deutschland gehört zu den Ländern, in denen die sozialen Disparitäten im Mittelfeld liegen. Gleichzeitig variieren in Deutschland die Lesekompetenzen in erheblichem Maße in Abhängigkeit zum sozialen Status der Eltern. Besonders Viertklässler(innen) aus sogenannten Arbeiterfamilien sowie aus armutsgefährdeten Elternhäusern liegen mit ihren Leseleistungen fast ein Jahr hinter denen von Kindern aus klassischen Mittelschichtfamilien zurück (vgl. Wendt et al. 2012, S. 188). In IGLU-2016 zeigen sich keine deutlichen Veränderungen, vielmehr haben die sozialen Disparitäten seit 2001 noch zugenommen (vgl. Hußmann, et al. 2017, S. 203).

Für die Schreibkompetenzen liegen keine vergleichbaren Ergebnisse vor, was auch daran liegen mag, dass sich das Schreiben in verschiedene Subbereiche untergliedern lässt, wie beispielsweise Textkompetenzen oder orthografische Kompetenzen, die in sich wiederum komplexe Sprachhandlungen darstellen. Die Operationalisierung und damit Messbarkeit gelingt daher oft nur für Teilprozesse des Schreibens. Einen solchen Teilprozess, nämlich das Rechtschreiben, hat der *IQB-Ländervergleich* im Jahr 2011 für Schüler(innen) am Ende der vierten Jahrgangsstufe zwar untersucht, ohne jedoch die Daten für einen Vergleich zwischen den Ländern heranzuziehen, da die Stichproben in den Ländern zu klein waren. Immerhin konnte mit der Prüfung der orthografischen Kompetenzen das entwickelte Kompetenzstufenmodell überprüft werden (vgl. Richter et al. 2012). Dies konnte für den IQB-Bildungstrend 2016 genutzt werden.

Insgesamt ist das Lesen deutlich besser erforscht als das Schreiben. Für die Gruppe der Lerner(innen) mit Deutsch als Zweitsprache, die eine zentrale Zielgruppe eines sprachsensiblen Deutschunterrichts sind, liegen immerhin kleinere Erhebungen für das Lesen und Schreiben vor. Einige der daraus gewonnenen Erkenntnisse werden nachfolgend skizziert, um aufzuzeigen, welche Anforderungen beim Lesen und Schreiben in der Zweitsprache zu bewältigen sind. Hier kann insbesondere auf die Arbeiten von Becker (2011; 2012), Grießhaber (2006; 2012; 2017) und Kalkavan (2012a; 2012b) verwiesen werden.

Lesen in der Zweitsprache

Um sich Texte erschließen zu können, sind unterschiedliche Teilprozesse erforderlich. Rosebrock und Nix unterscheiden auf der kognitiven Ebene hierarchieniedrige von hierarchiehohen Prozessen (vgl. Rosebrock/Nix 2020). Zu ersteren gehören die Buchstaben-, Wort- und Satzidentifikation, die sich Grundschüler(innen) in der Regel in den ersten beiden Schuljahren aneignen. Hier spielt bereits das mentale Lexikon eine entscheidende Rolle, denn die Leselerner(innen) müssen über Begriffe verfügen, um Wörter und deren Bedeutung im Satz zu identifizieren. Ehlers weist darauf hin, dass ein zu wenig differenzierter Wortschatz gerade bei Zweitsprachler(inne)n die Lesefähigkeit eingeschränkt (vgl. Ehlers 2017, S. 284). Benötigt wird ein umfassendes Repertoire an Inhaltswörtern (Nomen, Verben, Adjektive). Problematischer sind jedoch häufiger Funktionswörter wie Artikel, Pronomen, Präpositionen, Konjunktionen, die für die Verknüpfung von Wörtern und Sätzen gebraucht werden. Das wortübergreifende Lesen erfordert von den Kindern wiederum morphosyntaktisches Wissen, denn sie müssen nicht nur verschiedene Satzmuster kennen, sondern darüber hinaus auch wissen, dass sich Wörter im Satz verändern, sich sozusagen dem Satz anpassen. Dies gilt insbesondere für die Verbstellung im Deutschen, die inzwischen als ein wichtiger Indikator für vorhandene Sprachkompetenz gilt und gerade bei Lerner(inne)n mit Deutsch als Zweitsprache überprüft wird, um Aussagen über den Sprachstand machen zu können (vgl. Grießhaber 2010; 2012b).

Wenn es Leser(innen) gelingt, Sätze miteinander zu verknüpfen, wird dies als lokale Kohärenzbildung bezeichnet. Geht es hingegen um das Verstehen des Textes in seiner Gesamtheit, sprechen wir von globaler Kohärenzbildung (vgl. Rosebrock/Nix 2020, S. 18). Beides zusammen ist wichtig für das Verstehen eines Textes. Um Kohärenz herzustellen, muss die Leserin oder der Leser Beziehungen zwischen den Sätzen, Abschnitten und Textteilen herstellen (Inferierfähigkeit), aber auch selektieren, also Wesentliches von Unwesentlichem unterscheiden können (Selektierfähigkeit). Beides kann nur gelingen, wenn die hierarchieniedrigen Lesefertigkeiten bereits automatisiert sind, ausreichender Wortschatz vorhanden ist und außerdem auf ein gewisses Hintergrundwissen bzw. Weltwissen zurückgegriffen werden kann. Dies wirkt sich sichtbar auf die Lesegeschwindigkeit aus, die nach wie vor ein zentraler Indikator für Lesekompetenz ist (vgl. Rosebrock et al. 2011).

Welche Schwierigkeiten beim Lesen in der Zweitsprache auf den Ebenen Wort, Satz und Text vorkommen können, zeigt die nachfolgende Auflistung, die aus Wildemann/Rathmann (2015b) entnommen wurde:

Schwierigkeiten beim Lesen von …	Mögliche Ursachen
Wörtern	▸ Laute oder Lautkombinationen werden falsch artikuliert, sodass kein Wort erkennbar ist. ▸ Graphem-Phonem-Zuordnung ist nicht korrekt, weil sie z. B. von der in der Erstsprache abweicht oder weil zu wenige deutschsprachige Erfahrungen gemacht werden konnten. ▸ Bedeutung von Komposita (z. B. Pudelmütze) kann nicht erschlossen werden. ▸ Funktionswörter (Präpositionen, Artikel, Partikel) können nicht sinnvoll mit Inhaltswörtern verbunden werden. ▸ Unterschiedliche Bedeutungen eines Wortes werden nicht erkannt. ▸ Vorsilbe verändert die Bedeutung eines Wortes (verfahren, vorspielen …) ▸ Wörter nehmen auf kulturelles Vorwissen Bezug (Märchenfiguren, Brauchtum), über das die Kinder nicht verfügen. ▸ „Falsche Freunde", d. h. Wörter, die in der Erst- und in der Zweitsprache ähnlich klingen, aber Unterschiedliches bedeuten, werden falsch „übersetzt" ▸ Wortschatz ist eingeschränkt, sodass einzelne Wörter nicht dekodiert werden können. ▸ …
Sätzen	▸ Satz weicht von der Struktur von Aussagesätzen (Subjekt – Prädikat – Objekt) ab. ▸ Durch die Flexion werden „veränderte" Wörter nicht wiedererkannt (z. B. läufst, trug …) und können daher nicht entschlüsselt werden. ▸ Durch Flexion kommt es zu Besonderheiten in der Satzstellung (z. B. Inversion, Verbklammer). ▸ Verknüpfungen auf syntaktischer Ebene können nicht hergestellt werden (z. B. mit Pronomen oder Konjunktionen). ▸ Erforderliches Weltwissen fehlt. ▸ …
Text	▸ Kinder haben wenig literale Vorerfahrungen. ▸ Lesegeschwindigkeit und Leseflüssigkeit sind sehr gering. ▸ Explizite Informationen werden nicht erkannt, weil z. B. die Bedeutung einzelner Wörter nicht klar ist. ▸ Implizite Informationen werden nicht entdeckt, weil keine Kapazität für gezieltes Lesen vorhanden ist. ▸ Zusammenhänge und Inferenzen können nicht hergestellt werden, weil linguistisches Wissen, z. B. zur Verknüpfung von Sätzen, fehlt. ▸ Vorwissen/Weltwissen der Kinder zum Thema ist zu gering, um den Text zu verstehen. ▸ …

Abb. 39: Stolpersteine beim Lesen in der Zweitsprache (aus Wildemann/Rathmann 2015b, S. 48)

Die aufgeführten „Stolperstellen" sollen lediglich eine Hilfe für das Erkennen von Schwierigkeiten beim Lesen in der Zweitsprache Deutsch sein, sie sind keinesfalls statische Zuschreibungen, da bei jeder Schülerin und jedem Schüler die individuelle Lesekompetenz unter Berücksichtung der jeweiligen Umweltbedingungen erfasst werden sollte. Haben Lerner(innen) mit Deutsch als Zweitsprache beispielsweise bereits in ihrer Erstsprache lesen gelernt, so sind sie ggf. in der Lage, ihre Lesefähigkeiten auf das Lesen in der Zweitsprache zu transferieren. Ebenso können die erstsprachlichen Lesekompetenzen aber auch zu Transfererscheinungen beim Lesen in der Zweitsprache führen. Auch das Selbstkonzept als Leser(in) und die damit einhergehende Lesemotivation spielt für das Lesenlernen eine maßgebliche Rolle.

Seit einigen Jahren gibt es eine fachdidaktische Diskussion, die das Konzept *Leichte Sprache* umfasst. Es handelt sich dabei um eine vereinfachte Sprache, die vornehmlich für Menschen mit Lernschwierigkeiten, aber auch für Menschen, „die nur wenig Deutsch können" (s. *Netzwerk Leichte Sprache*) gedacht ist. Kellermann (2014) zählt zur Zielgruppe, Menschen mit einer Lese- und Rechtschreibschwäche, Menschen mit Hirnverletzungen, ältere Menschen und hörbehinderte Menschen mit geringerer Lautsprachkompetenz, Menschen mit geringen Deutschkenntnissen, Lernende einer Fremdsprache oder sogar Tourist(inn)en. *Leichte Sprache* „zeichnet sich unter anderem durch kurze Hauptsätze aus, weitgehenden Verzicht auf Nebensätze, die Verwendung von bekannten Wörtern, während schwierige Wörter erklärt werden. Das Schriftbild sollte klar, ohne Schnörkel (Serifen) und ausreichend groß sein. Nach jedem Satzzeichen sowie bei sinnvollen Satzabschnitten wird ein Absatz gemacht. Die Optik von Bild und Schrift muss übersichtlich sein. Farben sind eher sparsam einzusetzen. Einfache Illustrationen sind besser als Fotos, auf denen zu viele Details zu sehen sind." (vgl. Kellermann 2014, o. S.)
Leichte Sprache zielt somit vor allen darauf ab, Lesetexte zu vereinfachen. Das *Netzwerk Leichte Sprache* formuliert auf seiner Internetseite die Regeln für das Erstellen von Texten in leichter Sprache noch konkreter und stellt folgendes Regelwerk auf:

1. Benutzen Sie einfache Wörter.
2. Schreiben Sie keine Abkürzungen.
3. Vermeiden Sie Rede-Wendungen.
4. Vermeiden Sie hohe Zahlen.
5. Schreiben Sie kurze Sätze.
6. Schreiben Sie alles zusammen, was zusammengehört.
7. Lassen Sie genug Abstand zwischen den Zeilen.
8. Machen Sie viele Absätze und Überschriften.
9. Benutzen Sie Bilder.
10. Lassen Sie den Text immer prüfen.

(Netzwerk Leichte Sprache 2022, o. S.)[16]

---

16 Inzwischen gibt es ein erläuterndes Regelwerk, abrufbar unter: https://www.leichte-sprache.org/wp-content/uploads/2017/11/Regeln_Leichte_Sprache.pdf

Sicherlich eignen sich viele der Hinweise auch für eine Vereinfachung schulischer Texte, vor allem, wenn diese von Lerner(inne)n mit sehr geringen Deutschkenntnissen rezipiert werden sollen. Wie dies aussehen kann, zeigt Maaß (2015) am Beispiel eines öffentlichen Textes:

Beispiel für „Leichte Sprache" (aus Maaß 2015, S. 3)

Auf der Homepage des Niedersächsischen Landesamtes für Soziales, Jugend und Familie Hildesheim liest man:
Die festgestellte Eigenschaft als schwerbehinderter Mensch berechtigt – sofern weitere Voraussetzungen (z. B. Erreichen einer bestimmten Altersgrenze, Erreichen einer bestimmten Anzahl von Beitragsmonaten) erfüllt sind – zum vorzeitigen Erhalt der Altersrente.

In leichter Sprache liest sich diese Information so: Als schwerbehinderter Mensch können Sie früher Rente bekommen. Dafür gibt es bestimmte Regeln.

Gleichzeitig muss aber auch eingestanden werden, dass sich nicht jeder Text für eine Vereinfachung eignet. So plädiert Löffler für eine Beschränkung auf Sachtexte[17]:

> Aus meiner Sicht sollte sich die Übertragung von Texten in Leichte Sprache auf Gebrauchstexte beschränken. Eine Übertragung literarischer Texte in Leichte Sprache ist nicht sinnvoll, weil den Werken das Wesentliche verloren geht. (Löffler 2015, S. 21)

Sicherlich ist es ratsam, dass Lehrkräfte, die mit sprachlichen Vereinfachungen arbeiten, sich vorher überlegen, welche Funktion die Vereinfachung für die konkrete Sprachhandlungssituation hat. Der funktionale Charakter von „Leichter Sprache", ist, so Bock, nicht die anzustrebende Norm, vielmehr handelt es sich um eine „Vermittlungsvarietät" und „transitorische Sprachform" (Bock 2015, S. 11), die nicht als Gegenpart zur komplexen Schriftsprache gedacht ist, sondern den Weg dahin ebnen kann. Oomen-Welke, die in Anlehnung an die Kompetenzstufen A1 bis B1 des *Gemeinsamen Europäischen Referenzrahmens für Sprachen (GER)* zwischen „Leichter Sprache" und „Einfacher Sprache" unterscheidet, konstatiert daher:

> Leichte Sprache und Einfache Sprache sind – in angemessen unscharfer Bezeichnung – zwei Register des Deutschen, also Ausbauvarietäten im sprachlichen Kontinuum von der basalen über die elaborierte zur schriftkulturell ausgebauten Sprache (i. S. von Maas 2008), dabei zielen beide auf eine schriftkulturelle Dimension. (Oomen-Welke 2015, S. 27)

---

17 Das auch literarische Texte in leichter Sprache präsentiert werden können zeigt das Buch „LiES. Das Buch: Literatur in Einfacher Sprache.", welches 2020 von Hauke Hückstädt herausgegeben wurde.

Die Verwendung „Leichter Sprache" sollte zudem adressatenorientiert erfolgen, denn Lerner(innen) mit Deutsch als Zweitsprache sind nicht per se die Hauptzielgruppe, vor allem dann nicht, wenn sie bereits über gute Deutschkompetenzen verfügen, was ja auf einen nicht unerheblichen Teil zutrifft (s. auch Grimm/Schulz 2014 und dazu Kap. 2.3). Eine mögliche Zielgruppe könnten hingegen Flüchtlingskinder sein, die als Seiteneinsteiger ohne Deutschkenntnisse in die Schule kommen und dort am Regelunterricht teilnehmen. Für sie könnte „Leichte Sprache" ein Hilfskonstrukt beim Aufbau eines Basiswortschatzes sein (s. dazu auch Oomen-Welke 2015, S. 30). Eine weitere Zielgruppe setzt sich in einer inklusiven Grundschule aus Schüler(inne)n mit erheblichen sprachlich-kognitiven Beeinträchtigungen zusammen. In Kooperation mit der Sonderpädagogin oder dem Sonderpädagogen könnten für sie vereinfachte Texte erstellt werden, sodass gemeinsames Lernen an einem Lerngegenstand auch bei zieldifferenter Förderung möglich ist. Wie das gehen kann, zeigt Becker (2011) am Beispiel des Bilderbuchs „Garmans Sommer" von Stian Hole.

Kompetenzstufen des Gemeinsamen Europäischen Referenzrahmens für Sprachen
Der *Gemeinsame Europäische Referenzrahmen für Sprachen (GER)* „stellt eine gemeinsame Basis dar für die Entwicklung von zielsprachlichen Lehrplänen, curricularen Richtlinien, Prüfungen, Lehrwerken usw. in ganz Europa. Er beschreibt umfassend, was Lernende zu tun lernen müssen [sic], um eine Sprache für kommunikative Zwecke zu benutzen und welche Kenntnisse und Fertigkeiten sie entwickeln müssen, um in der Lage zu sein, kommunikativ erfolgreich zu handeln." (GER 2001, S. 14) Unterschieden werden darin die Niveaustufen A (A1 – A2): Elementare Sprachverwendung, B (B1 – B2): Selbstständige Sprachverwendung und C (C1 – C2): Kompetente Sprachverwendung (vgl. GER 2001, S. 32).

▶ Prüfen Sie bei einem Text aus dem Lesebuch, welches Sie gerade im Unterricht verwenden, den sprachlichen Schwierigkeitsgrad.

▶ Überlegen Sie, wie Sie den Text sprachlich vereinfachen können, ohne seinen Inhalt zu reduzieren.

Schreiben in der Zweitsprache

Während es am Schulanfang um die Aneignung basaler Schreibfähigkeiten auf der Wort- und Satzebene geht, treten mit zunehmender Schreibsicherheit orthografische Kompetenzen und schließlich komplexere Textkompetenzen, die für das Verfassen und Überarbeiten von Texten erforderlich sind, hinzu. Aus ontogenetischer Sicht sind Lerner(innen), die bereits in ihrer Erstsprache schreiben können, von denen zu unterscheiden, die ausschließlich über mündliche Erstsprachkompetenzen verfügen und nun in ihrer Zweitsprache Deutsch alphabetisiert werden. Schüler(innen) mit vorhandenen literalen Fähigkeiten in ihrer Erstsprache verfügen zumeist über phonologisches, lexikalisches, grammatisches und textsortenbezogenes Wissen, an das sie nun anknüpfen können, während ein solches Wissen bei nichtliteralisierten Schüler(inne)n nicht ohne Weiteres vorausgesetzt werden kann (vgl. Schindler/Siebert-Ott, 2014, S. 202). Sowohl die primärsprachlichen Voraussetzungen in der Erst- und Zweitsprache als auch die frühen Literacy-Erfahrungen der Kinder sind für den Verlauf der Schriftaneignung in der Grundschule bedeutsam. Es geht also nicht allein um die Frage, welche Sprache oder Sprachen ein Kind beherrscht, sondern vielmehr um das gesamte Sprach-Schrift-Umfeld, in dem es aufwächst.

Betrachtet man das Schreiben nun aus bildungssprachlicher Perspektive, so spielt hier insbesondere das Textverfassen und damit die Textkompetenz eine herausragende Rolle. Hierfür zeichnet Schmölzer-Eibinger eine Entwicklung vom Mündlichen zum Schriftlichen nach und einen allmählichen Wechsel des eher konzeptionell mündlich geprägten Sprachgebrauchs in eine zunehmend konzeptionelle Schriftsprachlichkeit (vgl. Schmölzer-Eibinger 2011, S. 140.) Dies ist gerade in der Grundschule ein langwieriger Prozess, da die Schüler(innen) hier mit sehr unterschiedlichen Sprach- und Literacy-Erfahrungen in den Schreiblernprozess einsteigen (s. auch Wildemann 2015; 2018). In ihren ersten Texten zeigen sich daher oft noch Spuren konzeptioneller Mündlichkeit, die sich auf die Textkomposition auswirken. So konnte beispielsweise Weinhold (2000) an einem umfangreichen Korpus von Texten aus dem ersten Schuljahr gut belegen, dass Schreibanfänger(innen) oftmals eine subjektive Perspektive einnehmen, dabei u.a. den Leser oder die Leserin direkt ansprechen und so wesentliche Aspekte des Mündlichen in ihren Texte realisieren. Für die Entwicklung fortgeschrittener Textkompetenz ist es aber erforderlich, dass die Schreiberin oder der Schreiber sich, je nach Textsorte und Schreibaufgabe, aus der subjektiven Sichtweise löst und eine text- und leser(innen)orientierte Perspektive einnimmt. Welche Teilkompetenzen dies erfordert, hat Schmölzer-Eibinger wie folgt zusammengefasst:

> Damit geht eine Ausdifferenzierung und Integration von schriftsprachlichen Strukturen einher, Textmuster werden geordnet, Situationsbezüge werden zunehmend sprachlich konstituiert und es werden Mittel der Textbildung erworben, die es ermöglichen Informationen zu verdichten und komplexe Aussagen zu konstruieren. (Schmölzer-Eibinger 2011, S. 141 f. in Anlehnung an Feilke 2006)

Textentwicklung ist demzufolge geprägt von zunehmender textueller Komplexität, die eine Fokussierung des Schreibenden auf die Textstrukturierung aus der Perspektive der textuellen Anforderungen beinhaltet. In einem solchen Prozess verändern sich schließlich die Texte der Grundschüler(innen), wobei darauf hinzuweisen ist, dass die Textentwicklung mit dem Ende der Grundschulzeit nicht abgeschlossen ist. Um die textuellen Kompetenzen der Schüler(innen) einschätzen zu können, bedarf es Kriterien, was einen „guten" Text ausmacht.

177

Böttcher/Becker-Mrotzek (2009) und Schmölzer-Eibinger (2011) haben hierfür entsprechende Indikatoren entwickelt. In der Abbildung 40 sind die Kriterien zusammengefasst.

Kompetenz	Erläuterung
Perspektivwechsel und Strategie-vielfalt	Fähigkeit, beim Schreiben unterschiedliche Perspektiven einzunehmen
Bedeutungskonstruktion im Kontext	Im Text wird durch entsprechenden Wortgebrauch und eine thematische Einbettung Bedeutung konstruiert.
Fokussierung von Kernaussagen	Zentrale Aussagen und Inhalte werden adressatenorientiert dargestellt.
Themenentfaltung/Textaufbau und Textkohärenz	Das Thema eines Textes wird in nachvollziehbarer Weise entfaltet, sodass es dem Leser oder der Leserin gelingt, Textkohärenz herzustellen.
Textmuster	angemessenes Textmuster (z. B. Erzählung, Beschreibung, etc.) in Abhängigkeit zur Schreibaufgabe
Planung und Überarbeitung	Die Qualität der Textüberarbeitungen lässt Rückschlüsse auf die Textkompetenz zu. Hier unterscheidet Schmölzer-Eibinger die Intensität, Art und den Ort (z. B. Wort-, Satz, Textebene) der Verarbeitung (2011, S. 147). Böttcher und Becker-Mrotzek berücksichtigen zudem, ob Planungsprozesse erkennbar sind.
sprachliche Variation /Sprachstil	differenzierte Ausdrucksweise und Angemessenheit des Sprachstils
sprachliche Richtigkeit	Das umfasst bei Böttcher und Becker-Mrotzek die Wortbildung (Morphologie), den Satzbau (Syntax) und die Orthografie.

Abb. 40: Indikatoren für Textkompetenz in Anlehnung an Böttcher/Becker-Mrotzek (2009) und Schmölzer-Eibinger (2007, 2011)

Schmölzer-Eibinger hat als Antwort für das Schreiben in der Zweitsprache das Konzept der „Literalen Didaktik" entwickelt, wobei es sich im Grunde genommen für alle Lernenden eignet, da der Ausgangspunkt der Förderung stets die aktuellen Kompetenzen eines Schülers oder einer Schülerin sind. Im Gegensatz zum Konzept „Leichte Sprache" wird Textvereinfachung hier jedoch ausgeschlossen. Vielmehr sollen die Schüler(innen) lernen, Texte so zu entschlüsseln, wie sie ihnen begegnen. Das Schreiben von Texten dient dabei der Erweiterung sprachlicher Kompetenzen und dem Wissenserwerb, da es Problemlösefähigkeiten erfordert, die wiederum auf andere Sprachhandlungen übertragen werden können und letztlich auch die Schreibkompetenz voranbringen. Für die Förderung von Textkompetenz erfolgt im Rahmen der „Literalen Didaktik" eine Förderung in drei Phasen. In der ersten Phase, der Wissensaktivierung, sollen die

Schüler(innen) Assoziationen zu einem Thema abrufen und aufschreiben (assoziatives Schreiben). Der Kernbereich des Drei-Phasen-Modells ist die zweite Phase, die Arbeit am Text, in der es darum geht, Texte rezeptiv zu erfassen (Lesen) und selbst Texte zu produzieren (Schreiben). Im Schreibprozess werden unterschiedliche Stufen der Textarbeit, mit ansteigenden Komplexitätsgrad erprobt. Bei der „Textkonstruktion" sollen Textfragmente ergänzt werden, bei der „Textrekonstruktion" sollen die Schüler(innen) lückenhafte Texte vervollständigen, bei der „Textfokussierung" geht es darum, Texte auf ihre zentralen Inhalte zu reduzieren und bei der „Textexpansion" werden Texte unter Berücksichtigung sprachlicher und sachlicher Angemessenheit erweitert. Erst in der dritten und letzten Phase, der „Texttransformation" werden Texte neu geschrieben, also vorhandene Texte „aus ihrem ursprünglichen Kontexten herausgelöst und in neue Kontexte transferiert" (Schmölzer-Eibinger 2011, S. 192). Für Schüler(innen) mit Deutsch als Zweitsprache kann gerade diese Mehrschrittigkeit in der Schreibentwicklung hilfreich sein, um Textwissen aufzubauen und dieses schließlich für das eigene Schreiben zu nutzen (s. auch Kap. 7.2.3). In dem Modell von Schmölzer-Eibinger, wird aber nicht nur geschrieben (und gelesen), sondern immer wieder in didaktischen Schleifen über das Geschriebene (und Gelesene) kommuniziert, sodass Schüler(innen) in der diskursiven Auseinandersetzung mit eigenen und fremden Texten ihr literales Wissen weiterentwickeln und neu hinzugewonnenes Wissen wiederum in das Textschreiben integrieren können.

Bevor jedoch mit einer Förderung textueller Kompetenzen begonnen wird, ist es erforderlich, dass sich Lehrkräfte ein Bild davon machen, in welchem Bereich oder welchen Bereichen ihre Schüler(innen), besonders diejenigen, die das Schreiben in ihrer Zweitsprache Deutsch lernen, noch Schwierigkeiten haben können. Gerade in der Grundschule sind noch häufig Entwicklungsbedarfe auf der morphosyntaktischen Ebene zu verzeichnen, die in einem sprachsensiblen Deutschunterricht integrativ und systematisch aufgegriffen werden sollten. Die nachfolgende Übersicht aus Wildemann/Rathmann (2015) kann für Lehrkräfte eine Orientierungshilfe bei der Einschätzung von Unterstützungsbedarfen in der Schreibentwicklung sein.

Schwierigkeiten beim Schreiben von …	Mögliche Ursachen
Buchstaben	▶ Der Transfer von Lauten in Buchstaben gelingt nicht, da nicht alle deutschen Sprachlaute bekannt sind. ▶ Interferenzen zwischen beiden Lautsystemen treten auf, d. h. Sprachlaute aus der Erstsprache werden in die Zweitsprache eingefügt und Sprachlaute aus dem Deutschen weggelassen. ▶ Laute werden mit Buchstaben aus der Erstsprache (z. B. ş für sch bei Kindern mit türkischer Erstsprache) verschriftet. ▶ …

Wörtern	▸ Die Einhaltung von Wortgrenzen gelingt nicht, da Wörter nicht bekannt sind. ▸ Wörter können nicht aus dem Lautstrom herausgefiltert werden, weil sie nicht bekannt sind. ▸ Wissen zur Wortbildung im Deutschen (morphologisches Wissen) ist lückenhaft, insbesondere in Bezug auf die Flexion der Verben und Nomen, Steigerung der Adjektive, Prä- und Suffixe. ▸ Artikel werden aufgrund von Unterschieden zwischen Erst- und Zweitsprache fehlerhaft gebraucht. ▸ …
Sätzen	▸ Verbstellung in Hauptsätzen und Nebensätzen wird aufgrund abweichender Strukturen in der Erstsprache und Besonderheiten im Deutschen fehlerhaft verwendet. ▸ Die Unterscheidung von trennbaren und untrennbaren Verben ist nicht bekannt. ▸ Modalverben/Hilfsverben (wollen, können, sollen, müssen, mögen, dürfen) werden in Verbindung mit Vollverben (z. B. Ich möchte Ball spielen.) fehlerhaft verwendet. ▸ Komplexe Satzgefüge können nicht realisiert werden, weil Wissen über Verknüpfungen fehlt. ▸ …
Text	▸ Kohärenzbildung gelingt nicht, weil satz- und textverknüpfende Elemente wie *plötzlich*, *danach*, *schließlich* sowie Pronomen nicht beherrscht werden. ▸ Text kann inhaltlich und formal nur eingeschränkt gestaltet werden, da noch zu viel Augenmerk auf die Schreibhandlung gelegt werden muss. ▸ Exposition (Einführung und Entwicklung einer Handlungskette mit Auflösung am Schluss) in narrativen Texten fehlt, aufgrund fehlenden Sprachwissens. ▸ Aussagen zu den Gedanken und Gefühlen der Protagonisten fehlen, aufgrund fehlender narrativer Kompetenzen. ▸ Viele Wortwiederholungen, weil der Wortschatz unzureichend ausgebildet ist. ▸ Schwierigkeiten bei der Textüberarbeitung, da Fehler nicht selbst erkannt werden. ▸ …

Abb. 41: Stolperstellen beim Schreiben in der Zweitsprache (Wildemann/Rathmann 2015b, S. 39)

Diskutieren Sie in Ihrer Fachkonferenz das Drei-Phasen-Modell von Schmölzer-Eibinger.

6.1.3 Der Kompetenzbereich Sprache und Sprachgebrauch untersuchen

Der Kompetenzbereich *Sprache und Sprachgebrauch untersuchen* ist insofern besonders, als dass er zum einen als eigenständiger Lernbereich gilt und zum anderen – wie der Kompetenzbereich *Sich mit Texten und anderen Medien auseinandersetzen* – integrativer Bestandteil der drei prozessbezogenen Kompetenzbereiche ist. Dies ist auch ein Grund, weshalb er im Deutschunterricht eher eine randständige Position einnimmt. Wenn *Sprache und Sprachgebrauch untersuchen* ohnehin stets mitgedacht wird, also das stattfindet, was Ossner als eine „Integrierte Sprachbetrachung" (vgl. Ossner 2006, S. 8) deklariert, dann schwindet sein Eigenwert um ein Vielfaches. Konkret lässt sich das daran beobachten, dass Lesen und Schreiben in der Grundschule sowohl konzeptionell als auch ideologisch dominieren. Sicherlich ist dieser Umstand unter anderem der Tatsache geschuldet, dass in der Grundschule die basalen (Schrift-)Sprachfähigkeiten entwickelt werden sollen, um die Anschlussfähigkeit an die weitere Schulbildung zu gewährleisten. Ein anderer Grund für die Unterrepräsentanz ist wohl in seiner mangelhaften Ausdifferenzierung – auch in den nationalen Bildungsstandards (2022) – im Vergleich zu den anderen Kompetenzbereichen zu suchen. Als Subbereiche sind aufgeführt: *Sprachliche Verständigung und sprachliche Vielfalt untersuchen* und *Sprachliche Strukturen untersuchen und nutzen*. Damit werden zwei große Lernbereiche fokussiert, zum einen die Entwicklung von Sprachhandlungskompetenz und zum anderen der Aufbau von morphologischem und morphosyntaktischem Wissen. Der Sprachvergleich als weiteres Lernfeld wird implizit genannt, aber nicht weiter ausgeführt. In der Schule fristet der Kompetenzbereich *Sprache und Sprachgebrauch untersuchen* daher ein sehr kümmerliches Dasein. Entweder findet er sich in einem eher traditionellen, systematischen Grammatikunterricht wieder oder es wird davon ausgegangen, dass er auf die eine oder andere Weise implizit beteiligt ist, wenn gesprochen, gelesen oder geschrieben wird. Anders verhält es sich hier in der Mehrsprachigkeitsdidaktik, die diesen Kompetenzbereich vor allem in Anlehnung an das britische *Language Awareness-Konzept* ausfüllt. Danach beinhaltet *Language Awareness* (dt. Sprachbewusstheit oder Sprachaufmerksamkeit, s. Kap. 6.1) die Fähigkeit, sprachliche Strukturen bewusst zu erfassen und zu analysieren, über Sprachgebrauch zu reflektieren und das eigene Sprachhandeln gezielt zu gestalten (vgl. Wildemann 2013a, S. 321, Wildemann et al. 2018b). Allen unterschiedlichen Ansätzen von *Language Awareness* ist gemein, ein höheres Interesse an und eine größere Sensibilisierung für Sprache, Sprachen, sprachliche Phänomene und dem Umgang mit Sprache und Sprachen wecken zu wollen bzw. die vorhandenen metasprachlichen Fähigkeiten und Interessen zu vertiefen (Luchtenberg 1998, S. 140). Für einen sprachsensiblen Deutschunterricht ist in diesem Zusammenhang von Interesse, auf welche kognitiven Strategien Zweitsprachler(innen) zurückgreifen, um sich sprachliche – sowohl mündliche als auch schriftliche – Strukturen zu erschließen. Dass Schüler(innen) dies auch unbemerkt von Lehrkräften tun, ist bekannt. Gefördert werden kann ein solches Verhalten besonders in diskursiven Lernarrangements, bei denen die Schüler(innen) ihr sprachliches Handeln verbalisieren und mit Argumenten unterlegen müssen (s. Abb. 42).

Gespräch zu Dias aus der Türkei; 3. Schuljahr; L = dt. Lehrerin, S = tk. Kinder:

L: Und was sieht man noch auf dem Bild/das habt ihr vorhin auch schon gesagt?

S1: Schafe/See/

S2: Moschee/Hier ist eine Moschee/

S3: Ohne Artikel muss man das schreiben!

L: Warum ohne Artikel?

S3: Ohne Artikel/

S4: Mit Artikel/bei Deutsch mit Artikel/

L: Nein/das muss dort bleiben/ das ist halt das deutsche Wort/

S5: Wir schreiben dann türkisch/

S3: Aber auf Türkisch Moschee schreibt man ohne Artikel!

(Die Schrägstriche markieren steigenden oder fallenden Ton: * markiert kurze Pausen.)

Abb. 42: Auszug aus einem Schülerdialog aus Oomen-Welke 2022, S. 364

Neben dialogischen Lernsettings, können Sprachlernstrategien auch durch gezielte Sprachthematisierungen sichtbar gemacht werden. In einer Untersuchung von Wildemann (2013a) wurden in Anlehnung an die *Hamburger Schreibprobe (HSP)* Fünftklässler(inne)n Wörter diktiert, die sie aufschreiben sollten. Im Anschluss daran wurden die Schüler(innen) aufgefordert, ihre Verschriftungen mündlich zu begründen. Die Antworten der Schüler(innen) wurden schließlich hinsichtlich ihrer kognitiven Strategien analysiert und eingeordnet. Das Antwortenspektrum (s. Abb. 43) zeigt die unterschiedlichen kognitiven Zugänge.

Aussage	Strategie	Übergeordnete Strategie
Einfache Wörter, also, die oft sind, die kann ich so.	Abrufstrategie	Gedächtnisstrategie
Ich versuch mir schwere Wörter zu merken. Aber manchmal vergess' ich's doch. Dann muss ich's neu lernen.	Erhaltungsstrategie	Gedächtnisstrategie
Ich hör' genau hin, sprech das Wort ganz langsam und deutlich.	Phonetische Strategie	Sprachgebrauchsstrategie
Z. B. Geburtstag, das sind in Türkisch auch zwei Wörter <doğum günü> und Geburtstag auch <Geburt> und <Tag>, aber ich muss es zusammenschreiben.	Produktionsstrategie	Sprachgebrauchsstrategie
Manchmal schreib ich's hin und seh's mir noch mal an. Dann schreib ich's anders.	Kontrollstrategie	Metakognitive Strategie

Abb. 43: Kognitive Strategien beim Wortschreiben (aus Wildemann 2013a, S. 332)

Dabei sind die Schreibungen und die metasprachlichen Begründungen der Schüler(innen) auch davon abhängig, ob sie eher einen phonologischen, morphologischen, orthografischen oder semantischen Zugriff auf schriftsprachliche Strukturen haben (vgl. ebd.). Eine Strategie, die hier nicht aufgeführt ist, ist die Ableitungsstrategie, die dann vorliegt, wenn eine Schreibung von einer anderen Schreibung (z. B. Stammschreibung) abgeleitet wird. Eine solche Strategie kommt dann vor, wenn Schüler(innen) gezielt auf orthografisches Regelwissen zurückgreifen können. Sie tritt zumeist dann explizit auf, wenn im Unterricht gerade die entsprechenden orthografischen Inhalte thematisiert werden.

Zwei Aspekte sind bei der metakommunikativen Sprachthematisierung für einen sprachsensiblen Deutschunterricht von hoher Relevanz:

▶ Ein Großteil des sprachstrategischen Handelns findet implizit statt und ist selbst für die Schüler(innen) nicht immer unmittelbar explizit zugänglich. Werden jedoch im Unterricht Sprachlernstrategien nicht expliziert, bleibt einigen Schüler(inne)n der Zugang zu diesen verschlossen. Daher sind Offenlegung und Wiederholung unbedingt erforderlich, damit die Schüler(innen) sich ihrer Strategien bewusst werden. Die Thematisierung von Strategien rückt nicht nur vorhandenes Wissen ins Bewusstsein, sondern eröffnet auch den Aufbau neuer Strategien.

▶ Sobald Schüler(innen) ihr orthografisches Wissen automatisiert haben, fällt ihnen das Versprachlichen ihrer Strategien äußerst schwer. Begründungen wie „Ich weiß es halt." sind dann die Regel. Das macht deutlich, dass die Versprachlichung von Lernstrategien besonders während des Aneignungsprozesses schriftsprachlicher Fähigkeiten förderlich ist. Daher sollten gerade in der Grundschule metakommunikative Auseinandersetzungsformen angewandt werden.

6.2 Sprache im Fach Mathematik

Das Fach Mathematik stellt eine Vielzahl der Schüler(innen) nicht nur vor fachliche, sondern auch vor sprachliche Anforderungen. „Schon bei der Grundlegung eines tragfähigen Zahlbegriffs und eines umfassenden Operations-Verständnisses fungiert das Versprachlichen von Handlungen und von arithmetischen und geometrischen Beziehungen als Mittler zwischen der konkreten und der abstrakten Ebene" (Verboom 2008, S. 96). So kann bereits im Vorschulbereich ein Zusammenhang zwischen der Entwicklung des Zahlenwissens und der sprachlichen Kompetenz festgestellt werden, da Kinder mit Deutsch als Zweitsprache eine hoch signifikant schwächere Kardinalität aufweisen als ihre einsprachigen Mitschüler(innen) (vgl. Penner 2006, S. 6). Ungleiche Lernvoraussetzungen wie diese müssen im heutigen Mathematikunterricht aufgegriffen werden. Im Teilrahmenplan Mathematik des Bundeslands Rheinland-Pfalz wird aus diesem Grund die enge Verzahnung von sprachlichem und fachlichem Lernen hervorgehoben:

> Zeitgemäßer Mathematikunterricht fördert das Darstellen, Kommunizieren und Argumentie-
> ren, indem er die Schülerinnen und Schüler anregt, ihre Gedankengänge darzustellen und in
> Worte zu fassen. Ausgehend von der Alltagssprache und den Vorkenntnissen der Kinder wird
> gemeinsam eine funktionale Sprache aufgebaut, aus der sich die mathematische Fachsprache
> entwickelt. Im Inhaltsbereich Zahlen und Operationen existiert ein Formelwerk (Symbole und
> Operationszeichen), das die Kommunikation über mathematische Prozess erleichtert. Die an-
> deren Inhaltsbereiche erfordern deshalb eine noch intensivere Spracharbeit, denn auch hier
> müssen die Schülerinnen und Schüler einen verbindlichen Wortschatz für den Mathematikun-
> terricht zur Beschreibung von Gegenständen und mathematischen Prozessen erwerben und
> darüber verfügen. (Ministerium für BWWK 2014, S. 13; Hervorhebungen im Original)

Dass Lehrkräfte sich grundsätzlich der Bedeutung von Sprache im Mathematikunterricht bewusst sind, konnte Diehl (2015) im Rahmen der Durchführung von
Interviews mit sieben Lehrkräften andeuten. Fast alle sind der Auffassung, dass
sprachliche Kompetenzen auch im Fachunterricht eine wichtige Rolle spielen.
Lediglich eine Lehrkraft ist der Meinung, dass eine Konzentration auf Sprache
die mathematischen Inhalte verdrängt (vgl. Diehl 2015, S. 64). Dass dieser Aussage auf lange Sicht nicht zuzustimmen ist, ist in der Fachdidaktik unstrittig (vgl.
Prediger/Meyer 2012, S. 9). Dies zeigte sich u. a. in den Ergebnissen der Längsschnittstudie *Sozialisation und Akkulturation von Grundschulkindern mit Migrationshintergrund (SOKKE)*, in deren Rahmen Disparitäten in der Bildungsbenach-
teiligung von Schüler(inne)n mit einem Zuwanderungshintergrund aufgeklärt
werden sollten. Insgesamt nahmen 435 Lernende, von denen 57 Prozent aus Familien stammen, aus denen mindestens ein Elternteil im Ausland geboren ist,
an der Studie, die über die vierjährige Grundschulzeit hinweg durchgeführt wurde, teil. Im Rahmen des Projekts wurde insbesondere auf die Frage eingegangen,
welchen Einfluss die Beherrschung der Unterrichtssprache auf die Mathematikleistung hat. Nachgewiesen werden konnte, dass die Schüler(innen) mit einem
Zuwanderungshintergrund die schwächsten Deutschkenntnisse aufzeigten und
ihre Leistungen sich in einigen Subtests des *DEMAT 1+* deutlich von denen ihrer
Mitschüler(innen) ohne Zuwanderungshintergrund unterschieden. Unter Kontrolle des Sprachstands waren die Leistungsunterschiede in den Bereichen Zahlenraum und Sachaufgaben jedoch nicht mehr auszumachen.

> Geht man davon aus, dass das Vorhandensein vielfältiger mentaler Modelle zu mathematischen
> Begriffen und Prozessen eine Basis für die individuelle mathematische Kompetenz ist […], so ist
> anzunehmen, dass sprachliche Kompetenz ein bedeutsamer Einflussfaktor für den Aufbau von
> qualitativ hochwertigem mathematischen Wissens ist. (Herwartz-Emden et al. 2008, S. 793)

Bei der Kontrolle der sprachlichen Fähigkeiten verschwanden die Differenzen
zwischen den Schüler(innen)gruppen. „Das heißt, wenn die Mathematikleistungen unter der Annahme gleicher Sprachstandswerte in Klasse 1 geschätzt wurden, ergaben sich keine signifikanten Unterschiede mehr" (Heinze et al. 2011,

S. 25). Dies macht die Bedeutung sprachlicher Interaktion im Unterricht ersichtlich. Daher sollen die sprachlichen Kompetenzen der Lernenden im Unterricht aufgegriffen und weiterentwickelt werden, um mathematische Inhalte „fortschreitend in miteinander vereinbarter Sprache" (ebd., S. 14) darstellen zu können. Aushandlungen über Wortbedeutungen im Unterricht sind demnach zwingend erforderlich – auch, um Missverständnissen entgegenzuwirken, da einzelne Begriffe in der Alltagssprache eine andere Bedeutung als in der mathematischen Fachsprache haben (vgl. Abb. 44).

Mathematische Fachsprache	Alltagssprachliche Interpretation
Die 4 ist eine gerade Zahl.	„Gerade" als das Gegenteil von „schief".
Was ist der Unterschied zwischen 25 und 51?	Worin unterscheiden sich die beiden Zahlen? In der 2 und der 1, beide haben eine 5.
Du musst die 5 von der 28 abziehen.	„Abziehen" als Vorgang der Toilettenspülung oder das Abziehen eines Abziehbilds.
Ein glatter Zehner, Hunderter …	„Glatt" im Sinne von „rutschig".
Die Zahl 23 hat zwei Zehner.	Der Begriff „Zehner" wird auch im Alltagskontext „Geld" („Mit einem Zehner bezahlen") oder auch zur Bezeichnung höherer Schulklassen („Mein Bruder gehört zu den Zehnern/ist ein Zehner.") benutzt.
Rund 38.000 Zuschauer waren im Stadion.	„Rund" als Gegenteil von „eckig".
Wie viele Seiten hat ein Quadrat?	Seiten eines Buchs.
24 durch 4 teilen.	„Durch … teilen" im Sinne von „durch ein Messer zerschneiden". Wie kann eine 4 eine 24 zerschneiden?
Vervollständige den Satz: Wenn eine Zahl durch 2 teilbar ist, dann …	Wenn-dann-Konditionalsätze kommen in der Alltagssprache oftmals unter Androhung von Sanktionen vor: Wenn du dein Zimmer nicht aufräumst, dann … Welche Sanktionen erwartet eine durch 2 teilbare Zahl?

Abb. 44: Beispiele für sprachliche Missverständnisse (Götze 2020, S. 10)

Sind Ihnen im Laufe Ihrer Tätigkeit als Lehrkraft weitere solcher sprachlichen Missverständnisse begegnet? Erstellen Sie eine Liste der Begriffe, die bei Ihren Schüler(inne)n oft zu Verwirrung führen.

In der Grundschulzeit werden insgesamt etwa 500 mathematische Fachbegriffe eingeführt (vgl. Verboom 2008, S. 97). Damit die Schüler(innen) die Ausdrücke nicht nur als leere Worthülsen auswendiglernen, sollten deren Bedeutung im Rahmen von offenen Gesprächen im Unterricht geklärt werden. „Erst durch die inhaltliche Vorstellung, was, d. h. welche Handlung oder Vorstellung, sich hinter dem Begriff mathematisch verbirgt, kann der Begriff für die Kinder nutzbar werden" (Götze 2020, S. 13). Daher darf das Augenmerk nicht nur auf isolierte Fachbegriffe gelegt werden, sondern ihre Bedeutung im Kontext bzw. mit dem mathematischen Thema muss im Fokus des Gesprächs stehen (vgl. Weis o. J., S. 3). Das Führen von Wortschatzlisten mit isolierten Wörtern führt daher nicht zum Erfolg, „sondern ihre Verankerungen in Sätzen als Wortgruppen [müssen] betrachtet und in sogenannten Wortspeichern festgehalten werden" (Meyer/Prediger 2012, S. 7). Denn auch sogenannte Schlüsselwörter haben je nach Kontext eine andere Bedeutung. Dies wurde im Rahmen eines schriftlichen Tests mit 830 Schüler(inne)n der siebten und neunten Jahrgangsstufe deutlich (vgl. Abb. 45).

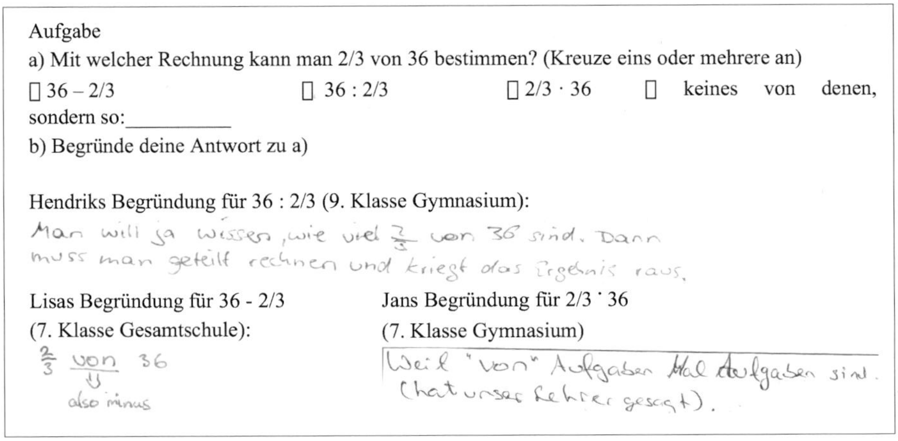

Aufgabe

a) Mit welcher Rechnung kann man 2/3 von 36 bestimmen? (Kreuze eins oder mehrere an)

☐ 36 – 2/3   ☐ 36 : 2/3   ☐ 2/3 · 36   ☐   keines   von   denen,
sondern so:_____

b) Begründe deine Antwort zu a)

Hendriks Begründung für 36 : 2/3 (9. Klasse Gymnasium):

Man will ja wissen, wie viel 2/3 von 36 sind. Dann muss man geteilt rechnen und kriegt das Ergebnis raus.

Lisas Begründung für 36 - 2/3
(7. Klasse Gesamtschule):

2/3 von 36
also minus

Jans Begründung für 2/3 · 36
(7. Klasse Gymnasium)

Weil "von" Aufgaben Mal Aufgaben sind. (hat unser Lehrer gesagt).

Abb. 45: Gefahr von Schlüsselwörtern (Meyer/Prediger 2012, S. 6)

Bei der Teilaufgabe a) haben sich nur 114 Lernende für die Multiplikation entschieden. Von den nachfolgenden Begründungen bezogen sich 28 Prozent auf das Schlüsselwort *von*. Lediglich 8 Prozent setzten dieses jedoch mit der Multiplikation in Zusammenhang und dies, wie in der Abbildung deutlich wird, z. T. nur aufgrund auswendig gelernter und nicht verstandener Anweisungen: „Weil ‚von' Aufgaben Mal Aufgaben sind (hat unser Lehrer gesagt)" (Meyer/Prediger 2012, S. 6). In 9 Prozent der Fälle wurde das Schlüsselwort als Hinweis für die Subtraktion und in 82 Prozent als Hinweis für die Division angegeben (vgl. ebd., S. 7). Diese Vieldeutigkeit vermeintlicher Hinweiswörter zeigt sich auch bei der Betrachtung von Präpositionen in unterschiedlichen Kontexten:

▶ **Über** wie viel Mehl verfügt der Bauer am Ende der Woche? (abstrakte Präposition)
▶ Der Bauer erhält einen Rechnungsbetrag **über** 354€. (abstrakte Präposition)
▶ Wie viel Treibstoff verbraucht er, wenn er drei Mal täglich **über** die Brücke fährt? (lokale Präposition)
▶ Wie viel muss er nachzahlen, wenn der Verbrauch **über** dem Jahresdurchschnitt liegt? (abstrakte Präposition)

▸ Auf der Hundertertafel liegt die Zahl 23 **über** der Zahl 33. Welche Zahl liegt unter der 23? (lokale Präposition)

Um Aufgaben wie diese bearbeiten zu können, müssen Lernende „die für den Prozess des Mathematisierens entscheidende Präposition" (Weis o. J., S. 5) identifizieren und verstehen, also z. B. zwischen einer lokalen und abstrakten Präposition unterscheiden können. Somit stellen sich den Schüler(inne)n im Mathematikunterricht viele, für die Lehrkraft zunächst unscheinbare, sprachliche Herausforderungen (vgl. Abb. 46).

Sprachliche Herausforderungen im Mathematikunterricht		Beispiele
Fachbegriffe, die z.T. aus anderen Sprachen wie Griechisch oder Latein entlehnt sind.		Faktor, Quader, Diagramm, Millimeter
Bildungssprachliche Begriffe, die im Alltag eher selten verwendet werden.		Daten, Erlös, Höchstgewicht, Gewinn, Kontext
Nominalisierungen, durch die Unpersönlichkeit und Allgemeingültigkeit ausgedrückt wird.		das Multiplizieren, die Wahrscheinlichkeit, der Überschlag
Komposita, deren Bedeutung sich z.T. von der Bedeutung der einzelnen Wortbestandteile unterscheidet.		Augensumme, Flächeninhalt, Zahlenstrahl, Umkehraufgabe
Trennbare Verben, die es in vielen Sprachen wie Türkisch und Russisch nicht gibt, aber im Deutschen die Satzklammer bedingen.		Ich rechne ... aus. Ich trage ... ein. Ich zähle ... ab.
Präpositionen, denen durch ihre Aufgabe als Funktionswort eine besondere Bedeutung zukommt, da durch sie Bezüge hergestellt werden können.		Es klingelt *um* drei Uhr. Die Zahl 6 ist *um* 2 größer als die Zahl 4.
Partikel und Adverbien, die erkannt werden müssen, um die richtige Grundrechenart zu identifizieren.		je, pro, jeder, zusammen, davon, noch
Zahlen Lesen und Schreiben	In der deutschen Sprache gibt es ab der Zahl 13 eine Diskrepanz zwischen der Schreib- und Sprechweise von Zahlen.	13 = drei – zehn statt zehn – drei 123 = hundert – drei – und – zwanzig
	Laute oder Silben werden bei einigen Zahlen weggelassen und bei anderen nicht.	siebzig statt siebenzig ABER achtzig und neunzig
	Einige Zahlwörter sind sich phonetisch sehr ähnlich.	sechzehn und sechzig

Abb. 46: Sprachliche Herausforderungen im Mathematikunterricht auf Wortebene (nach Weis o. J., S. 4 f. mit eigenen Ergänzungen)

Sprachliche Kompetenz im Mathematikunterricht geht jedoch über die Wortebene hinaus, da die Schüler(innen) durch die fachlichen Arbeitsaufträge auch zu sprachlichen Handlungen wie dem Erklären, Beschreiben oder Begründen aufgefordert werden. So sollen die Lernenden laut den Bildungsstandards des Faches

u. a. dazu in der Lage sein, ihre Vorgehensweisen zu beschreiben und die Darstellungen anderer Lernenden verstehen zu können, um gemeinsam darüber zu reflektieren. Ein Austausch miteinander wird auch bei der gemeinsamen Bearbeitung von Aufgaben gefordert: Vorschläge für Lösungswege können unterbreitet, diskutiert und ggf. wieder verworfen werden. Die Lernenden müssen dabei die zugrunde liegenden mathematischen Fachbegriffe und Zeichen beherrschen und verwenden, damit es nicht zu Missverständnissen kommt. Die Kompetenz des Argumentierens erfordert die Überprüfung von mathematischen Aussagen auf ihre Korrektheit sowie das Erkennen von Zusammenhängen und die Entwicklung von Vermutungen. Um Mitschüler(innen) zu überzeugen, müssen dafür Inhalte begründend dargestellt oder nachvollziehbare Argumente präsentiert werden. Die sprachlichen Anforderungen finden sich jedoch nicht nur auf produktiver Ebene, also beim Sprechen und Schreiben. Ebenso werden rezeptive sprachliche Fähigkeiten, wie das Hören und Lesen, eingefordert. So sollen die Lernenden Sachtexten relevante Informationen entnehmen oder Darstellungen miteinander vergleichen können (vgl. KMK 2004a, i.d.F. vom 23.06.2022, S. 11f). Die eingeforderten allgemeinen (prozessbezogenen) mathematischen Kompetenzen stellen Schüler(innen) daher auch vor sprachliche Anforderungen auf Satz- und Textebene (vgl. Abb. 47).

Sprachliche Herausforderungen im Mathematikunterricht		Beispiele
Nebensatzkonstruktionen	Nebensätze, deren Aussage erfasst werden muss und bei denen die Bedeutung der Konjunktionen verstanden sein muss.	Konditionalsätze (wenn …, dann …) Kausalsätze (…, weil …) Finalsätze (…, da … / …, damit …)
	Nebensätze, bei denen die Konjunktionen weggelassen wurden.	Wenn ich meine Zahl durch 8 teile, erhalte ich … Teile ich meine Zahl durch 8, erhalte ich …
Ausdrücke der Unpersönlichkeit	Passivsätze (Zustands- und Vorgangspassiv), die oft mit der Zeitform Futur verwechselt werden.	Zuerst werden die Zahlen multipliziert, … Der Kreis ist geschlossen.
	Man-Sätze	Wird eine Zahl mit 5 multipliziert, erhält man …
Imperativformen, die sich oft bei Arbeitsanweisungen finden. Sie unterscheiden sich z. T. von der Grundform des Verbs und werden deshalb nicht wiedererkannt.		messen und *miss*! lesen und *lies*! angeben und *gib … an*!
Pronomen, die dem entsprechenden Nomen richtig zugeordnet werden müssen.		Lisa denkt sich eine Zahl. Wenn *sie* zu *ihr* das Produkt aus 4 und 3 addiert, erhält *sie* 20. Wie heißt *ihre* Zahl?

Adverbien, deren Bedeutung sich nur im Kontext erschließen lässt.	Familie Meier bezahlt monatlich 523€ Miete, *dazu* 67€ Nebenkosten. Vor und zurück bis zur nächsten Zehnerzahl. Schreibe dazu 2 Aufgaben auf.
Partizipialkonstruktionen, durch die detailliertere Informationen gegeben werden.	… die *durch den Schnittpunkt verlaufende* Gerade
Synonyme, die von den Lernenden nicht erkannt werden und die die Aufgabe aus sprachlichen Gründen unlösbar machen.	Im Elefantenhaus sind noch 300 kg Futter. Der *Vorrat* reicht für drei Tage. Wie viel Futter wird täglich benötigt?
Verwendung des Genitivs	Markiere den Schnittpunkt der *Senkrechten*.

Abb. 47: Sprachliche Anforderungen im Mathematikunterricht auf Satz- und Textebene (nach Weis o. J., S. 6 f. mit eigenen Ergänzungen)

Götze spricht hier von fach- und aufgabenbezogenen sprachlichen Mitteln, welcher sich die Lernenden beim Problemlösen, Kommunizieren, Argumentieren, Darstellen und Modellieren bedienen müssen. Die dazugehörigen sprachlichen Operatoren wurden 2019 von der *Kultusministerkonferenz (KMK)* für das Fach Mathematik zusammengestellt und in die drei Anforderungsbereiche eingeordnet. Unter Einbezug der Bildungsstandards für den Primarbereich kann in Anlehnung daran eine Übersicht für die Grundschule erstellt werden (vgl. Abb. 48). Dabei ist zu bedenken, dass die Anforderungsbereiche zum Teil fließend ineinander übergehen und Anforderungen aus den höheren Anforderungsbereichen auf dan niveauniedrigeren aufbauen.

Operator	Definition	Beispiel aus den Bildungsstandards
Anforderungsbereich I		
angeben, benennen	Objekte, Sachverhalte, Begriffe oder Daten ohne nähere Erläuterungen oder Begründungen aufzählen.	geometrische Figuren benennen
beschreiben	Sprachlich angemessene Formulierungen und ggf. Fachsprache korrekt verwenden. Es ist keine Begründung erforderlich.	Eigenschaften der Achsensymmetrie beschreiben
erstellen	Sachverhalte oder Zusammenhänge in fachlich sachgerechter oder vorgegebener Form darstellen	einen Bauplan erstellen
Anforderungsbereich II		
begründen	Sachverhalte unter Nutzung von Regeln und mathematischen Beziehung auf kausale Zusammenhänge zurückführen.	Begründungen suchen und nachvollziehen
berechnen	Ergebnisse von einem Ansatz ausgehend durch Rechenoperationen gewinnen.	Einmaleins-Aufgaben berechnen

darstellen	Sachverhalte, Zusammenhänge oder Verfahren in fachtypischer Weise strukturiert wiedergeben.	Daten in Diagrammen darstellen
hinterfragen	Aussagen oder Vorgehensweisen kritisch auf ihre Korrektheit hin prüfen.	mathematische Aussagen hinterfragen
prüfen	Fragestellungen, Sachverhalte oder Probleme nach bestimmten fachlich üblichen bzw. sinnvollen Kriterien bearbeiten.	Ergebnisse von Sachaufgaben auf Plausibilität prüfen
(begründet) schätzen	Vermutungen (unter Rückgriff auf Fachwissen und Fachmethoden) formulieren. Einen Wert näherungsweise bestimmen.	Größen begründet schätzen
untersuchen	Eigenschaften von Objekten oder Beziehungen zwischen Objekten anhand fachlicher Kriterien nachweisen.	Kantenmodelle untersuchen
vergleichen	Gemeinsamkeiten und Unterschiede von Objekten, Lösungsansätzen usw. feststellen.	Größen vergleichen
zuordnen	Objekte oder Begriffe auf der Basis von Gemeinsamkeiten und Unterschieden in ein vorgegebenes System eingliedern.	Schlüsselwörter Rechenoperationen zuordnen
Anforderungsbereich III		
beurteilen/ bewerten	Selbstständige Einschätzung zu einem Sachverhalt unter Verwendung von Fachwissen und Fachmethoden formulieren und begründen.	Rechenwege bewerten
zusammenfassen	Den inhaltlichen Kern unter Vernachlässigung unwesentlicher Details wiedergeben.	Eigenschaften eines geometrischen Körpers zusammenfassen

Abb. 48: Sprachliche Operatoren im Mathematikunterricht der Grundschule (in Anlehnung an KMK 2019)

Durch die sprachlichen Operatoren erhalten die Schüler(innen) sowohl mündlich als auch schriftlich einen konkreten Hinweis hinsichtlich des Arbeitsauftrags, der an sie gestellt wird (s. auch Kap. 7.4). Durch ihren Einsatz kann gewährleistet werden, dass sich Lehrkraft und Lernende hinsichtlich des Ziels einer Aufgabe nicht missverstehen. So kann hinter einer offenen Frage die Erwartung der Lehrkraft stehen, dass Inhalte lediglich aufgezählt werden sollen. Möglich wäre es jedoch auch, etwas zu beschreiben oder zu begründen. Somit präzisieren Operatoren „das Ziel von Arbeitsaufträgen, sorgen dabei für Orientierung und erleichtern die Bearbeitung von Aufgaben" (Reblin 2013, S. 232). Es ist daher sinnvoll, die Bedeutungen der einzelnen sprachlichen Operatoren mit den Schüler(inne)n auszuhandeln und sie ggf. in Alltagssprache schriftlich zur Orientierung festzuhalten. Unter Absprache mit Kolleg(inn)en kann das erlangte Wissen so auch in anderen Fächern genutzt werden. Ebenso bietet es sich an, gemeinsam mit den Lernenden zu erforschen, inwiefern unter den sprachlichen Operatoren in den verschiedenen Unterrichtsfächern das Gleiche verstanden wird – ihr Bedeutungskern ist häufig derselbe, dennoch werden sich Unterschiede zeigen, wenn Lernende einen Vergleich im Deutsch- oder im Mathematikunterricht durchführen sollen. Neben den Herausforderungen der sprachlichen Register und ihrer Strukturen, spielen im Mathematikunterricht auch die vier Darstellungensformen (verbale, grafische, numerische und symbolisch-algebraische, vgl. Meyer/Prediger 2012, S. 4) eine Rolle und können das Verständnis der Inhalte erschweren.

Bislang wurde vor allem die verbale Darstellungsform betrachtet. Hier werden fachliche Inhalte durch die Alltags-, Bildungs-, oder Fachsprache sprachlich durch Texte oder Mind-Maps dargestellt. Darüber hinaus können mathematische Inhalte aber auch grafisch veranschaulicht werden, wobei hier bildliche Darstellungen (Bilder von Gegenständen, Personen oder Situationen), wie sie vor allem im Alltag vorkommen, von abstrakteren, symbolischen Darstellungen wie Diagrammen abgegrenzt werden müssen. Gegenständliche Darstellungen sind im Gegensatz dazu konkret greifbar, weil es sich dabei um Gegenstände, Experimente oder Handlungen im Unterricht handelt. Dies ermöglicht auch den Einsatz nonverbaler Sprache. Mathematische Darstellungen in Form symbolisch-algebraischer Sprache finden sich vor allem im Unterricht an den weiterführenden Schulen (vgl. Leisen 2005; Meyer/Prediger 2012).

Die Darstellungsvernetzung, also die Herstellung von Beziehungen zwischen verschiedenen Darstellungsformen nach dem *EIS-Prinzip* (E = enaktiv [Handlung], I = ikonisch [Bilder] S = (formal-)symbolisch [symbolische Darstellung, Zeichen & Sprache]) von Bruner et al. (1971), stellt im Mathematikunterricht sowohl ein prozessbezogenes Lernziel als auch „eine Tätigkeit im Lernprozess für den Aufbau inhaltsbezogener Kompetenzen" dar, weil verschiedene Studien aufgezeigt haben, „dass unterschiedliche Darstellungsformen mathematischer Zusammenhänge und die bewusste Übersetzung zwischen ihnen die Prozesse des Verstehens fachlicher Begriffe und Zusammenhänge unterstützen können" (Prediger 2013, S. 172). Leisen erachtet den Wechsel zwischen Darstellungsformen und die Übersetzung einer Darstellungsform in eine andere aus verschiedenen Gründen als wichtige Chance. Zunächst können Sachverhalte durch den Einsatz unterschiedlicher Darstellungen angemessen abgebildet werden. Für einige Lernende wird außerdem mithilfe der verschiedenen Zugangsmöglichkeiten zu einem fachlichen Inhalt durch die Verwendung mehrerer Darstellungsformen das Verständnis erleichtert. Auch die Motivation kann durch den Wechsel von Darstellungsformen gesteigert werden (vgl. Leisen 2005, S. 5). Sichergestellt werden muss jedoch im Vorfeld, dass die Schüler(innen) sich sicher im Umgang mit den unterschiedlichen Formen der Darstellung zeigen. Dies bedeutet, dass grafische Darstellungen wie Säulendiagramme explizit mit ihren sprachlichen Anforderungen im Unterricht eingeführt und der (sprachliche) Umgang mit ihnen stetig geübt werden (vgl. Kap. 6.3.4).

Zusammenfassend dient Sprache im Mathematikunterricht als Lernmedium dem Verstehen fachlicher Inhalte, was z. B. durch das Versprachlichen mathematischer Aktivitäten oder den kommunikativen Austausch über eigenständig entwickelte Lösungsstrategien verdeutlicht werden kann: „Die kommunikative Funktion der Sprache kann somit auch einen verstärkten Effekt auf ihre kognitive Funktion haben" (Verboom 2008, S. 96), weil durch den Austausch miteinander gewonnene Einsichten erweitert werden können. Sprache im Mathematikunterricht ist darüber hinaus auch Lerngegenstand, weil Lernende mit verschiedenen sprachlichen Registern und Darstellungsformen konfrontiert werden. Dabei werden sowohl rezeptive wie produktive Sprachkompetenzen eingefordert. Ziel des Mathematikunterrichts sollte es sein, Sprachhindernisse gezielt abzubauen und die Schüler(innen) an sprachliche Strukturen auf Wort-, Satz-, und Textebene in verschiedenen mathematischen Kontexten heranzuführen, um sprachliches und fachliches Lernen miteinander in Einklang zu bringen.

▶ Legen Sie in Ihrem Unterricht Wert auf das Einüben des Beschreibens oder Begründens? Überlegen Sie, wie oft Ihre Schüler(innen) zu diesen Sprachhandlungen mündlich und schriftlich von Ihnen angeregt werden.

▶ Reflektieren Sie Ihren Unterricht hinsichtlich des Wechsels der Darstellungsformen – wie oft spielt dies in Ihrem Mathematikunterricht eine Rolle?

▶ Sind Ihren Schüler(inne)n die unterschiedlichen Darstellungsformen bekannt? Wie kompetent sind sie im Übertragen einer Darstellungsform in eine andere?

6.2.1 Sprechen in der Mathematik – Sprechen über Mathematik

Der Prozess des Lehrens und Lernens vollzieht sich auch im Mathematikunterricht sowohl nonverbal wie verbal und sowohl mündlich wie schriftlich vornehmlich über die Interaktion der Beteiligten. Den größten Teil der Unterrichtszeit nimmt in der Regel das von der Lehrkraft gesteuerte Unterrichtsgespräch ein. Verschiedene Untersuchungen in der Sekundarstufe I konnten aufzeigen, dass die Redeanteile von Lehrenden und Lernenden dabei jedoch ungleichmäßig verteilt sind (vgl. Abb. 49).

Studie	Redeanteil (Lehrperson : Schüler)
Tausch & Tausch (1970)	80% : 20%
Flanders (1970)[4]	68% : 20% (Rest: Schweigen)
Bellack, Kliebart, Hyman & Smith (1974)	72% : 28%
Sumfleth & Pitton (1998)	77% : 23%
Seidel (2003a)	74% : 26%

Abb. 49: Gesprächsanteile im Unterricht (Ackermann 2011, S. 20)

Aufgrund der Dominanz der Redeanteile von Lehrkräften wurde insbesondere der fragend-entwickelnde Unterricht als Ursache für das mittelmäßige Abschneiden der Lernenden in den Tests vermutet (vgl. Ackermann 2011, S. 8). Geschlossene Fragestellungen oder Aufforderungen zum Benennen, lassen den Schüler(inne)n wenig sprachlichen Spielraum. Oft ist auch die Wartezeit nach einer gestellten Frage zu kurz oder das kognitive Niveau der gestellten Fragen zu gering (vgl. Kap. 7.1.1).

Durch Kommunikation zeigen Lernende ihr erlerntes Wissen. Daher sollte der Blick bei der Bewertung von Unterrichtsgesprächen auch auf die Beteiligung der Schüler(innen) gelenkt werden, wie es im Rahmen des Projekts *Persönlichkeits- und Lernentwicklung von Grundschulkindern (PERLE)* erfolgt ist. Dafür wurden in 38 Klassen der zweiten Jahrgangsstufe jeweils 90 Minuten zur Einführung in die Multiplikation videografiert. Mithilfe eines Kategoriensystems wurde die Schülerbeteiligung in diesen Unterrichtsstunden niedrig-inferent[18] kodiert. Darüber hinaus wurde ein mathematischer Leistungstest mit den Schüler(inne)n durchgeführt. Die Datengrundlage für die Auswertung hinsichtlich der Beteiligung von Lernenden an Unterrichtsgesprächen bestand aus vier Klassen mit 81 Schüler(inne)n. Die Analyse zeigte, dass die Lehrpersonen in allen Klassen über 70 Prozent der Redeanteile besitzen und damit fast drei Viertel der Unterrichtszeit in öffentlichen Phasen beanspruchen. Der Redeanteil der Schüler(innen) liegt dagegen bei durchschnittlich 17 Prozent. Sie erhalten damit weniger Chancen, sich sprachlich zu beteiligen und dementsprechend zu üben (vgl. Abb. 50).

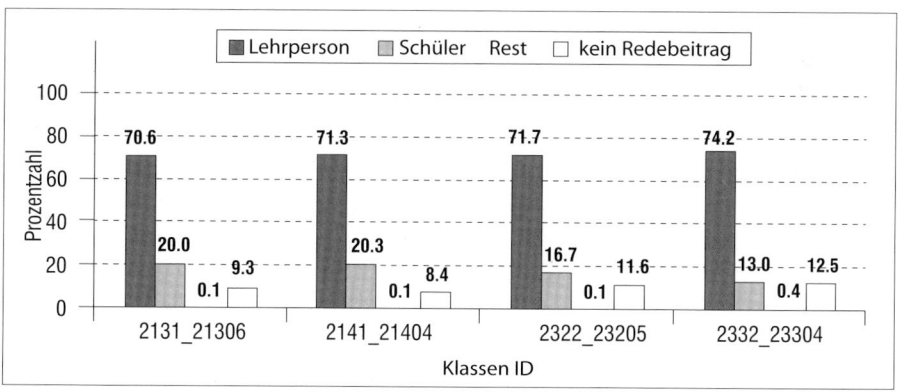

Abb. 50: Redeanteile von Lehrkräften und Schüler(inne)n (Ackermann 2011, S. 61)

---

18 Kategorien mit viel Interpretationsspielraum werden als hoch-inferent bezeichnet, weil sich die Analyse je nach Person und damit persönlicher Interpretation unterscheiden kann. Eindeutige Kategorien, die wenig Spielraum ermöglichen und damit auch von verschiedenen Personen ähnlich zugeordnet werden, bezeichnet man als niedrig-inferent (vgl. Petko et al. 2003, S. 275).

Im Mittel sind 68,2 Prozent der Äußerungen von den Lernenden inhaltsbezogen, 21,2 Prozent nicht inhaltsbezogen, also ohne Bezug zum zugrundeliegenden Unterrichtsthema, und 10,3 Prozent der Äußerungen stellen Mischformen dar. Der Anteil nichtinhaltsbezogener Beiträge im Unterricht kann dadurch erklärt werden, dass sich im Primarbereich oft auch über Rahmenbedingungen von Arbeitsaufträgen usw. ausgetauscht wird. Die inhaltsbezogenen Äußerungen der Schüler(innen) nehmen überwiegend eine geringe Redezeit ein: „So fungieren Schüler im Unterricht oft als Stichwortgeber, das heißt sie formulieren lediglich Wortgruppen oder kurze Sätze" (Ackermann 2011, S. 76). Dadurch wird für die Lehrkraft einerseits nicht ersichtlich, über welche sprachlichen Kompetenzen die Lernenden verfügen, da bei Ein-Wort-Antworten auch auswendig gelernte und nicht verinnerlichte Fachbegriffe wiedergegeben werden können. Andererseits erhalten die Schüle(innen) keine Möglichkeit, sich in Sprachhandlungsformen wie dem Beschreiben, Erklären oder Argumentieren und somit in damit einhergehenden sprachlichen Strukturen zu erproben und diese zu festigen. Weitere Ergebnisse deuten darauf hin, dass einige Lehrkräfte z.T. bewusst leistungsstärkere, andere leistungsschwächere Schüler(innen) aufrufen:

> Je besser sich die mathematischen Leistungen der Schüler in dieser Klasse darstellten, desto häufiger wurden sie aufgerufen. In der vierten Klasse [...] zeigte sich hingegen ein negativer Zusammenhang. Schüler dieser Klassen weisen bei besseren Leistungen keine höhere Beitragshäufigkeit auf. Vielmehr können die meisten Redebeiträge bei leistungsschwächeren Schülern verzeichnet werden. (Ackermann 2011, S. 78)

Aufgrund der geringen Stichprobenzahl sind die Ergebnisse insgesamt mit Vorsicht zu interpretieren und es ist darauf hinzuweisen, dass lediglich Redebeiträge aus öffentlichen Unterrichtsphasen und nicht aus Phasen von Einzel-, Partner- oder Gruppenarbeit analysiert wurden. Dennoch zeigt sich die Verantwortung der Lehrkraft hinsichtlich der Koordination von Unterrichtsgesprächen und damit einhergehend der Schaffung von Chancen der Sprachförderung im Mathematikunterricht. Als sprachliches Vorbild sollte der Lehrende daher demonstrieren, wie Fachbegriffe mit Satzstrukturen in Zusammenhang gebracht werden können und bewusst auf die eigene Ausdrucksweise achten. Möglich ist es auch, die Äußerungen der Schüler(innen) behutsam sprachlich zu korrigieren. Dies impliziert auch Aufforderungen zur Verwendung einer fach- bzw. bildungssprachlichen Ausdrucksweise (vgl. Kap. 7.1.1). Ein positives Beispiel dafür im Mathematikunterricht stellt das folgende Unterrichtsgespräch dar:

Lehrerin:	Heute ist die letzte Stunde unserer Forschereinheit. Wer kann mir denn nochmal sagen, was ihr alles in den letzten Stunden gemacht und gelernt habt?
Annika:	Also, als erstes haben wir – ähm – IRI-Zahlen kennengelernt. Eine IRI-Zahl, und eine IRI-Zahl ist, wenn du jetzt zum Beispiel ähm eine zwei als erste Ziffer hast und eine zwei als dritte Ziffer und dann eine andere Zahl als zweite Ziffer hast. Das ist eine IRI-Zahl, und dann bei der nächsten Aufgabe da musst du die äh erste und die dritte Ziffer, zur zweiten Ziffer von der zweiten Zahl also das ist dann von der zweiten Zahl die ähm zweite Ziffer und die ähm zweite Ziffer von der ersten Zahl ist bei der zweiten, zweiten Zahl die erste und dritte Ziffer.
Lehrerin:	Ja prima, Annika, Besonders gut hat mir gefallen, dass du immer über Ziffer und Zahl gesprochen hast. Haben das alle gehört? Das war richtig gut. Annika, du hast gerade beschrieben, dass bei einer IRI-Zahl, die erste und dritte Ziffer immer gleich und die zweite Ziffer verschieden ist. Okay. Dann hast du aber noch etwas ganz Wichtiges beschrieben. Wer erklärt es nochmal mit eigenen Worten, was Annika meinte. Silas.
Silas:	Annika meinte, das man für eine IRI-Aufgabe dann die Ziffer tauschen muss. Also die Ziffer im, ähm, vom Einer und Hunderter wird zum Zehner und ähm andersrum. Also z. B. 212 wird zu 121.
Lehrerin:	Ja, prima. Was habt ihr noch gelernt und entdeckt?
Sören:	Dass wenn man die beiden Zahlen rechnet, also minus ähm, subtrahiert, dann kommen da immer gleiche Ergebnisse raus, also 91, 181, 273 usw. Das liegt daran, ähm, wie viel größer die eine, ähm vordere Ziffer ist.
Lehrerin:	Wir hatten dafür eine Begriff im Wortspeicher. Weißt du noch?
Sören:	Ziffer … (schaut auf den Wortspeicher) Zifferndifferenz. Wenn die eins ist, kommt 91 raus, zwei 181, drei 273 usw.
Lehrerin:	Ja richtig, Zifferndifferenz. Das ist ein schwieriges Wort, aber das hast du sehr gut erklärt, Sören.

Abb. 51: Beispiel für eine sprachfördernde Lehrkraft im Mathematikunterricht (Götze 2020, S. 51)

Doch nicht nur die Interaktion zwischen Lehrkraft und Lernenden, sondern auch die der Schüler(innen) untereinander birgt Potenzial für die Sprachförderung und damit auch für das fachliche Verständnis:

> Um bei den Schülern qualitativ anspruchsvolle Leistungen im Sinne von flexiblem Wissen und Tiefen-Verständnis zu erreichen, ist es notwendig, die gegenwärtig dominierende Lehrerzentriertheit des schulischen Unterrichts durch Formen selbstständigen individuellen und kooperativen [...] Lernens der Schüler zu ergänzen. (Messner 2006, S. 1)

Eine Möglichkeit dafür bietet das „Dialogische Lernen", das im Sinne kooperativer Lernformen aus drei unterschiedlichen Phasen besteht. Es kann nur bei Arbeitsaufträgen eingesetzt werden, bei denen differenziertes Arbeiten, also auch verschiedene Lösungsansätze, möglich sind. Ähnlich wie bei einer Mathekonferenz (vgl. www.pikas.dzlm.de) wird die Aufgabe zunächst in Einzelarbeit bearbeitet, wobei das Kind dabei seine Vorgehensweise und Lösungen so notiert, dass diese für sich und andere nachvollziehbar sind. Es bietet sich an, den Lernenden dafür einen Pool an passenden (Fach-)Begriffen sowie syntaktischer Strukturen zur Verfügung zu stellen bzw. beratend tätig zu werden. Im zweiten Schritt findet gemeinsam mit einem Partner /einer Partnerin ein Austausch über die Erfahrungen statt. Die Schüler(innen) beschreiben sich gegenseitig ihre Vorgehensweise und begründen ihre Entscheidungen. Sie üben dabei die zentralen Sprachhandlungsfunktionen des Faches und können auf ihre eigenen Notizen zurückgreifen. Der Diskurs kann auch dazu führen, dass Lösungswege überdacht, verändert oder erweitert werden. Somit findet durch diesen Zwischenschritt sowohl eine fachliche wie auch sprachliche Absicherung statt, die den Schüler(inne)n Selbstvertrauen gibt. Die dritte Phase bildet dann der Austausch im Plenum, bei dem es um „den Übergang vom Singulären zum Regulären" (Selter 2010, S. 2) geht: „Dadurch, dass das Selbstbewusstsein der Schülerin oder des Schülers bereits gestärkt [ist] und dem eigenen Lösungsweg Aufmerksamkeit geschenkt wurde, tritt er in dieser Phase dem Konventionellen nicht abgeneigt, sondern interessiert und offen gegenüber" (ebd.).

Gallin und Ruf schlagen in diesem Zusammenhang Reisetagebücher vor, „um sich schreibend einen privaten Zugang zur mathematischen Denkweise zu erarbeiten" (1998, S. 91). Der Unterricht wird dafür dahingehend geöffnet, als dass die Schüler(innen) in vorgegebenen Themen eigene Lernwege beschreiten und diese dokumentieren. Dies führt zu einer Verlagerung vom Mündlichen zum Schriftlichen. Letzterem kommt damit für viele Kinder eine neue, individuelle Bedeutung zu:

> Schriftliches dreht sich meist um Verstandenes, darum hat es den höchsten Ansprüchen zu genügen. Es wird entweder als perfektes Endprodukt präsentiert (Schulbuch, Arbeitsblätter) oder am perfekten Endprodukt gemessen (Prüfung, Reinheft). Die elementare Bedeutung des Schriftlichen für den Prozess des Verstehens und für die Verständigung wird verkannt. (ebd., S. 142)

Schwerpunkt des Unterrichts ist dafür das Forschen und Entdecken, sodass der Zeitaufwand für Einführungslektionen stark reduziert wird. Damit einhergehend verändert sich auch die Aufgabe der Lehrkraft vom zusammenhängenden Erklären zum verstehenden Zuhören. Sie entwickelt eine Kernidee, die einen Impuls zum Verfassen der Texte darstellt. Sie soll daher andersartig und neu sein, um die Neugierde der Schüler(innen) zu wecken, muss jedoch gleichzeitig fassbar für sie sein. Orientiert an den Fragen, wie der Lernstoff auf die Lernenden wirkt, wie sie sich während des Problemlösens verhalten und was sie bereits erreicht haben, dokumentieren die Schüler(innen) ihre Lernprozesse schriftlich in singulärer Sprache (vgl. Gallin/Ruf 2005, S. 56).

> Dabei entstehen ganz individuelle Prozesse und Begriffsbildungen. Das gestellte Problem in die eigene Sprechweise zu überführen, führt zu einer intensiveren Auseinandersetzung mit dem Unterrichtsstoff. Außerdem verlangsamt der Vorgang des Schreibens den eigenen Gedankenfluss, sodass Kinder lernen ihre Vorgehensweisen zu reflektieren. (Selter 2010, S. 2)

Gallin und Ruf veranschaulichen dies durch ein Beispiel, bei dem sie einem zwölfjährigen Jungen, der Legastheniker ist, folgende Kernidee vermittelt haben: „Hier hast du einen Transporteur; mit diesem Instrument kannst du alle Winkel auf diesem Blatt messen" (Gallin/Ruf 1998, S. 93). Der Schüler setzte sich daraufhin mit dem neuen Instrument erfolgreich auseinander und formulierte später in seinem Reisetagebuch eine Anleitung zur Verwendung für eine Mitschülerin (vgl. Abb. 52 und 53).

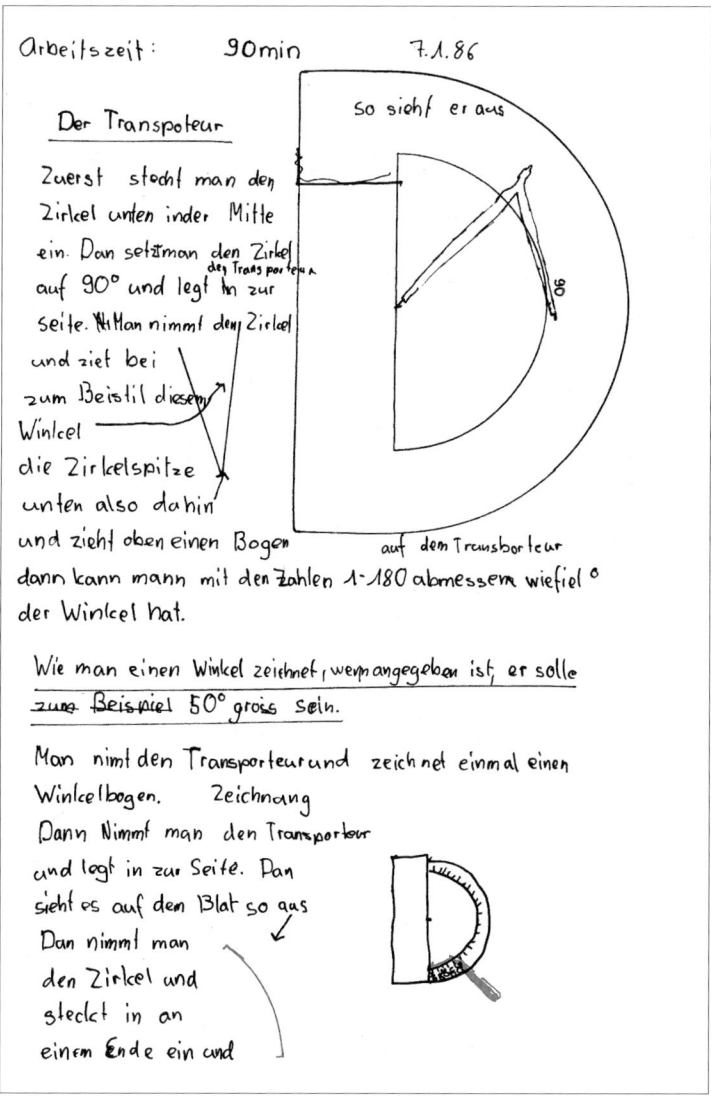

Abb. 52: Beispiel eines Reisetagebuchs, Seite 1 (Gallin/Ruf 1998, S. 96)

197

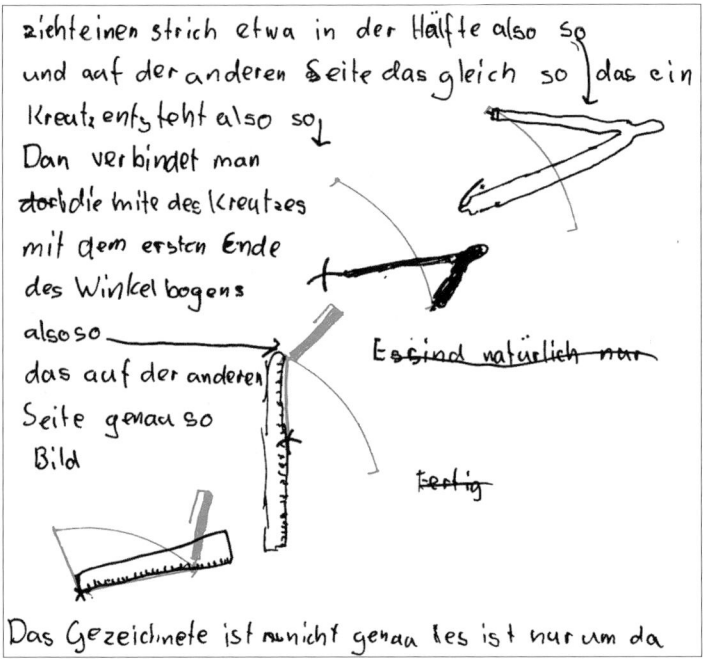

zieht einen strich etwa in der Hälfte also so
und auf der anderen Seite das gleich so das ein
Kreuz entsteht also so
Dan verbindet man
dort die mite des Kreutzes
mit dem ersten Ende
des Winkelbogens
also so
das auf der anderen
Seite genau so
Bild

Es sind natürlich nur

fertig

Das Gezeichnete ist ~~nun~~ nicht genau es ist nur um da

Abb. 53: Beispiel eines Reisetagebuchs, Seite 2 (Gallin/Ruf 1998, S. 97)

Fehlende Kompetenzen im Sprachlichen versuchte der Junge durch Zeichnungen auszugleichen, ist sich ihrer Mängel aber bewusst, wie er durch den letzten Satz verdeutlicht. Durch den divergierenden Austausch mit Lehrkraft und Mitschüler(inne)n als Form des kooperativen Überarbeitens kann an dieser Stelle an dem Text weitergearbeitet werden. Die Schreibberatung führt zur Entwicklung von der Sprache des Verstehens zur Sprache des Verstandenen (vgl. Wagenschein 1970). Das „Dialogische Lernen" ist damit „ein grundlegender didaktischer Ansatz, der eine Abkehr von den traditionellen Rollen der SchülerInnen und LehrerInnen und einem lehrerzentrierten Unterricht mit sich bringt" (Schmölzer-Eibinger et al. 2013b, S. 73).

R

▶ Überlegen Sie, wie Sie selber in Ihrem Mathematikunterricht agieren. Achten Sie auf Ihre sprachliche Ausdrucksweise und machen Sie Ihren Schüler(inne)n Unterschiede zwischen Alltags- und Fachsprache explizit bewusst? Regen Sie die Lernenden zur Verwendung von Fachbegriffen und angemessenen Satzstrukturen an?

▶ Entwickeln Sie mögliche Kernideen für Ihren Mathematikunterricht, die eine Grundlage für die Arbeit mit Reisetagebüchern darstellen könnten. Suchen Sie sich dafür ggf. Unterstützung von Deutschlehrkräften.

6.2.2 Mathematikaufgaben sind Sprachaufgaben

Geschriebene Texte in der Mathematik sind „auf völlig andere Weise zu lesen als ein Text der Alltagssprache [...] oder ein Prosatext der Literatur" (Maier/Schweiger 1999, S. 65). Die beschriebenen Aktionen, Beziehungen, erwähnten Objekte und Operationen müssen „auch dann sachgerecht [...] [aufgefasst werden], wenn sie mit abkürzenden Symbolen oder mit Worten beschrieben werden, deren Bedeutung gegenüber der in der Alltagssprache modifiziert oder verändert ist" (Maier 2006, S. 16). Schriftlich dargebotene Aufgaben stellen eine besonders häufig eingesetzte Überprüfungsform mathematischer Leistungen dar. Schüler(innen), die relevante mathematische Konzepte verinnerlicht haben, scheitern dennoch an diesen Aufgaben, wenn ihre Lesekompetenz noch nicht ausreichend entwickelt ist. Die hohe Korrelation zwischen der Lese- und der Mathematikleistung konnte u.a. in den Studien *IGLU 2011* und *TIMS 2011* sowie der Vergleichsarbeiten *VERA 2012* aufgezeigt werden. Inwiefern (implizites) sprachliches Wissen bereits bei der Bewältigung von Aufgabenstellungen in der ersten Jahrgangsstufe eine Rolle spielt, kann durch das folgende Beispiel veranschaulicht werden:

Wie viele Bilder findest du von welcher Sorte?

Abb. 54: Beispiel für sprachliche Anforderungen bei Aufgaben im Mathematikunterricht (Wildemann 2014)

Aus fachlicher Sicht ist der Lernende aufgefordert, bestimmte Objekte zu je einer Menge zusammenzufassen – er muss über ein Mengenverständnis verfügen. Aus sprachlicher Sicht ist zunächst syntaktisches Wissen erforderlich, da der Satz durch die Einleitung *wie viele* und das Fragezeichen als Fragesatz erkannt werden muss. Darüber hinaus muss der nicht zwangsläufig jedem Kind bekannte Begriff *Sorte* inhaltlich erfasst werden, um die Aufgabe lösen zu können. Dieser kann von den Lernenden unterschiedlich interpretiert werden: Soll möglicherweise zwischen Tieren, die fliegen können und Tieren, die im Wasser leben, unterschieden werden? Oder sind die einzelnen Tierarten in den Blick zu nehmen? Außerdem spielt auch die Erfahrung mit dem schulischen Kontext eine Rolle, da der Lernende durch die Fragestellung implizit zu einer Handlung aufgefordert wird – ob Bilder der gleichen Sorte in der gleichen Farbe angemalt oder durch Linien miteinander verbunden werden sollen, wird nicht thematisiert. Das Beispiel zeigt, dass auch (vermeintlich) sprachlich reduzierte Aufgabenstellungen zu sprachlichen Hürden werden können. So zeigen sich Leistungsunterschiede zwischen Kindern ohne Zuwanderungshintergrund und Kindern mit Zuwanderungshintergrund auch innerhalb von Aufgaben mit reduzierten fachsprachlichen Anforderungen. Die Ursache dafür wird in den Lernprozessen im Unterricht vermutet. Sprache spielt auch dann eine Rolle, wenn vornehmlich mit konkreten Materialien gearbeitet wird. Beispielsweise sollte die Darstellung des Zehnerübergangs am Rechenrahmen sprachlich begleitet werden, um die aktiven Denkprozesse der Lernenden zu unterstützen. Werden sprachliche Strukturen nicht ausreichend im Unterricht zur Verfügung gestellt, wird dadurch auch das fachliche Lernen erschwert. Für Schüler(innen) aus Familien mit einem Zuwanderungshintergrund stellen insbesondere Aufgaben mit konzeptuell-inhaltlichen Anforderungen eine große Herausforderung dar. So wurde die folgende Aufgabe von der Hälfte der Kinder ohne Zuwanderungshintergrund, aber nur von etwa einem Viertel der Kinder mit einem Zuwanderungshintergrund richtig gelöst:

Nenne alle Zahlen zwischen 8190 und 8205, bei denen der Zehner und der Einer gleich sind.

Die Zahlen heißen _____

Abb. 55: Aufgabe zur Zahlenanordnung (Bochnik et al. 2013, S. 8)

Die sprachliche Herausforderung liegt einerseits in den Fachbegriffen *Zehner* und *Einer* sowie den sprachlichen Strukturen *zwischen* und *gleich sein*. Darüber hinaus liegen der Aufgabe zwei Konzepte zugrunde, die im Unterricht über Sprache vermittelt und dementsprechend nur dann verinnerlicht werden können, wenn diese ausreichend beherrscht wird. Einerseits müssen die Zahlen mental auf einem Zahlenstrahl repräsentiert werden. Andererseits ist ein Verständnis der Zahldarstellung im Stellenwertsystem vonnöten, da konkrete Bedingungen an die Stellenwerte gestellt werden, weil sich der Wert einer Zahl durch die Anordnung der Ziffern in der Reihe ergibt. Zu sprachlichen Schwierigkeiten könnten auch die

Aufgaben aus dem Schulbuch *Denken und Rechnen* für die vierte Jahrgangsstufe führen, die hier als weiteres exemplarisches Beispiel dafür, dass Mathematikaufgaben auch immer Sprachaufgaben sind, herangezogen werden (vgl. Abb. 56).

Abb. 56: Mathematikaufgaben sind Sprachaufgaben (Denken und Rechnen 2012, S. 68)

Die in Aufgabe 2a) formulierte Frage „Wie schwer ist jeweils die Verpackung?" ist insbesondere aufgrund des Adverbs *jeweils* sprachlich anspruchsvoll. Gefragt wird nach dem Gewicht jeder einzelnen Verpackung. Dazu muss sowohl der Wert, den die Waage anzeigt, als auch die Gewichtsangabe auf der Verpackung zur Berechnung verwendet werden. Entsprechend müssen die Lernenden über das Wissen verfügen, dass die Angabe auf der Verpackung sich auf ihren Inhalt und nicht das Gesamtgewicht bezieht. In der zweiten Teilaufgabe wird der Begriff *Verpackung* nicht mehr aufgegriffen. Stattdessen ist von *Nachfüllpackungen* die Rede. Zu vermuten ist, dass nicht alle Schüler(innen) mit diesem Begriff etwas anfangen können und die jeweils rechten Verpackungen als Nachfüllpackungen erkennen. Fraglich ist, ob sie wissen, dass die eine Verpackung beibehalten und neu befüllt wird. Auch bei dieser Aufgabe wird das Adverb *jeweils* verwendet. Während damit in der Teilaufgabe a) auf jede einzelne Packung verwiesen wurde, bezieht sich das Adverb in Teilaufgabe b) auf die Verpackungen und Nachfüllpackungen, gekennzeichnet durch die Angaben A, B und C in der Zeichnung, also auf zwei Objekte, die eine Einheit bilden. Innerhalb der Teilaufgabe c) wird zusammen mit der Frage „Kann das stimmen?" eine Behauptung aufgestellt. So wie die Aufgabe formuliert ist, wäre eine Einwort-Antwort vollkommen ausreichend. Zu einer Begründung wird nicht explizit aufgefordert. Die Behauptung enthält die Formulierung *mehr als*, durch die ausgesagt wird, dass es sich nicht exakt um 30 kg handelt, sondern von mehr Einsparungen ausgegangen werden kann. Dies wird nicht für alle Lernenden direkt zu verstehen sein. Ebenso ist das Verb *sparen* der Mehrzahl der Schüler(innen) wahrscheinlich im Zusammenhang mit Geld bekannt, wodurch es zu Missverständnissen kommen kann: Kann man auch Müll sparen? Hebt man ihn dann auf? Zu Verstehensproblemen könnte außerdem der Nebensatz mit der enthaltenen Bedingung führen – fraglich ist hier auch aus rechnerischer Sicht, um wie viele Kinder es sich handelt und ob sich die

201

Bezeichnung *immer* lediglich auf den Schulalltag bezieht. Deutlich wird anhand dieser Analyse, dass nicht nur (umfangreiche) Textaufgaben, sondern auch kurze schriftliche wie mündliche Arbeitsaufträge und Fragestellungen zu sprachlichen Problemen und Missverständnissen führen können.

Anders verhält es sich mit symbolisch dargebotenen Aufgaben, die oftmals auch von eher sprachschwächeren Schüler(inne)n richtig gelöst werden: „Das Imitieren der einfachen Rechenschritte im Zahlenraum bis 20 führt häufig auch ohne Verständnis der Zusammenhänge zur korrekten Lösung und kann der Lehrkraft ein tieferes Verständnis vortäuschen" (Bochnik et al. 2013, S. 8). Wenn es im Unterricht nicht zu einer Kommunikation über diese vermeintlich sprachärmeren Aufgaben kommt, kann nicht sichergestellt werden, ob z. B. das Konzept des Stellenwertsystems verinnerlicht wurde. Deshalb bietet es sich an, die Schüler(innen) explizit zu schriftlichen Beschreibungen ihrer mathematischen Entdeckungen aufzufordern. Durch das Aufschreiben sind die Lernenden eher gefordert, sich sprachlich präzise auszudrücken, während im mündlichen Unterrichtsgespräch häufig deiktische Redemittel (*hier, die, da*) in Kombination mit Zeigegesten verwendet werden. Beim nachfolgenden Beispiel sollten die Kinder das Muster, das sie in den *schönen Päckchen* entdeckt haben, beschreiben (vgl. Abb. 57).

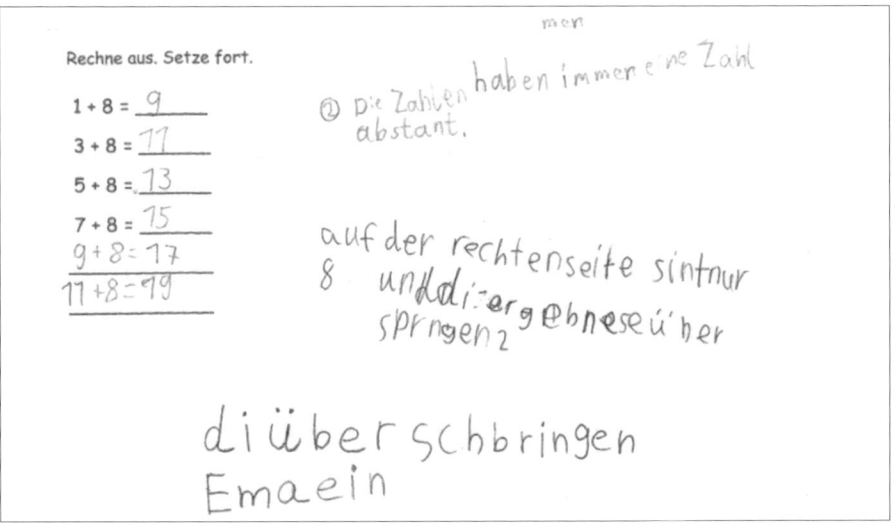

Abb. 57: Beschreibung von Mustern in Rechenaufgaben (Götze 2020, S. 18)

Die Schülerin Alina notiert, dass die Zahlen immer eine Zahl Abstand haben. Es ist zu vermuten, dass sie damit die systematische Veränderung der Zahlen darstellen möchte. Unklar ist jedoch, worauf sie den Ausdruck *Zahlen* bezieht. Denkbar wäre das Ergebnis, die ersten Pluszahlen aber auch beides gemeinsam. Eher alltagssprachlich und wenig fachsprachlich ist die Formulierung, dass immer eine Zahl Abstand besteht, im Sinne davon, dass eine Zahl ausgelassen wird. Ben macht eine lokale Angabe, die dem Adressaten das Verständnis erleichtert, wenn er die Rechenaufgaben vor Augen hat: „auf der rechtenseite sintnur 8" (Götze 2020, S. 18). Andernfalls könnte sich die Angabe auch auf das Ergebnis beziehen, das schließlich ganz rechts steht. Diese Annahme kann jedoch durch den nachfolgenden Satz ausgeschlossen werden, innerhalb dessen Ben den Fachbegriff *Ergebnis* verwendet und alltagssprachlich formuliert, dass hier immer 2 übersprungen werden. In Friedas Beschreibung finden sich keine Fachbegriffe, sondern lediglich ein deiktischer Verweis durch den bestimmten Artikel *die*. Worauf sich dieser bezieht, bleibt für den Adressaten unklar. Ihre Beschreibung ähnelt derjenigen von Alina, da auch hier zu vermuten ist, dass Frieda nicht aussagen möchte, dass das Ergebnis immer um eins größer wird, sondern eine Zahl in der Zahlenfolge ausgelassen wird.

> Individuell haben alle drei Kinder aufgrund ihrer eigenen sprachlichen Möglichkeiten versucht, ihre Entdeckungen in Worte zu fassen. [...] Alle drei Kinder meinen das Richtige, werden sich untereinander aber wohl eher kaum verstehen können. Im Sinne einer fach- und aufgabenbezogenen Sprachförderung wäre es nun wichtig, eine geteilte Sprache zur Beschreibung von Veränderungen in den ‚Schönen Päckchen' zu entwickeln. Dazu gehören neben fach- und aufgabenbezogenen Begriffen ebenso die fach- und aufgabenbezogenen Satzphrasen und Formulierungshilfen. (Götze 2020, S. 19)

Deutlich wird an diesem Beispiel, dass unzureichende sprachliche Kompetenzen unabhängig von ihrer Herkunft für alle Schüler(innen) ein Problem beim Erwerb mathematischen Wissens darstellen. Dies äußert sich vor allem beim Lösen von Sachaufgaben. Diese stellen eine spezifische Textsorte des Fachs Mathematik dar (vgl. Wespel 2006, S. 8), die eine Verbindung zwischen der abstrakteren Mathematik und lebensnahen Anforderungssituationen herstellen (vgl. Stern 1992, S. 26). Es lassen sich nach Schipper (2009) vier verschiedene Aufgabentypen des Sachrechnens mit unterschiedlichen Zielen unterscheiden:

▶ Innerhalb von eingekleideten Aufgaben werden Rechnungen ohne Realitätsbezug verbal dargestellt, um Rechenfertigkeiten und -fähigkeiten sowie Fachbegriffe einüben zu können.

▶ Bei Textaufgaben wird die mathematische Aufgabe in Textform präsentiert, die Sache ist allerdings austauschbar und bedeutungslos. Ihr Ziel besteht lediglich im Einüben von Rechenfähigkeiten. Textaufgaben stellen eine schulische Kunstform dar, die entweder eine direkte Übersetzung von Informationen aus dem Text in eine mathematische Gleichung erfordern oder dazu auffordern, relevante Informationen zur Lösung der Aufgabe aus gegebenen Informationen zu berechnen.

▶ Bei Sachaufgaben steht dagegen die Sache im Vordergrund, sodass die Mathematik ein Hilfsmittel zur Bearbeitung bzw. Erschließung der Sache darstellt. Sachaufgaben haben das Ziel, dass mathematisches Wissen in realistischen Sachsituationen, welche die Lernenden interessieren, zur Anwendung kommt.

▶ Das Sachproblem erfordert ein Verständnis der Sachsituation. Es stellt ein komplexes, realitätsnahes Problem dar. Ziel ist es, auf Grundlage verschiedener Annahmen zu modellieren, um hinsichtlich der Sache zu einem Erkenntnisgewinn zu kommen. Möglich sind demnach auch verschiedene Lösungen (vgl. Schipper 2009, S. 242).

Die in der Schule vornehmlich vertretenen Aufgaben des Sachrechnens können in weitere Grundtypen unterteilt werden (vgl. Abb. 58).

Kombinationsaufgaben	Austauschaufgaben	Vergleichsaufgaben
Teilmenge unbekannt	Endmenge unbekannt	Differenzmenge unbekannt
	Austauschmenge unbekannt	Vergleichsmenge unbekannt
	Startmenge unbekannt	Referenzmenge unbekannt

Abb. 58: Grundtypen der Aufgaben des Sachrechnens (vgl. Stern 1992, S. 10 f.)

Zur Bewältigung der Kombinations-, Austausch- und Vergleichsaufgaben sind sowohl mathematische Kompetenzen als auch Kompetenzen auf der Ebene der Textanalyse erforderlich: „Die Schüler müssen sich gleichzeitig sowohl auf der mathematischen Ebene wie auf der Sachebene gedanklich bewegen können" (Schwerin 2010, S. 1). Sprachlich stellen diese Aufgaben insofern eine Herausforderung dar, als dass die darin vorkommenden „Begriffe häufig Beziehungen zwischen Zahlen oder Objekten statt Objekte selbst beschreiben" (Röhrl/Krauss 2015, S. 10).

Um Sachsituationen lösen zu können, muss Schüler(inne)n ihr klassischer Aufbau bekannt sein. Den Einstieg bildet i. d. R. eine Rechengeschichte, durch die mit allgemeinen Informationen in die Satzsituation eingeführt bzw. ein Kontext hergestellt wird. Darauf folgt das mathematische Problem, welches den Algorithmus zur Lösung des Problems beinhaltet und daher das zentrale Element jeder Textaufgabe darstellt. In diesem Abschnitt werden daher Zahlen, Zahlwörter u. Ä., die zur Berechnung erforderlich sind, ebenso wie Schlüsselwörter, die Hinweise auf die Rechenoperation geben, eingeführt. Den Schluss bildet eine Rechenfrage, durch die eine konkrete Aufgabenstellung erfolgt. Sie wird oft durch ein Fragewort eingeleitet. Möglich ist es jedoch auch, dass das mathematische Problem und die Rechenfrage in einem Satz gemeinsam dargestellt werden (vgl. Gonas 2013, S. 2 f.). Neben diesem expliziten Wissen spielt bei der Bearbeitung von Aufgaben des Sachrechnens im Mathematikunterricht auch implizites Wissen über diese schulisch konzipierte Textform eine Rolle. So gibt es i.d.R. genau eine, meist ganzzahlige Lösung, zu der man den aktuellen Lerninhalt heranziehen muss. Außerdem enthält die Aufgabe genau die Informationen, die benötigt werden (nicht mehr und nicht weniger) (vgl. Verschaffel et al. 2000, S. 59). Dass Schüler(innen) sich den Anforderungen des Mathematikunterrichts mit der Einstellung *Jede Aufgabe hat eine Lösung* bewusst sind und häufig nicht logisch denkend, sondern eher pflichtschuldig ihnen gestellte Aufgaben lösen, hat die häufig aufgegriffene Studie von Baruk (1989) zu den Kapitänsaufgaben gezeigt. 76 von 97 befragten Zweit- und Drittklässler(inne)n lösten die folgende Aufgabe (üblicherweise mit der Antwort: 36 Jahre): *Auf einem Schiff befinden sich 26 Schafe und 10 Ziegen. Wie alt ist der Kapitän?* Durch die meist belanglosen Texte wird oft auf ein genaues Lesen verzichtet. Vielmehr richten die Kinder den Blick direkt auf die geforderten Operationen, die zu den Zahlen passen. So kann es vorkommen, dass unlösbare Aufgaben durch die Verknüpfung irrationaler Daten gelöst werden. In einer anderen Studie zeigte Radatz (1983) auf, dass sich die Einstellung von Schüler(inne)n gegenüber den an sie gestellten Aufgaben im Laufe der Schulzeit zunehmend an das System angepasst entwickelt. Er stellte insgesamt 333 Vorschulkindern sowie Schüler(innen) der Jahrgangsstufe eins bis fünf die folgende Kapitänsaufgabe: „Katja verschickt zum Kindergeburtstag 8 Einladungen. Die Geburtstagsfeier findet in 4 Tagen statt" (Radatz 1983, S. 214). Während von den Vorschulkindern und Erstklässler(inne)n nur etwa 10 Prozent die Aufgabe lösten, waren es im zweiten Schuljahr etwa 30 Prozent und in der dritten und vierten Klasse etwa 60 Prozent. Bei den Fünftklässler(inne)n ging der Anteil derjenigen, die die unlösbare Aufgabe lösten, auf 45 Prozent zurück. Deutlich wird dadurch, dass

> die Arithmetik und ihre Anwendungen von sehr vielen Grundschülern als eine Art Spiel mit künstlicher Regelhaftigkeit und ohne besondere Beziehungshaltigkeit zur außerschulischen Realität angesehen wird. [...] Die Unvereinbarkeit bestimmter Lösungen mit der Realität oder den inneren Bedingungen einer Aufgabe wird von sehr vielen Grundschülern nicht empfunden (ebd., S. 215 f.).

Erkenntlich wird, dass bei diesem schematischen Lösen der Aufgaben das Textverständnis vollkommen in den Hintergrund rückt – die Fähigkeit, zwischen wichtigen und unwichtigen Informationen zu selektieren, erfährt keinerlei Beachtung. Dem kann im Unterricht durch das Einsetzen von Lesestrategien entgegengewirkt werden. Es handelt sich dabei um eine sogenannte aufgabenübergreifende Sprachförderung.

Leiss et al. untersuchen im Rahmen des Projekts *Das Generieren von mentalen Situations- und Realmodellen beim Lösen mathematischer Modellierungsaufgaben (SITRE)* die Aufgabenbearbeitung modellierender Aufgaben hinsichtlich mathematischer und sprachlicher Kompetenzen:

> Das Verstehen eines Textes ist [...] eine Interaktion zwischen dem gegebenen Text und den Kognitionsstrukturen des Lesers. Das Resultat dieser Prozesse wird als mentales Modell oder Situationsmodell bezeichnet. Gemäß dessen wird das Situationsmodell von den Aufgabenmerkmalen (mathematische und semantische Struktur, Kontext, Format, Informationsdichte und grafische Elemente) [...] und den intrapersonellen Aspekten (Lesekompetenz, Kontextwissen, kognitive Grundfähigkeit, mathematische Leistungsfähigkeit, Einstellungen gegenüber Mathematik) [...] beeinflusst. Im darauffolgenden Schritt, der Bildung des Realmodells, wird die kognitiv konstruierte Situation durch Vereinfachungen und Strukturierungen präzisiert. (Leiss et al. o. J., S. 1 f.)

Deutlich wird hier das Zusammenspiel von mathematischen und sprachlichen Kompetenzen, welches durch das Projekt *SITRE* aufgezeigt werden soll. Es handelt sich um eine explorative Fallstudie, an der 50 Realschüler(innen) der siebten Jahrgangsstufe teilgenommen haben. Mithilfe der Methode des lauten Denkens bearbeiteten die Lernenden in Einzelsitzungen in jeweils 20 Minuten drei Aufgaben. Dabei wurden sie zum einen videografiert, zum anderen wurden Smartpens eingesetzt, um digitale Schriftbilder sowie eine zeitliche Zuordnung von Wort und Schrift zu erhalten. Anschließend wurden ein Test zu den mathematischen Kompetenzen sowie der *Lesegeschwindigkeits- und -verständnistest für die Klassen 6–12 (LGVT 6–12)* durchgeführt. Darüber hinaus wurde ein Fragebogen eingesetzt, durch den u. a. Einstellungen zum Fach Mathematik sowie Hinweise auf das Leseverhalten erfasst wurden. Die Auswertung der Daten erfolgte mithilfe der qualitativen Inhaltsanalyse nach Mayring. Es zeigte sich, dass die Schüler(innen) zu 30 Prozent die Strategie des Notierens von im Text enthaltenen Informationen durchführten. Dabei haben 14 Prozent mehr Jungen als Mädchen und überdurchschnittlich häufiger Lernende mit Deutsch als Muttersprache Notizen angefertigt. Die Strategie hat sich insofern als sinnvoll erwiesen, als dass bei der Aufgabenlösung mit Notizen die Wahrscheinlichkeit für die Bildung eines adäquaten Situationsmodells um 22 Prozent höher lag als bei den Lösungen, die ohne Notizen angefertigt wurden. Das Notieren von Informationen führte außerdem dazu, dass fehlende Zahlenangaben eher wahrgenommen wurden. Bei Aufgabenlösungen ohne Notizen wurde 35 Prozent seltener ein adäquat strukturiertes Realmodell konstruiert. Durch die Bildung der Variable der mathematischen Korrektheit konnte außerdem festgestellt werden, dass der Korrektheitswert bei allen Aufgabentypen größer war, wenn die Schüler(innen) sich Notizen gemacht haben.

> Besonders auffällig sind die Differenzen bei den Aufgaben mit hoher Modellierungsanforderung, da die Aufgabenlösungen mit Notizen hier einen durchschnittlich doppelt so hohen Korrektheitswert erreichen wie die Aufgabenlösungen ohne Notizen. Weiterhin wurden bei den Aufgabenlösungen mit Notizen die Aufgaben mit hoher Modellierungsanforderung und hoher sprachlicher Anforderung durchschnittlich genauso gut wie Aufgaben ohne diese Schwierigkeiten gelöst (Leiss et al. o. J., S. 3 f.).

Die Forschergruppe schlussfolgert daraus, dass Notizen dazu beitragen können, dass mathematische Aufgaben mit sprachlichen und modellierungsbezogenen Anforderungen korrekter gelöst werden (vgl. Leiss et al. o. J., S. 4). Das Forschungsprojekt zeigt damit beispielhaft auf, dass die Vermittlung von Lesestrategien im Mathematikunterricht das fachliche Lernen unterstützt.

Sprachförderung kann gemäß Götze (2020) sowohl aufgabenübergreifend als auch aufgabenbezogen im Mathematikunterricht erfolgen. Für erstere können den Schüler(inne)n z. B. Forscher(innen)mittel zur Verfügung gestellt werden. Es handelt sich dabei um nonverbale Darstellungsformen, die es den Lernenden –

ähnlich wie ordnende Lesestrategien bei Texten – erleichtern, zentrale Inhalte zu erkennen. Götze führt als Beispiel das Erkennen von Mustern bei Aufgabentexten an, die durch das Markieren und damit Fokussieren erst gesehen und dann beschrieben werden können. Die gewonnenen Erkenntnisse sollten anschließend möglichst verallgemeinernd dargestellt werden. Oftmals beziehen sich die Lernenden aber nur auf die vorliegenden Aufgaben: „Derartige Beschreibungen treten insbesondere dann auf, wenn den Kindern die passenden fach- und aufgabenspezifischen Begrifflichkeiten fehlen" (Götze 2020, S. 33). Sie müssen dementsprechend auf die konkreten Zahlen zurückgreifen. Um generalisierende Beschreibungen der Lernenden möglich zu machen, können Plakate mit Fachbegriffen und Satzstrukturen im Klassenraum präsent sein. Wichtig ist es, das bestehende Problem explizit mit den Schüler(inne)n zu besprechen. So können konkrete und verallgemeinerte Beschreibungen im Unterricht miteinander verglichen und sprachliche Strukturen herausgearbeitet werden. Die visuelle Präsenz von mathematischer Sprache kann dabei oft durch eine strukturierte Darstellung im Gegensatz zu einer einfachen Auflistung noch hilfreicher für die Lernenden sein, weil gesuchte Begriffe schneller gefunden werden und eine bessere Verknüpfung von fachlichem und sprachlichem Wissen stattfinden kann (vgl. Abb. 59).

Abb. 59: Wortschatz für eine Zahlenmauer in strukturierter Darstellung (in Anlehnung an Götze 2020, S. 37)

Insbesondere für Kinder, die noch Probleme mit den Artikeln haben, ist es hilfreich, wenn auch diese zu den Fachbegriffen notiert werden. Das Matheplakat kann damit auch genutzt werden, um Erkenntnisse über zusammengesetzte Wörter zu erarbeiten oder aufzufrischen, denn durch die verschiedenen Komposita mit dem gleichen Grundwort *Stein* wird ersichtlich, dass sich der Artikel immer nach diesem richtet. Zudem können den Lernenden passende Satzphrasen zur Verfügung gestellt bzw. von ihnen erarbeitet werden, wie z. B. *Die Zahl im rechten Basisstein ist ..., Sie ist größer als ..., Sie ist kleiner als ..., Wenn die Zahl im Mittelstein erhöht wird, dann ..., Die Zielzahl ist um ... kleiner/größer als ...*

Aufgabenbezogene Sprachförderung beinhaltet dagegen Aufgaben, durch welche die sprachlichen Kompetenzen der Lernenden gezielt verbessert werden. Götze weist darauf hin, dass eine alltagssprachliche Ausdrucksweise auch durch diese provozierenden Aufgabenstellungen erzeugt werden kann. Eine Aufforderung wie z. B. „Wie bist du hier vorgegangen?" verleitet zur exemplarischen und nicht generalisierenden Darstellung der eigenen Vorgehensweise. Die Verwendung von Fachbegriffen oder eingeübten Satzphrasen erscheint den Schüler(inne)n hier auch dadurch nicht erforderlich, als dass durch die vorliegende Aufgabe eine gemeinsame Handlungssituation vorliegt. Einer Person, der die Ausgangssituation nicht bekannt ist, würden sie vermutlich eine andere Beschreibung liefern. Dementsprechend ist die Formulierung der Aufgabenstellung immer kritisch zu hinterfragen (vgl. Abb. 60).

Aufgabenstellungen, die zu exemplarischen Beschreibungen führen	Aufgabenstellungen, die zu generalisierenden Beschreibungen führen
Wie hast du diese Aufgabe gelöst?	Schau dir alle Aufgaben genau an! Was bleibt immer gleich, was verändert sich?
Erkläre, wie du hier vorgegangen bist.	Erkläre deinen Trick, wie du solche schwierigen Aufgaben löst.
Beschreibe, wie du hier gerechnet hast.	Erkläre einem anderen Kind, das die Zahlenmauer nicht kennt, wie man eine Zahlenmauer ausrechnet.
Was hast du in dieser Aufgabe entdeckt?	Schreibe eine Tippkarte für deine Mitschüler (innen), wie sie solche Aufgaben ganz schnell lösen können.
Erkläre, wie du diese Aufgabe gelöst hast.	Begründe, warum das immer so ist.
Erkläre deinen Lösungsweg für diese Aufgabe.	Du bist nun ein Experte / eine Expertin. Wie würde ein Experte / eine Expertin den Lösungsweg erklären?
Wie bist du vorgegangen?	Was kannst du an deiner Beschreibung verbessern, damit ein Kind deine Beschreibung auch für andere Beispiele als die auf dem Arbeitsblatt nutzen kann?
Was hast du entdeckt?	

Abb. 60: Die Wortwahl von Aufgabenstellungen beachten (in Anlehnung an Götze 2015, S. 65 ff.)

Aufgabenbezogene Sprachförderung beinhaltet auch das Formulieren von Aufgaben, die sprachliche Mittel als Lerngegenstand fokussieren bzw. die Lernenden dazu aufrufen, diese in den Blick zu nehmen (vgl. Abb. 61).

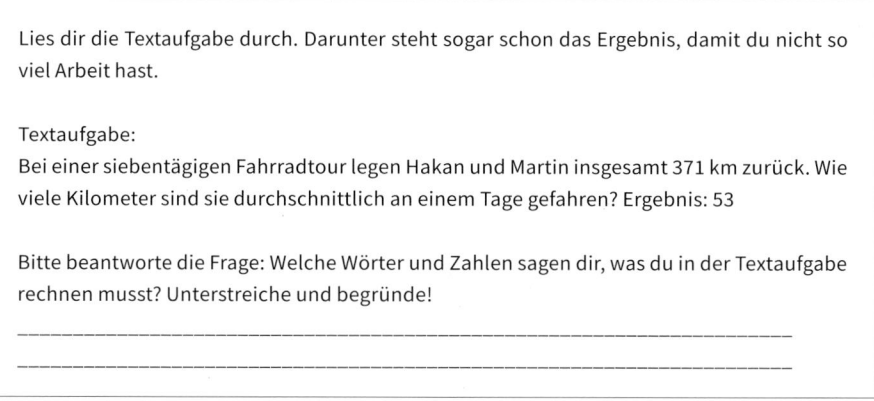

Lies dir die Textaufgabe durch. Darunter steht sogar schon das Ergebnis, damit du nicht so viel Arbeit hast.

Textaufgabe:
Bei einer siebentägigen Fahrradtour legen Hakan und Martin insgesamt 371 km zurück. Wie viele Kilometer sind sie durchschnittlich an einem Tage gefahren? Ergebnis: 53

Bitte beantworte die Frage: Welche Wörter und Zahlen sagen dir, was du in der Textaufgabe rechnen musst? Unterstreiche und begründe!
_____
_____

Abb. 61: Sprache als Lerngegenstand im Mathematikunterricht (Götze 2020, 85)

Es kann dabei um Zuordnungen von Aussagesätzen zu passenden Aufgaben, das Ausfüllen von Lückentexten oder das Einüben von Wenn-Dann-Relationen durch spielerische Übungen gehen (s. dazu die Arbeitsblätter von www.pikas.tu-dortmund.de). Auch das Korrigieren fehlerhafter Aussagen erfundener Personen dient der fachlichen wie sprachlichen Wissenserweiterung, bietet sie doch einen Anlass, sich mit einer schriftlichen Beschreibung auseinanderzusetzen (vgl. Abb. 62).

Ali:
Lisa hat zuerst 60 minus 30 gerechnet, denn es ist einfacher, mit glatten Zahlen zu rechnen. Dann hat sie aber die 2 Einer von der 62 addiert. Die 2 Einer hätte sie aber auch minus rechnen müssen, weil es doch eine Minusaufgabe ist.
Zum Schluss hat sie die 9 Einer von der 32 abgezogen. Das war wieder richtig, denn die 9 Einer gehören noch zur 39.

Schreibe einen Text für Ali, in dem du ihm erklärst, warum Lisas Rechnung richtig ist.

Abb. 62: Erweiterung sprachlicher Kompetenzen durch Korrekturen (Beese et al. 2014, S. 93)

▶ Analysieren Sie Aufgabenstellungen der letzten Unterrichtsstunden oder schlagen Sie eine beliebige Seite im Schulbuch auf: Welche sprachlichen Herausforderungen entdecken Sie dort?
▶ Überlegen Sie, ob die Aufgaben die Schüler(innen) eher zum exemplarischen oder zum generalisierenden Beschreiben oder Begründen anregen.
▶ Haben Sie bereits Plakate zur sprachlichen Unterstützung im Klassenraum? Überlegen Sie, wie Plakate in Zukunft strukturierter gestaltet werden könnten.

6.3 Sprache im Sachunterricht

Bevor Sie weiterlesen, überlegen Sie, welche Methoden und Verfahren in Ihrem Sachunterricht eine Rolle spielen und inwieweit die Schüler(innen) bei ihrer Anwendung sprachliche Kompetenzen benötigen.

Im Sachunterricht der Grundschule beginnt u.a. die Ausbildung naturwissenschaftlicher Kompetenzen. Die Aufgaben, Bildungsinhalte und Ziele dieses Unterrichtsfaches sind im *Perspektivrahmen Sachunterricht* der *Gesellschaft für die Didaktik des Sachunterrichts (GSDU)* festgelegt:

> Die besondere Aufgabe des Sachunterrichts besteht darin, Schülerinnen und Schüler darin zu unterstützen, ihre natürliche, kulturelle, soziale und technische Umwelt sachbezogen zu verstehen, sie sich auf dieser Grundlage bildungswirksam zu erschließen und sich darin zu orientieren, mitzuwirken und zu handeln. (GDSU 2013, S. 9; Hervorhebung im Original)

Die Schüler(innen) sollen dabei unterstützt werden, naturwissenschaftliche Phänomene in ihrer Lebenswelt wahrzunehmen und zu verstehen, indem sie neue Erkenntnisse selbstständig, methodisch und reflektiert aufbauen. Dafür kommt dem Sachunterricht eine doppelte Anschlussaufgabe zu, da er einerseits an den Lernvoraussetzungen (Wissensstände, Kompetenzen, Interessen und Lernbedürfnisse) der Lerner(innen) anknüpfen und andererseits Anschluss *„an das in Fachkulturen erarbeitete, gepflegte und weiter zu entwickelnde Wissen"* (ebd., S. 10; Hervorhebungen im Original) suchen muss. Das naturwissenschaftliche Denken der Kinder ist i.d.R. nicht kohärent, sondern besteht aus vielen einzelnen Erfahrungen und Wissensfragmenten, die erweitert und in einen Zusammenhang gebracht werden müssen. Erst durch die Aufgabe von Fehlvorstellungen und der Integration der einzelnen Wissensfragmente in Form von „übergeordneten Begriffen, Gesetzmäßigkeiten oder Modellvorstellungen" (Kleickmann 2012, S. 9) entwickelt sich ein systematisch strukturiertes und kohärentes Wissen bei den Grundschulkindern. Im Rahmen dieser Wissenstransformation berücksichtigt der Sachunterricht „Fragen und Deutungsmuster der Kinder und hilft ihnen, ihre Erklärungen und Begründungen angemessen zu versprachlichen, zu präsentieren und zu kommunizieren" (GDSU 2013, S. 10). Durch diese Aushandlung mit den Inhalten des Faches entwickeln die Schüler(innen) ihre Persönlichkeit weiter, um die Umwelt verantwortungsvoll mitzugestalten und in ihr handelnd tätig werden zu können. Dabei darf der Sachunterricht die Lerner(innen) nicht unterfordern, sondern muss inhaltlich und methodisch anspruchsvoll gestaltet werden (vgl. ebd., S. 9 ff.). Er stellt eine Schnittstelle schulischer, kognitiver und sprachlicher Entwicklung dar, in der die Schüler(innen) „in stets neuen Kontexten Sprachhandlungen vollziehen können und an zunehmend anspruchsvoller gestalteten Kontexten auch müssen, um kognitive und schulische Leistungen zu erbringen" (Quehl/Scheffler 2008, S. 66). Daher besteht eine enge Verknüpfung zwischen Sachunterricht und sprachlicher Bildung.

Sprache wird als wichtiges Mittel bzw. als ein Werkzeug betrachtet, um sachunterrichtliche Inhalte zu lernen. Dies erfolgt nicht nur durch die Vermittlung der Lehrkraft, sondern auch in einem gemeinsamen sprachlichen Austausch miteinander. Sprache erfüllt dabei verschiedene Funktionen. Sie dient der Modellierung bereits vorhandener Wissensstrukturen, ihrer Verarbeitung und letztendlichen Aneignung. Dies kann anhand eines Unterrichtsbeispiels zum Thema *Schwimmen und Sinken* verdeutlicht werden. In einer vorherigen Stunde haben die Schüler(innen) bereits herausgefunden, dass Gegenstände, die schwerer als Wasser sind, sinken, während Gegenstände, die leichter als Wasser sind, schwimmen. Diese Erkenntnis beinhaltet zwar bereits Wissen über die Dichte eines Körpers, dennoch bedarf es einer Ergänzung der Bedeutung des Volumens durch ein weiteres Experiment. Dafür erhalten die Schüler(innen) zwei Stücke Knetgummi. Das eine ist zu einer Kugel geformt, während das andere die Form eines kleinen Bootes aufweist. Basierend auf ihrem Vorwissen, versprachlichen die Kinder ihre Vermutungen: „Ich vermute, dass beide Knetgummis schwimmen, weil sie leichter als Wasser sind." Bei der anschließenden Durchführung des Experiments tauschen sich die Schüler(innen) über ihre Beobachtungen und Erkenntnisse sprachlich aus. So stellen sie zunächst fest, dass beide Körper das gleiche Gewicht aufweisen: „Dann gehen entweder beide Knetgummis unter oder nicht." Bei der anschließenden Erprobung der Schwimmfähigkeit, muss diese Annahme jedoch korrigiert werden: „Die Kugel aus Knetgummi sinkt, aber das Boot aus Knetgummi schwimmt." Das bisherige Wissen muss nach dieser Erkenntnis modelliert und ergänzt werden. Dieser Prozess zeigt sich anhand einer abschließenden Erklärung der Kinder: „Nicht nur das Gewicht eines Körpers ist wichtig, sondern auch seine Form. Ein Körper mit einer großen Fläche schwimmt besser als ein Körper mit einer kleinen Fläche." Durch die konkrete Handlung, verbunden mit dem sprachlichen Austausch untereinander und mit der Lehrkraft, kann das neu erworbene Wissen verarbeitet und angeeignet werden. Möglich ist im Anschluss auch die Konzeptualisierung des fachlichen Wissens durch Sprache bei der Diskussion um die Frage „Warum schwimmt ein Schiff?". Anhand des Unterrichtsbeispiels wird deutlich, dass Sprache in seiner Funktion als Mittel und Werkzeug der Kommunikation und Reflexion über Inhalte und Erfahrungen dienen kann.

Durch eine sachadäquate sprachliche Darstellung der Inhalte kann damit auch die Entwicklung einer (fach-)sprachlichen Kultur gefördert werden. Wie bereits aufgezeigt, findet dies insbesondere bei der Durchführung von Experimenten statt, wenn Gegenstände oder Prozesse benannt oder beschrieben werden müssen oder wenn Begriffe erklärt werden (vgl. GDSU 2013, S. 11). Es stellt eine zentrale Arbeitsform des naturwissenschaftlichen Unterrichts dar und findet in der Grundschule zur Vermittlung von Methodenkompetenz, aber auch zur inhaltlichen Auseinandersetzung statt. „In der didaktischen Diskussion wird der Begriff des Experimentierens in der Regel deutlich enger gefasst. Experimentieren meint hier eine an das wissenschaftliche Experimentieren angelehnte Methode, durch zielgerichtete und eigenständige Planung von Experimenten eine offene Frage zu klären" (Wodzinski 2012, S. 124). Gemäß dieser Definition können die meisten Formen des experimentellen Arbeitens in der Grundschule nicht zum Experimentieren als (natur-)wissenschaftliche Methode zur Erkenntnisgewinnung gezählt werden, sondern sind als Versuche zu bezeichnen. Experimente und Versuche unterscheiden sich dahingehend, dass einem Experiment eine Hypothese vorausgeht, die zu verifizieren bzw. falsifizieren ist, während ein Versuch nicht zwangsläufig der Bestätigung einer Hypothese, sondern der Präsentation oder Veranschaulichung eines Phänomens dient (vgl. Muckenfuß 1995, S. 335). Wenn keine Planung des Versuchsaufbaus erfolgt und Vermutungen gezielt ausprobiert werden, handelt es sich bei dem methodischen Vorgehen um ein vorstrukturiertes Experiment bzw. um das Laborieren. Der Schwerpunkt liegt auf Erklärungen naturwissenschaftlicher Phänomene, die aus dem Material heraus entwickelt werden (vgl. Beck/Claussen 2000, S. 11). Gemäß Wiebel handelt es sich beim Laborieren um einen guten Ausgangspunkt, um Schüler(innen) über die Grundschulzeit hinweg auf ihrem Weg zum Experimentieren zu begleiten (vgl. 2000, S. 45 f.). Ungeachtet der jeweilig korrekten Bezeichnungen ermöglicht diese Form der Arbeitsmethode den Kindern den Aufbau eines kritischen Bewusstseins sowie die Prägung von Einstellungen wie Neugier oder Objektivität und das Kennenlernen eines Verfahrens zur Problemlösung (vgl. Soostmeyer 2002, S. 120).

6.3.1 Denk-, Arbeits- und Handlungsweisen im Sachunterricht

Die Verknüpfung von Sprache und Inhalt beginnt bereits im frühen Kindesalter in Form des Spracherwerbs, der sich in Auseinandersetzung mit Primär- und Sekundärerfahrungen der Umwelt vollzieht. Auch im Elementarbereich werden wichtige Voraussetzungen für das naturwissenschaftliche Lernen durch und mit Sprache geschaffen. So werden die Kinder angeregt, ihr implizites Wissen, das sich durch die Begegnung, Beobachtung und Erforschung ihrer Lebenswelt entwickelt, sprachlich zu explizieren. Bei diesem Prozess werden Vorstellungen und Konzepte entwickelt und reflektiert, um naturwissenschaftliche Phänomene zu erklären, wodurch sich wiederum auch die sprachlichen Kompetenzen weiterentwickeln und neue fachliche Fragen aufgeworfen werden (vgl. GDSU 2013, S. 19). Fachliche Inhalte und sprachliche Bildung erweitern sich demnach im Rahmen eines naturwissenschaftlichen Unterrichts im Sinne eines Kreislaufs.

Wie sprachliche Kompetenzen konkret im Sachunterricht mit dem Erwerb der fachlichen Inhalte einhergehen, wird bei der Betrachtung der perspektivenübergreifenden Denk-, Arbeits- und Handlungsweisen innerhalb der fünf perspektivbezogenen Kompetenzen deutlich. Das *Erkennen* und *Verstehen* beinhaltet die Fähigkeiten, bereits vorhandenes und neues Wissen aufeinander zu beziehen und miteinander zu einem neuen Konstrukt zu verbinden. Grundlegend ist dafür die Bewusstmachung und Verbalisierung der eigenen Vorstellungen sowie eine reflektierte Überprüfung dieser. Ausgangspunkt des *eigenständigen Erarbeitens* sind aus einem Interesse heraus entstandene Fragen oder Aufgaben, denen mit angemessenen Methoden im Sinne einer Erkenntnisgewinnung nachgegangen wird. Dies schließt auch die Protokollierung und Präsentation der entstandenen Ergebnisse sowie eine Reflektion des Lernprozesses mit ein. Das *Evaluieren* und *Reflektieren* dient einem verantwortungsvollen Handeln – sowohl in Bezug auf die Sache als auch auf den Menschen.

> Kern des Reflexionsprozesses ist das gedankliche Überprüfen und Erproben eigener und fremder Denkweisen oder Meinungen über den Gegenstand der Reflexion [...]. Die Bewertung eines Sachverhalts und damit das Ergebnis einer solchen Reflexion sind per se subjektiv, sie müssen jedoch bestimmten Regeln des sachgemäßen Urteilens folgen sowie kommunizierbar sein. (ebd., S. 23)

Um neues Wissen zu erwerben, sind außerdem die Denk-, Arbeits- und Handlungsweisungen des Bereichs *Kommunizieren und mit anderen zusammenarbeiten* von großer Bedeutung. Dies umfasst nicht nur den Austausch zwischen Lehrenden und Lerner(inne)n, sondern auch die Kommunikation letztgenannter untereinander, wodurch neue Fragen und Gedankengänge entwickelt werden. Eine Voraussetzung dafür ist es wiederum, *den Sachen interessiert zu begegnen* und dem eigenen durch Interesse und Motivation ausgelösten Wissensdrang in Bezug auf die eigene Lebenswelt durch Informationssuche und Überprüfung nachzugehen. Letztliches Ziel ist das eigene *Umsetzen* und *Handeln*. In Form von alltagsbezogenen Projekten oder dem Erproben eines angemessenen Verhaltens in bestimmten Situationen kann das erlernte Wissen im Anwendungsfeld des alltäglichen Handelns angewandt werden. Dafür müssen Schüler(innen) ihre Handlungen in kooperativer Zusammenarbeit selber planen, durchführen, reflektieren und bewerten (vgl. ebd., S. 24ff.).

Arbeitsaufträge zur Umsetzung der beschriebenen Denk-, Arbeits- und Handlungsanweisungen beinhalten verschiedene Operatoren (Diskursfunktionen). Diese dienen der fachlichen Wissenserweiterung, enthalten aber auch sprachliche Anforderungen und fördern zudem den Erwerb spezifischer sprachlicher Kompetenzen. Die Identifikation wichtiger Informationen in einem Text erfordert z. B. Lesestrategien und Textkompetenzen und bringt damit für ein Grundschulkind bereits ein gewisses sprachliches Anforderungspotenzial mit sich (s. auch Kap. 9.3.2). Eine korrekte Beschreibung bedarf dagegen gewisser Gesprächskompetenzen, um die wesentlichen Informationen zusammenhängend und schlüssig darzustellen, sodass keine Rückfragen seitens der Rezipient(innen) mehr offenbleiben. Dafür ist u. a. ein ausgeprägter fachsprachlicher Wortschatz erforderlich. Mit welcher vielfältigen Anzahl von sprachlichen Operatoren sich Schüler(innen) im Fach Sachunterricht konfrontiert sehen, wird durch die folgende Übersicht (Abb. 63) verdeutlicht, die lediglich einen Ausschnitt aus den Diskursfunktionen, die im Perspektivrahmen angeführt werden, enthält:

Perspektive	Beispiele für perspektivbezogene Kompetenzbereiche sowie Denk-, Arbeits- und Handlungsweisen	
Sozialwissenschaftliche Perspektive	„Die Teilhabe und Mitwirkung am Leben in der Gesellschaft erfordert Kommunikationsfähigkeiten, zu denen wesentlich soziale, politische und ökonomische Handlungs- und Urteilsfähigkeiten gehören. Die individuelle Sprachbildung durch das Argumentieren oder das Verstehen anderer Standpunkte ist hierbei ein wesentliches Element." (GDSU 2013, S. 30)	▸ Interessen und Bedürfnisse argumentativ *artikulieren* ▸ Perspektiven anderer *beschreiben* ▸ eigene Standpunkte *formulieren* ▸ alternative Urteile *diskutieren* ▸ Konfliktlösungen *bewerten*
Naturwissenschaftliche Perspektive	Bemühen um möglichst große Objektivität und Sachbezogenheit ist charakteristisch für naturwissenschaftliches Vorgehen. Es ist erforderlich, „die hinter der Oberfläche der Phänomene (und damit außerhalb der direkten Wahrnehmbarkeit) liegenden Regelhaftigkeiten der Naturvorgänge zu suchen, zu erkennen und geeignet sprachlich darzustellen" (GDSU 2013, S. 41).	▸ Widersprüche, Unstimmigkeiten und Ursache-Wirkungszusammenhänge sprachlich *darstellen* ▸ Abhängigkeiten exemplarisch *begründen* ▸ Informationsquellen sachgemäß *nutzen* ▸ Vorstellungen und Vermutungen sprachlich verständlich *darstellen*, dabei *auswählen*, *begründen* und *argumentieren* ▸ einfache Kreisläufe *beschreiben*
Geografische Perspektive	„Kinder im Grundschulalter verbinden im Normalfall viele Erlebnisse und Erfahrungen mit Naturphänomenen und sind oft fasziniert und interessiert daran, über sie zu staunen, aber auch, Fragen nachzugehen und dadurch Naturphänomene zu erschließen und zu begreifen. (GDSU 2013, S. 52)	▸ Fragen *entwickeln*; Ergebnisse und Antworten zu den Fragen *zusammenstellen* ▸ Karten lesen und *beschreiben* ▸ einfache räumliche Situationen *beschreiben* ▸ einfache Sachverhalte und Zusammenhänge zu ausgewählten Phänomenen *beschreiben* und *erklären*

Historische Perspektive	über historische Fragekompetenz (historische Fragen erkennen und selber formulieren) sowie historische Narrationskompetenz (aus fragmentarischen Überlieferungen vergangener Zeiten eine sinnhafte und intersubjektiv überprüfbare Erzählung bilden) verfügen (vgl. GSDU 2013, 58)	▸ historische Fragen sprachlich angemessen *formulieren* ▸ sinnhafte und sprachlich angemessene *Erzählungen bilden* ▸ eine Geschichte für einen bestimmten Adressaten *erzählen*
Technische Perspektive	„Technisches Handeln und Denken fördert in hohem Maße auch die Sprachbildung, da durchgeführte Handlungsprozesse und produzierte Handlungsergebnisse als konkrete und anschauliche Grundlage für Kommunikation und Reflexion dienen können" (GDSU 2013, 65).	▸ Ideen für technische Lösungen, Konstruktionsergebnisse, Funktionszusammenhänge, Herstellungsprozesse sowie Abläufe unter Nutzung von Sprache, Zeichnungen oder Demonstrationen *verständlich vermitteln, diskutieren und dokumentieren* ▸ Anleitungen lesen, verstehen und umsetzen sowie einfache Anleitungen selbst *verfassen*

Perspektivübergreifende Themenbereiche	
Themenbereich	**Kompetenzbeschreibungen**
Mobilität	▸ sichere und unsichere Stellen im Straßenverkehr *benennen* ▸ Fahrpläne *lesen*; Fahrkartenpreise *recherchieren* ▸ die Umgebung *beschreiben* ▸ Erkundungen mit Kartenskizzen *dokumentieren* ▸ Experten *befragen*
Nachhaltige Entwicklung	▸ Abhängigkeiten *beschreiben* und *kommentieren* ▸ *Vermutungen* über Auswirkungen des eigenen Handelns *äußern* ▸ die eigene Sichtweise *begründet darstellen* ▸ sich zu ausgewählten Themen *informieren* ▸ Gedanken und Vorstellungen *äußern und austauschen* ▸ Fragen gegenüber der Natur und den Mitmenschen *besprechen und bewerten* ▸ eigene Gestaltungsmöglichkeiten *erörtern*
Gesundheit und Gesundheitsprophylaxe	▸ zentrale Aspekte von Gesundheit *beschreiben* ▸ Emotionen *mitteilen* ▸ Formen der Abhängigkeit erkennen und *beschreiben* ▸ geschlechtsspezifisches Rollenverhalten *vergleichen* ▸ Hilfsmöglichkeiten bei sexueller Gewalt *benennen*
Medien	▸ verschiedene Informationsformen (Grafiken, Tabellen …) kennen und nutzen ▸ Lesehilfen (Legenden, Symbole) *verwenden* ▸ geeignete *Formen zur Informationsgewinnung und Kommunikation nutzen*

Abb. 63: Perspektivbezogene Kompetenzen im Fach Sachunterricht (GDSU 2013)

Ersichtlich wird, dass im Perspektivrahmen viele sprachliche Operatoren Erwähnung finden. Für Lehrkräfte wird jedoch nicht ersichtlich, welche der einzelnen Diskursfunktionen wann systematisch im Unterricht eingeführt werden sollten, wie dies erfolgen soll und welche sprachlichen Anforderungen mit den einzelnen Operatoren verbunden sind. Damit wird den Lehrkräften zwar ein gewisser Freiraum durch „die Beliebigkeit in der sprachlichen Erfüllung von fachbezogenen Kompetenzerwartungen" (Thürmann 2009, S. 9) gegeben, jedoch besteht auch die Gefahr, dass einige Lernende kognitiv-sprachlich überfordert werden, da im Unterricht nicht über die Bedeutung der Operatoren gesprochen oder reflektiert wird (vgl. Dalton-Puffer 2009, S. 77).

6.3.2 Sprache in Sachunterrichtsbüchern

Schulbücher enthalten laut Sandfuchs „Lerninhalte eines Faches oder Lernbereichs in systematischer, didaktisch und methodisch aufbereiteter Form" (2010, S. 19). Erfahrene Lehrkräfte wissen jedoch, dass jegliches Arbeitsmaterial, das im Unterricht Verwendung findet, kritisch hinterfragt werden sollte. Neben der grundsätzlichen Frage, ob der Einsatz des Materials in der geplanten Unterrichtsstunde wirklich sinnvoll ist, muss überprüft werden, ob fachliche Angaben (noch) korrekt sind. Es ist zudem zu prüfen, ob die Darstellungen sowie die Aufgabenstellungen zielführend sind und von den eigenen Schüler(inne)n bewältigt werden können. Dabei sollte das Augenmerk nicht nur auf den inhaltlichen An- und Herausforderungen der Schulbuchseite liegen. Das Experiment des Seitenwechsels (vgl. Kap. 3.2) hat gezeigt, dass Schwierigkeiten im Umgang mit Aufgabenstellungen nicht nur fachliche, sondern auch sprachliche Anforderungen betreffen. Zu erwarten ist, dass Schulbücher einerseits an fachliche wie sprachliche Kompetenzen der Schüler(innen) angepasst und dementsprechend didaktisch aufbereitet sind. Dennoch müssen Schulbücher auch Elemente von Bildungssprache im Sinne einer Zielsprache enthalten, damit die Lernenden sich an ihr orientieren und weiterentwickeln können. Nicht immer gelingt diese Balance zwischen sprachlicher Entlastung bzw. Vereinfachung einerseits und vorbildhafter bildungssprachlicher Ausdrucksweise andererseits. Dies wird im Folgenden anhand von einem Beispiel exemplarisch aufgezeigt. Es handelt sich um eine Doppelseite aus dem Sachunterrichtsbuch *JoJo* für die vierte Jahrgangsstufe (vgl. Abb. 64).

Abb: 64: Beispielhafte Schulbuchseite zum Thema „Stockwerke des Waldes" (JoJo 4, S. 38 und 39), fachlich logische Reihenfolge beim Lesen des Textes

> ▶ Analysieren Sie die Schulbuchseiten zunächst allein bezüglich ihrer sprachlichen Anforderungen. Berücksichtigen Sie dabei auch den Aufbau und die Gestaltung der Doppelseite.
>
> ▶ Betrachten Sie zudem die beiden Aufgabenstellungen am Ende der Seite 39. Machen Sie sich Notizen dazu, welcher Hilfsmittel sich die Lernenden bedienen müssen, um die Aufgaben bewältigen zu können und welche sprachlichen Anforderungen von ihnen bei der Bearbeitung bewältigt werden müssen.

Bei der Betrachtung der Doppelseite fällt zunächst auf, dass der Text in kleinere Abschnitte unterteilt wurde, sodass jede Schicht separat angeführt wird. Es wurde zudem versucht, diese einzelnen Textabschnitte passend zu den bildlichen Darstellungen auf der Schulbuchseite abzudrucken. Dies ist jedoch nicht vollständig gelungen. Es wird nicht deutlich, ob Boden- und Streuschicht auf gleicher Ebene im Wald zu verorten sind. Zudem entspricht der Weg, für den sich ein Kind beim Lesen der Textabschnitte entscheidet, höchstwahrscheinlich nicht zwangsläufig der fachlich logischen Reihenfolge, da diese große Sprünge auf der Doppelseite voraussetzt (vgl. Abb. 64).

Zwar sind die Bebilderungen kindgerecht, insgesamt wäre eine übersichtlichere bildliche Darstellung, die inhaltlich logisch auf den Text abgestimmt ist, sinnvoller. Zudem stimmen Text und bildliche Darstellung nicht immer überein. So werden Tiere wie ein Feuersalamander oder Wildschweine abgebildet, die jedoch im Text nicht erwähnt werden. Zudem wird im Text angesprochen, dass in der Krautschicht des Laubwaldes Frühblüher und im Nadelwald Heidelbeeren gedeihen. Abgebildet ist lediglich ein Laubwald, in dem Brombeeren am Fuß eines Baumes wachsen. Diese Unstimmigkeiten finden sich auch auf der rein textlichen Ebene wieder, da in der Überschrift die Bezeichnung *Stockwerke* des Waldes verwendet wird, der anschließende Text den Begriff des Stockwerks jedoch nicht aufgreift, sondern die einzelnen *Schichten* des Waldes darstellt. Offenbar handelt es sich um zwei Begriffe, die als synonym verstanden werden sollen. Der Gebrauch beider Begriffe im Rahmen des Fachtextes erschwert jedoch vielen Schüler(inne)n das Verständnis. Insgesamt ist der Text sehr stark von bildungssprachlichen Mitteln (vgl. Kap. 5) geprägt. Auf lexikalischer Ebene finden sich viele Begriffe, die das Verständnis erschweren, weil sie Fachbegriffe darstellen oder eine andere Bedeutung als in der Alltagssprache haben. So können den Schüler(inne)n die Verben *besiedeln, gedeihen* oder *dienen* Probleme bereiten. Schwierig zu verstehen ist für viele wahrscheinlich auch das trennbare Verb *aufzeigen*, das im Text eine andere Bedeutung als das Aufzeigen in der Schule einnimmt: „Die Krautschicht zeigt die Einflüsse der Baumarten und der Bodenverhältnisse auf." (JoJo 4, S. 39). Auf nominaler Ebene sind Komposita im Schulbuchtext dominierend. So ist neben den Schichten, die für viele Lernende neue Fachbegriffe darstellen werden, u.a. von *Kleinlebewesen, Bodenverhältnissen, Frühblühern, Laubwald, Nadelwald, Luftpolster* und *Feuchtigkeitsspender* die Rede. Einige der Begriffe lassen auch bei erwachsenen Leser(inne)n Fragen aufkommen, denn die wenigsten wissen vermutlich, warum und in welcher Weise die Stammschicht als Luftpolster und Feuchtigkeitsspender dient. Auf syntaktischer Ebene finden sich Genitivattribute (*des Waldes, Einflüsse der Baumarten*) sowie Partizipialergänzungen (*abgestorbene Blätter, umgefallene Bäume, verrottete Pflanzen, unbelaubte Bäume*), von denen letztere den Lernenden insbesondere im mündlichen Diskurs eher seltener begegnen werden. Viele der Begriffe stellen Schüler(innen) bereits ohne ihre Verwendung als Partizip vor Verständnisschwierigkeiten. Weitere schwer zu verstehende Textelemente sind Präpositionalphrasen wie die Folgenden: *bis hin zu umgefallenen Bäumen; bis in drei Meter Höhe*. Insgesamt ist der Text stark inhaltlich verdichtet, was u.a. durch die Verwendung der Doppelpunkte deutlich wird, denen Informationen nachgestellt werden. So findet sich z. B. die Formulierung „Die Strauchschicht reicht bis in drei Meter Höhe und bietet Wohnraum und Schutz für viele Tiere: kleinere Vögel und auch Insekten" (ebd., S. 38). Diese Satzstruktur erfordert das Wissen, dass die nach dem Doppelpunkt angeführten Lebewesen exemplarische Beispiele für die Oberbezeichnung der Tiere darstellen, also eine Präzisierung der Aussage nachgereicht wird. Bekannter ist den Lernenden vermutlich die mit einem zusätzlichen Wort nur geringfügig längere Formulierung *Wohn-raum und Schutz für viele Tiere wie Vögel und auch Insekten.*

Auch die zwei Aufgabenstellungen auf der Schulbuchseite erfordern sprachliche Kompetenz (vgl. Kapitel 7). In der ersten Aufgabe werden die Schüler(innen) dazu aufgefordert, die Pflanzen und Tiere zu benennen und da-für im Bestimmungsbuch nachzuschlagen. Die Lernenden müssen erfassen, dass sich die Aufgabe auf die bildlich dargestellten Tiere und Pflanzen bezieht – andernfalls wäre das Heranziehen eines Bestimmungsbuchs nicht erforder-lich. Zudem muss ihnen die Sprachhandlungsform des Benennens bekannt sein. Ein Bezug zum Text wird bei dieser Aufgabenstellung lediglich dadurch hergestellt, dass einige Tiere und Pflanzen sowohl im Text angeführt, als auch bildlich dargestellt werden. Aufgrund der bereits angesprochenen Unstim-migkeiten kann es hier aber auch zu Missverständnissen kommen. Ein Bezug zu den Stockwerken bzw. Schichten des Waldes, der beispielsweise durch die Zuordnung der ermittelten Pflanzen und Tiere erfolgen könnte, wird nicht ein-gefordert. Im Rahmen der zweiten Aufgabe werden die Lernenden aufgefor-dert, ein Tier auszuwählen, sich ausführlicher darüber zu informieren und es in einem Vortrag näher vorzustellen. Hier muss zwangsläufig für die Mehrheit der Schüler(innen) eine Unterstützung durch die Lehrkraft erfolgen. Materi-alien müssen bereitgestellt werden und denjenigen, die einer Strukturierung bedürfen, kann ein Steckbrief zur Verfügung gestellt werden, der jedoch auch sprachliche Anforderungen an die Lernenden stellt. Gegebenenfalls muss er-arbeitet werden, wodurch sich ein Vortrag fachlich wie sprachlich überhaupt auszeichnet. Die Schüler(innen) können in Form von Tippkarten Hinweise hinsichtlich ihrer sprachlichen Ausdrucksweise bei ihrem Vortrag erhalten und ihn entsprechend üben. Auch bei dieser Aufgabenstellung wird der Bezug zum eigentlichen Thema nicht explizit eingefordert. Fragen zum Text, mit de-nen das Textverständnis überprüft werden könnte, finden sich ebenso wenig wie Aufgaben, die Lesestrategien einfordern und dadurch das Textverständnis unterstützen könnten (vgl. Kap. 9.1.2).

Die Analyse der Schulbuchseiten mit etwa 15 Lehrkräften hat ergeben, dass die große Mehrheit den Text für inhaltlich wie sprachlich zu anspruchsvoll für ihre Klasse erachtet. Es bestand Einigkeit dahingehend, dass das fachliche und sprachliche Vorwissen der Schüler(innen) in der vierten Jahrgangsstufe nicht ausreichend ist, um den Text ohne weitere Hilfestellungen durch die Lehrkraft vollständig zu verstehen. Bei dem Versuch, den Text sprachlich zu vereinfachen, stellten die Lehrer(innen) fest, dass sie einzelne Textabschnitte vollständig um-formulieren würden. Dennoch sollte auf ausgewählte Fachbegriffe nicht verzich-tet werden. Als Unterstützungsmittel wurden deshalb eine übersichtliche Grafik (vgl. Abb. 65) sowie ein bebildertes Glossar (Abb. 66) vorgeschlagen.

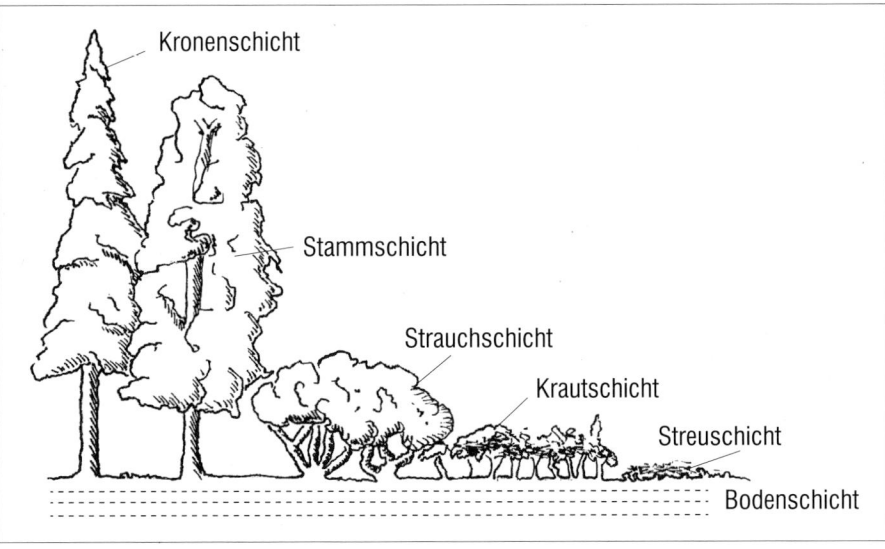

Abb. 65: Übersichtliche grafische Gestaltung der Schichten des Waldes

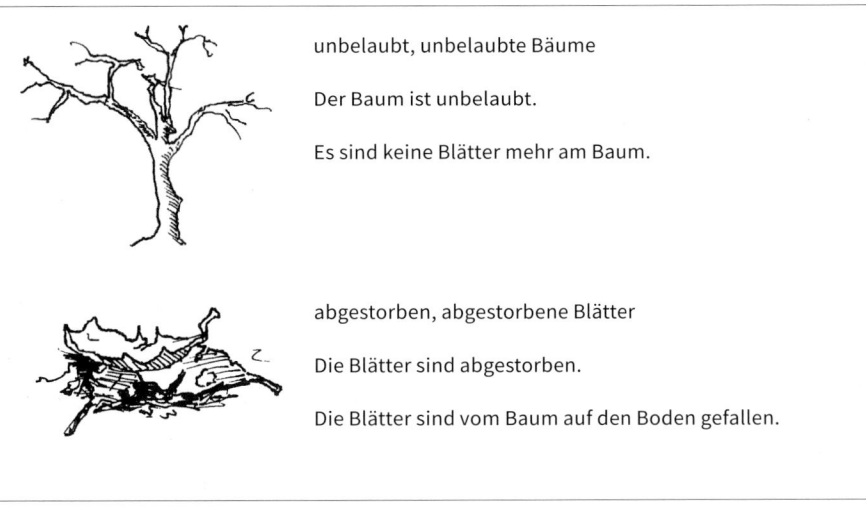

unbelaubt, unbelaubte Bäume

Der Baum ist unbelaubt.

Es sind keine Blätter mehr am Baum.

abgestorben, abgestorbene Blätter

Die Blätter sind abgestorben.

Die Blätter sind vom Baum auf den Boden gefallen.

Abb. 66: Beispiel für ein bebildertes Glossar

Betrachten Sie eine beliebige Seite aus Ihrem Sachunterrichtslehrwerk oder auch ein Arbeitsblatt, das Sie in Ihrem Unterricht einsetzen, ausführlich. Welche sprachlichen Hürden fallen Ihnen auf?

6.3.3 Versuchsprotokolle im experimentellen Sachunterricht

Hartinger fasst die Bedeutung von Versuchen wie folgt zusammen:

> Versuche dienen der Veranschaulichung und damit dem Verständnis des Gelernten. [...] Versuche können helfen, Schüler/-innen für Fragestellungen und deren Lösung zu motivieren. [...] Durch Versuche kann (natur-)wissenschaftliches Denken unterstützt werden, und es können (natur-)wissenschaftliche Arbeitsweisen erlernt werden. [...] Versuche bieten eine Möglichkeit, die Erfahrungen von Kindern aufzugreifen und sie mit fachwissenschaftlichen Verfahren zu verknüpfen. (2011, S. 70 f.; Hervorhebungen im Original)

Beim Aufbau dieser Kompetenzen, Fähigkeiten und Fertigkeiten spielt auch Sprache eine große Rolle. Das sprachliche Anregungspotenzial kann bereits bei der Vorbereitung eines Experiments bzw. Versuchs sehr hoch sein, wenn Fragen oder Vermutungen formuliert sowie Versuchsanweisungen sowohl in schriftlicher als auch mündlicher Form verstanden werden müssen. Zudem wird der Prozess der Erkenntnisgewinnung häufig durch Versuchsprotokolle dokumentiert.

> Versuchsprotokolle sollen den Prozess der Erkenntnisgewinnung dokumentieren und stellen damit auch ein Element der Wissenssicherung dar. Eine fachlich fundierte Sprache ist also unumgänglich, um es dem Autor auch nach längeren Zeitabständen zu erlauben, die beschriebenen Sachverhalte eindeutig einordnen zu können. Weiterhin sollte ein Protokoll so geschrieben sein, dass es einen Nachvollzug der Handlung und der Auswertung für Dritte ermöglicht. Dazu ist eine kontextunabhängige, sachliche Sprache notwendig [...]. (Busch/Ralle 2013, S. 283)

Versuchsprotokolle enthalten i.d.R. folgende Elemente: Fragestellung, Vermutung, Anführung der verwendeten Materialien, Darstellung des Versuchsaufbaus, Beschreibung der Versuchsbeobachtung sowie eine Versuchsauswertung und -deutung. Busch und Ralle teilen das Versuchsprotokoll in drei Bereiche auf, die sich in ihren Anforderungen sowohl inhaltlich als auch sprachlich unterscheiden. Die *Durchführung* besteht inhaltlich aus einer Handlungs- und Prozessbeschreibung, in der noch keine Zusammenhänge deutlich gemacht werden müssen. Dies spiegelt sich auch auf sprachlicher Ebene wider: Im Mittelpunkt steht die Begriffsebene durch das Benennen von Verben, die die experimentellen Handlungen verdeutlichen, und die Auflistung der dafür erforderlichen Materialien. Da Nebensatzkonstruktionen in diesem Textbereich eher selten sind, spielt die Satzebene nur eine geringfügige Rolle. Die *Beobachtung* stellt den subjektivsten Bereich des Protokolls dar, weshalb das Bemühen um Sachlichkeit und Objektivität oberste Priorität hat. Wichtig dafür sind die Beherrschung von Passivkonstruktionen und die Kenntnis von Fachbegriffen. Die *Auswertung* wird von Busch und Ralle als inhaltlich und sprachlich anspruchsvollster Abschnitt des Versuchsprotokolls bewertet, da die bereits in der Beobachtung angeführten Fachbegriffe nun in komplexe grammatische Strukturen eingebettet und damit sowohl inhaltliche als auch sprachliche Zusammenhänge erstellt werden müssen. Dafür ist die Verwendung von Nebensatzkonstruktionen erforderlich, welche „tiefgreifende sprachliche Kompetenzen auf hohem Niveau" (ebd., S. 284) voraussetzen. Dass die Anfertigung von Versuchsprotokollen auch Schüler(inne)n in der Sekundarstufe noch vor sprachliche Hürden stellt, zeigten Agel et al. (2011) in ihrer Interventionsstudie zur naturwissenschaftlichen Sprachförderung auf. Sie untersuchten, ob die fachsprachliche Ausdrucksfähigkeit durch eine systematische Vermittlung schriftlicher fachspezifischer Textsortenkompetenz gesteigert werden kann. Dafür erhielten 24 schwache Sprachlerner(innen) mit Migrationshintergrund der sechsten Jahrgangsstufe, die gezielt aus drei der sechs Klassen des Jahrgangs ausgewählt wurden, einen additiven Sprachforscher(innen)kurs zum Schreiben von Versuchsprotokollen. Im Anschluss an die Intervention, die sich über ein Halbjahr erstreckte, erfolgte in einem Re-Test eine Erstellung von Versuchsprotokollen in allen sechs Klassen (n=164). Die Testergebnisse von denjenigen Klassen, von denen kein Kind an dem Förderkurs teilgenommen hat, dienten als Kontrollinstanz. Die Auswertung dieser Protokolle ergab, dass die korrekte Strukturierung eines Protokolls allen Kindern, unabhängig von ihrem sprachlichen Hintergrund, schwergefallen ist. Lediglich 8 Prozent gelang eine saubere Trennung der Elemente Durchführung, Beobachtung und Auswertung. Zudem gab es Schwierigkeiten bei der durchgängigen Verwendung der Zeitform sowie der korrekten Verwendung des Passivs und Reflexivs. Die mehrsprachigen Schüler(innen) hatten außerdem Probleme bei der Benennung der Materialien und der Verwendung des Komparativs. Darüber hinaus konnte aufgezeigt werden, dass die mehrsprachigen Lernenden dreimal häufiger Ersatzfloskeln aus der Umgangssprache verwenden, wie z. B. ‚drauf tun'. Dies zeigte sich insbesondere bei den Fachverben, sodass Agel et al. vermuten, dass diese vornehmlich nicht explizit im Unterricht eingeführt werden und den Schüler(inne)n daher Probleme bereiten. Diese erstrecken sich auch auf die korrekte Konjugation und die richtige Verwendung von Objekten als Verbergänzungen. Als problematisch wurden zudem der Gebrauch von Präpositionen und die unpersönliche Ausdrucksweise bezeichnet (2011, S. 40 f.). Anhand dieser Ausführungen wird deutlich, wie stark der Erkenntnisprozess im Rahmen von Experimenten und Versuchen sprachlich durch die bereits angeführten Elemente der Verarbeitung, Modellierung und Konzeptualisierung von fachlichem Wissen sowie der Kommunikation und Reflexion begleitet wird. Inhaltliche und sprachliche Komplexität gehen miteinander einher: „Je komplexer der Inhalt ist, desto höher werden auch die sprachlichen Anforderungen" (Busch/Ralle 2013, S. 284).

Notieren Sie die sprachlichen Anforderungen und Hürden eines Steckbriefs – wodurch ist dieser gekennzeichnet und welcher sprachliche Stil wird verlangt?

6.3.4 Diskontinuierliche Textsorten im Sachunterricht

In Schulbüchern begegnen die Lernenden vielfach kontinuierlichen Sachtexten, „die fortlaufend geschrieben sind mit kontinuierlicher sprachlich realisierter Themenentfaltung" (Bittins et al. 2005, S. 6) (vgl. Kapitel 6.3.2). Für diese Texte finden sich z. B. durch die Arbeit mit Lesestrategien viele Unterstützungsmöglichkeiten, um das Textverständnis zu verbessern. Im Sachunterricht begegnen den Schüler(inne)n aber auch Diagramme, schematisierte Anleitungen oder Schaubilder, Landschaftskarten und tabellarische Darstellungen. Es handelt sich dabei um diskontinuierliche Texte, da sie nicht fortlaufend geschrieben sind. Sie können sowohl für sich alleine stehen als auch kontinuierliche Texte ergänzen. Der Umgang mit ihnen ist ein Teilaspekt der Lesekompetenz, erfordert spezifisches sprachliches Wissen und sollte ebenso intensiv geübt werden, wie die Arbeit mit kontinuierlichen Texten. Beispielhaft wird im Folgenden auf die Textsorte der Tabelle eingegangen. Diese begegnet den Lerner(inne)n bereits in den ersten Schuljahren (vgl. Abb. 67).

Abb. 67: Ausschnitt einer Tabelle aus einem Schulbuch (in: Pusteblume 2, S. 28)

Sehr früh muss ihnen daher der Aufbau der Textsorte verdeutlicht werden. Dies geht mit dem Einführen von Fachbegriffen wie *Spalte* oder *Zeile* sowie sprachlicher Strukturen einher. Andernfalls können die Lernenden sich nicht innerhalb der Textsorte orientieren und sind z. B. mit der Aussage „In der dritten Spalte der ersten Zeile steht, dass ..." überfordert. Einige Sachunterrichtslehrwerke beinhalten mittlerweile Erläuterungen und Übungen zu den diskontinuierlichen Textsorten (vgl. Abb. 68).

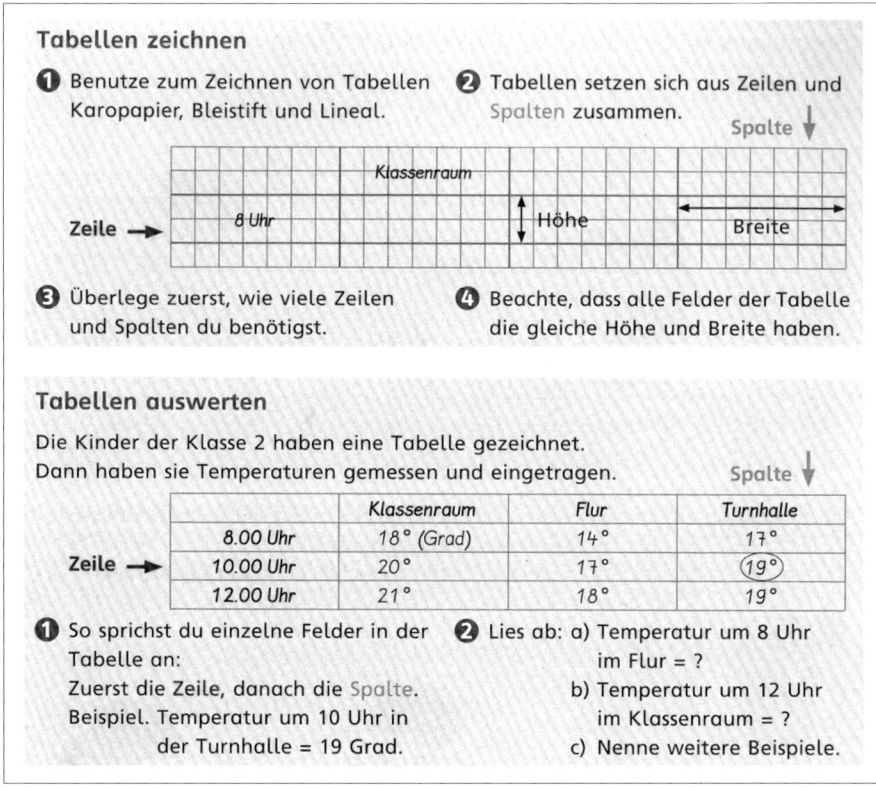

Abb. 68: Einführung der Textsorte der Tabelle in einem Sachunterrichtslehrwerk (in: Pusteblume 2, S. 41)

Erst mit dem Wissen um den Aufbau und die sprachlichen Besonderheiten der Textsorte können Schüler(innen) Tabellen selber erstellen, so wie es innerhalb von Aufgabenstellungen in den Schulbüchern häufig verlangt wird. Dieser Arbeitsauftrag stellt zunächst motorische Anforderungen an die Lernenden. Bis eine Tabelle akkurat erstellt ist, kann gerade in den unteren Jahrgangsstufen einige Zeit vergehen. Das selbstständige, richtige Eintragen von Ergebnissen in eine Tabelle kann wiederum nur dann erfolgen, wenn nicht nur der Aufbau, sondern auch die Funktion der Textsorte verinnerlicht wurde. Letztgenannte wird eher selten in Lehrwerken explizit dargestellt. Sie kann von Schüler(inne)n jedoch einfach durch die Gegenüberstellung mit einem Sachtext herausgearbeitet werden (vgl. Abb. 69).

Beispiel: Wasserverbrauch

Verwendung des Wassers	Wasserverbrauch pro Tag
Baden	
Toilettenspülung	
Wäschewaschen	
Geschirr spülen	
Kochen	

Das meiste Wasser wird im Haushalt verbraucht. Wenn wir die Badewanne benutzen, benötigen wir etwa 42 Liter Wasser. Für die Toilettenspülung brauchen wir am Tag ungefähr 45 Liter. Die Waschmaschine benötigt an einem Tag etwa 17 Liter Wasser. Und auch in der Küche verbrauchen wir Wasser, zum Beispiel zum Geschirr spülen. Dafür werden 8 Liter benötigt. Für das Kochen brauchen wir an einem Tag etwa weitere 4 Liter Wasser.

Abb. 69: Die Funktion einer Tabelle erarbeiten

Wie andere diskontinuierliche Texte auch, ermöglicht die Textsorte der Tabelle ein sinnliches Wahrnehmen abstrakter Inhalte und stellt Informationen prägnanter und übersichtlicher dar, als es ein Fließtext vermag. Die Inhalte werden in konzentrierter Weise zusammengefasst, gesammelt und geordnet. Aus diesem Grund umfassen viele Arbeitsaufträge im Sachunterricht den Wechsel zwischen kontinuierlichen und diskontinuierlichen Textsorten. So soll oftmals ein Sachtext tabellarisch zusammengefasst oder eine Tabelle in einem Fließtext dargestellt werden.

Der Umgang mit diskontinuierlichen Textsorten muss über die gesamte Grundschulzeit hinweg systematisch geübt werden. Im besten Fall erfolgen die Übungen integriert in das fachliche Lernen und befassen sich sowohl mit dem Anfertigen von Tabellen als auch der Entnahme von Informationen (s. Downloadmaterial ⊕). Die Bedeutung diskontinuierlicher Texte kann zudem sowohl für Lehrkräfte als auch für Schüler(innen) dadurch vergegenwärtigt werden, dass selbst erstellte Informationsplakate zu den einzelnen Textsorten im Klassenraum aufgehängt werden. Möglich ist es auch, dass jede/r Lernende ein Merkheft (s. Downloadmaterial ⊕) zu Textsorten erstellt und über die Grundschulzeit hinweg stetig erweitert. Ähnlich wie bei einem Portfolio ist der Lernzuwachs der Schüler(innen) dadurch sehr transparent. Besonders wertvoll ist ein solches Merkheft, wenn es fächerübergreifend angelegt ist. Die Kinder können dann feststellen, dass ihnen die Textsorten oft in verschiedenen Fächern begegnen und ihr Wissen dadurch weiter festigen oder ausbauen. Erkenntnisse zum Kreisdiagramm, das im Fach Mathematik behandelt wurde, können auf das Fach Sachunterricht übertragen werden. Ebenso kann diskutiert werden, worin sich ein Steckbrief von einem Kinderbuchautor / einer Kinderbuchautorin, der im Fach Deutsch angefertigt wurde, von einem Tiersteckbrief im Sachunterricht unterscheidet bzw. welche Gemeinsamkeiten zwischen ihnen bestehen. Wenn es

Lehrkräften also gelingt, das Textsortenwissen in den einzelnen Fächern zu vernetzen und systematisch zu erweitern, wird neue Lernzeit gewonnen.

▸ Notieren Sie sprachliche Anforderungen und Hürden von Säulendiagrammen. Was müssen Ihre Schüler(innen) beherrschen, wenn sie diese selber anfertigen? Welche Herausforderungen stellen sich, wenn sie einem Säulendiagramm Informationen entnehmen sollen?

▸ Überlegen Sie, wie Sie die Textsorte in Ihrem Unterricht einführen könnten und welche Übungen Sie Ihren Schüler(inne)n für die Arbeit mit Säulendiagrammen bereitstellen würden.

6.4 Sprachliche Entlastung des Unterrichts als Lösung?

Die vorherigen Erläuterungen zur Sprache in den Fächern Deutsch, Mathematik und Sachunterricht haben verdeutlicht, dass sich Lernenden diverse sprachliche Hürden stellen. Einige Lehrkräfte möchten ihre Schüler(innen) vor eben diesen schützen und gestalten ihren Unterricht daher verstärkt sprachlich entlastend.

▸ Was machen Sie konkret, wenn eine Schülerin oder ein Schüler in der vierten Klasse Schwierigkeiten hat, sich einen Text selbstständig zu erlesen?

▸ Wie bereiten Sie anspruchsvolle Lesetexte für Ihre Klasse vor?

Bei dieser wohlmeinenden Herangehensweise wird z. B. weitestgehend auf Textarbeit verzichtet. Inwiefern dieser Umgang mit Sprache im Fach die bestehenden Probleme nur verschärft, fasst Schmölzer-Eibinger (2013) im Rahmen verschiedener Problemfelder zusammen. Sie hält eine stetige Erweiterung von Textkompetenzen für unumgänglich (s. dazu Kap. 6.1.2), da die Textlastigkeit im Laufe der Schulzeit in der Regel zunimmt, denn, „je mehr Information vermittelt werden muss, desto höher sind die Anforderungen an sprachliche Explizitheit und Kohärenz und desto größer ist damit der Bedarf an Textualität" (ebd., S. 35). Dies betrifft nicht nur das Fach Deutsch, sondern auch die Naturwissenschaften:

Science would not be possible without text and without literacy in the fundamental sense. Science is in part constituted by texts and by our means of dealing with them. Without the expressive power and relative fixity of text; and without the comprehension, interpretive, analytical, and critical capacities we have developed for dealing with texts; then western science as we know it could never have come into being. (Norris/Phillips 2003, S. 233)

Erste Leistungsrückstände hinsichtlich der Textkompetenz zeigen sich bereits am Anfang der Grundschulzeit, da insbesondere Kinder aus bildungsschwachen Familien und/oder mit einem Migrationshintergrund oft nicht mit Texten und damit nicht mit der Schriftsprache vertraut sind. Sie verfügen nicht über die „entsprechenden literalen Erfahrungen und Kompetenzen, um mit einer schriftsprachlich geprägten Sprache und mit Texten umgehen zu können" (Schmölzer-Eibinger 2013, S. 29). Dies bringt ebenfalls Probleme bei der korrekten Umsetzung von Diskursfunktionen wie dem Beschreiben, Begründen oder Erklären mit sich, da diese oft eine Loslösung vom alltags- und kontextbezogenen Sprechen hin zu einer bildungssprachlichen bzw. fachlichen und kontextfreien Ausdrucksweise erfordern. Eine besondere Herausforderung stellen in diesem Zusammenhang Fachbegriffe dar, deren Bedeutung sich in der Alltags- und Bildungssprache unterscheidet (z. B. eintreten) oder deren Bedeutung sich durch eine Präfigierung verändert (z. B. entsprechen) (vgl. Uesseler et al. 2013, S. 55). Ein Ausbau der fehlenden Textkompetenzen erfolgt jedoch im Allgemeinen nicht im naturwissenschaftlichen Unterricht. Zwar sind Sachtexte ein ständig präsentes Unterrichtsmaterial, eine intensive Textarbeit in Form einer expliziten Thematisierung von Textverstehens- und Lesestrategien findet jedoch nicht statt, obwohl es sich dabei im Laufe der Grundschulzeit zunehmend um hoch verdichtete und komplexe Texte handelt. Oft wird diese Kompetenzentwicklung von Fachlehrkräften nicht als ihre Aufgabe wahrgenommen, sondern den Deutschlehrkräften überlassen (Langer 2010; Tajmel 2009, S. 144; Tajmel 2010, S. 167). Ebenso dient das Schreiben im Fachunterricht vornehmlich dem Festhalten von Ergebnissen – oft in Form von Stichpunkten oder Merksätzen. Laut Schmölzer-Eibinger fehlt es am epistemischen Schreiben, das durch eine Reflexion eine Verarbeitung und Weiterentwicklung des Wissens erzeugt: „Dort, wo dies dennoch geschieht, gehen die SchülerInnen meist sowohl mit Sprache als auch mit Inhalten genauer, reflektierter und kritischer um – eine intensive Spracharbeit und ein besseres inhaltliches Verstehen sind die Folge." (2013, S. 32)

Doch auch bei mündlichen Sprachproduktionen sind Problemfelder auszumachen, die auf die Gestaltung des Unterrichts zurückgeführt werden können. Durch vielfältige Vermeidungs- und Ausweichungsstrategien gelingt es Lernenden mit geringen schriftsprachlichen Kompetenzen, im Unterricht das Bild einer hohen Sprachkompetenz aufrechtzuerhalten. So bemerken viele Lehrkräfte die sprachlichen Defizite entweder nicht oder erst viel zu spät (vgl. Gogolin 2013b, S. 42; vgl. Langer 2010, S. 89). Dies liegt u. a. auch daran, dass ein Ungleichgewicht hinsichtlich des Redeanteils von Lehrkräften und Schüler(inne)n vorliegt. So wurde innerhalb verschiedener empirischer Studien aufgezeigt, dass der Redeanteil von Lehrkräften im Schnitt zwischen 70 Prozent und 80 Prozent liegt (vgl. Ackermann 2011, S. 20). Im Extremfall bestreiten Lehrkräfte bis zu über 90 Prozent der Redebeiträge des Unterrichts und geben den Schüler(inne)n durch ihre Impulse nur wenig Gelegenheit zu ausführlichen Äußerungen (vgl. Seedhouse 2004). So stellten Newton/Newton (2000) bei einer Analyse von Lehrerimpulsen in Unterrichtsgesprächcn innerhalb der dritten bis sechsten Jahrgangsstufe fest, dass lediglich 8 Prozent der Unterrichtszeit für Impulse genutzt wurden, die auf kausale Erklärungen abzielen. Mit 40 Prozent wesentlich dominanter waren dagegen Fragen nach Beschreibungen oder Fakten. Diese oft geschlossenen Fragen lassen von Seiten der Lernenden häufig lediglich Ein-Wort-Antworten oder unvollständige Sätze zu: „Derartige kleinschrittige Fragen verhindern längere Schüleraussagen trotz vorhandenen Vorwissens, weil sie nur auf das Nennen einzelner Begriffe abzielen. Auf diese Weise speichern Lernende reproduzierbare Begriffe, die für sie im Prinzip bedeutungslos sind" (Sumfleth/Pitton 1998, S. 19). Dieses Problem wird aufgrund der zweckentfremdeten Kommunikationssituation in der Schule noch verstärkt. Denn Schüler(innen) wissen, dass der Lehrkraft die erfragten Lösungen und Ergebnisse schon vorab bekannt sind und verspüren daher oftmals keine intrinsische Motivation, sich mit dem Unterrichtsinhalt auseinanderzusetzen (vgl. Schmölzer-Eibinger 2013, S. 30; Feilke 2013, S. 116 f.). Hinzu kommt, dass den Lernenden häufig auch keine Zeit für eine kohärente und ausführliche Antworten gegeben wird: „Die Zeit zwischen einem Lehrerimpuls und einer Schülerreaktion liegt in solchen Dialogen meist unter jenem Schwellenwert, der empirisch als ausreichend für die Konstruktion von vollständigen, inhaltlich anspruchsvollen Aussagen gilt" (Schmölzer-Eibinger 2013, S. 30).

Gründe für die Diskrepanzen hinsichtlich der Redeanteile werden oft in der Unterrichtsform des fragend-entwickelten Unterrichts gesehen, der gemäß empirischer Ergebnisse gerade im naturwissenschaftlich-mathematischen Unterricht einen hohen Stellenwert besitzt (vgl. Steinmüller/Scharnhorst 1987; Sumfleth/Pitton 1998; Seidel 2003; Reyer et al. 2004; Seidel/Prenzel 2004; Ahlers et al. 2009; Ackermann 2011). Dies liegt auch daran, dass diese Form des Lehrgesprächs auf einer Tradition aufbaut, die u. a. bis hin zu Sokrates im alten Griechenland zurückverfolgt werden kann. Die Gestaltung eines fragend-entwickelnden Unterrichts erfolgt in der Form, dass sich die Lehrkraft darum bemüht,

> dem Lernenden zunächst sein Nichtwissen vor Augen zur führen, um ihm anschließend durch weitere Fragen zur selbstständigen Erkenntnis zu verhelfen. Das setzt voraus, dass das erforderliche Wissen bereits vorhanden ist und durch richtige Fragen lediglich ins Bewusstsein gebracht werden muss. (Becker-Mrotzek/Vogt 2015, S. 77 f.)

Laut Becker-Mrotzek und Vogt besteht das Problem dieses Lehrgesprächs darin, dass das Wissen von der Lehrkraft fragmentiert werden muss, damit die Schüler(innen) die Möglichkeit haben, es sich durch ihren Wissensbestand anzueignen. Vielen erschließt sich dabei jedoch nicht der Gesamtzusammenhang, um den es eigentlich geht (vgl. ebd. S. 101 f.) Dass ein fragend-entwickelndes Unterrichtsgespräch auch sprachförderlich gestaltet werden kann, zeigen Schramm et al. (2013) in einer beispielhaften Gesprächsanalyse auf. Sie beziehen sich dabei auf ein Transkript aus „einer quasi-experimentellen Unterrichtsstudie mit Prä-Post-Follow-up-Design zur Bedeutung der Strukturierung von Lernangeboten für die konzeptuelle Entwicklung von Drittklässlern im Sachunterricht der Grundschule" (Schramm et al. 2013, S. 305). Analysiert wurde ein Unterrichtsgespräch zum Thema *Warum geht ein Schiff aus Eisen im Wasser nicht unter?* in einer Schulklasse, die einen stärker strukturierten Unterricht erhalten hat. Der Lehrkraft gelingt es dabei, einer Orientierungslosigkeit seitens der Lerner(innen) durch ein transparentes Gesamtziel, auf welches sich die Schüler(innen) bei ihren Antworten beziehen bzw. womit sie ihre Antworten in Verbindung bringen können, entgegenzuwirken. Außerdem ermöglicht die Lehrkraft den Kindern eine aktive Wissenskonstruktion: Bei fehlerhaften Erklärungen erinnert sie an bereits durchgeführte Experimente oder lässt diese erneut durchführen. Die Schüler(innen) erhalten dadurch nicht ausschließlich eine lehrerseitige Fehlerkorrektur, sondern können sich eigenständig verbessern und mit ihren individuellen Vorstellungen auseinandersetzen. Teilweise richtige Erläuterungen der Lernenden werden von der Lehrkraft aufgegriffen und als Aufgabenstellungen formuliert, um wichtige Teilziele zu beantworten. Wenn die Schüler(innen) die auf diese Weise erarbeiteten Teilziele zur Beantwortung des Gesamtziels miteinander in Beziehung setzen, formulieren sie automatisch komplexere Erklärungen. Schramm et al. betonen, dass diese positive Form eines fragend-entwickelnden Unterrichts insbesondere in Zusammenhang mit der Durchführung von Experimenten erfolgreich ist (vgl. Schramm et al. 2013, S. 307 f.).

Insgesamt bleibt jedoch festzuhalten, dass eine sprachliche Entlastung des Unterrichts bzw. eine zu geringe sprachliche Aktivierung der Schüler(innen) die bestehenden Probleme verschärfen. Die Lernenden erhalten keine Möglichkeit der sprachlichen Weiterentwicklung, werden aber mit dem Wechsel in die Sekundarstufe verstärkt mit schriftsprachlichen Anforderungen konfrontiert. Daher ist eine vereinzelte sprachliche Entlastung zwar als zielführend anzusehen, während ein vollständig sprachlich entlasteter Unterricht lediglich eine vermeintliche Hilfe zwischen der Vermittlung von Sprache und Inhalt darstellt.

7 Wege im sprachsensiblen Unterricht

Im Rahmen der räumlichen und funktionalen Verortung des Konzepts *Bildungssprache* ist bereits deutlich geworden, dass sie nicht ausschließlich, aber vorwiegend in schulischen Zusammenhängen von Bedeutung ist. Auch der enge Bezug zur Schriftlichkeit lässt darauf schließen, dass die Bildungsinstitutionen in der Verantwortung stehen, bildungssprachliche Fähigkeiten zu vermitteln (vgl. Lengyel 2010, S. 598). Aktuelle Studien lassen insbesondere hinsichtlich produktiver sprachlicher Fähigkeiten Hinweise darauf erkennen, dass der Erwerb dieses sprachlichen Registers allen Schüler(inne)n Schwierigkeiten bereitet – es sich also um eine herkunftsunabhängige Herausforderung handelt (vgl. Heppt et al. 2014b; Schuth et al. 2015; Heppt et al. 2016; Fornol 2020). Aus diesem Grund bedarf es einer Förderung aller Lernenden im Sinne eines sprachbildenden bzw. sprachsensiblen Unterrichts in allen Fächern. Die Einführung und Förderung von Bildungssprache stellt insofern eine Grundlegungsarbeit von höchster Priorität dar, weil alle Lernbereiche auf das Medium der Sprache angewiesen sind (vgl. Hüttis-Graff et al. 2010, S. 240). „In der Institution Schule besitzt Bildungssprache doppelte Funktionen: Sie ist das Medium der Vermittlung des Wissens und Könnens und sie ist zugleich das Medium, in dem der Nachweis einer erfolgreichen Aneignung gebracht wird" (Lange 2012, S. 126; s. auch Redder 2012, S. 88). Für didaktische Überlegungen bietet sich auf Grundlage der bereits angeführten Registertheorie ein Ansatz bezüglich folgender Frage: „Wie müsste der Kontext, d. h. eine Lernsituation gestaltet sein, in der bildungssprachliches Handeln vermittelt und geübt werden kann, und in der – auf die Schulfächer bezogen – die Schüler die fachsprachliche Annäherung vollziehen können?" (Quehl 2009, S. 196). Im Rahmen des *FörMig-Projektes* stellt Brandt (2011) sechs Qualitätsmerkmale für einen bildungssprachförderlichen Unterricht dar, die diesem Kapitel als Grundlage dienen sollen.

Sie benennt zunächst zwei Grundvoraussetzungen. Zum einen muss bei den Lehrkräften eine generelle Bereitschaft dazu bestehen, die bildungssprachlichen Kompetenzen erfolgreich zu fördern. Zum anderen darf die Mehrsprachigkeit der Schüler(innen) nicht als Hindernis gesehen werden, sondern ist als Ressource aufzufassen, um bildungssprachliche Fähigkeiten zu fördern (ebd., S. 13). Insbesondere Fachlehrkräfte sehen sich oftmals jedoch nicht in der Verantwortung sprachliche Kompetenzen zu lehren, sondern legen den Schwerpunkt auf die fachlichen Inhalte.

> Die vermeintliche Ferne naturwissenschaftlicher Fächer von Sprache und im Gegensatz dazu die vermeintliche Nähe des Faches Deutsch zu Sprache beruht vermutlich auf den fol-

> genden Annahmen: dass im Deutschunterricht Deutsch gelernt wird und dass Sprachver-
> mittlung in erster Linie Grammatikvermittlung ist, also in hohem Maße metalinguistisches
> Wissen verlangt. (Tajmel 2010, S. 167)

Das fehlende Zutrauen in die eigenen Fähigkeiten liegt unter anderem darin begründet, dass eine Auseinandersetzung mit grammatikalischen Phänomenen bei
einigen Naturwissenschaftslehrkräften bis in die eigene Schulzeit zurückgeht.
Diesen gefühlten Kompetenzmangel konnte Tajmel in einer Befragung nachweisen. Die Frage, ob sie in ihrer Ausbildung auf das Unterrichten in multikulturel-
len und multilingualen Klassen vorbereitet wurden, verneinten 93 Prozent der
125 befragten Lehrkräfte. Zudem wurde deutlich, dass sie die Ursachen schlechter Schulleistungen in sprachlichen Defiziten der Schüler(innen) sowie den Rahmenbedingungen des Unterrichts sehen (ebd., S. 139 f.). Die Lehrkräfte fühlen
sich außerdem nicht dazu fähig, Veränderungen ihres Unterrichts durch neue
Unterrichtsmaterialien oder die Teilnahme an Fortbildungsveranstaltungen vorzunehmen. Ihre mehrheitliche Begründung lautet, „dass sie wenig Zeit hätten,
sich mit neuem Unterricht zu beschäftigen, da sie ohnehin durch die Unterrichtssituation stark belastet wären" (Tajmel 2009, S. 147). Die laut Brandt erforderlichen Grundvoraussetzungen für einen bildungssprachförderlichen Unterricht
scheinen somit in der Realität nicht gegeben zu sein, weshalb eine sprachliche
Sensibilisierung den ersten wichtigen Schritt hin zu einem sprachsensiblen Unterricht darstellt (vgl. Kap. 3.2 und 7.1.2).

Neben den beiden Grundvoraussetzungen sind laut Brandt sechs Qualitätsmerkmale für einen guten bildungssprachförderlichen Unterricht festzu-
machen: Zentral ist neben dem fachlichen auch das sprachliche Wissen der
Lehrkraft. Nur wenn sie in der Lage ist, die Register der Allgemein- und Bildungssprache zu unterscheiden, kann sie diese explizit im Unterricht für die
Schüler(innen) aufzeigen (vgl. Brandt 2011, S. 13).

> Sie [die Lehrkräfte] sollten um die Unterschiede zwischen den sprachlichen Registern wis-
> sen und ihre Schüler lehren, wie man damit umgeht. [...] Dazu ist es wichtig, dass die Fach-
> lehrkräfte Methoden kennen und anwenden, die die Spracharbeit an Sachinhalten ermögli-
> chen: Die Vermittlung von Text-Erschließungsstrategien, das Erkennen von abgeleiteten
> Wörtern, das Benennen von Gegenständen und Experimentiergeräten, das Verbalisieren
> von Abbildungen. (Kruczinna 2010, S. 118 f.)

Bei der Gestaltung des Unterrichts unter Berücksichtigung des Registers Bildungssprache sollten Lehrkräfte außerdem darauf achten, bei inhaltlich anspruchsvollen Thematiken zunächst auf das zielsprachliche Register zu verzichten – erst wenn die neuen Inhalte von den Schüler(inne)n hinreichend verstanden
wurden, sollte die Sprache in den Mittelpunkt rücken (vgl. Brandt 2011, S. 14). Das
zweite Qualitätsmerkmal besteht für Brandt in den diagnostischen Kompetenzen der Lehrkräfte: Oftmals wird das schlechte Abschneiden der Schüler(innen)

in den internationalen Schulleistungsstudien auch auf mangelnde diagnostische Kompetenzen von Lehrkräften zurückgeführt. Bezogen wird sich dabei u. a. auf Fehleinschätzungen: Im Rahmen von *PISA 2000* wurden knapp 90 Prozent der Hauptschüler(innen) nicht als schwache Leser(innen) identifiziert. Sie wurden stattdessen als unauffällig eingeschätzt (vgl. Hesse/Latzko 2017, S. 14). Ohne eine gut ausgebildete Diagnosekompetenz sind Lehrkräfte nicht in der Lage, die individuellen sprachlichen Voraussetzungen und Entwicklungsprozesse ihrer Lerner(innen) zu ermitteln und können diese dementsprechend bei der Planung und Gestaltung ihres Unterrichts nicht berücksichtigen, was sich nachteilig auf die Lernprozesse der Schüler(innen) auswirken kann (vgl. Brandt 2011, S. 14). Bei der Planung des Unterrichts sollten Lehrkräfte laut Tajmel außerdem auf einen Planungsrahmen zurückgreifen, der die Integration von Sprache im Fachunterricht erleichtert (vgl. Kap. 7.2.1).

Drittes Qualitätsmerkmal eines bildungssprachförderlichen Unterrichts ist die Bereitstellung von Materialien wie Nachschlagewerken oder Merkplakaten, um die Schüler(innen) beim Erwerb des Registers zu unterstützen (vgl. Brandt 2011, S. 14). Ein selbst erstelltes Schaubild erleichtert oft die sprachliche Präsentation, da sie durch die zusätzliche visuelle Unterstützung eine inhaltliche Entlastung darstellt (vgl. Quehl/Trapp 2020, S. 48). Brandt gibt als viertes Qualitätsmerkmal an, dass die Schüler(innen) viele Gelegenheiten erhalten sollten, um sich sprachlich zu äußern und dadurch als fähige Sprachlernende zu erfahren. Wichtig ist in diesem Zusammenhang, dass auch die Herkunftssprachen der Schüler(innen) in den Unterricht miteinbezogen werden und sie genügend Zeit für ihre Antworten erhalten (vgl. Brandt 2011, S. 14). Gerade Schüler(innen) mit Migrationshintergrund fehlen oftmals Basisbegriffe aus dem allgemeinen Wortschatz (vgl. Apeltauer 2017). Sie sind beim Eintritt in die Schule noch mit dem Erwerb von etwa zehn neuen Wörtern pro Tag beschäftigt und verfügen nicht über den notwendigen allgemeinsprachlichen Wortschatz, um neue Wörter aufzunehmen. Der Grund dafür liegt darin, dass weniger Vernetzungen und Analogiebildungen möglich sind. Beim Erwerb eines Wortschatzes wird viel Zeit benötigt, weil neue Wörter identifiziert, ihre Bedeutung erschlossen und sie systematisch und pragmatisch eingebettet werden müssen, um anschließend vernetzt zu werden. Die Identifizierung von Wörtern gelingt so erst nach mehreren Wiederholungen und braucht dementsprechend Zeit, die Kindern mit Migrationshintergrund in der Schule oft nicht zugestanden wird. Da der Wortschatz eine Voraussetzung für das Lernen darstellt, sind DaZ-Lerner(innen) im Unterricht benachteiligt, weil sie oft nicht verstehen, was die Lehrkraft sagt und so kein neues Wissen aufnehmen können (vgl. Ahrenholz 2010, S. 17 f.). Das fünfte Qualitätsmerkmal, das Brandt anführt, ist die Unterstützung der individuellen Sprachbildungsprozesse. Mittels Binnendifferenzierung und der Bereitstellung von Hilfsmitteln wie vorgegebenen Satzanfängen muss gewährleistet werden, dass keine Lernende bzw. kein Lernender an inhaltlichen Aufgaben aufgrund von sprachlichen Schwierigkeiten scheitert (vgl. 2011, S. 14). Die gemeinsame Verantwortung für gelingende Sprachbildung stellt das sechste Qualitätsmerkmal dar. Die Lehrkraft muss den Schüler(inne)n ein konstruktives und nachvollziehbares Feedback geben und zum Dialogpartner werden, damit diese die Möglichkeit haben, aus ihren Fehlern zu lernen und dazu angehalten werden, auf die sprachlichen Mittel der Mitschüler(innen) zu achten, um ebenfalls ein hilfreiches Feedback geben zu können (vgl. Brandt 2011, S. 14 f.).

Die Gestaltung eines bildungssprachförderlichen bzw. sprachsensiblen Unterrichts erfordert demnach vielfältige Kompetenzen von Lehrkräften, die sukzessive aufgebaut werden müssen. Sprachsensibel zu unterrichten bedeutet nicht, seinen Unterricht von heute auf morgen vollkommen umzustrukturieren. Bereits kleine Veränderungen, wie das Beachten des eigenen Sprachhandelns oder das Setzen eines sprachlichen Lernziels in einer Unterrichtsstunde, können sich positiv auf die sprachliche Entwicklung der Schüler(innen) auswirken.

7.1 Vom eigenen Sprachhandeln zur systematischen Sprachunterstützung

Grundlegende Erkenntnisse zum Sprachhandeln von Grundschullehrkräften und deren Bedeutung für das sprachliche Verstehen auf Seiten der Schüler(innen) liefert die Studie von Osburg, die „Begriffliches Wissen am Schulanfang" (Osburg 2002) untersucht. Osburg hat dazu Unterrichtsprotokolle im Hinblick auf begriffliche Diskrepanzen zwischen Lehrkräften und Schüler(innen) der ersten und zweiten Klasse analysiert. Die Fokussierung auf die ersten beiden Schuljahre ist insofern bedeutsam, als dass der Schulanfang eine „sprachliche Sollbruchstelle" (Wildemann 2018, S. 202) darstellt. Kinder verfügen zu diesem Zeitpunkt noch mehrheitlich über ein individuelles – Osburg nennt es singuläres – Sprachwissen (vgl. 2002, S. 23 ff.), während ihnen die schulsprachlichen Anforderungen nun zunehmend ein reguläres Sprachwissen (vgl. ebd.) bzw. konzeptionelle Schriftsprachlichkeit abverlangen (s. auch Wildemann 2015, 2018; Wildemann/Rathmann 2014). Osburg hält dazu fest:

> Es kann nicht vorausgesetzt werden, dass alle Kinder über ein reguläres Wissen verfügen. Häufig verpassen Lehrpersonen nicht nur die Chance, an singulärem Wissen anzuknüpfen, sondern sie benachteiligen zudem Kinder mit primär singulärem Wissen im Hinblick auf eine erfolgreiche Teilnahme an der Kommunikation. (Osburg 2002, S. 140)

In zahlreichen Protokollanalysen gelingt es Osburg sehr anschaulich aufzuzeigen, welche sprachlichen Missverständnisse zwischen Lehrkräften und ihren Schüler(inne)n aufgrund divergenter sprachlicher Wissensbestände entstehen. Gleichzeitig fragt sie aber auch danach, wie sich Lehrkräfte in solchen Situationen verhalten. Sie unterscheidet hier zwischen präventiven, parallelen und retrospektiven Verhaltensweisen (vgl. ebd., S. 192). Lehrkräfte, die sich präventiv verhalten, antizipieren das singuläre begriffliche Wissen ihrer Schüler(innen) und sind deshalb in der Lage, den Kindern Sprachmodelle anzubieten, die den Übergang von singulärem zu regulärem Wissen begleiten. Ihnen gelingt es außerdem eher, sprachliche Diskrepanzen zu (re)konstruieren. Paralleles Verhalten findet vor allem in der Hier-und-Jetzt-Situation statt, indem Lehrkräfte spontan auf ein kindliches Sprachverhalten reagieren. Da hierbei wenig Zeit für Reflexion bleibt, sind die Handlungen der Lehrkräfte nicht immer zielführend: Nicht selten werden sprachliche Äußerungen von Schüler(inne)n ignoriert. In diesem Fall bleiben Lerngelegenheiten ungenutzt. Wenn Lehrkräfte nach einer sprachlichen Diskrepanz danach fragen, ob dem Schüler oder der Schülerin die Erklärung geholfen hat, verhalten sie sich retrospektiv. Ein solches Verhalten konnte Osburg längst nicht bei allen Lehrkräften beobachten (vgl. ebd., S. 264). Jede der drei von Osburg beschriebenen Verhaltensweisen kann lernförderlich sein, wenn Lehrkräfte dafür sensibilisiert sind, dass Schulanfänger(innen) über anderes sprachliches Wissen verfügen als sie selbst, wenn sie diese Tatsache in ihrer Unterrichtsplanung berücksichtigen und wenn sie außerdem in der Lage sind, Sprache über deren kommunikative Funktion hinaus zum Lerngegenstand zu machen. Osburg kommt vor dem Hintergrund ihrer Studie deshalb zu dem Fazit:

> Ich spreche mich nicht für die Thematisierung »jedes« Begriffs aus. Allerdings vertrete ich den Standpunkt, Präzisierungen, Umschreibungen, Provozieren von Unterscheidungen, korrektives Feedback o. Ä. prinzipiell im Unterricht zu berücksichtigen. Zudem sollte durch Rückfragen das Verstehen rekonstruiert werden. (Osburg 2002, S. 264)

Was Osburg in Bezug auf Erst- und Zweitklässler(innen) vorschlägt, ist sprachsensibles Unterrichtshandeln. Es fußt auf einer Reflexion des eigenen Sprachhandelns sowie einer Diagnose und Antizipation des Sprachkönnens der Schüler(innen). Erweitert werden diese beiden Säulen um eine dritte, die ein anwendungsbezogenes Wissen über Formen sprachunterstützenden Verhaltens bereithält (s. dazu Kap. 7.4).

Wie Sprechakte von Lehrkräften im Konkreten aussehen, hat Wanjek für die Hauptschule untersucht. In seiner Studie nimmt er die „Sprachhandlungen von Lehrpersonen im Deutschunterricht der Hauptschule" (Wanjek 2010) in den Blick. In einem ersten Schritt wurden mittels Unterrichtsbeobachtungen die im Deutschunterricht realisierten Sprechakte der Lehrkräfte typisiert. Wanjek stößt hier auf eine Vielzahl von Sprechakten, von denen die häufigsten Anweisungen und Fragen sind. Einen hohen Frageanteil konnte auch Püth im Rahmen einer Einzelfallstudie in einer ersten Klasse, in der er insgesamt 21 Unterrichtsstunden videografiert und davon 14 Unterrichtsstunden deskriptiv ausgewertet hat, belegen (Püth 2010; Püth 2011, S. 38). Ebenfalls häufig vertreten waren bei Wanjek außerdem Aufrufe, Gliederungen und Hörerrückmeldungen, die allesamt vor allem der Unterrichtsorganisation dienen (vgl. Wanjek 2010, S. 55 ff.). Wie die Abbildung 70 zeigt, realisieren die untersuchten Hauptschullehrkräfte vor allem Assertiva, also informierende und feststellende Äußerungen, und Direktiva, d.h. auffordernde und fragende Äußerungen. Wanjek führt dies auf den hohen Grad der Prozessregulierung während der Kommunikationssituation zurück (vgl. ebd., S. 65).

Sprechaktklasse	N
ASSERTIVA	
● informierend	328
● erklärend	97
● prozessregulierend	568
● Stellungnahmen	
○ akzeptierend	106
○ problematisierend	65
○ ablehnend	66
○ argumentierend	232
Gesamt	**1462**

Sprechaktklasse	N
DIREKTIVA	
● Aufforderungen	
○ bindend	471
○ nicht-bindend	227
● Fragehandlungen	438
Gesamt	**1136**
KOMMISSIVA	
Gesamt	**63**
EXPRESSIVA	
● Emotiva	48
● Evaluativa	
○ positiv	64
○ negativ	44
Gesamt	**156**

Abb. 70: Sprechakte von Lehrkräften (nach Wanjek 2010, S. 65)

In einem zweiten Untersuchungsteil wurden schließlich Gruppendiskussionen mit zwei Gruppen von Lehrkräften und vier Gruppen von Schüler(inne)n durchgeführt, um zu erfassen, „wie Sprechhandlungen von den Sprechern intendiert und von den Rezipienten wahrgenommen werden" (ebd., S. 75). Interessant ist hier, dass die am häufigsten beobachteten Sprechakte – Assertiva und Direktiva – von den Lehrkräften kaum thematisiert wurden. Im Vordergrund ihrer reflexiven Auseinandersetzung standen hingegen vornehmlich Aspekte der Beziehungsgestaltung, die auch von den Schüler(inne)n besonders häufig angesprochen wurden (vgl. ebd., S. 155). Dieses Ergebnis zeigt, dass Lehrkräfte ihr eigenes Sprachhandeln kaum hinsichtlich ihrer sprachlichen Wirkung hinterfragen. Für sie ist Sprache vor allem Mittel zur Kommunikation, weniger hingegen ein Werkzeug des Lernens und Verstehens oder gar ein eigener Lerngegenstand innerhalb eines fachlichen Lernkontextes. Eine stärkere Sensibilisierung für das eigene Sprachhandeln und eine Erweiterung der kommunikativen Handlungsmöglichkeiten sind zwei Empfehlungen, die Wanjek aus diesem Grund für die Lehrerbildung vorschlägt (vgl. ebd., S. 157 ff.).

Die Studien von Osburg und Wanjek beschäftigen sich mit Grund- und Hauptschüler(inne)n, ohne dabei sprachliche Heterogenität aufgrund von Mehrsprachigkeit explizit zu thematisieren. Auch ohne diesen Bezugspunkt zeigen beide anhand von Forschungsdaten, dass die Sprache, die in der Schule gesprochen und geschrieben wird, Anforderungen an die Schüler(innen) stellt, die über ihr alltägliches Sprachwissen und -können hinausreichen. Außerdem veranschaulichen beide Untersuchungen den Zusammenhang zwischen Lehrer(innen)sprache und Schüler(innen)sprache und dessen Bedeutung für das Lernen. Inhaltliches Verstehen kann durch Sprache gefördert oder eben auch behindert werden. Die fehlende Beachtung der sprachlichen Voraussetzungen und Potenziale der Schüler(innen) führt dabei unweigerlich zu unzureichenden Partizipationsmöglichkeiten und schließlich zu einer Benachteiligung im Unterricht (s. dazu auch Cummins 2006; Diefenbach 2007; Eckardt 2008; Krumm 2015; Lietz 2013). In diesem Bedingungsgefüge kommt dem Deutschunterricht sicherlich auch weiterhin eine essenziell sprachbildende Aufgabe zu. Für die erfolgreiche Teilnahme am Fachunterricht bedarf es jedoch mehr als eines sprachförderlichen Deutschunterrichts oder zusätzlicher Sprachförderung für bestimmte Zielgruppen. Im Fachunterricht sollte es darüber hinaus darum gehen, innerhalb eines thematischen Rahmens inhaltliches, d. h. fachliches und sprachliches Lernen an die spezifischen Bedingungen des Faches anzuknüpfen. „Diese ergeben sich aus den je besonderen fachlichen Inhalten und Erwerbsprozessen und den damit verbundenen notwendigen Versprachlichungen [...]" (Becker-Mrotzek et al. 2013, S. 8).

Ob und wie Lehrkräfte fachliches und sprachliches Lernen miteinander verbinden und dabei Aspekte sprachlicher Heterogenität berücksichtigen, hat Riebling (2013) in ihrer Studie, die sich auf Selbstberichte von Fachlehrkräften aus dem naturwissenschaftlichen Unterricht stützt, untersucht. Mittels eines Fragebogens wurden insgesamt 229 Hamburger Lehrkräfte der Fächer Biologie, Chemie und Physik, die in Klassen mit einem Ausländeranteil (nicht Migrationsanteil) von mindestens 11,6 Prozent unterrichten, befragt. Gefragt wurden sie nach der sprachlichen Gestaltung ihres naturwissenschaftlichen Fachunterrichts, den Unterrichtsformen und persönlichen Merkmalen (wie Kenntnisse und Einstellungen zur Sprachbildung) (vgl. Riebling 2013, S. 103 ff.). Die Ergebnisse zur Gestaltung der Sprachbildung im Unterricht zeigen sehr deutlich, dass mit ansteigender Jahrgangsstufe die in der Praxis realisierte Sprachbildung abnimmt (vgl. ebd., S. 136 f.), von Durchgängigkeit im Sinne von *FörMig* (s. Kap. 3.3.2., S. 78 Fokuskasten) kann also keineswegs die Rede sein. Dabei wird Sprachförderung mehrheitlich in den Klassen 5 und 6, also in der Beobachtungsstufe angesetzt. Auf Lehrer(innen)seite wurde zudem deutlich, dass vor dem sprachlichen Können, der fachliche Lernstand sowie die Interessen und Lernstile der Schüler(innen) in die Unterrichtsplanung einbezogen wurden. Während lediglich 29,8 Prozent der Lehrkräfte von sich sagen, bei der Planung auch die sprachlichen Lernvoraussetzungen zu berücksichtigen, spielen diese bei 70,2 Prozent fast nie, selten oder gelegentlich eine Rolle. Dies spiegelt sich dann auch in der Art und Weise der Differenzierung wider, die ebenfalls vor allem fachlich ausgerichtet ist. Dennoch konnte Riebling feststellen, dass die Beachtung sprachlicher Voraussetzungen als auch die Realisierung fachlicher Differenzierung mit der Differenzierung im Bereich Sprache korrelieren (vgl. ebd., S. 141). Konkret bedeutet dies, dass Lehrkräfte, bei denen Differenzierung zum Unterrichtskonzept gehört, auch eher bereit sind, neben der fachlichen eine sprachliche Differenzierung durchzuführen. Deutlich wird an diesem Teilergebnis, dass es eben nicht ausreicht, Fachlehrkräfte für die sprachliche Seite des Lernens zu sensibilisieren, vielmehr ist es erforderlich, den Fachunterricht in seiner Gesamtheit, und dazu gehören neben sprachlichen fachliche, fachdidaktische und methodische Merkmale, in den Blick zu nehmen. Fachunterricht wird von Lehrkräften vor allem als Fachlernen verstanden, daher spielen sprachförderliche Aspekte wie sprachliche Anreicherung, Darstellungskonventionen und bildungssprachliche Mittel bislang eher eine marginale Rolle (vgl. ebd., S. 147). In ihrer Studie unterteilt Riebling die befragten Lehrpersonen schließlich in vier Handlungstypen:

Gruppierung der Lehrkräfte in Handlungstypen nach Riebling (2013, S. 166 ff.)

▶ Typ A: explizit sprachorientierter Typ

Der Unterricht wird sprachlich kaum entlastet, ist aber insgesamt bildungssprachlich anspruchsvoll, bei Transparenz sprachlicher Anforderungen und dem Ziel der Vermittlung von fachbezogenen Strategien. Dieser Typ kam mit sechs Lehrkräften selten vor.

▶ Typ B: entlastender sprachorientierter Typ

Nach eigenen Angaben gestalten diese Lehrkräfte ihren Fachunterricht bildungssprachlich, realisieren aber auch sprachliche Entlastung durch sprachliche Vereinfachung und vereinfachte Unterrichtsmaterialien. Sie orientieren sich stark an den sprachlichen Voraussetzungen ihrer Schüler(innen). Diesem Typ konnten lediglich fünf Lehrkräfte zugeordnet werden.

▶ Typ C: ausschließlich entlastender Typ

Lehrkräfte dieses Typs reagieren auf sprachliche Heterogenität mit ausgeprägter sprachlicher Entlastung, d. h. sie verringern das sprachliche Anforderungsniveau. Ihr Unterricht ist dabei jedoch nicht sprachbildend konzipiert. Zu diesem Typ zählt Riebling 20 Lehrkräfte.

▶ Typ D: wenig sprachorientierter Typ

Mit 96 Lehrkräften ist dieser Typ die größte Gruppe. Weder entlasten sie ihren Unterricht sprachlich noch ist dieser bildungssprachlich ausgerichtet. Es findet somit keine Passung zwischen sprachlichen Lernvoraussetzungen und Unterrichtsgestaltung statt. Eher wird ein gewisses sprachliches Können vorausgesetzt.

Rieblings Ergebnisse geben Anlass zur Sorge, die durchaus berechtigt ist, sie müssen im Hinblick auf den Grundschulunterricht u. E. aber etwas relativiert werden. Das begründet sich vor allem in der Struktur der Grundschule, denn im Vergleich zu den weiterführenden Schulen oder Förderschulen ordnet sie

Schüler(innen) nicht nach Leistung bzw. vermuteter Leistungsfähigkeit. Auch Strukturen, wie die flexible Eingangsphase oder jahrgangsübergreifender Unterricht sind vor allem in der Grundschule zu finden und können als Indizien für eine stärkere Heterogenitätsorientierung gewertet werden. Mit der Umsetzung der *UN-Behindertenkonvention* – die zwar für alle Schularten gilt, aber in Primar- und Sekundarstufe, nicht gleichermaßen umgesetzt wird[18] – sind Grundschulen noch mehr zum pädagogischen Umgang mit Vielfalt aufgefordert. Auch das in der Grundschule vorherrschende Klassenlehrer(innen)prinzip ermöglicht im Gegensatz zum Fachlehrer(innen)prinzip der weiterführenden Schule eine engere Verzahnung der unterrichteten Fächer im Rahmen von fächerübergreifendem, fächerverbindendem oder projektorientiertem Unterricht. Eine solche Orientierung geben bereits Lehr-Lern-Materialien für den Anfangsunterricht vor (z. B. *Tinto* von Cornelsen oder *Die Kunterbunt Fibel* von Klett), in denen einzelne Fächer (vor allem Deutsch und Sachunterricht) durchgehend und sequenziell miteinander verbunden werden. Aus den genannten Gründen können die Ergebnisse von Riebling sicherlich nicht eins zu eins auf den Grundschulunterricht übertragen werden. Dennoch müssen sich auch Grundschullehrkräfte fragen, ob sie die sprachlichen Voraussetzungen ihrer Schüler(innen) erfassen und für die eigene Unterrichtsplanung nutzen, ob sie ihren Fachunterricht sprachförderlich konzipieren und ob sie bildungssprachliches Lernen anregen.

- ▶ Orientieren Sie sich bei der Unterrichtsvorbereitung neben den fachlichen auch an den sprachlichen Lernvoraussetzungen Ihrer Schüler(innen)?
- ▶ Ist Ihr Fachunterricht bildungssprachlich anregungsreich?
- ▶ Sorgen Sie in Ihrem Fachunterricht für sprachliche Entlastung? Wenn ja, wie geschieht dies?

7.1.1 Das Sprachhandeln im Unterricht

Es wurde bereits dargelegt, dass der Redeanteil von Lehrkräften im Unterricht oftmals sehr hoch ist und vor allem fragend-entwickelnde Gespräche dominieren (vgl. Kap. 6.2.1 und 6.4). Diese folgen dem Prinzip *Initiation-Reaktion-Feedback (IRF)*. Zunächst bietet die Lehrkraft einen Auslöser (Initiation), indem sie z. B. eine Frage stellt, auf welche die Schüler(innen) antworten (Reaktion). Im Anschluss folgt eine Rückmeldung durch die Lehrperson (Feedback). „Die Funktion des Feedbacks liegt darin, zu überprüfen, ob das Verhältnis zwischen Frage und

---

18 Der 2014 von der Bertelsmann Stiftung herausgegebene Datenreport zur Inklusion offenbart, dass im Schuljahr 2012/13 insgesamt 72,2 Prozent der Förderschüler(innen) die Schule ohne Hauptschulabschluss, 24,5 Prozent mit einem Hauptschulabschluss, 2,7 Prozent mit einem Realschulabschluss und 0 Prozent mit Fachhochschulreife und 0,2 Prozent mit Allgemeiner Hochschulreife verlassen haben (vgl. Bertelsmann Stiftung 2014, S. 27).

Antwort den Erwartungen des Fragenden, in den meisten Fällen der Lehrperson, entspricht" (Ackermann 2011, S. 21). Dass grundsätzliches Potenzial seitens der Schüler(innen) dabei durch eine Dominanz der Lehrkraft ungenutzt bleibt, zeigt das folgende Beispiel:

LE4:	und jetzt # wäre es schön ### wenn ihr mir so zwei Sätze sagen könnt #3# wo diese vier Wörter vor/dabei sind #2 sich ausdehnen oder ### ausdehnen -, sich erwärmen-, #2# wann
TM2:	ach so
LE4	###man kann, ja bitte probiers
DJ5:	sich erwärmen
LE4:	was passiert mit der Flüssigkeit –, ## oder mit dem Stoff ## wenn es sich – so # bitte – (Aufforderungsbwegung mit den Händen)
TJ3:	#2# des ä erwärmt sich und
LE4:	und jetzt wer kann man einen Satz anfangen, wenn # wenn sich # das Wasser ###
TM2:	erwärmt
LE4:	und dann geht's weiter
DM5:	also wenn sich das Wasser # ehm erwärmt ### dann #2# ehm ## ehm ### dehnt sich das aus.
LE4:	ja
LE4	danke

Abb. 71: Wenn Schüler(innen) im Unterricht nicht zu Wort kommen (Ahrenholz 2010, S. 30)

Dem Wunsch der Lehrkraft, „in ganzen Sätzen zu sprechen", können die Lernenden auch dadurch nicht nachkommen, weil sie von ihr unterbrochen werden. Sie erhalten zu wenig Zeit, um ihre Antwort zu formulieren. Die Lehrkraft hat ihr sprachliches Ziel, nämlich die Formulierung eines *wenn … dann-Satzes*, fest im Blick und lässt den Schüler(inne)n dadurch keine Möglichkeit, sich sprachlich zu entfalten. Hier scheint es weniger darum zu gehen, die Lernenden dabei zu unterstützen, ihre gewonnenen fachlichen Erkenntnisse auch zu versprachlichen, als den von der Lehrkraft bereits entwickelten zusammenfassenden Merksatz zu formulieren. Ein solches Katz-und-Maus-Spiel kann auch entstehen, wenn Lehrkräfte vorwiegend geschlossene Fragen stellen und die Schüler(innen) dadurch zu „Stichwortgebern" (Ackermann 2011, S. 29) des Lehrervortrags werden (vgl. Abb. 72).

L:	Wir haben uns bisher mit Fetten beschäftigt. Grundstruktur. Was brauchen wir für Fette? Was für beide/welche beiden Grundsubstanzen sind notwendig für Fette?
S1:	Glycerin und Fettsäure
L:	Sehr schön. Glycerin als Grundbaustein. Was ist Glycerin?
S2:	Ein Stoff.
L:	Ein Stoff. Wenn du jetzt noch gesagt hättest, ein chemischer Stoff, okay, hätte ich nicht mal nein sagen können. Kannst du es etwas mehr präzisieren?
S3:	Ein fettischer Stoff?
L:	Nein. Was ist Glycerin? Von seiner Stoffklasse? In welche Stoffklasse zum Beispiel gehört /
S:	(Gemurmel) Doppelbindung (weitere Begriffe; unverständliches Durcheinander)
L:	Nee, nix von alldem. Nein, nein, nein, nein, nein, nein.
S4:	Alkohol?
L:	Ein Alkohol. Richtig. Glycerin ist ein Alkohol und zwar ein mehrwertiger Alkohol (zeichnet die Strukturformel an die Tafel). Warum ist dieses hier jetzt ein Alkohol?
S2:	Weils ne OH-Gruppe hat.
L:	Genauer. Du bist auf dem richtigen Weg, also durchatmen, aber genauer gucken. Du sagtest, ich sag den Satz nochmal, weil es eine (stark betont) OH-Gruppe hat.
S5:	Nur eine.
S2:	Mindestens eine.
L:	Genau: Damit wird die Aussage richtig. Mindestens eine. Es hat exactement drei von diesen Dingern.

Abb. 72: Beispiel für ein durch geschlossene Fragen geprägtes Unterrichtsgespräch (Riebling 2013, S. 41)

Auf die Impulse und Fragen, die von der Lehrkraft ausgehen, reagieren die Schüler(innen) aus pragmatischer Sicht vollkommen ausreichend. Mehr als Ein-Wort-Antworten werden ihnen nicht abverlangt. Dadurch nennen sie zwar wichtige Fachbegriffe, erkenntlich wird jedoch nicht, ob sie diese wirklich verstanden haben oder sie sich mit ihrer einfachen Benennung eine gute Strategie für ein erfolgreiches Mitarbeiten in Unterrichtsgesprächen dieser Art angeeignet haben. Zudem wird ersichtlich, dass die Lehrkraft nicht als sprachliches Vorbild fungiert, da sie z. B. das Passepartout-Wort *Dingern* verwendet und mit dem Begriff *exactement* in eine andere Sprache wechselt. Diese Beispiele veranschaulichen die bereits vorgestellten Studien von Osburg (2002) und Wanjek (2010) noch einmal. Beide Lehrkräfte verwenden Sprache als Mittel zur Kommunikation, aber nicht als Werkzeug des Lernens und Verstehens oder als Lerngegenstand (vgl. Kap. 7.1). Es stellt sich daher die Frage, wodurch sich sprachförderliches Lehrer(innen)handeln im Unterricht auszeichnet.

Sprachliche Kompetenzen können im Unterricht sowohl implizit als auch explizit durch die Lehrkraft vermittelt werden. Implizites sprachsensibles Lehrer(innen)handeln beinhaltet verschiedene Strategien, wie z. B. das indirekte Bereitstellen von sprachlichen Strukturen oder Begriffen durch Nachfragen sowie korrektives Feedback. Gemeinsam mit dem aktiven Zuhören können dadurch nicht nur kleine sprachliche Mängel aufgegriffen werden, ohne den Lernenden dabei ständig direkt auf diese aufmerksam zu machen und zu demotivieren, zusätzlich geht damit auch eine Wertschätzung einher. Den Schüler(inne)n wird vermittelt, dass sie eben nicht nur passende Antworten liefern sollen, damit das von der Lehrkraft angestrebte Stundenziel erreicht wird. Dass Lernende es befürworten, wenn die Lehrperson Wert auf ihre sprachliche Entwicklung legt, diese ernst nimmt und unterstützt, zeigen Ergebnisse der Studie *Deutsch Englisch Schülerleistungen International (DESI)*:

> Bedeutsam hingegen ist, ob die Schülerinnen und Schüler den Eindruck haben, dass ihrer Lehrerin bzw. ihrem Lehrer sprachliche Kompetenzen wichtig sind. Klassen, deren Schüler berichten, Rechtschreibung, grammatisch richtiges Schreiben und andere sprachbezogene Fähigkeiten seien im Unterricht sehr wichtig, haben schon zu Beginn des Schuljahres im DESI-Test bessere Ergebnisse und steigern ihre Kompetenzen – auch im Lesen – im Verlauf des Jahres stärker als andere Klassen. (Klieme 2006, S. 6)

Ein weiterer Bestandteil dieser Wertschätzung ist die bewusste Verlangsamung der Interaktion. In den beiden zuvor angeführten Unterrichtsgesprächen hatten die Schüler(innen) wenig Zeit, um ihre Antworten zu geben. Ihr mögliches sprachliches Potenzial blieb unberücksichtigt. Dies ist i. d. R. kein Ausnahmefall, denn empirische Studien konnten belegen, dass die Zeit zwischen dem Lehrerimpuls und der Reaktion der Lernenden häufig zu kurz ist, um vollständige, inhaltlich anspruchsvolle Antworten zu formulieren (vgl. Met 1994, S. 174). Auch das eigene Sprechen sollte verlangsamt werden, um den Lernenden die Chance der Verarbeitung der sprachlichen Äußerungen zu geben. Dabei sollte zudem darauf geachtet werden, zielsprachliche Begriffe zu wiederholen und Aussagen nicht zu stark durch die Verwendung von Synonymen zu variieren. Man sollte sich als Lehrkraft vor Augen führen, dass es acht bis zehn Wiederholungen bedarf, bis ein Wort aus einem Lautstrom herausgefiltert wird, was man sich sehr gut am Beispiel einer Fremdsprache, die man hört, verdeutlichen kann. Oftmals ist man nicht einmal in der Lage, zu bestimmen, wann ein Satz beginnt oder aufhört, geschweige denn Abgrenzungen zwischen einzelnen Wörtern wahrnehmen zu können. Um einem neuen Wort eine Bedeutung zuzuordnen, bedarf es mehr als 20 Wiederholungen und erst nach mehr als 50 Wiederholungen wird ein Wort selbstständig gebraucht. Bei durchschnittlich 3.000 neuen Wörtern, die den Schüler(inne)n pro Schuljahr im Unterricht begegnen, also etwa 10 neuen Wörtern pro Tag, ist nachvollziehbar, dass zwangsläufig nicht alle Begriffe und Strukturen verinnerlicht werden. Dies kann und soll auch nicht der Anspruch des (Fach-)Unterrichts sein, denn im Englischunterricht, bei dem es schwerpunktmäßig um den Erwerb von Sprache und dem Lernen von Vokabeln geht, besteht ein Normwert von etwa 500 bis 600 Wörtern pro Schuljahr (vgl. Apeltauer 2017, S. 248). Dies verdeutlicht die Dringlichkeit eines didaktischen Konzepts für den Erwerb bildungssprachlicher Strukturen. Im Sinne eines Spiralcurriculums sollten die zentralen Begriffe systematisch in den Unterricht eingeführt und wiederholt werden. Dabei spielt nicht die Quantität, sondern die Qualität der Vermittlung eine Rolle.

Um den Schüler(inne)n die Möglichkeit zu geben, neu eingeführte Begriffe und Strukturen zu erproben, müssen sie so oft wie möglich im Unterricht sprachlich aktiviert werden. Eine Ermutigung zu längeren Äußerungen kann dabei durch gezielt gewählte Sprachhandlungen erzeugt werden. Die Bedeutung von problemlösenden und handlungsorientierten Frage- und Aufgabenstellungen in Bezug auf die Sprechmotivation zeigte sich im Rahmen des Forschungsprojektes *Sprachförderung von Migrantenkindern im Kontext naturwissenschaftlich-technischen Lernens* (Röhner et al. 2009). In einem Zeitraum von sechs Monaten wurden im Schuljahr 2006/2007 in vier Lerngruppen der 1. Klasse sowie sechs Lerngruppen mit Kindergartenkindern Sprachfördermaßnahmen durchgeführt. Insgesamt haben 79 Kinder mit Migrationshintergrund und einem Alter zwischen fünf und sieben Jahren teilgenommen. Die Förderreihe bestand aus insgesamt 19 naturwissenschaftlichen Unterrichtseinheiten (Elektrizität, Magnetismus, Optik, Elastizität, Kohlendioxid). Die Kinder setzten sich mit Forschungsfragen auseinander mit dem Ziel, naturwissenschaftliche Phänomene zu erklären. Die Sprachförderung sollte implizit erfolgen, da es Ziel der Studie war, die Chancen und Grenzen der Verknüpfung von fachlichen und sprachlichen Inhalten zu beschreiben. Die Dokumentation der Förderung erfolgte durch Videoaufnahmen und Tischmikrophone. Anschließend wurde das Sprachverhalten der Kinder explorativ analysiert. Es konnte festgestellt werden, dass die sprachliche Hemmschwelle durch das handlungsorientierte Sprechen innerhalb der eigenaktiven Unterrichtsphasen gesenkt wird. Insbesondere beim problemorientierten Sprechen, wie dem Erklären eines Phänomens war eine hohe sprachliche Dichte festzustellen. Ebenso bot der Kinderreporter/die Kinderreporterin, der/die über die Ereignisse und Ergebnisse der vergangenen Stunde berichtete, eine Gesprächsform, die zu sprachlich komplexen Äußerungen führte (vgl. Hövelbrinks 2011, S. 30). Röhner und Hausmann Oliva (2007) stellten außerdem im Rahmen der Studie fest, dass die sprachliche Produktivität der Kindergartenkinder aufgrund der Möglichkeit freier Gespräche weitaus höher war als die der Schüler(innen) der ersten Klasse. Sie plädieren daher dafür, Unterrichtsgespräche mit der gesamten Klasse möglichst gering zu halten und stattdessen die aktiven Sprechzeiten der Kinder durch verstärkte Arbeit in Kleingruppen zu fördern. Festgestellt wurde außerdem, dass die sprachliche Komplexität der Äußerungen der Kindergartenkinder beim handlungsproduktiven Sprechen weitaus höher war als in der sprachlichen Kommunikation mit den Erzieher(inne)n. Ähnliches wurde auch in der Grundschule beobachtet:

> Im Vergleich zum restriktiven Sprachgebrauch in der fachlichen Kommunikation mit der Lehrkraft zeichnet sich die Kommunikation während einer Stillarbeitsphase durch eine sprachlich konstruktive und komplexe Kommunikation zwischen den Peers aus, die im fragend-entwickelnden Unterrichtsgespräch nicht erreicht wird. (Röhner/Hausmann Oliva 2007, S. 91)

So zeigte sich z. B. eine Schülerin in Stillarbeitsphasen als kognitiv, sprachlich und sozial kompetent, kommunizierte mit der Lehrkraft jedoch lediglich in Ein-Wort-Antworten. Daher sollte im Unterricht darauf geachtet werden, dass die Kommunikation zwischen Lehrkraft und Schüler(inne)n nicht zu stark verschult ist. Dies kann durch die Schaffung authentischer Situationen und die Formulierung *echter* Fragen seitens der Lehrkraft erfolgen.

Sprachsensibles Lehrerhandeln umfasst aber auch die Transparenz sprachlicher Anforderungen und damit das Sprechen über das Sprechen. Wirkungen von Sprache und deren Funktion können explizit im Unterricht zum Lerngegenstand gemacht werden. Dass ein solches Vorgehen auch im Fachunterricht erforderlich ist, zeigte sich anhand Gibbons (2002) Erkenntnissen, dass eine rein implizite Vermittlung der mit den Verstehens- und Erkenntnisleistungen einhergehenden sprachlichen Anforderungen weniger erfolgreich ist. Gleiches wurde innerhalb des *Jacobs-Sommercamp-Projektes* zur Förderung von Sprachkompetenzen bei Kindern mit Migrationshintergrund festgestellt (vgl. Stanat et al. 2008). Neben einer Vergleichsgruppe von 83 Kindern einer dritten Jahrgangsstufe wurden im Rahmen des Forschungsvorhabens zwei Treatmentgruppen gebildet. Die eine umfasste 35 Kinder, die eine ausschließliche implizite Sprachförderung in Form eines theaterpädagogischen Programms erhielten. Die andere Treatmentgruppe bestand aus 60 weiteren Kindern, die sowohl implizit als auch explizit in einem täglich zweistündigen systematischen Unterricht sowie im theaterpädagogischen Programm gefördert wurden. Nach der Durchführung des *Jacobs-Sommercamps* konnte festgestellt werden, dass die Treatmentgruppen einen größeren sprachlichen Kompetenzzuwachs erzielten als die Vergleichsgruppe. Während der Leistungsunterschied bei den ausschließlich implizit geförderten Kindern nicht signifikant war, zeigten die sowohl implizit als auch explizit geförderten Kinder signifikant bessere Grammatik- und Leseleistungen als die Vergleichsgruppe auf, die nach drei Monaten jedoch nur noch bei den Leseleistungen zu verzeichnen waren. Neben dem bedeutsamen Effekt einer sprachsystematischen expliziten und impliziten Sprachförderung weisen diese Ergebnisse zudem auf die Relevanz einer kontinuierlichen Förderung hin (vgl. ebd., 24). Im Rahmen einer expliziten Vermittlung sprachlicher Anforderungen sind Lehrkräfte dazu angehalten, sowohl fachliche als auch sprachliche Lernziele zu formulieren. Dies umfasst eine Auseinandersetzung mit begrifflichen und syntaktischen Mitteln, die durch die Inhalte erforderlich werden. Dafür ist es wie bereits angesprochen auch notwendig, die sprachlichen Anforderungen einzelner Diskursfunktionen mit den Lerner(inne)n zu erörtern (vgl. Schmölzer-Eibinger 2013, S. 31). Auch der Umgang mit verschiedenen Darstellungsformen (z. B. Tabellen, Bildern, Karten) muss geübt werden (vgl. Leisen 2011). Der Erfolg einer systematischen Vermittlung sprachlicher Anforderungen im Fachunterricht konnte in verschiedenen Studien nachgewiesen werden. So zeigten Bulgren et al. (2002) in ihrer Interventionsstudie mit Kindern der Sekundarstufen I und II (n=107) auf, dass die systematische Erarbeitung sprachlicher Routinen der Diskursfunktion VERGLEICHEN insbesondere bei schwachen Lerner(inne)n zu besseren fachlichen als auch sprachlichen Ergebnissen führt, als eine Erarbeitung ohne die Thematisierung der entsprechenden Routinen. Die Studie von Agel et al. (2011) führte zu ähnlichen Ergebnissen, die teilweise bei der Thematisierung sprachlicher Anforderungen von Versuchsprotokollen angeführt wurden (s. Kap. 6.3.3). Die Analyse der Protokolle derjenigen Kinder, die nicht an der Intervention teilgenommen haben, ergaben sowohl Defizite aufseiten der einsprachigen wie auch mehrsprachigen Kinder. Noch nicht erwähnt wurde, dass die mehrsprachigen Lernenden in ihren Textproduktionen überproportional häufig sogenannte Wenn-Dann-Konstruktionen verwendeten – allerdings oft in fachlich und sprachlich falschen Zusammenhängen. Diese Übergeneralisierungen weisen für die Forschergruppe auf ein grundsätzliches Bewusstsein dieser Kinder für unterschiedliche sprachliche Anforderungen hin und zeigen das Bemühen, diesen Anforderungen gerecht zu werden. „Es kommt jedoch darauf an, ob der hierfür notwendige sprachliche Input bewusst angeboten und in seiner Anwendung trainiert wird" (Agel et al. 2011, S. 41). Dies sollte in den additiven Sprachforscher(innen)kursen umgesetzt werden, deren Lernerfolg sich durch die empirische Überprüfung aufzeigen ließ:

> Trotz ihrer anfänglich massiven Sprachdefizite erreichten die Interventionsschüler am Ende des Schuljahres im Durchschnitt dieselben schriftlichen schulsprachlichen Kompetenzen wie die übrigen 52 Schüler ihrer Klassen, von denen 33 Deutsch als Erstsprache haben. [...] In mehreren Bereichen lagen sie sogar darüber. Dies gilt insbesondere für die Textsortenkompetenz. Die Schüler des Sprachforscherkurses sind deutlich besser in der Lage, die für die Textsorte Versuchsprotokoll angemessene Struktur und Sprache durchgängig zu verwenden. Das scheint sich auch auf das fachliche Verständnis positiv auszuwirken. (ebd., S. 42)

Sprache als Lerngegenstand explizit in den Unterricht mit einzubringen, bewirkt bei den Schüler(inne)n ein Bewusstsein über deren Bedeutung. So kann es dazu kommen, dass in einem Unterrichtsgespräch nicht mehr nur die Lehrkraft, sondern auch die Mitschüler(innen) eine direkte Unterstützung durch das Anbieten von präziseren Begriffen und Formulierungen vornehmen (vgl. Abb. 73).

Es kommt zu einem mit- und voneinander Lernen durch ein sprachförderliches, aber respektvolles Verhalten in der Klassengemeinschaft. Das gemeinsame sprachliche Ziel ist dabei allen Kindern bewusst. Dafür sind auch Aushandlungen über Wortbedeutung in unterschiedlichen Kontexten mit dem Plenum bedeutend. So können Missverständnisse vermieden und der Wortschatz gezielt weiter ausgebaut werden (vgl. Abb. 74).

Diese Gespräche nehmen natürlich eine gewisse Zeit des Unterrichts in Anspruch, sind aber grundlegend für das fachliche Lernen. „Es geht hier um mehr als eine Wortschatzübung: Es geht um die Unterscheidung von Alltagssprache, Bildungssprache und Fachsprache und die Vorbereitung einer schriftlichen Fachtextsorte" (Gogolin/Lange 2011, S. 121 f.).

Zusammenfassend sollte das Sprachhandeln der Lehrkraft im Unterricht immer zielgerichtet auf die sprachliche Weiterentwicklung der Lernenden durch implizite wie explizite Unterstützung erfolgen, um eine sprachliche Grundlegung für fachliche Lernprozesse bereitstellen zu können.

A1 Ayse:	Wir haben den Luftballonserfindung gemacht … ich weiß nicht, was das heißt …
A2 Lehrer:	Den Luftballonversuch.
A3 Ayse:	Den Luftballonversuch. Und wir haben zuerst in den – ähm – Luftballon Backpulver geschüttet und dann haben wir eine Flasche, eine Mineralflasche – eine Mineralwasserflasche zwei Zentimeter Essig reingeschüttet.
A4 Bibal:	Gegossen.
A5 Mustafa:	Gegossen.
A6 Lehrer:	Stopp. Du hast es richtig gesagt, aber versuch sie trotzdem nicht zu unterbrechen. Schütten ist Pulver, gegossen (…)
A7 Ayse:	Gegossen. Und danach haben wir den Luftballon – ähm – wie heißt das? Wie heißt das von der Flasche?
A8 Lehrer:	Wie heißt das oben bei der Flasche? Wo die Flasche offen ist? (…) Weiß keiner zu helfen? Es ist die Flaschenöffnung.
A9 Ayse:	Wir haben an der Flaschenöffnung den Ballon befestigt und dann haben wir so ein bisschen gewartet. Und zuerst haben wir von den Ballon die Backpulver reingemacht. Also, als wir den Ballon so bewegten, ist das von selbst reingefallen. (…)
A10 Lehrer:	Habt ihr in eurer Gruppe darüber gesprochen, warum das passiert ist? Habt ihr 'ne Vermutung gehabt?
A11 Ayse:	Hm, wir haben ein bisschen ge-gedenkt – nachgedacht, aber wir haben es nicht so ganz gefunden. Aber wir haben ein – ähm ich dachte, das wär von dem Essig und dem Backpulver. Weil, wenn Essig und Backpulver zusammenkommen, dann wird so irgenwie Luft draus oder so was.
A12 Lehrer:	(…) Das ist ja eigentlich schon ein Forschungsergebnis. Wenn Essig und Backpulver zusammenkommen … Was kann man denn für zusammenkommen für ein Fachwort sagen?
A13 Ipek:	Verbinden.
A14 Kevin:	Sich verbinden. (…)

Abb. 73: Aushandlungen über Begriffsbedeutungen (Gogolin/Lange 2011, S. 121)

▶ Sehen Sie sich das Gedankenprotokoll eines Unterrichtsgesprächs aus dem Downloadmaterial an. Identifizieren Sie die Stellen, bei denen die Struktur des Unterrichts oder die Äußerungen der Lehrkraft nicht sprachförderlich sind. Überlegen Sie anschließend, wie die Interaktion sprachförderlicher hätte gestaltet werden können.

▶ Bitten Sie eine Kollegin oder einen Kollegen um eine Hospitation in Ihrem Unterricht und eine Rückmeldung zu Ihrem sprachlichen Handeln als Lehrkraft. Eine Checkliste hilft dem Kollegen oder der Kollegin bei der Beobachtung. Dieser Blick von außen ist oft sehr gewinnbringend, da sich schnell bestimmte Muster einschleichen, die man selber nicht mehr wahrzunehmen vermag.

Lehrer:	Und wir haben noch die Klemme, (…), hast du eine Idee?
Schülerin 1:	(liest aus dem Wörterbuch vor) „In der Klemme sitzen" (…).
Lehrer:	Ein interessantes Sprichwort. In der Klemme sitzen. Schaut doch mal, wer noch was sagen möchte.
Schülerin 1:	Oder war es: Zwischen die Türe klemmen …
Lehrer:	Gutes Beispiel! Man kann sich ja in der Tür klemmen, dann tut das weh.
Schülerin 1:	Man kann auch den Stromkreis einklemmen, damit der Strom nicht mehr weiter fließt.
Lehrer:	Den Stromkreis einklemmen … ja, wie meinst du das?
Schülerin 1:	Also – Stromkreis einklemmen, damit meine ich, damit der Strom nicht weiter fließt. Zum Beispiel: einen Draht durchschneiden, dann kann der Strom nicht mehr weiterfließen.
Schülerin 2:	(liest aus dem Wörterbuch vor) Da steht auch: „die Zeitung unter den Arm klemmen".
Lehrer:	Geht auch.
Schüler 3:	Es gibt auch Material. Zum Beispiel die Büroklammer klemmt auch etwas zusammen, zum Beispiel Blätter.
Lehrer:	Genau, man kann die Zeitung unter den Arm klemmen. Die Büroklammer, mit der kann man Blätter zusammenklemmen.
Schülerin 2:	Also bei der Klemme, die hier gemeint ist, wird die Klammer an eine Batterie geklemmt und dann hält die da daran.

Abb. 74: Sprachliche Unterstützung durch die Lehrkraft und Mitschüler(innen) (Quehl 2009, S. 199)

7.1.2 Sensibilisierung für Sprache im Fach

In Kapitel 3.2 wurde bereits aufgezeigt, wie wichtig es ist, sich zunächst selbst für einen sprachsensiblen Unterricht zu sensibilisieren. Tajmel hat daher fünf Maßnahmen für Lehrerfortbildungen bzw. die Ausbildung von (Physik-)Lehrkräften entwickelt, die im Folgenden kurz vorgestellt werden sollen. Ein erster Schritt stellt die Aktivierung des sprachlichen Wissens der Lehrkräfte dar. Dies erfolgt mittels einer kontrastiven Sprachbetrachtung, bei der Sprachen hinsichtlich verschiedener Merkmale wie Syntax oder Morphologie verglichen werden. Ein deutscher Satz wird in unterschiedliche Sprachen übersetzt und anschließend wieder wortwörtlich in die deutsche Sprache zurückgeführt. Dabei werden die fremdsprachlichen morphosyntaktischen Merkmale beibehalten. Die Lehrkräfte sind nun aufgefordert, Unterschiede und Auffälligkeiten zu diskutieren, wodurch ihnen einerseits aufgezeigt wird, dass „bestimmte Phänomene der deutschen Sprache in anderen Sprachen keine Entsprechung finden" (Tajmel 2013, S. 198) und dadurch sprachliche Probleme bei Lerner(inne)n mit Deutsch als Zweitsprache entstehen können. Andererseits werden den Lehrkräften Merkmale der deutschen Sprache wieder bewusst, wie z. B. die Verbendstellung im Nebensatz. Durch das Prinzip des Seitenwechsels soll den Lehrkräften in einem zweiten Schritt verdeutlicht werden, inwiefern Schüler(innen) in eine Stress- und Sprachnotsituation im fachlichen Unterricht gelangen können, wenn sie eine sprachliche Leistung in einer anderen als ihrer Herkunftssprache bzw. in einem von ihnen nicht beherrschten sprachlichen Register erbringen sollen (vgl. Kapitel 3.2). Dafür wird den Lehrkräften ein Experiment gezeigt, das sie anschließend mit eigenen Worten beschreiben sollen. Um das Erleben der Sprachnot hervorzurufen, soll die Erklärung allerdings nicht in der deutschen, sondern in der besten Fremdsprache erfolgen. Nach dem Niederschreiben der Erklärung sollen die Lehrkräfte notieren, mit welchen Problemen sie durch diese Aufgabe konfrontiert waren. Mehrheitlich wird angeführt, dass aufgrund fehlender Vokabeln und der Suche nach Strukturen des sprachlichen Ausdrucks mehr Zeit benötigt wurde. Zudem geben die Lehrkräfte für die kognitiv erbrachte Leistung dieser Aufgabe „eine Verteilung von 10 bis 15% für Physik gegenüber 85 bis 90% für Sprache an" (ebd., S. 201). Deutlich wird demnach, dass sprachliche Hilfsmittel im Unterricht nicht hinderlich, sondern förderlich für die fachlichen Inhalte sein können. Die dritte Maßnahme stellt die Identifikation von Sprachhandlungen des Faches dar. Mittels der Analyse von Bildungsstandards und Lehrplänen wird für die Lehrkräfte ersichtlich, dass „sprachliches Handeln ein wesentliches Element aller Kompetenzbereiche und nicht nur des Kompetenzbereiches Kommunikation darstellt" (ebd., S. 199). Hinsichtlich des Fachs Physik können die Sprachhandlungen Beschreiben, Interpretieren, Formulieren, Begründen und Erläutern am häufigsten identifiziert werden. Durch einen Vergleich mit den Bildungsstandards des Deutschunterrichts wird ersichtlich, dass diese Sprachhandlungen dort in einem anderen Kontext stehen und die Anwendungsbereiche nicht grundsätzlich übereinstimmen. Diese Erkenntnis macht deutlich, dass eine ausschließliche Vermittlung der Sprachhandlungsformen im Deutschunterricht nicht ausreichend ist, sondern die Sachfächer ebenfalls integriert werden müssen (vgl. Kap. 3.3.2). Innerhalb der vierten Maßnahme wird aufgezeigt, dass Lehrkräfte sich oft nicht darüber bewusst sind, wie stark sie sprachliche Leistungen in ihre Bewertung mit einfließen lassen. Dafür müssen die Lehrkräfte Schüler(innen)antworten bewerten. Trotz fachlicher Richtigkeit werden die Schüler(innen)texte in der Regel als nicht ausreichend oder sogar falsch beurteilt. Die Gründe dafür liegen in der Tatsache, dass der Blick auf die sprachlichen Fehler die Sicht auf die fachlichen Inhalte verfälscht und „eine Lehrkraft immer auch eine sprachliche Erwartung an eine Schülerleistung hat" (Tajmel 2013, S. 199). Um die sprachlichen Erwartungen und Lernziele zu erkennen und den Schüler(inne)n aufzuzeigen, werden den Lehrkräften in der fünften und abschließenden Maßnahme Leitfragen zur Verfügung gestellt, mit deren Hilfe sie Erwartungshorizonte der sprachlichen Mittel formulieren sollen, die eine Basis für Sprachförderungsmaßnahmen darstellen (ebd., S. 210). Rückblickend auf die gemäß Brandt erforderlichen Grundvoraussetzungen erscheinen die Maßnahmen von Tajmel als geeignet, um eben diese bei den Lehrkräften zu erzeugen.

7.2 Diagnosefähigkeit und Strukturierung des Unterrichts

Zu den von Meyer aufgestellten zehn Qualitätsmerkmalen eines guten Unterrichts zählt u.a. eine klare Strukturierung. Als Indikatoren gelten eine verständliche Lehrer- und Schüler(innen)sprache, wie sie bereits in Kapitel 7.1 thematisiert wurde. Darüber hinaus zeichnet sich ein gut strukturierter Unterricht durch klare Aufgabenstellungen und eine deutliche Markierung einzelner Unterrichtsschritte aus (vgl. Meyer 2004). Bereits bei der Planung sowie bei der Durchführung eines sprachsensiblen Unterrichts spielt die Strukturierung eine besondere Rolle, bei der sich Lehrkräfte verschiedener Hilfsmittel bedienen können. Gleiches gilt für die Diagnosekompetenz. Beide Merkmale korrelieren zusammen und wirken sich positiv auf die Leistungen der Schüler(innen) aus (s. Kapitel 1.2), weshalb ihnen in einem sprachsensiblen Unterricht besondere Aufmerksamkeit zukommen sollte, wie im Folgenden aufgezeigt wird.

7.2.1 Bildungssprachliche Kompetenzen diagnostizieren

Für die Ermittlung bildungssprachlicher Kompetenzen liegen derzeit nur wenige Diagnoseverfahren vor, viele befinden sich noch in der Entwicklung:

▶ Das Instrument BiSpra 2-4 stellt ein standardisiertes und normiertes Testverfahren für den Einsatz in der Schule dar. Erfasst werden der bildungssprachliche Wortschatz, das Verständnis von Satzverbindungen mit Konnektoren sowie das globale Verständnis bildungssprachlich anspruchsvoller Hörtexte (Heppt et al. 2020)

▶ Das profilanalytische Instrument *Das Tulpenbeet* von Reich und Roth fokussiert den individuellen Sprachstand von Schüler(inne)n am Übergang vom Primar- in den Sekundarbereich. Ermittelt werden soll der Stand der Schriftsprachentwicklung, ggf. in verschiedenen Sprachen. Erfasst werden lexikalische, grammatische und textuelle Fähigkeiten sowie Teilbereiche bildungssprachlicher Kompetenz. Das Verfahren ist noch nicht endgültig veröffentlicht, weitere Informationen finden Sie auf der *FörMig*-Homepage. Die deutsche Sprachversion findet sich zudem bei Reich et al. 2008.

▶ Das Verfahren *Fast Catch Bumerang* wurde von Reich und Roth entwickelt und stellt ebenfalls eine Profilanalyse dar, die für mehrere Sprachen einsetzbar ist, fokussiert aber die Erfassung bildungs- und fachsprachlicher Kompetenzen bei Jugendlichen am Übergang von der Sekundarstufe I in den Beruf. Die Schüler(innen) werden aufgefordert, ein Bewerbungsschreiben sowie eine (Bau-)Anleitung für einen Bumerang zu verfassen. Die deutsche Sprachversion wurde bereits veröffentlicht (Reich et al. 2009).

▶ Das Instrument zur *Beobachtung der Schreibentwicklung in der Sekundarstufe I* (Lengyel et al. 2009) stellt eine lernprozessbegleitende Beobachtung und Analyse zur Erfassung bildungssprachlicher Kompetenzen dar und richtet sich an Schüler(innen) der Jahrgangsstufe fünf bis zehn. Fokussiert werden schriftliche Sprachhandlungen im Unterricht natur- und sozialwissenschaftlicher Fächer. Die von den Lernenden verfassten Texte werden mit Auswertungsrastern hinsichtlich lexikalischer, syntaktischer und textueller Fähigkeiten ausgewertet. Das Material ist noch nicht endgültig veröffentlicht, weitere Informationen finden Sie auf der FörMig-Homepage.

▶ Die *Niveaubeschreibungen in Deutsch als Zweitsprache* (Döll 2012) stellen ein kompetenzorientiertes Beobachtungsinstrument für Schüler(innen) der Primar- und Sekundarstufe dar. Beobachtet und beschrieben werden soll dabei der Kompetenzzuwachs von Lernenden mit Deutsch als Zweitsprache. Kostenlos erhältlich ist eine Erprobungsverfassung aus dem Jahr 2009 unter dem folgenden Link: http://cosmea.erzwiss.uni-hamburg.de/cosmea/core/ corebase/mediabase/foermig/materialien/Diagnoseinstrumente/SH_niveaubeschreibung_2010.pdf. Die endgültige Version findet sich im Anhang der Veröffentlichung von Döll 2012.

▶ Das *Praxismaterial Förderdiagnostik* (Junk-Deppenmaier/Jeuk 2015) ist ein förderdiagnostischer Werkzeugkoffer, welcher der Einschätzung, Beobachtung, Beschreibung und Dokumentation sprachlicher Kompetenzen dient. Die Zielgruppe stellen ein- und mehrsprachige Schüler(innen) der fünften und sechsten Jahrgangsstufe dar. Dabei werden die Bereiche *Sprachbiografie* und *Sprachbeobachtung, C-Test als Screening, Hörverstehen, Leseverstehen, Mündliches Erzählen sowie Schriftliches Erzählen* und *Schreibgespräch* fokussiert. In der Handreichung wird nicht explizit davon gesprochen, dass bildungssprachliche Kompetenzen ermittelt werden, dennoch werden einige der bereits thematisierten charakteristischen sprachlichen Mittel in den Blick genommen (vgl. Kap. 5).

▶ Eine gute Alternative zu den vorgestellten Verfahren sind Lernbeobachtungen, die Sie gezielt bei Ihren Schüler(inne)n durchführen können, um deren mündliche wie schriftliche Sprachkompetenzen zu ermitteln. Initiiert werden diese gezielten Beobachtungsphasen durch verschiedene Sprech- oder Schreibanlässe. Dabei sollten Sie verschiedene Aspekte beachten. Zunächst müssen Ihre Impulse auch wirklich Anlass zu ausführlichen Äußerungen[19] bieten. So ist die folgende Antwort eines Drittklässlers auf die Frage der Lehrkraft als angemessen und realitätsnah zu bezeichnen, während diese vermutlich andere Erwartungen an die Schülerantwort hatte:

---

19 Gemeint sind mit der Bezeichnung *Äußerungen* sowohl medial mündliche wie auch medial schriftliche Textproduktionen.

> *Wie findet man die Straße im Stadtplan?*
> *Mit dem Straßenregister.*

Abb. 75: Obacht bei der Formulierung von Fragen und Aufgabenstellungen

Achten Sie daher auf die Formulierung offener Fragen und verwenden Sie sprachliche Operatoren wie *Erklären, Beschreiben* oder *Begründen*. Dadurch können Sie den Blick bei der Analyse der Äußerungen nicht nur auf lexikalische wie syntaktische, sondern auch auf diskursive Kompetenzen richten. Es ist dafür hilfreich, sich im Vorfeld Gedanken zu den eigenen Anforderungen zu machen, indem eine Musterlösung formuliert wird, wie sie von Grundschüler(inne)n Ihrer Auffassung nach geleistet werden kann. Dies hilft auch dabei, einen für die Lernbeobachtung geeigneten Sprech- oder Schreibanlass zu finden, denn nicht alle sprachlichen Operatoren ermöglichen die Anwendung aller bildungssprachlichen Mittel. So erfolgt die Verwendung des Konjunktivs II vorwiegend beim *Explorieren* und *Argumentieren* (vgl. Hövelbrinks 2014, S. 221f.). Ebenso bieten nicht alle fachlichen Themen den gleichen Rahmen, denn es besteht z. B. ein Unterschied darin, mathematische Gesetzmäßigkeiten oder geometrische Formen zu beschreiben.

Eine grundlegende Orientierung können die folgenden zusammengestellten sprachlichen Mittel und Merkmale zur Erfassung bildungssprachlicher Kompetenz bieten:

Lexikalisch	Syntaktisch	Diskursiv
▶ Fachbegriffe ▶ Komposita ▶ Nominalisierungen ▶ trennbare und untrennbare Verben ▶ Reflexivverben ▶ Begriffe, deren Bedeutung sich in alltäglichen und fachlichen Situationen unterscheidet ▶ Konjunktiv I und II	▶ Hypotaxen ▶ Parataxen ▶ verschiedene Satzkonnektoren ▶ doppelte Prädikation ▶ Mittel zur Herstellung von Textkohäsion ▶ Relativsätze ▶ Infinitivergänzungen ▶ Partizipialergänzungen ▶ Vorgangs- und Zustandspassiv ▶ Passiversatzform -man ▶ Genitivattribute ▶ Adjektivattribute ▶ Präpositionalattribute ▶ Appositionen	▶ Beachtung der Anforderungen sprachlicher Operatoren (z. B. Begründen unter Verwendung von Kausalsätzen) ▶ Beachtung der Merkmale der zugrundeliegenden Textsorte (z. B. allgemeingültige Formulierung) ▶ temporale Ordnung (angemessene Reihenfolge, erkennbare Struktur) ▶ Fokussierung auf wesentliche Inhalte (Verzicht auf abschweifende oder nebensächliche Angaben hinsichtlich der Aufgabenstellung) ▶ monologische Struktur ▶ Distanz zu Kommunikationspartner(innen) ▶ Dekontextualisierung (Loslösung von der konkreten Situation)

Abb. 76: Übersicht über Hinweise auf konzeptionelle Schriftlichkeit

Beim Vergleich unterschiedlicher Schüler(innen)äußerungen werden Unterschiede schnell ersichtlich. So finden sich bei der gleichen Aufgabe z. T. unterschiedliche Realisierungsformen, wie bei der schriftlichen Beschreibung des Spiels Kegelkick im Sportunterricht:

▶ Nadine schreibt: Um *Kegelkick* zu spielen, benötigst **du** einen Ball und mehrere Kegel. Es müssen mindestens vier Spieler sein, mit mehreren macht es aber mehr Spaß. Als erstes suchst **du** dir einen Platz in dem Raum, in dem **du** das Spiel spielst. Den Kegel stellst **du** zu dir hin ...

▶ Christian schreibt: Als erstes holt sich **jeder Spieler** einen Kegel. **Ein Spieler** wirft den Ball hoch in die Luft. Dann spielt **man** so ähnlich wie Fußball, nur dass **man** nicht in ein Tor schießen muss, sondern auf die Kegel ....

▶ Maja schreibt: Das Spiel Kegelkick **wird** mit mindestens vier Spielern **gespielt**. Als erstes **wird** ein Kegel vor jedem Spieler aufgestellt. Dann wird der Ball von einem Spieler **hochgeworfen** ...

Erkennbar ist u. a., dass sich der Grad der Entpersonalisierung bei den drei Texten unterscheidet. Die Darstellung von Maja ist durch die Verwendung des Passivs am stärksten verallgemeinert und könnte dementsprechend als eher konzeptionell schriftlich deklariert werden. Bedacht werden sollte bei solchen Zuschreibungen aber auch die jeweilige Textsorte. Es ist durchaus angemessen, eine Spielanleitung in einer persönlichen Form durch das Personalpronomen *du* zu gestalten und damit den Adressaten, der ein konkretes Interesse am Lesen der Anleitung hat, direkt anzusprechen. Überprüft werden kann jedoch, ob Nadine auch sprachliche Mittel der Entpersonalisierung korrekt verwenden kann, indem ihr z. B. bei einer anderen Aufgabe der Auftrag gegeben wird, einen Text weiterzuschreiben, der in der Passivsatzform -man oder im Passiv formuliert ist. Ziel der Lernbeobachtung soll nicht die Erfassung von dem sein, was die Schüler(innen) noch nicht beherrschen, sondern vielmehr in der Ermittlung der bereits vorhandenen Kompetenzen ansetzen, um davon ausgehend die sprachlichen Fähigkeiten erweitern zu können. Dabei darf der Blick nicht zu stark auf das bloße Vorkommen bildungssprachlicher Indikatoren an sich gerichtet werden. Vielmehr ist ihr kontextueller Gebrauch zu berücksichtigen, wie bereits durch den Einbezug der vorliegenden Textsorte angemerkt wurde. So verwenden einige Schüler(innen) zwar sprachliche Mittel, die als bildungssprachlich gelten, erzeugen dadurch aber fachlich falsche Aussagen:

▶ In der Speiseröhre transportiert ein muskulöser Schlauch die Verdauung.

▶ In der Darmwand wird das Wasser entzogen.

▶ Die Bakterien ziehen die ganz kleinen Drecke an.

Anhand von Äußerungen wie den oben angeführten wird deutlich, dass die Lernenden gezielt auf bildungssprachliche Lexik zurückgreifen. Es findet sich eine Nominalisierung (*Verdauung*) ein untrennbares Verb (*entziehen*) sowie ein trennbares Verb (*anziehen*). Ihrer Bedeutung sind sie sich jedoch noch nicht vollständig bewusst, weshalb die Aussagen aus fachlicher Sicht nicht korrekt sind (vgl. Fornol 2016a; 2016b).

Bewusstmachen sollte man sich in diesem Zusammenhang auch die Bedeutung der eigenen Person als sprachliches Vorbild. Die folgende mündliche Äußerung einer Schülerin orientierte sich an dem zuvor aufgezeigten Vergleich einer Lehrkraft des Verschwindens einer Flüssigkeit durch das Aufsaugen mit einem Schwamm und der Verdunstung durch Wärme: *Die Sonne saugt dafür kleine Wassertropfen auf.* Diese Übertragung zeigt, dass noch kein ausreichendes inhaltliches Verständnis des Prozesses bei der Schülerin vorliegt und sie daher auf ein der Situation nicht angemessenes Verb zurückgreift.

Einigen Schüler(inne)n sind die sprachlichen Anforderungen der Schule scheinbar noch unbekannt, weshalb sich in ihren Äußerungen Hinweise auf konzeptionelle Mündlichkeit finden, die wie folgt zusammengefasst werden können:

▶ Verwendung deiktischer Ausdrücke, Einbettung in einen Handlungs- oder Situationszusammenhang (*da drin, dort oben, ich drehe das so herum …*)

▶ Verwendung von Passepartout-Wörtern (*tun, machen, Ding, Teil …*)

▶ umgangssprachliche Formulierungen (*plumpsen, flutschen, schleppen, Spucke …*)

▶ situativ geprägte Formulierungen (*also jetzt nochmal erklärt, Strom kostet ja Geld, das ist nämlich so …*)

▶ Auslassen von elementaren Informationen

▶ Gedankensprünge in der Darstellung

▶ unvollständige Sätze

▶ keine Distanz zum Kommunikationspartner / zur Kommunikationspartnerin

▶ Rückgriff auf Mimik und Gestik in Situationen von Sprachnot

---

Abb. 77: Sprachliche Merkmale konzeptioneller Mündlichkeit

Dass z. B. ein Gebrauch situativer Formulierungen gerade bei mündlichen Äußerungen zu erwarten ist, steht außer Frage. So kann es vorkommen, dass eine Schülerin oder ein Schüler innerhalb eines Vortrags noch eine inhaltliche Ergänzung vornimmt, sodass die grundlegende Struktur der Darstellungen unterbrochen wird:

> [...] Der Sauerstoff wird nun mit dem Blut ins Herz transportiert. Das Herz versorgt den ganzen Körper mit Blut. **Ich hatte noch vergessen**, dass wir das Kohlendioxid wieder ausatmen, das Aus- und Einatmen funktioniert so: die Lunge zieht sich zusammen und dehnt sich wieder dadurch strömt die alte Luft aus und die neue ein. So versorgt das Herz den Körper mit Blut: Das Herz klopft.

Dennoch finden sich auch in schriftlichen Textproduktionen von Lernenden zahlreiche solcher Formulierungen, bei denen entweder die eigene Person involviert und eine mündliche Kommunikationssituation geschaffen wird oder nicht angemessen in einen fachlichen Inhalt eingeführt wird, sodass es beim Adressaten zu Verständnisproblemen kommen kann:

- Ich erklär jetzt mal den Weg zur Schule. Das ist ja ganz einfach, also …
- Am Anfang geht es in den Mund …
- Danach haben wir das da so rumgemacht …
- Dort wird das nützliche Zeug zur Seite getan und das andere Zeug wird ausgeschieden und das nützliche Zeug wird zurück in den Körper geschickt.
- Dann haben wir es gebaut und dann waren wir fertig.
- Dann entsteht Regen und danach geht das alles von vorn los.

Geprägt sind diese Äußerungen z. T. auch durch die Nutzung von Passepartout-Wörtern. Die Lerner(innen) hatten scheinbar keine Möglichkeit, sich diese im Unterricht anzueignen. Dass auch im Mathematikunterricht eine möglichst präzise und am Adressaten orientierte Ausdrucksweise bei der Beschreibung von Regelmäßigkeiten erforderlich ist, wird u. a. bei Gesprächen im Plenum deutlich. Dann ist es i. d. R. nicht ausreichend, von „der Zahl da" zu sprechen oder zu erklären, dass „dort oben" etwas abgezogen werden muss.

Im Unterricht gebrauchen Schüler(innen) oftmals auch nicht angemessene umgangssprachliche Formulierungen oder Floskeln. So erklärt Leonie bei einem Referat zum Thema der Verdauung im menschlichen Körper: „Dann kommt der Enddarm und die Nahrung *mit einem Plumpsen* in die Toilette." Und ihre Arbeitspartnerin Fiona ergänzt zur Veranschaulichung: „Dann *plumpst die Wurst ins Klo*." Bei einem anderen Vortrag zum Thema *Kohlekraftwerk* erzählt Tobias: „Dort kommen die Kabel mit dem Strom drauf in den Sicherungskasten von dort aus in den Zähler durch Verteilerkästen in: Schalter, Steckdose *und weiß der Geier was*." Die Entdeckung von Äußerungen dieser Art können für Sie als Lehrkraft einen Hinweis darauf darstellen, Ihren Schüler(inne)n die Unterschiede zwischen sprachlichen Registern aufzuzeigen (vgl. Kap. 9.3.1). Zu bedenken ist dabei jedoch, dass bereits Grundschüler(innen) Sprache auch bewusst als stilistisches Mittel einsetzen. So leiten sie Texte wie einen Vortrag ein und verfolgen damit eine bestimmte Intention, nämlich den Einbezug des Adressaten und die Herstellung einer ungezwungenen Kommunikationssituation (s. Abb. 78).

Zusammenfassend ist festzuhalten, dass bildungssprachliche Kompetenzen durch gezielte und regelmäßig durchgeführte Lernbeobachtungen ermittelt werden können. Dabei sollten sowohl mündliche wie schriftliche Fähigkeiten in den Blick genommen und durch geeignete Impulse hervorgerufen werden. Bei der Analyse muss der Fokus nicht immer auf allen Charakteristika bildungssprachlicher Kompetenz liegen, sondern es können bereits bei der Formulierung des Arbeitsauftrags gezielte Schwerpunkte gelegt werden. Insgesamt sollte aber darauf geachtet werden, den Gesamtkontext, wie z. B. die erforderliche Sprachhandlung, die Textsorte oder die Verwendung im Satz in die Analyse miteinzubeziehen.

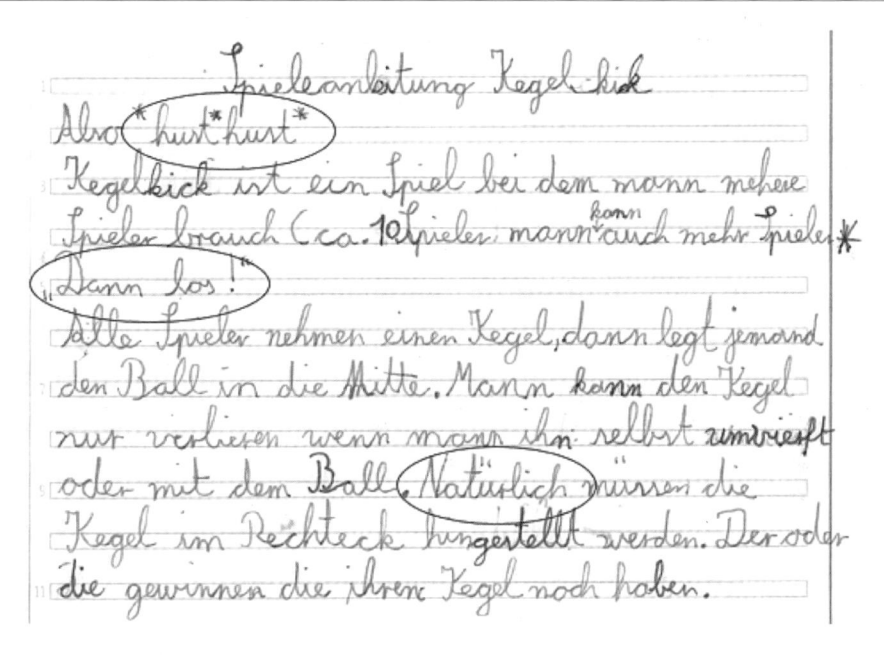

Abb. 78: Konzeptionelle Mündlichkeit als sprachliches Stilmittel

▶ Lesen Sie sich die drei Schülertexte zum Thema „Der Weg der Nahrung durch den Körper" (s. Downloadmaterial) durch. Wie schätzen Sie die fachlichen und sprachlichen Leistungen der Kinder ein?

▶ Arbeiten Sie anschließend bildungssprachliche Mittel heraus, die von den Schü-
ler(inne)n in den Texten verwendet werden. Vergleichen Sie Ihr Ergebnis mit Ihrer vorherigen Einschätzung.

▶ Beobachten Sie in einer der nächsten Unterrichtsstunden gezielt die sprachlichen
Kompetenzen einzelner Schüler(innen) mithilfe eines Beobachtungsbogens (s. Downloadmaterial).

7.2.2 Der sprachliche Planungsrahmen

Im Vorbereitungsdienst liegt ein besonderer Schwerpunkt auf der Erstellung
von fachlichen Verlaufsplänen bei der Planung des (zumeist) ersten eigenen Unterrichts. Die angehenden Lehrkräfte setzen sich u.a. intensiv damit auseinander, wie die Stunde aufgebaut und welche Arbeits- und Sozialformen sowie Ma-

terialien eingesetzt werden müssen, damit der angestrebte Kompetenzzuwachs erreicht wird. Dabei wird insbesondcrc auch das fachliche Vorwissen der Lernenden berücksichtigt, um daran anknüpfen zu können und ihnen damit in die „Zone der nächsten Entwicklung" (Wygotski 1987) zu verhelfen. Eher selten wird jedoch der Frage nachgegangen, welche sprachlichen Anforderungen die geplante Unterrichtsstunde enthält. Ebenso wenig werden z.T. die sprachlichen Voraussetzungen bzw. bereits vorhandenen Kompetenzen der Lernenden in den Blick genommen. Aus diesem Grund findet eine explizit geplante sprachliche Unterstützung eher selten statt. Die Förderung und Erweiterung der Sprachkompetenz erfolgt gerade im Fachunterricht oftmals spontan und nicht systematisch. Durch die Erstellung eines sprachlichen Planungsrahmens wird es Lehrkräften ermöglicht, Sprache in ihrem Unterricht gezielt in den Blick zu nehmen.

Der sprachliche Planungsrahmen wurde von Gibbons (2002) entwickelt und von Tajmel (2009) für den deutschsprachigen Raum adaptiert. Liegt eine bereits fachlich geplante Unterrichtsstunde vor, kann diese anschließend mithilfe des sprachlichen Planungsrahmens hinsichtlich sprachlicher Voraussetzungen und Hürden analysiert werden. Es ist offensichtlich, dass Lehrkräfte durch diese Herangehensweise zunächst bei der Planung ihres Unterrichts noch stärker zeitlich beansprucht werden. Dennoch ist der sprachliche Planungsrahmen aus zwei Gründen zu empfehlen. Einerseits eröffnet sich ein vollkommen neuer Blick auf vielleicht schon sehr häufig durchgeführte Unterrichtsstunden. In unseren Fortbildungen waren die Teilnehmer(innen) in der Regel überrascht, wie viel Sprache in ihrem (Fach-)Unterricht verborgen ist und welche Herausforderungen sich dadurch für die Schüler(innen) ergeben. Andererseits sollte der sprachliche Planungsrahmen als ein vorübergehendes Hilfsmittel für Lehrkräfte im Sinne des *Scaffoldings* (vgl. Kap. 7.2.3) betrachtet werden. Langjährige Lehrer(innen) planen ihren Unterricht i. d. R. nicht mehr so ausführlich wie zur Zeit des Vorbereitungsdienstes – einigen reicht es, sich kurze Notizen zu machen und den Stundenverlauf grob zu skizzieren, andere führen auch diesen Arbeitsschritt im Kopf durch. Die früher einmal intensiv gelernte Planung einer Unterrichtsstunde durch die Anfertigung eines fachlichen Verlaufsplans ist verinnerlicht und quasi automatisiert worden. Der ausführliche schriftliche Entwurf wird nicht mehr länger benötigt. Aus diesem Grund lohnt es sich, Zeit in die Erstellung eines sprachlichen Planungsrahmens für zukünftige Unterrichtsstunden zu investieren, denn auch dieser Arbeitsprozess wird im Laufe der Zeit verinnerlicht und selbstverständlich werden. Insbesondere denjenigen Lehrkräften, die das Fach Deutsch nicht studiert haben oder unterrichten, bietet der sprachliche Planungsrahmen einen guten Überblick. Er enthält insgesamt vier verschiedene Spalten: die Aktivitäten, die Sprachhandlungen, die Sprachstrukturen und das Vokabular (vgl. Abb. 79, s. auch Downloadmaterial ⬇). Eine Orientierung für Lehrkräfte und beispielhafte Planungsrahmen zu verschiedenen Themen bieten Quehl und Trapp (2015) mit ihrer Veröffentlichung Wege *zur Bildungssprache im Sachunterricht*.

Aktivitäten	Sprachhandlungen	Sprachstrukturen	Vokabular
Welche (fachlichen) Aktivitäten sollen die Lernenden in der Unterrichtsstunde durchführen?	Welche sprachlichen Handlungen sind für die (fachlichen) Aktivitäten erforderlich?	Welche Satzkonstruktionen benötigen die Lernenden für die sprachlichen Handlungen?	Welche (Fach-)Begriffe sind in der Unterrichtsstunde von Bedeutung?
Beispiel: ein Experiment durchführen	Beispiel: Begründen	Beispiel: Der Stein geht unter, weil …	Beispiel: die Dichte untergehen, es geht unter

Abb. 79: Der sprachliche Planungsrahmen (in Anlehnung an Tajmel 2009)

Zunächst sind die zentralen (fachlichen) Aktivitäten der Unterrichtsstunde anzuführen: Welche Handlungen sollen die Schüler(innen) durchführen? Wie kleinschrittig die einzelnen Aktivitäten aufgeführt werden, kann individuell entschieden werden. Je differenzierter die Vorgehensweise jedoch ist, desto intensiver wird auch der Einblick in die sprachlichen Anforderungen der Unterrichtsstunde. Im Anschluss stellt sich die Frage, welche Sprachhandlungen (vgl. Kap. 5.2 und 6.3.1) durch die einzelnen Aktivitäten evoziert werden. Müssen die Lernenden etwas benennen, beschreiben oder erklären? In der dritten Spalte werden daran anschließend Sprachstrukturen angeführt, die von der Lehrkraft durch die erwarteten Sprachhandlungen implizit eingefordert werden. Hier finden sich je nach Sprachhandlung z. B. verschiedene Satzkonstruktionen wie z. B. Nebensätze, die durch die Konjunktionen wie *weil, da, deshalb, damit, wenn* eingeleitet werden. Für die Sprachhandlung des Argumentierens können auch Strukturen wie *Ich bin der Meinung, dass...* oder *Ich stimme dir nicht zu, weil ...* notiert werden. Im besten Fall findet hierbei eine Orientierung an den bereits vorhandenen sprachlichen Kompetenzen der Schüler(innen) statt: Können diese bereits Kausalsätze (Begründungssätze) bilden? Ist ihnen die Formulierung *Ich vermute, dass ...* aus vorherigen Unterrichtsstunden schon bekannt? Möglich ist es, sich an dieser Stelle bereits durch eine kurze Notiz kenntlich zu machen, welche Satzstrukturen den Lernenden bereits geläufig sind und welche sie noch nicht kennen oder beherrschen. Ausgewählte und für die Unterrichtsstunde besonders zentrale Satzkonstruktionen können dann im Unterricht aufgegriffen werden. Es gilt also insbesondere an diesem Punkt unter Berücksichtigung des Leistungsstands und der Jahrgangsstufe zu reflektieren, welche sprachlichen Kompetenzen erforderlich sind und von der Lehrkraft erwartet werden. In der vierten Spalte werden die für die Unterrichtsstunde zentralen Begriffe notiert. Dabei handelt es sich auch, aber nicht ausschließlich, um Fachbegriffe. Auch Begriffe, die im Alltag eine andere Bedeutung als im fachlichen Kontext haben, sollten hier angeführt werden. Dabei sind nicht nur Nomen, sondern auch Verben und Adjektive sowie Präpositionen zu berücksichtigen. Bei dieser Sammlung können die zuvor notierten Satzkonstruktionen hilfreich sein. Beispielsweise könnte dadurch ersichtlich werden, dass die Lernenden zur Bewältigung der Aufgabe vornehmlich trennbare Verben (*ausmessen → Ich messe die Länge des Tisches aus*) verwenden müssen. Dies bereitet einigen Schüler(inne)n Probleme. Gut ist es auch, wenn die Ein- und Mehrzahl von Nomen oder verschiedene Personalformen bzw. die Vergangenheitsform von Verben notiert werden, weil einige Hürden auf den ersten Blick nicht immer zu erkennen sind. So muss man auch als Erwachsener möglicherweise bei der Mehrzahl des Wortes *die Jagd* erst einmal selber nachdenken. Ersichtlich werden kann auch, ob z. B. zeitliche Adverbien wie *dann, danach, als nächstes* usw. eine besondere Rolle in der Unterrichtsstunde spielen, weil Vorgänge in einer bestimmten Reihenfolge dargestellt werden müssen.

Wie bereits erwähnt, bietet der erstellte sprachliche Planungsrahmen einen guten Überblick darüber, wie viel Sprache die Unterrichtsstunde enthält. Er kann auch Erkenntnisse darüber liefern, warum eine bereits durchgeführte Stunde nicht so gewinnbringend gewesen ist wie erwartet. Denn manchmal scheitern die Schüler(innen) nicht an den fachlichen, sondern den sprachlichen Hürden, die jedoch für Lehrkräfte ohne eine vorherige intensive sprachliche Analyse gar nicht als potenzielle Schwierigkeiten wahrgenommen wurden. Liegt ein sprachlicher Planungsrahmen vor, ist es nicht erforderlich, in der geplanten Unterrichtsstunde auf alle notierten Sprachhandlungen, Satzkonstruktionen und Begriffe einzugehen. Vielmehr können durch den Gesamtüberblick gezielt diejenigen sprachlichen Inhalte ausgewählt werden, die von zentraler Bedeutung sind. Im Sinne eines Spiralcurriculums bietet es sich hier an, systematisch zu arbeiten. Es ist vollkommen ausreichend, ein sprachliches Lernziel pro Stunde zu verfolgen und die sprachlichen Kompetenzen in einer Unterrichtseinheit gezielt aufzubauen und aufzugreifen. Deutlich wird für Lehrkräfte durch die Erstellung eines sprachlichen Planungsrahmens aber auch, für welche sprachlichen Hürden Unterstützungsmittel in Form von Wortkarten oder durch das gemeinsame Aushandeln von Wortbedeutungen erforderlich sind. Möglicherweise muss auch die eigene Erwartungshaltung an den Leistungsstand der eigenen Schüler(innen) angeglichen werden.

> ▸ Fertigen Sie auf der Grundlage einer bereits fachlich geplanten Unterrichtsstunde einen sprachlichen Planungsrahmen (s. Downloadmaterial ⬇) an. Welche sprachlichen Anforderungen, Strukturen und Begriffe gehen mit den von Ihnen geplanten fachlichen Inhalten einher?
> ▸ Legen Sie anschließend ein sprachliches Lernziel für die Unterrichtsstunde fest.

7.2.3 Scaffolding

Bei einem *Scaffolding* handelt es sich um ein Baugerüst, das benötigt wird, um ein Gebäude zu errichten. Je weiter der Bau fortschreitet, desto mehr Elemente des Baugerüsts können wieder abgebaut werden, weil sie nicht mehr benötigt werden. Somit wird ein Baugerüst zwar nur für einen bestimmten Zeitraum benötigt, stellt aber dennoch ein essenzielles Hilfsmittel für das Gesamtprojekt dar. Diese metaphorische Bedeutung greifen Bruner et al. (1976) im Rahmen ihrer Forschungen zum Erstspracherwerb auf und beschreiben mit dem *Scaffolding* sprachliche Unterstützungshandlungen von Erwachsenen bei der Interaktion mit ihrem Kind, um ihnen in die „Zone der nächsten Entwicklung" (Wygotski 1987) zu verhelfen (vgl. Abb. 80). So schreibt Bruner:

> I have used the expression ‚scaffolding' to characterize what the mother provides on her side of the dyad in one of the regularized formats – she reduces the degrees of freedom with which the child has to cope, concentrates his attention into a manageable domain, and provides models of the expected dialogue from which he can extract selectively what he needs for filling his role in discourse. (1978, S. 254)

Diese Grundauffassung wurde im Kontext des Zweitspracherwerbs von Gibbons (2002) für das Lernen im (sprachsensiblen) Fachunterricht übernommen:

> *Scaffolding*, however, is not simply another word for *help*. It is a special kind of help that assists learners to move toward new skills, concepts, or levels of understanding. Scaffolding is thus the temporary assistance by which a teacher helps a learner know how to do something, so that the learner will later be able to complete a similar task alone. It is future-oriented: as Vygotsky has said, what a child can do with support today, she or he can do alone tomorrow (Gibbons 2002, S. 10; Hervorhebungen im Original).

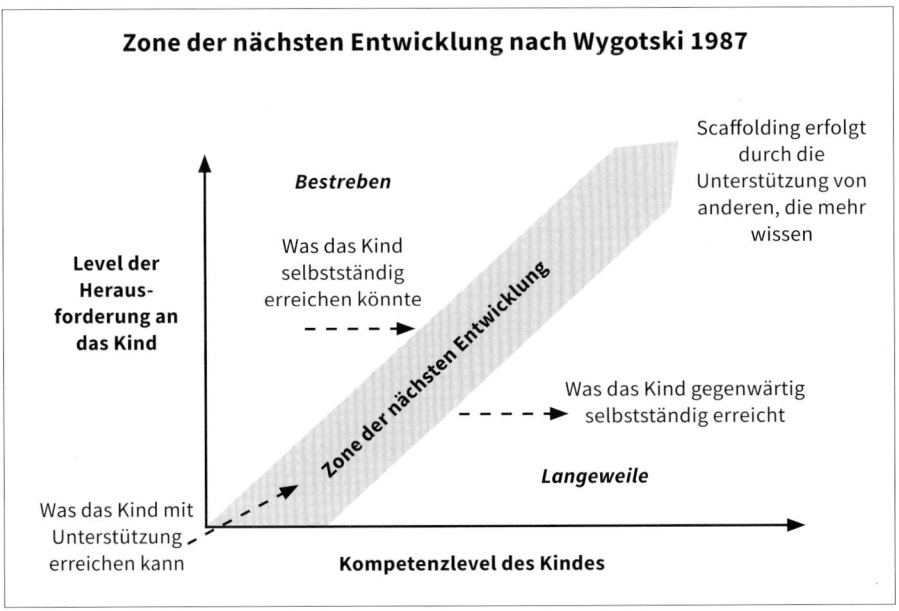

Abb. 80: Bedeutung des *Scaffoldings* zur Erreichung der nächsten Entwicklungszone (in Anlehnung an das Victoria State Government, unveröffentlicht)

Nach Wygotski (1978) kann erfolgreiches Lernen nur dann stattfinden, wenn sich die Anforderungen an die Lernenden leicht über ihrem aktuellen Leistungsniveau befinden. Mithilfe des *Scaffoldings* kann es ihnen gelingen, eben solche Arbeitsaufträge zu bewältigen. Eine wichtige Voraussetzung dafür ist die Diagnose der sprachlichen und fachlichen Kompetenzen der Schüler(innen) durch die Lehrkraft, um den Unterricht entsprechend planen zu können. „Scaffolding bedeutet dann, dass die Lücke, die zwischen dem, was ein(e) Lerner(in) bereits kann, und dem, was mit Unterstützung möglich ist, durch eine entsprechende Unterrichtsplanung und Unterrichtsinteraktion überbrückt wird." (Kniffka 2010, S. 1) Das Prinzip muss nicht zwangsläufig nur mit denjenigen Schüler(inne)n angewendet werden, die durch den Zweitspracherwerb Schwierigkeiten mit der deutschen Sprache haben. Vielmehr ist es für alle Lernenden dienlich, die mit dem Erwerb des bildungssprachlichen Registers Probleme haben.

Nach Gibbons (2002) setzt sich das *Scaffolding* aus vier verschiedenen Phasen zusammen, wobei die ersten drei als *Makroscaffolding* und die letzte Phase als *Mikroscaffolding* von ihr bezeichnet werden. Zunächst ist eine Bedarfsanalyse erforderlich. Hier stellt sich die Frage, welche sprachlichen Anforderungen die geplante Unterrichtseinheit mit sich bringt. Für diese Analyse kann ein sprachlicher Planungsrahmen (vgl. Kap. 7.2.2) eingesetzt werden. Anschließend sollte eine Lernstandserfassung erfolgen (vgl. Kap. 7.2.1) bzw. der vorhandene Wissensstand der Lehrkraft über die sprachlichen Kompetenzen ihrer Schüler(innen) mit den durch die Analyse ermittelten sprachlichen Anforderungen der Unterrichtseinheit abgeglichen werden. Darüber hinaus sollte auch das fachliche Vorwissen in den Blick genommen werden. Damit ist der Ausgangspunkt für die Planung des Unterrichts nach den verschiedenen Prinzipien des *Scaffoldings* gegeben. Diese sind wie folgt zusammenzufassen:

▶ Einbeziehung des fachlichen Vorwissens, der Vorerfahrungen und des aktuellen (bildungssprachlichen) Sprachstands der Schüler(innen).

▶ Auswahl geeigneter (Zusatz-)Materialien in Abhängigkeit der ermittelten Fach- und Sprachkompetenzen der Lernenden. Dies beinhaltet auch die Eingliederung von Unterrichtsphasen, in denen die Schüler(innen) sich konkret mit dem Unterrichtsgegenstand auseinandersetzen können.

▶ Sequenzierung der Lernaufgaben, sodass diese die Entwicklung von einer alltags- zu einer bildungssprachlichen Ausdrucksweise durch die Auseinandersetzung des Inhalts von der konkreten Anschauung bis zu einer abstrakteren Ebene ermöglichen.

▶ Festlegung von Lern- und Arbeitsformen, die im Sinne des kooperativen Lernens sprachliche Aktivierung ermöglichen.

▶ Auswahl verschiedener Darstellungsformen (vgl. Kap. 6.2), mit deren Hilfe (neue) Inhalte präsentiert werden.

▶ Einsatz von vermittelnden Texten, die eine Brückenfunktion übernehmen. Diese können eingesetzt werden, wenn die im Schulbuch vorhandenen Texte zu anspruchsvoll für die Lerngruppe sind.

▶ Lieferung von sprachlichem Input, der über dem sprachlichen Kompetenzniveau der Schüler(innen) liegt und es ihnen dadurch ermöglicht, ihre eigenen Kompetenzen weiterzuentwickeln (vgl. Kap. 7.1.1).

▶ Berücksichtigung von metasprachlichen und metakognitiven Phasen im Unterricht, da diese den Lernfortschritt fördern können (vgl. Kap. 6.1.3) (vgl. Kniffka 2010, S. 3).

Ziel ist es, dass die Lerner(innen) im Sinne des bereits thematisierten *mode continuums* (Gibbons 2002) (vgl. Kap. 4.3) eine sprachliche Entwicklung im Unterricht vollziehen können. In der ersten Phase sind dafür Unterrichtsaktivitäten eingeplant, die eine konkrete Auseinandersetzung mit dem Lerngegenstand ermöglichen. Dabei kann es sich z. B. um das Experimentieren im Fach Sachunterricht, das gemeinsame Bearbeiten von Knobelaufgaben im Fach Mathematik oder dem Hören eines Gedichts im Deutschunterricht handeln. Ein Austausch über den Lerngegenstand wird zwangsläufig in der Alltagssprache erfolgen, da sich sowohl die handelnden Personen als auch die erforderlichen Gegenstände in der konkreten Situation befinden. Von Bedeutung ist, dass es sich um eine möglichst reale Kommunikationssituation handelt, in der sich die Schüler(innen) über ihre Vorgehensweisen, ihre Erfahrungen oder Erkenntnisse mündlich austauschen können. Dies kann auch schriftlich erfolgen, wie z. B. im Rahmen eines Reisetagebuchs im Mathematikunterricht (vgl. Kap. 6.2.1). Im Fokus steht das fachliche Verständnis. Würde an dieser Stelle bereits die sprachliche Ausdrucksweise in den Blick genommen werden, würde dies für einige Lerner(innen) eine Überforderung darstellen. Möglich ist es in dieser ersten Phase auch, die Schüler(innen) zu einem Austausch in ihrer Erstsprache über den Lerngegenstand zu ermutigen, um das fachliche Verständnis abzusichern. Dies kann insofern sinnvoll sein, als dass im Experiment des Seitenwechsels aufgezeigt wurde, dass auch vermeintlich einfache Begriffe und Satzstrukturen eine Herausforderung beim Sprechen und Schreiben in der Zweitsprache darstellen können (vgl. Kap. 3.2). Der Schwerpunkt der zweiten Phase des Unterrichts liegt auf dem angeleiteten Berichten. Wenn der Arbeitsauftrag so gewählt ist, dass offenes Arbeiten bzw. verschiedene Lösungsansätze oder unterschiedliche Erfahrungen möglich sind, ist damit ein natürlicher Gesprächsanlass geschaffen. Ein gegenseitiger Austausch ist erforderlich, weil möglicherweise nicht alle an exakt dem gleichen Experiment gearbeitet haben oder weil beim Hören des Gedichts unterschiedliche Eindrücke bei den Kindern entstanden sind. Grundvoraussetzung für das Gespräch ist, dass bei den Schüler(inne)n eine Bewusstheit für angemessenes Sprachhandeln besteht, d. h. ihnen sollte der Unterschied zwischen der normalen Sprache und z. B. einer Forscher(innen)sprache bekannt sein und sie sollten wissen, wann ihnen diese abverlangt wird. Nur so kann das angeleitete Berichten zu einem fruchtbaren Austausch führen. Sowohl die Lehrkraft als auch die Mitschüler(innen) können ein Kind sprachlich unterstützen bzw. Verbesserungsvorschläge für die gewählten Formulierungen machen. Dabei ist es jedoch wichtig, dass es sich um eine vertrauensvolle Kommunikationssituation handelt und der jeweilige Lernende nicht aufgrund seiner sprachlichen Ausdrucksweise vorgeführt und ständig unterbrochen wird. Unterstützung können die Schüler(innen) im Rahmen des *Mikroscaffoldings* erfahren. Damit ist die Qualität der Lehrer-Schüler-Interaktion und im Gegensatz zum *Makroscaffolding* eine spontane Reaktion der Lehrkraft auf die Sprachkompetenz seiner Schüler(innen) gemeint. Durch die Gewährung von Planungszeit, das aktive Zuhören, dem korrektiven Feedback usw. können die Lernenden implizite Sprachförderung erfahren (vgl. Kap. 7.4). Diese muss nicht zwangsläufig nur mündlich erfolgen. Es ist ebenso möglich den Lernenden passende Begriffe und Satzstrukturen auf Wortkarten und Satzstreifen bereitzustellen. Eine Auswahl dafür kann durch die vorherige Bedarfsanalyse getroffen werden. Wie bereits bei der Vorstellung des sprachlichen Planungsrahmens dargelegt, ist es ausreichend, einen sprachlichen Schwerpunkt in der Unterrichtsstunde/-einheit zu legen. Damit wird das sprachliche Repertoire der Lernenden gezielt erweitert. Dies erfolgt zudem zwangsläufig durch die veränderte Ausgangslage in der zweiten Phase, da eine erste Dekontextualisierung stattgefunden hat. Die durchgeführte Aktivität muss Zuhörer(inne)n vermittelt werden, die in der konkreten Situation nicht anwesend waren. Dementsprechend ist es nicht mehr möglich auf Platzhalter wie *mit dem da, das Dings, das Teil, machen, tun* zurückzugreifen. Vielmehr bedarf es einer möglichst präzisen Ausdrucksweise und dadurch der Verwendung bildungssprachlicher Strukturen. Das erste Erproben der erforderlichen sprachlichen Strukturen stellt eine Vorbereitung für die dritte Phase dar. Hier erhalten die Schüler(innen) einen Arbeitsauftrag, der eine möglichst kontextunabhängige Ausdrucksweise sowie eine Verallgemeinerung verlangt. Dies kann z. B. durch eine mündliche Präsentation in der Forscher(innen) sprache erfolgen oder durch einen Eintrag in ein Lerntagebuch. Wenn in der ersten Phase bereits konzeptionell mündlich geprägte Texte verfasst und in der zweiten Phase besprochen wurden, bietet sich nun eine Überarbeitung an. Für die Lehrkraft wird an dieser Stelle ersichtlich, ob die zur Verfügung gestellten Hilfen einen Beitrag zur sprachlichen Kompetenzentwicklung geleistet haben.

Um die Umsetzung dieser Unterrichtsstrukturierung nachvollziehen zu können, bietet sich das Beispiel des Experimentierens im Sachunterricht an:

▶ **1. Phase (building the field):** Die Schüler(innen) führen in Partnerarbeit verschiedene Experimente zu einem übergeordneten Unterrichtsthema (z. B. Schall) durch. Dabei notieren sie ihre Vermutungen schriftlich in der Alltagssprache.

▶ **2. Phase (modeling the genre und joint construction):** Im Rahmen einer Forscher(innen)konferenz berichten die Kinder sich anschließend gegenseitig von der Durchführung der Experimente. Um es ihnen zu erleichtern, zu diesem Zeitpunkt die *Forscher(innen)sprache* zu verwenden, trägt derjenige, der das Rederecht hat, einen Forscher(innen)kittel oder setzt eine Forscher(innen)brille auf. Durch das Schlüpfen in eine andere Rolle, fällt es einfacher, sich von der eigenen sprachlichen Ausdrucksweise zu lösen, zudem werden die sprachlichen Anforderungen an die Sprecherin oder den Sprecher für alle visuell erfahrbar. Der Fokus, den die Lehrkraft gesetzt hat, liegt in dieser Unterrichtseinheit auf dem Formulieren von Vermutungen. Daher werden die bereits notierten Vermutungen sowohl fachlich wie auch sprachlich gemeinsam in den Blick genommen.

▶ **3. Phase (independent writing):** Die Schüler(innen) fertigen ein Versuchsprotokoll für ihr eigenes Forscher(innen)buch an, in dem sie die Durchführung des Experiments noch einmal schriftlich darlegen. Ihre Vermutung, die sie in der ersten Phase verfasst haben, wird ggf. von ihnen umformuliert und der *Forscher(innen)sprache* angepasst – eine inhaltliche Veränderung soll nicht vorgenommen werden (vgl. Quehl 2010; Quehl/Trapp 2020).

Deutlich wird, dass eine Schwerpunktlegung im Rahmen eines sprachlichen Ziels durch die Lehrkraft zwingend erforderlich ist, da nur so z. B. der Aufbau eines Versuchsprotokolls schrittweise durch das *Scaffolding* erarbeitet werden kann. Das Beispiel zeigt zudem, dass der grundsätzliche Aufbau auf viele Unterrichtsstunden einfach übertragen werden kann und vermutlich ist diese Struktur im Groben für viele Lehrkräfte auch keine absolute Neuheit. Es stellt sich jedoch die Frage, ob diese Struktur auch auf alle Unterrichtsinhalte übertragbar ist. Wie kann eine handlungsbezogene Auseinandersetzung z. B. im Rahmen von Textarbeit aussehen? Auch dafür soll im Folgenden ein Beispiel gegeben werden, um aufzuzeigen, dass *Scaffolding* nicht zwangsläufig nur mit Aktivitäten wie dem Experimentieren in Verbindung gebracht werden kann.

▶ **1. Phase (building the field):** Die Schüler(innen) erhalten in Partnerarbeit ein Elfchen, das sie gemeinsam lesen sollen. Ihre Aufgabe ist es zunächst, den Aufbau des Gedichts zu erforschen. Was zeichnet ein Elfchen aus?

▶ **2. Phase (modeling the genre and joint construction):** Im Plenum erfolgt zunächst ein Austausch über den Aufbau eines Elfchens. Die Schüler(innen) müssen dabei genau benennen, auf welche Zeile sie sich beziehen und treffende Umschreibungen für die Inhalte bzw. die Struktur der einzelnen Zeilen finden. Die Erkenntnisse können von der Lehrkraft festgehalten werden.

▶ **3. Phase (intependent writing):** Die Schüler(innen) verfassen nun ein eigenes Elfchen. Dieser Phase könnten erneut die ersten beiden Schritte vorgelagert werden. So könnte sich zunächst jeweils in Partnerarbeit auf ein Thema geeinigt und passende Begriffe dafür zusammengestellt werden. Durch den Austausch mit den Mitschüler(inne)n können diese Ideen anschließend weiter ergänzt werden. Dies dient dem späteren Verfassen des eigenen Elfchens als Grundlage.

▶ Reflektieren Sie, inwiefern Sie den Prinzipien des Scaffoldings in Ihrem Unterricht nachgehen.

▶ Greifen Sie ein beliebiges Thema eines Unterrichtsfaches Ihrer Wahl heraus und überlegen Sie, wie Sie dieses nach dem Prinzip des Scaffoldings strukturieren könnten.

7.3 Aufgaben

In den nationalen Bildungsstandards werden für das Fach Deutsch in der Primarstufe drei Anforderungsbereiche, die sich in den Aufgabenformaten wiederfinden sollen, unterschieden. Dazu gehören das „Wiedergeben von Sachverhalten [...], die Verständnissicherung sowie das Anwenden und Beschreiben geübter Arbeitstechniken und Verfahren", das „selbstständige Anord[nen], Verarbeiten, Erklären und Darstellen bekannter Sachverhalte", bei dem erworbenes Wissen und vertraute Methoden anzuwenden und miteinander zu verknüpfen sind und schließlich das „Verarbeiten komplexer Sachverhalte [...] mit dem Ziel, zu selbstständigen Lösungen [...] zu gelangen" im Sinne eines problemorientierten Sprachhandelns (vgl. KMK 2004a, i.d.f. vom 23.06.2022, S. 9f.). Vorgegeben ist damit eine Hierarchisierung hinsichtlich der Anforderungen und der zu erwartenden Kompetenzen. In den Aufgaben, die unter dieser Prämisse gestellt werden, müssen sich folglich konsequenter Weise Aspekte der Differenzierung wiederfinden. Zudem entscheidet der situative Kontext darüber, welche Aufgaben wie gestellt werden. In einer Veröffentlichung des *Landesinstituts für Schule in Nordrhein-Westfalen* aus dem Jahr 2005 findet sich dazu eine ordnende Übersicht, in der zwischen Lern-, Überprüfungs- und Leistungsaufgaben unterschieden wird (s. Abb. 81).

Aufgabenarten		
Lernaufgaben dienen der Unterstützung von Lernprozessen, nicht der Beurteilung.	**Überprüfungsaufgaben** dienen der Leistungsüberprüfung (Klassenarbeit, Klausuren).	**Übungsaufgaben** dienen der Sicherung des Gelernten. Sie sind häufig auch Teilelemente von Lernaufgaben.

Aufgabenformate		
offen z. B. – Schreibe den Text aus der Perspektive von B. – Analysiere den Text.	**halboffen** z. B. Was war wohl der Grund dafür, dass T. sich in der Gruppe einsam fühlte? Schreibe drei Sätze dazu.	**geschlossen** z. B. – Multiple-Choice-Aufgaben – Lückentexte – Richtig-Falsch-Aufgaben

Abb. 81: Aufgabenarten und -formate (leicht geändert nach Landesinstitut für Schule NRW 2005, S. 6)

Erweiternde Erläuterungen, vor allem bezüglich der Lernaufgaben, sind u. a. bei Waldmann (2009) und Köster (2018) zu finden. Denn während in der Darstellung des *Landesinstituts für Schule des Landes Nordrhein-Westfalen* Lernaufgaben eher allgemein als Unterstützung von Lernprozessen verstanden werden, beschreiben Waldmann (2009) und Köster (2018) pointierter, welche Inhalte sich damit verbinden. Nach Waldmann erfordern Lernaufgaben offene Lernsettings, die den Schüler(inne)n ein erprobendes und kreatives Handeln ermöglichen, in dem Fehler Lernschritte darstellen und vielfältige Lösungen angedacht und akzeptiert werden (vgl. Waldmann 2009, S. 11). Solche geöffneten Lernformen ermöglichen der Lehrkraft außerdem Lernbeobachtungen als ein Instrument der Prozessdiagnostik. Dabei geht es nicht um die Beurteilung von Schüler(innen)leistungen, sondern um die Erfassung der Lernentwicklungen und ggf. deren Dokumentation (vgl. ebd.). Leistungsüberprüfungen erfordern hingegen ein anderes Setting sowie stärker geschlossene Aufgabenformate, wobei die Unterscheidung auch für die Schüler(innen) nachvollziehbar sein sollte. Für Überprüfungs- bzw. Leistungsaufgaben formuliert Waldmann folgende Leitfragen (ebd.):

▶ Welche Anforderungen werden gestellt?
▶ Welches Fähigkeitsniveau wird abverlangt?
▶ Welche Aufgabenformate sind geeignet?
▶ Wie ist die Aufgabenstellung genau und eindeutig zu formulieren?
▶ Welche Lösung wird erwartet?
▶ Was wird als richtig oder falsch bewertet?
▶ Ist die Aufgabe unabhängig von den anderen lösbar?
▶ Misst die Aufgabe das, was sie messen soll oder eher anderes?

Nicht vergessen werden sollte dabei, dass Leistungsaufgaben lediglich einen minimalen Teil des Unterrichts ausmachen. Mehrheitlich haben Schüler(innen) es mit Aufgaben zu tun, die sie durch ihren gesamten Schulalltag begleiten. Quasi permanent werden mündliche und schriftliche Aufgaben an sie gerichtet. Dies betrifft sowohl sozial determinierte Aufgaben als auch fachliche Aufgaben. An dieser Stelle soll der Fokus auf fachliche Aufgaben und deren sprachliche Herausforderungen für Lernende und Lehrende gerichtet werden. Denn während Lehrkräfte im Fachunterricht oft ausschließlich die fachliche Seite im Blick haben, wird den sprachlichen Anforderungen einer Aufgabe kaum Aufmerksamkeit zuteil (vgl. Riebling 2013 und Kap. 7.1). Um bildungssprachliche Kompetenzen jedoch anbahnen und ausbauen zu können, ist es erforderlich, dass Lehrkräfte zwischen den alltagssprachlichen Fähigkeiten ihrer Schüler(innen) und den bildungssprachlichen Anforderungen abwägen können. Gelingt dies, kann eine gute Balance zwischen vorhandenem und neuem bildungssprachlichen Können hergestellt werden. Warum dies noch nicht immer gelingt, weiß Crämer zu berichten, die schulische Aufgaben aus sonderpädagogischer Perspektive betrachtet. Sie bemängelt, dass in Aufgabenstellungen häufig vorausgesetzt wird, dass den Schüler(inne)n die Singular- und Pluralformen vertraut sind und sie problemlos zwischen diesen wechseln können. Erschwerend kommt hinzu, dass Verben zumeist im Imperativ Anwendung finden, deren Struktur jedoch zusätzlich davon abhängig ist, ob es sich um trennbare *(z. B. aufbauen: Ich baue ... auf)* oder untrennbare Verben *(beginnen: Ich beginne mit ...)* handelt (vgl. Crämer 2014, S. 11). Nicht selten werden schriftliche Aufgaben außerdem durch Attributierungen versehen und so für die Schüler(innen) kaum nachvollziehbar. Formulierungen, die zudem viele Füllwörter enthalten, erschweren das Verstehen zusätzlich. Eine gute Schreibaufgabe sollte sich daher stets am Sprachverstehen der Schüler(innen) orientieren und hinsichtlich der Wortwahl und Satzkomplexität angepasst sein. Darin verwendete Fachwörter sollten den Lerner(inne)n bekannt sein und ggf. durch zusätzliche Bilder oder Grafiken dargestellt werden. Besonders für Schüler(innen), denen es schwerfällt, sich Aufgaben selbstständig zu erlesen, sollte die Textlänge überschaubar sein, auch eine Strukturierung der Aufgabe in Absätzen, ein zusätzlicher Hilfekasten mit Worterläuterungen, Symbole etc. unterstützt das Verstehen. Unnötige Füllwörter sollten vermieden werden, denn sie tragen oft nichts zur Aufgabenstellung bei, sondern führen stattdessen bei leseschwächeren Kindern zu Verunsicherung, da sie ihren Fokus auf eine vermeintliche Funktion dieser Wörter innerhalb der Aufgabe richten, die es aber nicht gibt. Sowohl bei mündlichen als auch bei schriftlichen Aufgaben sollten die Schüler(innen) Gelegenheit erhalten, nachzufragen. Auch die Aufforderung, eine Aufgabe in eigenen Worten wiederzugeben, sichert das Verständnis. Eine Frage wie „Habt ihr das verstanden?" hilft in der Regel nicht weiter, da die Schüler(innen) nicht ernsthaft aufgefordert sind, die Aufgabe gründlich zu lesen, selbst dann nicht, wenn es konkret in der Aufgabestellung enthalten ist („Lies genau."). Lesestrategien, eine fragende Haltung und die Fähigkeit Verstehen und Nichtverstehen zu verbalisieren sind keine Kompetenzen, die sich bei den Schüler(inne)n von allein einstellen. Sie benötigen hierfür einen Unterricht, der ihnen stets aufs Neue Lerngelegenheiten offeriert, in denen sie ihre Fähigkeiten erproben können. In Kapitel 8 „Sprachsensible Aufgaben" erfolgt eine vertiefende Darstellung zu Merkmalen, Funktionen und Anforderungen, die mit Aufgabenstellungen einhergehen. Außerdem wird dort aufgezeigt, wie Lehrkräfte sprachsensible mündliche und schriftliche Aufgaben planen und gestalten können, bevor abschließend Aufgabenbeispiele für die Fächer Deutsch, Mathematik und Sachunterricht gegeben werden.

7.4 Sprachliches Handeln systematisch fördern

Um im sprachsensiblen Grundschulunterricht das sprachliche Handeln der Schüler(innen) systematisch zu fördern, lohnt sich ein Blick in die Sprachheilpädagogik, denn diese stellt eine Auswahl an Unterstützungsformen bereit, auf die ohne Weiteres zurückgegriffen werden kann. Wenn hier von einer systematischen Förderung die Rede ist, dann zielt das nicht auf eine additive Förderung außerhalb des Unterrichts ab, sondern auf eine unterrichtsintegrierte Form der Unterstützung (s. dazu Kap. 3.3.2). Dabei spielt die Lehrkraft eine maßgebliche Rolle, da sie vorrangig als Sprachvorbild und Kommunikationspartner(in) agiert. Benötigen Schüler(innen) Unterstützung im artikulatorischen oder grammatikalischen Ausdruck, kann von ihnen sprachliches Modellieren eingesetzt werden. Dannenbauer (2002) unterscheidet zwischen Interventionen, die den kindlichen Äußerungen vorausgehen, und solchen, die im Anschluss an eine kindliche Äußerung erfolgen. Zu den vorausgehenden und damit planbaren Maßnahmen zählt er das modellhafte Sprechen, bei dem die gewünschten sprachlichen Zielstrukturen wiederholend angeboten werden. Auch Alternativfragen gehören zu den vorausgehenden, und damit im Vorfeld planbaren Maßnahmen. Lehrkräfte können sich schon während der Unterrichtsvorbereitung überlegen, welche alternative Frage sie in bestimmten Situationen stellen können, um den Schüler(inne)n damit eine zusätzliche sprachliche Lösungsmöglichkeit zu bieten. Zu den bekannteren Maßnahmen gehören wahrscheinlich die Interventionen, die sich unmittelbar an eine kindliche Äußerung anschließen, wie z. B. die Erweiterung einer Äußerung. Dabei wird eine unvollständige Äußerung aufgegriffen und sprachlich erweitert, indem beispielsweise ein unbestimmter Artikel zugefügt wird. Eine andere Form ist das korrektive Feedback, bei dem die kindliche Äußerung in der richtigen Zielstruktur wiedergegeben wird. Alle Formen des sprachlichen Modellierens bedürfen der Übung und Wiederholung bis Lehrkräfte diese sicher anwenden können, daher sollten sie zum einen fester Bestandteil der Unterrichtsplanungen sein und zum anderen im Unterricht immer wieder angewandt werden. Gezielte Beobachtungen und anschließende Rückmeldungen durch Kolleg(inn)en helfen bei der Ausbildung der genannten Modellierungstechniken.

Während die genannten Modellierungstechniken von der Lehrkraft realisiert werden, ist das kognitive Modellieren oder laute Denken eine Methode, die

die Schülerin oder der Schüler mehr oder weniger selbstständig durchführen soll. Hier werden Schüler(innen) aufgefordert, eine Äußerung sprachlich vorzubereiten, d. h. Wörter gezielt auszuwählen und die Äußerung hinsichtlich ihrer grammatischen Struktur zu überprüfen (vgl. Bindel 2007). Dies ist eine sehr anspruchsvolle Tätigkeit, die von den Schüler(inne)n eine gute Selbstwahrnehmung und das Erkennen möglicher Sprachschwierigkeiten voraussetzt. Kooperative Lernformen können hier hilfreich sein.

Die bisherigen Vorschläge beziehen sich auf die systematische Unterstützung mündlicher Äußerungen. Eine Herausforderung im Fachunterricht sind aber vor allem die Texte, die medial und konzeptionell schriftsprachlich sind. Hier gibt es zwei scheinbar „kleine" sprachliche Einheiten, die Lerner(inne)n mit Deutsch als Zweitsprache und denjenigen mit sehr geringen Sprachkompetenzen sowohl beim Lesen als auch beim Schreiben häufiger Schwierigkeiten bereiten, die aber in bildungssprachlichen Kontexten eine zentrale Rolle spielen: die Konnektoren und die Operatoren.

Wie bereits dargestellt, zeichnet sich Bildungssprache u. a. durch komplexe Satzgefüge aus, die durch Konnektoren unterschiedlichster Art (s. Abb. 82) hergestellt werden. Die Funktion von Konnektoren ist es, Sätze miteinander zu verbinden. Das Vorkommen von Konnektoren in schriftlichen Texten trägt auf der Textoberfläche zur Textkohäsion, also zum Zusammenhalt des Gesamttextes bei, weshalb Konnektoren auch zu den kohäsiven Mitteln gezählt werden (vgl. Fix 2008, S. 20 ff.; Gansel/Jürgens 2002, S. 156). Vollmer und Thürmann zählen den Gebrauch von Konnektoren beim eigenen Schreiben neben Aspekten wie Textsortenangemessenheit, Themenfokussierung und -entfaltung und Textkohärenz zu den Kriterien von Textualität (vgl. Vollmer/Thürmann 2010, S. 120).

semantische Klasse	
additiv	auch, außerdem, ferner, sowie, sowohl als auch, und
adversativ	aber, allein, allerdings, dagegen, demgegenüber, während, wohingegen
exklusiv-disjunktiv	entweder oder
inklusiv-disjunktiv	beziehungsweise, oder, und/oder, oder auch
explikativ	das heißt, nämlich, und zwar
final	auf dass, damit, dazu, wozu
inkrementiv	ja, sogar
instrumental	anhand dessen, dabei, dadurch, hierdurch, hiermit, indem, somit, während, wobei, wofür, wozu
kausal	da, denn, nämlich, weil
konsekutiv	also, dadurch, daher, damit, dann, darum, demnach, demzufolge, deshalb, deswegen, folglich, hierdurch, hiermit, infolgedessen, insofern, insoweit, mithin, sodass, somit, weshalb
konzessiv	aber, dennoch, dessen ungeachtet, doch, gleichwohl, jedoch, nichtsdestotrotz, nichtsdestoweniger, obgleich, obwohl, trotzdem, ungeachtet dessen, zwar ... aber

konditional	angenommen dass, angenommen, falls, gegebenenfalls, gesetzt den Fall dass, sofern, sosehr, vorausgesetzt dass, vorausgesetzt, wenn, zumal wenn
komparativ	als ob, als wenn, dementsprechend, dergestalt dass, ebenfalls, ebenso, entsprechend, gleichfalls, so, somit wie wenn, wie
proportional	je … desto, je nachdem, je … umso
restriktiv	freilich, insofern, insofern als, insoweit, insoweit als, jedenfalls, nur, nur dass, soviel, soweit, vorbehaltlich dessen, wofern, zwar
negativ-restriktiv	außer, denn, es sei denn
subtraktiv	ohne dass
substitutiv	anstatt, anstatt dass, anstatt dessen, anstelle dessen, bevor, ehe, eher, sondern, statt, statt dass, stattdessen
temporal	als, bevor, bis, bis dass, da, danach, dann, davor, dazwischen, derweil, ehe, gleichzeitig, indes, indessen, inzwischen, kaum dass, nachdem, seit, seitdem, sobald, solange, sooft, sowie, unterdessen, während, während-dessen, zugleich, zwischendurch

Abb. 82: Konnektoren des Deutschen (http://hypermedia.ids-mannheim.de/call/public/sysgram. ansicht?v_typ=d&v_id=366, Letzter Aufruf: 11.11.2015)

Dieser Vielzahl an Konnektoren begegnen Schüler(inne)n, wenn sie Texte im Deutsch-, Mathematik- und Sachunterricht lesen. Erwartet wird von ihnen, dass sie sowohl deren semantischen Gehalt als auch deren Funktion im Text verstehen. Dass sich Schüler(innen) in der Grundschule aber noch im Sprachlernprozess befinden, wird dabei oftmals übersehen. In einer Studie mit 183 Grundschüler(inne)n – davon 56 primärsprachlich deutsche Kinder und 126 Kinder mit Deutsch als Zweitsprache – aus dem zweiten und dritten Schuljahr haben Heppt et al. im Jahr 2011 deshalb das Konnektorenverständnis zunächst mündlich überprüft. Dazu wurden den Kindern Sätze auf Tonband vorgespielt, bei denen sie entscheiden mussten, ob ein Satz sinnvoll war oder nicht. Die Autorinnen konnten signifikante Effekte für die Faktoren Klassenstufe und Sprachhintergrund feststellen (vgl. Heppt et al. 2012, S. 354). Dabei schnitten Schüler(innen) der dritten Klassenstufe deutlich besser ab als Schüler(innen) der zweiten Klassenstufe. Außerdem war das Konnektorenverständnis bei Kindern mit Deutsch als Zweitsprache signifikant geringer als bei den primärsprachlich deutschen Kindern (s. Abb. 83). Insgesamt kommt die Pilotstudie zum Konnektorenverständnis dennoch zu einem positiven Fazit:

> Die Ergebnisse der Lückentexte zeigen, dass die Kinder die meisten Konnektoren – zumindest teilweise – beherrschen, auch die konzessiven (hier vor allem gebräuchlichere Konnektoren wie ‚obwohl' und ‚trotzdem'). Komplexere Konnektoren wie ‚anschließend' oder ‚wenngleich' scheinen größere Probleme zu bereiten und wurden von den Kindern wahrscheinlich noch nicht erworben. (Dragon et al. 2013, o.S.)

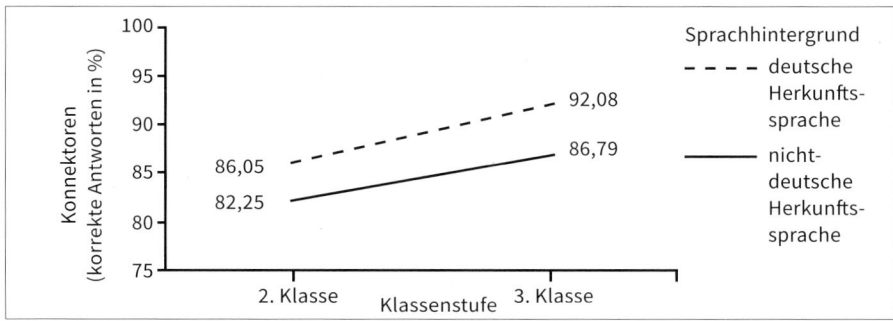

Abb. 83: Konnektorenverständnis in Abhängigkeit zum Sprachhintergrund und der Klassenstufe (Heppt et al. 2012, S. 355)

Ob der Gebrauch der Konnektoren bei bilingualen (deutsch-türkisch) Lerner-(inne)n von der Erstsprache beeinflusst wird, hat Dollnick (2013) in einer Langzeiterhebung untersucht. Grundlage der Analyse sind 358 Texte von 51 Schüler-(inne)n von der vierten bis zur sechsten Jahrgangsstufe (vgl. Dollnick 2013, S. 78 f.). Verglichen werden deutsche und türkische Texte von bilingual deutsch-türkischen und monolingual türkischen Schüler(inne)n mit deutschen Texten von monolingual deutschen Schüler(inne)n. Insgesamt kommt Dollnick zu dem Ergebnis, dass die bilingualen Schüler(innen) mehr unterschiedliche Konnektoren in ihren Texten verwenden als die monolingualen Schüler(innen) aus beiden Vergleichsgruppen. Der Vorsprung der bilingualen Schüler(innen) konnte sowohl für das Schreiben deutschsprachiger als auch für das Schreiben türkischsprachiger Texte festgestellt werden. Positiv hervorzuheben ist zudem, dass bei allen Schüler(inne)n die Anzahl der Konnektoren im Laufe der Schulzeit zunimmt (vgl. ebd. S. 103 ff. und S. 181), womit Dollnick ebenfalls die Variable Klassenstufe als abhängige Variable für die Konnektorenentwicklung bestätigt.

Zu den bildungssprachlichen relevanten Redemitteln gehören außerdem die Operatoren. Sie sollen im Fachunterricht eine Arbeitsanweisung präzisieren und letztlich die Handlungsoptionen, die sich mit der Anweisung verbinden, ausdrücken. Es handelt sich dabei vor allem um handlungsinitiierende Verben. Bereits in Kapitel 5.2 wurde festgestellt, dass es eine Vielzahl von Operatoren gibt, die im Unterricht kaum oder nur einmal Verwendung finden. Andere Operatoren tauchen in den Aufgabenstellungen immer wieder auf, was aber nicht bedeutet, dass die Schüler(innen) ihren funktionalen Charakter verstanden haben. Vor allem in Schulbüchern dominieren Aufgabenformulierungen mit Operatoren (vgl. Oleschko/Moraitis 2012). Für die Sekundarstufe haben einzelne Bundesländer inzwischen Listen mit den gängigen Operatoren zusammengestellt. Für die Grundschule existiert eine Zusammenstellung von Operatoren und ihren sprachlichen Anforderungen von Rathmann (2021) (s. Downloadmaterial ⬇). Eine weitere Auswahl der in der Grundschule gängigen Operatoren befindet sich nachfolgend in einer von uns zusammengestellten Übersicht:

Operatoren	Beispiel
nennen	**Nenne** fünf Huftiere.
beschreiben	**Beschreibe**, wie der Junge aussieht.
zusammenfassen	**Fasse** deine Ergebnisse **zusammen**.
überlegen	**Überlege**, wie die richtige Lösung heißt.
finden	**Finde** die richtige Lösung.
wiederholen	**Wiederhole** die Aufgabe.
zuhören	**Höre** deinem Partner **zu**.
zuordnen	**Ordne** die Wörter richtig **zu**.
durchführen	**Führe** den Versuch allein **durch**.
einkreisen	**Kreise** alle Adjektive **ein**.
ankreuzen	**Kreuze** die richtige Antwort **an**.
markieren	**Markiere** die wichtigen Aussagen im Text.
aufzählen	**Zähle** in der richtigen Reihenfolge **auf**.
ausfüllen	**Fülle** die Tabelle **aus**.
begründen	**Begründe** deine Entscheidung.
beschriften	**Beschrifte** die Gegenstände.
einsetzen	**Setze** das passende Wort **ein**.
eintragen	**Trage** deine Ergebnisse in die Tabelle **ein**.
ergänzen	**Ergänze** den Text.
erklären	**Erkläre** einem Mitschüler die Aufgabe.
heraussuchen	**Suche** alle runden Gegenstände **heraus**.
lesen	**Lies** den Text.
nachschlagen	**Schlage** im Wörterbuch **nach**.
notieren	**Notiere** deine Ideen.
präsentieren	**Präsentiere** deine Ergebnisse.
aufschreiben	**Schreibe** den Vorgang **auf**.
abschreiben	**Schreibe** die Sätze von der Tafel **ab**.
schreiben	**Schreibe** eine Antwort.
überprüfen	**Überprüfe** dein Ergebnis noch einmal.
sortieren	**Sortiere** die Bilder in der richtigen Reihenfolge.
verbinden	**Verbinde** die passenden Wörter.
unterstreichen	**Unterstreiche** die wichtigen Aussagen.
vergleichen	**Vergleiche** dein Ergebnis mit deinem Sitznachbarn.
beantworten	**Beantworte** die Fragen.

Abb. 84: Übersicht über häufige Operatoren im Unterricht der Grundschule

Obwohl in diesem Kapitel einzelne Aspekte von Aufgaben beleuchtet wurden, treten diese im Unterricht nicht als Einzelphänomene, sondern zusammen auf und können je nach Ausmaß den Komplexitätsgrad einer Aufgabe enorm erhöhen. Thürmann und Vollmer (2011) stellen die Komplexität einer Aufgabe in dem unten aufgeführten Beispiel sehr anschaulich dar (s. Abb. 85). Sie sprechen von einer „Aufgabensyntax", die erforderlich ist, um das Verhältnis von Fachlichkeit und Sprachlichkeit transparent zu machen.

Aufgabensyntax: Gemeint ist damit, dass die Formulierung von komplexeren Aufgaben im Fachunterricht bestimmte Aufgaben enthalten sollte, die auch die erwarteten sprachlichen Leistungen für die Schüler transparent machen wie in dem folgenden Beispiel:

> **Analysiere die thematische Karte Kaliforniens und erkläre, warum sich das Central Valley gut für die Landwirtschaft eignet. Fasse die Ergebnisse in einer zweiminütigen mündlichen Präsentation zusammen, die auch für solche Zuhörer verständlich sein sollte, die nicht an unserem Unterricht teilgenommen haben.**

In diesem Beispiel aus dem Erdkundeunterricht kommen zu den → Operatoren weitere Aufgaben hinzu, die die erwarteten sprachlich-kognitiven Aktivitäten näher präzisieren: die Materialbasis, der fachliche Gegenstand bzw. die fachliche Problemstellung, das textuelle Ausgabeformat bzw. die → Textsorte und schließlich sog. Gelingensbedingungen. Die Bringschuld der Schüler liegt in der konzentrierten Auseinandersetzung mit Wortlaut und Intention der Aufgabenstellung.

Abb. 85: Beispiel einer komplexen Aufgabe (verändert nach Thürmann/Vollmer 2011, S. 10)

Um bei den Schüler(inne)n das Verständnis von Operatoren, Konnektoren und anderen bildungssprachlichen Mitteln und damit das Aufgabenverständnis zu erleichtern, müssen sie lernen, Aufgaben kontextbezogen zu entschlüsseln (siehe auch Kap. 8). Dies kann durch gezieltes Nachfragen oder Umformulieren geschehen. Auch das Drei-Phasen-Modell von Schmölzer-Eibinger kann herangezogen werden, um textuelles Wissen als Entschlüsselungshilfe aufzubauen (s. Kap. 6.1.2). Lehrkräfte können diesen Prozess außerdem präventiv unterstützen, indem sie anfangs Schlüsselwörter markieren. Später können die Schlüsselwörter dann von den Schüler(inne)n gefunden werden. Dabei reicht das bloße Markieren zentraler Begriffe aber nicht aus. Erst wenn im Gespräch die semantische Funktion im Aufgabenkontext geklärt werden konnte, kann die Aufgabe auch verstanden werden (s. auch Kap. 9.2.2).

▶ Welche Operatoren und Konnektoren finden Sie in den Schulbüchern, die Sie im Unterricht verwenden?
▶ Welche Operatoren und Konnektoren verwenden Sie in Ihren Aufgabenstellungen besonders häufig?

7.5 Bildungssprache im Gebrauch

Bildungssprachliche Fähigkeiten werden häufig stark mit der lexikalisch-semantischen Dimension, sprich dem Wortschatz, über den Lernende verfügen, verbunden. Dieser entwickelt sich im Laufe der kindlichen Entwicklung fortwährend. In den ersten vier Lebensjahren bauen die Kinder einen Basiswortschatz auf, der vornehmlich Wörter aus dem unmittelbaren Umfeld betrifft. Sie „verwenden konkrete Wörter, die sich auf Menschen, Tätigkeiten und Gegenstände ihrer alltäglichen Umgebung beziehen" (Kauschke 2019, S. 10). Im dritten Lebensjahr findet bereits eine themenspezifische Ausdifferenzierung statt und mit vier Jahren erfolgen dann erste Begriffsbildungsprozesse, die mit einer Umstrukturierung mentaler Teilstrukturen einhergehen (vgl. Komor 2008, S. 52ff.). Spätestens mit Eintritt in die Schule erweitert sich der rezeptive sowie produktive Wortschatz der Lernenden um abstrakte Begriffe, die keine unmittelbare Nähe mehr vorweisen. Sie sind oftmals konstitutiv für die im Unterricht eingeforderten fachlichen und damit auch sprachlichen Handlungen, stellen also eine Art „Inventar" dar, das für eine erfolgreiche Teilhabe am Unterricht vorausgesetzt wird. Sollen die Schüler(innen) beispielsweise im Mathematikunterricht einen Körper beschreiben, benötigen sie Fachbegriffe wie z.B. *Fläche, Grundfläche, Seitenfläche, Kante* oder *Ecke*. Diese müssen inhaltlich verstanden sein und gleichzeitig kontextuell angemessen gebraucht werden können. Dafür benötigen die Lernenden zusätzliches sprachliches Wissen sowie weitere sprachliche Ausdrucksmittel. Wir möchten das hier am Beispiel der Sprachhandlung „Beschreiben" zum Thema „geometrische Körper" veranschaulichen. Zunächst ist es bedeutsam, dass sie sich darüber bewusst sind, was beim Beschreiben von ihnen verlangt wird. Vermutlich sind sie gefordert, eine allgemeingültige Beschreibung vorzunehmen und den jeweiligen Körper möglichst präzise unter Rückgriff auf die angeführten Fachbegriffe zu beschreiben, also fachliches und sprachliches Wissen aufzuzeigen. Um beispielsweise die angesprochene Allgemeingültigkeit zu realisieren, ist der Begriff *immer* zentral (z.B. Ein Prisma hat *immer* eine Grundfläche.). Aber auch weitere Ausdrücke sind erforderlich, um die Fachbegriffe angemessen in die Beschreibung einzubinden. Wird beispielsweise ein Quader beschrieben, spielen nicht nur die Fachbegriffe, sondern insbesondere die vermeintlich einfachen sprachlichen Ausdrucksmittel eine besondere Rolle, um eine präzise und korrekte Beschreibung vornehmen zu können: Ein Quader hat *immer* zwei *unterschiedliche* Flächen. Die *gegenüberliegenden* Flächen sind *immer gleich.* „Wörter benötigen also immer andere Wörter, um verstanden zu werden" (Krzyzek/Wildemann 2019, S. 5). Es handelt sich bei den kursiv markierten Begriffen nicht um Fachbegriffe, die insbesondere dem Fach Mathematik zugeschrieben werden können. Vielmehr sind sie fächerübergreifend bedeutsam und können in vollkommen unterschiedlichen Kontexten – und an unterschiedlichen Positionen im Satz – gebraucht werden. Somit ist es zentral, dass Bildungssprache im Gebrauch vermittelt wird und nicht nur eine Fokussierung auf isolierte Begriffe, sondern deren Gebrauchskontexte stattfindet. Dies veranschaulichen auch Bachmann-Stein und Stein (2016), indem sie drei Teilelemente des Wortschatzes benennen:

1. Form: Dieses Teilelement fokussiert morphologische Prinzipien der Wortbildung (z.B. Wissen über Numerus und Kasus sowie Wissen darüber, wie ein Begriff in einem Satz gebraucht werden kann), phonologische Aspekte (z.B. Wissen über die Aussprache) sowie orthographisches Wissen (z.B. Wissen über die Groß- und Kleinschreibung oder besondere Rechtschreibhürden).
2. Inhalt: Dieses Teilelement bezieht sich auf die Begriffsbildung: Ist den Lernenden bewusst, was der jeweilige Begriff bedeutet? Kann er in einem Begriffsfeld verortet werden?
3. Funktion: Dieses Teilelement beinhaltet den kontextuellen und intentionalen Gebrauch eines Begriffs (z.B. Hat der Begriff je nach Kontext unterschiedliche Bedeutungen und Funktionen?). Dieses Wissen ermöglicht es, terminologische Ausdifferenzierungen vorzunehmen.

Die Darstellungen machen ersichtlich, dass die drei Teilelemente miteinander verknüpft sind und dementsprechend ein integratives Erlernen von sprachlichen Ausdrucksmitteln erfolgen sollte. Kühn (2000) führt dafür den „Wortschatzdidaktischen Dreischritt" an, bei dem es darum geht, sich Wörter durch Übungen zum Textverstehen anzueignen. In der ersten Phase des Dreischritts findet die sog. Semantisierung statt. Dabei werden diejenigen Wörter und Wendungen herausgegriffen, die von den Lernenden als unverständlich oder herausfordernd identifiziert bzw. im Vorfeld von der Lehrkraft als Hürden erachtet werden. Sie werden zunächst losgelöst vom Text betrachtet, um ihre grundlegende Bedeutung zu klären. Um den Gebrauchskontext nicht zu vernachlässigen, wird dabei auch der kommunikative Zweck des jeweiligen sprachlichen Mittels in den Blick genommen. In einem zweiten Schritt steht dann die Vernetzung im Mittelpunkt. Die Wörter werden zueinander in Beziehung gesetzt und näher untersucht. Die Lernenden erstellen Begriffsnetze und nehmen Ordnungen vor (z.B. Zuordnung zu einer Wortart, aber auch zu inhaltlichen Kategorien). Im dritten Schritt steht die Reaktivierung und damit die Produktion im Fokus. Gemeinsam können unterschiedliche Gebrauchskontexte für die jeweiligen Begriffe zusammengetragen werden. Dadurch kann sich das Wissen um Form, Inhalt und Funktion des Wortes erweitern und gleichzeitig wird der jeweilige Gebrauchswert noch einmal herausgearbeitet (vgl. Kühn 2000; 2017).

Wichtig ist es unserer Auffassung nach, dass sich Lehrkräfte bewusstmachen, dass es nicht immer nur fachlich komplexe Begriffe sind, die Lernende vor Herausforderungen stellen. So gibt es viele Wörter und Strukturen, die von Erwachsenen selbstverständlich gebraucht werden, aber Lernenden Probleme bereiten können. Beispielhaft sei dafür zunächst auf Kollokationen aus dem Alltag verwiesen. Es handelt sich dabei um „inhaltlich geschlossene semantisch-pragmatische Einheiten" (Siepmann 2003, S. 255), also Wortverbindungen, die besonders häufig gewählt werden bzw. andere Kombinationen nahezu ausschließen. So spricht man nicht davon, sich die Zähne zu waschen, sondern die Zähne zu putzen. Insbesondere für Lernende mit Deutsch als Zweitsprache können sich hier sprachliche

Hürden ergeben. Dies kann Situationen im schulischen Alltag betreffen, wenn z.B. die *Uhrzeit abgelesen*, eine *Linie gezogen* oder ein *Schwamm ausgewrungen* werden soll. Es lohnt sich daher, ebensolche Strukturen zusammenzutragen und zu untersuchen: Was bedeutet die Wortverbindung? Wann wird sie verwendet? Gibt es sie auch anderen Sprachen? Kann man das noch anders ausdrücken? (vgl. Fornol/ Wildemann 2018). Aber auch mit Blick auf Sachtexte oder literarische Texte nehmen Kollokationen eine besondere Rolle ein. Bei der Lektüre im Deutschunterricht hilft es, wenn Strukturen wie *eine dünne Haut haben, in Strömen regnen* oder *Gedanken lesen* gedeutet und verstanden werden können. Im Fach Mathematik kann es dagegen hilfreich sein, Wendungen wie *eine Reihe legen, einem Vorgänger vorausgehen* oder *in Teile zerlegen* zu kennen. Der Sachunterricht erfordert ggf., dass eine *Skizze angefertigt*, eine *Himmelsrichtung bestimmt* oder eine *Meinung vertreten* werden muss. Kollokationen – insbesondere mit abstrakten Begriffen – sind also allgegenwärtig und bleiben für viele Lernende lebenslang herausfordernd. So konnte Ehlich (1995) aufzeigen, dass ausländische Studienbewerber(innen) besondere Schwierigkeiten mit Formulierungen wie *einen Grundsatz ableiten* oder *eine Erkenntnis setzt sich durch* hatten, als sie zu einer Textwiedergabe aufgefordert wurden (vgl. Kapitel 4.3). Aber auch in Hausarbeiten von Studierenden der Deutschdidaktik finden sich immer mal wieder Formulierungen wie die Folgenden: *wir wurden mit Informationen überschlagen, es macht ein Zusammenspiel aus* oder *der Aufbau der Arbeit wird angezeigt*. Somit kann mit der Vermittlung von (abstraktem) Wortschatz und Strukturen nicht früh genug begonnen werden. Gleichzeitig wird ersichtlich, dass dieser Erwerb viele Menschen lebenslang begleitet, da beispielsweise eine neue Qualifikation oder ein neuer Arbeitsplatz den Gebrauch neuer sprachlicher Begriffe und Strukturen mit sich bringt.

Aus diesem Grund sollten Lehrkräfte von Beginn an einen Raum zum Sprechen über Sprache schaffen, Lernende auf sprachliche Strukturen aufmerksam machen bzw. Neugierde und Interesse an Sprache wecken. Unterstützend kann dafür das Material der Reihe *Wörter im Gebrauch lernen* (Wildemann et al. 2022a; 2022b; 2022c, 2023) herangezogen werden. Es besteht aus vier Bänden zu den Schwerpunkten *Basis- und Aufbauwortschatz, Fachwortschatz Deutsch, Fachwortschatz Mathematik* sowie *Fachwortschatz Sachunterricht.* (vgl. Kap. 8.4). Mit Hilfe der Materialien wird eine gezielte und strukturierte Unterstützung beim Aufbau eines zunehmend bildungs- und fachsprachlichen Wortschatzes ermöglicht. Ziel sind die Entwicklung von Sprachhandlungskompetenz sowie die Aneignung von (meta)sprachlichem und (meta)textuellem Wissen.

Der Band zum Basis- und Aufbauwortschatz bietet Lernenden die Möglichkeit, einen alltäglichen sowie erweiterten Schulwortschatz aufzubauen. Es handelt sich dabei um Begriffe und Strukturen, die Schüler(innen) fächerübergreifend begegnen. Sie erfahren, wie sie sich in der Schule orientieren und verständigen können und welche sprachlichen Anforderungen ihnen in der Schule begegnen, z.B.:

▶ Wie lese ich meinen Stundenplan?
▶ Wie finde ich mich im Klassenraum zurecht?

▸ Welche Wörter verraten mir, was ich bei einer Aufgabe machen muss?
▸ Wie frage ich nach Hilfe?
▸ Wie spreche ich mit wem?
▸ Wie arbeite ich in einer Gruppe?
▸ Wie kann ich mir Neues merken?

Die Materialsammlung zum Fach Deutsch ist nach den Sprachhandlungen Erzählen, Beschreiben, Berichten, Appellieren und Argumentieren untergliedert. Die Lernenden erfahren, was die jeweiligen Sprachhandlungen implizieren und setzen sich mit Ausdrucksmitteln auseinander, die in diesem Zusammenhang von Bedeutung sind. So untersuchen sie beispielsweise die Funktion temporaler Adverbien in Rezepten oder erforschen, welchen Unterschied es macht, wenn ein Rezept in der man-Form oder der du-Form verfasst ist. Zudem setzen sie sich mit Bedeutungsveränderungen auseinander, die z. B. durch verschiedene Vorsilben von Verben entstehen können.

Auch das Materialpaket für den Fachwortschatz Mathematik beinhaltet die Einführung in grundlegende sprachliche Tätigkeiten des Unterrichtsfaches, wie dem Benennen, Beschreiben, Erklären, Begründen und Verallgemeinern. Die Funktion und Gebrauchsweise dieser Sprachhandlungen werden eingebettet in mathematische Lerninhalte vermittelt. So können die Schüler(innen) u.a. erkunden, wie Mathematikaufgaben entschlüsselt und verstanden werden können. Sie erfahren, wie man Rechenwege erklären bzw. unter Rückgriff auf passende sprachliche Strukturen (z. B. Kausalsätze) begründen kann.

Im Fach Sachunterricht bilden gängige Themen des Faches (z.B. die Kartoffel, Magnetismus, Wasserverbrauch oder Brücken) die Grundstruktur des Materials. Gebunden an diese fachlichen Inhalte und unterschiedlichen Sprachverwendungssituationen werden den Schüler(innen) grundlegende sprachliche Handlungen bzw. Strategien vermittelt, wie z. B.:

▸ Wie finde ich Hinweiswörter in einem Text?
▸ Wie erschließe ich mir die Bedeutung von zusammengesetzten Wörtern?
▸ Wie formuliere ich Sätze um?
▸ Wie arbeite ich mit Tabellen/Diagrammen?
▸ Wie beschreibe ich Richtungen mit Präpositionen?
▸ Wie beschrifte ich Abbildungen?
▸ Wie entdecke ich Zusammenhänge in Sätzen?
▸ Wie fertige ich ein Versuchsprotokoll an?

In allen Bänden der Reihe begegnen den Lernenden die Hauptprotagonisten Fiona, Neo und Rami. Diese benötigen oftmals Hilfe von den Schüler(innen), geben aber auch Erklärungen oder führen hilfreiche Tipps an. In allen Materialien wird den Lernenden darüber hinaus im Vorfeld aufgezeigt, was sie in den jeweiligen Kapiteln lernen können. Gleichzeitig können sie ihr Wissen abschließend im Rahmen einer Selbstreflexion prüfen. Mögliche herausfordernde Begriffe können zudem in einem Glossar nachgeschlagen werden.

8 Sprachsensible Aufgaben

Aufgaben sind ein zentraler Bestandteil jeglichen Unterrichts. Sie dienen dazu, Lernprozesse anzustoßen, zu festigen und zu überprüfen. Ihre Einbindung in den Unterricht geschieht im Zuge der Unterrichtsplanung systematisch und gezielt (vgl. Kleinknecht 2019, S. 2). Dabei können Aufgaben als Lernaufgaben die didaktische Funktion der Wissensaneignung, als Leistungsaufgaben das Überprüfen und als Übungsaufgaben die Sicherung von Wissen übernehmen (siehe Kap. 7.3). Stets sind damit Erwartungen verbunden, die an die Schüler(innen) gerichtet sind. Um aber die erwartete Schüler(innen)leistung im Zuge einer Aufgabenbewältigung zu erreichen, ist es wichtig, dass Schüler(innen) wissen, was von ihnen erwartet wird. Integraler Bestandteil einer Aufgabe sind deshalb sowohl die Denk- und Handlungsaufforderung als auch die Sichtbarkeit der Intention. Nicht zu vergessen ist zudem der Aspekt der Passung, denn es geht bei lernförderlichen Aufgaben darum, zwischen den individuellen Lernvoraussetzungen und -potenzialen und den Anforderungen des Lerngegenstandes eine optimale Passung herzustellen. Bräuer und Kernen sprechen in diesem Sinne sogar von „optimalen Aufgaben" (2019) und erläutern dazu:

> Vor diesem Hintergrund lässt sich – so werden wir argumentieren – dann von einer optimalen Aufgabe sprechen, wenn die für ihr Verständnis und ihre Lösbarkeit notwendigen Aspekte der jeweiligen Situation entsprechend angemessen explizit bzw. expliziert sind. (Bräuer/ Kernen 2019, S. 9)

Bräuer und Kernen geht es in ihrer Konzeption von optimalen Aufgaben vor allem darum, dass Lehrkräfte die Rahmenbedingungen, in denen Aufgaben eingebettet sind, mitdenken und einplanen. Sie weisen auch darauf hin, dass die Berücksichtigung der Passungsverhältnisse im Unterrichtsalltag nicht immer expliziert, sondern häufig als ein „Zusammenspiel von expliziten Hinweisen und begleitenden habituell eingelagerten Praktiken" (ebd., S. 10) realisiert werden. Nicht zuletzt können Aufgaben auch selbsterklärend sein (vgl. ebd.), also ohne verbale Instruktion erfolgen. Deutlich wird, dass sich für Lehrkräfte bei der Entwicklung von Aufgaben, ihrer Integration in Unterrichtsprozesse sowie ihrer Realisierung vielfältige Anforderungen stellen, die sowohl mit Blick auf das fachliche als auch das sprachliche Können der Lernenden zu bewältigen sind.

8.1 Merkmale und Funktionen von sprachsensiblen Aufgaben

Mündliche und schriftliche Aufgaben gehören zum Unterrichtsalltag, sie sollen Schüler(innen) zum Denken und damit zum Lernen anregen. In der aktuellen Diskussion stehen vor allem komplexe, problemorientierte Aufgaben, die kognitiv-aktivierend sind, im Zentrum (vgl. Kiel 2019, S. 121). Kognitive Aktivierung, als ein Merkmal von Unterrichtsqualität, zielt darauf ab, eine tiefere Verarbeitung von Informationen anzuregen (vgl. Helmke 2017, S. 206) als beispielsweise beim einfachen Wiederholen oder Wiedergeben von Lerninhalten. Es geht vielmehr darum, dass Schüler(innen) „zum vertieften Nachdenken und zu einer elaborierten Auseinandersetzung mit dem Unterrichtsgegenstand anregt [werden]" (Lipowsky 2009, S. 93). Helmke nennt in diesem Zusammenhang sogenannte Lernstrategien, die bei einer kognitiv aktivierenden Bearbeitung von Aufgaben realisiert werden und unterscheidet je nach Lernstrategie zwischen einfachen und komplexen Lernaufgaben (vgl. Helmke 2017, S. 206).

Dabei unterscheiden sich Aufgaben nicht nur hinsichtlich ihrer Komplexität, sondern auch in Bezug auf die Anforderungen, die mit ihnen an die Schüler(innen) gestellt werden. Maier u.a. (2010) haben die verschiedenen Dimensionen von Aufgaben fächerübergreifend beschrieben, Kiel (2019) hat sie mit Blick auf die Grundschule zusammengefasst. Um Aufgaben in einem sprachsensiblen Deutschunterricht schüler-, kompetenz- und lerngegenstandsorientiert geplant und reflektiert einzusetzen, ist es hilfreich, die unterschiedlichen Funktionen und Anforderungen von Aufgaben zu kennen und zu verstehen. Beispielsweise macht es einen Unterschied, ob mit einer Aufgabe lediglich Faktenwissen abgerufen werden soll oder ob das Ziel einer Aufgabe die Anwendung von Handlungswissen ist. Auch der Grad der Offenheit einer Aufgabe ist relevant für deren Lösung – nicht nur in fachlicher, sondern auch in sprachlicher Hinsicht. Verlangt eine Aufgabe eine einfache Antwort (ja/nein, Einwort-Antwort) ist sie sprachlich meist weniger herausfordernd als eine Aufgabe, bei der die Schüler(innen) mehrere Antwortoptionen haben oder komplexes Wissen versprachlichen sollen. Die Abbildung 86 greift die Dimensionen nach Maier u.a. (2010) und Kiel (2019) auf, erläutert deren Bedeutung und ergänzt diese um den Aspekt der sprachlichen Anforderungen. Beim Lesen der Tabelle wird schnell deutlich, dass jede Dimension einen Anstieg des Kompetenzniveaus beinhaltet. Darüber hinaus treten die sieben Dimensionen in einer Aufgabe in verschiedenen Kombinationen auf, z.B. verlangt eine Abfrage von Fakten häufig eine Reproduktion von Wissen, die Aufgabenstellung ist eher geschlossen und sprachlich wenig komplex.

Dimension	Die Aufgabe zielt ab auf	Erläuterungen	Sprachliche Anforderungen (mündlich oder schriftlich)
Wissensart	▸ Faktenwissen ▸ Prozedurales Wissen (Handlungswissen) ▸ Konzeptwissen ▸ Metakognitives Wissen	Unterschieden werden verschiedene Wissensformen, die eine Entwicklung vom abrufbaren Faktenwissen, über Handlungswissen und begriffliches Wissen beinhalten. Metakognitives Wissen zeigt sich in der Fähigkeit der Selbstüberprüfung (Monitoring).	Verbalisierung von ▸ Fachwissen ▸ Sprachhandlungswissen ▸ Konzeptwissen Steuerung des eigenen Lernens und Abruf von Informations- und Problemlösestrategien.
Kognitive Prozesse	▸ Reproduktion ▸ Naher Transfer ▸ Weiter Transfer ▸ Kreatives Problemlösen	Reproduktionsaufgaben erfordern eher ein Erinnern, während Transferaufgaben eine Übertragung in ähnliche Lernsituationen/bekannte Aufgabenformate (naher Transfer) oder neue Lernsituationen/unbekannte Aufgabenformate (weiter Transfer) erfordern. Kreative Problemlöseaufgaben setzen nicht an vorhandenem Wissen an, sondern erzeugen neues Wissen.	Verbalisierung von ▸ Einfachen Lösungen ▸ Transferlösungen ▸ Problemlösungen
Wissenseinheiten zur Lösung der Aufgabe	▸ Eindimensionalität, d.h. ein Fakt, ein Konzept oder eine Prozedur ▸ Mehrdimensionalität, d.h. bis zu vier Wissenseinheiten ▸ Komplexität, d.h. mehr als vier Wissenseinheiten	Aufgaben können z.B. nach einem Begriff fragen, dann sind sie eindimensional. Werden z.B. bis zu vier Begriffe (= vier Wissenseinheiten) erfragt, ist die Aufgabe mehrdimensional. Werden z.B. mehr als vier Begriffe erfragt, ist die Aufgabe komplex.	Formulierung ▸ Einfacher Antworten/Lösungen ▸ Komplexerer Antworten/Lösungen
Offenheit der Aufgabe und Lösungen	▸ eine Lösung (konvergente Aufgabe) ▸ mehrere Lösungen (divergente Aufgabe) ▸ Ein weiterer Typ sind Aufgaben, die nicht im Vorfeld reflektiert werden.	Umfasst die Aufgabe einen eindeutigen Arbeitsauftrag bzw. eine Fragestellung, die nur eine Lösung zulässt, ist es eine konvergente Aufgabe. Eine eindeutige, aber divergente Aufgabe, kann aber auch mehrere erwartbare Lösungen zulassen.	Formulierung ▸ Einer Antwort/Lösung ▸ Verschiedener Antworten/Lösungen Sind mehrere Lösungen möglich, sind auch eher längere,

	▸ Es handelt sich zwar um divergente Aufgaben, sie sind aber ungenau und führen daher zu mehreren Lösungen	Aufgaben, die ungenau formuliert sind, führen zwar auch zu mehreren Lösungen, können aber nicht mit einer Lösungserwartung einhergehen.	komplexere Äußerungen erforderlich. Ggf. schließt sich ein Vergleich der Lösungen an, der verbalisiert werden muss.
Lebenswelt	▸ keinen Lebenswelt- bezug ▸ konstruierten Lebensweltbezug ▸ authentischen Lebensweltbezug ▸ realen Lebensweltbezug	Aufgaben können einen mehr oder weniger starken Lebens- weltbezug haben. Maier u.a. (2010) betonen dabei die Relation von Fachwissen zu Erfahrungen der Kinder. Umso höher dieser Bezug ist, umso höher ist der Anwendungsbezug.	Einbezug von ▸ alltagssprachlichem Wissen ▸ bildungssprachli- chem Wissen ▸ fachsprachlichem Wissen
Sprach- logische Komplexität	▸ Niedrige Sprachkom- plexität ▸ Mittlere Sprachkom- plexität ▸ Hohe Sprachkom- plexität	Niedrige Sprachkomplexität zeigt sich u.a. in wenig Text und einfacherem Satzbau (einfache Haupt- und Nebensätze). Informationen können linear entnommen werden. Werden Texte länger und Sätze komplexer, erfolgt die Informati- onsentnahme nicht mehr linear, ist also anspruchsvoller. Aufgaben mit komplexen Texten und komplexer Syntax, bei denen relevante von irrelevanten Informationen getrennt und logische Bezüge hergestellt werden müssen, sind von hoher Sprachkomplexität.	Erforderlich sind sowohl Sprachwissen als auch Sprachhand- lungskompetenz, um ▸ sprachlich einfache Aufgaben zu verstehen und zu lösen ▸ sprachlich komplexere Aufgaben zu verstehen und zu lösen
Repräsenta- tionsformen	▸ eine Repräsentations- form, z.B. nur Text ▸ eine Integration von Repräsentationsfor- men, z.B. Text und Abbildung ▸ eine Transformation, d.h. gleiche oder unterschiedliche Repräsentation zwischen Aufgabe und Lösung	Aufgabe können einfach repräsentiert sein oder verschiedenen Formen kombinieren. Erfordert die Lösung der Aufgabe eine Transformation des eigenen Wissens (z.B. das Herstellen einer Tabelle), so handelt es sich um eine sehr anspruchsvolle Aufgabenrepräsentation.	Erforderlich ist das „Lesen" ▸ einfacher Repräsen- tationsformen ▸ kombinierter Repräsentations- formen sowie ▸ ein sprachlicher Transfer zum Lösen der Aufgabe

Abb. 86: Kategorisierung von Aufgaben nach Maier u.a. (2010) und Kiel (2019), erweitert um Erläuterungen und den Aspekt der sprachlichen Anforderungen

8.2 Aufgaben reflektieren, planen und situieren

Im Deutschunterricht sind Schüler(innen) sowohl mit medial mündlichen als auch schriftlichen Aufgaben konfrontiert. Beide Formen können sprachliche Hürden auf Wort-, Satz- und Bedeutungsebene mit sich bringen, wie es am Beispiel des mündlichen Arbeitsauftrags deutlich wird (vgl. Abb. 87). Komplexe Aufgabenstellungen werden häufig durch Nominalisierungen, Genitiv- oder Partizipialkonstruktionen sowie Nebensätze verkürzt. Schüler(innen) im Primarbereich begegnen diese sprachlichen Strukturen auch im Rahmen von Lesetexten. Das bedeutet jedoch nicht zwangsläufig, dass sie diese auch verstehen. Vielmehr benötigen sie eine systematische und gezielte Unterstützung beim Erwerb solcher Konstruktionen. Insbesondere der Einsatz von Nebensatzkonstruktionen kann dazu führen, dass Lernende sich neben der Erschließung der sprachlichen Verdichtung auch noch damit auseinandersetzen müssen, in welcher zeitlichen Beziehung die einzelnen geforderten Arbeitsschritte stehen.

Arbeitsauftrag	Wortebene	Satzebene	Bedeutungsebene
Klebe die ausgeschnittenen Bilder, die ich dir gleich geben werde, in der richtigen Reihenfolge in dein Heft und schreibe zu jeder der vier Abbildungen einen Satz auf.	*ausgeschnittenen* – ausschneiden (attributiv gebrauchte, unregelmäßige Partizipform)	*...die ich dir gleich geben werde* (eingeschobener Relativsatz)	Reihenfolge der Anweisungen ist nicht identisch mit der eigentlichen Handlungsabfolge
	schreibe ... auf (trennbares Verb)	*...zu jeder der vier Abbildungen* (Genitivkonstruktion)	*...in der richtigen Reihenfolge* (Was bedeutet hier richtig? Gibt es nur eine Lösung?)
			...die ich dir gleich geben werde (keine zentrale Information für den eigentlichen Arbeitsauftrag)
		Hypotaktischer Satzbau	*Abbildungen* vs. *Bilder* (Verwendung von Synonymen)

Abb. 87: Sprachliche Hürden eines mündlichen Arbeitsauftrags (in Anlehnung an Fornol et al. 2016)

Neben der Reflexion von Aufgaben im Rahmen der Unterrichtsvorbereitung können Aufgaben auch zusammen mit den Lernenden reflektiert werden. Dabei werden Anforderungen, mögliche Hürden – fachlich und sprachlich – in den Blick genommen. Schüler(innen) lernen dabei, im Sinne der Metakognition, über das Lernen nachzudenken und zu sprechen. Lehrkräfte lernen dabei, die Voraussetzungen ihrer Schüler(innen) zu berücksichtigen und Aufgaben, im Sinne eines adaptiven Unterrichts, daran anzupassen.

Die Integration von sprachsensiblen Aufgaben in den Deutschunterricht beginnt bei der Themenwahl und damit der Unterrichtsvorbereitung. Ausgehend vom Lerngegenstand und den damit einhergehenden Lernzielen, Lernvoraussetzungen sowie -potenzialen der Schüler(innen), plant die Lehrkraft die Aufgaben (vgl. Köster 2018). Lernziele werden im Vorfeld festgelegt, die Voraussetzungen der Schüler(innen) mitgedacht, der Lerngegenstand ist zunächst durch das Curriculum gegeben. Aber was bedeutet das mit Blick auf die Aufgabenplanung? Mit der Festlegung der Lernziele ist die Lehrkraft angehalten, individualisierte Lernwege einzuplanen, also differenzierte Aufgaben zu stellen oder innerhalb von Aufgaben die Herangehensweisen zu variieren. Hierbei spielen die fachlichen und sprachlichen Kompetenzen der Schüler(innen) eine wichtige Rolle, denn „gute Aufgaben" erfüllen eine Passung zwischen vorhandenem Können und Anforderungen. Der Lerngegenstand spielt dabei ebenfalls eine zentrale Rolle, denn er ist hinsichtlich seiner Komplexität zu analysieren.

Neben der funktionalen und sprachlichen Komplexität einer Aufgabe ist auch deren Einbettung besondere Aufmerksamkeit zu widmen. Bereits im Vorfeld sind das sprachliche Anforderungsniveau einer Aufgabe zu antizipieren und mögliche Stolperstellen zu identifizieren. Hierbei hilft die Übersicht über die Dimensionen von Aufgaben und deren sprachliche Anforderungen in Abbildung 86. Planerische Vorüberlegungen bieten die Chance, sprachliche Hürden entweder aus dem Arbeitsauftrag zu entfernen oder sie beizubehalten, aber gezielte Unterstützungsmaßnahmen einzuplanen. Dies kann zum Beispiel dadurch erfolgen, dass ein komplexer Begriff im Vorfeld visualisiert und ein Austausch darüber stattfindet: *Was bedeutet das Wort? In welchen Situationen kann es verwendet werden (Sammeln von Beispielsätzen)?* Zusätzlich kann es hilfreich sein, das Ziel des Arbeitsauftrags im Vorfeld zu skizzieren bzw. die Aufgabe in die aktuellen Unterrichtsinhalte bzw. die Unterrichtssituation einzubetten. So können die Lernenden Sinn und Zweck des Arbeitsauftrags nachzuvollziehen und zusätzlich ihr fachliches oder sprachliches Vorwissen aktivieren. Selbst die Platzierung einer Aufgabe auf einem Arbeitsblatt kann deren Bearbeitung erleichtern oder erschweren. So bietet es sich beispielsweise bei Lesetexten an, wenn Fragen zum Text bereits vor den Text gesetzt werden. Damit wird sichergestellt, dass den Schüler(innen) das Leseziel bereits vor dem Lesen bekannt ist. Beim Lesen können sie dann ihren Lesestil anpassen, beziehungsweise auf passende Lesestrategien zurückgreifen.

Aufgaben zu kennen, zu reflektieren, zu planen und schließlich zu situieren bedeutet eine Aufgabenkultur zu leben. Aufgabenkultur beinhaltet daher konkret die Art und Weise, wie Lehrkräfte mit Aufgaben im Unterricht umgehen und umfasst „die Gesamtheit der im Unterricht eingesetzten Aufgaben und deren Orchestrierung" (vgl. Kleinknecht 2019, S.4). Für eine gelebte Aufgabenkultur möchte wir Sie gerne sensibilisieren. Was bei der Aufgabengestaltung zu beachten ist, erfahren Sie, mit Blick auf mündliche und schriftliche Aufgaben, in den nachfolgenden Kapiteln. Außerdem sollen Beispiele zu Aufgaben im Deutsch, - Mathematik- und Sachunterricht Möglichkeiten der Umsetzung aufzeigen und Sie ermutigen, es einmal selbst auszuprobieren.

8.3 Sprachsensible Aufgaben gestalten

8.3.1 Sprachsensible mündliche Aufgaben gestalten

Das Unterrichtsgespräch und damit die mediale Mündlichkeit prägen den Unterricht in besonders starkem Maße (vgl. Kap. 6.2.1 sowie 7.1.1). Die Flüchtigkeit des gesprochenen Wortes beinhaltet zudem sprachliche Anforderungen, die sowohl implizit als auch explizit sind. Zum einen setzt sich die Lehrkraft – verständlicherweise – nicht durchgängig mit der eigenen Ausdrucksweise, ihren konkreten Ausführungen usw. auseinander, hier bleiben die sprachlichen Anforderungen dann eher implizit und damit für die Schüler(innen) nicht unbedingt erkennbar. Zum anderen entsteht oft das Bedürfnis, mehr zu sagen, als eigentlich nötig ist. Viele kennen das Gefühl: Man hat den Lernenden eine Frage gestellt und wartet auf die Antworten. Wenn niemand zu reagieren scheint, entsteht schnell der Impuls, den Schüler(innen) eine weitere (sprachliche) Hilfestellung zu liefern. Beispielsweise wird die Frage noch einmal mit anderen Worten formuliert oder durch weitere Fragen ergänzt. Weiß man jedoch, welche Anforderungen bestimmte Satzstrukturen mit sich bringen oder wie wichtig es ist, den Lernenden ausreichend Zeit zum Nachdenken und Formulieren einer Antwort einzuräumen (vgl. Kap. 7.1.1), hält man sich in solchen Situationen besser noch einmal zurück (siehe dazu auch Schulte 2019). Wichtiger wäre es, sich im Vorfeld zumindest über die Kernaufgaben bzw. -fragen der jeweiligen Unterrichtsstunde Gedanken zu machen und neben den fachlichen auch die sprachlichen Anforderungen einzuplanen. Dabei kann die Abbildung 86 (s. Kap. 8.1) eine Orientierungsmöglichkeit bieten. Noch grundlegender ist die Auseinandersetzung mit sprachlichen Strukturen, die im eigenen Unterricht wiederholt Verwendung finden. Hier stellen sich bereits im Zuge der Unterrichtsvorbereitung folgende Grundsatzfragen: Welche sprachlichen Operatoren werden in der Unterrichtskommunikation rezeptiv und produktiv genutzt? Auf welche wiederkehrende (Fach)begriffe wird zurückgegriffen und werden Synonyme vermieden? Wird also zum Beispiel durchgängig die Bezeichnung *Arbeitsblatt* anstelle von *Papier, Zettel* oder *Übungsblatt* verwendet? Im medial Mündlichen ist es besonders wichtig, sich auf das Wesentliche zu beschränken und auf Wiederholungen zu setzen, da anders als im medial Schriftlichen keine „zerdehnte Kommunikation" (vgl. Ehlich 1983) vorliegt. Die Lernenden müssen also in der Lage sein, das Gehörte schnell aufzunehmen und zu verarbeiten. Wie anspruchsvoll dieser scheinbar beiläufige Prozess ist, macht Imhof (2010; 2016) anhand eines Modells zur Informationsverarbeitung beim Zuhören deutlich (vgl. Abb. 88).

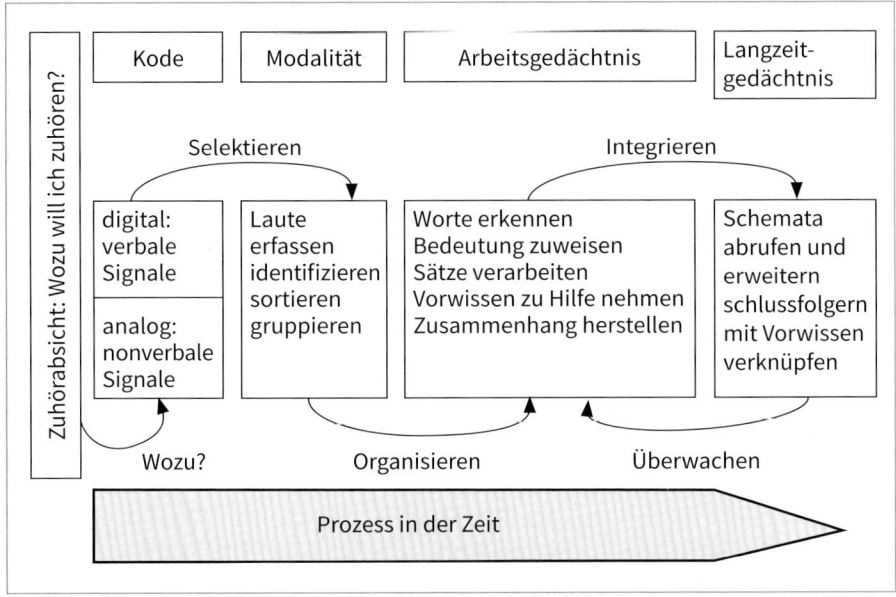

Abb. 88: Zuhören als Prozess der Informationsverarbeitung in vier Schritten (vgl.: Imhof 2010, 19).

Der Zuhörprozess lässt sich nach Imhof in vier Schritte untergliedern, an deren Anfang die Zuhörabsicht und damit die Frage nach dem *Wozu?* steht. Nur wenn Schüler(innen)sich bewusst dem zuwenden, was sie hören, also *zuhören*, erreicht sie das, was die Lehrkraft vermitteln möchte. Dafür ist es erforderlich, dass die Lernenden ein Interesse an dem jeweiligen Thema entwickeln. Sie prüfen also, ob das, was gesagt wird, für sie wichtig ist: Wofür benötige ich diese Informationen? Warum können sie mir weiterhelfen? Weshalb sind die Informationen wichtig für die nächsten Arbeitsschritte? Ist eine Zuhörabsicht vorhanden, werden ablenkende Gedanken kontrolliert, während zeitgleich der eigene Wissensbedarf konstatiert wird (vgl. Imhof 2016). Dieser erste Schritt des Zuhörprozesses zeigt, dass die Lehrkraft sich insbesondere um Zieltransparenz im Unterricht bemühen sollte. Die Schüler(innen) sollten also wissen, was der Zweck eines Arbeitsauftrags ist und wie er sich in das große Ganze einer Unterrichtsstunde oder sogar einer Unterrichtseinheit fügt. Hilfreich ist es natürlich auch, wenn das Thema für die Schüler(innen) interessant ist. Daher spielen didaktische Fragen wie die Gegenwarts- und Zukunftsbedeutung eine große Rolle, wobei dies nicht immer so offensichtlich ist, wie diese Beispiele veranschaulichen: Warum ist es wichtig, sich mit Rechtschreibregeln und Rechtschreibstrategien auseinanderzusetzen? Wofür steht das Experiment, das wir im Sachunterricht durchführen, exemplarisch? Warum möchte meine Lehrkraft, dass ich meinen Rechenweg erläutere, anstelle einfach die korrekte Lösung zu benennen? Die exemplarisch angeführten Fragen verdeutlichen, dass es – wie so oft im sprachsensiblen Unterricht – nicht nur um eine punktuelle, auf die einzelne Aufgabe bezogene, sondern um eine grundlegende Transparenz geht. Dies wiederum verlangt von Lehrkräften, den Schüler(innen) auf Augenhöhe zu begegnen und ihnen dadurch Einblicke in die eigenen Zielsetzungen und geplanten Vorgehensweisen zu ermöglichen, anstatt auf Grundlage der hierarchischen Rollenverhältnisse lediglich die Rolle des Wissensvermittlers bzw. der Wissensvermittlerin einzunehmen. Ist es gelungen, die Aufmerksamkeit der Lernenden zu gewinnen und hören diese also bewusst zu, vollzieht sich der zweite Schritt des Zuhörprozesses: die Selektion. Alle verbalen und nonverbalen Signale, die vermittelt werden, müssen korrekt erkannt und geordnet werden. Dafür ist es erforderlich, dass Lernende alle Dimensionen des Sprachverstehens aktivieren (Semantik, Syntax, Pragmatik). Imhof stellt dazu fest: „Für Schülerinnen und Schüler im Grundschulalter stellt die Selektion von Information eine Herausforderung dar, denn wichtige Grundlagenfertigkeiten sind noch in der Entwicklung" (Imhof 2016, S. 11). Dies gilt ebenfalls für die Fähigkeit, Worte und Gesten gleichzeitig aufzunehmen bzw. zu differenzieren, auf welches Sprachsignal der Fokus gelegt werden sollte. Möglicherweise ermahnt die Lehrkraft während der Formulierung eines Arbeitsauftrags ein Kind mittels einer Geste zur Ruhe. Wird dieses nonverbale Signal mit dem Gesagten verknüpft, entstehen Schwierigkeiten beim Verstehen. Somit gilt es auch hier, die Lernenden möglichst zu entlasten. Die Lehrkraft kann beispielsweise hervorheben, welche Information besonders wichtig ist. Sie kann zudem durch den stetigen Einsatz gleicher Gestiken oder Symbole das Gesagte visuell stützen. Darüber hinaus können der Arbeitsauftrag oder einzelne Bestandteile des Arbeitsauftrags (z.B. der Operator oder zu verwendende Materialien) als Schriftbild an Tafel, am *White Board* oder auf einem Plakat dargeboten werden. Nicht zuletzt ist es bedeutsam, dass das Arbeitsgedächtnis von Schüler(innen) entlastet wird, indem ihr Vorwissen aktiviert wird. Sie sind dann eher in der Lage, sich auf die richtigen bzw. wichtigen Informationen zu konzentrieren. Diese Maßnahmen dienen auch dem dritten Schritt des Zuhörprozesses, bei dem es um die Organisation des Gehörten geht. Der erhaltene sprachliche Input muss gegliedert und kategorisiert werden. Schüler(innen) müssen also entscheiden: Welche Informationen benötige ich wirklich, um die Aufgabe umzusetzen? Muss ich mir eine bestimmte Reihenfolge merken, in der ich vorgehen soll? Sind die Informationen, die ich erhalten habe, vollständig? Imhof verweist an dieser Stelle erneut auf die Bedeutung des Arbeitsgedächtnisses und die Tatsache, dass sich dessen Verarbeitungskapazität im Grundschulalter noch in der Entwicklung befindet und je nach Kind unterschiedlich stark ausgebildet ist. Zudem ist das Arbeitsgedächtnis von Lernenden im Primarbereich noch sehr von der eigenen Tagesform abhängig: Bin ich ausgeschlafen? Habe ich aktuell einen Konflikt mit meinen Eltern oder einem Freund bzw. einer Freundin? Motiviert mich das Thema und/oder die Aufgabe? Wie ist mein aktuelles Selbstbild? Fühle ich mich der Aufgabe gewachsen? Die im Vorfeld angeführten Handlungsmöglichkeiten, wie zum Beispiel die Arbeit mit einem Tafelbild, tragen bereits dazu bei, das Arbeitsgedächtnis zu entlasten. Darüber hinaus sollte der Arbeitsauftrag an sich nur die wesentlichen Informationen enthalten. So kann zum Beispiel die Information, wie genau Gruppen für eine Gruppenarbeit gebildet werden, zunächst zurückgehalten werden. Gleichzeitig ist im Sinne des *Scaffoldings* (Kap. 7.2.3) darauf zu achten, die Komplexität schrittweise zu erhöhen bzw. die Unterstützungshilfen abzubauen, um die Weiterentwicklung des Arbeitsgedächtnisses bestmöglich unterstützen zu können (vgl. Imhof 2016, S. 12). Der vierte Schritt nach Imhof stellt die Integration der Informationen im Langzeitgedächtnis dar – er spielt eine größere Rolle, wenn es nicht um die Vermittlung eines Arbeitsauftrags, sondern von Wissen geht. Dann nämlich müssen neue Informationen in bestehende Wissensstrukturen eingeordnet oder vorhandene Schemata umstrukturiert werden, wobei Grundschüler(innen) erneut auf die Unterstützung der Lehrkraft angewiesen sind. Doch auch, wenn es „nur" um das Verstehen einer Aufgabe geht, müssen die Lernenden die gehörten Informationen speichern und zum Beispiel prüfen, ob sie alles verstanden haben oder eine Nachfrage stellen müssen (vgl. ebd.). Und selbst, wenn eine Lehrkraft das Verstehen einer Aufgabe durch zusätzliche verbale Erläuterungen unterstützt, so können diese wieder neue Informationen erhalten, die das Kind nachvollziehen und verstehen muss. Es kann an dieser Stelle helfen, Lernende zur Selbstreflexion anzuregen: Hast du genau verstanden, was du machen sollst? Könntest du deinem Sitznachbarn bzw. deiner Sitznachbarin den Arbeitsauftrag erklären? Falls du die Aufgabe nicht verstanden hast – was genau hast du nicht verstanden bzw. welche Informationen benötigst du noch? Wie kommst du an diese Informationen? Wen kannst du fragen und wie?

Zusammengefasst zeigt sich anhand des Modells nach Imhof (2016), dass Lernende beim Zuhören vor anspruchsvollen mentalen Aufgaben stehen und viele der erforderlichen Fähigkeiten erst im Verlauf der Grundschulzeit aufgebaut werden. Daher lohnt sich hier die Zeit, die man als Lehrkraft in Zuhörkompetenzen investiert und im Vorfeld aufwendet, um den zu vermittelnden Arbeitsauftrag in Formulierung und Präsentation zu überdenken. Konkret sollte man sich also mit folgenden Aspekten auseinandersetzen:

▸ Haben die Lernenden ein Interesse an dem jeweiligen Thema aufgebaut? Ist es für sie persönlich bedeutsam bzw. ist ihnen die Gegenwarts- und Zukunftsbedeutung bewusst?

▸ Wie kann ich Neugierde für ein Thema/eine Aufgabe wecken bzw. die Lernenden motivieren? Kann ich die Aufgabe daran anknüpfend gestalten (z.B. wie ein Rätsel aufbauen)?

▸ Habe ich für ausreichend Transparenz gesorgt? Wissen die Schüler(innen), welchen Sinn die Aufgabe hat bzw. was das mit ihr verbundene Ziel ist? Kommen wir mit einer Aufgabe zum Ziel oder muss ich den Lernenden verdeutlichen, dass es sich hier um einen Teilschritt handelt?

▸ Wie vermittle bzw. präsentiere ich die Aufgabe am besten? Formuliere ich sie rein mündlich oder greife ich zusätzlich auf Visualisierungen zurück? Wo positioniere ich mich im Raum? Wie gewährleiste ich, dass ich zu allen Lernenden Blickkontakt halten kann und sehe, ob es Rückfragen gibt?

▶ Wie formuliere ich den Arbeitsauftrag (vgl. Kap. 8.2)? Was ist das Wesentliche? Kann ich hervorheben, was besonders bedeutsam ist? Wie markiere ich Hervorhebungen, z.B. visuell oder sprachlich?

▶ Wie gelingt es mir, mich selbst zu regulieren und zum Beispiel nach einer Frage abzuwarten?

▶ Wie kann ich Unterstützung leisten, ohne einen Arbeitsauftrag vollständig umzuformulieren?

▶ Wie unterstütze ich meine Schüler(innen) dabei, sich selbstreflexiv mit dem Verständnis einer Aufgabenstellung auseinanderzusetzen? Welche Fragen helfen ihnen weiter? Würde sich eine bestimmte Methode für meine Klasse eignen? Wie kann ich an dieser Stelle als Rollenbild fungieren?

▶ Erinnern Sie sich an einen Arbeitsauftrag einer vergangenen Stunde und prüfen Sie Ihre Vorgehensweise und Aufgabenformulierung mittels der oben angeführten Fragen.

▶ Ziehen Sie die Fragen bei der Planung einer zukünftigen Unterrichtsstunde heran. Prüfen Sie je nach Kompetenzen Ihrer Schüler(innen), was Sie ggf. neu einführen oder vertiefend üben müssen (zum Beispiel in Hinblick auf das Aktivieren von Vorwissen, der Transparenz oder der Selbstreflexion).

8.3.2 Sprachsensible schriftliche Aufgaben gestalten

Schriftliche Aufgaben begegnen Lernenden auf unterschiedliche Weise. Sie können im Rahmen des Unterrichts gestellt werden und zum Beispiel auf Arbeitsblättern, im (Sprach)buch, an der Tafel oder auf Plakaten niedergeschrieben sein. Möglich ist aber auch, dass Lernende sich mit medial schriftlichen Aufgaben im Rahmen von Hausaufgaben auseinandersetzen müssen. Oftmals ist hier die Distanz der Kommunikationspartner(innen) besonders deutlich zu spüren, denn in der Regel ist die Lehrperson, die die Aufgabe gestellt hat, nicht anwesend. Nachfragen müssen somit an Personen der Hausaufgabenbetreuung, an Klassenkamerad(inn)en oder an die eigenen Eltern gestellt werden. Dies kann zu Konflikten führen und alle Beteiligten belasten. Auch im Unterricht selbst möchten Lehrkräfte die Anzahl an Nachfragen möglichst geringhalten. Sie stehen zwar für Verständnisfragen zur Verfügung und leisten gerne Hilfestellungen, dennoch ist den Lernenden nicht geholfen, wenn das Einfordern einer Aufgabenerklärung ihre primäre Strategie darstellt. Und auch die Lehrkraft hat nicht die Kapazitäten, jedem einzelnen Kind einen Arbeitsauftrag noch einmal zu erläutern. Um alle Beteiligten zu entlasten, ist es deshalb wichtig, dass sich die Schüler(innen) grundlegend mit Arbeitsaufträgen auseinandersetzen. Zu Beginn des Schuljahres kann dies zunächst dadurch erfolgen, dass das tägliche Arbeitsmaterial gemeinsam „erforscht" wird. Dies wird im Folgenden am Beispiel eines Sprachbuchs weiter ausgeführt. Bei der gemeinsamen Betrachtung der Buchseiten machen sich die Lernenden mit deren Aufbau vertraut. Vieles entdecken die Schüler(innen) von selbst, bei Bedarf können jedoch die folgenden Fragen eine Orientierung bieten:

▶ Woran erkenne ich eine Aufgabe? Gibt es ein bestimmtes Icon/ein Symbol, an dem ich eine Aufgabe erkenne? Gibt es weitere Icons/Symbole, die wichtige Informationen für mich enthalten (z.B. Hinweis auf Partnerarbeit/eine Zusatzaufgabe/eine Schreibaufgabe usw.)? Gibt es eine Nummerierung der Aufgaben? Gibt es eine weitere Untergliederung (z.B. 1a und 1b)? Wofür ist diese wichtig?

▶ Wo befinden sich die Aufgaben auf den Seiten? Gibt es auch Aufgaben, die „versteckt" sind (z.B. nach einem kurzen Text folgen)? Falls ja, was sind Informationen und was ist die konkrete Aufgabe?

▶ Enthalten die Aufgaben Hinweise auf andere Elemente der Schulbuchseite (z.B. eine Abbildung)? Wie sind diese zu verstehen? Woran erkenne ich einen Verweis auf das Glossar/auf eine Abbildung/auf eine andere Seite usw.?

Die Fragen sollten von der Lehrkraft gegebenenfalls (sprachlich) an die eigene Klasse angepasst werden. Natürlich können auch Arbeitsblätter oder andere Materialien hinsichtlich ihres Aufbau gemeinsam untersucht werden.

Im Anschluss ist es hilfreich, wenn sich die Lernenden konkret mit dem Aufbau von Aufgaben und ihren expliziten und gegebenenfalls impliziten Anforderungen auseinandersetzen. Die im Sprachbuch ermittelten Aufgaben können nun genauer betrachtet werden. Dabei setzen sich die Schüler(innen) sowohl mit der sprachlichen Struktur von Arbeitsaufträgen als auch mit der Bedeutungsebene auseinander:

▶ Welches Wort verrät mir, was ich machen soll? Weiß ich, was das Wort bedeutet?

▶ Worauf bezieht sich die Aufgabe (z.B. auf einen Text oder eine Abbildung)?

▶ Was soll/kann ich nutzen, um die Aufgaben zu lösen?

▶ Gibt es Informationen in der Aufgabe, die besonders wichtig sind (z.B. deutet das Wort „selbst" darauf hin, dass ich die Aufgabe alleine lösen muss)?

▶ Habe ich noch Fragen, wenn ich die Aufgabe verstanden habe (z.B. wird oft nicht angeführt, ob eine Aufgabe mündlich oder schriftlich bearbeitet werden soll)? Welche Arbeitsschritte/Handlungen „verstecken" sich in der Aufgabe? Welches (Vor)wissen brauche ich?

Schröder (2021) spricht in diesem Zusammenhang davon, dass die Kinder zu Aufgabenknacker(inne)n werden und schlägt eine konkrete Vorgehensweise vor. Zunächst tragen die Kinder Aufgaben zusammen, die sie persönlich als schwierig erachten. Dies erfolgt konstant im Schulalltag – immer, wenn eine Verständnisfrage zu einer Aufgabe gestellt wird, wird diese auf einem Papierstreifen verschriftet und der Sammlung hinzugefügt. Auch Hausaufgaben, die zu Fragen führen, werden zusammengetragen. Anschließend schlägt Schröder vor, dass die gesammelten Aufgabenstellungen von der Lehrkraft gesichtet werden, um Doppelungen zu vermeiden. Die Lernenden erhalten nun viel Zeit, um sich ebenfalls einen Überblick über die Aufgaben zu verschaffen. Mit Klebepunkten können sie markieren, welche Aufgabe(n) sie persönlich besonders schwer finden. In einem nachfolgenden Unterrichtsgespräch begründen die Kinder ihre Einschätzungen. Dabei zeigt sich, dass die wahrgenommene Schwierigkeit eines Arbeitsauftrags unterschiedliche Gründe haben kann: „Neben der Nennung einzelner Wörter können [...] auch komplexe Satzstrukturen oder z.B. Passivkonstruktionen zur Sprache kommen" (Schröder 2021, S. 24). Natürlich ist es auch möglich, dass eine Aufgabe aus inhaltlichen Gründen als schwierig empfunden wird oder die Kinder entdecken, dass sie eine versteckte Information/Handlungsanweisung enthält. Im Anschluss schreiben die Schüler(innen) einzelne Wörter heraus, die für sie unverständlich sind oder eine Herausforderung darstellen. Die Lehrkraft unterstützt die Kinder dabei, die Begriffe zu kategorisieren (z.B. Fachwörter, Operatoren, Hinweiswörter). Nachfolgend schlägt Schröder vor, dass die Lernenden die ermittelten Operatoren verbildlichen. Gemeinsam kann erörtert werden, welches Bild bzw. Symbol sich besonders gut eignen könnte. Dabei setzen sich die Kinder zwangsläufig mit der Bedeutung des jeweiligen Operators auseinander. Sie schärfen ihr Wissen über mögliche Unterschiede (z.B. unterstreichen und durchstreichen) und setzen sich dabei gleichzeitig mit sprachlichen Strukturen auseinander (z.B. der Bedeutung eines Präfixes oder der Entdeckung trennbarer Verben). Es bietet sich in diesem Zusammenhang auch an, zusammen zu überlegen, welche Operatoren Doppelungen darstellen und auf welche dementsprechend verzichtet werden könnte (vgl. Rathmann 2021, S. 41). Eine Übersicht über zentrale Operatoren für die Grundschule finden Sie im Downloadbereich ⬇). Die ermittelten Hinweiswörter sind teilweise abstrakt und daher in der Regel schwieriger durch Illustrationen darzustellen. Möglicherweise bietet es sich aber an, sie noch einmal zu gruppieren. Vielleicht gibt es Hinweise auf Materialien (z.B. Plakat, Arbeitsblatt, Heft, PC) oder Sozialformen (z.B. Einzelarbeit → *selbst, alleine* oder Partner- und Gruppenarbeit → *gemeinsam, miteinander*). Bedeutsam ist es auch hier, mit den Kindern ins Gespräch zu kommen und die ermittelten Wörter in verschiedenen (Aufgaben)kontexten zu entdecken und zu deuten. Während die Operatoren und Hinweiswörter oftmals fächerübergreifend ermittelt werden können und teilweise die gleiche Bedeutung besitzen, sind Fachwörter in der Regel fachspezifisch. Möglicherweise ist ihre Anzahl zudem sehr hoch, sodass erneut gemeinsam nach Synonymen geforscht und sich auf einen Begriff geeinigt werden kann. Einzelne Fachbegriffe können durch Illustrationen veranschaulicht werden, um sie sich besser einzuprägen. Beispielsweise können die Schüler(innen) entdeckten, dass sich der Wortstamm -*familie* im Begriff *Wortfamilie* versteckt. Sie können dieses Wissen in eine Zeichnung einfließen lassen und eine kleine Familie von Wörtern zeichnen und gleichzeitig aus fachlicher Sicht nachvollziehen, warum diese Bezeichnung ursprünglich gewählt wurde (z.B. die Wörter haben etwas gemeinsam; sie sind miteinander verwandt).

Wichtig ist, dass das Untersuchen der schwierigen Aufgaben eine langfristige Bedeutung hat. Dies kann auf mehreren Wegen erreicht werden. Zunächst sollte es weiterhin im Unterricht eine Sammelstelle für schwierige Aufgaben geben, die zwischenzeitlich als Gegenstand für Analysen dienen können. Außerdem sollte die Lehrkraft darauf achten, dass die Erkenntnisse und Produkte der Untersuchungen für alle präsent bleiben. Das kann zum Beispiel durch Plakate im Klassenzimmer oder durch ein Glossar für das Federmäppchen erfolgen, aber auch durch spielerische Elemente (z.B. einen Fachbegriff mittels einer Erklärung erraten oder ein Operatoren-Memo erstellen und spielen). Doch auch bereits im Vorfeld und während die Kinder sich als Aufgabenknacker(innen) betätigen, sollte die Lehrkraft den Überblick behalten: Wird viel mit dem (Sprach)buch gearbeitet? Dann ist es sinnvoll, sich auf die dort gebräuchlichen Fachbegriffe zu einigen. Werden Arbeitsblätter anderer Lehrwerke oder Unterrichtsmaterialien herangezogen oder selbst erstellt, sollte geprüft werden, ob Operatoren und Fachwörter entsprechend angepasst werden können.

Des Weiteren können die Kinder stetig an ihre wichtige Aufgabe als Aufgabenknacker(innen) erinnert werden. Werden beispielsweise die Hausaufgaben besprochen, können die Aufgaben von den Kindern unter die Lupe genommen werden. Mit zunehmend fokussiertem Blick können sie gemeinsam zusammentragen, was die jeweilige Aufgabe fordert und welche Stolperstellen sie enthalten könnte. Wichtig ist es, mögliche Fragen im Vorfeld klären zu können. Hier kommt erneut der Lehrkraft eine wichtige Aufgabe zu: Fehlen Informationen, die für die Lernenden/für mich wichtig sind? So kann es sein, dass es keine Angaben gibt, wie die Aufgabe verschriftet werden soll. Die Lehrkraft muss sich also entscheiden, ob individuelle Bearbeitungen für sie in Ordnung sind oder sie eine bestimmte Herangehensweise einfordert (z.B. einen Fließtext schreiben, mit Stichpunkten arbeiten oder eine Tabelle entwickeln). Um das Knacken der Aufgaben zu ritualisieren, können außerdem Kernfragen zusammengetragen werden welche die Lernenden bei jeder neuen Aufgabe durchgehen können. In Anlehnung an Abbildung 85 (s. Kap. 8.1) sowie Abbildung 81 (s. Kap. 7.3) ist es im Verlauf der Schulzeit auch möglich, den Zweck einer Aufgabe von den Schüler(innen) ermitteln zu lassen (z.B. Hilft mir die Aufgabe dabei, etwas Neues zu lernen oder etwas Gelerntes zu üben?).

▶ Nehmen Sie sich ein Arbeitsmaterial, das Sie in Ihrem Unterricht häufig einsetzen. Prüfen Sie dessen Aufbau mit Blick auf die Aufgaben und arbeiten Sie mögliche Herausforderungen für Ihre Schüler(innen) heraus.

8.4 Sprachsensible Aufgaben in den Fächern Deutsch, Mathematik und Sachunterricht

Aufgaben sind stets kontextuell eingebunden, sie werden in Abhängigkeit zum Unterrichtsfach und dort dem jeweiligen Lerngegenstand formuliert (vgl. Kap. 7.5). Damit Aufgaben ihre Wirksamkeit entfalten können, bedarf es zunächst auf Seiten der Lehrkraft, so Köster (2018, S. 16), Gegenstandsexpertise, also fachliches Wissen. Die Lehrkraft muss sich außerdem über die Funktion einer Aufgabe im Klaren sein. Grundlegend zu unterscheiden sind dabei Lern- und Leistungsaufgaben (siehe Kap. 7.3): Soll eine Lernaufgabe dazu beitragen, dass die Schüler(innen) ihr Wissen oder ihre Kompetenzen erweitern? Oder soll mithilfe einer Leistungsaufgabe erworbenes Wissen abgerufen oder überprüft werden? In den nachfolgenden fachspezifischen Beispielen werden vor allem Lernaufgaben vorgestellt, an die sich wiederum, nach ausreichender Auseinandersetzung mit einem fachlichen Gegenstand, Leistungsaufgaben anschließen können. Bei Lernaufgaben ist zu beachten, dass sie exemplarisch und repräsentativ für das Anzueignende sind. Köster (ebd., S. 33) schreibt dazu:

> Um übertragbares Wissen zu erwerben, sollten zunächst Gegenstände gewählt werden, die das Neue in ausgeprägter Weise repräsentieren, sodass aus den Ergebnissen der Erschließungsarbeit verallgemeinerbares, d. h. übertragbares, Wissen gewonnen werden kann.

Aufgaben, die das Lernen aktivieren, benötigen einen gewissen Aufforderungsgrad, der sich u.a. im Anforderungsniveau bzw. Komplexitätsgrad (Winkler 2005, S. 35f.) widerspiegelt. Winkler unterscheidet daher Aufgaben „als komplexe und herausfordernde Problemsituation vs. wenig komplexe Übungen ohne situative Bedeutsamkeit" (ebd., S. 36). Mit Blick auf die Fremdsprachendidaktik führt Winkler (ebd.) außerdem die Begriffe *tasks* und *instructions* ein und zielt damit auf die Funktion von Aufgaben im Lernprozess ab. *Tasks* sind danach Aufgaben, die den Lernprozess anregen oder einleiten, während *instructions* Orientierungshilfen im Lernprozess sind und damit ein Teil einer Aufgabe sein können.

In Kap. 8.1 und dort in Abbildung 86 wurden bereits Merkmale und Funktionen von sprachsensiblen Aufgaben vorgestellt. Sie bieten eine Orientierung für die Gestaltung von Aufgaben in den Unterrichtsfächern. Wird bei der Aufgabengestaltung beachtet, wie hoch der Aufforderungsgrad und wie anschlussfähig eine Aufgabe an das fachliche (Vor)Wissen und sprachliche Können der Schüler(innen) ist, steht einer lernförderlichen Aufgabenkultur nichts mehr im Weg. Dies alles umzusetzen verlangt allerdings ein sehr gut aufbereitetes und reflektiertes Lehrer(innen)handeln. Besonders zu Beginn geht es daher mit einem deutlich höheren Planungs- und Zeitaufwand einher. Daher ist es sinnvoll, Schritt für Schritt vorzugehen und zunächst einzelne, ausgewählte Aufgaben für die sprachsensible Gestaltung auszuwählen. Mit der Zeit stellt sich mehr Routine ein und die Aufgabengestaltung ist integrativer Teil Ihrer Planung und Ihres Handelns im Unterricht. Die nachfolgenden Aufgabenbeispiele stammen aus dem Fachmaterial „Wörter im Gebrauch lernen", die für die Fächer Deutsch, Mathematik und Sachunterricht sowie für einen Basis- und Aufbauwortschatz vorliegen und an deren Entwicklung die beiden Autorinnen mitgewirkt haben (siehe auch Kap. 7.5). Es handelt sich dabei um Arbeitsmaterialien für Schüler(innen), die dazu anregen sollen einen bildungs- und fachsprachlichen Wortschatz, eingebunden in Sprachhandlungskontexte, aufzubauen. Die fachlichen Inhalte orientieren sich dabei an den curricularen Vorgaben und können daher ohne Weiteres in die jeweiligen Fächer integriert werden.

8.4.1 Deutschunterricht

Im Kontext des Sachunterrichts wurde bereits das Lesen bzw. Entschlüsseln diskontinuierlicher Texte thematisiert (siehe Kap. 6.3.4). Im Downloadbereich findet sich zudem ein Material, das aufzeigt, wie das Lesen von Tabellen unterstützt und eingeübt werden kann. ⬇ Da Tabellen und andere diskontinuierliche Texte mit ansteigender Schulstufe immer mehr an Bedeutung gewinnen, wird an dieser Stelle nochmals ein Beispiel, nun mit dem Fokus auf die Aufgabengestaltung, vorgestellt. Deutlich wird daran u.a. die kontextuelle Einbettung einer Aufgabe, die bereits häufig erwähnt wurde und hier nun veranschaulicht wird.

Einen Stundenplan lesen
Bevor das Lesen eines Stundenplans eingeführt wird, erfahren die Schüler(innen), was sie nachfolgend erwartet.

Wie liest man eine Tabelle?
Du kannst es am besten an deinem eigenen Stundenplan ausprobieren.
Hier wird dir gezeigt, wie du vorgehen kannst.

Abb. 89: Einführung in das Thema und Zieltransparenz (Quelle: Wildemann et al. 2022a, S. 6)

Die Schüler(innen) wissen nun, um was es inhaltlich geht und was sie lernen sollen. Dies geschieht im Sinne der Zieltransparenz. Anschließend erfolgt eine thematische Rahmung, die einen hohen Lebensweltbezug (siehe Kap. 8.1, Abb. 86) aufweist und unmittelbar in den Lernprozess einführt.

Heute ist ein spannender Tag, denn Neo und Fiona bekommen
neue Stundenpläne.
In den Spalten des Stundenplans stehen die Wochentage.
In den Zeilen des Stundenplans stehen die Unterrichtsstunden.

Abb. 90: Rahmung und Lebensweltbezug (aus: Wildemann et al. 2022a, S. 6)

Es folgt die Darstellung von Neos Stundenplan mit der entsprechenden Markierung und Beschriftung einer Spalte und einer Zeile. Bisher wurde den Schüler(innen) noch keine Aufgabe (*task*) gestellt, vielmehr geht es hier noch darum, den Aufbau einer Tabelle am Beispiel eines Stundenplans zu erläutern. Dafür werden unterschiedliche Modi genutzt: schriftliche Erläuterungen, ein Bild von einem Stundenplan, farbliche Markierungen und Beschriftungen. Die Fachbegriffe „Spalte" und „Zeile" sind außerdem in Text, Bild und Markierung sowie farblich hervorgehoben und sollen dadurch das Verstehen erleichtern. Die Repräsentationsform (siehe Kap. 8.1, Abb. 86) kombiniert also verschiedene Darstellungsformen, sodass den Schüler(inne)n unterschiedliche Möglichkeiten der Entschlüsselung und des Verstehens angeboten werden. Dies ist bedeutsam, um den unterschiedlichen Lernvoraussetzungen und Lernpotenzialen der Schüler(innen) gerecht zu werden und ihnen auf diese Weise einen möglichst optimalen Zugang zu den nachfolgenden Aufgaben zu ermöglichen.

Heute ist ein spannender Tag, denn Neo und Fiona bekommen neue Stundenpläne.
In den Spalten des Stundenplans stehen die Wochentage.
In den Zeilen des Stundenplans stehen die Unterrichtsstunden.

Stunde	Montag	Dienstag	Mittwoch	Donnerstag	Freitag	
1.	Deutsch	Sport	Mathe	Mathe	Sachunterricht	
2.	Deutsch	Sport	Deutsch	Musik	Mathe	**Samstag/ Sonntag**
3.	Mathe	Deutsch	Sachunterricht	Deutsch	Ethik	keine Schule!
4.	Mathe	Mathe	Sachunterricht	Sport	Kunst	
5.	Englisch	Ethik	Musik	Schach-AG	Kunst	

Abb. 91: Kombinierte Darstellungsform (Quelle: Wildemann et al. 2022a, S. 6)

Erst jetzt folgen zwei Aufgaben, mit deren Hilfe überprüft werden soll, ob die Schüler(innen) das bisher Gelesene verstanden haben und transferieren können (vgl. Abb. 92). Sprachlich herausfordernde Wörter (wie zum Beispiel ablesen oder AG) können die Lernenden in einem kontextbezogenen Glossar im Unterrichtsmaterial nachschlagen.

1. **Kannst du aus der Tabelle ablesen, wann die Schach-AG stattfindet?**

Die Schach-AG findet _____

in der _____ statt.

Neo bemerkt: *„Dienstags und donnerstags habe ich Sport.*
Da muss ich meine Sportsachen mitbringen."

2. **Kannst du aus der Tabelle ablesen, wann Neo seine Musiksachen einpacken muss?**

Neo hat _____ und _____ Musik.

Da muss er seine Musiksachen einpacken.

Abb. 92: Aufgaben (*tasks*) (Quelle: Wildemann et al. 2022a, S. 6)

Beide Aufgaben erfordern von den Schüler(innen) Lesekompetenzen und begriffliches Wissen in Bezug auf das Wort „ablesen". Um die Lücken zu füllen, müssen sie außerdem in Neos Stundenplan lesen und sich dabei in den Spalten und Zeilen orientieren. Die Aufgaben 1 und 2 wirken im ersten Moment nicht besonders sprachsensibel, sie könnten in jedem Lehrbuch vorkommen. Was ist daran also sprachsensibel? Es ist in diesem Fall vor allem die Situierung der Aufgabe (siehe auch Kap. 8.2), die sie zu einer sprachsensiblen Aufgabe werden lässt, denn sie beginnt mit der thematischen Einführung und nicht erst mit den eigentlichen Aufgabenstellungen. Erfüllt sind dabei die Aspekte aus Abbildung 86: Prozedurales Wissen, naher Transfer (kognitive Prozesse), Abfrage von zwei Wissenseinheiten (zwei Begriffe: Spalte, Zeile), konvergente Aufgabe (eine Lösung), authentischer bzw. realer Lebensweltbezug, einfache bis mittlere Sprachkomplexität und kombinierte Repräsentationsform. Zugleich fungieren die Rahmung und die Erläuterungen zur Tabelle als *instructions*, da sie eine Orientierung für das Lösen der Aufgaben darstellen. Und zu guter Letzt eignen sich die Schüler(innen) eine fächerübergreifende Sprachhandlungskompetenz an: das Benennen.

Informationen entschlüsseln
Auch diese Aufgaben beginnen mit einer Information (Zieltransparenz) für die Schüler(innen), die ihnen zeigt, worum es nachfolgend geht.

Welche Informationen kannst du von einer Internetseite entnehmen?
Wie liest du eine Fahrkarte? Oder: Wie machst du einen Plan?
Hier erfährst du, wie du Informationen entschlüsselst.

Abb. 93: Zieltransparenz (Quelle: Wildemann et al. 2022a, S. 26)

Im nächsten Schritt folgt eine recht komplexe Darstellung, bei der wiederum Bild, Text (im Bild), eine fachbegriffliche Erläuterung (Planetarium und Sternwarte), Markierungen und Erläuterungen miteinander kombiniert werden. Integriert sind die Aufgabenstellung „Was erfahren Fiona, Rami und Neo auf der Seite?", die eher offen formuliert ist, sowie die geschlossene Aufgabenstellung „Welche Erklärungen passen?". Dieser folgt eine weitere Aufgabe (*task*), die mit einer *instruction* verbunden ist: „Verbinde die Erklärungen mit den Informationen auf der Homepage mit einem Pfeil. Die roten Markierungen helfen dir."

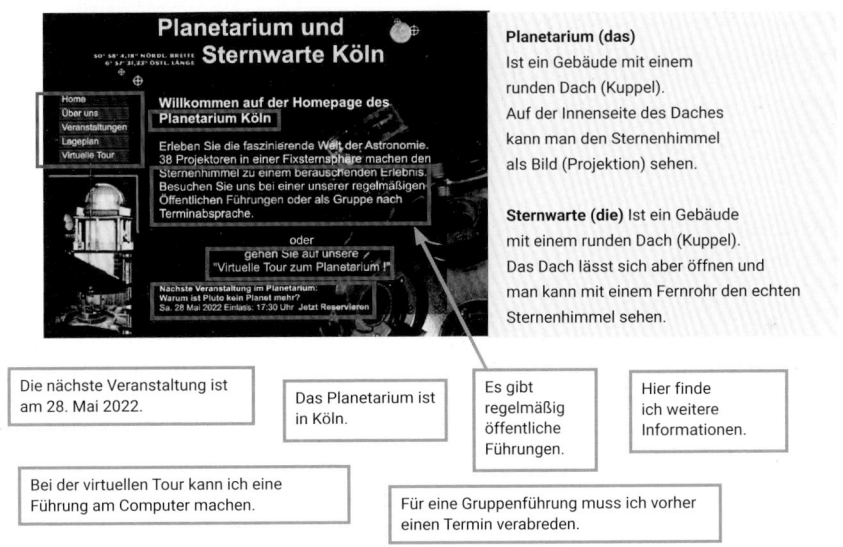

Abb. 94: Kombinierte Darstellungsform mit integrierten *tasks* und *instructions* (Quelle: Wildemann et al. 2022a, S. 36)

Wiederum steht das prozedurale Wissen im Vordergrund des Lernprozesses, denn die Schüler(innen) sollen sich, mit hohem Lebensweltbezug, auf einer komplexen Informationsseite im Internet orientieren und relevante Informationen herausfiltern. Die kombinierte Darstellungsform soll sie bei der Aufgabenbewältigung unterstützen, erfordert von ihnen aber auch das Identifizieren und Sortieren der unterschiedlichen Informationen und Hilfsmittel. Eine Differenzierung als Anpassung an individuelle Voraussetzungen könnte beispielsweise sein, mit einem Bild und lediglich einer Information zu beginnen und den Anteil an Informationen, und der damit einhergehenden Komplexität, nach und nach zu steigern. Es wird sicherlich Schüler(innen) geben, die sich recht schnell auf der hier dargestellten Abbildung zurechtfinden, andere benötigen gegebenenfalls weniger komplexe Materialien als Einstieg. Die Adaption an fachliches und sprachliches Wissen, Erfahrungen und Können der Schüler(innen) ist dabei ein zentrales Element sprachsensibler Aufgabengestaltung.

Zusammengesetzte Verben

Als ein letztes Beispiel sollen „zusammengesetzte Verben" thematisiert werden, denn sie stellen besonders Schüler(innen) mit anderen Erstsprachen oft vor große Herausforderungen, da sie von der Sprachstruktur ihrer Erstsprache abweichen. Die Aneignung trennbarer Verben ist daher oft ein langwieriger Lernprozess. Nachdem in das Thema eingeführt und am Beispiel eines Rezeptes für Spaghetti Carbonara auf zusammengesetzte Verben, vor allem Präfixe, aufmerksam gemacht wurde, folgt eine Erläuterung für die Schüler(innen).

Verben verändern ihre Bedeutung

Bei manchen Verben ändert sich die Bedeutung durch die Präfixe sehr stark und ist ganz anders als die Bedeutung des Verbs ohne Präfix. Diese Verben muss man sich erklären lassen oder im Lexikon nachschlagen, was sie bedeuten, zum Beispiel:

erfahren ist nicht **fahren**, sondern eine Information bekommen – *Neo hat erfahren, dass die Mathestunde morgen ausfällt.*

entdecken hat nichts mit **decken** zu tun, es bedeutet etwas Unbekanntes finden – *Fiona hat entdeckt, dass es starke und schwache Verben gibt.*

anfangen hat nichts mit **fangen** zu tun, sondern mit beginnen – *Die Geburtstagsfeier fängt um 14 Uhr an.*

Abb. 95: Erläuterung mit Hinweis auf Stolperstellen (Wildemann et al. 2022b, S. 45)

Hingewiesen wird in dem blauen Kasten vor allem auf Stolperstellen, die sich aus der Mehrfachbedeutung und der kontextuellen Wortbedeutung ergeben und die schnell zu Missverstehen führen können: „erfahren" hat eben nichts mit „fahren" als Fortbewegung zu tun, sondern bezieht sich hier darauf, mehr Wissen über eine Sache oder einen Sachverhalt zu erlangen. Ersichtlich wird daran, dass die Präfixe, also Vorsilben, die Bedeutung eines Wortes, und damit auch die Bedeutung eines Satzes verändern können. Genau das wird nachfolgend erklärt und mit einer Aufgabe verbunden, bei der die Schüler(innen) versuchen sollen, die Bedeutung eines Satzes mit einem Präfixverb zu erklären, womit zugleich die Sprachhandlungsform „Erklären" eingeführt wird.

7 **Es gibt viele Verben, bei denen sich die Bedeutung durch das Präfix stark verändert.**

Versuche zu erklären, was die Sätze in der Tabelle bedeuten.

Verb	Satz	Was bedeutet das?
bestehen	**Ich habe eine Prüfung bestanden.**	Ich habe eine Prüfung geschafft.
ausgehen	**Meine Eltern gehen am Abend aus.**	
ausgehen	**Die Geschichte geht gut aus.**	
eingehen	**Meine Sonnenblume geht ein,** weil ich sie nicht gegossen habe.	
zugeben	**Der Dieb gibt zu,** eine Gans gestohlen zu haben.	
aufhören	**Hör auf,** mich zu nerven!	

Abb. 96: Aufgaben mit *instruction* (Wildemann et al. 2022b, S. 45)

Die Aufgabe 7 beginnt mit einer Erklärung als Schlussfolgerung aus dem blauen Informationskasten (siehe Abb. 96), der zugleich eine *instruction* darstellt sowie eine Bespielerklärung (bestehen). Sie bietet damit eine weitere Orientierung (*instruction*) für das Bewältigen der Aufgabe, bei der die Schüler(innen) die Bedeutung der Sätze erklären und schließlich selbst einen Beispielsatz und eine dazugehörige Erklärung notieren sollen. Die Aufgabe ist sprachlich komplex und anspruchsvoll, da neben der Bedeutungsveränderung durch die Präfixverben die verschiedenen Zeitformen (bestehen – bestanden) und Flektionen (zugeben – gibt zu) das Verstehen und die Umsetzung erschweren. Das Bearbeiten der Aufgabe erfordert von den Schüler(innen) daher ein gewisses Maß an Sprachwissen. Hier kommt die individuelle Passung ins Spiel, die die Lehrkraft mit Blick auf die sprachlichen Voraussetzungen ihrer Schüler(innen) leisten muss.

8.4.2 Mathematikunterricht

Das Lernen mathematischer Inhalte ist stark durch Sprache geprägt: Bei „elementaren Verstehensprozessen spielt Sprache eine zentrale Rolle" (Götze 2021, S. 44). Sie nimmt dabei zum einen eine kommunikative Funktion ein, wenn beispielsweise die Lehrkraft einen Rechenweg erklärt. Werden dann einzelne Begriffe oder sprachliche Mittel nicht verstanden, ist auch das inhaltliche, also fachliche, Verständnis beeinträchtigt. Dies zeigt sich noch stärker, wenn die kognitive Funktion von Sprache im Mathematikunterricht in den Blick genommen wird, denn bei Nichtverstehen „haben die Kinder Probleme im kognitiven Erfassen, Nachvollziehen und Durchdenken mathematischer Inhalte" (ebd.). Die nachfolgend angeführten Beispiele aus dem Schüler(innen)material „Wörter im Gebrauch lernen: Fachwortschatz Mathematik"[1] geben Anregungen für Aufgaben, die wichtige sprachliche Grundlagen für den Mathematikunterricht in den Blick nehmen.

Begründen

Exemplarisch für weitere sprachliche Operatoren wird nachfolgend das *Begründen* fokussiert. Ein zu Beginn auf dem Arbeitsmaterial angeführter Kasten dient der Zieltransparenz. Die Lernenden erfahren, dass sie – als Erweiterung zum Benennen – lernen, eine Lösung oder einen Lösungsweg zu begründen. Es folgt eine kontextuelle Einbettung: Fiona besucht gemeinsam mit ihrer Familie einen Freizeitpark und ihre Schwester möchte eine Achterbahn ausprobieren, darf dies jedoch auf Grund ihrer Körpergröße nicht. Diese Situation des Freizeitparkbesuchs stellt einen realen Lebensweltbezug dar. Gleiches gilt für die in diesem Zusammenhang aufgezeigte Problemsituation: Die Schwester von Fiona ist zu klein, um in der Achterbahn mitfahren zu dürfen. Ihre anschließende, in einer Sprechblase angeführte, Frage nach dem Grund, führt konkret zum fokussierten Operator. Fiona begründet das Verbot für ihre kleine Schwester noch einmal. Diese sprachliche Handlung wird nachfolgend in einem weiteren Kasten explizit verdeutlicht: „Wenn man etwas begründet, dann gibt man also den Grund für etwas an". Für die nachfolgenden Aufgaben wird eine ähnliche Situation aufgegriffen (naher Transfer) (s. Abb. 97).

Die Lernenden finden eine ähnliche Ausgangssituation vor – erneut geht es um die Mindestgröße für die Fahrt mit der Achterbahn. Aufgabe 1 verlangt von den Schüler(innen) anschließend zwei Handlungsschritte (*instruction*), die zunächst losgelöst von einer sprachlichen Verbalisierung sind. Gleichwohl fordern sie zum genauen Lesen auf, um die Aufgabe angemessen bearbeiten zu können. Dies impliziert, dass die Lernenden über diskursives Wissen verfügen, um sich die dialogische Kommunikationssituation zu erschließen sowie ihr Sprachwissen nutzen zu können, um in Aufgabe 1 „den Teil des Satzes, der einen Grund für etwas an-

---

1   Wildemann, A., Fornol, S., Bien-Miller, L., Merkert, A., Budumlu, H., Krzyzek, S.: Wörter im Gebrauch lernen: Fachwortschatz Mathematik. Materialien zum Üben für die Grundschule. Hannover: Klett, Kallmeyer, 2022c.

Auch andere Kinder möchten an diesem Tag mit der *Achterbahn Roter Blitz* fahren. Zwei Kinder unterhalten sich vor dem Eingang:

Achterbahn Roter Blitz! Mindestgröße 1,20 m

Dann darf ich nicht mitfahren.

Und aus welchem Grund?

Ich darf nicht mitfahren, weil ich erst 1,15 m groß bin.

❶ Male die Sprechblase mit der Begründung gelb **aus.**
Unterstreiche den Teil des Satzes blau**, der einen Grund für etwas angibt.**

❷ Dürftest du mit dem *Roten Blitz* fahren? Begründe deine Antwort.

_____

_____

_____

_____

❸ *Etwas begründen* bedeutet:

_____

_____

_____

_____

Abb. 97: Die Sprachhandlung des Begründens im Mathematikunterricht kennen lernen (Wildemann et al. 2022c, S. 9)

gibt" identifizieren zu können. Die in Aufgabe 2 erforderliche Transferleistung ist etwas anspruchsvoller, da hier ein Bezug zur eigenen Person hergestellt werden muss. Somit müssen Fakten der Realität (eigene Körpergröße) mit der durch das Arbeitsblatt erzeugten imaginären Situation und damit einhergehenden Fakten (Mindestgröße) in einen Zusammenhang gebracht werden (Mehrdimensionalität). Damit sind die Lösungsmöglichkeiten gleichzeitig divergent. Die Antwort soll frei formuliert werden, wobei durch die *instruction* im Vorfeld bereits zwei mögliche Formulierunghilfen gegeben wurden und als Orientierung dienen können. Sowohl sprachlich als auch kognitiv ist die Aufgabe 3 am anspruchsvollsten. In einem letzten Schritt erfolgt hier die Transferleistung vom Exemplarischen zum Allgemeinen. Es zeigt sich damit auch die Fähigkeit zur Metakognition, da sich die Lernenden einer Selbstüberprüfung unterziehen: Habe ich verstanden, was *begründen* bedeutet? Kann ich mein Verständnis in Worte fassen?

Zerlegen und Zusammensetzen

Die kognitive Funktion von Sprache wird durch das nachfolgende Beispiel konkreter beleuchtet. Die Schüler(innen) haben, im Sinne der Zieltransparenz, bereits erfahren, womit sie sich auseinandersetzen werden: *„Im Alltag gibt es Dinge, die du in gleiche Teile zerlegen kannst. Umgekehrt kannst du Teile zusammensetzen. In der Mathematik ist es auch so. Wie das geht, lernst du hier".* Dabei wurde aufgezeigt, dass das Zerlegen und Zusammensetzen sowohl im Alltag als auch in der Mathematik von Bedeutung ist. Die nachfolgend gewählte Situation nutzt diesen Umstand, indem verdeutlicht wird, inwiefern ein konkretes Alltagsproblem auch ein mathematisches Problem ist:

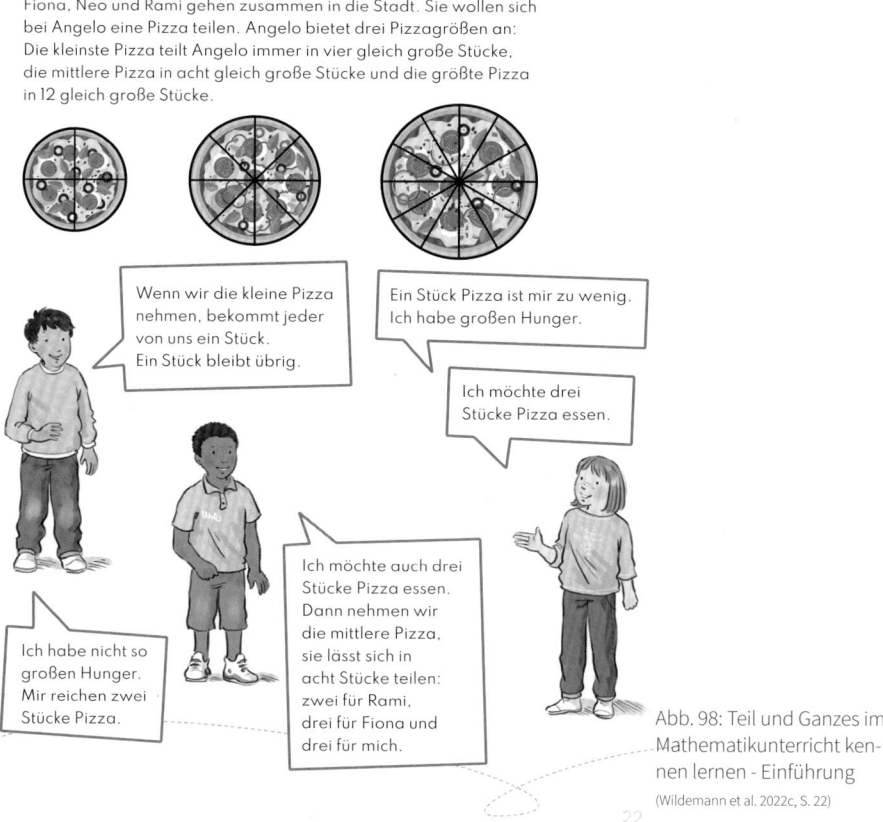

Abb. 98: Teil und Ganzes im Mathematikunterricht kennen lernen - Einführung
(Wildemann et al. 2022c, S. 22)

Die Darstellung der Situation liefert die *instruction* für die sich anschließende Aufgabe. Eine ähnliche Situation wird aufgegriffen (naher Transfer) (vgl. Abb. 99), jedoch sind nun die Lernenden gefordert: „Wie viele Stücke bekommt jedes Mädchen?" (*task*). Die ebenfalls enthaltene *instruction* verdeutlicht den Wechsel der Repräsentationsform („Schreibe die Anzahl in die Tabelle"). Sowohl dem Text (drei Freunde und Fiona) als auch dem Bild (acht Pizzastücke) müssen Informationen entnommen werden. Sie dienen damit als essenzielle Informationsquellen, um die Aufgabe lösen zu können.

Am Wochenende geht Fiona noch einmal mit ihren drei Freundinnen zu Angelo und bestellt die mittlere Pizza. Fiona verteilt die Stücke an ihre Freundinnen. Wie viele Stücke bekommt jedes Mädchen?

❶ **Schreibe die Anzahl in die Tabelle.**

Fiona	Netti	Shakira	Luna

Abb. 99: Teil und Ganzes im Mathematikunterricht kennen lernen – Arbeitsauftrag

(Wildemann et al. 2022c, S. 23)

Durch die bereits vorgefertigte und beschriftete Tabelle wird wiederum eine Entlastung angeboten, da die Lösung lediglich als Ziffer eingetragen werden muss. Wird von der Lehrkraft anschließend eine verbale Begründung eingefordert, steigt die sprachliche Anforderung.

Geometrische Figuren
Um sicherzustellen, dass Schüler(innen) sprachliche Konstruktionen sowie Fachbegriffe wirklich verstehen, lohnt es sich, Zeit zu investieren und kleinschrittig vorzugehen. Beispielsweise kann bei dem Ziel, geometrische Figuren zu beschreiben, zunächst eine Wiederholung der Bezeichnung zentraler geometrischer Figuren erfolgen:

❶ **Verbinde die Gegenstände auf dem Schreibtisch mit der passenden geometrischen Figur.**

Geometrische Figuren:

Rechteck   Dreieck   Kreis

Abb. 100: Geometrische Figuren kennen lernen
(Wildemann et al. 2022c, S. 45)

301

Anschließend wird der Blick der Lernenden in Aufgabe 2 auf Gestaltungsmerkmale der Figuren gerichtet, wobei anfangs keine sprachliche Handlung eingefordert wird: Die Ecken der Figuren sollen zunächst lediglich umkreist werden. Produktive sprachliche Fähigkeiten werden erst ab der dritten Aufgabe eingefordert. (vgl. Abb. 101) Auch hier ist der Grad der Komplexität noch gering, da lediglich Lückensätze ergänzt werden müssen.

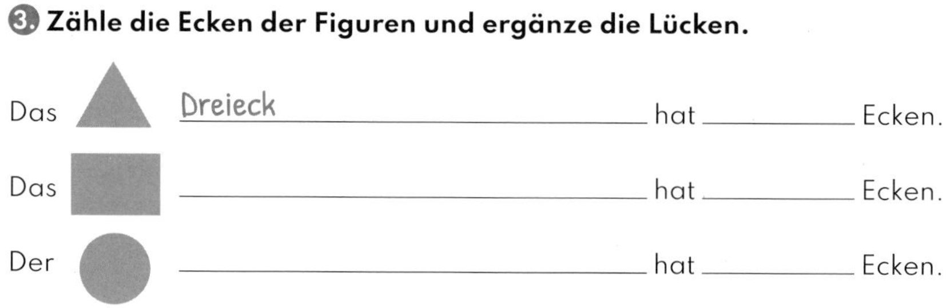

③ Zähle die Ecken der Figuren und ergänze die Lücken.

Das ▲ Dreieck _____ hat _____ Ecken.

Das ■ _____ hat _____ Ecken.

Der ● _____ hat _____ Ecken.

Abb. 101: Eigenschaften von geometrischen Figuren beschreiben (Wildemann et al. 2022c, S. 45)

Die Lernenden müssen zum einen begriffliches Fachwissen abrufen, zum anderen erfolgt ein Wechsel der Repräsentationsform (Kreise der Abbildungen in Ziffern transferieren). Bei den nachfolgenden Aufgaben erhöhen sich die sprachliche und fachliche Komplexität. So werden zunächst Lückentexte ergänzt und das fachliche Wissen um geometrische Figuren durch rezeptive (Figuren in einem Gemälde erkennen) sowie anschließende produktive Aufgabenstellungen (eigene Figuren zeichnen) gesichert. Erst in der abschließenden Aufgabe wird eine schriftliche Verbalisierung in Form einer Beschreibung eingefordert. Da die selbst gezeichneten Figuren als Grundlage dienen, ist eine fachliche Orientierung gegeben. Zusätzlich erhalten die Schüler(innen) Sprachmaterial, das ihnen bei der Beschreibung weiterhelfen kann. Es handelt sich um Begriffe, die bereits in den vorherigen Aufgaben vorkamen. Die relativ große Offenheit sowie die Divergenz der abschließenden Aufgabe wird somit durch die im Vorfeld eher geschlossenen und konvergenten Aufgaben ermöglicht.

8.4.3 Sachunterricht

Im Fach Sachunterricht ist es wichtig, dass Lernende kompetent im Umgang mit diskontinuierlichen Texten sind (Kap. 6.3.4). Ebenso bedeutsam sind aber auch kontinuierliche Texte, in diesem Fall Sachtexte. Um sie korrekt lesen zu können, benötigen die Schüler(innen) Wissen über die Textform und textformbezogene sprachliche Mittel. Darüber hinaus brauchen sie Sprachhandlungswissen, um sich den Text erschließen zu können. Es handelt sich dabei um grundlegende Fähigkeiten, die für die Lernenden weit über die Grundschulzeit hinaus von Bedeutung sind. Nicht immer werden sie jedoch im Unterricht explizit zum Thema gemacht. Nachfolgend werden daher einige Beispiele aus der Reihe „Wörter im Gebrauch lernen: Fachwortschatz Sachunterricht"[2] angeführt, die Anregungen für ein solches Vorgehen im Unterricht geben können.

Hinweiswörter finden und nutzen

Die Zieltransparenz für die sich anschließenden Aufgaben erfolgt durch die jeweiligen Kapitelüberschriften, wie nachfolgend anhand von Abb. 102 exemplarisch ersichtlich wird. In diesem Fall sollen die Schüler(innen) lernen, Hinweiswörter in einem Text zu finden, die ihnen beim Beantworten von Fragen zum Text helfen. Im Vorfeld (hier nicht abgebildet) gab es zudem eine inhaltliche Rahmung mit authentischem Lebensweltbezug: An einer Grundschule soll ein neuer Schulgarten entstehen und die Klasse des Schülers Rami hat die Aufgabe, ein Gemüsebeet anzulegen. Sie entscheidet sich für den Anbau von Kartoffeln, hat aber noch einige Fragen dazu. Die Kinder schlagen in einem Gartenbuch nach.

Die in Abbildung 102 dargestellte Situation ist vielen Lernenden vermutlich gut bekannt. Rami beklagt sich über die Länge des Textes. Es fällt ihm schwer, sich hier auf die Suche nach den Antworten seiner Fragen zu machen. Der Schüler Neo hilft Rami weiter, wodurch das strategische Vorgehen bei der Sichtung eines langen Textes explizit gemacht wird. Die dargestellte Situation ist somit auch als *instruction* für die nachfolgende Aufgabe zu verstehen. Diese beinhaltet ebenfalls eine instruction („Markiere das Hinweiswort *wässern* im Text"), die bei der Lösung der *task* („Beantworte die Frage: Wie viel Wasser braucht einer Kartoffelpflanze?") weiterhilft. Mit dieser Aufgabe kann zugleich geprüft werden, ob die Kinder den Begriff des Hinweiswortes (Faktenwissen) sowie die Vorgehensweise verstanden haben und anwenden können (prozedurales Wissen). Nachfolgend wird die Strategie anhand von zwei Fragen weiter geübt, wobei auch hier zunächst Hinweiswörter markiert und anschließend Fragen beantwortet werden. Durch den begleitenden Sachtext mit den wichtigsten Informationen zum Kartoffelanbau ist sichergestellt, dass die Fragen eindeutig beantwortet werden können (konvergente Aufgaben). Er fungiert daher ebenfalls als *instruction*. Um die Aufgaben korrekt lösen zu können, ist Sprachwissen essenziell. So sind die Hinweiswörter im Text nur zu erkennen, wenn Schüler(innen) sich Wortverwandtschaften bewusst sind (wässern → Wasser; ernten → Kartoffelernte; reif → Reifeprozess). Dies erhöht die Komplexität der Aufgabe stark und macht gleichzeitig die zu erlernende Strategie aus. Denn nicht immer findet sich der exakte Wortlaut einer Frage in einem Text wieder. Lehrkräfte sollten sich dieser sprachlichen Anforderung bewusst sein, um für einzelne Lernende ggf. Unterstützungsmöglichkeiten anzubieten. Eine davon kann der Verweis auf das Glossar des Materials sein, das die Wörter im kontextuellen Gebrauch erläutert.

---

2   Wildemann, A., Fornol. S., Bien-Miller, L., Merkert, A., Budumlu, H., Krzyzek, S.: Wörter im Gebrauch lernen: Fachwortschatz Sachunterricht. Materialien zum Üben für die Grundschule. Hannover: Klett, Kallmeyer, 2023.

Ich finde Hinweiswörter im Text und beantworte Fragen zum Text

Abbildung 102: Einführung in den Lernprozess: Hinweiswörter in Texten nutzen (Wildemann et al. 2023, S. 4)

Modalsätze bilden

Um fachliches Wissen aufzuzeigen, sind spezifische sprachliche Fähigkeiten erforderlich. Schüler(innen) müssen jedoch gezielt auf diese aufmerksam gemacht werden, um sie funktional verwenden zu können. Das nachfolgende Beispiel zeigt, wie wichtig ist in diesem Zusammenhang ist, dass Lernende die Bedeutung einer Sprachkonstruktion verstehen, um Missverständnisse zu vermeiden. Auch der nachfolgenden Aufgabe sind eine Zieltransparenz („Ich bilde Modalsätze mit *indem*") und eine situative Rahmung vorausgegangen. Gemeinsam wird das Ziel verfolgt, den Wasserverbrauch der Schule zu verringern. Aufgabe 4 fordert

④ Wie kannst du Wasser einsparen?
Verbinde den Anfangssatz mit den passenden Beispielen.

Ich spare
Wasser
ein, …

indem ich den Wasserhahn beim Zähneputzen voll aufdrehe.	indem ich nur kurz dusche.	indem ich bei der Toilettenspülung die Stopptaste drücke.	indem ich beim Spülen das Wasser laufen lasse.	indem ich den Garten mit Regenwasser bewässere.

⑤ Bilde Sätze, in denen du erklärst, wie die Kinder der
Grundschule am Hasenbusch **Wasser einsparen können.**

Verwende dazu *indem***.**

Die Kinder können Wasser einsparen, *indem sie* _____

_____ .

Die Kinder können Wasser einsparen, _____

_____ .

Die Kinder können Wasser einsparen, _____

_____ .

Die Kinder können Wasser einsparen, _____

_____ .

In der folgenden Aufgabe sollst du die Sätze
mit den Wörtern *dadurch dass* verbinden.

Beispiel:
Ich kann Wasser einsparen, **dadurch dass** *ich*
Blumen mit Regenwasser gieße.

Abb. 103: Bildung und Bedeutung von Modalsätzen (Wildemann et al. 2023, S. 35)

die Schüler(innen) nun heraus, eine Frage zu beantworten (*task*). Die *instruction* schließt sich direkt an: „Verbinde den Anfangssatz mit den passenden Beispielen". Die durchzuführende Handlung (Verbinden von Satzanfang und Satzende) ist bewusst wenig komplex gehalten, um ausreichend Kapazität für das sprachliche Phänomen zu gewährleisten. Der Aufgabe folgt eine Unterhaltung zwischen zwei Kindern, bei der es darum geht, was „indem" bedeutet und von „in dem" unterscheidet. Diese Frage von Rami kann in der Klasse einen Gesprächsanlass geben. Die Lehrkraft kann die durch das Material erzeugte Situation nutzen, um die Lernenden die vorherigen Sätze untersuchen zu lassen und ihre Ideen zu sammeln. Anschließend kann die Antwort von Fiona gemeinsam gelesen und besprochen werden. Sie bietet zum einen den Anlass, eine weitere Sprachkonstruktion im Rahmen einer Transferleistung zu gebrauchen und hinsichtlich ihrer Funktion zu prüfen („dadurch dass"). Zum anderen dient die Sprechblase als *instruction* für die nachfolgenden Übungsaufgaben. Diese sind – mit Blick auf die sprachliche Handlung – komplexer, da selbstständig Sätze mit der Sprachkonstruktion gebildet werden müssen, wobei Satzbaukästen als Hilfe genutzt werden können (naher Transfer).

Das Material liefert somit einen Anlass, Sprachhandlungswissen explizit zu verbalisieren. Die Aufgaben sind eindimensional und konvergent gehalten. Sie fordern bei der Besprechung jedoch eine Verbalisierung ein (z.B. Sollte ich beim Zähneputzen den Wasserhahn voll aufdrehen?) und bieten Anlass für die Verbalisierung von Transferlösungen (z.B. Sollte man den Wasserhahn nur wenig aufdrehen? Sollte man Wasser in seinen Zahnputzbecher füllen?). Die Repräsentationsformen von Aufgabe 4 und 5 unterscheiden sich und sind jeweils von niedriger sprachlicher Komplexität (Satzverbindungen sowie Weiterführung von Sätzen). Der Hintergrund dieser Gestaltung ist, dass die Schüler(innen) nicht überfordert werden sollen, da sowohl neues sprachliches als auch fachliches Wissen von Bedeutung ist.

Präpositionen

Präpositionen stellen sprachliche Mittel dar, deren korrekter Gebrauch in vielen Fächern unabdingbar ist, um Fachwissen aufzuzeigen – sei es im Mathematikunterricht bei der Beschreibung einer Hundertertafel, der Beschreibung einer Abbildung im Deutschunterricht oder einer Wegbeschreibung im Sachunterricht. Letztere wurde nachfolgend als situativer Lernkontext aufgegriffen. Um das Verfassen einer Wegbeschreibung zu üben, wird im Vorfeld die Funktion von Präpositionen explizit aufgezeigt (vgl. Abb. 104). Anlass stellt eine authentische Frage dar: „Wie erkläre ich den Weg von einem Ort zu einem anderen?". Die nachfolgende Sprechblase führt in die Bedeutung der zentralen sprachlichen Mittel ein. Sie dient als Orientierung für die Aufgabe 3, welche die *instruction* enthält, die nachfolgenden Sätze mit den passenden Bildern zu verbinden. Die beiden Repräsentationsformen (Bild und Text) ermöglichen es den Lernenden, sich die spezifische Bedeutung der Präpositionen zu erschließen (z.B. Die Katze läuft aus dem Haus. Die Katze läuft über die Straße). Ziel der Aufgabe ist es, diese sprachlichen Differenzen wahrzunehmen. Für viele Schüler(innen) ist die zusätzliche visuelle Darstellung, im Sinne des Scaffolding (siehe Kap. 7.2.3), hier besonders hilfreich.

Die sprachliche Komplexität ist erneut niedrigschwellig gehalten, um die gewünschte Fokussierung erreichen zu können. Auch in kognitiver Hinsicht handelt es sich um einfache Sachverhalte, um die Lernenden zu entlasten. Individuelle Anpassungen sind, wie bei allen Aufgaben, jederzeit möglich und im Sinne der Lerner(innen)orientierung sogar wünschenswert.

DIE STADT

Ich beschreibe Richtungen
mit Präpositionen

Präpositionen helfen dir dabei, einer Person den Weg zu einem Ort genau
zu beschreiben. Beispiele für eine Wegbeschreibung mit Präpositionen
findest du in dem Kasten.

Präpositionen bei Wegbeschreibungen

Mit **Präpositionen** kann man genau erklären, wo die Person entlanggehen
muss. Sie beschreiben also neben der **Richtung** auch den **Weg**, den man
laufen muss, um zum Zielort zu gelangen. Die Präpositionen sind in den
Beispielen farbig markiert.

Beispiele:
Wenn man zum Spielplatz möchte, geht man zuerst über die Brücke.
An der Kreuzung gibt es eine Eisdiele mit einem Tor.
Durch das Tor kommt man zur Hauptstraße.
Hier biegt man nun sofort nach links in die Traumstraße ein.
Neben den Eichenbäumen geht es dann zum Spielplatz.

Nun möchte Fiona versuchen, Sätze mit Wegbeschreibungen zu bilden.
Kannst du ihr dabei helfen?

**④ Bilde fünf Sätze mit den Präpositionen und Ortsangaben
und schreibe sie auf.**

An der Kreuzung		zum Krankenhaus
Am Bach entlang		zum Sportplatz
Durch das Tor	geht es	zur Schule
…		zur Stadtbücherei
…		…

9 Sprachsensibel unterrichten – Anregungen für die Unterrichtspraxis

In diesem letzten Kapitel geht es konkret darum, wie ein sprachsensibler Unterricht in den Fächern Deutsch, Mathematik und Sachunterricht gestaltet werden kann. Nachdem zuvor theoretische Hintergründe, Forschungsergebnisse und aktuelle fachdidaktische Diskurse nachgezeichnet wurden, geht es nun um die Anwendung sprachsensibler Unterrichtspraktiken an ausgewählten Lerninhalten. Dabei werden die Unterrichtsfächer zwar getrennt voneinander dargestellt, viele der Anregungen lassen sich aber durchaus domänenübergreifend realisieren. Wenn es beispielsweise im Sachunterricht um das Lesen von Sachtexten geht, so sind die aufgeführten Maßnahmen zur Textentlastung auch auf Texte im Deutsch- und Mathematikunterricht übertragbar. Oder, wenn im Mathematikunterricht mit dem Lesefächer gearbeitet wird, dann kann es sinnvoll sein, dieses Instrument auch in anderen Fächern einzusetzen.

9.1 Deutschunterricht

9.1.1 Gestalterisches Sprechen

Die Ausbildung bildungssprachlicher Fähigkeiten wird im Fachdiskurs vor allem mit dem Merkmal konzeptioneller Schriftlichkeit in Verbindung gebracht (vgl. Feilke 2010; Gogolin 2007). Dabei umfasst konzeptionelle Schriftlichkeit sowohl schriftliche als auch mündliche Lernsituationen, in denen von den Schüler(inne)n erwartet wird, bildungssprachlich zu agieren. Für die allmähliche Aneignung bildungssprachlicher Fähigkeiten sind die Schüler(innen) am Beginn und während ihrer Grundschulzeit jedoch unterschiedlich gerüstet. Die meisten von ihnen haben bereits erfolgreich einen primären Erstspracherwerb durchlaufen. Kinder, die außerdem Deutsch als ihre zweite Sprache erwerben, sind in ihrer zweitsprachlichen Entwicklung manchmal noch nicht so weit vorangeschritten wie ihre primärsprachlich deutschen Altersgenossen. Hatten sie ausreichend Kontakt zur deutschen Sprache, so verfügen sie über gute kommunikative Fähigkeiten (s. Kap. 2.3). Bei allen Kindern, unabhängig mit welchen Sprachen sie aufwachsen, sind die vorschulischen Spracherfahrungen jedoch vor allem medial mündlich. Schriftbezogene Erfahrungen durch elterliches Vorlesen, gemeinsames Bilderbuchbetrachten oder das Hören von vertonten Texten kön-

nen nicht immer vorausgesetzt werden. Aus Entwicklungs- und Sozialisations-
perspektive ist vor allem die Schule der Ort, an dem Bildungssprache realisiert
wird. Dies kann jedoch nicht *ad hoc* geschehen. Gerade in der Grundschule, in
der noch basale sprachliche Fähigkeiten vermittelt werden sollen, ist es erforderlich, einen allmählichen Übergang von alltagssprachlichen, eher mündlichen, zu bildungssprachlichen, eher schriftlichen Sprachformen anzubahnen.
Eine solche basale Kompetenz ist das Sprechen mit und vor anderen. Zahlreiche konkrete Anregungen zum Erzählen im Unterricht, als eine Form des Sprechens vor anderen, finden Sie im Heft „Erzählkultur" der Zeitschrift Grundschule
Deutsch aus dem Jahr 2018 sowie im Heft „Märchen erzählen" aus dem Jahr 2021.
Dieser Sprachhandlung wird in der Grundschule zumeist wenig Aufmerksamkeit
geschenkt, da davon ausgegangen wird, dass es sich um eine Fähigkeit handelt,
die Schüler(innen) zum einen bereits beherrschen und die sie zum anderen quasi nebenbei weiterentwickeln. Sicherlich sind die meisten Schüler(innen) in der
Lage, spontansprachlich im Rahmen von Partner- oder Gruppenarbeit miteinander kommunikativ zu agieren. Bereits beim Sprechen vor anderen sieht die Situation jedoch oft anders aus, denn ein solches Sprechen unterscheidet sich formal-
sprachlich von der Spontansprache in interaktiven Settings. Es muss vorbereitet
und geübt sein. Hier kann das gestaltende Sprechen ein Setting sein, in dem die
Schüler(innen) lernen, ihre sprachlichen Mittel gezielt einzusetzen. Dass dabei
Aspekte wie Artikulation, Prosodie und Intonation außerdem eine Rolle spielen,
kann besonders für Schüler(innen) mit lautdifferenter Erstsprache ein Weg sein,
um ihre Aussprache und ihr Hörverstehen zu schulen.

Für das gestalterische Sprechen eignen sich kurze Verse, Gedichte oder einfache Dialoge. In Verbindung mit Methoden aus dem Darstellenden Spiel, steht
dabei der spielerisch-handelnde Umgang mit Sprache im Vordergrund (s. auch
Wildemann 2011, S. 6). Im Darstellenden Spiel beginnt man in der Regel mit klei-
neren Übungen – *Warm ups* – um den Körper und die Stimme einzustimmen. Einige dieser Übungen ⬇ lassen sich auch in den Unterricht integrieren, z. B. wenn
am Beginn der Stunde eine „Aufweckrunde" oder nach einer langen Konzentra-
tionsphase eine Lockerungsübung durchgeführt werden. Eine Übertragung auf
andere Fächer ist nicht nur gewünscht, sondern wird auch explizit gefordert. So
z. B. im „Erfahrungs- und Lernfeld gymnastische, rhythmische und tänzerische
Bewegungsgestaltung" des *Kerncurriculums Sport* von Niedersachsen, in dem es
heißt „Rhythmen in entsprechende Bewegungen umsetzen" (Kerncurriculum
Sport 2006, S.15). Sind solche Übungen integraler Bestandteil des Unterrichts, so
verlieren die Schüler(innen) auch zunehmend die Scheu, sich zu beteiligen. Ganz
im Gegenteil, oft lässt sich beobachten, dass sie nach einiger Zeit eigene Ideen
der Umsetzung äußern – deren Erläuterung für den Rest der Klasse übrigens eine
gute Sprachübung ist. Eine Auswahl an Übungen befindet sich im Downloadmaterial ⬇.

Sprechübung – Texte kann man schmecken

Jedes Kind bekommt einen Satz, den es nach unterschiedlichen Geschmacksvorstellungen sprechen soll, z. B. honigsüß, sauer, bitter, pfeffrig, scharf usw.

Besonders gut eignen sich hier Sätze aus Märchen:

▶ Was du versprochen hast, musst du auch halten.

▶ Junge, mach mir den Wams und flick mir die Hosen oder ich will dir die Elle über die Ohren schlagen.

▶ Ich bin so satt, ich mag kein Blatt.

▶ Spieglein, Spieglein an der Wand, wer ist die Schönste im ganzen Land?

▶ Das hat dir der Teufel gesagt, das hat dir der Teufel gesagt.

▶ Bleib weg, um Himmels willen, bleib weg.

▶ Da sitze ich nun von aller Welt verlassen und bin doch eine Königstochter.

▶ Hüte dich vor ihnen, sie haben ein böses Herz.

▶ Das soll dein letztes Vergnügen sein.

▶ Jüngelchen, mach Feuer an, dass ich meine Federn wärmen kann.

Die sprecherische Gestaltung lyrischer Texte eignet sich besonders gut für den Übergang in formalsprachliche Strukturen, da es sich hierbei um eine äußerst verdichtete Sprache handelt. Bevor jedoch das gestalterische Sprechen von Gedichten umgesetzt wird, bietet es sich an, dass die Schüler(innen) sich an kürzeren Versen erproben. Hierfür können beispielsweise Zwei- und Vierzeiler genommen werden (s. Beispielkasten, weitere Verse im Downloadmaterial . In ihrer Orientierung an der mündlichen Sprache stellen sie eine gute Brücke zwischen den kindlichen Spracherfahrungen und der Schulsprache dar. Der ihnen eigene Sprachwitz erfordert von den Schüler(inne)n darüber hinaus rezeptive Fähigkeiten. Daher sollte für die Auswahl eines Textes und die Vorbereitung des Sprechens ausreichend Zeit zur Verfügung gestellt werden.

B

Landschaft

Der Garten meiner Träume
hat Kräuter, Sträucher, Bäume
und Blumen, bunt und Erde, braun
und grünes Gras und keinen Zaun.

(Frantz Wittkamp)

In ihrem 2002 erschienen Buch *Über den halben Himmel* unterteilen Kliewer und Kliewer den Umgang mit Gedichten in rezeptive, produktive und analytische Tätigkeiten. Vor allem das Zuhören und eigene Sprechen spielen bei ihnen eine wesentliche Rolle für die Annäherung an Stimmungen und Aussagen eines Textes. Aufgrund seiner formal-sprachlichen Merkmale – Klang, Rhythmus, Wiederholung und ggf. Reim – sind Gedichte für das gestalterische Sprechen prädestiniert. Daher fordern Kliewer und Kliewer „Gedichte muss man hören" […] Gedichte muss man sprechen" (Kliewer/Kliewer 2002). Dies kann nach ähnlichen Prinzipien geschehen wie das Sprechen kurzer Verse. Bei Gedichten stehen aber in der Regel stärker die emotionalen Befindlichkeiten im Vordergrund. Auch ist die sprachliche Struktur (z. B. durch den Gebrauch von Metaphern) meist anspruchsvoller, vor allem, wenn nicht nur die klassischen Kindergedichte für das Sprechen ausgewählt werden (s. Beispielkasten, weitere Gedichte im Downloadmaterial).

B

Eigentum

Ich weiß, dass mir nichts angehört,
Als der Gedanke, der ungestört
Aus meiner Seele will fließen,
Und jeder günstige Augenblick,
Den mich mein liebendes Geschick
Von Grundaus lässt genießen.

(Johann Wolfgang von Goethe)

Obwohl sich, wie dargestellt, gerade Gedichte für das gestalterische Sprechen anbieten, sollte es vermieden werden, diese für mechanische Sprechübungen zu instrumentalisieren. Gedichte sind aus einem schöpferischen Akt entstanden und verfügen über einen literar-ästhetischen Wert, an den in einem integrativen Deutschunterricht ebenfalls eine Annäherung stattfinden sollte. Geschieht dies, lassen sich fachliche Inhalte, die zudem bildungssprachliche Sprachhandlungen beinhalten, vermitteln. Welche fachlichen Kompetenzen sich Schüler(innen) im Umgang mit Lyrik aneignen können, zeigt Becker in ihrer Zusammenschau (s. Abb. 105).

Kompetenzerwerb im Umgang mit Lyrik

Inhaltliches Erschließen
▸ von der wörtlichen zur übertragenen Bedeutung finden
▸ die eigenen Erfahrungen zur Erschließung heranziehen

Rezeptionshaltung
▸ sich auf das Neue und/oder Fremde in Gedichten einlassen
▸ in Gedichten Vertrautes wiederfinden und Fremdes erleben
▸ die Wirkung eines Gedichtes erleben und genießen
▸ subjektive Deutungen anderer akzeptieren und anerkennen
▸ eigene literarische Eindrücke und Erfahrungen ausdrücken

Struktur-, Sprach- und Formbewusstheit entwickeln und wahrnehmen
▸ vom Rhythmus eines Gedichts
▸ von Strukturen (z. B. Strophe und Vers unterscheiden; Strophen und Verse und deren Gesamterscheinung)
▸ von Endreimen (z. B. Paarreim, Kreuzreim, umarmender Reim)
▸ von Auffälligkeiten in Satzbau oder Flexion (z. B. Ellipsen, Inversionen, Auslassungen in oder Verkürzungen von Wörtern)

Verständnis von Klang und Lautlichkeit bei
▸ (lautmalerischem) Sprachklang
▸ Klangqualitäten von Binnenreimen (Haufenreim, Alliterationen)
▸ Lautmusikalität (z. B. häufige Verwendung eines bestimmten Vokals)

Regeln und Abweichung wahrnehmen und genießen
▸ in Nonsense-Gedichten und Sprachspielen
▸ von uneigentlichem Sprechen (z. B. Ironie)
▸ von Metaphern als besonderen sprachlichen Bildern
▸ von Abweichungen von „Bauregeln" (z. B. Bruch mit Reimschema)

Abb. 105: Fachliche Kompetenzen im Umgang mit Lyrik (Becker 2015, S. 9)

Um für die Schüler(innen) das gestalterische Sprechen als genussvoll, aber auch als gewinnbringend erfahrbar zu machen, sind bei der Vorbereitung und Durchführung einige didaktisch-methodische Aspekte zu beachten:
▸ Seien Sie als Lehrkraft ein Vorbild und sprechen Sie Ihren Schüler(inne)n kurze Verse und Gedichte – vielleicht sogar einmal eine Ballade – gestalterisch vor – und das nicht nur einmal.
▸ Die Sprechfreude spielt beim gestalterischen Sprechen eine wichtige Rolle. Diese sollten Sie selbst mitbringen und auch bei Ihren Schüler(inne)n fördern. Akzeptieren Sie aber auch, dass diese Form des Sprechens nicht für jede Schülerin oder jeden Schüler geeignet ist.
▸ Die Fähigkeit des gestalterischen Sprechens wird durch Wiederholung und Übung ausgebildet. Daher sollte es ein fester Bestandteil Ihres Unterrichts sein.

► Achten Sie auf ausgewählte Aspekte, wie Intonation, Prosodie, sinnerfassende Betonungen und Sprechtempo, die Sie mit den Schüler(inne)n in metakommunikativen Gesprächsformaten thematisieren. Die Schüler(innen) können hierbei lernen, sich gegenseitig zu beraten.

  ► Kann man auch eine Mathematikaufgabe gestalterisch sprechen?
  ► Überlegen Sie, wie ergänzende Schreibaufgaben zu Gedichten, mit denen schriftsprachliche Kompetenzen gefördert werden, aussehen könnten.

9.1.2 Generatives Schreiben

Das Generative Schreiben hat sich für den Unterricht in mehrsprachigen Lerngruppen vor allem durch die Arbeiten von Belke etabliert (vgl. Belke 2003, 2011, 2012). Sie verortet das Generative Schreiben als eine basale Methode in einen integrativen Sprachunterricht, der darauf abzielt, die sprachlichen und insbesondere die textuellen Kompetenzen der Schüler(innen) zu erweitern. Anders als im herkömmlichen Deutschunterricht, in dem die Textproduktion zumeist eine Neukonzeption darstellt, sollen die Schüler(innen) beim Generativen Schreiben Texte auf der Grundlage vorhandener Texte oder Textmuster verfassen. Dies, so Belke, kann besonders für mehrsprachige Lerner(innen) ein alternativer Zugang zum Schreiben sein, da sie sich beim Schreiben an vorhandenen Sprachstrukturen orientieren können (vgl. Belke 2011). Methodisch unterscheidet Belke zwischen der „Substitution" als das Ersetzen einzelner Elemente eines Satzes oder Textes und der „Transformation" als Umformulieren von Texten. Beides erinnert an die Schreibpraktiken, die Schmölzer-Eibinger in ihrem Drei-Phasen-Modell für das Schreiben in der Zweitsprache Deutsch vorschlägt (s. Kap.6.1.2), sodass hier Kombinationsmöglichkeiten durchaus denkbar sind.

Um sich nach und nach komplexe Sprachstrukturen implizit anzueignen, schlägt Belke vor, das Generative Schreiben spiralcurricular, beginnend in Klasse 1, zu realisieren. Um die größten Hürden beim Schreiben in der Zweitsprache Deutsch durch zunehmende Schreiberfahrung und -kompetenz zu nehmen, bieten sich Texte mit Nominalflexion und Verbkomplex an (vgl. Belke 2012, S. 158). Es geht also sehr wohl darum, sprachlich und literarisch anspruchsvolle Texte als Vorlagen für das eigene Schreiben zu nehmen, um die Schüler(innen) im Sinne eines Agierens in der „Zone der nächsten Entwicklung" (Wygotski 1987) sprachlich und kognitiv herauszufordern (vgl. Kap. 7.2.3). Da beim Generativen Schreiben grammatische Phänomene nicht explizit thematisiert, sondern implizit erworben werden sollen, müssen die Textvorlagen nach verschiedenen grammatischen Aspekten ausgewählt werden. Zum Zusammenhang von Textqualität und Schüler(innen)ergebnissen stellt Belke daher fest:

> Die Qualität des sprachlichen Inputes ist entscheidend für die Qualität der Schülertexte, was eine von mir angelegte Sammlung von Schülertexten eindrucksvoll dokumentiert. Wirklich gute Ausgangstexte regen die Kinder zu kongenialen Eigenproduktionen an. (Belke 2012, S. 159)

Dass Generatives Schreiben in mehrsprachigen Lerngruppen nicht nur ein Schreiben in der Zweitsprache Deutsch ist, sondern geradezu auffordert, auch die Erstsprachen der Lerner(innen) in das Schreiben zu integrieren, zeigt Belke an einem Beispiel (s. Abb. 106) auf. Ausgehend von einem Text von Paul Maar verfasst eine deutsch-türkische Schülerin einen Text, in dem sie ihre beiden Sprachen integriert. Anders der Text von Paul, der sozusagen einen Gegentext zum Text von Maar verfasst. Beim Generativen Schreiben sind beide „Lösungen" richtig, da es vornehmlich um eine „textbezogene Kreativität" (Belke 2012, S. 151) geht, die am Ende unterschiedliche Texte zulässt, vor dem Hintergrund der individuellen Voraussetzungen der Schüler(innen) sogar provoziert. Aus diesem Grund ist das Generative Schreiben für alle Schüler(innen) eine sinnvolle Tätigkeit, um ihre Schreib- und Textkompetenzen weiterzuentwickeln, aber auch um ihre Schreibmotivation aufrechtzuerhalten.

Hunde (Originaltext) *Paul Maar*	**Hähne** *Dilek, 5. Schj.*	**Hunde** *Paul, 4. Schj.*
Braune Hunde bellen „wuff", graue bellen „wau". Oder ist es umgekehrt? Das weiß ich nicht genau.	Deutsche Hähne krähen „Kikeriki" Türkische Hähne krähen „Ü ürürü üü," Manchmal ist es umgekehrt – in zwei Sprachen krähen ist nie verkehrt! Kikiriki, Ü ürüürü üü!	Schäferhunde bellen „wuff", Dackel bellen „wau". Und das ist nicht umgekehrt, das weiß ich ganz genau!

Abb. 106: Beispiel einer generativen Textproduktion (Belke 2012, S. 158)

Für das Generative Schreiben bieten sich besonders literarische und poetische Texte an, an denen sprachliche und literarische Muster erprobt werden können. Aufgaben für das Generative Schreiben können sein (s. dazu auch Rösch 2011, S. 118 f.):

Schreiben eines Analogietextes

Besonders beim Analogietext wird die formalsprachliche Struktur des Ausgangstextes aufgegriffen und in einen neuen Text integriert. Analogietexte eignen sich daher besonders gut, um grammatische Strukturen implizit zu üben. Im Downloadmaterial ⊕ findet sich dazu ein Umsetzungsvorschlag.

Schreiben eines Paralleltextes

Hier wird eine Szene, ein Abschnitt oder ein kompletter Text z. B. in eine andere Zeit oder an einen anderen Ort versetzt. Auch die Übertragung in eine andere Sprache ist möglich. Das Schreiben eines Paralleltextes kann gut als kooperatives Schreiben gestaltet werden, bei dem zwei Schüler(innen) zusammen planen, schreiben und ggf. überarbeiten. Auf diese Weise werden gleichzeitig sprachliche Aushandlungsprozesse geübt.

Schreiben eines Kettentextes

Es handelt sich dabei um ein fortsetzendes Schreiben. Ein Schüler oder eine Schülerin macht den Anfang, danach schreibt ein anderer Schüler oder eine andere Schülerin weiter usw. Aufgabe ist es, den angefangenen Text sinnvoll fortzusetzen, wodurch zugleich rezeptive Fähigkeiten gefördert werden.

Schreiben eines Kommentars

Ein Kommentar bezieht sich auf eine Aussage, einen Text oder einen Dialog. Es handelt sich um einen metakommunikativen Akt, da ein vorliegener Sprachakt durch einen anderen kommentiert wird. Der Kommentar kann sich strukturell der Textsorte, in der der Ausgangstext verfasst ist, anpassen oder in einer neuen Textsorte verfasst werden. Auch hier sind sowohl rezeptive als auch produktive Textkompetenzen erforderlich.

Wie können Sie die anderen Sprachen Ihrer Schüler(innen) für das Generative Schreiben aktivieren?

9.1.3 Lese- und Schreibstrategien anwenden

Die Förderung der Lesekompetenz ist eine zentrale Aufgabe des Deutschunterrichts in der Grundschule, zumal die Schüler(innen) in dieser Zeit noch die grundlegenden Lesefertigkeiten und -fähigkeiten ausbilden sollen. Die Schaffung einer Grundlage für weiterführende Lese- und Lernprozesse ist auch in den nationalen Bildungsstandards festgelegt:

> Lesen ist ein eigenaktiver Prozess der Sinnkonstruktion. Lesen zu können bildet sowohl die Basis dafür, eigenständig zum Vergnügen zu lesen und sich genießend und selbstvergessen auf ein Leseerlebnis einzulassen als auch dafür, aus Texten zu lernen und sich mit Hilfe von Texten und Büchern mit der Welt auseinanderzusetzen" (KMK 2004a, i.d.F. vom 23.06.2022, S. 16).

In den Teilbereichen der Kompetenzbereiche *Lesen* sowie *Sich mit Texten und anderen Medien auseinandersetzen* ist schließlich ausformuliert, dass Schüler(innen) am Ende der vierten Jahrgangsstufe über Lesefähigkeiten und Leseerfahrungen verfügen und in der Lage sein sollen, sich Texte zu erschließen sowie zu präsentieren (vgl. ebd., S. 17 f.). Im Teilbereich *Lesefähigkeiten: Über Strategien zum Leseverstehen verfügen* sollen die Lernenden u.a. Texte organisierend und reflektierend lesen sowie das Lesen vor- und nachbereiten. Im Teilbereich Lesefähigkeiten: Leseverstehen werden zudem Fähigkeiten, wie zum Beispiel das Ermitteln oder Verknüpfen von Textinformationen, angeführt. Diese und andere Fähigkeiten erfordern von den Lernenden Leseprozesse auf der Wort-, Satz- und Textebene zur Herstellung von lokaler und globaler Kohärenz. Für Leser(innen), die Texte zwar flüssig lesen können, jedoch Schwierigkeiten haben, das Gelesene kognitiv zu verbinden, also globale Kohärenz herzustellen, empfehlen sich Lesestrategien (vgl. Nix 2010, S. 157). Ihre Anwendung soll dazu beitragen, das verstehende Lesen zu fördern. Philipp und Schilcher haben hierfür eine Sytematisierung von Lesestrategien vorgenommen und unterscheiden kognitive Strategien von metakognitiven und Stützstrategien (s. Abb. 107).

Lesestrategien							
Kognitive Lesestrategien (Informationen verarbeiten)			Metakognitive Lesestrategien (Leseprozesse steuern und regulieren)			Stützstrategien (Lesen indirekt unterstützen)	
Wiederholen (Zweck: Inhalte behalten)	Organisieren (Zweck: Inhalte und Textstruktur erkennen)	Elaborieren (Zweck: Textverstehen und Übernahme ins Gedächtnis)	Planen (Zweck: Strategieeinsatz vorrangig planen)	Überwachen (Zweck: Leseprozess und -erfolg bewusst kontrollieren)	Regulieren (Zweck: Leseprozess und Strategieeinsatz adaptiv anpassen)	interne (Zweck: Lesemotivation und -verhalten regulieren)	externe (Zweck: Leseumgebung günstig gestalten und nutzen)
mehrmaliges Lesen von Texten Strategien mehrfach anwenden	Unterstreichen Notizen schreiben Text gliedern Textstrukturen darstellen Schaubild erstellen	eigenes Wissen vor dem Lesen aktivieren unbekannte Wörter klären Fragen an den Text stellen weiteren Textinhalt prognostizieren	Text bzw. Aufgabe analysieren Plan für das Lesen erstellen angemessen wirkende Strategie auswählen	Verständnisfragen stellen eigene Aufmerksamkeit beim Lesen gezielt überwachen	Auswahl einer anderen Strategie, falls die bisherige(n) nicht wirksam war(en)	Anstrengung überwachen und anpassen Belohnungen planen Selbstbekräftigung Zeitmanagement	Leseort optimal einrichten auf institutionelle Ressourcen (Bibliotheken) zurückgreifen Lerngruppen nutzen andere um Hilfe bitten

Abb. 107: Kognitive, metakognitive und Stützstrategien (Philipp/Schilcher 2012, S. 45)

Zu den kognitiven Strategien, mit denen die Informationsverarbeitung gewährleistet werden soll, gehören das Wiederholen, Organisieren und Elaborieren. Wird ein Text mehrfach gelesen (Wiederholen), dient das dem Zwecke der Speicherung von Inhalten. Beim Organisieren sollen die Schüler(innen) sich einen Text systematisch erschließen, z. B. indem zentrale Aussagen markiert und Notizen angefertigt werden oder der Text in Abschnitte gegliedert wird. Hierbei geht es um eine Annäherung an die Struktur des Textes. Mit dem Elaborieren, als dritte kognitive Strategie, wird schließlich Textverstehen angestrebt. Dafür werden das eigene Vorwissen aktiviert, unbekannte Wörter geklärt, Fragen an den Text gestellt und vorausschauend bzw. prognostizierend gelesen.

Durch die metakognitiven Strategien wird das Lesen zusätzlich unterstützt, indem der Leseprozess durch Aktivitäten wie Planen, Überwachen und Regulieren begleitet wird. Es geht somit vor allem darum, dass die Schüler(innen) ihr eigenes Lesen im Sinne eines Monitorings überwachen. Dies erfordert von den Schüler(inne)n eine gute Selbstwahrnehmung und -steuerung und sollte daher im Deutschunterricht geübt werden, z. B. beim kooperativen Lesen, bei dem zwei Schüler(innen) sich nacheinander halblaut Texte vorlesen und sich anschließend gegenseitig beraten (*Das ist dir gut gelungen. Warum hast du hier gestockt/unterbrochen? etc.*)

Mit den Stützstrategien sollen Schüler(innen) schließlich ihr Leseverhalten besser eigenaktiv steuern. Laut Philipp und Schilcher (vgl. 2012, S. 44) wirken die Stützstrategien vorwiegend indirekt, können aber auch externalisiert werden, indem beispielsweise die unmittelbare Leseumgebung so gestaltet wird, dass ein Schüler oder eine Schülerin sich beim Lesen wohlfühlt.

Die nachfolgende Tabelle (vgl. Abb. 108) enthält Lesestrategien auf allen drei Ebenen. Leitfragen für die Schüler(innen), helfen ihnen, ihr Lesen zunehmend selbst zu planen und zu strukturieren und letztlich Leseverstehen zu erzielen. Dafür ist es erforderlich, Lesestrategien im Unterricht einzuführen, zu besprechen und zu erproben. Nicht jede Lesestrategie ist die passende Unterstützung für ein Kind. Daher sollten die Schüler(innen) am Anfang ausreichend Gelegenheit haben, die verschiedenen Strategien auszuprobieren. Im Gespräch über ihre Erfahrungen, wird dann meist sehr schnell deutlich, ob ihnen eine gewählte Lesestrategie geholfen hat oder nicht. Da das Lesenlernen ein dynamischer Prozess ist, verändern sich die Bedürfnisse der Schüler(innen) mit zunehmender Lesekompetenz. Es genügt somit nicht, Lesestrategien einmal einzuführen und dann darauf zu bauen, dass sich der weitere Leselernprozess von allein regelt. Wenn Lesestrategien im Deutschunterricht eingesetzt werden, müssen diese regelmäßig Anwendung finden und ihr Nutzen stets aufs Neue hinterfragt werden. Auf diese Weise lernen die Schüler(innen) nicht nur verstehend zu lesen, sondern auch ihr eigenes Lernen zu überwachen und einzuschätzen.

Metakognitive Strategien	Leitfragen
Leseplan	Wie will ich den Text lesen?
Strategiewahl	Welche Strategie hilft mir?
Strategiewechsel	Kann mir eine andere Strategie helfen?
Leseaufmerksamkeit	Wie konzentriert lese ich?
Kognitive Lesestrategien	**Leitfragen**
Vowissen aktivieren	Was weiß ich schon zu dem Thema? Was habe ich schon zum Thema gelesen, gehört oder gesehen? Wovon könnte der Text handeln?
Wiederholtes Lesen	Verstehe ich beim zweiten oder dritten Lesen mehr? Was habe ich beim zweiten oder dritten Lesen verstanden?
Unterstreichen oder farbig markieren	Welche Wörter oder Sätze helfen mir beim Verstehen (Schlüsselwörter/ Schlüsselsätze)?
Unbekannte Wörter klären	Welche Wörter oder Sätze habe ich nicht verstanden? Wo kann ich Erklärungen für unbekannte Wörter finden?
Schlagwörter, Wichtiges rausschreiben	Wie kann ich wichtige Informationen herausfinden?
Überschriften finden und Abschnitte einteilen	Kann ich den Text in Sinnabschnitte einteilen? Kann ich den Sinnabschnitten eine Überschrift geben?
Verbindungen herstellen	Woran erinnert mich das Gelesene? Welche Bilder/Vorstellungen habe ich beim Lesen im Kopf?
Fragen formulieren	Welche Fragen, die andere beantworten sollen, passen zum Text?
Stützstrategien	**Leitfragen**
Leseziel/Lesemotivation	Warum lese ich den Text?
Zeitmanagement	Wie viel Lesezeit plane ich ein? Wie lange lese ich schon?
Leseort	Fühle ich mich beim Lesen wohl? Sitze ich gut? Habe ich genug Ruhe? Was stört mich beim Lesen?
Lesehilfen	Wo oder bei wem kann ich mir Hilfe holen? Kann ich den Text mit jemandem zusammen lesen?

Abb. 108: Lesestrategien und dazugehörige Leitfragen (s. auch Downloadmaterial ⬇)

Abschließend sei nochmals darauf hingewiesen, dass Lesestrategien nur dann sinnvoll sind, wenn die betreffenden Schüler(innen) die Grundfertigkeiten des Lesens beherrschen, es ihnen also keine Schwierigkeiten bereitet, Wörter, Sätze und Texte zu lesen, sie also über ausreichend Leseflüssigkeit verfügen. Die Anwendung von Lesestrategien ist kognitiv sehr anspruchsvoll, Schüler(innen), die noch ihre gesamte Aufmerksamkeit auf das Erlesen auf der Wort- und Satzebene richten müssen, fehlen diese kognitiven Ressourcen für die Sinnentnahme.

Neben dem Lesen spielt das Schreiben eine herausragende Rolle im Deutschunterricht der Grundschule, da hier die Basis für weiteres schriftsprachliches Handeln gelegt werden soll. Geschrieben wird aber nicht nur im Deutschunterricht, sondern in so gut wie allen Fächern. Während aber im Deutschunterricht der Aneignungsprozess stärker im Zentrum steht, ist dies in den meisten anderen Fächern nicht der Fall, hier werden gewisse Schreibkompetenzen oft schon vorausgesetzt und nur selten integrativ (mit-)gefördert. So resümieren Thürmann, Pertze und Schütte im Anschluss an eine Lehrer(innen)befragung in der Sekundarstufe:

> Obwohl im Fachuntericht nach Angaben der Lehrkräfte häufig geschrieben wird, gelingt es den Lehrkräften nicht, SchülerInnen für das Schreiben zu motivieren. Das Potenzial des schreibhandelnden Lernens wird wenig genutzt, indem reproduktive und Lerninhalte absichernde Schreibformen dominieren. SchülerInnen haben also kaum Gelegenheit zu erfahren, wie sie vermittels des Schreibens Ideen generieren und ordnen, eigene Gedanken entfalten und auf Konsistenz überprüfen, Argumente überzeugend vorbringen und die eigene Person mit eigener Meinung und Einstellung zur Geltung bringen können. (Thürmann et al. 2015, S. 31)

Verschiedene Schreibstrategien, die unterschiedliche Teilprozesse des Schreibens unterstützen sollen, schlägt Philipp (2014) in seinem Buch *Selbstreguliertes Schreiben* vor. Eine praxisnahe und recht einfache Methode ist dabei das Strategiebündel *NOTIZ* (s. Abb. 109), welches Philipp aus dem englischen Modell *UNITE* ins Deutsche übertragen hat. Bei *NOTIZ* geht es darum, den Schüler(inne)n Strategien an die Hand zu geben, mit denen sie ihren Schreibprozess hierarschisch und inhaltlich strukturieren können (vgl. Philipp 2014, S. 99).

N   *Notieren von Details:*
Notiere alles, was du zum Thema weißt, auf dem Blatt.

O   *Ordnen von Details zu übergeordneten Kategorien:*
Schreibe übergeordnete Kategorien auf und ordne ihnen die Details aus dem ersten Schritt zu.

T   *Themenbezogenen ersten Satz schreiben:*
Schreibe einen ersten themenbezogenen Satz, der drei Kategorien enthält.

I   *Inhalte mit Übergängen im Absatz verbinden:*
Benutze für deine weiteren Sätze mit Kategorien und Details aus dem ersten Schritt Übergangsformulierungen.

Z   *Zusammenfassenden Schlusssatz schreiben:*
Beende den Absatz mit einem guten zusammenfassenden Schlusssatz.

Abb. 109: Strategiebündel *NOTIZ* (Philipp 2014, S. 99)

Die fünf Teilschritte von *NOTIZ* unterteilen sich in der Aktivierung von Vorwissen und dem Zusammentragen themenrelevanter Informationen (N) und im zweiten Schritt dem Ordnen dieser Informationen (O) im Sinne einer Kategorisierung. Daran anschließend soll ein themenbezogener Satz (T) formuliert werden, der drei Kategorien enthält. Die Verbindung des ersten Satzes mit einem thematisch passenden Folgesatz und weiteren inhaltlichen Anschlusssätzen (I) wird im vierten Schritt vollzogen. Abschließend wird der bisher geschriebene Absatz mit einem Schlusssatz zusammengefasst (Z). Auf den ersten Blick mag das Vorgehen in NOTIZ recht starr erscheinen, da der Ablauf sehr klar vorgegeben wird. Für Schüler(innen), die Schwierigkeiten haben, ihre Gedanken und Schreibideen zu ordnen und daher nur schwer kohärente Texte verfassen, kann ein solches Gerüst im Sinne des *Scaffolding* jedoch eine Schreibhilfe sein. Da sich die Methode zudem auf das Schreiben von Absätzen bezieht, eignet es sich aus unserer Sicht gut für das Schreiben in der Grundschule – und zwar als eine grundlegende Strategie, die im Deutschunterricht eingeübt und danach in den Fachunterricht integriert werden kann. Eine vereinfachte Version für die Schüler(innen)-hand befindet sich im Downloadmaterial ⬇. Zu berücksichtigen ist, wie schon bei den Lesestrategien, dass die Schüler(innen) für die Anwendung einer solchen Schreibstrategie bereits über basale Schreibfähigkeiten, die über die Satzebene hinausreichen, verfügen müssen.

9.1.4 Lernen mit und an anderen Sprachen

Deutsch ist die Zielsprache im hiesigen Schulsystem. Eine vollständige Ausklammerung von Sprachkompetenzen in einer anderen Sprache kann jedoch nicht das Ziel sein, vor allem wenn man berücksichtigt, dass mehrsprachige Lerner(innen) auch für die Aneignung des Deutschen auf ihre erstsprachlichen Kenntnisse durch die Aktivierung von entsprechenden Lernstrategien zurückgreifen (s. auch Kap. 6.1). Dennoch scheuen viele Lehrkräfte vor der Einbindung anderer Sprachen in den Deutschunterricht zurück, da sie sich als nicht ausreichend kompetent einschätzen, um einen an Vielsprachigkeit orientierten Unterricht durchzuführen. Die Aktivierung der Schüler(innen)sprachen kann dabei zunächst in kleinen Schritten auf sehr einfache Weise erfolgen. Nachfolgend werden fünf Schritte vorgestellt, wie die Sprachen der Schüler(innen) für das Lernen in einem sprachsensiblen Deutschunterricht genutzt werden können.

Erster Schritt: Sprachen in die Lernumwelt integrieren

Im Klassenraum sollten nicht allein das Deutsche, sondern auch Fremd- und Herkunftssprachen, die in der Lebenswelt der Schüler(innen) präsent sind, sichtbar sein. Dazu gehören Bücher, Lexika, Wörterbücher und Hörmedien in verschiedenen Sprachen. Reicht das finanzielle Budget der Schule dafür nicht aus, können durch Flohmärkte, Schulfeste und andere Aktivitäten Gelder gesammelt werden. Schüler(innen) und Eltern unterstützen hierbei sicherlich gern. In jedem

größeren Ort gibt es zudem in der Regel eine Bücherei, in der man sich Klassenkisten – auch thematische Kisten – zusammenstellen und ausleihen kann. Der Arche-Kinderkalender, der jedes Jahr erscheint, enthält Gedichte in verschiedenen
Sprachen und immer auch eine deutsche Fassung. Eine Unterrichtsidee dazu hat
Artnz (2015) entwickelt, die mit einer jahrgangsübergreifenden dritten und vierten Schulklasse unterschiedliche Zugangsweisen erprobt hat. In der Grundschule
sind Lernräume und Materialien häufig beschriftet, um den Schüler(inne)n eine
Orientierung zu geben und das Lesen in den Unterrichtsalltag zu integrieren. Berücksichtigt man die mehrsprachigen Lebenssituationen seiner Schüler(innen),
sollten Beschriftungen im Klassenraum nicht nur in deutscher Sprache, sondern
in möglichst vielen Sprachen verfasst sein. Die Zusammenstellung eines solchen
mehrsprachigen Beschriftungssystems kann ein Klassenprojekt sein, bei dem
Schüler(innen) ihr eigenes Sprachwissen einbringen und zugleich neue Spracherfahrungen sammeln können. Wichtig ist bei solchen Projekten, mehrsprachige
Schüler(innen) nicht per se zu Experten bzw. Expertinnen ihrer Sprachen zu machen, da dies längst nicht immer der Fall ist, besonders, wenn schriftsprachliche
Fähigkeiten erforderlich sind. Auch hier helfen unterstützende Materialien, wie
beispielsweise zweisprachige Wörterbücher.

Zweiter Schritt: Sprachen sichtbar machen

Die Schule ist keine Enklave, die unabhängig von der Außenwelt existiert. Auf einem Spaziergang durch die schulnahe Umgebung können andere Sprachen entdeckt und gesammelt werden. Dabei lässt sich einiges entdecken, was von vielen
im Alltag nicht mehr als „fremd" wahrgenommen wird, z. B. der „Coffee to go"
oder das „Croissant" beim Bäcker um die Ecke. Im weiteren Unterricht kann die
Herkunft von Wörtern thematisiert werden. Zu empfehlen ist die Hinzunahme
eines Herkunftswörterbuchs sowie die Recherche im Internet. Eine gute Anbindung bieten außerdem die Bücher „Eingewanderte Wörter" und „Ausgewanderte Wörter", die von Jutta Limbach herausgegeben wurden. Darin sind zahlreiche Wörter versammelt, die nach Deutschland eingewandert sind, z. B. das Wort
„Schokolade" aus dem Aztekischen. Das Buch „Ausgewanderte Wörter" beinhaltet wiederum deutschstämmige Wörter, die auch in anderen Ländern in Gebrauch sind, so z. B. das Wort „Katzenjammer", das im Englischen für „Hangover", „Distress" oder „Confusion" benutzt wird.

Durch das Erstellen von Sprachbiografien werden die Sprachen der
Schüler(innen) ganz explizit sichtbar gemacht. Dabei geht es weniger um die Frage „Woher kommst du?" (klassische Antwort: „Aus Deutschland.") als vielmehr
darum, sich darüber auszutauschen, mit welchen Sprachen Schüler(innen) in
ihrem Alltag in Kontakt sind. Leitfragen für ein solches Gespräch können sein:

▶ Welche Sprachen sprichst du zu Hause/mit Freunden/in der Schule usw.?
▶ In welcher Sprache träumst du?
▶ Gibt es eine Sprache, die du gern lernen möchtest?
▶ Kennst du Menschen, die andere Sprachen sprechen?

Eine andere Methode ist die Anfertigung eines Sprachenbaums (s. dazu Hoodgarzadeh/Fornol 2013; Wildemann/Hoodgarzadeh 2011). Dabei erhält jede Schülerin/jeder Schüler eine Vorlage (aus DIN A3 oder noch größer), auf der ein Baum mit Wurzeln, Stamm und Ästen abgebildet ist (s. Downloadmaterial ⊕). Um in die Methode einzuführen, präsentiert die Lehrkraft ihren eigenen Sprachenbaum, den sie im Vorfeld bereits beschriftet und ggf. malend ergänzt hat. Formulierungen können dabei sein „Meine Wurzeln sind…", „Im Baumstamm ist die Sprache/sind die Sprachen …, weil…", „An den dicken Ästen ist die Sprache/sind die Sprachen…, weil" usw. Die Formulierungen können zusätzlich an der Tafel abgebildet sein und ggf. durch weitere Vorschläge der Schüler(innen) ergänzt werden. Bei der späteren Präsentation können die Schüler(innen) auf die Formulierungshilfen zurückgreifen. Die Schüler(innen) erhalten die Aufgabe, ihren eigenen Sprachenbaum zu vervollständigen. Neben tatsächlich vorhandenen Sprachen dürfen sie außerdem Wunschsprachen, Sprachen, die sie gern noch lernen möchten, Sprachen, die sie gern hören (z. B. beim Musikhören) usw. mit aufführen. In einer abschließenden Präsentation wird ersichtlich, dass alle auf die eine oder andere Weise mehrsprachig sind. Oft erfahren die Schüler(innen) zudem mehr über die unterschiedlichen Sprachen und Lebensweisen, die außerhalb des Klassenraums vorherrschen, wodurch Sprachneugier und Sprachoffenheit gefördert werden. Abschließend können die Sprachenbäume in der Klasse oder in der Schule ausgehängt werden.

Dritter Schritt: Über Sprachen sprechen

Als Einstieg werden den Schüler(inne)n Sprachen mithilfe unterschiedlicher Medien präsentiert. Formate können hierbei audio-visuelle Texte (Hörmedien, Filme, Lieder) und schriftliche Texte (Bücher, Zeitungen, Zeitschriften) sein. Die Schüler(innen) werden ermuntert, ihre Eindrücke beim Hören, Sehen oder Lesen mündlich zu beschreiben. Sie dürfen auch Vermutungen anstellen, um welche Sprache es sich jeweils handeln könnte, ohne jedoch in unsystematisches Raten zu verfallen. Formulierungshilfen können die Schüler(innen) anregen, ihre Vermutungen zu begründen: „Ich finde es hört sich an wie,… weil …" oder „Für mich sieht es aus wie, … weil …" Ein Beispiel für ein Gedicht in einer anderen Sprache, ist im Beispielkasten auf S. 324 zu finden. Das gesprochene Gedicht befindet sich außerdem im Downloadmaterial ⊕. Es kann den Schüler(inne)n vorgespielt werden. Als Leitfragen stellt Arntz (2015, S. 28) dazu vor: „Welche Sprache könnte das sein? Worum könnte es gehen? Welche Stelle oder welches Wort hat dir besonders gut gefallen?"

Ein solches Sprechen über andere Sprachen fördert die sprachreflexiven Fähigkeiten der Schüler(innen) und weckt darüber hinaus die Sprachneugier. In einem umfangreicheren Projekt können weitere Sprachen gesammelt werden, die dann im Rahmen einer „Sprachenausstellung" in der Schule präsentiert werden.

Ⓑ

Vaders

Knuffelen gaat niet zo goed.
Ze roepen hé joh, je weet het hè,
en lezen de krant.

Over de rand kijken ze mee
hoe je je huiswerk doet
of niet.

Je staat versteld van
wat ze weten over de wereld.
Meer dan van jou bijvoorbeeld.

Vaders zijn zo. Ze laten niets merken
tot er iets is.
Dan leer je ze kennen als moeders.

(Johanna Kruit)

Vierter Schritt: Mit Sprachen spielen

Spiele mit Sprache und Sprachen sind bei Grundschüler(inne)n meist sehr beliebt, da sie damit die üblichen Grenzen konventionalisierten und normierten Sprachgebrauchs überschreiten dürfen. Beim Spiel mit anderen Sprachen, können beispielsweise gezielt Sprachen gemischt werden, um auf diese Weise einen mehrsprachigen Satz oder Text herzustellen oder zu ergänzen. Mithilfe von zweisprachigen Wörterbüchern werden dafür Wörter in anderen Sprachen herausgesucht. Die Schüler(innen) müssen sich also zuerst den deutschsprachigen Text erschließen, um daran anschließend ein passendes Wort in einer anderen Sprache zu finden.

Auch der Umgang mit Gedichten in mehreren Sprachen regt die Schüler(innen) dazu an, sprachliche Strukturen und Bedeutungen zu hinterfragen. Das Schreiben eigener Gedichte in zwei oder mehr Sprachen ist eine Herausforderung. Aber auch hier können durch Vorgaben Schreibhilfen angeboten werden, z.B. wenn Kinder zu einem Gedicht ein Parallelgedicht schreiben sollen, dass einzelne anderssprachige Wörter enthält (s. Downloadmaterial ⬇). Es bietet sich an, dazu im Vorfeld Wörtersammlungen anzufertigen, auf die dann beim Schreiben zurückgegriffen werden kann. Am einfachsten ist es, am Anfang vor allem Nomen zu sammeln. Eine überschaubare Aufgabe kann sein: „Findet möglichst viele Wörter für das Wort *Sonne*" (hier kann jedes andere Wort eingesetzt werden).

Fünfter Schritt: Sprachen miteinander vergleichen

Der Vergleich von Sprachen ist mit Sicherheit die anspruchsvollste Tätigkeit im Umgang mit anderen Sprachen. Einfache Sprachvergleiche auf der Wortebene sind dabei ein Einstieg in die kontrastive Spracharbeit. Ein Vorschlag dafür liegt von Wildemann (2013b) vor. Hier werden Farbwörter gesammelt und miteinander verglichen (s. Abb. 110). Eine andere Möglichkeit ist es, ein Wörternetz herzustellen. Dabei wird ein Wort vorgegeben, welches die Schüler(innen) in möglichst viele Sprachen übersetzen sollen. Bei der Anordnung des Wörtenetzes ist darauf zu achten, dass ähnlich geschriebene Wörter näher zusammenstehen und sich Wörter mit anderen Schriftbildern weiter entfernt voneinander und vom Ausgangswort befinden (s. Abb. 111). Das Ausgangswort muss übrigens nicht zwangsläufig ein deutsches Wort sein, gerade im bilingualen Sachfachunterricht bieten sich auch Wörter in der Partnersprache an.

Farb-Wörter vergleichen

1. **Suche Farb-Wörter in fünf Sprachen.**
   Trage sie in eine Tabelle in deinem Heft ein. Die fünfte Sprache darfst du frei wählen.

2. **Vergleiche die Farb-Wörter miteinander.**
   Kreise in jeder Zeile die Wörter ein, die ähnlich geschrieben werden.

3. **Suche dir eine Partnerin / einen Partner und vergleiche mit ihr / ihm eure Wörter.**
   Überlegt gemeinsam, warum einige Wörter in den verschiedenen Sprachen ähnlich geschrieben werden.

1. Deutsch	2. Englisch	3. Französisch	4. Türkisch	5.
blau	blue	bleu	mavi	

4. **Finde mit deiner Partnerin / deinem Partner heraus, warum einige Wörter in verschiedenen Sprachen ähnlich geschrieben werden.**

Abb. 110: Farb-Wörter in unterschiedlichen Sprachen (Wildemann 2013b, S. 52)

Farb-Wörter-Netz

1. Übersetze das Farb-Wort „orange" in möglichst viele Sprachen.
   Eine Tabelle kann dir dabei helfen. Schreibe in dein Heft.
2. Markiere dir die Wörter, die ähnlich geschrieben werden.

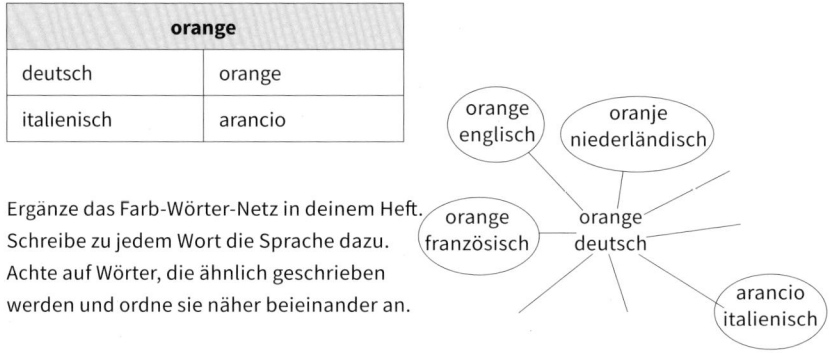

orange	
deutsch	orange
italienisch	arancio

3. Ergänze das Farb-Wörter-Netz in deinem Heft.
   Schreibe zu jedem Wort die Sprache dazu.
   Achte auf Wörter, die ähnlich geschrieben
   werden und ordne sie näher beieinander an.

Abb. 111: Wörternetz (Wildemann 2013b, S. 52)

Etwas anspruchsvoller ist es, mit Sätzen oder Texten zu arbeiten. Hierbei kann die Aufmerksamkeit der Schüler(innen) durch Impulse und Fragen der Lehrkraft gezielt auf bestimmte sprachliche Phänomene gelenkt werden (s. Beispielkasten, S. 327). Die Schüler(innen) haben zunächst die Gelegenheit, sich spontan zu äußern. Da die meisten bereits über eine gewisse Sprachaufmerksamkeit und zudem über subjektive Vorstellungen als auch normiertes Wissen verfügen, werden sie Vermutungen oder Erklärungen formulieren. So kann ein Gespräch über Sprache und Sprachen entstehen, bei dem die metasprachlichen Fähigkeiten der Schüler(innen) weiter ausgebildet werden. Weitere Anregungen und kostenlose Materialien finden Sie auf der Seite „Deutsch unterrichten - mit Lingo und Parla" (https://grupaed.uni-landau.de/lingo-und-parla/)

Wichtig ist es dabei, die Hypothesen bzw. Präkonzepte (s. dazu Kap. 6.1 und Fokuskasten S. 164) der Schüler(innen) durch gezieltes Nachfragen aufzugreifen, sodass die Schüler(innen) aufgefordert sind, diese in eigenen Worten zum Ausdruck zu bringen, zu erläutern und ggf. argumentativ zu untermauern. Wie das Metagespräch im Beispielkasten zeigt, kommt es nicht selten zu einer Vermischung von Wissensbeständen und subjektiven Hypothesen. Außerdem ist fachliches Wissen, wie in diesem Fall zur Großschreibung der Nomen, keineswegs gesichert, sodass es auch zu Fehleinschätzungen kommt. Doch auch daran lässt sich in einem sprachsensiblen Deutschunterricht anknüpfen, beispielsweise, indem die Vermutungen aller Schüler(innen) gesammelt und auf Karten notiert werden. Anschließend werden gleiche Vermutungen einander zugeordnet und so alle Angaben der

Schüler(innen) in Gruppen geclustert. Aufgabe der Schüler(innen) ist es nun, herauszufinden, welche der Vermutungen zutreffend ist. Dafür prüfen Schüler(innen) gruppen je eine Vermutung bzw. ein Bündel von ähnlichen Vermutungen. Damit dies gelingen kann, muss der Lernraum entsprechend vorbereitet sein, d. h. es gibt darin Materialien, welche die Schüler(innen) für ihre „Forscheraufgabe" nutzen können (z. B. Wörterbücher, Sprachbücher, Karteikarten aus dem Unterricht, Internetzugang, phänomenspezifische Aufgaben, etc.). Die Ergebnisse der Gruppenarbeiten werden dann wieder zusammengetragen und in großer Runde diskutiert. Erst am Ende eines solchen induktiven Lernprozesses steht schließlich die Erkenntnis. Ein Beispiel für eine induktive Herangehensweise an ein sprachliches Phänomen befindet sich im Downloadmaterial .

B

Auszug aus einem angeleiteten Metagespräch zu einem Sprachphänomen
(Lehrkraft (L), Schüler(innen) (S1 und S2))

L: Schau mal, hier in diesem deutschen Satz sind neun Großbuchstaben und auf Englisch hat derselbe Satz nur sechs. Wo sind die ganzen Großbuchstaben hin?

S1: Manche sind vielleicht da, darin sind vielleicht mehrere Nomen oder so.

L: Und wie werden Nomen geschrieben?

S1: Klein, glaube ich.

S2: Zum Beispiel „water" ist Wasser. Oder? Water.

L: Ja.

S1: Aber das ist klein geschrieben.

L: Und warum ist das so?

S2: Ah, ich glaube, vielleicht auch, weil auf Deutsch werden Nomen großgeschrieben. Bei Englisch sind es andere Regeln für Groß- und Kleinschreibung, haben die vielleicht, denke ich.

9.1.5 Vertiefende Literatur und Literaturtipps für den Unterricht

Philipp, M./Schilcher, A.: Selbstreguliertes Lesen. Ein Überblick über wirksame Leseförderansätze. Seelze: Klett, Kallmeyer, 2012.

Priebe, B.: Sprachsensibler Fachunterricht: Operatoren. (Bild-Wort-Kartenpaare). Oberursel: Finken, 2015.

Reiß-Held, S./Hohbauer, M.: Integrative Spracharbeit – Wortschatz und Strukturen. Baltmannsweiler: Schneider Verlag Hohengehren, 2015.

Rösch, H.: Deutsch als Zweitsprache. Sprachförderung: Grundlagen, Übungsideen, Kopiervorlagen. Braunschweig: Schroedel Diesterweg, 2003.

Rösch, H.: Deutsch als Zweit- und Fremdsprache. Berlin: Akademie Verlag, 2011.

Schader, B.: Sprachenvielfalt als Chance. 101 praktische Vorschläge. Zürich: Orell füssli, 2004.

Wildemann. A./Fornol, S.: Sprachenportfolio: Meine, deine, unsere Sprachen. Hamburg: Rohr Verlag, 2013. (Unterrichtsmaterial)

Wildemann, A./Rathmann, C.: Sprachlicher Anfangsunterricht. Band 5: Sprachförderung und Sprachbildung. Oberursel: Finken, 2015.

Link: Deutsch unterrichten – mit Lingo und Parla" (https://grupaed.uni-landau.de/lingo-und-parla/) + Grundschule Deutsch „Sprachen untersuchen", Heft 61, 2019.

9.2 Mathematikunterricht

9.2.1 Lesefächer für Textaufgaben

Die Ziele der Bearbeitung von Textaufgaben sind die Anwendung arithmetischer Kenntnisse, der Aufbau von Problemlösefähigkeiten sowie die Umwelterschließung mithilfe von mathematischen Mitteln. „Neben dem Textverständnis ist es erforderlich, dass die Kinder sich gedanklich sowohl auf der Sachebene als auch auf der mathematischen Ebene bewegen können und fähig sind, diese zueinander in Beziehung zu setzen" (Berendes o. J., S. 1). Um der Tatsache, dass Textaufgaben im Vergleich zu arithmetischen Aufgaben um bis zu 30 Prozent schlechter gelöst werden (vgl. Reusser 1997, S. 142) entgegenzuwirken, ist daher eine Förderung sprachlicher, sachlicher wie mathematischer Fähigkeiten erforderlich. Nur wenn ein ausreichendes Textverständnis vorhanden ist, gelingt es, unlösbare von lösbaren Aufgaben zu unterscheiden und diejenigen Informationen in mathematische Operationen zu überführen, die wirklich wichtig für das Lösen der gestellten Aufgabe sind.

Zunächst steht bei der Bearbeitung von Textaufgaben die Analyse der Sachsituation im Mittelpunkt. Einige Schüler(innen) orientieren sich dabei an den im Text vorkommenden Zahlen, die sie der angeführten Reihenfolge nach zu einer Rechnung verbinden oder sich für eine mathematische Operation entscheiden, die sie sicher beherrschen. Andere Lernende richten den Fokus auf Schlüsselwörter wie *geringer* oder *mehr*, betrachten jedoch nicht ihren Gesamtzusammenhang oder ihre Bedeutung als passende Rechenoperation zur Lösung des vorliegenden Sachproblems (vgl. Kap. 9.2.2). Wiederrum andere Kinder beziehen die aktuellen Inhalte des Unterrichts in ihre Überlegungen mit ein. Sie haben verinnerlicht, dass der behandelte Unterrichtsstoff oft durch entsprechende Aufgaben geübt oder gefestigt wird und übertragen ihn unreflektiert auf die zu bearbeitenden Textaufgaben (vgl. Berendes o. J., S. 5). Die Vorgehensweisen aller Lerner(innen) stellen Strategien dar, die sie sich im Rahmen der *Verschulung* angeeignet haben. Um einer solchen Entwicklung vorzubeugen, sollte im Mathematikunterricht zunächst das Textverständnis im Mittelpunkt stehen. Um dieses zu festigen, können den Lernenden Lesestrategien für den Mathematikunterricht an die Hand gegeben werden (vgl. Röhrl/Krauss 2015).

Der erste Schritt bei der Bearbeitung einer Textaufgabe liegt im Lesen der Aufgabe, Ergründen von Verständnisschwierigkeiten und anschließenden Wiedergabe des Inhalts mit eigenen Worten. Das Ziel ist es, dass die Schüler(innen) den Inhalt des Textes in den Blick nehmen, ohne dass sie bereits die Aufmerksamkeit auf das mathematische Problem richten. Dafür werden Aufgaben zum genauen Lesen als Übung eingesetzt. Die Schüler(innen) sollen dabei reflektieren, ob die Inhalte logisch sind und ein Realitätsbezug gegeben ist. Die Begegnung mit unlogischen, nicht miteinander in Verbindung stehenden Informationen schärft das Bewusstsein dafür, dass nicht jede Aufgabe zwangsläufig gelöst werden kann. Für eine angemessene Beurteilung müssen die Kinder den Text verstanden haben, weshalb sie aufgefordert sind, nach dem ersten Lesen diejenigen Begriffe sowie Satzstrukturen rot zu unterstreichen, die ihnen unbekannt sind bzw. ihnen Probleme beim Textverständnis bereitet haben. Durch das Nachschlagen in eigenen Wörterlisten oder Glossaren, dem Austausch mit einem Arbeitspartner/einer Arbeitspartnerin oder der Nachfrage bei der Lehrkraft wird die Bedeutung dieser im Anschluss erforscht. Erkenntnisse können am Seitenrand festgehalten werden. Schließlich wird dem Arbeitspartner/der Arbeitspartnerin die Textaufgabe noch einmal mit eigenen Worten dargestellt. Dafür können den Schüler(innen) Satzanfänge wie *In der Aufgabe geht es darum, dass...* oder *Die Aufgabe handelt von ...* zur Verfügung gestellt werden. Im Mittelpunkt steht bei diesem Austausch gemäß dem *mode continuum* jedoch das inhaltliche Verständnis und nicht eine bildungs- oder fachsprachliche Ausdrucksweise (vgl. Kap. 7.2.3).

Erst im zweiten Schritt steht die Identifikation mathematischer Informationen im Fokus. Dafür muss zunächst ergründet werden, worin die jeweilige mathematische Problemstellung liegt. Erleichternd ist dies, wenn die Schüler(innen) sich darüber zu zweit austauschen können. Die Lernenden müssen sich bewusst sein, welche Angaben in eine Berechnung eingezogen werden können. Dafür müssen sie nun den Blick auf mathematische Größen (dazu gehören Zahlen sowie Zahlwörter) und Schlüsselwörter richten, die sie ebenfalls markieren. Über die Schlüsselwörter wird außerdem die passende Rechenoperation notiert. Eine gemeinsam entwickelte Wörterliste im Klassenraum kann dafür als Orientierung dienen. Um die Fähigkeiten der Schüler(innen) für diesen zweiten Schritt der Bearbeitung zu trainieren, können Übungsaufgaben wie die Folgende eingesetzt werden (vgl. Downloadmaterial ):

Schlüsselwörter finden

In diesen Rechenaufgaben befinden sich viele Schlüsselwörter.

Unterstreiche sie und schreibe die passende Rechenart darüber.

Lydia hat zwei Geschenke weniger bekommen als ihr Bruder Anton.	Das Mittagessen kostet 8 €. Ein Getränk kostet zusätzlich 2 €.

Abb. 112: Beispiel für eine Übungsaufgabe zur Sicherung des zweiten Schritts bei der Bearbeitung von Textaufgaben

Im dritten Schritt geht es darum, das Wort-, Satz- und Textverständnis mit mathematischem Wissen in Einklang zu bringen. Daher steht zunächst ein Austausch darüber an, welche der markierten mathematischen Informationen für das Lösen der Aufgabe erforderlich sind. Diese werden ggf. gemeinsam mit der Fragestellung auf einem Notizblatt notiert. Durch die Anfertigung einer Skizze kann ersichtlich werden, welche Informationen noch fehlen und wie diese berechnet werden können. Schließlich wird ein passender Rechenausdruck aufgestellt.

Den vierten Schritt bildet zunächst die Berechnung der gesuchten Größen. Bevor jedoch ein passender Antwortsatz formuliert wird, ist es erforderlich, dass die Schüler(innen) den Text erneut lesen und ihr Ergebnis prüfen. Nur so können mögliche Widersprüche entdeckt werden. Für die Bearbeitung von Textaufgaben ist durch die vorgestellte Abfolge eine Struktur im Sinne des *Scaffoldings* gegeben worden, die sehr kleinschrittig ist und dementsprechend zunächst aufwendig erscheint. Sie kann den Lernenden in Form eines Lesefächers zur Verfügung gestellt werden, damit gewährleistet ist, dass sie die einzelnen Schritte nacheinander bearbeiten. Gelingt den Schüler(inne)n dadurch häufiger das korrekte Lösen der Aufgaben, erfüllt der erhöhte Aufwand seinen Zweck. Dennoch ist es natürlich auch möglich, gezielt mit den verschiedenen Übungen an den einzelnen dargestellten Schritten anzusetzen. Ergänzend können die grundlegenden Lesestrategien (Leitfragen) aus dem Deutschunterricht, die in Kapitel 9.1.2 vorgestellt wurden, benutzt werden.

R

- ▶ Lesen Sie sich den Lesefächer zur Bearbeitung von Textaufgaben aus dem Downloadmaterial durch.
- ▶ Welche der einzelnen Schritte bereiten Ihren Schüler(inne)n besondere Schwierigkeiten?
- ▶ Welche weiteren Ideen haben Sie, ausgehend von den Arbeitsblättern aus dem Downloadmaterial , um Ihre Schüler(innen) bei der Bewältigung dieser Schwierigkeiten zu unterstützen?

9.2.2 Schlüsselwörter in Mathematikaufgaben

Schlüsselwörter können Lernenden helfen, sich mathematische Operationen zu erschließen. Eine isolierte Betrachtung der Hinweiswörter bzw. ein simples Auswendiglernen dieser „greift jedoch sowohl aus mathematikdidaktischer wie auch aus sprachdidaktischer Sicht zu kurz [...] [Es müssen] nicht nur die neuen Vokabeln, sondern vor allem auch ihre Bedeutungen, d.h. die inhaltlichen Vorstellungen dazu gelernt werden" (Meyer/Prediger 2012, S. 7). Wenn die Situation nicht als Ganzes erfasst wird, können Schlüsselbegriffe falsch interpretiert werden (vgl. Kap. 6.2). Beim Sammeln und Einüben von Sprachmitteln sollte daher immer auf ihre Verwendung innerhalb von Sätzen geachtet werden.

Verben erfüllen innerhalb von Mathematikaufgaben unterschiedliche Funktionen. Zum einen wird den Schüler(inne)n durch Verben als sprachliche Operatoren verdeutlicht, was sie bei der jeweiligen Aufgabe machen sollen (z. B. *berechne, verbinde, addiere, beschreibe, bestimme*). Oftmals finden in diesem Zusammenhang auch trennbare Verben wie *rechne ... aus* oder *trage ... ein* Verwendung (s. auch Kap. 7.3). Wortschatzsammlungen sollten dies aufgreifen. Es muss sichergestellt werden, dass die Lernenden den Begriff auch bei unterschiedlicher Verwendung wiedererkennen (z. B. *einzeichnen, zeichne eine Gerade ein*) und ihn selber ebenfalls richtig gebrauchen können (vgl. Abb. 113).

rechnen

„ich" *rechne*, du *rechnest*

wir *rechnen*

„ich" *berechne* eine Aufgabe.

Kannst du das Ergebnis *ausrechnen*?

Ich *rechne* eine Aufgabe *aus*.

Abb. 113: Wortschatzkarte für das Verb „rechnen"

Zum anderen gibt es Verben, die den Lerner(inne)n einen Hinweis auf die mathematische Operation liefern können (z. B. *erhöhen, verringern, aufteilen, verdoppeln*). Auch sie sollten unter Einbezug ihrer kontextualen Verwendung interpretiert werden. Dazu bieten sich verschiedene Übungen an (vgl. Downloadmaterial 🔽).

Substantive sollten immer mit den entsprechenden Artikeln gekennzeichnet werden. Gerade bei der Einführung von Begriffen aus der Sprache der Mathematik ist dies nicht nur für Kinder mit Deutsch als Zweitsprache wichtig (vgl. Abb. 114).

331

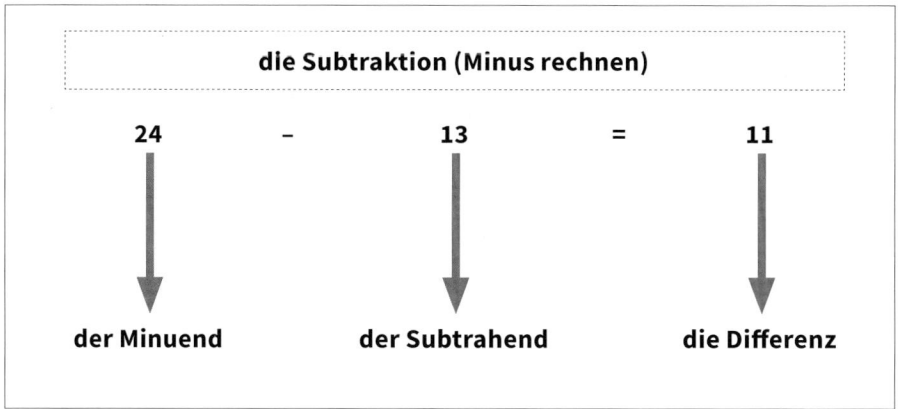

Abb. 114: Merkplakat zur Subtraktion

Die Erläuterungen zu den Begriffen sollten in der Alltagssprache erfolgen, damit ein Verständnis dieser möglich ist. Auch der Einbezug grafischer Darstellung unterstützt das Verstehen zusätzlich (vgl. Abb. 114).

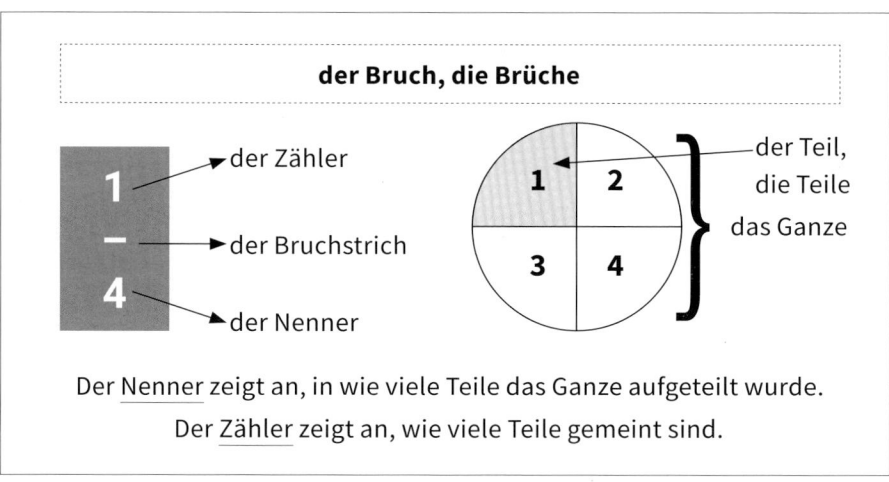

Abb. 115: Alltagssprache und grafische Darstellungen zur Unterstützung des Verständnisses

Ebenfalls sollte die unterschiedliche Bedeutung von Präpositionen gemeinsam in der Klasse besprochen werden. Sie können eine Schlüsselposition für das Verständnis der mathematischen Operation darstellen, sodass sie im jeweiligen Kontext verstanden werden müssen, damit der Prozess des Mathematisierens überhaupt beginnen kann (vgl. Weis 2015, S. 148 f.). Durch eine Gegenüberstellung verschiedener Gebrauchssituationen kann aufgezeigt werden, wie sich die Bedeutungen unterscheiden und wann eine Präposition ein Hinweiswort für eine mathematische Operation darstellt (vgl. Kap. 6.2). Die jeweiligen Situationen können gemeinsam szenisch nachgestellt oder durch Skizzen veranschaulicht werden.

▸ Rico hat vier Murmeln. Er bekommt noch drei Murmeln **von** Tanja. Wie viele Murmeln hat er jetzt?

▸ Wie viel ist das Doppelte **von** 6?

▸ Übertrage die Zeichnung mit einem Abstand **von** 2 cm.

▸ Ich subtrahiere zuerst 7 **von** der Zahl 18.

▸ Mia hat 14 Bonbons mit zur Schule gebracht, **von** denen sie 8 Stück verschenkt.

Um Hinweise auf die Rechenart zu erhalten, ist auch der Einbezug von Adverbien wichtig. So können Begriffe wie *dazu, außerdem, noch, insgesamt oder zusammen* auf die Addition hindeuten, jedoch ist auch hier der Gesamtzusammenhang zu betrachten. Das Adverb *noch* kann z. B. sowohl ein Hinweiswort für die Addition als auch für die Subtraktion darstellen:

▸ Rico hat vier Murmeln. Er bekommt **noch** drei Murmeln von Tanja. Wie viele Murmeln hat er jetzt? (→ Addition)

▸ Rico hat sieben Murmeln. Er verliert drei Stück in der Schule. Dann nimmt ihm Tanja **noch** zwei Murmeln weg. Wie viele Murmeln hat er jetzt? (→ Subtraktion)

Wichtig ist es, den gesamten Inhalt der Aussage in den Blick zu nehmen und nicht nur einzelne Hinweiswörter zu fokussieren, sondern z. B. zusätzlich die Verben zu betrachten. Deutlich wird durch diese Gegenüberstellungen, dass nicht nur das bloße Vorhandensein eines Schlüsselwortes von Bedeutung ist, sondern das Textverständnis grundlegend ist, um sich für die richtige mathematische Operation zu entscheiden.

Sehen Sie sich die Übungsblätter aus dem Downloadmaterial ⬇ zu den Schlüsselbegriffen an. Welche weiteren Ideen haben Sie, um Ihren Schüler(inne)n die Bedeutung von Hinweiswörtern im Kontext näherzubringen?

9.2.3 Aufgabenerschließeung mit der Leseschlange

Entscheidend für die Erstellung von Zusammenhängen ist die lokale und globale Kohärenzbildung. Damit sind rein inhaltliche Kausalitäts-, Referenz- oder Zeitbeziehungen gemeint, die durch kohäsive sprachliche Mittel hergestellt werden können:

▸ Kausalitätsbeziehung:

▶ Referenzbeziehung:

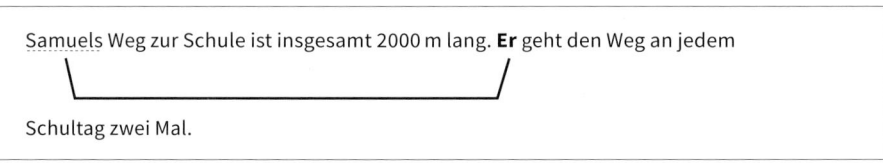

▶ Zeitbeziehung:

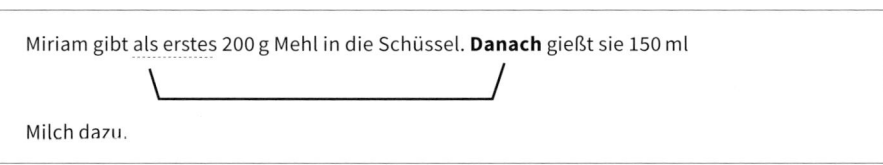

Um mathematische Aufgaben lösen zu können, müssen auch inhaltliche Strukturen verstanden und miteinander in Beziehung gesetzt werden können, um sie in mathematische Operationen zu überführen. Dafür können den Lernenden verschiedene spielerische Übungsmaterialien wie die Leseschlange zur Verfügung gestellt werden. Die Schüler(innen) erhalten dafür in Partnerarbeit eine Rechengeschichte, die in mehrere Einzelteile zerlegt wurde (vgl. Abb. 116 und Downloadmaterial ⬇).

Abb. 116: Auszug eines Beispiels einer Leseschlange

Sie sollen diese nun sinnvoll zusammenfügen, um anschließend die enthaltene Rechenaufgabe zu lösen. Die Arbeit mit einer Leseschlange regt automatisch zum genauen Lesen an. Das Ziel, eine stringente und logische Geschichte zusammenzulegen, verhindert das sonst oft verbreitete überfliegende Lesen von Textaufgaben mit dem ausschließlichen Fokus auf Schlüsselwörter zur Bearbeitung der Rechenaufgabe. Stattdessen muss zwangsläufig erst die Rechengeschichte inhaltlich verstanden und in die richtige Reihenfolge gebracht worden sein, bevor die Rechenaufgabe überhaupt gelöst werden kann. Das Lesen der Rechengeschichte wird auch dadurch erleichtert, dass die Lernenden immer nur kurze Abschnitte lesen müssen. Würden die einzelnen Sätze als ein gesamter Text abgedruckt und den Schüler(inne)n zur Verfügung gestellt werden, wären einige aufgrund der Länge abgeschreckt, während andere auf der Suche nach Hinweiswörtern für die Rechnung den Inhalt lediglich überfliegen und dabei ggf. Flüchtigkeitsfehler begehen würden.

Bei der Entwicklung einer Leseschlange kann ein beliebiger Schwerpunkt gelegt werden. In dem dargestellten Beispiel spielt die Referenzbeziehung eine besondere Rolle. Die Pronomen geben Hinweise darauf, welche Karte als nächstes folgen muss. Ebenso kann bei einer Leseschlange aber auch die Kausalitäts- oder die Zeitbeziehung in den Blick genommen werden. Die Lehrkraft kann dabei zum einen die Länge der Rechengeschichte variieren, sie aber auch sprachlich differenziert gestalten. So könnten bei dem vorliegenden Beispiel auch lediglich Personalpronomen als Hinweiswörter fokussiert und auf die Verwendung von Indefinit- oder Demonstrativpronomen zunächst noch verzichtet werden. Dann gäbe es in der Rechengeschichte mehrere Wortwiederholungen. Wenn die Lernenden diese entdecken, werden sie als Gesprächsanlass genutzt. Dann erhalten die Schüler(innen) die Aufgabe, nach besseren Formulierungen zu forschen und die Rechengeschichte dementsprechend umzuschreiben. Damit werden erste Schritte für das Verfassen eigener Leseschlangen gelegt. Als Impuls dafür können z. B. Abbildungen aus dem Schulbuch genutzt werden. Möglich ist aber auch die Umsetzung eigener Ideen. Laut Franke (2010) liegt eine der Hauptursachen für das Scheitern bei der Bearbeitung von Textaufgaben in der wenig motivierenden und nicht an der Lebenswelt der Kinder orientierten Themenauswahl. Der eigentliche Inhalt wird vernachlässigt, sodass oft ein mangelnder Realitätsbezug vorliegt (ebd., S. 19). Durch das Verfassen eigener Rechengeschichten werden diese Schwachpunkte des Sachrechnens umgangen. Wie erfolgreich die Lernenden bei der Entwicklung einer eigenen Leseschlange sind, erfahren sie unmittelbar, wenn die Mitschüler(innen) die Leseschlange testen. Dadurch wird wiederrum ein Kommunikationsanlass gegeben, in dessen Rahmen die Lerner(innen) sprachlich präzise beschreiben müssen, wo ihre Probleme bei der Bearbeitung lagen und welche Tipps sie zur Verbesserung haben. Ein Austausch untereinander erfolgt auch dadurch, dass die Schüler(innen) eine Leseschlange zu zweit bearbeiten. Zusätzlich können ihnen auch Wortlisten zur Verfügung gestellt werden. Vor dem Zusammenlegen können die Lernenden dann aufgefordert werden, die Wörter aus der Wortliste auf den Textstreifen zu finden und zu markieren. Dies kann aber auch im Vorfeld durch die Lehrkraft erfolgen. Diese kann zudem entscheiden, ob die Rechenfrage den Abschluss der Leseschlange bildet oder die Kinder eine eigene Frage entwickeln sollen.

Hilfreich ist es, wenn den Schüler(inne)n eine Struktur, wie z. B. die Folgende, für die Bearbeitung vorgegeben wird:

Die Leseschlange

1. Verteilt die Satzstreifen auf dem Tisch und lest sie euch durch.

2. Markiert mit einem Buntstift alle Hinweiswörter, die euch helfen, die richtige Reihenfolge zu finden.

3. Legt die Satzstreifen nun in der richtigen Reihenfolge aneinander.
   TIPP: Der Kopf der Schlange ist der Anfang!

4. Lest euch die fertige Geschichte noch einmal laut vor. Passt alles zusammen?

5. Jetzt könnt ihr die Rechengeschichte mit den Lesestrategien bearbeiten.

Abb. 117: Arbeitsanweisungen für eine strukturierte Bearbeitung der Leseschlange

 Nutzen Sie die Vorlage aus dem Downloadmaterial ⬇ und entwickeln Sie eine Leseschlange für Ihren Unterricht. Textaufgaben aus Ihrem Schulbuch können Ihnen dafür als Anregung dienen.

9.2.4 Das eigene Formulieren fördern

Mathematische Kompetenz äußert sich nicht nur durch rezeptive Fähigkeiten, sondern auch durch die eigenständige Textproduktion. Diese sollte sukzessive im Sinne des *Scaffolding* (vgl. Kap. 7.2.3) aufgebaut werden. Das Einschleifen von Satzstrukturen ist erforderlich, damit Redemittel und Fachbegriffe in den aktiven Wortschatz des Kindes übergehen. Daher erhalten sie zu Beginn sehr konkrete sprachliche Gerüste in Form von Lückentexten, wenn sie z. B. ihren eigenen Rechenweg beschreiben sollen:

Den Schüler(inne)n wird es so ermöglicht, sich an einem sprachlichen Vorbild zu orientieren und die Verknüpfung bzw. Verwendung einzelner Wörter in einem Satz zu erfahren. Im Laufe der Zeit kann die Unterstützung schrittweise zurückgenommen werden, sodass den Kindern nur noch Hinweiswörter zur Verfügung stehen. Würden diese direkt zu Beginn isoliert angeführt oder stark verkürzte Satzphrasen präsentiert werden, würde es den Lernenden schwerfallen, sie passend auf verschiedene Kontexte zu übertragen. Dies gilt auch für häufig vorkommende Satzphrasen, wie z. B. Konditionalsätze. Eine Formulierung wie *Wenn ... dann ...* bietet den Schüler(inne)n zu Beginn zu wenig Orientierungsmöglichkeiten – sie können die Phrase nur schwer mit Inhalt füllen. Besser sind daher am Anfang möglichst vollständige Sätze: „Wenn der ... erhöht wird, dann wird der ... auch um ... erhöht/größer" (Götze 2020, S. 39). Die Lernenden müssen nun lediglich auf die Wortschatzsammlung mit den erforderlichen Fachbegriffen zurückgreifen. Die Strukturierung wird später nach und nach abgebaut (vgl. Abb. 118).

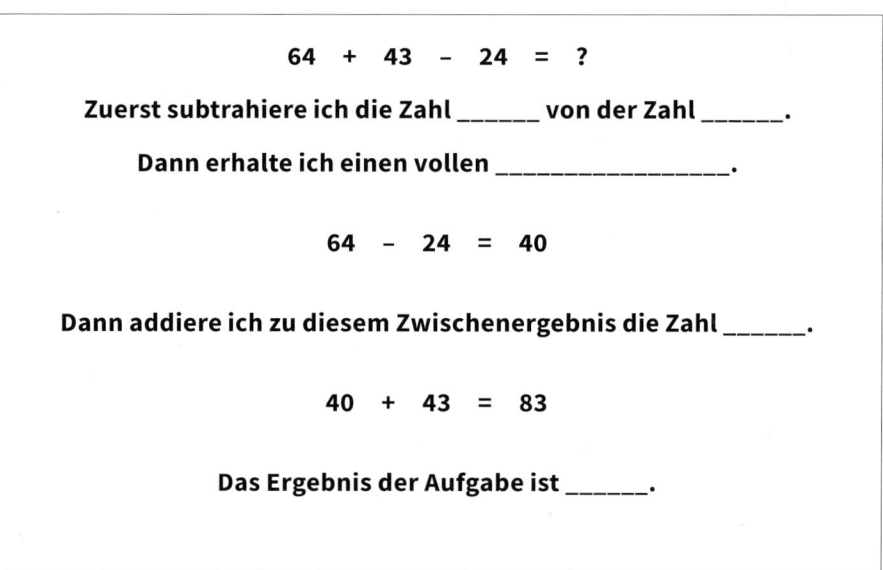

> **64 + 43 – 24 = ?**
>
> **Zuerst subtrahiere ich die Zahl _____ von der Zahl _____.**
>
> **Dann erhalte ich einen vollen _____.**
>
> **64 – 24 = 40**
>
> **Dann addiere ich zu diesem Zwischenergebnis die Zahl _____.**
>
> **40 + 43 = 83**
>
> **Das Ergebnis der Aufgabe ist _____.**

Abb. 118: Sprachliches Gerüst zur Beschreibung des eigenen Rechenwegs

Gleiches gilt auch für Kausalsätze. Götze weist darauf hin, dass ein ausschließliches Angebot des Satzes *Das ist so, weil ...* keine Hilfestellung für die Schüler(innen) darstellt, da Begründungen auf vielfältige Art und Weise artikuliert werden können. Aus diesem Grund schlägt sie vor, Begründungssätze, die von Mitschüler(inne)n formuliert wurden, als Positivbeispiele aufzugreifen und gemeinsam festzuhalten (vgl. ebd.). Das eigene Formulieren können Lernende am besten üben, wenn sie möglichst oft mündlich wie schriftlich dazu aufgefordert werden.

Was passiert mit dem **Ergebnis**,

wenn man die **Zahlen**

in der Aufgabe $64 + 23 = \_\_\_\_\_$ verändert?

$65 + 23 = \_\_\_\_\_$ Wenn die **erste Zahl** um 1 größer wird,

_____

Wenn die **zweite Zahl** um 3 größer wird,

_____

Abb. 119: Satzphrasen als Unterstützungsmittel (www.pikas.tu-dortmund.de)

Dies kann durch das Stellen offener Aufgaben erfolgen:
▶ Erfinde viele Zahlenmauern mit den Grundsteinen 1, 2, 3, 4! Rechne sie aus! Schreibe deine Entdeckungen auf!
▶ Aufgaben, die über den Zehner springen! Lege Plättchen, male und schreibe deinen Rechenweg auf!
▶ Wie viele Zähne hast du schon verloren? Schreibe auf. Vergleiche das mit anderen Kindern.
▶ Hast du eine Lieblingszahl? Schreibe auf, was dir an ihr besonders gut gefällt.
▶ Rechne mehrere Aufgaben mit dem Ergebnis 34. Beschreibe, wie du vorgehst!
▶ Die Aufgabe $43+18+57=\_\_\_$ sieht schwierig aus. Kannst du sie anders sortieren, damit das Rechnen leichter wird? Erkläre deinen Weg.
▶ Erforsche das Geheimnis der Umkehrzahlen! Beispiel: $75-57=\_\_\_$! Rechne mindestens 12 solcher Aufgaben. Sortiere sie. Schreibe deine Entdeckungen auf. Sammelt eure Aufgaben und Entdeckungen im Kreis.

▶ Welche geometrischen Körper kennst du schon? Schreibe sie auf. Schreibe dazu, wo du diese Körperform schon mal in deiner Umwelt gesehen hast! (s. www.pikas.tu-dortmund.de; Stichwort: offene Aufgaben)

Die Lernenden schlüpfen dann in die Rolle von Matheforscher(innen), die nicht nur neues Wissen entdecken, sondern auch ihre Rechenwege beschreiben oder ihre Vorgehensweise erklären (vgl. Abb. 120).

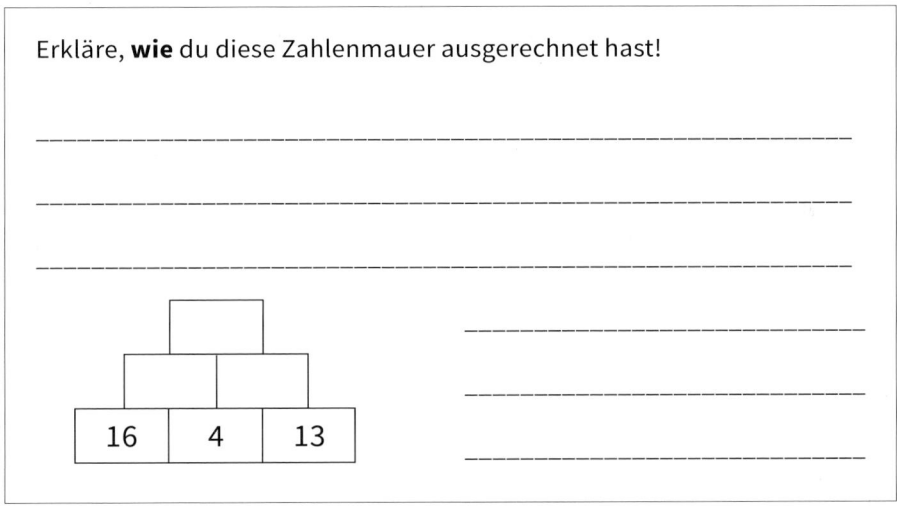

Abb. 120: Den eigenen Rechenweg erklären (www.pikas.tu-dortmund.de)

Wenn diese regelmäßig im Unterricht aufgegriffen und gemeinsam untersucht werden, kann es gelingen, die Sprache der Kinder sukzessive weiterzuentwickeln. Dabei geht es nicht nur darum, die Texte mit Fachbegriffen, sondern z. B. auch mit zeitlichen Adverbien anzureichern, um die Reihenfolge der Vorgehensweise aufzuzeigen. Um Anforderungen an eine gute Beschreibung zu veranschaulichen, können Texte erfundener Schüler(innen) nachgestellt werden. Dabei werden Schwachstellen einer Beschreibung, wie z. B. ein übersprungener Arbeitsschritt, schnell deutlich. Es bietet sich auch an, Leistungen von erfundenen Kindern von den eigenen Schüler(inne)n bewerten zu lassen (vgl. Abb. 121).

Vier Kinder haben ihre Entdeckungen zu diesem Entdecker-Päckchen aufgeschrieben.
Wie treffend findest du die Beschreibungen?
Schätze sie ein.

$1 + 8 = 9$

$3 + 8 = 11$

$5 + 8 = 13$

$7 + 8 = 15$

$9 + 8 = 17$

Tim:

8 und 8 und 8
und 1 und 3 und 5
uns so weiter.

★	☺	😐	☹

Mia:

Es sind immer 2 mehr.

★	☺	😐	☹

Nina:
Die Ergebnisse bilden mit den ersten Zahlen die gleiche Reihe. Es sind alles ungerade Zahlen.

★	☺	😐	☹

Omar:
Wenn die erste Pluszahl um 2 größer wird und die zweite Pluszahl gleich bleibt,
dann wird auch das Ergebnis um 2 größer.

★	☺	😐	☹

Abb. 121: Beschreibungen anderer bewerten (www.pikas.tu-dortmund.de)

Damit werden ihnen sowohl Positiv- als auch Negativbeispiele aufgezeigt, an denen sie sich bei ihren eigenen Beschreibungen orientieren können. Um einen Einblick in die individuellen Kriterien zu erhalten, welche die Lerner(innen) bei ihren Einschätzungen heranziehen, sollten sie zusätzlich aufgefordert werden, ihre Entscheidungen zu begründen. Ausgehend davon können im Anschluss gemeinsam Kriterien für eine gute Beschreibung erarbeitet werden. Gleichzeitig kann sich auch über die von den Schüler(inne)n formulierten Begründungen ausgetauscht werden: Sind sie nachvollziehbar und verständlich? Ist die Entscheidungsgrundlage angemessen? Ein solcher metasprachlicher Austausch „löst bei vielen Kindern erst ein Bewusstsein dafür aus, was als gelungene Beschreibung bewertet werden kann und schafft Transparenz dafür, was bei einer mathematischen Beschreibung berücksichtigt werden muss" (Götze 2020, S. 103).

9.2.5 Vertiefende Literatur und Literaturtipps für den Unterricht

Abshagen, M.: Praxishandbuch Sprachbildung Mathematik. Sprachsensibel unterrichten – Sprache fördern. Stuttgart: Klett Verlag, 2015.

Gallin, P./Ruf, U.: Dialogisches Lernen in der Sprache und Mathematik. Band 1: Austausch unter Ungleichen. Grundzüge einer interaktiven und fächerübergreifenden Didaktik. 6. Auflage. Hannover: Klett/Kallmeyer, 2018.

Gallin, P./Ruf, U.: Dialogisches Lernen in der Sprache und Mathematik. Band 2: Spuren legen, Spuren lesen. Grundzüge einer interaktiven und fächerübergreifenden Didaktik. 6. Auflage. Hannover: Klett/Kallmeyer 2019.

Goßmann, M.: Sprachförderung PLUS. Förderbausteine für den Soforteinsatz – Text- und Sachaufgaben in der Grundschule. Stuttgart: Klett Verlag, 2014.

Götze, D.: Sprachförderung im Mathematikunterricht, 2020. Überarbeitete Fassung des Werks: Götze, D.: Sprachförderung im Mathematikunterricht. Berlin: Cornelsen Verlag, 2015. https://proprima.dzlm.de/pikasfiles/uploads/upload/Material/Haus_7_-_Gute_-_Aufgaben/IM/Informationstexte/sprachfoerderung_goetze_text.pdf. [letzter Aufruf: 06.07.2021].

Lenze, A./Schubert, H.: Sachaufgaben auf der Spur. Lehrgang zur Förderung von Sach- und Textverständnis. 2. durchgesehene Auflage. Oberursel: Finken Verlag, 2012.

PIK AS: Kooperationsprojekt zur Weiterentwicklung des Mathematikunterrichts in der Primarstufe. http://pikas.dzlm.de/ [letzter Aufruf: 06.07.2021].

Ruf, U./Keller, S./Winter, F. (Hrsg.): Besser lernen im Dialog. Dialogisches Lernen in der Unterrichtspraxis. Seelze-Velber: Klett/Kallmeyer, 2008.

Weis, I.: Sprachförderung PLUS. Förderbausteine für den Soforteinsatz im Mathematikunterricht der Grundschule. Stuttgart: Klett Verlag, 2013.

9.3 Sachunterricht

9.3.1 Von der Alltagssprache zur Forschersprache

Eine Grundvoraussetzung des sprachsensiblen Unterrichts ist, dass die Lehrkraft sich des Unterschieds von Alltags- und Bildungs- bzw. Fachsprache bewusst ist und dieses Wissen mit den damit einhergehenden Anforderungen für die Schüler(innen) transparent macht (vgl. Kap. 7). Um den Lernenden zu verdeutlichen, dass in bestimmten Situationen eine andere Sprache, nämlich die Forschersprache erforderlich ist, gibt es verschiedene Möglichkeiten.

▶ *Die Zeichnung*: Die Schüler(innen) werden in Partnergruppen aufgeteilt. Sie setzen sich mit dem Rücken zueinander. Kind 1 hat einen Tisch vor sich sowie ein Blatt Papier und einen Stift. Kind 2 erhält eine Karte mit einem Bild (vgl. Abb. 122).

Es muss das Bild nun seinem Partnerkind so gut beschreiben, dass dieses es nachzeichnen kann, ohne es zu sehen und nachzufragen. Später wird das Bild mit der Zeichnung abgeglichen und die Schüler(innen) reflektieren die Schwierigkeiten in der Rolle des Zuhörers/der Zuhörerin sowie des Sprechers/der Sprecherin. Dabei wird deutlich, dass eine möglichst genaue und detaillierte Beschreibung benötigt wird, um das Bild nachzeichnen zu können, wofür wiederrum bestimmte sprachliche Mittel, wie z. B. richtungsweisende Präpositionen, genutzt werden müssen, die gemeinsam gesammelt werden können.

Abb. 122: Mögliches Bild zur Beschreibung für das Partnerkind

▶ *Der Papierflieger*: Fast jedes Kind hat Spaß daran, Papierflieger zu basteln und fliegen zu lassen. Es gibt die unterschiedlichsten Konstruktionen, um das Flugobjekt herzustellen, das am weitesten fliegt. Jedes Kind hat dabei eine favorisierte Vorgehensweise. Bei diesem Experiment werden erneut Partnergruppen gebildet. Die Voraussetzung dafür ist, dass jeweils ein Kind weiß, wie man einen Papierflieger bastelt. Die Schüler(innen) setzen sich anschließend mit dem Rücken zueinander auf einen Stuhl. Beide erhalten ein Blatt Papier. Nun darf Kind 1 einen beliebigen Papierflieger basteln und dabei laut mitsprechen, wie es vorgeht. Kind 2 folgt diesen Anweisungen ohne nachzufragen. Am Ende werden auch hier die Endprodukte miteinander verglichen und der Ablauf reflektiert. In der Regel gibt es bereits am Anfang für das zuhörende Kind erhebliche Schwierigkeiten, wenn es nicht erfährt, ob es das Papier senkrecht oder waagerecht halten muss. Außerdem haben beide Schüler(innen) eine konkrete Vorstellung von der Bastelanleitung im Kopf, nach der sie ihren Flieger grundsätzlich bauen. Kind 2 muss es gelingen, sich ggf. von dieser Vorstellung zu lösen und auf eine vollkommen andere Falttechnik einzustellen. Bei einer gemeinsamen Reflexion fällt außerdem schnell auf, dass Formulierungen wie *dann machst du das so an die Seite* oder *dann knickst du das hier einfach um* nicht ausreichend sind, wenn jemand den Kommunikationsgegenstand nicht vor Augen hat. Vielmehr bedarf es präzisen Begriffen und Formulierungen wie *die Ecke, der Falz, parallel, im rechten Winkel, zur Mitte knicken, um 180 Grad drehen* usw., damit die Handlungen nachvollzogen und selber umgesetzt werden können. Dies wird insbesondere dann noch einmal verdeutlicht, wenn die Kinder anschließend ein Schiff basteln sollen und dabei einander zugewandt sitzen. In einer solchen Situation ist es vollkommen ausreichend, wenn mit deiktischen Mittel wie *da, hier* oder *dort* sowie Passepartout-Wörtern wie *machen* oder *tun* kommuniziert wird. Dieses kleine Experiment kann auch sehr gut mit Erziehungsberechtigten bei einem Elternabend durchgeführt werden, da es wenig Zeit beansprucht und deutlich hervorhebt, warum Sprache im Fach Sachunterricht eine besondere Rolle spielt und Sprache nicht gleich Sprache ist.

▶ *Der Parcours*: Für diesen Versuch bauen Sie entweder auf dem Pausenhof mithilfe der Materialien für die Fahrradprüfung oder in der Sporthalle einen Parcours auf. Diesen sollen einige Kinder unter den Anweisungen der Mitschüler(innen) mit geschlossenen oder verbundenen Augen durchqueren – dies sollte beim Aufbau mitberücksichtigt werden. Auch in dieser Situation muss Sprache kontextangemessen verwendet werden. Die Kinder müssen nicht nur erfahren, dass sie sich zu der einen Seite drehen sollen, sondern, dass sie sich nach rechts drehen sollen. Je präziser die Anweisungen sind, desto sicherer wird sich auch das Kind mit den verbundenen oder geschlossenen Augen fühlen.

▶ *Das Binden einer Schleife*: Viele machen es jeden Tag und wenn man es einmal beherrscht, ist der Prozess des Bindens einer Schleife so stark automatisiert, dass man sich der einzelnen Schritte, die man vollzieht, nicht mehr bewusst ist. Diese einfache alltägliche Handlung sprachlich darzustellen, stellt demnach eine besondere Herausforderung dar. Gleiches gilt übrigens z.B. auch für das Binden einer Krawatte, ist jedoch weniger kindgemäß. Mit den Schüler(inne)n kann passend zum Schleifebinden ein kleines Spiel gespielt werden. Die Lehrkraft bringt dafür einen Schnürschuh mit und stellt ihn für alle Kinder sichtbar auf den Tisch. Sie teilt den Lernenden mit, dass sie vergessen habe, wie man eine Schleife bindet. Deshalb sollen die Schüler(innen) ihr langsam Schritt für Schritt erklären, wie das noch einmal funktioniert. Die Lehrkraft versucht, die Anweisungen parallel durchzuführen. Den Kindern wird es ziemlich schnell in den Fingern jucken, denn sprachlich werden sie vermutlich früh an ihre Grenzen stoßen. Selbst für einen Erwachsenen stellt sich hier eine besonders schwierige sprachliche Aufgabe. Gemeinsam kann anschließend besprochen werden, was eigentlich so schwierig dabei ist, jemandem das Binden einer Schleife zu erklären. Auch hier fehlt es häufig an passenden Begriffen und sprachlichen Strukturen, weil der Vorgang komplex ist. Doch auch im Sachunterricht müssen im Laufe der Grundschulzeit immer komplexere Vorgänge und Prozesse dargestellt werden. Dabei kann zwar auch unterstützend mit Skizzen gearbeitet werden, dennoch erweist sich eine Forscher(innen)sprache als dringend notwendig. Falls Ihnen das Binden einer Schleife zu komplex für Ihre Schüler(innen) ist, können Sie auch auf den Vorgang des Zähneputzens zurückgreifen. Sobald es darum geht, wie die Zahnbürste genau im Mund bewegt werden muss, ist auch hier eine sprachlich präzise Ausdrucksweise von Nöten.

▶ *Das Experiment*: Auch dabei geht es darum, eine Handlung möglichst genau zu beschreiben. Dafür verlässt ein Kind den Klassenraum, während die anderen ein Experiment durchführen. Anschließend darf das Kind wieder hereinkommen und soll das Experiment nach den Anweisungen seiner Mitschüler(innen) durchführen. Diese müssen darauf achten, dass sie alle verwendeten Gegenstände benennen, Handlungen präzise wiedergeben und die Reihenfolge beachten. Eine durchgängig korrekte Durchführung gelingt selten. Oft muss das Kind bei seinen Mitschüler(inne)n nachfragen oder führt Handlungen nicht ordnungsgemäß aus. Wird diese Situation z. B. mit einer pädagogischen Hilfskraft durchgeführt, kann er oder sie noch deutlicher aufzeigen, wie wichtig eine möglichst genaue Ausdrucksweise ist, denn es besteht z. B. ein Unterschied darin, eine Flüssigkeit in ein Gefäß zu schütten oder zu gießen. Wenn Sie keine pädagogische Hilfskraft zur Verfügung haben und auch nicht das Risiko eingehen möchten, ein Kind bloßzustellen, können Sie auch auf andere Handlungen zurückgreifen. Beispielsweise können die Schüler(innen) nach der Konstruktion individueller Stromkreise eine schriftliche Anleitung zum Bau dieser verfassen. Gemeinsam kann dann durch das Nachbauen mithilfe der Anleitungen überprüft werden, ob sie ihren Zweck erfüllen, wodurch auch auf die Textsorte der Anleitung bzw. des Versuchsprotokolls mit ihren Merkmalen eingegangen werden kann.

▶ *Das Prinzip des Seitenwechsels* (vgl. Kap. 3.2) kann auch auf die Grundschule übertragen werden. Dabei erhalten die Schüler(innen) den Auftrag, ein Experiment zu beschreiben – aufgrund der noch wenig ausgebildeten Fremdsprachenkenntnisse kann dies in der deutschen Sprache erfolgen. Einige Kinder werden bei einer anschließenden Besprechung sicherlich trotzdem sprachliche Probleme anführen. Damit wird auch ein Rahmen gegeben, um gemeinsam zu vereinbaren, was den Lernenden bei ähnlichen Aufgaben in Zukunft helfen könnte.

Diese verschiedenen Unterrichtssequenzen können einen Anstoß bieten, um sich gemeinsam mit den eigenen Schüler(inne)n mit dem Unterschied von Alltags- und Forscher(innen)sprache auseinanderzusetzen. Dabei können die sprachlichen Register nicht nur charakterisiert werden, sondern es kann auch ergründet werden, wann die Verwendung von Alltagssprache angemessen ist und wann man sich der Fachsprache bzw. Bildungssprache bedienen sollte.

9.3.2 Das Lesen von Sachtexten fördern

Im Gegensatz zu Erzähltexten dienen Sachtexte in der Regel der Informationsvermittlung. Sie sind stark durch Fachbegriffe und fachsprachliche Formulierungen geprägt, also sprachlich verdichtet, wodurch sich Schwierigkeiten auf Wort-, Satz- und Textebene für die Lernenden ergeben (Leisen 2010, S. 213 f.). Sie finden sich vorwiegend in den in der Klasse eingesetzten Schulbüchern, welche i. d. R. eine einheitliche Struktur aufweisen, die zunächst mit den Schüler(inne)n erarbeitet werden kann. Vielen fällt es schwer, sich auf den Schulbuchseiten zu orientieren, da die Sachtexte oft durch Bebilderungen und grafische Darstellungen ergänzt werden. Lehrkräfte sollten daher die grundlegenden Strukturen mit ihren Lernenden besprechen: Wo finde ich die Überschrift? Gibt es Zwischenüberschriften? Wie sind die Texte aufgebaut? Wie lese ich, wenn ein Text aus mehreren Spalten besteht? Was bedeuten die fett gedruckten Begriffe? Wo stehen die Aufgaben? Wie werden Merkkästen gekennzeichnet? Wozu dienen diese? Wie werden Tabellen, Diagramme, Zeitstrahl usw. gelesen? Wie erkenne ich, dass Bild und Text zusammengehören und parallel gelesen werden müssen?

Dadurch findet eine erste Entlastung der Schüler(innen) statt, wenn sie mit vertrauten Strukturen arbeiten, in deren Handhabung sie eingeführt wurden. Gleiches gilt auch für die Arbeit mit verschiedenen Textsorten, wie z. B. einem Versuchsprotokoll oder einem Steckbrief. Auch diese folgen einem grundsätzlichen Aufbau, dessen Kenntnis sowohl bei der rezeptiven wie produktiven Auseinandersetzung dienlich ist. Bei der Betrachtung der Sachtexte an sich können ebenfalls Strukturen entdeckt werden. So findet sich zu Beginn oft eine Aussage, welche die Bedeutung des Themas hervorhebt wie z. B. *Trinkwasser ist das wichtigste Lebensmittel* oder *Der Rhein ist der wasserreichste Fluss Europas*. Vielfach sind die Texte in Abschnitte unterteilt, die auch inhaltlichen Sinnabschnitten entsprechen, wenn z. B. die Funktion der Becken einer Kläranlage vorgestellt wird. Am Schluss eines Sachtextes kann sich ein Appell an die Leserin oder den Leser richten: *Jeder kann dazu beitragen, Umweltverschmutzung zu verringern*. Es finden sich auch Zusammenfassungen oder Ausblicke. In einigen Schulbüchern werden wichtige Begriffe gekennzeichnet und am Seitenrand noch einmal erläutert oder man kann deren Bedeutung auf den hinteren Seiten nachschlagen. Auch darauf sollten die Lerner(innen) hingewiesen werden.

Grundsätzlich bestehen zwei verschiedene Möglichkeiten für Lehrkräfte beim Einsatz von Sachtexten (vgl. Abb. 123).

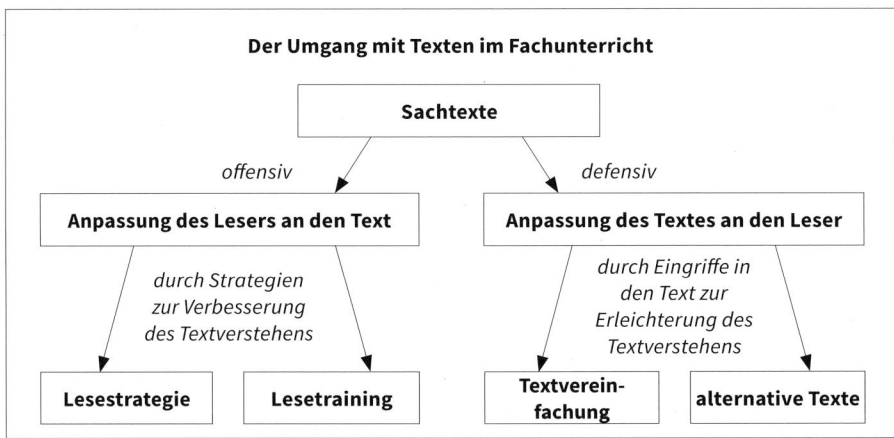

Abb. 123: Möglichkeiten des Umgangs mit Texten im Fachunterricht (Leisen 2017, S. 117)

Einerseits kann das Textverstehen durch sprachliche Entlastung erleichtert werden. Es sollte allerdings darauf geachtet werden, dass sich dieser Umgang nicht zu einem grundsätzlichen Prinzip des Fachunterrichts entwickelt (vgl. Kap. 6.4). Dennoch ist es manchmal erforderlich, einen alternativen Text zu wählen oder den vorliegenden Text sprachlich zu vereinfachen, um ihn an die Kompetenzen der eigenen Lerngruppe anzupassen. Dies kann auf verschiedenen Ebenen erfolgen (vgl. Abb. 124).

Entlastung durch die äußere Gestaltung (Textebene)

▶ Verwenden einer großen Schrift (mindestens Schriftgröße 12)

▶ Verwenden der Druckschrift

▶ Zeilenbreite von maximal 12 Zentimetern

▶ nur wenige Worte pro Zeile

▶ Abstände zwischen den Zeilen (ab 1,15)

▶ Flattersatz anstelle eines Blocksatzes

▶ an den Inhalt abgestimmte Gliederung des Textes durch Nummerierungen, Absätze, Zwischenüberschriften usw.

▶ Reihenfolge der Darstellung im Text entspricht der inhaltlichen Abfolge

▶ Ergänzung visueller Informationen zur Veranschaulichung komplexer Inhalte

▶ Hervorhebung von Schlüsselbegriffen oder Schlüsselinformationen

▶ Beginn neuer Sätze und Sinnabschnitte am Anfang einer Zeile

▶ nicht zu lang (weitschweifig, viele unwesentliche Informationen) oder zu kurz (stark verdichtet, wichtige Informationen reihen sich durchgehend aneinander), sondern in einem angemessenen Verhältnis zum Inhalt

▶ anschauliche Darstellung durch Bezug zur Lebenswelt des Kindes

▶ direktes Ansprechen des Lesers bzw. der Leserin, um ihn bzw. sie zum Mitdenken aufzufordern

Entlastung auf Satzebene
▶ Kürzen stark verschachtelter Sätze
▶ Ersetzung von Nominalisierungen durch Nebensätze („Man muss aufpassen, dass man sich nicht verschluckt" anstelle „Es besteht die Gefahr des Verschluckens")
▶ Vermeidung komplexer Attribute (die sich entwickelnden Luftströme)
▶ Verwenden der Passiversatzform -man anstelle des Passivs
▶ Vermeidung von Appositionen (Frau Klaus, die Bürgermeisterin, hat die Aufgabe …)
Entlastung auf der Wortebene
▶ Verwendung von Wörtern aus dem Grundwortschatz
▶ ausschließliche Verwendung zentraler Fachbegriffe für das inhaltliche Thema
▶ möglichst wenig Synonyme, sondern vorwiegend die gleichen Begriffe verwenden
▶ wenig Proformen verwenden (dabei, dadurch, damit)
▶ Vermeidung sehr langer Kompositastrukturen (Apfelsaftherstellungsbetrieb)

Abb. 124: Möglichkeiten der Textvereinfachung (in Anlehnung an Neugebauer/Nodari 2012; Leisen 2013)

Um es den Schüler(inne)n zu ermöglichen, langfristig ihre sprachlichen Kompetenzen zu verbessern, sollten Lehrkräfte jedoch vornehmlich auf die offensive Strategie des Umgangs mit Sachtexten zurückgreifen. Dabei erhalten die Lernenden unterschiedliche Unterstützung, um ihr Textverständnis zu verbessern. Vielfach werden nach dem Lesen eines Textes Begriffe gesammelt, welche die Schüler(innen) nicht verstanden haben. Diese werden ausführlich von der Lehrkraft bzw. den Mitschüler(inne)n erklärt, damit das Textverständnis gesichert ist. Diese Herangehensweise ist zwar löblich, jedoch aus verschiedenen Gründen wenig effektiv. Zum einen bleiben nach den mündlichen Erläuterungen vieler verschiedener Begriffe nur wenige Begriffsbedeutungen bei den Lernenden hängen, insbesondere, wenn sie den Text anschließend noch einmal lesen und versuchen, die Begriffe in ihrer kontextuellen Verwendung zu verstehen. Zum anderen wird viel Zeit mit der Erklärung von Begriffen verwendet, die die Schüler(innen) zwar nicht verstanden haben, die aber auch nicht essenziell für das Verstehen des Textes sind. So kann ein Kind z. B. Schwierigkeiten mit dem Verständnis des Wortes *unzählig* in dem folgenden Satz haben: *Im Boden leben unzählige kleine Lebewesen.* Auch ohne die Bedeutung des Adjektivs zu verstehen, kann die grundlegende Aussage des Satzes, nämlich, dass kleine Tiere im Boden leben, erfasst werden. Dieser Strategie bedienen sich erfahrene Leser(innen). Sie erschließen sich Verstehenslücken oft unbewusst durch den Einbezug des Kontexts oder des Vorwissens. Ist ihnen dies nicht möglich, prüfen sie durch Zusammenhangsherstellung im Text, ob es sich um eine relevante Information handelt. Falls dies der Fall ist, holen sie Erkundigungen dazu ein. Wenn sie den Begriff oder die Formulierung als nicht relevant identifizieren, wird dieser bzw. diese vernachlässigt. Wie automatisiert dieser Prozess bei erwachsenen und geübten Leser(innen) erfolgt, zeigen Neugebauer und Nodari durch einen Denkanstoß auf:

Fehlender Wortschatz als Problem? (nach Neugebauer/Nodari 2012, S. 39)

In den folgenden beiden Textanfängen sind Wörter abgedeckt. Versuchen Sie, den Inhalt trotzdem zu verstehen. Welche unterschiedlichen Erfahrungen machen Sie beim Lesen von Beispiel A und Beispiel B?

Beispiel A: Die Entstehung von ??????????????

Dass alle Menschen einen ?????????????? haben, scheint heute selbstverständlich. Ein Leben ohne ?????????????? kann man sich kaum mehr vorstellen. In den verschiedensten Situationen braucht man ihn fast täglich. Das war nicht immer so. (…)

Beispiel B: Die ?????????????? des Telefons

1861 stellte der Deutsche Philipp Reis an einem Vortrag vor Wissenschaftlern eine neue ?????????????? vor: einen Apparat, mit dem man die menschliche Stimme übertragen konnte. Er hatte das erste Telefon ??????????????:

Wenn Lernende als sich noch im Lernprozess befindende Leser(innen) dazu aufgefordert werden, Wortverständnisprobleme zu äußern, geht es häufig nur noch um die Begriffsklärung und nicht mehr um das Verstehen des vorliegenden Textes: „Der Text wird als Ausgangspunkt für Wortschatzarbeit verwendet und nicht zur Entwicklung von Verstehensstrategien" (Neugebauer/Nodari 2012, S. 41). Dabei werden zentrale Wörter für das Textverständnis nicht besprochen, weil die Schüler(innen) sich nicht bewusst sind, dass sie diese z. B. falsch verstanden haben. Aus diesem Grund sollte die Lehrkraft sich im Vorfeld mit dem Sachtext auseinandersetzen und festlegen, welche Begriffe und Formulierungen für das Verstehen elementar sind. Damit vermieden wird, dass Lernende beim Lesen den Blick nur auf das Unverstandene und nicht auf das Verstandene richten, sollte die Besprechung dieser Verständnishürden vor dem Lesen erfolgen: „Wir besprechen acht Wörter und Formulierungen zu einem Text, mit dem ihr nachher arbeitet. Ich habe sie an die Wandtafel geschrieben. Wir suchen gemeinsam nach Erklärungen. Ihr sagt mir, was ich als Erinnerungshilfe an die Wandtafel schreiben soll" (ebd.). Dadurch wird den Schüler(inne)n eine visuelle Merkhilfe geschaffen und sie können sich beim Lesen auf Bekanntes konzentrieren.

Dieses Vorgehen stellt eine Möglichkeit dar, lesefördernde Impulse vor dem Lesen einzusetzen. Häufig werden Sachtexte als Einstieg in ein Thema gelesen und überfordern dadurch. Empfehlenswerter ist es, dass Vorwissen der Lernenden im Vorfeld zu aktivieren. Dies kann dadurch erfolgen, dass eine Handlung, wie eine Exkursion oder ein Experiment, dem Lesen vorgelagert wird. Die Schüler(innen) erhalten dann die Möglichkeit, beim Lesen das bereits Erfahrene mit den Inhalten des Textes abzugleichen. Dafür können ihnen zuvor zentrale Informationen zum Text gereicht werden, die sie dann gezielt im Text wiederfinden müssen. Möglich ist aber auch, dem Sachtext eine Bildbetrachtung oder ein einführendes Gespräch, bei dem bereits erste Wortlisten in Form einer Mind-Map, Tabelle oder eines Zeitstrahls erstellt werden, vorzulagern. Wie viele Informationen man sich bereits durch die bloße Betrachtung einer Schulbuchseite erschließen kann, kann Lernenden bei der Betrachtung eines fremdsprachlichen Textes aufgezeigt werden (vgl. Abb. 125).

Озеро Байкал – восьмое чудо света

Путешествуя по Байкалу на байдарке, меньше всего думаешь о том, что сейчас под тобой 20 процентов мировых запасов чистейшей пресной воды

География озера Байкал

Озеро **Байкал – самое древнее озеро** на Земле. Байкал находится на юге Восточной Сибири. Длина озера 636 км, наибольшая ширина в центральной части 81 км, минимальная ширина – 27 км. Более половины береговой линии озера находится под защитой природоохранных организаций.

Максимальная глубина озера 1637 м. Несомненно то, что Байкал – **самое глубокое озеро в мире,** ближайший претендент на это звание, африканское озеро Таньганьика.

В Байкал впадает 336 постоянных рек и ручьев, самая большая – Селенга. Из Байкала вытекает единственная река – Ангара.

На Байкале 30 островов, самый крупный – остров Ольхон.

Байкал – самое древнее и самое глубокое озеро в мире.

Вода Байкала

Байкальская вода уникальна и удивительна, как сам Байкал. Она необыкновенно прозрачна, чиста и насыщена кислородом. В не столь уж и древние времена она считалась целебной, с ее помощью лечили болезни. Объем воды в Байкале составляет 20 процентов мировых и 90 процентов российских запасов пресной воды.

Abb. 125: Informationsgewinnung bei einem fremdsprachigen Text (Neugebauer/Nodari 2012, S. 45)

Vor dem Lesen sollte die Lehrkraft außerdem den didaktischen Zweck des Sachtexts prüfen, da damit unterschiedliche Leseziele und Lesestile einhergehen:

▶ *Lesen als Informationssuche (selektives Lesen):* Der Blick wird auf der Suche nach Stichwörtern gezielt überflogen, um sich dazu zu informieren. Es besteht nicht der Anspruch, den vollständigen Text zu lesen.

▶ *Lesen zum groben Verständnis eines Themas (kursorisches Lesen):* Ziel ist es, die Gesamtaussage bzw. zentrale inhaltliche Schwerpunkte des Textes zu verstehen. Einzelne Details müssen nicht verstanden werden.

▶ *Lesen zum Verständnis detaillierter Informationen (totales Lesen):* Ziel ist das genaue Verstehen und damit auch die Aufklärung unverstandener Inhalte. Dafür muss der Text oft mehrfach gelesen werden, um sowohl lokale als auch globale Kohärenz bilden zu können (vgl. Leisen 2017; Neugebauer/Nodari 2012).

Die Unterstützung beim Lesen ist je nach Leseziel zu wählen. Soll eine Informationssuche erfolgen, können die grundlegenden Stichwörter im Vorfeld besprochen und an die Tafel geschrieben oder im Text hervorgehoben werden. Beim Ziel des kursorischen oder totalen Lesens sollten Lehrkräfte darauf achten nicht nur abzufragen, um das Textverständnis zu überprüfen. Stattdessen sollten die Lernenden bei ihrem Leseprozess begleitet werden, damit sie zum untersuchenden Lesen angeleitet werden und dadurch die Inhalte besser verstehen können. Um diese Vorgehensweise zu veranschaulichen, soll erneut ein Experiment im Sinne des „Prinzips des Seitenwechsels" (s. Kap. 3.2) mit Ihnen als erfahrene(r) Leser(in) durchgeführt werden. Ihre Aufgabe ist es, einen Sachtext über das Thema *Blutkreislauf* zu lesen. Dafür erhalten Sie im Vorfeld einige Aufgaben:

▸ Das Thema Blutkreislauf haben Sie höchstwahrscheinlich in Ihrer Schulzeit oder im Studium behandelt und vielleicht auch schon in Ihrem Unterricht in der Grundschule vermittelt. Es ist also davon auszugehen, dass Sie bereits über Vorwissen verfügen. Fertigen Sie daher eine Mind Map an und notieren Sie alles, was Ihnen zu dem Thema Blutkreislauf einfällt.

▸ Diese Begriffe sind für das Verständnis des Textes von Bedeutung und sollten von Ihnen im Vorfeld noch einmal erinnert werden:
  – *Lymphe:* Es handelt sich um eine wässrige hellgelbe Flüssigkeit, die in den Lymphgefäßen enthalten ist.
  – *Hämolymphe:* Es handelt sich um eine meist farblose Körperflüssigkeit, die bei Tieren mit einem offenen Blutkreislauf im Körper zirkuliert.
  – *Homöostase:* Es handelt sich um eine Aufrechterhaltung des Gleichgewichts eines bestehenden Systems, wie z.B. die Regulation des Blutzuckerspiegels.
  – *Diaphragma:* Es handelt sich um eine Scheidewand, welche die Leibeshöhle von Gliedertieren unterteilt.
  – *Arteriole:* Es handelt sich um kleine Arterien und die kleinsten, noch mit dem menschlichen Auge sichtbaren, Blutgefäße.

▸ Lesen Sie sich nun die folgenden Informationen durch:
  – Gefäße, die vom Herzen ausgehen, heißen Arterien. Gefäße, die zum Herzen zurückführen, heißen Venen.
  – Der Blutkreislauf dient der Aufrechterhaltung des menschlichen und tierischen Organismus.
  – In einem offenen Blutkreislauf umspült die Körperflüssigkeit die Organbereiche direkt.

▸ Lesen Sie sich jetzt den Sachtext durch (vgl. Fokuskasten S. 351 und s. Downloadmaterial ⬇). Zu welchen Stellen passen die Informationen, die Sie bei der dritten Aufgabe erhalten haben? Machen Sie sich am Seitenrand Notizen.

▸ Lesen Sie den ersten Abschnitt noch einmal: Was ist die Hauptaufgabe des Blutkreislaufs? Welche weiteren Aufgaben gehören dazu?

▸ Wozu dient das Lymphsystem? Der Abschnitt „Der geschlossene Blutkreislauf" hilft Ihnen bei der Beantwortung.

Sachtext zum Blutkreislauf

Der Blutkreislauf

Der Blutkreislauf dient der Homöostase des menschlichen und tierischen Organismus. Sowohl der offene wie auch der geschlossene Blutkreislauf sorgen u. a. für die Temperaturregulation im Körper, die Hormonverteilung und die Beförderung von Sauerstoff sowie Abwehrstoffen, Nährstoffen und Abfallprodukten.

Der offene Blutkreislauf

In einem offenen Blutkreislauf vermischen sich Blut und Lymphe. Sie werden zur Hämolymphe, die frei durch den Körper strömt und die Organe versorgt. Diaphragmen bestimmen dabei die Strömungsrichtung, damit alle Körperhohlräume von der Hämolymphe erreicht werden. Anschließend wird die Hämolymphe zum Herzen zurückgeführt.

Der geschlossene Blutkreislauf

In einem geschlossenen Blutkreislauf wird das Blut in Blutgefäßen transportiert. Über Arterien gelangt es zum Gewebe, wo sich die Arterien zu Arteriolen und schließlich zu Kapillaren weiter verzweigen, bis bei den Organen ein Stoffaustausch stattfinden kann. Aufgrund des osmotischen Drucks gelangt bei den Kapillaren Flüssigkeit aus dem Blut in das Gewebe. Es kehrt später zum Teil wieder zu den Blutgefäßen zurück. Die restliche Flüssigkeit, genannt Lymphe, wird über Lymphgefäße gesammelt und durch Lymphknoten gereinigt. Danach geben die Lymphgefäße die Flüssigkeit in der Nähe des Herzens wieder an die Venen ab.

Während des Lesens sollten Schüler(innen) auch im Fach Sachunterricht dazu angehalten werden, auf Lesestrategien zurückzugreifen (vgl. Kap. 9.1). Auch das Führen eines bereitgestellten Leseprotokolls kann hilfreich sein. Um die Lesefähigkeiten zusätzlich zu trainieren, bieten sich auch die folgenden Leseübungen an (vgl. Downloadmaterial ⬇):

▸ Wörter suchen: Wörter einer vorgegebenen Wortliste im Text wiederfinden und unterstreichen.

▸ Textlücken ausfüllen: Im Text vorgegebene Lücken ausfüllen. Dabei kann durch die Lehrkraft z. B. ein Fokus auf Komposita, zeitliche Adverbien oder Präfixverben gelegt werden.

▸ Textänderungen vergleichen: Zwei fast wortgleiche Texte miteinander vergleichen und Unterschiede erkennen.

▸ Zeichnungen und Bilder beschriften: Zeichnungen und Bilder mit den Begriffen aus dem Text beschriften und ergänzen.

▸ Textpuzzle bearbeiten: Einen Text mit vertauschten Sätzen in die richtige Reihenfolge bringen oder aus einem Text, der Sätze zu zwei Inhalten enthält, zwei Texte erstellen.

▶ Informationen suchen: Explizit vorgegebene und im Text enthaltene Informationen suchen und herausschreiben.

▶ Satzhälften zusammenfügen: Vorgegebene Satzhälften zusammenfügen.

▶ Richtigkeit überprüfen: Aussagen oder vorgegebene Informationen mithilfe des Textes auf Richtigkeit überprüfen.

▶ Sätze aussuchen: Aus einer Auswahl von Sätzen einen inhaltlich passenden Satz heraussuchen und einfügen. Hier können durch die Lehrkraft auch eher konzeptionell mündliche oder schriftliche Sätze im Vergleich präsentiert werden.

▶ Überschriften zuordnen: Den Textabschnitten vorgegebene Zwischenüberschriften zuordnen (vgl. Leisen 2017)

Um zu erfahren, was Sie in dem Sachtext zum Blutkreislauf verstanden haben, hätten Sie z. B. die Aufgabe erhalten können, den Text in drei bis vier Sätzen zusammenzufassen oder jemandem die wichtigsten Inhalte mit eigenen Worten wiedergeben zu können. Sie hätten auch dazu aufgefordert werden können, den geschlossenen Blutkreislauf aufzuzeichnen oder zu erklären, wie es dazu kommt, dass sich Körperflüssigkeiten im Körper bewegen. Damit wurden bereits einige Impulse genannt, die dem Lesen nachgelagert werden können. Durch die mündliche Wiedergabe des Inhalts mit eigenen Worten wird deutlich, ob dieser wirklich verstanden worden ist. Dies kann sowohl im Plenum als auch in Partnerarbeit erfolgen. Häufig verbreitet ist dabei das einfache Zusammenfassen des Gelesenen. Es gibt jedoch verschiedene Variationsmöglichkeiten, um den Lernenden mehr Abwechslung zu bieten:

▶ *Berichten → Paraphrasieren:* Partner A erklärt z. B. einen Prozess. Partner B gibt das Gehörte anschließend mit eigenen Worten wieder. Partner A prüft, ob die Zusammenfassung richtig ist.

▶ *Berichten → Korrigieren:* Partner A stellt eine Information vor, baut aber absichtlich einen Fehler ein. Partner B muss herausfinden, was falsch vorgestellt wurde.

▶ *Berichten → Umdrehen:* Partner A gibt Informationen in einer chronologischen Reihenfolge wieder. Partner B wiederholt die Informationen in umgekehrter Reihenfolge, ohne Details wegzulassen.

▶ *Berichten → Weiterführen:* Partner A formuliert eine Gedankenkette zum Unterricht wie z. B. Ernährung – Getränke – Lebensmittel – Nährstoffe. Partner B führt diese Gedankenkette weiter: ... Ernährungspyramide – gesunde Ernährung – Zuckernachweis ... (vgl. Brüning/Saum 2020).

Möglich ist es auch, dass das Verständnis des Gelesenen durch ein Rollenspiel aufgezeigt wird oder durch eine konkrete Handlung. So kann z. B. nach dem Lesen eines Textes zur Entstehung von Landschaften in Deutschland durch die Eiszeit, das Erfahrene nachgestellt werden. Dafür wird ein Müllsack mit Wasser gefüllt und von den Kindern durch den Sand im Sandkasten des Schulhofs geschoben. Die Schüler(innen) müssen dabei die gelesenen Inhalte direkt umsetzen und ihr Wissen vernetzen. Möglich ist es auch, dass der Sachtext umgeschrieben wird. Dabei kann es sich um einen Wechsel von einer kontinuierlichen zu einer diskontinuierlichen Textform handeln. Ebenso kann ein Text auch personalisiert werden, indem z. B. aus der Sicht eines Wassertropfens der Wasserkreislauf dargestellt wird. Eine Möglichkeit der Veröffentlichung für Texte dieser Art bietet sich z. B. auf der Internetseite www.grundschulwiki.de.

Grundsätzlich gilt es, sich bei der Förderung des Lesens von Sachtexten zu vergegenwärtigen, dass es sich bei den vorgestellten Möglichkeiten um Unterstützungsformen handelt, die nur bei langfristiger Anwendung wirklich verinnerlicht werden. Dementsprechend sind die Strategien nicht nur einmalig zu thematisieren, sondern stetig im Unterricht aufzugreifen.

▶ Falls Sie in Ihrem Sachunterricht ein Schulbuch verwenden, nehmen Sie dieses zur Hand und betrachten Sie dessen grundlegende Seitengestaltung. Sind Ihre Schüler(innen) sich dieser Struktur bewusst?

▶ Wählen Sie einen beliebigen Sachtext aus und formulieren Sie dazu begleitende Leseaufträge.

9.3.3 Wortschatzarbeit im Sachunterricht

Beim Stichwort *Wortschatzarbeit im Sachunterricht* ist der Gedanke an Fachbegriffe naheliegend, denn Studien haben gezeigt, dass z. B. in Physikbüchern etwa jedes sechste Wort ein Fachbegriff ist und jedes 25. Wort einen neuen Fachbegriff darstellt (vgl. Leisen 2005, S. 5). Zum Fachwortschatz gehören aber auch sprachliche Strukturen wie das Passiv. Wichtig ist es, als Lehrkraft bei der Vielzahl an möglichen sprachlichen Hürden nicht den Überblick zu verlieren. Dabei hilft die Erstellung eines Planungsrahmens, mit dem eine Unterrichtseinheit geplant und sprachliche Ziele kleinschrittig sowie systematisch verfolgt werden können (vgl. Kap. 7.2.2). Nicht jeder Fachbegriff bedarf zwangsläufig einer gemeinsamen Klärung, da nicht alle von elementarer Bedeutung für das zugrundeliegende Thema sind oder sie von den Schüler(inne)n selbstständig aus dem Kontext erschlossen werden können (vgl. Kap. 9.3.2). Grundlegende sprachliche Phänomene wie Komposita, Nominalisierungen, Attribute, Passivformen u.v.m. sollten aber fächerübergreifend thematisiert werden, da sie den Lerner(inne)n in jeglichen Schulbuchtexten oder auf Arbeitsblättern immer wieder begegnen.

Wichtig ist es zunächst, dass Wortschatzarbeit nie losgelöst vom fachlichen Kontext erfolgt, damit die erlernten Begriffe und Strukturen nicht inhaltsleer bleiben (vgl. Kapitel 7.5). Begrüßenswert ist es, wenn die Kinder ein eigenes Wörterbuch besitzen, in das sie für sie relevante Wörter und Strukturen eintragen und zu Beginn einer neuen Unterrichtseinheit das Vorwissen durch Wörtersammlungen aktiviert wird. Diese können nach und nach ergänzt werden (vgl. Abb. 126).

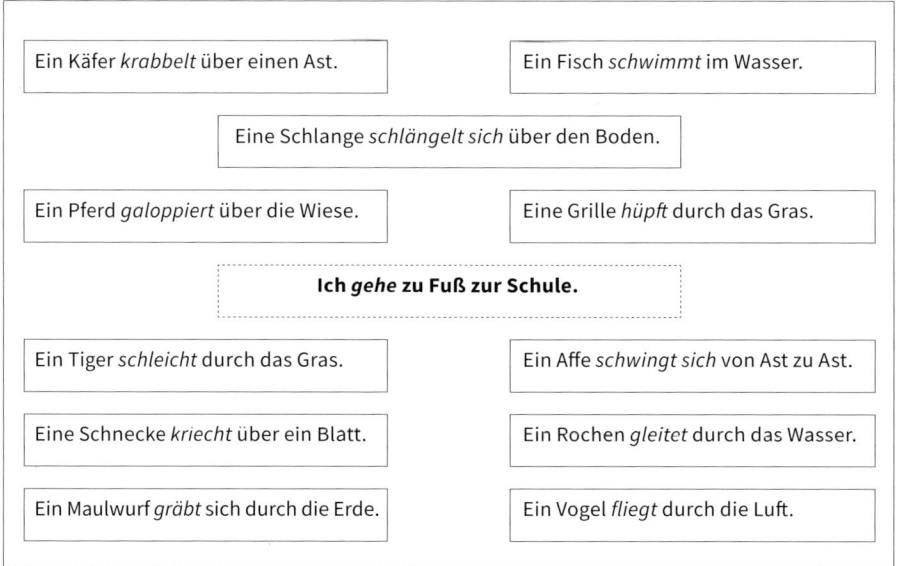

Abb. 126: Wortfeld zu verschiedenen Fortbewegungsarten

Bei der Einführung neuer Fachbegriffe ist zu beachten, dass Substantive immer mit dem dazugehörigen Artikel und der Pluralform eingeführt werden. Gemeinsam können Beispielsätze gesammelt werden, in denen das neue Wort enthalten ist. Gleiches gilt auch für Adjektive, die in ihrer attributiven Verwendung zusammen mit einem Substantiv dargestellt werden sollten (z. B. *der wasserlösliche Stoff, die wasserlöslichen Stoffe*). Hinsichtlich der Bedeutung von Komposita können die Lerner(innen) angeleitet werden, sich diese durch die Zerlegung in einzelne Wortbestandteile zu erschließen (*der Magen + die Wand = die Magenwand; Die Wand des Magens*). Beim Formulieren einer Erklärung des Kompositums üben sich die Lernenden gleichzeitig in der Verwendung von Genitivattributen.

Verben sollten immer in flektierter Form eingeführt werden (*gießen, ich gieße, du gießt, wir gießen*). Dies gilt auch für reflexive Verben (*sich verschlucken, ich verschlucke mich, du verschluckst dich, er verschluckt sich, wir verschlucken uns*). Bei trennbaren Verben ist es wichtig, diese sowohl innerhalb eines Beispielsatzes in getrennter wie zusammengeschriebener Form zu präsentieren (*Das Wasser wird umgefüllt. Ich fülle das Wasser um*). Dabei können sich die Schüler(innen) auch im Sachunterricht als Sprachforscher(innen) betätigen und Listen mit trennbaren und untrennbaren Verben zusammenstellen (vgl. Abb. 127).

Trennbare Verben	Untrennbare Verben
▶ ab- (ableiten, abfahren)	▶ ent- (entladen, entziehen)
▶ an- (anlegen, anzeigen)	▶ be- (befinden, beseitigen)
▶ auf- (aufziehen, aufteilen)	▶ ver- (verbrennen, versuchen)
▶ aus- (auspusten, austauschen)	▶ er- (erhitzen, erkälten)
▶ vor- (vorsehen, vorziehen)	▶ ge- (gelangen, gewinnen)
▶ ein- (eintreten, einfallen)	▶ zer- (zerlegen, zerschneiden)
▶ fest- (festlegen, festklemmen)	▶ empf- (empfehlen, empfinden)
	▶ miss- (misstrauen, missverstehen)

Etwa 95% aller untrennbaren Verben beginnen mit diesen drei Vorsilben.

Abb. 127: Trennbare und untrennbare Verben

Diese Sammlungen sind u. a. deshalb wertvoll, weil es in einigen Sprachen, wie dem Türkischen oder Russischen, keine trennbaren Verben gibt. Gemeinsam kann entdeckt werden, dass bei trennbaren Verben die Betonung auf der Vorsilbe liegt (*umfallen, einsteigen, ausgießen*), während untrennbare Verben stammbetont sind (*entfernen, zerfließen, erkalten*). Ebenso kann untersucht werden, wie sich Wortbedeutungen durch verschiedene Vorsilben verändern (*entziehen, umziehen, ausziehen, verziehen, beziehen*). Einige dieser Begriffe werden den Kindern aus dem Alltag bekannt sein. Wenn in einem Sachtext das Verb *entziehen* Verwendung findet, wird es möglicherweise falsch gedeutet. Deshalb müssen bedeutungsverändernde Fachbegriffe grundsätzlich besprochen und in eigenen Glossaren oder auf Merkplakaten festgehalten werden. Wichtig ist bei der Wortschatzarbeit im Fach auch der Einbezug von Wortfeldern oder Wortfamilien (vgl. Abb. 128).

die Feuerwehr	das Feuerwehrfahrzeug	das Feuerzeug
der Feuerwehrmann	die Feuerglut	das Feuerholz
der Feuerofen	die Feuerwand	das Kaminfeuer
der Feuerfunken	**Feuer**	die Feuerübung
	das gesamte Holz verfeuern	das Osterfeuer
das feuerhelle Licht		einen Schuss abfeuern
	das feuerrote Kleid	den Ofen befeuern
eine feurige Salami		
	der feuerfeste Stein	jemanden anfeuern

Abb. 128: Wortfamilie zum Thema *Feuer*

Dies erleichtert den Schüler(inne)n nicht nur die Erschließung unbekannter Begriffe, weil sie sich an verwandten Wörtern orientieren können oder wissen, dass es sich z. B. bei einem bestimmten Verb um eine Fortbewegungsmöglichkeit handelt. Zusätzlich kann ihnen dadurch eine Möglichkeit gegeben werden, sich sprachlich präziser auszudrücken, wenn sie eigene Texte formulieren. Sehr häufig greifen Lernende im Sachunterricht auf Passepartout-Wörter zurück (*drummachen, das Wasser geht, ich tue das da rein, dann geht die Nahrung*). Spielerisch kann ihnen aufgezeigt werden, dass Formulierungen dieser Art nicht ausreichend sind, um einen Vorgang oder einen Gegenstand zu beschreiben (vgl. Kap. 9.3.1). Anschließend bedürfen sie jedoch konkreter Unterstützung. So können auch hier Wortlisten erstellt werden (vgl. Abb. 129).

Passepartout	Alternative (je nach Kontext)
dranmachen	umbinden, befestigen, ankleben
abmachen	loslösen, abziehen
reintun	hineingießen, hineinschütten, hinzugeben
die Nahrung geht	die Nahrung gelangt, die Nahrung befindet sich, die Nahrung wandert
das Wasser kommt	das Wasser fließt, das Wasser gelangt, das Wasser wird in ein Glas gegossen

Abb. 129: Beispiele für die Gegenüberstellung von Passepartout-Wörtern und ihren Alternativen

Zu den angesprochenen lexikalischen sprachlichen Mitteln können bei einem neuen Thema auch passende Wortschatzkarten angefertigt werden. Diese dienen als Gesprächsanlass bei der Einführung neuer Inhalte. Durch anschließende spielerische Übungen können sich die Lernenden diese noch besser einprägen (vgl. Downloadmaterial).

Auf syntaktischer Ebene ist es grundsätzlich wichtig, den Schüler(inne)n die Funktion und Bedeutung einzelner sprachlicher Elemente, die ihnen in Schulbuchtexten begegnen, zu verdeutlichen. So wird mit dem Passiv oder der Passiversatzform -man Allgemeingültigkeit durch Entpersonalisierung erzeugt. Mithilfe von Partizipialkonstruktionen können Informationen verdichtet und verschachtelte Sätze vermieden werden (*an die Oberfläche getretenes Gestein → Gestein, das an die Oberfläche getreten ist*). Sie finden sich in Sachtexten sehr häufig, weil auf den Schulbuchseiten oder Arbeitsblättern oft Platzmangel herrscht und sollten daher mit den Lernenden besprochen werden. Gemeinsam kann dann erörtert werden, wie man sich die Bedeutung eines solchen Wortes erschließen kann, nämlich z. B., indem man versucht, den Satz umzuformulieren oder sich die Bedeutung aus dem Kontext erschließt. Darüber hinaus sollten auch im Sachunterricht Satzkonnektoren und kohäsive Mittel im Rahmen von Unterrichtsgesprächen, aber auch durch gezielte Übungsmaterialien in den Blick genommen werden (vgl. Downloadmaterial).

> Ⓡ
>
> Beobachten Sie die sprachlichen Formulierungen Ihrer Schüler(innen) in den nächsten Unterrichtsstunden. Greifen diese auf Passepartout-Ausdrücke zurück? Falls ja, wie wollen Sie damit in Ihrem Unterricht umgehen?

9.3.4 Das Präsentieren üben

Das Präsentieren von Informationen stellt eine wichtige Handlung im Fach Sachunterricht dar: „Indem die Kinder den anderen ihre Überlegungen, Einsichten und Erkenntnisse präsentieren, erweitern und vertiefen sie ihr eigenes Verständnis der jeweiligen Sachverhalte" (Schwier 2009, S. 211). Gleichzeitig bauen sie ihre sprachlichen Kompetenzen aus. Vielfach wird das Präsentieren von Informationen mit dem Halten von Referaten verbunden und in diesem Zusammenhang auch gezielt geübt. Es handelt sich dabei aber nur um eine von vielen Präsentationsformen im Fach Sachunterricht, deren Potenzial hinsichtlich der Erweiterung sprachlicher wie fachlicher Kompetenzen es zu nutzen gilt.

Um sprachliche Kompetenzen zu erweitern, sollte den Schüler(inne)n der Raum geboten werden, sich möglichst häufig sprachlich umfassend zu äußern. Dies kann im Rahmen des *Mikroscaffoldings* durch das Formulieren offener Fragestellungen erfolgen:

▶ Beschreibe uns ganz genau, wie du den Versuch durchgeführt hast.

▶ Berichte uns von euren Ergebnissen aus der Gruppenarbeit.

▶ Du kannst mir bestimmt erklären, warum …

▶ Fasse bitte noch einmal zusammen, was unsere wichtigsten Ergebnisse waren.

▶ Formuliere bitte einen Merksatz in der Forscher(innen)sprache.

▶ Wähle ein … aus und begründe deine Entscheidung.

▶ Du kannst uns bestimmt berichten, was wir bei unserem Ausflug alles erlebt haben. Beginne von Anfang an.

Das letzte Beispiel zeigt, dass zeitliche Adverbien auch im Sachunterricht eine besondere Rolle spielen. Zeitliche Abfolgen müssen vielfach deutlich gemacht werden. Deshalb bietet es sich an, den Lernenden für das Berichten entsprechende Wortkarten bereitzustellen, die auch in anderen Fächern eingesetzt werden können (vgl. Downloadmaterial ⬇). Darüber hinaus bieten sich weitere Sprechanlässe, die nicht ungenutzt bleiben sollten. So kann sich ein Kind beim Vortragen seiner Hausarbeiten auch einmal vor der Klasse positionieren. Auch die Zusammenfassung von Ergebnissen einer Partner- und Gruppenarbeit kann auf diese Weise erfolgen. Dies ermöglicht den Schüler(inne)n ein erstes Kennenlernen von Vortragssituationen und hilft, Ängsten vorzubeugen. Durch die Nutzung kooperativer Lernformen wird außerdem sichergestellt, dass sich jedes Kind am Austausch über Unterrichtsinhalte beteiligt. Das Grundprinzip des *Think-Pair-Share*, bei dem die Lernenden sich zunächst alleine Gedanken zu einer Fragestellung machen, sich dann mit einem Partner austauschen und erst anschließend im Plenum die Ergebnisse zusammengetragen werden, ist schnell und einfach im Unterricht umgesetzt. Ergänzt werden kann das Arbeiten außerdem durch verschiedene Methoden, wie dem Gruppenpuzzle, dem Lerntempoduett u.v.m. (vgl. Brüning/Saum 2015; 2020).

Zudem sollten feste Sprechanlässe geschaffen werden. Dies kann z. B. direkt zu Beginn einer Unterrichtsstunde durch das Vorlesen eines Kalenderblatts mit kuriosen Kinderfragen erfolgen, über die gemeinsam diskutiert und nach Antworten gesucht wird (s. Literaturtipps). Ebenso kann ein/e Kinderreporter(in) die Inhalte der letzten Unterrichtsstunde wiedergeben. Bei den Schüler(inne)n ist diese Aufgabe sehr beliebt, insbesondere, wenn sie dafür ein kleines Mikrophon erhalten. Die Vorträge werden anschließend gemeinsam im Plenum reflektiert, sodass nach und nach Kriterien für einen guten Bericht erarbeitet werden. Dazu kann z. B. gehören, dass zu Beginn das Thema der letzten Stunde genannt oder eine kurze Zusammenfassung gegeben wird. Zur Wiedergabe der einzelnen Unterrichtsschritte sollten zeitliche Adverbien verwendet werden. Wenn eine Gruppenarbeit erfolgt ist, sollte sich der/die Kinderreporter(in) darum bemühen, die Stunde nicht nur aus der Sicht seiner Gruppe darzulegen. Zudem stellt sich die Frage, wie ausführlich ein Bericht sein sollte, damit sich die Mitschüler(innen) nicht langweilen. Wichtig ist es aber auch, zu bedenken, dass ausreichend Informationen gegeben werden, damit Kinder, die in der vergangenen Stunde krank waren, einen guten Überblick erhalten. Dafür ist es auch erforderlich, Gegenstände und Ereignisse konkret zu benennen, also sich Fachbegriffen zu bedienen. Diese Liste ließe sich noch weiter ausführen und ermöglicht einen ersten Einblick darin, dass sprachliche Anforderungen explizit durch die Erarbeitung von Kriterien mit den Lernenden erarbeitet werden müssen, damit diese ihre sprachlichen Fähigkeiten weiter ausbauen können.

Dies kann sich auch auf soziale Aspekte des Lernens beziehen, wenn z. B. eine Gruppenarbeitsphase hinsichtlich der gelungenen Zusammenarbeit reflektiert wird. Dafür werden im Vorfeld Kriterien für eine gute Gruppenarbeit auf einem Plakat gesammelt:

▸ Wir arbeiten alle zusammen.
▸ Wir reden leise miteinander.
▸ Wir lassen uns gegenseitig ausreden.
▸ ...

Drei bis vier Kriterien, die den Schüler(inne)n bei der Reflexion als Orientierung dienen, sind vollkommen ausreichend. Bei einer Gruppenarbeit erhält nun jede Gruppe ein grüne, eine gelbe und eine rote Karte. Nach der Arbeitsphase einigt sich die Gruppe gemeinsam darauf, mit welcher Karte sie die Zusammenarbeit bewerten möchte. Nach einer kurzen Abstimmung hält ein Mitglied der Gruppe die ausgewählte Karte sichtbar in die Höhe, sodass die Lehrkraft einen Gesamtüberblick über die Zusammenarbeit in den verschiedenen Gruppen erhält. Sie kann nun gezielt einzelne Gruppen dazu auffordern, ihre Wahl der Karte zu begründen. Ist den Lerner(inne)n dieses Ritual gut bekannt, werden nicht mehr als zwei Minuten für diese Ampelreflexion benötigt, die Qualität der Gruppenarbeit verbessert und die Kinder sprachlich aktiviert.

Das Fach Sachunterricht ist durch den Einsatz verschiedener Medien geprägt. So kommt es häufig vor, dass Bildquellen analysiert werden müssen. Dies erfolgt in der Regel zunächst durch eine mündliche Beschreibung. Dafür können den Lernenden sprachliche Mittel an die Hand gegeben und Strukturierungsmöglichkeiten ihrer Darstellungen aufgezeigt werden. Viele Lernende sind mit den zahlreichen Einzelheiten, die in einem Bild dargestellt werden, überfordert. Bei einer Beschreibung wechseln sie daher unstrukturiert zwischen den Aspekten, die ihnen gerade ins Auge fallen. Auch deiktische Mittel wie *da oben, dort, hier ist noch* oder *da hinten* finden häufig in den Schüler(innen)antworten Verwendung. Insbesondere, wenn jedes Kind das Bild einzeln vor sich hat, sind solche Darstellungen wenig hilfreich. Vielmehr befinden sich alle auf der Suche nach dem, was die Mitschülerin oder der Mitschüler gemeint haben könnte. Aus diesem Grund sollten die Kinder dazu angehalten werden, ein Bild in verschiedene Abschnitte einzuteilen. Zunächst sollte der Vorder-, dann der Mittel- und anschließend der Hintergrund dargestellt werden. Zusätzlich benötigen die Lernenden sprachliche Mittel wie *in der unteren Hälfte des Bilds, in der rechten Ecke, in der Mitte befindet sich* usw. Ihnen kann auch ein Orientierungspunkt vorgegeben werden, von dem aus sie ihre Beschreibung mit richtungsweisenden Präpositionen formulieren. Solche sprachlichen Formulierungen sind bei Erwachsenen oft so stark verinnerlicht, dass ihre Thematisierung im Unterricht obsolet erscheint. Dennoch werden sie indirekt erwartet und sollten daher den Lernenden transparent gemacht werden. Gleiches gilt auch für Beschreibungen von Filmsequenzen oder der Darstellung einer Beobachtung.

Abschließend soll auch auf die Präsentationsform des Referats eingegangen werden. Kriterien für einen guten Vortrag können besonders einfach erarbeitet werden, wenn den Lernenden ein Negativbeispiel präsentiert wird. Dafür kann die Lehrkraft ein Referat halten und die Schüler(innen) im Vorfeld darum bitten, ihr oder ihm danach eine Rückmeldung zu geben. Nun ist schauspielerisches Talent gefragt: Die Lehrkraft kann viel zu leise und zu schnell sprechen, gelangweilt klingen, sich ständig zu ihrem Plakat drehen, die Arme vor der Brust verschränken usw. Damit schafft sie einen Anlass, um über Kriterien für einen guten Vortrag zu diskutieren, die gemeinsam schriftlich festgehalten werden. Möglich ist es, sie nach Körperhaltung, Stimme, Mimik, Gestik etc. zu strukturieren. Werden die Kriterien zusätzlich auf kleinen Wortkärtchen niedergeschrieben, werden damit konkrete Höraufträge für spätere Vorträge gegeben. Die Schüler(innen) erhalten unterschiedliche Aspekte, auf die sie sich bei ihrer späteren Rückmeldung konzentrieren sollen. Gesprochen werden kann auch darüber, wie ein guter Vortrag aufgebaut sein kann. Üblich ist es, dass die Vortragenden sich vor der Gruppe vorstellen. Dies ist im Rahmen einer Klassengemeinschaft, in der sich alle Schüler(innen) gut kennen, überflüssig. Durch das Schlüpfen in die Rolle eines Forschers oder einer Forscherin, z. B. durch das Tragen eines Forscherkittels oder einer großen Brille, bieten sich hier verschiedene Vorteile. Einerseits besteht nun die Möglichkeit, sich den Mitschüler(inne)n als *Prof. ...* vorzustellen. Andererseits fällt es vielen Kindern durch diesen Rollenwechsel leichter, sich vor einer großen Gruppe zu präsentieren und die eigene Ausdrucksweise an die Situation anzupassen. Bei einer anschließenden Reflexion können sie außerdem kritische Rückmeldungen leichter annehmen, weil diese sich lediglich an die gespielte Rolle und damit nicht direkt an die eigene Person wenden. Nach der Vorstellung der Vortragenden sollte das Thema benannt werden. Dabei kann bereits ein Überblick über die Inhalte des Vortrags gegeben werden (z. B. *Unser Referat handelt vom Fuchs. Wir möchten euch gleich etwas zu seinem Aussehen, seinem Lebensraum seiner Ernährung ... erzählen*). Anschließend ist eine strukturierte und an das Plakat angepasste Vortragsweise angemessen. Deutlich wird an dieser Stelle, dass die Gestaltung des Plakats einen erheblichen Einfluss auf den späteren Vortrag hat. Wenn die Inhalte sehr sprunghaft dargestellt werden oder nicht mit der Reihenfolge auf dem Plakat übereinstimmen, wird das Zuhören erschwert. Zudem sollte darauf geachtet werden, dass die Sprecher(innen) nicht nur die bereits aufgeschriebenen Inhalte wiedergeben, sondern auch vertiefende Informationen liefern. Dadurch wird deutlich, dass nicht nur der Vortrag an sich, sondern auch seine Vorbereitung entscheidend für eine gute Präsentation ist. Unterschiedlich gestaltete Plakate zu einem Thema können als Anlass genutzt werden, um auf eine gute Gestaltung zu sprechen zu kommen – hier finden sich zahlreiche Kriterien, auf die jedoch an dieser Stelle nicht weiter eingegangen wird, da der mündliche Vortrag im Fokus steht. Den Lernenden sollten Strategien nahegelegt werden, auf die sie bei der Vorbereitung einer Präsentation zurückgreifen können. Dies umfasst beispielsweise das Erstellen von Karteikarten. Auch diese sollten strukturiert aufgebaut sein, um beim Vortrag wirklich als Hilfe dienen zu können. Dies sollte explizit besprochen und eingeübt werden (vgl. Downloadmaterial ⊙). Auch für das alleinige Einüben und das Halten eines Probevortrags sollte den Schüler(inne)n Zeit gegeben werden. Dies muss nicht immer vor der Lehrkraft oder dem Plenum erfolgen. Möglich ist es auch, gezielt Mitschüler(innen) um das Zuhören und eine spätere Rückmeldung zu bitten. Diese kann sich sowohl auf die sprachliche Ausdrucksweise wie auch auf den Inhalt beziehen, wenn doppelte oder unwichtige Informationen mitgeteilt werden.

Zusammenfassend gilt es auch im Fach Sachunterricht, das Sprechen und Zuhören nicht nur als Mittel der Kommunikation anzusehen, sondern die Kompetenzen der Schüler(innen) gezielt auszubauen, um das Lernen und Verstehen des Lerngegenstands zu ermöglichen.

9.3.5 Vertiefende Literatur und Literaturtipps für den Unterricht

Dreller, C./Schmitt P. M.: Warum brauchen Haie keinen Zahnarzt? Vorlesegeschichten für neugierige Kinder. Hamburg: Ellermann Verlag, 2013.

Goßmann, M.: Sprachförderung PLUS Sachunterricht. Förderbausteine für den Soforteinsatz im Sachunterricht in der Grundschule. Stuttgart: Klett Verlag, 2013.

Küntzel, K./Richter K.: Wo kommt das her? – Vom Rohstoff zu T-Shirt, Apfelsaft und Co.: Produktionsabläufe anschaulich. München: Compact Verlag, 2014.

Leisen, J.: Handbuch Sprachförderung im Fach. Sprachsensibler Fachunterricht in der Praxis. Stuttgart: Klett Verlag, 2017.

Priebe, B.: Sprachsensibler Fachunterricht. Sachunterricht Wetter. Box für die durchgängige Sprachbildung. Oberursel: Finken Verlag, 2015.

Quehl, T./Trapp, U.: Sprachbildung im Sachunterricht der Grundschule. Mit dem Scaffolding-Konzept unterwegs zur Bildungssprache. 2. Auflage Münster u. a.: Waxmann Verlag, 2020.

Quehl, T./Trapp, U.: Wege zur Bildungssprache im Sachunterricht. Sprachbildung in der Grundschule auf der Basis von Planungsrahmen. Münster u.a.: Waxmann Verlag, 2015.

Scheuer, R./Kleffken, B./Ahlborn-Gockel, S.: Sprachkompetenz fördern durch Experimentieren – Wasser-Experimente. Mülheim an der Ruhr: Verlag an der Ruhr, 2011.

Scheuer, R./Kleffken, B./Ahlborn-Gockel, S.: Sprachkompetenz fördern durch Experimentieren – Feuer-Experimente. Mülheim an der Ruhr: Verlag an der Ruhr, 2012.

Warum wackelt Wackelpudding? Tages-Abreisskalender. Ab 5 Jahren. Gilching: Korsch Verlag.

Glossar

Begriff	Erläuterung
Abstrakta	Es handelt sich um Substantive, mit denen im Gegensatz zu den Konkreta (z. B. Baum, Kissen, Löffel) etwas Nichtgegenständliches bezeichnet wird (z. B. Freude, Schönheit, Anerkennung).
Adverbien	Die Wortart der Adverbien (z. B. heute, anders, dort, vielleicht) ist im Gegensatz zu den Adjektiven i. d. R. nicht flektierbar, also nicht veränderbar. Im Gegensatz zu Präpositionen oder Konjunktionen benötigen sie keine grammatischen Ergänzungen. Sie sind selbstständig verwendbar, können also die Antwort auf eine Frage darstellen.
Adversative Konnektoren	Sie heben die adversative (gegensätzliche) Bedeutung eines Satzes gegenüber einem anderen Satz hervor (z. B. aber, allerdings, dagegen, wohingegen) (s. auch Konnektor).
Akronyme	Akronyme sind Kurzwörter, die aus den Anfangsbuchstaben mehrerer Wörter bestehen (z. B. KISTE für Kindersprachentwicklungstest).
Appositionen	Es handelt sich um geplante Einschübe von Nomen oder Nominalgruppen, die entweder beiläufig eine Information erklären oder etwas betonen (z. B. Die Nahrung gelangt durch die Speiseröhre, **einen langen Muskelschlauch**, in den Magen).
Attribute	Attribute sind Bestandteile von Nominalgruppen, die das Bezugsnomen näher bestimmen. Sie kommen in unterschiedlichen Formen vor, am geläufigsten ist die Form des attributiven Adjektivs (z. B. langes Haar, die nach oben offene Skala).
Derivate	Als Derivate werden Wörter bezeichnet, die durch Derivation (Ableitung) gebildet werden. Dabei handelt es sich um ein Verfahren, bei dem z. B. durch das Hinzufügen von Prä- oder Suffixen neue Wörter gebildet werden (z. B. Raum – Räumlichkeit, blühen – erblühen, sicher – unsicher) (s. auch Komposita).
Ellipsen	Es handelt sich um Äußerungen, die nicht aus einem vollständigen Satz bestehen, weil Teile ausgelassen sind, die z. B. aufgrund des Kontextes rekonstruiert werden können (z. B. Geradeaus und dann links! Nein, keine Ahnung!).
Finalsatz	Als Finalsätze werden Nebensätze bezeichnet, die einen Zweck, eine Absicht oder das Ziel eines Sachverhalts angeben, der im Hauptsatz angeführt wird (z. B. Er kauft sich Milch, **damit er sein Müsli essen kann**).
Funktionswörter	Funktionswörter sind zwar für die Struktur von Sätzen notwendig, transportieren jedoch keine Inhalte. Sie haben im Gegensatz zu Inhaltswörtern keine eigenständige lexikalische Bedeutung. Zu ihnen zählen Artikel, Hilfsverben, Konjunktionen, Präpositionen und Pronomen.

Funktionsverbgefüge	Sind Fügungen aus einem Funktionsverb und einem – meist abstrakten Substantiv (z. B. Beachtung finden, zur Anzeige bringen, zur Abstimmung kommen). In diesen Fügungen haben die Verben im Vergleich zu ihrer Verwendung als Vollverben nur noch eine reduzierte Bedeutung. Die Hauptbedeutung liegt beim Nomen, das in diesem Fall nicht durch ein Pronomen ersetzt werden kann. Am häufigsten treten die Verben „kommen" und „bringen" als Funktionsverben auf.
Gerundien	Sind Verben in der -ing-Form im Englischen. Sie entsprechen im Deutschen dem nominalisierten Verb (s. Nominalisierungen) bzw. dem Partizip I (s. Partizipien). Im Deutschen ist für eine Übersetzung z. T. der Rückgriff auf eine Nebensatzkonstruktion erforderlich.
Hypotaxen	Sind Satzgefüge, bei denen ein Teilsatz (z. B. Nebensatz) einem anderen Teilsatz (z. B. Hauptsatz) untergeordnet ist (z. B. Wenn alles frei ist, dann kann ich die Abbiegerspur weiterfahren).
Idiomatische Ausdrücke	Es handelt sich um feste Wortgruppen, deren Gesamtbedeutung sich nicht direkt aus den Bedeutungen der Einzelelemente ableiten lässt (z. B. mit Kind und Kegel).
Imperativ	Es handelt sich um die Befehlsform des Verbs im Deutschen und einen Modus des Verbs (z. B. Geh! Sprich! Verschwindet!).
Indefinitpronomen	Zu dieser Untergruppe der Pronomen zählen Pronomen, die auf etwas verweisen, das nicht näher bestimmt ist (z. B. man, jemand, einige).
Infinitive	Es handelt sich um die Grundform des Verbs (z. B. sehen, gehen, riechen, laufen).
Inhaltswörter	Inhaltswörter besitzen im Gegensatz zu Funktionswörtern eine eigenständige lexikalische Bedeutung. Zu ihnen zählen Nomen, Verben, Adjektive und Adverbien (z. B. Blume, Stuhl, gehen, loben, frei, günstig, morgen, nebenan).
Inversion	Wenn die normale Abfolge eines Satzes so verändert wird, dass das finite Verb vor dem Subjekt steht, spricht man von einer Inversion (z. B. **Ich gehe** nach Hause → Danach **gehe ich** nach Hause).
Kohäsion	Als Kohäsion wird der Zusammenhalt eines Textes bezeichnet. Erst durch Kohäsion wird aus einer Ansammlung von Wörtern überhaupt ein Text. Kohäsion wird bewirkt durch die kohäsiven Mittel der Wiederholung, Ersetzung und Verknüpfung. Es können z. B. durch Pronomen Sätze miteinander verbunden werden, sodass ein syntaktischer Zusammenhang zwischen ihnen entsteht (z. B. Die Katze wachte auf. **Sie** ging in den Garten).
Kollokationen	Es handelt sich um Wörter, die häufig gemeinsam auftreten, weil ihre Bedeutungen in einer engen Beziehung zueinander stehen (z. B. Nacht und dunkel).

Komposita	Sind Wörter, die aus zwei oder mehr Wörtern zusammengesetzt sind. Werden zwei Nomen zusammengesetzt (Haus+Tür → Haustür) spricht man von nominalen Zusammensetzungen. Möglich ist es aber z. B. auch, dass ein Nomen mit einem Verb (fahren+Rad → Fahrrad) oder ein Nomen mit einem Adjektiv (gelb+Stich → Gelbstich) zusammengesetzt wird. Ebenso können Wörter auch aus den Zusammensetzungen von Verben und Adjektiven bestehen (schwarz+fahren → schwarzfahren).
Konditionalsätze	Als Konditionalsätze werden Nebensätze bezeichnet, die eine Bedingung für den im Hauptsatz angegebenen Sachverhalt angeben. Sie werden durch die subordinierenden Konjunktionen wenn, insofern oder falls eingeleitet (z. B. **Wenn das Wetter morgen schön ist**, esse ich ein Eis).
Konjunktionen	Es handelt sich um eine Wortart, die Verbindungen zwischen Wörtern, Satzteilen oder Sätzen herstellt. Unterschieden werden kann zwischen nebenordnenden (koordinierenden) Konjunktionen (z. B. und, denn, oder), die zwei Hauptsätze oder zwei Nebensätze miteinander verbinden und unterordnenden (subordinierenden) Konjunktionen (z. B. weil, da, dass), die z. B. einen Haupt- mit einem Nebensatz verbinden.
Konjunktiv I	Der Konjunktiv I (Formen wie komme, gehe, habe, sei) wird überwiegend bei der Wiedergabe der indirekten Rede verwendet (z. B. Man sagt, der Magen sehe aus wie eine Bohne. Wir vermuteten, die Watte sei trocken geblieben).
Konjunktiv II	Der Konjunktiv (Formen wie käme, ginge, hätte, wäre) wird zur Darstellung von Möglichkeiten und nicht-realen Sachverhalten verwendet. Er findet sich häufig in Konditionalsätzen und z. T. bei der Wiedergabe der indirekten Rede, wenn der Konjunktiv I mit der Form des Indikativs formal identisch ist (z. B. Man sagt, wir ständen schon nahe am Abgrund).
Konnektoren	Durch Konnektoren (z. B. und, aber, weil, wenn, dann, deshalb) werden Sätze (semantisch und syntaktisch) miteinander verbunden.
Koordinierende Konjunktionen	s. Konjunktionen
Koordinierende Satzverbindungen	Es handelt sich um eine Aneinanderreihung selbstständiger Sätze, die also nicht von einem anderen Satz abhängig sind. Die Aneinanderreihung erfolgt durch koordinierende Konjunktionen und wird auch als Parataxe bezeichnet.
Modalverben	Zu den Modalverben zählen die Verben dürfen, können, mögen, müssen, sollen und wollen. Sie werden meist mit dem Infinitiv des Vollverbs verwendet. Je nachdem, welches Modalverb verwendet wird, verändert sich auch die Aussage einer Äußerung (z. B. Ich **darf** das nicht machen. Ich **möchte** das nicht machen).
Nominalisierungen	Auch Substantivierungen genannt. Aus Verben und Adjektiven können abstrakte Nomen (Substantive) durch Konversion gebildet werden. Dann findet ein Wortartwechsel statt, ohne dass sich das Wort verändert (singen → das Singen, schön → die Schöne). Von Nominalisierungen spricht man auch, wenn aus Verben oder Adjektiven durch Derivation Nomen gebildet werden (frei+heit = Freiheit, befreien → Befreiung).

Nominalstil	Es handelt sich um Texte, die durch die häufige Verwendung abstrakter Nomen gekennzeichnet sind. An die Stelle von selbstständigen oder untergeordneten Sätzen treten Nominalisierungen mit zusätzlichen Elementen (z. B. die notwendige Befreiung von der Zahlung der Umsatzsteuer). Der Nominalstil tritt häufig in Fachtexten der Technik, der Wissenschaft und der Verwaltung auf.
Non-finite Verben	Bei non-finiten oder auch infiniten Verben handelt es sich um Verbformen, die nicht nach Person, Genus oder Numerus konjugiert werden. Im Deutschen zählen dazu der Infinitiv und die Partizipien (s. Partizipien) sowie der endungslose Inflektiv (z. B. gähn, schluchz).
Partizipien	Es handelt sich um infinite Verbformen, die sowohl Eigenschaften von Adjektiven als auch von Verben beinhalten (z. B. lachend). Partizipien werden daher auch als Mittelwörter bezeichnet. Sie haben eine Präsensform (Partizip I) und eine Perfektform (Partizip II). Das Partizip I des Verbs gehen lautet z. B. gehend, das Partizip II gegangen).
Partizipialkonstruktionen	Es handelt sich um Konstruktionen, die aus einem Partizip I oder Partizip II und weiteren Satzteilen bestehen (z. B. **Vor Vergnügen schnurrend**, setzte sich die Katze auf meinen Schoß. Der durch Speicheldrüsen **erzeugte Speichel** unterstützt die Zerlegung der Nahrung zusätzlich.).
Passiv	Im Deutschen unterscheidet man zwischen Vorgangs- und Zustandspassiv. Das Vorgangspassiv wird mit dem Hilfsverb „werden" und dem Partizip II des Hauptverbs gebildet (z. B. Der Mund **wird geschlossen.**). Das Zustandspassiv wird mit dem Hilfsverb „sein" und dem Partizip II des Hauptverbs gebildet (z. B. Der Mund **ist geschlossen.**).
Phraseologismen	(s. Idiomatische Ausdrücke)
Präfix	Ein Präfix stellt eine Worterweiterung dar, die dem Wortstamm vorangestellt ist (z. B. streiten – bestreiten, Fahrt – Abfahrt, schön – unschön).
Präfixverben	„Echte" Präfixe sind untrennbar mit einem Verb verbunden (z. B. zerfallen, beseitigen → ich zerfalle, ich beseitige). Sie sind stammbetont. „Unechte" Präfixverben bestehen aus Partikel und Verb und sind trennbar (z. B. abwägen → ich wäge meine Entscheidung ab). Ihre Betonung liegt auf dem Partikel.
Präpositionen	Es handelt sich bei dieser Wortart um unflektierbare Wörter, durch die Gegenstände oder Sachverhalte zueinander in Beziehung gesetzt werden (z. B. auf, unter, nach, um, vor).
Präpositionalkonstruktionen	Es handelt sich, einfach formuliert, um (nominale) Satzglieder mit einer Präposition als Kopf. Sie können als Präpositionalobjekt (z. B. ich denke oft an Lisa), als präpositionale Angabe (die Speise gelangt durch die Speiseröhre in den Magen) oder als Attribut (z. B. die Frau an seiner Seite) fungieren. Das nominale Element kann – je nach Präposition – im Akkusativ, Dativ oder Genitiv stehen. Bei manchen Präpositionen (z. B. in, neben, an) kann entweder der Dativ (zur Bezeichnung des Ortes) oder der Akkusativ (zur Bezeichnung der Richtung) stehen.

Pronomen	Es handelt sich um eine flektierbare Wortart, die für ein Nomen eingesetzt werden kann. Es existieren verschiedene Untergruppen, wie z. B. Personalpronomen (z. B. ich, du, wir, ihr), Fragepronomen (z. B. wer, was), Possessivpronomen (z. B. mein, dein, sein), Reflexivpronomen (z. B. sich, mich, dich) oder Relativpronomen (z. B. der, die, das, welche) (s. auch Indefinitpronomen).
Redundanzen	Es handelt sich um Elemente im Text, die sich mehr oder minder von selbst verstehen, also nicht notwendig sind, um den Gesamtinhalt verstehen zu können, oder um mehrfache Nennung derselben Information.
Reflexive Verben	Es handelt sich um Verben, die durch ein Reflexivpronomen (mich, dich, sich, …) erweitert werden (z. B. sich bilden → Im Faulturm bilden sich Gase).
Relativsatz	Alle Nebensätze, die durch ein Relativpronomen (der, die, das, welche) eingeleitet werden, bezeichnet man als Relativsatz.
Satzgefüge	Satzgefüge bestehen mindestens aus einem Haupt- und einem oder mehreren Nebensätzen und stellen daher komplexe Sätze dar (s. auch Hypotaxen).
Subordinierende Konjunktionen	s. Konjunktionen
Subordinierende Satzverbindungen	Die Subordination wird durch die Verwendung untergeordneter Konjunktionen angezeigt. Der Nebensatz ist dem Hauptsatz direkt untergeordnet, weshalb er auch als Gliedsatz des Hauptsatzes bezeichnet werden kann. Ein subordinierendes Satzgefüge wird auch als Hypotaxe bezeichnet.
Substantivierungen	s. Nominalisierungen
Suffix	Es handelt sich um eine Worterweiterung, die dem Wortstamm nachgestellt ist (z. B. heil-sam, erfolg-reich, Reich-tum). Dadurch kann sich eine Wortart verändern (z. B. schön → Schönheit).
Trennbare Verben	Es handelt sich um Präfixverben, deren Präfix im Satz vom Wortstamm getrennt stehen kann (sich einordnen → ich ordne mich ein).
Type-Token-Relation	Als token wird jedes einzelne Vorkommen eines bestimmten sprachlichen Elements (z. B. eines Wortes in einem Text) bezeichnet. Alle Vorkommen des gleichen Elements zusammen werden als type bezeichnet. So lässt sich z. B. die Anzahl der Wörter im Text insgesamt mit der Anzahl der verschiedenen Wörter in Beziehung setzen. Durch die Angabe einer Type-Token-Relation wird eine Aussage darüber getroffen, ob ein Text einen verhältnismäßig abwechslungsreichen Wortschatz aufweist oder nicht.

Übersicht über Diagnoseverfahren

AKFRA	Mütterfragebogen zu kindlichen Aktivitäten im Kontext des Familiensettings
AWST-R	Aktiver Wortschatztest für 3–5-jährige Kinder
BISC	Bielefelder Screening zur Früherkennung von Lese- Rechtschreibschwierigkeiten
BSID-II-NL	Baley Scale of Infant Development – II
CBCL 1,5–5	Child Behaviour Checklist 1,5–5
Cito-Sprach-test	Cito- Sprachtest. Digitale Sprachstandfeststellung bei 4- bis 7-jährigen Kindern (Deutsch und Türkisch)
CPM	Coloured Progressive Matrices
DEMAT 1+	Deutscher Mathematiktest für erste Klassen
DEMAT 2+	Deutscher Mathematiktest für zweite Klassen
DRT 1	Diagnostischer Rechtschreibtest für 1. Klassen
ELAN	Eltern antworten. Elternfragebogen zur Wortschatzentwicklung
ELFE	Ein Leseverständnistest für Erst- bis Sechstklässler:innen
FEESS 1–2	Fragebogen zur Erfassung emotionaler und sozialer Schulerfahrungen von Grundschulkindern erster und zweiter Klassen
HASE	Heidelberger Auditives Screening in der Einschulungsuntersuchung
HAVAS-5	Hamburger Verfahren zur Analyse des Sprachstands Fünfjähriger (Deutsch, Türkisch, Russisch, Italienisch, Portugiesisch, Polnisch, Spanisch)
HSET	Heidelberger Sprachentwicklungstest
HSP 1–9	Hamburger Schreib-Probe 1–9
KES-R	Kindergarten-Skala. Feststellung und Unterstützung pädagogischer Qualität in Kindergärten
KISTE	Kindersprachtest für das Vorschulalter
KNUSPEL-L	Knuspels Leseaufgaben
LGVT 6-12	Lesegeschwindigkeits- und -verständnistest für die Klassen 6–12
P-ITPA	Potsdam-Illinois Test für Psycholinguistische Fähigkeiten
PPVT-R	Peabody Picture Vocabulary Test – Revised
SETK-2	Sprachentwicklungstest für zweijährige Kinder. Diagnose rezeptiver und produktiver Sprachverarbeitungsfähigkeiten
SETK 3–5	Sprachentwicklungstest für drei- bis fünfjährige Kinder. Diagnose von Sprachverarbeitungsfähigkeiten und auditiven Gedächtnisleistungen
SSV	Sprachscreening für das Vorschulalter. Kurzform des SETK 3–5
WESPE	Der Sprachbeobachtungsbogen zur Identifikation sprachauffälliger Kinder
WLLP-R	Würzburger Leise Lese Probe- Revision
WWT 6–10	Wortschatz und Wortfindungstest für 6- bis 10-Jährige (deutsche und deutsch-türkische Testvariante)

Übersicht über die Downloadmaterialien

Allgemein

▶ Übung zur konzeptionellen Mündlichkeit und Schriftlichkeit
▶ Checkliste für einen sprachsensiblen Unterricht
▶ Fachlicher Verlaufsplan
▶ Checkliste für die sprachliche Orientierung im Fachunterricht
▶ Gedankenprotokoll eines Unterrichtsgesprächs
▶ Checkliste für Unterrichtshospitationen
▶ Übung zur Analyse von Schülertexten
▶ Beobachtungsbogen für sprachliche Kompetenzen der Schüler(innen)
▶ Sprachlicher Planungsrahmen
▶ Übungstext zu „Leichter Sprache"
▶ Übersicht über wichtige Operatoren für die Grundschule

Deutsch

▶ Sprechübungen aus dem Darstellenden Spiel
▶ Zwei- und Vierzeiler
▶ Gedichte
▶ Schreiben eines Analogiegedichtes
▶ Lesestrategien mit Leitfragen für die Schüler(innen) (Leporello)
▶ Strategie NOTIZ (vereinfachte Variante)
▶ Kopiervorlage Sprachenbaum
▶ Hörfassung des Gedichtes „Vaders"
▶ Parallelgedichte in anderen Sprachen verfassen
▶ Sprechen über Sprachen (Beispielaufgabe)

Mathematik

▶ Lesefächer – ich bearbeite Textaufgaben
▶ Den Rechenausdruck aufstellen
▶ Den Text verstehen
▶ Die Frage beantworten
▶ Mathematische Informationen finden
▶ Umgang mit Schlüsselbegriffen
▶ Leseschlange
▶ Leseschlange Vorlage
▶ Merkplakat Brüche
▶ Merkplakat Satzphrasen
▶ Merkplakat Subtraktion
▶ Wortschatzsammlung „rechnen"

Sachunterricht

▶ Tipps für die Anfertigung von Versuchsprotokollen
▶ Übungen zur Textsorte des Versuchsprotokolls
▶ Checkliste für Versuchsprotokolle
▶ Einführung und Umgang mit der Textsorte der Tabelle
▶ Merkheft für Textsorten
▶ Übungen zum Erschließen von Begriffen aus dem Kontext
▶ Übungen zur Entpersonalisierung
▶ Übung zum Erstellen einer Karteikarte
▶ Übungen zu kohäsiven Mitteln
▶ Übung zu Nominalisierungen
▶ Übung zu Partizipialattributen
▶ Sachtext zum Blutkreislauf
▶ Leseübungen für Sachtexte
▶ Leseprotokoll blanko
▶ Übungen zu Satzkonnektoren
▶ Wortschatzkarten zum Experimentieren
▶ Unterschiedliche Satzanfänge beim Vortragen – Wortkarten

Literatur

Achenbach, T. M.: Child Behaviour Checklist 1,5-5 (CBCL 1,5-5). Deutsche Fassung. Göttingen: Hogrefe, 2002.

Ackermann, S.: Klassengespräche im Mathematikunterricht. Eine Pilotstudie im Rahmen des Projekts „Persönlichkeit und Lernentwicklung von Grundschulkindern", 2011. https://kobra.uni-kassel.de/bitstream/handle/123456789/2011113039854/AckermannKlassengespraech.pdf;sequence=1 [letzter Aufruf: 08.07.2021].

Agel, C./Beese, M./Krämer, S.: Ein erfolgreiches Konzept naturwissenschaftlicher Sprachförderung – Ergebnisse einer empirischen Studie an der Gesamtschule Walsum. In: Der mathematische und naturwissenschaftliche Unterricht, 65 (1) 2011, S. 36 – 43.

Ágel, V./Hennig, M. (Hrsg.): Zugänge zur Grammatik der gesprochenen Sprache. Tübingen: Niemeyer, 2007.

Ahlers, T./Oberst, T./Nentwig, P.: Redeanteile von Lehrern und Schülern im Chemieunterricht nach ChiK. In: Zeitschrift für Didaktik der Naturwissenschaften (15) 2009, S. 331 – 342.

Ahrenholz, B. (Hrsg.): Fachunterricht und Deutsch als Zweitsprache. Tübingen: Narr Verlag, 2010a.

Ahrenholz, B.: Bildungssprache im Sachunterricht der Grundschule. In: Ders. (Hrsg.): Fachunterricht und Deutsch als Zweitsprache. Tübingen: Narr Verlag, 2010b, S. 15 – 35.

Ahrenholz, B.: Sprachliche Anforderungen im Sach- und Fachunterricht. Anforderungen und Schwierigkeiten für Schülerinnen und Schüler mit Deutsch als Zweitsprache. Vortrag im Rahmen der Vortragsreihe „Sprachliche Bildung & kulturelle Praxis, 2012.

Ahrenholz, B.: Sprache im Fachunterricht untersuchen. In: Röhner, C./Hövelbrinks, B. (Hrsg.): Fachbezogene Sprachförderung in Deutsch als Zweitsprache. Theoretische Konzepte und empirische Befunde zum Erwerb bildungssprachlicher Kompetenzen. Weinheim und Basel: Beltz/Juventa, 2013, S. 87 – 98.

Ahrenholz, B.: Erstsprache – Zweitsprache – Fremdsprache. In: Ahrenholz, B./Oomen-Welke, I.: Deutsch als Zweitsprache. Band 9 in der Reihe „Deutschunterricht in Theorie und Praxis" (DTP) hrsg. von Winfried Ulrich. 4. vollständig überarbeitete und erweiterte Auflage. Baltmannsweiler: Schneider Verlag Hohengehren, 2017, S. 3 – 20.

Ahrenholz, B./Jeuk, S./Lütke, B./Paetsch, J./Roll, H. (Hrsg.): Fachunterricht, Sprachbildung und Sprachkompetenzen. Berlin, Boston: de Gruyter, 2019.

Akbulut, M./Bien, L./Reich, H. H./Wildemann, A.: Metasprachliche Interaktionen in mehrsprachigen Lernsettings – ein Projekt zur Sprachbewusstheit im Grundschulalter. In: ide Heft 4, 2015, S. 116 – 125.

Althaus, R./Berger, B./Fetz, C./Mori, C./Niggemann, M.-L./Weidmann, M.: Deutsch-Frühförderung in Vorlaufkursen. Eine Handreichung für Grundschulen. 1. Auflage. Hrsg. vom Hessischen Kultusministerium. Wiesbaden: Hessisches Kultusministerium, 2002.

Apeltauer, E.: Wortschatzentwicklung und Wortschatzarbeit. In: Ahrenholz, B./Oomen-Welke, I. (Hrsg.): Deutsch als Zweitsprache. Band 9 in der Reihe „Deutschunterricht in Theorie und Praxis" (DTP) hrsg. von Winfried Ulrich. 4. vollständig überarbeitete und erweiterte Auflage. Baltmannsweiler: Schneider Verlag Hohengehren, 2017, S. 239 – 252.

Apeltauer, E.: Lernerselbststeuerung im Vor- und Grundschulbereich. In: Rost-Roth, M. (Hrsg.): DaZ-Spracherwerb und Sprachförderung Deutsch als Zweitsprache. Freiburg i. B.: Fillibach, 2010, S. 99 – 122.

Apeltauer, E.: Zur Verbentwicklung in der Lernersprache (Deutsch) eines türkischen Vorschulkindes. In: Jeuk, S./Schäfer, J. (Hrsg.): Deutsch als Zweitsprache in Kindertageseinrichtungen und Schule. Stuttgart: Fillibach bei Klett, 2012, S. 15 – 41.

Arnett, J.: Caregiver Interaction Scale. Evaluation Tool. FPG Child Development Institute, 1989. https://fpg.unc.edu/sites/fpg.unc.edu/files/resources/assessments-and-instruments/SmartStart_Tool6_CIS.pdf [letzter Aufruf: 08.07.2021].

Arntz, A.: „Das hört sich interessant an!" Mehrsprachige Gedichte hören und sprechen. In: Grundschule Deutsch, 46/2015, S. 26 – 28.

Auernheimer, G.: Einführung in die Interkulturelle Erziehung. 8. Auflage. Darmstadt: Wissenschaftliche Buchgesellschaft, 2015.

Bachmann-Stein, A./Stein, S.: Theoretische Grundlagen: Wortschatz und mentales Lexikon. In: Pohl, I./Ulrich, W. (Hrsg.): Wortschatzarbeit. Baltmannsweiler: Schneider Verlag Hohengehren, 2016. S. 46-53.

Bailey, A. L.: The Language Demands of School. Putting Academic English to the Test. New Haven/Lonon: Yale University Press, 2006.

Bailey, A. L./Butler, F. A.: An evidentiary framework for operationalizing academic language for broad application to K-12 education: A design document. Los Angeles, CA: National Center for Research on Evaluation, Standards, and Student Testing, 2003.

Bailey, A. L./Butler, F. A./LaFramenta, C./Ong, C.: Towards the Characterization of Academic Language in Upper Elementary Science Classrooms, 2004. https://files.eric.ed.gov/fulltext/ED483387.pdf [letzter Aufruf: 08.07.2021].

Bailey, A. L./Butler, F. A./Stevens, R./Lord, C.: Further Specifying the Language Demands of School. In: Bailey, A. L.: The Language Demands of School. Putting Academic English to the Test. New Haven/London: Yale University Press, 2007, S. 103–156.

Baruk, S.: Wie alt ist der Kapitän? Über den Irrtum in der Mathematik. Basel u. a.: Birkhäuser, 1989.

Baumert, J./Kunter, M.: Stichwort: Professionelle Kompetenz von Lehrkräften. In: Zeitschrift für Erziehungswissenschaft, 9 (4) 2006, S. 469–520.

Baumert, J./Cortina, K. S./Leschinsky, A.: Grundlegende Entwicklungen und Strukturprobleme im allgemeinbildenden Schulwesen. In: Cortina, K. S./Baumert, J./Leschinsky, A./Mayer, K. U./Trommer, L. (Hrsg.): Das Bildungswesen in der Bundesrepublik Deutschland. Vollständig überarbeitete Neuausgabe, Reinbeck bei Hamburg: Rowohlt, 2008, S. 53–130.

Baur, R./Spettmann, M.: Screening – Diagnose – Förderung: Der C-Test im Bereich DaZ. In: Ahrenholz, B. (Hrsg.): Deutsch als Zweitsprache – Voraussetzungen und Konzepte für die Förderung von Kindern und Jugendlichen mit Migrationshintergrund. Freiburg i.B.: Fillibach, 2007, S. 95–110.

Beck, G./Claussen, C.: Experimentieren im Sachunterricht. In: Die Grundschulzeitschrift, (139) 2000, S. 10–11.

Becker, S.H.: Mein und Garmans letzter Sommer – als Vorschulkind. In: Grundschule Deutsch 30/2011, S. 16–19.

Becker, S. H.: Kinder verstehen Gedichte. In: Grundschule Deutsch, 46/2015, S. 8–9.

Becker, T.: Schriftspracherwerb in der Zweitsprache. Eine qualitative Längsschnittstudie. Baltmannsweiler. Schneider Verlag Hohengehren, 2011.

Becker, T.: Der Zusammenhang sprachlicher und orthographischer Fähigkeiten bei deutsch-türkischen Grundschülern. Ergebnis einer qualitativen Längsschnittstudie. In: Ahrenholz, B. (Hrsg.): Sprachstand erheben – Spracherwerb erforschen. Freiburg i. B.: Fillibach, 2012. S. 113–130.

Becker-Mrotzek, M./Schindler, K.: Schreibkompetenz modellieren. In: Dies. (Hrsg.): Texte schreiben. In der Reihe „Kölner Beiträge zur Sprachdidaktik (KöBeS)", hrsg. von Günther, H/Bredel, U./Becker-Mrotzek, M., Köln, S. 7–26. https://sprachdidaktik.phil-fak.uni-koeln.de/sites/koebes/user_upload/koebes_05_2007.pdf [letzter Aufruf: 08.07.2021].

Becker-Mrotzek, M./Vogt, R.: Unterrichtskommunikation als Mittel der Kompetenzentwicklung. In: Becker-Mrotzek, M. (Hrsg.): Mündliche Kommunikation und Gesprächsdidaktik. (= Handbuch Deutschunterricht in Theorie und Praxis, Band 3). 3. Auflage Baltmannsweiler: Schneider Verlag Hohengehren, 2015, S. 103–115.

Becker-Mrotzek, M./Schramm, K./Thürmann, E./Vollmer, H. J.: Sprache im Fach: Einleitung. In: Dies. (Hrsg.): Sprache im Fach. Sprachlichkeit und fachliches Lernen. Münster: Waxmann, 2013, S. 8–13.

Beckerle, C./Kucharz, D./Mackowiak, K.: Durchgängige Sprachförderung in Kindergarten und Grundschule. Erste Videoanalysen im Projekt der Stadt Fellbach. In: Hellmich, F. (Hrsg.): Bedingungen des Lehrens und Lernens in der Grundschule. Wiesbaden: VS Verlag für Sozialwissenschaften, 2012, S. 115–118.

Beckerle, C./Kucharz, D./Mackowiak, K.: Das Fellbach-Konzept: Alltagsintegrierte durchgängige Sprachförderung in Kindergarten und Grundschule. In: Theorie und Praxis der Sozialpädagogik (TPS) (1) 2014, S. 48–50.

Beckerle, C./Mackowiak, K./Kucharz, D.: Wirksamkeit alltagsintegrierter Sprachförderung bei Kindern mit einem unterschiedlichen sprachlichen Ausgangsniveau - Evaluationsergebnisse aus dem Fellbach-Projekt. In: Zeitschrift für Heilpädagogik (5), 2016. S. 234–243.

Beckerle, C.: Alltagsintegrierte Sprachförderung im Kindergarten und in der Grundschule. Evaluation des „Fellbach-Konzepts". Weinheim: Beltz/Juventa Verlag, 2017.

Beckert, C./Juska-Bacher, B: Bildungssprachliche Kompetenzen bei Schulbeginn: Modellierung – Operationalisierung – Ergebnisse. LiLi. Zeitschrift für Literaturwissenschaft und Linguistik. 178 (45) 2015. S. 71–89.

Beese, M./Benholz, C./Closta,C./Gürsoy, E./Niederhaus, C./Oleschko, S.: Sprachbildung in allen Fächern. München: Klett-Langenscheidt, 2014.

Belke, G.: Methoden des Sprachunterrichts in multilingualen Lerngruppen. In: Bredel, U./Günther, H./Klotz, P./Ossner, J./Siebert-Ott, G. (Hrsg.): Didaktik der deutschen Sprache. Ein Handbuch, Bd. 2. durchg. Auflage Paderborn, München: Schöningh, 2006, S. 840–853.

Belke, G.: Mehrsprachigkeit im Deutschunterricht: Sprachspiele, Spracherwerb und Sprachvermittlung. 3. Aufl., Baltmannsweiler: Schneider Verlag Hohengehren, 2003.

Belke, G.: Generatives Schreiben" als Grundlage interkultureller sprachlicher Bildung. 2011. https://www.uni-due.de/imperia/md/content/prodaz/generatives_schreiben.pdf. [letzter Aufruf: 09.07.2021].

Belke, G.: Mehr Sprache(n) für alle. Sprachunterricht in einer vielsprachigen Gesellschaft. Baltmannsweiler: Schneider Verlag Hohengehren, 2012.

Beller, K.: Untersuchungen zur familialen und familienergänzenden Erziehung von Kleinstkindern. In: Zimmer, J. (Hrsg.): Erziehung in früher Kindheit. Band 6, Enzyklopädie der Erziehungswissenschaft. Stuttgart: Klett-Cotta, 1985, S. 207–234.

Beller, K.: Modellprojekt Frühförderung von Kleinstkindern durch Unterstützung junger Familien bei der Erziehungsaufgabe und durch pädagogische Qualifizierung von Krippen. Abschlussbericht, 1993.

Beller, K./Stahnke, M./Butz, P./Stahl, W./Wessels, H.: Two Measures of the Quality of Group Care for Infants and Toddlers. In: European Journal of Psychology of Education (11) 1996, S. 151–167.

Beller, K./Beller, S.: Kuno Bellers Entwicklungstabelle. Berlin: Eigenverlag, 2000.

Beller, K./Beller, S.: Systematische sprachliche Anregung im Kindergartenalltag zur Erhöhung der Bildungschancen 4- und 5-jähriger Kinder aus sozial schwachen und Migrantenfamilien – ein Modell der pädagogischen Intervention: Abschlussbericht, 2009. https://www.beller-kkp.de/downloads/ESIA2Abschlussbericht.pdf. [letzter Aufruf am 09.07.2021].

Beller, K./Merkens, H./Preissing, C.: Erziehungsqualifizierung zur Erhöhung des sprachlichen Anregungsniveaus in Tageseinrichtungen für Kinder – eine Interventionsstudie. Abschlussbericht. Berlin, 2007. https://www.beller-kkp.de/downloads/ESIA1Abschlussbericht.pdf. [letzter Aufruf am 09.07.2021].

Benholz, C./Kniffka, G./Winters-Ohle, E. (Hrsg.): Fachliche und sprachliche Förderung von Schülern mit Migrationsgeschichte. Beiträge des Mercator-Symposions „Fachliche und sprachliche Förderung von Schülern mit Migrationsgeschichte" im Rahmen des 15. AILA-Weltkongresses „Mehrsprachigkeit: Herausforderungen und Chancen". (Mehrsprachigkeit, Band 26). Münster: Waxmann, 2010.

Benholz, C./Rau, S.: Möglichkeiten der Sprachförderung im Sachunterricht der Grundschule, 2011. https://www.uni-due.de/imperia/md/content/prodaz/sprachfoerderung_sachunterricht_grundschule.pdf. [letzter Aufruf: 09.07.2021].

Berendes, E.: Voraussetzungen für das Bearbeiten von Sachaufgaben in der Grundschule, o.J. http://www.os-rechenschwaeche.de/pdf/wir_ueber_uns/Voraussetzungen-fuer-das-Bearbeiten-von-Sachaufgaben-in-der-Grundschule.pdf. [letzter Aufruf: 09.07.2021].

Berendes, K./Dragon, N./Weinert, S./Heppt, B./Stanat, P.: Hürde Bildungssprache? Eine Annäherung an das Konzept „Bildungssprache" unter Einbezug aktueller empirischer Forschungsergebnisse. In: Redder, A./Weinert, S. (Hrsg.): Sprachförderung und Sprachdiagnostik. Interdisziplinäre Perspektiven. Münster u. a.: Waxmann, 2013, S. 17–41.

Bernstein, B. B.: Der Unfug mit der „kompensatorischen Erziehung". In: b:e Redaktion (Hrsg.): Familienerziehung, Sozialschicht und Schulerfolg. Weinheim u. a.: Verlag Julius Beltz, 1971, S. 21–36.

Bernstein, B. B.: Studien zur sprachlichen Sozialisation. 1. Aufl. Düsseldorf: Pädagogischer Verlag Schwann (Sprache und Lernen, 7), 1972.

Bernstein, B. B.: Ein sozio-linguistischer Ansatz zur Sozialisation: Mit einigen Beiträgen zur Erziehbarkeit. Pädagogische Psychologie, Entwicklung und Sozialisation. Frankfurt: Fischer, 1973.

Bertelsmann Stiftung: Update Inklusion – Datenreport zu den aktuellen Entwicklungen. https://www.bertelsmann-stiftung.de/fileadmin/files/BSt/Publikationen/GrauePublikationen/Studie_IB_Update_Inklusion_2014.pdf. [letzter Aufruf: 09.07.2021].

Biber, D.: Variation across speech and writing. Cambridge: Cambridge Univ. Press, 1988.

Bien-Miller, L./Wildemann, A.: Mehrsprachigkeit als Ressource für Sprachbetrachtung nutzen. (K)ein Konsens zwischen Theorie und Praxis möglich?.In: Der Deutschunterricht 2/20, S. 62–70.

Bindel, R.: Kognitives Modellieren als didaktisches Prinzip. In: Kohlberg, T. (Hrsg.): Sprachtherapeutische Förderung im Unterricht. Stuttgart: Kohlhammer, 2007, S. 144–160.

Bittins, P./Dörnhaus, S./Groß Ophoff, J./Hermes, C./Hosenfeld, I./Isaac, K./Klose, S./Langel-Carossa, G./Peek, R./Potthoff, U./Reviol, T./Schumacher, A./Waldmann, E./Willert, C.: Deutsch. Didaktische Erläuterungen. Lesen. Projekt VERA (Vergleichsarbeiten in der Grundschule) 2005. https://mbjs.brandenburg.de/media/lbm1.a.4365.de/VERA_Deutsch_didaktische_Erlaeuterungen_2005.pdf. [letzter Aufruf: 09.07.2021].

Bochnik, K./Heinze, A./Ufer, S.: Warum auch die Mathematik die Sprache braucht. Hürden im Mathematikunterricht, wenn Sprachkenntnisse fehlen. In: Grundschule Mathematik (39) 2013, S. 6–9.

Bochnik, K./Ufer, S.: Die Rolle fachsprachlicher Kompetenzen zur Erklärung mathematischer Kompetenzunterschiede zwischen Kindern mit deutscher und nicht-deutscher Familiensprache. In: Zeitschrift für Erziehungswissenschaft 9 (1), 2016. S. 135–147.

Bock, B. M.: Anschluss ermöglichen und die Vermittlungsaufgaben ernst nehmen – 5 Thesen zur Leichten Sprache. In: Didaktik Deutsch, 38/2015, S. 9–17.

Bockmann, A.-K./Kiese-Himmel, C.: ELAN – Eltern antworten. Elternfragebogen zur Wortschatzentwicklung. Göttingen: Hogrefe, 2006.

Böttcher, I./Becker-Mrotzek, M.: Texte bearbeiten, bewerten und benoten. 4. Auflage Berlin: Cornelsen scriptor, 2009.

Bos, W./Lankes, E. M./Prenzel, M./Schwippert, K./Valtin, R./Walther, G. (Hrsg.): Erste Ergebnisse aus IGLU. Schülerleistungen am Ende der vierten Jahrgangsstufe im internationalen Vergleich. Münster u. a.: Waxmann, 2003.

Bos, W./Pietsch, M. (Hrsg.): KESS 4: Kompetenzen und Einstellungen von Schülerinnen und Schülern. Jahrgangsstufe 4. Freie und Hansestadt Hamburg: Behörde für Bildung und Sport, 2005.

Bourdieu, P.: Was heißt sprechen? Zur Ökonomie des sprachlichen Tausches. 2. erw. Auflage. Wien: Braumüller, 2005.

Bourdieu, P./Passeron, J.-C.: Die Illusion der Chancengleichheit. Untersuchungen zur Soziologie des Bildungswesens am Beispiel Frankreichs. Stuttgart: Klett, 1971.

Bräuer, C./Kernen, N. (Hrsg.): Aufgaben- und Lernkultur im Deutschunterricht. Theoretische Anfragen und empirische Ergebnisse der Deutschdidaktik. Reihe: Positionen der Deutschdidaktik. Berlin u.a.: Lang Verlag, 2019.

Bräuer, C./Kernen, N. (Hrsg.): Einleitung: Optimale Aufgaben – Bedingungen der Aufgabenstellung und -bearbeitung im Rahmen einer fachlichen Lern- und Aufgabenkultur im Deutschunterricht. In Dies.: Aufgaben- und Lernkultur im Deutschunterricht. Theoretische Anfragen und empirische Ergebnisse der Deutschdidaktik. Reihe: Positionen der Deutschdidaktik. Berlin u.a.: Lang Verlag, 2019, S. 9-41.

Bredel, U.: Sprachstandmessung – eine verlassene Landschaft. In: Bundesministerium für Bildung und Forschung (Hrsg.): Anforderungen an Verfahren der regelmäßigen Sprachstandsfestellung als Grundlage für die frühe und individuelle Förderung von Kindern mit und ohne Migrationshintergrund, Berlin, 2007, S. 78 – 119. https://d-nb.info/978298160/34. [letzter Aufruf: 09.07.2021].

Bredel, U./Reich, H. H.: Literale Basisqualifikationen I und II. In: Referenzrahmen zur altersspezifischen Sprachaneignung. Band 29/I, hrsg. vom Bundesministerium für Bildung und Forschung. Berlin, 2008, S. 95 – 105.

Breinig, H./Lösch, K.: Introduction: Difference and Transdifference. In: H. Breinig, J. Gebhardt & K. Lösch (Eds.), Multiculturalism in Contemporary Societies: Perspectives on Difference and Transdifference. Erlangen: Universitätsbund, S. 11 – 36 (= Erlanger Forschungen: Reihe A, Geisteswissenschaften, Bd. 101), 2002.

Bremerich-Vos, A.: Standards und Kompetenzdiagnostik im Fach Deutsch – 12 Jahre nach PISA. In: Fay, J. (Hrsg.): (Schrift-)Sprachdiagnostik heute. Theoretisch fundiert, interdisziplinär, prozessorientiert und praxistauglich. Baltmannsweiler: Schneider Verlag Hohengehren, 2013, S. 5 – 24.

Bremerich-Vos, A./Böhme, K.: Kompetenzdiagnostik im Bereich „Sprache und Sprachgebrauch untersuchen. In: Granzer, D./Köller, O./Bremerich-Vos, A. u. a. (Hrsg.): Bildungsstandards Deutsch und Mathematik. Leistungsmessung in der Grundschule. Weinheim, Basel: Beltz, 2009, S. 376 – 392.

Bremerich-Vos, A./Böhme, K./Krelle, M./Weirich, S./Köller, O.: Kompetenzstufenmodelle im Fach Deutsch. In: Stanat, P./Pant, H. A./Böhme, K./Richter, D. (Hrsg.): Kompetenzen von Schülerinnen und Schülern am Ende der vierten Jahrgangsstufe in den Fächern Deutsch und Mathematik. Ergebnisse des IQB-Ländervergleichs 2011. Münster: Waxmann, 2012. S. 56 – 71.

Bremerich-Vos, A./Böhme, K./ Krelle, M./Weirich, S./ Köller, O.: Kompetenzstufenmodelle im Fach Deutsch. In: Stanat, P./Schipolowski, S./Rojk, C./Weirich, S./Haag, N. (Hrsg.): IQB-Bildungstrend 2016. Kompetenzen in den Fächern Deutsch und Mathematik am Ende der 4. Jahrgangsstufe im 2. Ländervergleich.
Ergebnisse des IQB-Bildungstrend 2016. Münster: Waxmann, 2017. S. 53–70.

Bremerich-Vos, A./Granzer, D./Behrens, U./Köller, O. (Hrsg.): Bildungsstandards für die Grundschule: Deutsch konkret. Berlin: Cornelsen Scriptor, 2009.

Brizic, K.: Das geheime Leben der Sprachen. Gesprochene und verschwiegene Sprachen und ihr Einfluss auf den Spracherwerb in der Migration. Münster: Waxmann, 2007.

Bruner, J.: The role of Dialogue in Language Aquisition. In: Sinclair, A./Jarvella, R./Levelt, W. (Hrsg.): The Child`s Conception of Language. New York: Springer Verlag, 1978, S. 241 – 256.

Bruner, J. S./Oliver, R. S./Greenfield, P. M.: Studien zur kognitiven Entwicklung. Stuttgart: Kohlhammer, 1971.

Bruner, J./Wood, D./Ross, G.: The role of tutoring in problem-solving. In: Journal of Child Psychology and Child Psychiatry (17) 1976, S. 89 – 100.

Brüning, L./Saum, T.: Erfolgreich unterrichten durch Kooperatives Lernen. Strategien zur Schüleraktivierung. Band 1. 12. Auflage. Essen: Verlag Neue Deutsche Schule, 2020.

Brüning, L./Saum, T.: Erfolgreich unterrichten durch Kooperatives Lernen. Neue Strategien zur Schüleraktivierung. Individualisierung, Leistungsbeurteilung, Schulentwicklung. Band 2. 3. Auflage Essen: Verlag Neue Deutsche Schule, 2015.

Brunner, M./Schöler, H.: HASE – Heidelberger Auditives Screening in der Einschulungsuntersuchung. Wertingen: Westra, 2001/2002.

Brunner, M./Schöler, H.: HASE – Heidelberger Auditives Screening in der Einschulungsuntersuchung. Wertingen: Westra, 2007.

Budumlu, H./Fornol, S./Grießhaber, W./Kalkavan-Aydin, Z.: Schriftsprachliche Fähigkeiten im fächerübergreifenden Vergleich – Einblicke in das FöBis-Projekt. In: Ricart-Brede, J./ Maak, D./Pliska, E. (Hrsg.): Deutsch als Zweitsprache, Migration und Mehrsprachigkeit. Beiträge aus dem 12. „Workshop für Deutsch als Zweitsprache, Migration und Mehrsprachigkeit". Stuttgart: Klett/Fillibach Verlag, 2018. S. 55–75.

Budumlu, H./Grießhaber, W./Huda, M./Kalkavan-Aydin, Z.: Effekte früher Förderung von Bildungssprache - Ein exemplarischer Vergleich sprachlicher Kompetenzen und schriftlicher Erzählfähigkeiten bei neu zugewanderten Grundschüler/-innen. In: Budde, M./Prüsmann, F. (Hrsg.): Vom Sprachkurs DaZ zum Regelunterricht. Münster u.a.: Waxmann Verlag, 2020. S. 75–101.

Bühler, K.: Sprachtheorie: Die Darstellungsfunktion der Sprache. Stuttgart: Fischer, 1982.

Bulgren, J. A./Lenz, K. B./Schumaker, J. B./Deshler, D. D./Marquis, J. G.: The Use and Effectiveness of a Comparison Routine in Diverse Secondary Content Classrooms. In: Journal of Educational Psychology 94 (2) 2002, S. 356–371.

Bundesministerium für Bildung und Forschung (Hrsg.): Zur Entwicklung nationaler Bildungsstandards – Expertise. Bildungsforschung Band 1. Bonn/Berlin, 2007, unveränderter Neudruck 2009. („Klieme-Expertise") http://sinus-transfer.uni-bayreuth.de/fileadmin/MaterialienBT/Expertise_Bildungsstandards.pdf. [letzter Aufruf: 09.07.2021].

Busch, H./Ralle, B.: Diagnostik und Förderung fachsprachlicher Kompetenzen im Chemieunterricht. In: Becker-Mrotzek, M./Schramm, K./Thürmann, E./Vollmer, H. J. (Hrsg.): Sprache im Fach. Sprachlichkeit und fachliches Lernen. Münster u.a.: Waxmann Verlag, 2013, S. 277–294.

Buschmann, A./Joos, B./Simon, S./Sachse, S.: Alltagsintegrierte Sprachförderung in Krippe und Kindergarten. Das „Heidelberger Trainingsprogramm". Ein sprachbasiertes Interaktionstraining für den Frühbereich. In: Interdisziplinär (18) 2010, S. 84–95.

Buschmann, A./Sachse, S.: Alltagsintegrierte Sprachförderung in der Kita – Konzept und Wirksamkeit des „Heidelberger Trainingsprogramms". In: Textor, M. (Hrsg.): Kindergartenpädagogik – Online Handbuch, 2011. https://www.kindergartenpaedagogik.de/fachartikel/ausbildung-studium-beruf/fortbildung-aufbaustudium-supervision/2182. [letzter Aufruf: 09.07.2021].

Brandt, H.: Bildungssprachförderlicher Unterricht – wie geht das? Qualitätsmerkmale für den Unterricht. In: Schulmagazin 5–10 (10), 2011. S. 12–15

Calderhead, J.: Teachers: Beliefs and knowledge. In: Berliner, D. (Ed.). Handbook of educational psychology. New York, 1996, S. 709–725.

Cathomas, Rico: Neue Tendenzen in der Fremdsprachendidaktik – das Ende der kommunikativen Wende? In: Beiträge zur Lehrerbildung 25 (2), 2007, S. 180–191.

Christie, F.: Language and schooling. In: Tchudi, S. (Hrsg.): Language, schooling and society. Upper Montclair, NJ: Boynton/Cook, 1985, S. 21–40.

Christie, F.: Science and apprenticeship: The pedagogic discourse. In: Martin, J. R./Veel, R. (Hrsg.): Reading science: Critical and functional perspectives on discourses of science. London: Routledge, 1998, S. 152–177.

Chudaske, J.: Sprache, Migration und schulfachliche Leistung. Einfluss sprachlicher Kompetenz für Lese-, Rechtschreib- und Mathematikleistungen. Wiesbaden: VS Verlag für Sozialwissenschaften, 2012.

Crämer, C.: Verstehen? Fehlanzeige. In: Grundschule. Heft 5, 2014, S. 10–11.

Cummins, J.: Bilingual Education and Special Education: Issues in Assessment and Pedagogy San Diego: College Hill, 1984.

Cummins, J.: Language, Power and Pedagogy. Bilingual Children in the Crossfire. Clevedon u.a.: Multilingual Matters LTD, 2000.

Cummins, J.: BICS and CALP: Origins and Rationale for the Distinction. In: Paulston, B. Ch./Tucker, G. R. (Hrsg.): Sociolinguistics. The Essential Readings. Oxford: Blackwell, 2003, S. 322–329.

Cummins, J.: Sprachliche Interaktionen im Klassenzimmer: Von zwangsweise auferlegten zu kooperativen Formen von Machtbeziehungen. In: Mecheril, P. (Hrsg.): Die Macht der Sprachen. Englische Perspektiven auf die mehrsprachige Schule. Münster: Waxmann, 2006, S. 36–62.

Dalton-Puffer, C.: Die Fremdsprache Englisch als Medium des Wissenserwerbs: Definieren und Hypothesenbilden. In: Caspari, D./Hallet, W./Wegner, A./Zydatiß, W. (Hrsg.): Bilingualer Unterricht macht Schule. Beiträge aus der Praxisforschung. (=Kolloquium Fremdsprachenunterricht, Band 29). Frankfurt a. M.: Lang Verlag, 2009, S. 67–79.

Dannenbauer, F. M.: Grammatik. In: Baumgartner, S./Füssenich, I. (Hrsg.): Sprachtherapie bei Kindern. München: Reinhardt. 2002, S. 123–203.

Dehn, M.: Zeit für die Schrift: Lesenlernen und Schreibenkönnen. Bochum: Kampt, 1988.

Dehn, M.: Elementare Schriftkultur und Bildungssprache. In: Fürstenau, S./Gomolla, M. (Hrsg.): Migration und schulischer Wandel: Mehrsprachigkeit. Wiesbaden: VS Verlag für Sozialwissenschaften, 2011, S. 129–151.

Denken und Rechnen 4, erarbeitet von Buschmeier, G./Eidt, H./Hacker, J./Lack, C./Lammel, R./Wichmann, M. Braunschweig: Westermann, 2012.

Diefenbach, H.: Kinder und Jugendliche aus Migrantenfamilien im deutschen Bildungssystem. Erklärungen und empirische Befunde. Wiesbaden: VS Verlag für Sozialwissenschaften, 2007.

Diehl, K.: Sprachsensibler Mathematikunterricht aus der Sicht von Lehrkräften in der Primarstufe. Berücksichtigen Lehrkräfte bei der Planung und Organisation ihres mathematischen Fachunterrichts sprachsensible Prinzipien? Universität Koblenz-Landau: Unveröffentlichte Masterarbeit, 2015.

Döll, M.: Beobachtung und Aneignung des Deutschen bei mehrsprachigen Kindern und Jugendlichen. Modellierung und empirische Prüfung eines sprachdiagnostischen Beobachtungsverfahrens. Münster u. a.: Waxmann, 2012.

Dollnick, M.: Konnektoren in türkischen und deutschen Texten bilingualer Schüler. Eine vergleichende Langzeituntersuchung zur Entwicklung schriftsprachlicher Kompetenzen. Frankfurt a. M.: Peter Lang, 2013.

Donnerhack, S./Berndt, A./Thürmann, E./Vollmer, H. J.: Bildungssprachliche Kompetenzerwartungen für den Mittleren Schulabschluss – am Beispiel des Faches Evangelische Religion. In: Becker-Mrotzek, M./Schramm, K./Thürmann, E./Vollmer, H. J. (Hrsg.): Sprache im Fach. Sprachlichkeit und fachliches Lernen. Münster u. a.: Waxmann, 2013, S. 381–400.

Drach, E.: Bildungssprache. In: Schwartz, H. (Hrsg.): Pädagogisches Lexikon. Band 1. Bielefeld/Leipzig: Felhagen und Klasing Verlag, 1928, S. 665–673.

Dragon, N./Berendes, K./Weinert, S./Heppt, B./Stanat, P.: Konnektorenverständnis im Grundschulalter: Ignorieren Grundschulkinder Konnektoren? 2013. http://www.fiss-bmbf.uni-hamburg.de/public/pdf/poster/Poster_BiSpra_TP_Erzwiss_Psych_Tagung_GEBF_Maer.2013_Dragon.pdf. [letzter Aufruf: 09.07.2021].

Dresel, M./Steuer, G./Berner, V.-D.: Zum Zusammenhang von Geschlecht, kultureller Herkunft und sozialer Herkunft mit Lernen und Leistung im Kontext von Schule und Unterricht. In: Hagedorn, J./Schurt, V./Steber, C./Waburg, W. (Hrsg.): Ethnizität, Geschlecht, Familie und Schule. Heterogenität als erziehungswissenschaftliche Herausforderung. Wiesbaden: VS Verlag für Sozialwissenschaften, 2010, S. 333–349.

Duden: Stilwörterbuch der deutschen Sprache. Die Verwendung der Wörter im Satz. 6., völlig neu bearbeitete und stark erweiterte Auflage. Mannheim/Wien/Zürich (Der Große Duden, 2), 1971.

Dunn, L. M./Dunn, D. M.: Peabody Picture Vocabulary Test – Revised. Manual for forms L and M. Circle Pines, Minnesota: American Guidance Service, 1981.

Dürscheid, C.: Einführung in die Schriftlinguistik. 5. überarbeitete und aktualisierte Auflage. Göttingen: Vandenhoeck & Ruprecht, 2016.

Eckerth, M.: Formen der Diagnose und Förderung: Eine mehrperspektivische Analyse zur Praxis pädagogischer Fachkräfte in der Grundschule. Waxmann: Münster, 2013.

Eckhardt, A. G.: Sprache als Barriere für den schulischen Erfolg. Potenzielle Schwierigkeiten beim Erwerb schulbezogener Sprache für Kinder mit Migrationshintergrund. Münster: Waxmann Verlag, 2008.

Egert, F./Hopf, M.: Zur Wirksamkeit von Sprachförderung in Kindertageseinrichtungen in Deutschland. Ein narratives Review. In: Kindheit und Entwicklung (25) 3, 2016. S. 153–163.

Ehlers, S.: Lesekompetenz in der Zweitsprache. In: Ahrenholz, B./Oomen-Welke, I.: Deutsch als Zweitsprache. Reihe: Deutschunterricht in Theorie und Praxis. Baltmannsweiler: Schneider Verlag Hohhengehren, 4. vollständig überarbeitete und erweiterte Auflage 2017, S. 215–227.

Ehlich, K.: Funktional-pragmatische Kommunikationsanalyse. In: Flader, D. (Hrsg.): Verbale Interaktion. Studien zur Empirie und Methodologie der Pragmatik. Stuttgart: Metzler, 1991, S. 127–143.

Ehlich, K.: Eine Expertise zu „Anforderungen an Verfahren der regelmäßigen Sprachstandsfeststellung als Grundlage für die frühe und individuelle Sprachförderung von Kindern mit und ohne Migrationshintergrund." In: Gogolin, I./Neumann, U./Roth, H.-J. (Hrsg.): Sprachdiagnostik bei Kindern und Jugendlichen mit Migrationshintergrund. Münster: Waxmann, 2005a, S. 33–50.

Ehlich, K.: Sprachaneignung und deren Feststellung bei Kindern mit und ohne Migrationshintergrund: Was man weiß, was man braucht, was man erwarten kann. In: Bundesministerium für Bildung und Forschung (Hrsg.): Anforderungen an Verfahren der regelmäßigen Sprachstandsfeststellung als Grundlage für die frühe und individuelle Förderung von Kindern mit und ohne Migrationshintergrund. Bildungsforschung 11, Bonn/Berlin, 2005b, S. 3–75.

Ehlich, K.: Text und sprachliches Handeln. Die Entstehung von Texten aus dem Bedürfnis nach Überlieferung. In: Assmann, A./Assmann, J./Hardmeier, Ch. (Hrsg.) Schrift und Gedächtnis. München: Fink Verlag, 1983. S. 24–43.

Ehlich, K./Bredel, U./Reich H. H. (Hrsg.): Referenzrahmen zur altersspezifischen Sprachaneignung. Band 29/I, hrsg. vom Bundesministerium für Bildung und Forschung. Berlin, 2008. http://home.edo.tu-dortmund.de/~hoffmann/PDF/bildungsforschung_band_neunundzwanzig.pdf. [letzter Aufruf: 09.07.2021].

Ehlich, K./Graefen, G.: Sprachliches Handeln als Medium diskursiven Denkens. Überlegungen zur sukkursiven Einübung in die deutsche Wissenschaftskommunikation. In: Jahrbuch Deutsch als Fremdsprache (27) 2001, S. 351–378.

Eichhorn, M./Liebe, M.: WESPE. Der Sprachbeobachtungsbogen zur Identifikation sprachauffälliger Kinder. Berlin: NIF, 2006.

Esser, G./Wyschkon, A.: P-ITPA. Potsdam-Illinois Test für Psycholinguistische Fähigkeiten. Göttingen: Hogrefe, 2010.

Esteve, O.: Fremdsprachenforschung, Unterrichtspraxis und Lehrerweiterbildung in Spanien, Fremdsprachen lehren und lernen (Themenschwerpunkt: Fremdsprachenforschung in Europa), 40, Heft 1, 2011a, S. 100–114.

Esteve, O.: Desarrollando la mirada investigadora en el aula. La práctica reflexiva: herramienta para el desarrollo profesional como docente. En U. Ruiz (Coord.). Lengua Castellana y Literatura. Investigación, innovación y buenas prácticas. Barcelona: Graó, 2011b.

Falk, S./Bredel, U./Reich H. H.: Phonische Basisqualifikationen. In: Ehlich, K./Bredel, U./Reich H. H. (Hrsg.): Referenzrahmen zur altersspezifischen Sprachaneignung. Band 29/I, hrsg. vom Bundesministerium für Bildung und Forschung. Berlin, 2008, S. 35–40. http://home.edo.tu-dortmund.de/~hoffmann/PDF/bildungsforschung_band_neunundzwanzig.pdf. [letzter Aufruf: 09.07.2021].

Faulstich-Wieland, H.: Mädchen und Jungen im Unterricht. In: Buholzer, A./Kummer Wyss, A. (Hrsg.): Alle gleich – alle unterschiedlich! Zum Zusammenhang von Heterogenität in Schule und Unterricht. Seelze-Velber, Zug: Kallmeyer in Verbindung mit Klett, Klett und Balmer. 2010, S. 16–27.

Feilke, H.: Textwelten der Literalität. In: Schmölzer-Eibinger, S./Weidacher, G. (Hrsg.): Textkompetenz – eine Schlüsselkompetenz und ihre Vermittlung. Tübingen: Narr Verlag, 2007, S. 25–38.

Feilke, H.: Schriftliches Argumentieren zwischen Nähe und Distanz – am Beispiel wissenschaftlichen Schreibens. In: Ágel, V./Hennig, M. (Hrsg.): Nähe und Distanz im Kontext variationslinguistischer Forschung. Berlin/New York: de Gruyter Verlag, 2010, S. 209–231.

Feilke, H.: Bildungssprachliche Kompetenzen – fördern und entwickeln. In: Praxis Deutsch (233), 2012. S. 4–13.

Feilke, H.: Bildungssprache und Schulsprache am Beispiel literal-argumentativer Kompetenzen. In: Becker-Motzek, M./Schramm, K./Thürmann, E./Vollmer, H. J. (Hrsg.): Sprache im Fach. Sprachlichkeit und fachliches Lernen. Münster u. a.: Waxmann Verlag, 2013, S. 113–130.

Feindt, A./Meyer, H.: Kompetenzorientierter Unterricht. In: Die Grundschulzeitschrift 237, 2010, S. 29–33.

Feneberg, S.: Wie kommt das Kind zum Buch? Die Bedeutung des Geschichtenvorlesens im Vorschulalter für die Leseentwicklung von Kindern. Neuried: ars una, 1994.

Fix, U.: Text und Textlinguistik. In: Janich, N. (Hrsg.) Textlinguistik. 15 Einführungen. Tübingen: Narr. 2008, S. 15–34.

Fornol, S.: Bildungssprachliche Mittel. Eine Analyse von Schülertexten aus dem Sachunterricht der Primarstufe. Erschienen in der Reihe „Empirische Forschung im Elementar- und Primarbereich". Band 6, hrsg. von A. Hartinger, F. Heinzel, G. Kammermeyer und S. Martschinke. Bad Heilbrunn: Klinkhardt Verlag, 2020.

Fornol, S./Hövelbrinks, B.: Bildungssprache. In: Jeuk, S./Settinieri, J. (Hrsg.): Handbuch Sprachdiagnostik Deutsch als Zweitsprache. Berlin: de Gruyter, 2019. S. 493–517.

Fornol, S.: Die Bedeutung sprachsensibler Unterrichtsgestaltung im Fachunterricht für bildungssprachliche Kompetenzentwicklung im Primarbereich. In: Dirim, I./Wegner, A. (Hrsg.): Mehrsprachigkeit und Bildungsgerechtigkeit. Opladen: Budrich, 2016a, S. 86–99.

Fornol, S.: Bildungssprachliche Kompetenzen in der Primarstufe im Medium der Schrift. In: Ahrenholz, B./Hövelbrinks, B./Schmellentin, C. (Hrsg): Fachunterricht und Sprache in schulischen Lehr-/Lernprozessen. Tübingen: Narr, 2017. S. 285–305.

Fornol, S.: Die Bedeutung der kontextuellen Einbettung sprachlicher Indikatoren bei der Ermittlung bildungssprachlicher Kompetenzen. In: Liebers, K./Landwehr, B./Reinhold, S./Riegler, S./Schmidt, R. (Hrsg.): Facetten grundschulpädagogischer und -didaktischer Forschung. (Jahrbuch Grundschulforschung, Band 20). Wiesbaden: Springer VS, 2016b, S. 219–224.

Fornol, S.: Bildungssprache – mehr als konzeptionelle Schriftlichkeit? In: Heinzel, F./Koch, K. (Hrsg.): Individualisierung im Grundschulunterricht. Anspruch, Realisierung und Risiken. Wiesbaden: Springer Verlag VS, 2016c. S. 178–182.

Fornol, S./Heppt, B./Sutter, S./Hartinger, A./Rank, A./Wildemann, A.: Entwicklung und Erfassung bildungssprachlicher Merkmale. Forschungsergebnisse und Perspektiven. In: Liebers, K./Landwehr, B./Marquardt, A./Schlotter, K. (Hrsg.): Lernprozessbegleitung und adaptives Lernen in der Grundschule. Forschungsbezogene Beiträge (Jahrbuch Grundschulforschung, Band 19). Wiesbaden: Springer VS, 2016, S. 157–168.

Fornol, S./Wildemann, A./Rathmann, C.: Sprachsensibel unterrichten. Lernbeobachtung. Unterrichtsgestaltung, Lehrerhandeln. Eine Kartei für Lehrerinnen und Lehrer. In: Grundschule Deutsch, Heft 49, 2016. Die Kartei kann kostenlos heruntergeladen werden unter: https://grupaed.uni-landau.de/lingo-und-parla/material/kartei-sprachsensibel-unterrichten/

Fornol, S./Wildemann, A.: Er ging durch die sonnige Nacht. Kollokationen kennenlernen und verstehen. In: DaZ-Grundschule. Heft 3, 2018. S. 16-21.

Franke, M.: Didaktik des Sachrechnens in der Grundschule. 2. Auflage. Heidelberg: Spektrum Verlag, 2010.

Frederking, V. (Hrsg.): Schwer messbare Kompetenzen. Herausforderungen für die empirische Fachdidaktik. Baltmannsweiler: Schneider Verlag Hohengehren, 2008.

Fried, L.: Sprachförderung. In: Fried, L./Roux, S. (Hrsg.): Handbuch Pädagogik der frühen Kindheit. 3., überarbeitete Auflage. Berlin: Cornelsen, 2013, S. 175–181.

Fröbel, F. W. A.: Die Menschenerziehung, die Erziehungs-, Unterricht und Lehrkunst, angestrebt in der allgemeinen deutschen Erziehungsanstalt zu Keilhau. Erster Band. Bis zum begonnenen Knabenalter. Keilhau: Verlag der allgemeinen deutschen Erziehungsanstalt, 1826. Nachdruck: Bad Liebenstein, 2013.

Fürnkäs, J.: Alltagssprache, Bildungssprache, Fachsprache. Interdiskursive Topik als Aufgabe einer interkulturellen Germanistik. In: Mishima, K./Tsuji, H. (Hrsg.): Dokumentation des Symposiums „Interkulturelle Deutschstudien. Methoden, Möglichkeiten und Modelle" in Takayama/Japan 1990, München 1992 (Deutschlandstudien international; 2), S. 265–290.

Fürstenau, S./Lange, I.: Bildungssprachförderliches Lehrerhandeln. Einblicke in eine videobasierte Unterrichtsstudie. In: Gogolin, I./Lange, I./Michel, U./Reich, H. H. (Hrsg.):

Herausforderung Bildungssprache – und wie man sie meistert. Münster u. a.: Waxmann, 2013,S. 188–219.

Gabriel, K.: Videobasierte Erfassung von Unterrichtsqualität im Anfangunterricht der Grundschule. Klassenführung und Unterichtsklima in Deutsch und Mathematik. Kassel: kassel university press, 2014.

Gaebert, D.-K./Bannwarth, H.: Der sprachsensible Fachunterricht am Beispiel des Biologieunterrichts. In: Knapp, W./Rösch, H. (Hrsg.): Sprachliche Lernumgebungen gestalten. Freiburg im Breisgau: Fillibach Verlag, 2010, S. 155–164.

Gallin, P./Ruf, U.: Sprache und Mathematik in der Schule. Auf eigenen Wegen zur Fachkompetenz. Seelze: Kallmeyer, 1998.

Ruf, R./Gallin, P.: Dialogisches Lernen in der Sprache und Mathematik. Band 1: Austausch unter Ungleichen. 6. Auflage. Hannover: Klett/Kallmeyer, 2018.

Gallin, P./Ruf, U.: Erkennen und Bewerten von Leistungen im dialogischen Unterricht. In: Sacher, W./Winter, F. (Hrsg.): Diagnose und Beurteilung von Schülerleistungen. In der Reihe „Professionswissen für Lehrerinnen und Lehrer", hrsg. von Grunder H.-U./Kansteiner-Schänzlin, K./Moser, H. Baltmannsweiler: Schneider Verlag Hohengehren, 2011. S. 231–249.

Gansel, C./Jürgens, F.: Textlinguistik und Textgrammatik. Eine Einführung. Wiesbaden: Westdeutscher Verlag, 2002.

Gantefort, C./Roth, H.-J.: Sprachdiagnostische Grundlagen für die Förderung bildungssprachlicher Fähigkeiten. In: Zeitschrift für Erziehungswissenschaften, 2010, S. 573–591.

Gantefort, C.: ‚Bildungssprache' – Merkmale und Fähigkeiten im sprachtheoretischen Kontext. In: Gogolin, I./Lange, I./Michel, U./Reich, H. H. (Hrsg.): Herausforderung Bildungssprache – und wie man sie meistert. Münster u. a.: Waxmann, 2013. S. 71–105.

Gasteiger-Klicpera, B./Knapp, W./Kucharz, D.: Abschlussbericht der wissenschaftlichen Begleitung des Programms „Sag' mal was – Sprachförderung für Vorschulkinder", 2010. https://www.sagmalwas-bw.de/fileadmin/Mediendatenbank_DE/Sag_Mal_Was/Dokumente/Abschlussbericht_PH_Weingarten.pdf. [letzter Aufruf: 09.07.2021].

GER – Europarat/Rat für kulturelle Zusammenarbeit: Gemeinsamer Europäischer Referenzrahmen für Sprachen: lernen, lehren, beurteilen. Berlin. München: Langenscheidt. 2001. http://student.unifr.ch/pluriling/assets/files/Referenzrahmen2001.pdf. [letzter Aufruf: 09.07.2021].

Gesellschaft für Didaktik des Sachunterrichts (Hrsg.): Perspektivrahmen Sachunterricht. Bad Heilbrunn: Klinkhardt Verlag, 2013.

Gibbons, P.: Scaffolding Language, Scaffolding Learning. Teaching Second Language Learners in the Mainstream Classroom. Portsmouth, NH: Heinemann Verlag, 2002.

Gibbons, P.: Unterrichtsgespräche und das Erlernen neuer Register in der Zweitsprache. In: Mecheril, P. (Hrsg.): Die Macht der Sprachen. Englische Perspektiven auf die mehrsprachige Schule. Münster: Waxmann, 2006, S. 269–290.

Gibbons, P.: Learning Academic Registers in Context: Challenges and Opportunities in Supporting Migrant Learners. In: Benholz, C./Kniffka, G./Winters-Ohle, E. (Hrsg.): Fachliche und sprachliche Förderung von Schülern mit Migrationsgeschichte. Beiträge des Mercator-Symposions im Rahmen des 15. AILA-Weltkongresses „Mehrsprachigkeit: Herausforderung und Chancen". Münster: Waxmann Verlag, 2010, S. 25–37.

Gierke, P.: Sprachprofile von Krippenerziehern und kindliche Sprachentwicklung. Unveröffentlicht, 2003.

Giesau, M.: Kinder auf dem Weg vom Orat zum Literat – eine Untersuchung mündlicher und schriftlicher Kindertexte. In: Wildemann, A./Rank, A.: (Hrsg.): Sprache am Übergang. Band 4 der Reihe „Papers of Excellence. Ausgewählte Arbeiten aus den Fachdidaktiken" hrsg. von Daniela Elsner und Anja Wildemann. Aachen: Shaker Verlag, 2014, S. 47–74.

Gogolin, I.: Der monolinguale Habitus der multilingualen Schule. Münster u. a.: Waxmann Verlag, 1991.

Gogolin, I.: Herausforderung Bildungssprache. Textkompetenz aus der Perspektive Interkultureller Bildungsforschung. In: Bausch, K.-R./Burwitz-Melzer, E./Königs, F. G. (Hrsg.): Textkompetenzen. Tübingen: Narr Verlag, 2007, S. 73–80.

Gogolin, I.: Durchgängige Sprachbildung. In: Bainski, C./Krüger-Potratz, M. (Hrsg.): Handbuch Sprachförderung. Essen: Neue Deutsche Schule, 2008, S. 13–21.

Gogolin, I.: Zweisprachigkeit und die Entwicklung bildungssprachlicher Fähigkeiten. In: Gogolin, I./Neumann, U. (Hrsg.): Streitfall Zweisprachigkeit – The Bilingualism Controversy. 1. Aufl. Wiesbaden: VS Verlag für Sozialwissenschaften, 2009, S. 263–280.

Gogolin, I.: Sprachliche Bildung im Mathematikunterricht. In: Blum, W./Borromeo Ferri, R./Maaß, K. (Hrsg.): Mathematikunterricht im Kontext von Realität, Kultur und Lehrerprofessionalität. Festschrift für Gabriele Kaiser. Wiesbaden: Springer Verlag, 2012, S. 157–165.

Gogolin, I.: Mehrsprachigkeit und bildungssprachliche Fähigkeiten. In: Gogolin, I./Lange, I./Michel, U./Reich, H. H. (Hrsg.): Herausforderung Bildungssprache – und wie man sie meistert. Münster u. a.: Waxmann, 2013a, S. 7–18.

Gogolin, I.: Chancen und Risiken nach PISA – über Bildungsbeteiligung von Migrantenkindern und Reformvorschläge. In: Auernheimer, G. (Hrsg.): Schieflagen im Bildungssystem. Wiesbaden: VS Verlag für Sozialwissenschaften, 2013b, S. 33–50.

Gogolin, I./Dirim, I./Klinger, T./Lange, I./Lengyel D./Michel, U./Neumann, U./Reich, H. H./Roth, H.-J./Schwippert, K. (Hrsg.): Förderung von Kindern und Jugendlichen mit Migrationshintergrund FörMig. Bilanz und Perspektiven eines Modellprogramms (FörMig-Material Band 7]. Münster u. a.: Waxmann Verlag, 2011.

Gogolin, I./Kaiser, G./Roth, H.-J./Deseniss, A./Hawighorst, B./Schwarz, I.: Mathematiklernen im Kontext sprachlich-kultureller Diversität. Abschlussbericht, 2004. https://www.ew.uni-hamburg.de/ueber-die-fakultaet/personen/gogolin/pdf-dokumente/mathe-bericht.pdf. [letzter Aufruf: 09.07.2021].

Gogoglin,, I/Krüger-Potratz, M. (Hrsg.): Einführung in die Interkulturulle Pädagogik. Verlag Barbara Budrich, Oplade, 3. aktualisierte Aufl. 2020.

Gogolin. I./Lange, I.: Bildungssprache und Durchgängige Sprachbildung. In: Fürstenau, S./Gomolla, M. (Hrsg.): Migration und schulischer Wandel: Mehrsprachigkeit. Wiesbaden: Springer Verlag, 2011, S. 107–129.

Gogolin, I./Neumann, U./Roth, H.-J.: Förderung von Kindern und Jugendlichen mit Migrationshintergrund. Gutachten für die Bund-Länder-Kommission für Bildungsplanung und Forschungsförderung [Materialien zur Bildungsplanung und zur Forschungsförderung, 107]. Bonn: BLK, 2003.

Gogolin, I./Neumann, U./Roth, H. J.: Schulversuch bilinguale Grundschulklassen in Hamburg – Wissenschaftliche Begleitung. Bericht 2007 unter Mitarbeit von Annette Grevé und Thorsten Klinger. Abschlussbericht über die italienisch-deutschen, portugiesisch-deutschen und spanisch-deutschen Modellklassen. Hamburg, 2007. https://www.ew.uni-hamburg.de/ueber-die-fakultaet/personen/gogolin/pdf-dokumente/bericht2007.pdf. [letzter Aufruf: 09.07.2021].

Gogolin, I./Roth, H. J.: Bilinguale Grundschule: Ein Beitrag zur Förderung der Mehrsprachigkeit. In: Anstatt, T. (Hrsg.): Mehrsprachigkeit bei Kindern und Erwachsenen – Erwerb – Formen – Förderung. Tübingen: Attempo, 2007. S. 31–45.

Gonas, G.: Sprachforscherkurs Mathematik – Schreiben im Mathematikunterricht, 2013. https://www.uni-due.de/imperia/md/content/prodaz/sprachforscherkurs.pdf. [letzter Aufruf: 09.07.2021].

Götz, M./Sandfuchs, U.: Geschichte der Grundschule. In: Einsiedler, W./Götz, M./Hartinger, A./Heinzel, F./Kahler, J./Sandfuchs, U.: Handbuch Grundschulpädagogik und Grundschuldidaktik. 4. ergänzte und aktualisierte Auflage. Bad Heilbrunn: Klinkhardt, 2014, S. 32–42.

Götze, D.: Sprachförderung im Mathematikunterricht, 2020. Überarbeitete Fassung des Werks: Götze, D.: Sprachförderung im Mathematikunterricht. Berlin: Cornelsen Verlag, 2015. https://proprima.dzlm.de/pikasfiles/uploads/upload/Material/Haus_7_-_Gute_-_Aufgaben/IM/Informationstexte/sprachfoerderung_goetze_text.pdf. [letzter Aufruf: 06.07.2021].

Götze, D.: Sprachbildender Mathematikunterricht. In: Grundschule Deutsch, Heft 71, 2021. S. 44–45.

Grießhaber, W.: Die Entwicklung der Grammatik in Texten vom 1. bis 4. Schuljahr. In: Ahrenholz, B. (Hrsg.): Kinder mit Migrationshintergrund. Spracherwerb und Fördermöglichkeiten. Freiburg i. B.: Fillibach, 2006, S. 150–167.

Grießhaber, W.: Zweitspracherwerb als Grundlage der Zweitsprachförderung. In: Ahrenholz, B. (Hrsg.): Deutsch als Zweitsprache. Voraussetzungen und Konzepte für die Förderung von Kindern und Jugendlichen mit Migrationshintergrund. Freiburg. i. B.: Fillibach, 2007, S. 31–48.

Grießhaber, W.: Spracherwerbsprozesse in Erst- und Zweitsprache. Eine Einführung. Duisburg: Universitätsverlag Rhein-Ruhr, 2010a.

Grießhaber, W.: (Fach-)Sprache im zweitsprachlichen Unterricht. In: Ahrenholz, B. (Hrsg.): Fachunterricht und Deutsch als Zweitsprache. Tübingen: Narr Verlag, 2010b, S. 37–53.

Grießhaber, W.: Umerzählen. Schreiben auf der Basis eines Textes. In: Jeuk, S./Schäfer, J. (Hrsg.): Deutsch als Zweitsprache in Kindertageseinrichtungen und Schule. Stuttgart: Fillibach bei Klett, 2012a, S. 173–188.

Grießhaber, W.: Zweitsprachkenntnisse und Literalität in sehr frühen Lernertexten. In: Ahrenholz, B./Knapp, W. (Hrsg.): Sprachstand erheben – Spracherwerb erforschen. Stuttgart: Fillibach bei Klett, 2012b, S. 155–172.

Grießhaber, W.: Schreiben in der Zweitsprache. In: Ahrenholz, B./Oomen–Welke, I. (Hrsg): Deutsch als Zweitsprache. In der Reihe: Deutschunterricht in Theorie und Praxis. Baltmannsweiler: Schneider Verlag Hohengehren. 4. vollständig überarbeitete und erweiterte Auflage 2017, S. 228–238.

Grießhaber, W.: Die Rolle der Sprache bei der Vermittlung fachlicher Inhalte. In: Röhner, C./Hövelbrinks, B. (Hrsg.): Fachbezogene Sprachförderung in Deutsch als Zweitsprache. Theoretische Konzepte und empirische Befunde zum Erwerb bildungssprachlicher Kompetenzen. Weinheim/Basel: Beltz/Juventa, 2013, S. 58–86.

Grimm, A./Schulze, P.: Sprachfähigkeiten von Kindern mit DaZ bei Schuleintritt. In: Lütke, B./Petersen I. (Hrsg.): Deutsch als Zweitsprache – erwerben, lernen und lehren. Stuttgart: Fillibach bei Klett, 2014, S. 35–50.

Grimm, H./Schöler, H.: Heidelberger Sprachentwicklungstest HSET (2. Aufl.). Göttingen: Hogrefe, 1991.

Grimm, H. (unter Mitarbeit von Maren Aktaş und Sabine Frevert): SETK-2: Sprachentwicklungstest für zweijährige Kinder. Diagnose rezeptiver und produktiver Sprachverarbeitungsfähigkeiten. Göttingen: Hogrefe, 2000.

Grimm, H. (unter Mitarbeit von Maren Aktaş und Sabine Frevert): SETK 3-5: Sprachentwicklungstest für drei- bis fünfjährige Kinder. Diagnose von Sprachverarbeitungsfähigkeiten und auditiven Gedächtnisleistungen. Göttingen: Hogrefe, 2001.

Grimm, H. (unter Mitarbeit von Maren Aktas und Uwe Kießig): SSV: Sprachscreening für das Vorschulalter. Kurzform des SETK 3-5. Göttingen: Hogrefe, 2003.

Grundschule Deutsch „Erzählkultur", Heft 57, 2018.

Guckelsberger, S./Reich H. H.: Diskursive Basisqualifikationen. In: Ehlich, K./Bredel, U./Reich, H. H. (Hrsg.): Referenzrahmen zur altersspezifischen Sprachaneignung. Band 29/I, hrsg. vom Bundesministerium für Bildung und Forschung. Berlin, 2008, S. 83–93. http://home.edo.tu-dortmund.de/~hoffmann/PDF/bildungsforschung_band_neunundzwanzig.pdf. [letzter Aufruf: 09.07.2021].

Günther, H.: Mündlichkeit und Schriftlichkeit. In: Balhorn, H./Niemann, H. (Hrsg.): Sprachen werden Schrift. Mündlichkeit – Schriftlichkeit – Mehrsprachigkeit. Lengwil am Bodensee: Libelle-Verlag, 1997, S. 64–73.

Haag, N./Heppt, B./Stanat, P./Kuhl, P./Pant H. A.: Second language learners' performance in mathematics: Disentangling the effects of academic language features. In: Learning and Instruction (28) 2013, S. 24–34.

Habermas, J.: Umgangssprache, Wissenschaftssprache, Bildungssprache. In: Kleine politische Schriften I–IV. Frankfurt a. M.: Suhrkamp Verlag, 1981, S. 340–363.

Haberzettl, S.: Zweitspracherwerb. In: Schöler, H./Welling, A. (Hrsg.): Sonderpädagogik Sprache. Band 1: Handbuch Sonderpädagogik. Göttingen: Hogrefe, 2007, S. 67–88.

Haberzettl, S.: Zweitspracherwerb und Mehrsprachigkeit bei Kindern und Jugendlichen in der Migrationsgesellschaft. In: Chilla, S./Haberzettl, S. (Hrsg.): Handbuch Spracherwerb und Sprachentwicklungsstörung. München: Urban & Fischer, 2014, S. 3–18.

Hachfeld, A.: Kulturelle Überzeugungen und professionelle Kompetenz von Lehrenden im Umgang mit kultureller Heterogenität im Klassenzimmer. Hochschulschrift (Dissertation), Freie Universität Berlin. 2013. https://refubium.fu-berlin.de/bitstream/handle/fub188/8897/e_Hachfeld_Dissertation_Kulturelle_Ueberzeugungen_und_professionelle_Kompetenz.pdf?sequence=1&isAllowed=y [letzter Aufruf: 09.07.2021].

Hachfeld, A./Schroeder, S./Anders, Y./Hahn, A./Kunter, M.: Herkunft oder Überzeugung? Welche Rolle spielen der Migrationshintergrund und multikulturelle Überzeugungen für das Unterrichten von Kindern mit Migrationshintergrund? In: Zeitschrift für Pädagogische Psychologie, 26, 2012, S. 101–120.

Halliday, M. A. K.: Beiträge zur funktionalen Sprachbetrachtung. Hannover: Schroedel, 1973.

Halliday, M. A. K.: Language as social semiotic. The social interpretation of language and meaning. London: Edward Arnold, 1978.

Halliday, M. A. K.: Some grammatical problems in scientific English. In: Halliday, M. A. K./Martin, J. R. (Hrsg.): Writing science: Literacy and discursive power. Pittsburgh, PA: University of Pittsburgh Press, 1993, S. 69–85.

Halliday, M. A. K.: Language as Social Semiotic. In: Maybin, J. (Ed.): Language and Literacy in Social Practice. Clevedon: Multilingual Matters/Open University, 1994, p. 23–43.

Halliday, M. A. K./Hasan, R.: Language, context and text: aspects of language in a social-semiotic perspective. Oxford: Oxford University Press, 1989.

Hansen-Schaberg, I.: Lektionen aus der deutschen Schulgeschichte. In: Grunder, H.-U. (Hrsg.): Aus der der Geschichte lernen? In der Reihe „Professionswissen für Lehrerinnen und Lehrer" (Band 9), hrsg. von Grunder, H.-U./Kansteiner-Schänzlin, K./Moser, H., Baltmannsweiler: Schneider Verlag Hohengehren, 2011, S. 81–107.

Harren, I.: Die verborgene Arbeit der Fachlehrer – sprachliche Anforderungen im Fachunterricht. In: Ossner, J./Bräuer, C. (Hrsg.): Osnabrücker Beiträge zur Sprachtheorie (OBST) 80. Duisburg: Universitätsverlag Rhein-Ruhr, 2011, S. 101–123.

Hartinger, A.: Experimente und Versuche. In: von Reeken, D. (Hrsg.): Handbuch Methoden im Sachunterricht (=Dimensionen des Sachunterrichts, Band 3). Baltmannsweiler: Schneider Verlag Hohengehren, 2011, S. 68–75.

Hartinger, A./Giest, H.: Perspektivrahmen Sachunterricht. In: Kahlert, J./Fölling-Albers, M./Götz, M./Hartinger, A./Miller, S./Wittkowske, S. (Hrsg.): Handbuch Didaktik des Sachunterrichts. 2. aktualisierte und erweiterte Aufl. Heilbrunn: Klinkhardt Verlag, 2015, S. 257–263.

Hattie, J.: Lernen sichtbar machen. Überarbeitete und deutschsprachige Ausgabe von „Visibel Learning", besorgt von Wolfgang Beywl und Klaus Zierer. Baltmannsweiler: Schneider Verlag Hohengehen, 2013.

Häuser, D./Kasielk, E./Schneidereiter, U.: KISTE – Kindersprachtest für das Vorschulalter. Weinheim: Beltz, 1994.

Häuser, D./Jülisch, B.: Handlung und Sprache. Das Sprachförderprogramm. Berlin: NIF, 2006.

Heinze, A./Herwartz-Emden, L./Braun, C./Reiss, K.: Die Rolle von Kenntnissen der Unterrichtssprache beim Mathematiklernen. Ergebnisse einer quantitativen Längsschnittstudie in der Grundschule. In: Prediger, S./Özdil, E. (Hrsg.): Mathematiklernen unter Bedingungen der Mehrsprachigkeit. Stand und Perspektiven der Forschung und Entwicklung in Deutschland. Münster u. a.: Waxmann Verlag, 2011, S. 35–53.

Heller, V.: Kommunikative Erfahrungen von Kindern in Familie und Unterricht. Passungen und Divergenzen. Tübingen: Stauffenburg, 2012.

Helmke, A.: Unterrichtsqualität erfassen – bewerten – verbessern. Seelze: Kallmeyer, 2007.

Helmke, A.: Unterrichtsqualität und Lehrerprofessionalität. Diagnose, Evaluation und Verbesserung des Unterrichts. 8. aktualisierte Aufl. 2021.

Heppt, B./Dragon, N./Berendes, K./Stanat, P./Weinert, S.: Beherrschung von Bildungssprache bei Kindern im Grundschulalter. In: Diskurs Kindheits- und Jugendforschung (3), 2012, S. 349–356.

Heppt, B./Haag, N./Böhme, K./Stanat, P.: The Role of Academic-Language Features for Reading Comprehension of Language-Minority Students and Students From Low-SES Families. In: Reading Research Quarterly 50 (1), 2014a, S. 61–82.

Heppt, B./Henschel, S./Haag, N.: Everyday and academic language proficiency: Investigating their relationships with school success and challenges for language minority learners. In: Learning and Individual Differences, Learning and Individual Differences Vol. 47, 2016, S. 244-251.

Heppt, B./Stanat, P./Dragon, P./Berendes, K./Weinert, S.: Bildungssprachliche Anforderungen und Hörverstehen bei Kindern mit deutscher und nicht-deutscher Familiensprache. In: Zeitschrift für Pädagogische Psychologie, 28 (3), 2014b, S. 139–149. Herwartz-Emden, L./Reiss, K. M./Mehringer, V.: Das Projekt SOKKE – Ausgewählte Ergebnisse zur Kompetenzentwicklung von Grundschulkindern mit Migrationshintergrund. In: Erziehung und Unterricht (158) 2008, S. 789–798.

Hesse, I./Latzko, B.: Diagnostik für Lehrkräfte. 3., vollständig überarbeitete und erweiterte Auflage. Opladen: Verlag Barbara Budrich, 2017.

Heyder, K./Schädlich, B.: Herkunftsbedingte Mehrsprachigkeit und Fremdsprachenunterricht: Eine Befragung von Lehrern in Niedersachsen. In: Fernández Ammann, E. M./Kropp, A./Müller–Lancé, J. (Hrsg.): Herkunftsbedingte Mehrsprachigkeit im Unterricht der romanischen Sprachen. Berlin: Frank & Timme, 2015, S. 233–251.

Hoodgarzadeh, M./Fornol, S.: Multikulturelle Identitäten in Schulklassen – ein Einblick in Schulpraxis und Forschungsethik. In: Wildemann, A./Hoodgarzadeh, M. (Hrsg.): Sprachen und Identitäten. Innsbruck: Studienverlag, 2013, S. 197–212.

Hopf, M./Eckhardt, A. G.: Bildungssprache im Kindergarten. Ein Blick in die konzeptionellen Umsetzungen der Rahmenvorgaben für die frühe Bildung. In: Röhner, C./Hövelbrinks, B. (Hrsg.): Fachbezogene Sprachförderung in Deutsch als Zweitsprache. Theoretische Konzepte und empirische Befunde zum Erwerb bildungssprachlicher Kompetenzen. Weinheim, Basel: Beltz, Juventa, 2013, S. 118–130.

Hövelbrinks, B.: Sprachförderung im Kontext frühen naturwissenschaftlichen Lernens – Eine empirische Untersuchung zur Wirksamkeit von Förderstrategien. In: Zeitschrift für Grundschulforschung 4 (2) 2011, S. 20–32.

Hövelbrinks, B.: Die Bedeutung der Bildungssprache für Zweitsprachenlernende im naturwissenschaftlichen Anfangsunterricht. In: Röhner, C./Hövelbrinks, B. (Hrsg.): Fachbezogene Sprachförderung in Deutsch als Zweitsprache. Theoretische Konzepte und empirische Befunde zum Erwerb bildungssprachlicher Kompetenzen. Weinheim, Basel: Beltz, Juventa, 2013, S. 75–86.

Hövelbrinks, B.: Bildungssprachliche Kompetenz von einsprachig und mehrsprachig aufwachsenden Kindern. Eine vergleichende Studie in naturwissenschaftlicher Lernumgebung des ersten Schuljahres. Weinheim, Basel: Beltz, Juventa, 2014.

HRK & KMK: Lehrerbildung für eine Schule der Vielfalt. Gemeinsame Empfehlung von Hochschulrektorenkonferenz und Kultusministerkonferenz (Beschluss der Kultusministerkonferenz vom 12.03.2015/ Beschluss der Hochschulrektorenkonferenz vom 18.03.2015) Stand der Umsetzung im Jahr 2020. Gemeinsamer Bericht von Hochschulrektorenkonferenz und Kultusministerkonferenz, 2020.

Hurrelmann, B./Hammer, M./Nieß, F.: Lesesozialisation. Band 1: Leseklima in der Familie. Gütersloh: Bertelsmann Stiftung, 1993.

Hußmann, A./Stubbe, T.C./Kasper, D.: Soziale Herkunft und Lesekompetenzen von Schülerinnen und Schülern. In: Hußmann, A./ Wendt, H./Bos, W./Bremerich-Vos, A./l Kasper, D./Lankes, E.-M./ McElvany, N./ Stubbe, T.C./Valtin, R.(Hrsg.): IGLU 2016. Lesekompetenzen von Grundschulkindern in Deutschland im internationalen Vergleich. Münster: Waxmann, S. 195-217.

Hüttis-Graff, P.: Beobachten als didaktische Aufgabe. In: Dehn, M./Hüttis-Graff, P./Kruse, N.: Elementare Schriftkultur, schwierige Lernentwicklung und Unterrichtskonzept. Weinheim, Basel: Beltz, 1996, S. 31–39.

Hüttis-Graff, P./Klenz, S./Merklinger, D./Speck-Hamdan, A.: Bildungssprache als Bedingung für erfolgreiches Lernen. In: Bartnitzky, H./Hecker, U. (Hrsg.): Allen Kindern gerecht werden. Aufgaben und Wege. Frankfurt a. M.: Grundschulverband e.V., 2010, S. 238–265.

Imhof, M.: Zuhören lernen und lehren. Psychologische Grundlagen zur Beschreibung und Förderung von Zuhörkompetenzen. In: Bernius, V./Imhof, M. (Hrsg.): Zuhörkompetenz in

Unterricht und Schule. Beiträge aus Wissenschaft und Praxis. [Edition Zuhören, Band 8; hrsg. von Zuhören e.V.]. Göttingen: Vandenhoeck & Ruprecht, 2010. S. 15-30.

Imhof, M.: Schlüsselkompetenz Zuhören. In: Grundschule Deutsch, Heft 52, 2016. S. 10–13.

Ickler, T.: Die Disziplinierung der Sprache. Fachsprachen in unserer Zeit. Tübingen: Gunter Narr, 1997.

Ingenkamp, K./Lissmann, U.: Lehrbuch der Pädagogischen Diagnostik. 6. Auflage. Weinheim, Basel: Beltz, 2008.

Jampert, K./Best, P./Guadatiello, A./Holler, D./Zehnbauer, A. (Hrsg.): Schlüsselkompetenz Sprache. Sprachliche Bildung und Förderung im Kindergarten. Konzepte, Projekte und Maßnahmen. 2. aktualisierte und überarbeitete Auflage. Weimar: das netz, 2007.

Jansen, H./Mannhaupt, G./Marx, H./Skowronek, H.: Bielefelder Screening zur Früherkennung von Lese- Rechtschreibschwierigkeiten (BISC). 2. Auflage. Göttingen: Hogrefe, 2002.

Jeuk, S.: Erste Schritte in der Zweitsprache Deutsch. 5., überarbeitete Auflage Freiburg im Breisgau: Fillibach Verlag, 2003.

Jeuk, S.: Deutsch als Zweitsprache in der Schule. Grundlage – Diagnose – Förderung. Bad Heilbrunn: Kohlhammer, 2021.

Jeuk, S.: Analyse der diskursiven Basisqualifikation bei mehrsprachigen und einsprachigen Kindern zum Zeitpunkt der Einschulung. In: Rost-Roth, M. (Hrsg.): DaZ-Spracherwerb und Sprachförderung Deutsch als Zweitsprache. Beiträge aus dem 5. Workshop „Kinder mit Migrationshintergrund". Freiburg im Breisgau: Fillibach, 2010, S. 123–139.

Jungmann, T./Morawiak, U./Meindl, M.: Überall steckt Sprache drin. Alltagsintegrierte Sprach- und Literacy-Förderung für 3- bis 6-jährige Kinder. München, Basel: Ernst Reinhardt Verlag, 2015.

Junk-Deppenmeier, A./Jeuk, S. (Hrsg.): Praxismaterial Förderdiagnostik. Werkzeuge für den Sprachunterricht in der Sekundarstufe I. Stuttgart: Fillibach bei Klett, 2015.

Juska-Bacher, B./Beckert, C.: Bildungssprache am Schulanfang. Theoretische Herausforderungen – empirische Erkenntnisse – Förderperspektiven. Baltmannsweiler: Schneider Verlag Hohengehren, 2015.

Kalkavan, Z.: Orthographische Markierungen des Deutschen in türkischsprachigen Lernertexten. Ein Indiz für unzureichende Orthographiekenntnisse in der Erstsprache oder Transferleistungen und Rechtschreibbewusstsein? In: Grießhaber, W./Kalkavan, Z. (Hrsg.): Orthographie- und Schriftspracherwerb bei mehrsprachigen Kindern. Freiburg i. B.: Fillibach, 2012a, S. 57–80.

Kalkavan, Z.: Lesen und Textverstehen in der Zweitsprache. Berlin: Cornelsen Scriptor, 2012b.

Kaltenbacher, E./Klages, H.: Sprachförderung im Vorschulalter. Entwicklung und Erprobung eines Programms zur sprachlichen Integration von Vorschulkindern. Heidelberg: Institut für Deutsch als Fremdsprachenphilologie, 2005.

Kaltenbacher, E./Klages, H.: Deutsch für den Schulstart: Zielsetzungen und Aufbau eines Förderprogramms. In: Ahrenholz, B. (Hrsg.): Deutsch als Zweitsprache – Förderkonzepte und Perspektiven. Freiburg im Breisgau: Fillibach, 2007.

Kammermeyer, G./Roux, S.: Sprachbildung und Sprachförderung. In: Stamm, M./Edelmann, D. (Hrsg.): Handbuch frühkindliche Bildungsforschung. Wiesbaden: VS Verlag für Sozialwissenschaften, 2013, S. 515–528.

Kammermeyer, G./Roux, S./Stuck, A.: Was wirkt wie? Evaluation von Sprachfördermaßnahmen. Zweiter Zwischenbericht (Juli 2011). Landau: Universität. https://kita.rlp.de/fileadmin/dateiablage/Themen/Downloads/Zweiter_Zwischenbericht_Endfassung.pdf. [letzter Aufruf: 20.07.2021].

Kammermeyer, G./Roux, S./Stuck, A.: Was wirkt wie? Evaluation von Sprachfördermaßnahmen Rheinland-Pfalz. Abschlussbericht (März 2013). Landau: Universität. https://kita.rlp.de/fileadmin/dateiablage/Themen/Downloads/Abschlussbericht_end.pdf. [letzter Aufruf: 20.07.2021].

Kauschke, C.: Wortschatzerwerb bei Kindern. In: Grundschule Deutsch. Heft 62, 2019. S. 8–11.

Kellermann, G.: Leichte und einfache Sprache – Versuch einer Definition. 19.02.2014. http://www.bpb.de/apuz/179341/leichte-und-einfache-sprache-versuch-einer-definition. [letzter Aufruf. 29.07.2021].

Kemnitz, H./Sandfuchs, U.: Geschichte des Unterrichts. In: Arnold, K.-H./Sandfuchs, U./Wiechmann, J. (Hrsg.): Handbuch Unterricht. 2. Auflage. Bad Heilbrunn: Julius Klinkhardt, 2009, S. 22–30.

Kemp, R. F./Bredel, U./Reich H. H.: Morphologisch-syntaktische Basisqualifikationen. In: Ehlich, K./Bredel, U./Reich H. H. (Hrsg.): Referenzrahmen zur altersspezifischen Sprachaneignung. Band 29/I, hrsg. vom Bundesministerium für Bildung und Forschung. Berlin, 2008, S. 63–82.

Kempert, S./Schalk, L./Saalbach, H.: Übersichtsartikel: Sprache als Werkzeug des Lernens: Ein Überblick zu den kommunikativen und kognitiven Funktionen der Sprache und deren Bedeutung für den fachlichen Wissenserwerb. In: Psychologie in Erziehung und Unterricht, 66, 2019. S. 176–195. https://doi.org/10.2378/PEU2018.art19d [letzter Aufruf: 09.07.2021].

Kiel, E.: Aufgabenkultur in der (Grund-)Schule. In: Zeitschrift für Grundschulforschung, 02/2019, S.117-133: Abrufbar unter: https://doi.org/10.1007/s42278-019-00044-9. [letzter Aufruf: 22.02.2021].

Kiese-Himmel, C.: Aktiver Wortschatztest für 3–5-jährige Kinder (AWST-R). Göttingen: Hogrefe, 2005.

Kleickmann, T.: Kognitiv aktivieren und inhaltlich strukturieren im naturwissenschaftlichen Sachunterricht. SINUS an Grundschulen. Kiel: IPN, 2012.

Kleinknecht, M.: Aufgaben und Aufgabenkultur. In: Zeitschrift für Erziehungswissenschaft, 2019, S. 1-14. Abrufbar unter: https://doi.org/10.1007/s42278-018-00035-2 [letzter Aufruf: 23.02.2021].

Klieme, E.: Zusammenfassung zentraler Ergebnisse der DESI-Studie, 2006. http://www.kmk.org/fileadmin/veroeffentlichungen_beschluesse/2006/2006_03_01-DESI-Ausgewaehlte-Ergebnisse.pdf. [letzter Aufruf: 15.09.2015].

Kliewer, H. J./Kliewer, U.: Über den halben Himmel. Gedichte für die Grundschule. Baltmannsweiler: Schneider Verlag Hohengehren, 2002.

Knapp, W.: Verdeckte Sprachschwierigkeiten. In: Die Grundschule (5) 1999. S. 30–33.

Kniffka, G.: Scaffolding, 2010. https://www.uni-due.de/imperia/md/content/prodaz/scaffolding.pdf. [letzter Aufruf: 29.07.2021].

Köbl, C./Tiedemann, J./Billmann-Mahecha, E.: Die Bedeutung der Lesekompetenz für Sachfächer. In: Psychologie in Erziehung und Unterricht (3) 2006, S. 201–212.

Kobow, I.: Entwicklung und Validierung eines Testinstruments zur Erfassung der Kommunikationskompetenz im Fach Chemie. Berlin: Logos, 2015.

Koch, P./Oesterreicher, W.: Sprache der Nähe – Sprache der Distanz. Mündlichkeit und Schriftlichkeit im Spannungsfeld von Sprachtheorie und Sprachgeschichte. Romanistisches Jahrbuch (36), 1985, S. 15–43.

Koch, P./Oesterreicher, W.: Schriftlichkeit und Sprache. In: Hartmut, G./Ludwig, O. (Hrsg.): Schrift und Schriftlichkeit. Writing and Its Use. Ein interdisziplinäres Handbuch internationaler Forschung. An Interdisciplinary Handbook of International Research. Berlin/New York: de Gruyter Verlag, 1994, S. 587–604.

Köster, J.: Aufgaben im Deutschunterricht. Wirksame Lernangebote und Erfolgskontrollen. Seelze: Klett/Kallmeyer Verlag, 2. Aufl. 2018.

Komor, A./Reich, H. H.: Semantische Basisqualifikationen. In: Ehlich, K./Bredel, U./Reich, H. H. (Hrsg.): Referenzrahmen zur altersspezifischen Sprachaneignung. Band 29/I, hrsg. vom Bundesministerium für Bildung und Forschung. Berlin, 2008, S. 49–61.

Krajewski, K./Küspert, P./Schneider, W.: Deutscher Mathematiktest für erste Klassen (DEMAT 1+). Göttingen: Hogrefe, 2002.

Krajewski, K./Liehm, S./Schneider, W.: Deutscher Mathematiktest für zweite Klassen (DEMAT 2+). Göttingen: Hogrefe, 2004.

Kruczinna, R.: Inhalte nutzen, Sprache entwickeln. Der planvolle Weg zu einem sprachbewussten Fachunterricht. In: Benholz, C./Kniffka, G./Winters-Ohle, E. (Hrsg.): Fachliche und sprachliche Förderung von Schülern mit Migrationsgeschichte. Beiträge des Mercator-Symposions im Rahmen des 15. AILA-Weltkongresses „Mehrsprachigkeit: Herausforderung und Chancen". Münster: Waxmann, 2010, S. 187–203.

Krüger-Potratz, M.: Interkulturelle Bildung. Eine Einführung. Münster: Waxmann 2005.

Krumm, H.-J.: Organisiertes Schulversagen – oder: Anforderungen an die Schule in der Einwanderungsgesellschaft. In: Dirim, İ./Gogolin, I./Knorr,D./Krüger-Potratz, M./Lengyel, D./Reich, H. H./Weiße, W. (Hrsg.): Impulse für die Migrationsgesellschaft. Bildung, Politik, Religion. Münster: Waxmann, 2015, S. 280–293.

Krzyzek, S./Wildemann, A.: Wissen über Wörter und Wörter im Gebrauch. In: Grundschule Deutsch. Heft 62, 2019. S. 4–7.

Kucharz, D./Kammermeyer, G./Beckerle, C./Mackowiak, K./Koch, K./Jüttner, A.-K./Hardy, I./Saalbach, H./Lütje-Klose, B./Mehlem, U./Spaude, M.: Wirksamkeit von Sprachförderung. In: Kopp, B./Martschinke, S./Munser-Kiefer, M./Haider, M./Kirschhock, E.-M./Ranger, G./Renner, G. (Hrsg.): Individuelle Förderung und Lernen in der Gemeinschaft (=Jahrbuch Grundschulforschung, Band 17). Wiesbaden: VS Verlag für Sozialwissenschaften, 2014, S. 51–66.

Kucharz, D./Mackowiak, K./Beckerle, C.: Alltagsintegrierte Sprachförderung. Ein Weiterqualifizierungskonzept für Kita und Grundschule. Weinheim: Beltz, 2015.

Kuckartz, U.: Qualitative Inhaltsanalyse. Methoden, Praxis, Computerunterstützung. 2. durchges. Aufl. Weinheim/Basel: Beltz/Juventa Verlag, 2014.

Kühn, P.: Kaleidoskop der Wortschatzdidaktik und –methodik. In: Ders. (Hrsg.): Wortschatzarbeit in der Diskussion. Hildesheim u.a.: Olms Verlag, 2000. S. 5–25.

Kühn, P.: Wortschatz. In: Oomen-Welke, I./Ahrenholz, B. (Hrsg.): Deutsch als Zweitsprache. Baltmannsweiler: Schneider Verlag Hohengehren, 2017. S. 153–164.

Kulgemeyer, C.: Physikalische Kommunikationskompetenz. Modellierung und Diagnostik. Berlin: Logos, 2010.

Kulgemeyer, C./Schecker, H.: Kommunikationskompetenz in der Physik: Zur Entwicklung eines domänenspezifischen Kommunikationsbegriffs. Physics Communication Competence: on the development of a domain-specific concept of communication. In: Zeitschrift für Didaktik der Naturwissenschaften. Jg. 15/2009, S. 131–151.

Kulgemeyer, C./Schecker, H.: Physikalische Kommunikationskompetenz – Empirische Validierung eines normativen Modells. Empirical validation of a model for physics-related communication competence. In: Zeitschrift für Didaktik der Naturwissenschaften. Jg. 18/2012, S. 29–53.

Kulgemeyer, C./Schecker, H.: Schülerinnen und Schüler erklären Physik – Modellierung, Diagnostik und Förderung von Kommunikationskompetenz im Physikunterricht. In: Becker-Mrotzek, M./Schramm, K./Thürmann, E./Vollmer, H. J. (Hrsg.): Sprache im Fach. Sprachlichkeit und fachliches Lernen. Münster u. a.: Waxmann Verlag, 2013, S. 225–240.

Kultusministerkonferenz (KMK): Standards für die Lehrerbildung: Bildungswissenschaften. Beschluss der Kultusministerkonferenz vom 16.12.2004c, i.d.F. vom 16.05.2019. https://www.kmk.org/fileadmin/veroeffentlichungen_beschluesse/2004/2004_12_16-Standards-Lehrerbildung-Bildungswissenschaften.pdf [letzter Aufruf: 20.02.2023].

Kultusministerkonferenz (KMK): Operatoren für das Fach Mathematik, 2019. https://www.kmk.org/fileadmin/Dateien/doc/Bildung/Auslandsschulwesen/ServiceSekI/Operatoren_Mathematik_HS_RS.pdf. [letzter Aufruf: 20.02.2023].

Kultusministerkonferenz (KMK) und Hochschulrektorenkonferenz (HRK): Lehrerbildung für eine Schule der Vielfalt. Gemeinsame Empfehlung von Hochschulrektorenkonferenz und Kultusministerkonferenz. Beschluss der Kultusministerkonferenz vom 12.03.2015/Beschluss der Hochschulrektorenkonferenz vom 18.03.2015. http://www.kmk.org/fileadmin/veroeffentlichungen_beschluesse/2015/2015_03_12-Schule-der-Vielfalt.pdf [letzter Aufruf: 29.07.2021].

Kultusministerkonferenz (KMK): Bildungsstandards für das Fach Deutsch. Primarbereich, 2004a, i.d.F. vom 23.06.2022. https://www.kmk.org/fileadmin/Dateien/veroeffentlichungen_beschluesse/2022/2022_06_23-Bista-Primarbereich-Deutsch.pdf [letzter Aufruf: 23.02.2023].

Kultusministerkonferenz (KMK): Bildungsstandards für das Fach Deutsch für den Primarbereich, 2005. https://www.kmk.org/fileadmin/veroeffentlichungen_beschluesse/2004/2004_10_15-Bildungsstandards-Deutsch-Primar.pdf [letzter Aufruf: 23.02.2023].

Kultusministerkonferenz (KMK): Empfehlungen zur Arbeit in der Grundschule. Beschluss der KMK vom 02.07.1970, i.d.F. vom 11.06.2015. https://www.kmk.org/fileadmin/pdf/PresseUndAktuelles/2015/Empfehlung_350_KMK_Arbeit_Grundschule_01.pdf. [letzter Aufruf: 23.02.2023].

Kultusministerkonferenz (KMK): Bildungsstandards für das Fach Mathematik. Primarbereich. 2004b, i.d.F. vom 23.06.2022. https://www.kmk.org/fileadmin/Dateien/veroeffentlichungen_beschluesse/2022/2022_06_23-Bista-Primarbereich-Mathe.pdf. [letzter Aufruf: 23.02.2023].

Kunze, K./Probst, H.: Das große Gespenster-Ideenbuch: Materialien für einen integrativen und differenzierenden Deutschunterricht ab dem 2. Schuljahr. Hamburg: Persen Verlag, 2002.

Küspert, P./Schneider, W.: Würzburger Leise Leseprobe – Revision. Ein Gruppentest für die Grundschule (WLLP-R). Göttingen: Hogrefe: 2011.

Kurtz, G./Hofmann, N./Back, B./Haseldiek, K.: Sprachintensiver Unterricht. Ein Handbuch. Baltmannsweiler: Schneider Verlag Hohengehren, 2014.

Labov, W.: Die Logik des Nonstandard Englisch. In: Klein, W./Wunderlich, D. (Hrsg.): Aspekte der Soziolinguistik. Frankfurt a. M.: Athenäum Verlag, 1971, S. 123–135.

Laewen, H.-J.: Grenzsteine der Entwicklung. Ein Frühwarnsystem für Risikolagen, 2003. https://mbjs.brandenburg.de/media/5lbm1.c.107479.de letzter Aufruf: 29.07.2021.

Landesinstitut für Schule (NRW) (2005): Standardorientierte Unterrichtsentwicklung, Moderatorenmanual Deutsch. Modul 2: Aufgaben konstruieren. https://www.schulentwicklung.nrw.de/cms/upload/ue-deutsch/docs/modul_2/mod2_teil4.pdf. [letzter Aufruf: 20.02.2023].

Lange, I.: Von 'Schülerisch' zu Bildungssprache. Übergänge zwischen Mündlichkeit und Schriftlichkeit im Konzept der Durchgängigen Sprachbildung. In: Fürstenau, S. (Hrsg.): Interkulturelle Pädagogik und Sprachliche Bildung. Wiesbaden: VS Verlag für Sozialwissenschaften, 2012, S. 123–142.

Langer, E.: Spracherwerb im Naturwissenschaftsunterricht in Klassen mit Migrationshintergrund. In: Fenkart, G./Lembens, A./Erlacher-Zeitlinger, E. (Hrsg.): Sprache, Mathematik und Naturwissenschaften (=die-extra. Eine deutschdidaktische Publikationsreihe. Band 16, hrsg. von Saxalber-Tetter, A./Wintersteiner, W.). Innsbruck u. a.: Studien Verlag, 2010, S. 89–107.

Leckie-Tarry, H.: Language and context. A functional linguistic theory of register. Unter Mitarbeit von David Birch. London: Pinter, 1995.

Leisen J.: Über Sprachprobleme im deutschsprachigen Fachunterricht am Beispiel des Physikunterrichts. In: Zielsprache Deutsch 22 (3) 1991, S. 143–151.

Leisen, J.: Muss ich jetzt auch noch Sprache unterrichten? – Sprache und Physikunterricht. In: Unterricht Physik (3) 2005, S. 4–9.

Leisen, J.: Wechsel der Darstellungsformen. Ein Unterrichtsprinzip für alle Fächer. In: Der fremdsprachliche Unterricht Englisch 78 (2005), S. 9–11. http://www.josefleisen.de/downloads/sprachbildung/78%20Wechsel%20der%20Darstellungsformen%20Bili%20 2005%2C%209-11.pdf [letzter Aufruf: 29.07.2021]

Leisen, J.: Verstehen durch Lesen, Schreiben und Erzählen. In: Fenkart, G./Lembens, A./Erlacher-Zeitlinger, E. (Hrsg.): Sprache, Mathematik und Naturwissenschaften. Innsbruck: StudienVerlag, 2010, S. 212–231.

Leisen, J.: Handbuch Sprachförderung im Fach. Sprachsensibler Fachunterricht in der Praxis. Bonn: Varus Verlag, 2010.

Leisen, J.: Sprachsensibler Fachunterricht. Ein Ansatz zur Sprachförderung im mathematisch-naturwissenschaftlichen Unterricht. In: Prediger, S./Özdil, E. (Hrsg.): Mathematiklernen unter Bedingungen der Mehrsprachigkeit. Stand und Perspektiven der Forschung und Entwicklung in Deutschland. Münster u.a.: Waxmann Verlag, 2011, S. 143–162.

Leisen, J.: Handbuch Sprachförderung im Fach. Sprachsensibler Fachunterricht in der Praxis. Stuttgart: Klett, 2017.

Leiss, D./Plath, J./Schwippert, K.: Verstehen des Verstehens, o.J. http://www.mathematik.tu-dortmund.de/ieem/bzmu2013/Einzelvortraege/BzMU13-Leiss.pdf. [letzter Aufruf: 20.02.2023].

Lemmer, R./Huschka, S./Geyer, S./Brandenburg, J./Ehm, J. H./Lausecker, A./Schulz, P./Hasselhorn, M.: Sind Fortbildungsmaßnahmen zu linguistisch fundierter Sprachförderung wirksam? Analysen zu den Kompetenzen von Fachkräften und mehrsprachigen Kindern. Frühe Bildung, 8 (4), 2019. S. 181–186.

Lengyel, D./Heintze, A./Reich, H. H./Roth, H. J./Scheinhardt-Stettner, H.: Prozessbegleitende Diagnose zur Schreibentwicklung: Beobachtung schriftlicher Sprachhandlungen in der Sekundarstufe I. In: Lengyel, D./Reich, H. H./Roth, H. J./Döll, M. (Hrsg.): Von der Sprachdiagnose zur Sprachförderung. Münster u. a.: Waxmann, 2009, S. 129–138.

Lengyel, D.: Bildungssprachförderlicher Unterricht in mehrsprachigen Lernkonstellationen. In: Zeitschrift für Erziehungswissenschaften 13 (4. Themenheft Mehrsprachigkeit), 2010, S. 594–608.

Lenhard, W./Schneider, W.: ELFE 1-6: Ein Leseverständnistest für Erst- bis Sechstklässler. Göttingen: Hogrefe, 2006.

Levenstein, P.: Cognitive growth in pre-schoolers through verbal interaction with mothers. In: American Journal of Orthopsychiatry, (40) 1970, pp. 3–17.

Levenstein, P.: Mothers als early cognitive trainers: Guiding low income mothers to work with their preschoolers. Paper present at the meeting of the Society for Research in Child Development. Minneapolis, 1971.

Lietz, R.: Babylon Deutschland – Lösungen für die mehrsprachige Einwanderungsgesellschaft. In: Bertelsmann Stiftung (Hrsg.): Brücken bauen – Perspektiven aus dem Einwanderungsland Deutschland. Gütersloh: Verlag Bertelsmann, 2013, S. 164–181.

Lipowsky, F.: Auf den Lehrer kommt es an. Empirische Evidenzen für Zusammenhänge zwischen Lehrerkompetenzen, Lehrerhandeln und dem Lernen der Schüler. In: Zeitschrift für Pädagogik, 52 (6), 2006, S. 47–70.

Lipowsky, F.: Theoretische Perspektiven und empirische Befunde zur Wirksamkeit von Lehrerfort- und -weiterbildung. In: Terhart, E./Bennewitz, H./Rothland, M. (Hrsg.): Handbuch der Forschung zum Lehrerberuf. Münster: Waxmann, 2011, S. 398–417.

Lipowsky, F.: Unterricht. In: Wild, E./Möller, J. (Hrsg.), Pädagogische Psychologie. Heidelberg: Springer, 2009, S. 74–101.

Lisker, A.: Additive Maßnahmen zur vorschulischen Sprachförderung in den Bundesländern. Expertise im Auftrag des Deutschen Jugendinstituts. München, 2011. https://www.dji.de/fileadmin/user_upload/bibs/Expertise_Sprachfoerderung_Lisker_2011.pdf [letzter ufruf: 29.07.2021]

Löffler, C.: Leichte Sprache als Chance zur gesellschaftlichen Teilhabe funktionaler Analphabeten. In: Didaktik Deutsch, 38/2015, S. 17–23.

Löffler, H.: Germanistische Soziolinguistik. Berlin: Erich Schmidt Verlag, 2010.

Luchtenberg, S.: Sprachliche Varietäten in der Primarstufe und ihre Bedeutung für ausländische Kinder. In: Sachunterricht und Mathematik der Primarstufe 16 (3) 1988, S. 136–142.

Luchtenberg, S.: Fachsprachenunterricht für Migrantenkinder – in welchem Fach? In: Deutsch lernen 16 (4) 1991, S. 380–388.

Luchtenberg, S.: Möglichkeiten und Grenzen von Language Awareness zur Berücksichtigung von Mehrsprachigkeit im (Deutsch-)Unterricht. In: Kuhs, K./Steinig, W. (Hrsg.): Pfade durch Babylon. Konzepte und Beispiele für den Umgang mit sprachlicher Vielfalt in Schule und Gesellschaft. Freiburg i. B.: Fillibach, 1998, S. 137–156.

Luchtenberg, S.: Language Awareness. In: Ahrenholz, B./Oomen-Welke, I.(Hrsg.): Deutsch als Zweitsprache. Band 9 in der Reihe „Deutschunterricht in Theorie und Praxis" (DTP) hrsg. von Winfried Ulrich. 3. korr. Auflage. Baltmannsweiler: Schneider Verlag Hohengehren, 2014, S. 107–117.

Maas, U.: Sprache und Sprachen in der Migrationsgesellschaft: Die schriftkulturelle Dimension. Göttingen: V&R unipress. Universitätsverlag Osnabrück, 2008.

Maas, U.: Orat und literat. Grundbegriffe der Analyse geschriebener und gesprochener Sprache. In: Grazer Linguistische Studien (73) 2010, S. 21–150.

Maaß, C.: Leichte Sprache – Zugang zu fachlichen Kontexten ermöglichen. In: Deutsch, 38/2015, S. 3–8.

Maier, U./Kleinknecht, M./Metz, K./Bohl, T.: Ein allgemeindidaktisches Kategoriensystem zur Analyse des kognitiven Potenzials von Aufgaben. In: Beiträge zur Lehrerinnen- und Lehrerbildung 28 (2010) 1, S. 84–96.

Marx, H.: Knuspels Leseaufgaben (KNUSPEL-L). Göttingen: Hogrefe, 1998.

May, P.: Hamburger Schreib-Probe 1–9 (HSP 1–9). Hamburg: Verlag für pädagogische Medien, 2002.

Mayring, P.: Qualitative Inhaltsanalyse. Grundlagen und Techniken. 12. überarb. Aufl. Weinheim/Basel: Beltz Verlag, 2015.

Mayring, P.: Qualitative Inhaltsanalyse. Grundlagen und Techniken. 11. überarbeitete und aktualisierte Auflage. Weinheim/Basel: Beltz, 2010.

Medienpädagogischer Forschungsverbund Südwest (Hrsg.) (2013): KIM-Studie 2012: Kinder + Medien, Computer + Internet. Basisuntersuchung zum Medienumgang 6 –13-Jähriger in Deutschland. Stuttgart. https://www.mpfs.de/studien/minikim-studie/2020/ [letzter Aufruf: 16.02.2023].

Mendelsohn, M.: Über die Frage, was heißt aufklären? In: Bahr, E. (Hrsg.): Was ist Aufklärung? Thesen und Definitionen. Stuttgart: Reclam, 1784, S. 3 – 8.

Merkert, A.: Sprachdiagnostik im Mathematikunterricht der Grundschule. Konzeption eines Testinstruments. Münster: Waxmann, 2022.

Merkert, A./Wildemann, A.: Diagnose sprachlicher Kompetenzen im Mathematikunterricht der Grundschule - Entwicklung und Pilotierung eines diagnostischen Instruments. In: Ahrenholz, B./Jeuk, S./Lütke, B./Paetsch, J./Roll, H. (Hrsg.): Fachunterricht, Sprachbildung und Sprachkompetenzen. In der Reihe: DaZ-Forschung. Deutsch als Zweitsprache, Mehrsprachigkeit und Migration. Berlin, Boston: de Gruyter, 2019. S. 41–58.

Merklinger, D.: Frühe Zugänge zur Schriftlichkeit. Eine explorative Studie zum Diktieren. Freiburg im Breisgau: Fillibach Verlag, 2010.

Messner, R.: Selbstständiges Lernen im Fachunterricht. Kassel: unpress, 2006.

Met, M.: Teaching Content Through a Second Language. In: Genesee, F. (Hrsg.): Educating Second Language Children: The Whole Child, the Whole Curriculum, the Whole Community. Cambridge: University press, 1994. S. 159–182.

Meyer, H.: Was ist guter Unterricht? 9. Auflage. Berlin: Cornelsen Scriptor, 2004.

Meyer, M./Prediger, S.: Sprachenvielfalt im Mathematikunterricht – Herausforderungen, Chancen und Förderansätze. In: Praxis der Mathematik in der Schule 54 (45), 2012, S. 2 – 9.

Michalak, M. (Hrsg.): Sprache als Lernmedium im Fachunterricht. Baltmannsweiler: Schneider Verlag Hohengehren, 2014.

Michaels, S./Cook-Gumparz, J.: A study of sharing time with first grade studentens: Discourse narratives in the classroom. In: Fith annual meeting of Berkely Linguistics Society. Berkely, CA: Berkeley Linguistics Society, 1979, S. 647 – 660.

Michaels, S.: „Sharing time": Children's narrative styles and differential access to literacy. In: Language in Society (10) 1981, S. 423 – 442.

Mierau, S./Lee, H.-J./Tietze, W.: Zum Zusammenhang von pädagogischer Qualität in Kindertageseinrichtungen und Familien und dem Sprachstand von Kindern. Berlin: Pädagogische Qualitäts-Informations-Systeme GmbH – Kooperationsinstitut der Freien Universität Berlin, 2008.

Ministerium für Schule und Weiterbildung des Landes Nordrhein-Westfalen: Richtlinien und Lehrpläne für die Grundschule in Nordrhein-Westfalen. Deutsch, Sachunterricht, Mathematik, Englisch, Musik, Kunst, Sport, Evangelische Religionslehre, Katholische Religionslehre. Duisburg, 2008.

Ministerium für Bildung, Wissenschaft, Weiterbildung und Kultur (Hrsg.): Rahmenplan Grundschule. Teilrahmenplan Mathematik, 2014. https://grundschule.bildung-rp.de/fileadmin/user_upload/grundschule.bildung-rp.de/Downloads/Rahmenplan/Rahmenplan_Grundschule_TRP_Mathe_01_08_2015.pdf [letzter Aufruf: 29.07.2021]

Mohan, B.: Language and content. Reading, MA: Addison-Wesley, 1986.

Morek, M./Heller, V.: Bildungssprache – Kommunikative, epistemische, soziale und interaktive Aspekte ihres Gebrauchs. In: Zeitschrift für angewandte Linguistik, 2012. S. 67–101.

Moritz, K. P.: Anton Reiser. Frankfurt a. M.: Insel Verlag, 1785.

Moritz, K. P.: Versuch einer kleinen praktischen Kinderlogik (welche auch zum Tcil für Lehrer und Denker geschrieben ist). Berlin: Mylius, 1786.

Muckenfuß, H.: Lernern im sinnstiftenden Kontext. Berlin: Cornelsen Verlag, 1995.

Müller, C.: Kindliche Erzählfähigkeiten und (schrift-)sprachsozialisatorisches Einflüsse in der Familie. Eine longitudinale Einzelfallstudie mit ein- und mehrsprachigen (Vor-)Schulkindern. Baltmannsweiler: Schneider Verlag Hohengehren, 2012.

Müller, R.: Diagnostischer Rechtschreibtest für 1. Klassen – DRT 1. 2. aktualisierte Auflage. Göttingen: Hogrefe, 2003.

Nakagawa, S./Schielzeth, H.: A general and simple method for obtaining R2 from Generalized Linear Mixed-effects Models. In: Methods in Ecology and Evolution 4, 2013. S. 133–142.

Netzwerk „Leichte Sprache": Das ist leichte Sprache. 2022. https://www.leichte-sprache.org/leichte-sprache/das-ist-leichte-sprache/. [letzter Aufruf: 20.02.2023].

Neugebauer, C./Nodari, C.: Förderung der Schulsprache in allen Fächern. Praxisvorschläge für Schulen in einem mehrsprachigen Umfeld. Kindergarten bis Sekundarstufe I. Impulse zur Unterrichtsentwicklung. Bern: Schulverlag plus, 2012.

Newton, D. P./Newton, L. D.: Do teacher support causal understanding through their discourse when teaching primary science? In: British Educational Research Journal (26) 2000, S. 601–613.

Niedersächsisches Kultusministerium (Hrsg.): Sprachbildung und Sprachförderung. Handlungsempfehlungen zum Orientierungsplan für Bildung und Erziehung im Elementarbereich niedersächsischer Tageseinrichtungen für Kinder, 2011. http://www.mk.niedersachsen.de/download/59764/Sprachbildung_und_Sprachfoerderung_-_Handreichungen_zum_Orientierungsplan.pdf. [letzter Aufruf: 16.06.2015].

Niesel, R./Griebel, W.: Transitionen. In: Pousset, R. (Hrsg.). Handwörterbuch für Erzieherinnen und Erzieher. 2. aktualisierte Auflage. Berlin: Cornelsen Scriptor, 2010, S. 445–448.

Nix, D.: Förderung der Lesekompetenz. In: Kämper-van den Boogart, M./Spinner, K. H. (Hrsg.) Lese- und Literaturunterricht. Band 11/2 in der Reihe „Deutschunterricht in Theorie und Praxis (DTP)", hrsg. von Winfried Ulrich. Baltmannsweiler: Schneider Verlag Hohengehren, 2010, S. 139–189.

Norris, S. P./Phillips, L. M.: How literacy in its fundamental sense is central to scientific literacy. In: Science Education (87) 2003, S. 224–240.

Obermayer, A.: Bildungssprache im grafisch designten Schulbuch. Eine Analyse von Schulbüchern des Heimat- und Sachunterrichts. Bad Heilbrunn: Verlag Julius Klinkhardt, 2013.

Oelkers, J.: Reformpädagogik. Entstehungsgeschichten einer internationalen Bewegung. Seelze-Velber, Zug: Kallmeyer in Verbindung mit Klett, Klett und Balmer, 2010.

Ohm, U./Kuhn, C./Funk, H.: Sprachtraining für Fachunterricht und Beruf. Fachtexte knacken – mit Fachsprache arbeiten. Münster: Waxmann, 2007.

Ohm, U.: Schule und Ausbildung als semiotische Lehrzeit. Zur konstitutiven Funktion von Sprache für das fachliche Lernen. In: Benholz, C./Kniffka, G./Winters-Ohle, E. (Hrsg.): Fachliche und sprachliche Förderung von Schülern mit Migrationsgeschichte. Beiträge des Mercator-Symposions „Fachliche und sprachliche Förderung von Schülern mit Migrationsgeschichte" im Rahmen des 15. AILA-Weltkongresses „Mehrsprachigkeit: Herausforderungen und Chancen". (Mehrsprachigkeit, Band 26). Münster: Waxmann, 2010. S. 16–186.

Oleschko, S./Moraitis, A.: Die Sprache im Schulbuch. Erste Überlegungen zur Entwicklung von Geschichts- und Politikschulbüchern unter Berücksichtigung sprachlicher Besonderheiten. In: Bildungsforschung 9/2012, S.11–46.

Oomen-Welke, I.: Sprachen in der Klasse. In: Praxis Deutsch, Nr. 9, 26. Jg. 09/1999, S. 14–23.

Oomen-Welke, I.: Umgang mit Vielsprachigkeit im Deutschunterricht – Sprachen wahrnehmen und sichtbar machen. In Deutsch lernen. Heft 2/2000, S. 143–163.

Oomen-Welke, I.: Sprachliches Lernen im mehrsprachigen Klassenzimmer. In: Frederking, V./Huneke, H.-W./Krommer, A./Meier, C. (Hrsg.): Taschenbuch des Deutschunterrichts. Band 1: Sprach- und Mediendidaktik. Baltmannsweiler: Schneider Verlag Hohengehren, 2. neu bearb. und erw. Aufl., 2013, S. 409–426.

Oomen-Welke, I.: Didaktik der Sprachenvielfalt. In: Ahrenholz, B./Oomen-Welke, I. (Hrsg.): Deutsch als Zweitsprache. In der Reihe Deutschunterricht in Theorie und Praxis (DTP), hrsg. von Winfried Ulrich. Baltmannsweiler: Schneider Verlag Hohengehren, 3. korr. Aufl., 2014, S. 479–492.

Oomen-Welke, I.: Didaktik der Sprachenvielfalt. In: Ahrenholz, B./Oomen-Welke, I. (Hrsg.): Deutsch als Zweitsprache. In der Reihe Deutschunterricht in Theorie und Praxis (DTP), hrsg. von Winfried Ulrich. Baltmannsweiler: Schneider Verlag Hohengehren, 4. vollständig überarbeitete und erweiterte Auflage, 2017, S. 617–632.

Oomen-Welke, I.: Präkonzepte: Sprachvorstellungen ein- und mehrsprachiger SchülerInnen. In: Ahrenholz, B./Oomen-Welke, I. (Hrsg.): Deutsch als Zweitsprache. In der Reihe Deutschunterricht in Theorie und Praxis (DTP), hrsg. von Winfried Ulrich. Baltmannsweiler: Schneider Verlag Hohengehren, 4. vollständig überarbeitete und erweiterte Auflage, 2017, 493-506

Oomen-Welke, I.: Leichte Sprache, Einfache Sprache und Deutsch als Zweitsprache. In: Didaktik Deutsch, 38/2015, S. 24–32.

Ortner, H.: Rhetorisch-stilistische Eigenschaften der Bildungssprache. In: Fix, U./Gardt, A./Knape, J. (Hrsg.): Rhetorik und Stilistik. Ein internationales Handbuch historischer und systematischer Forschung. Berlin/New York: de Gruyter Verlag, 2009, S. 2227–2240.

Osburg, C.: Begriffliches Wissen am Schulanfang. Schulalltag konstruktivistisch analysiert. Freiburg i.B.: Fillibach, 2002.

Ossner, J.: Kompetenzen und Kompetenzmodelle im Deutschunterricht. In: Didaktik Deutsch 21/2006, S. 5–19.

Paetsch, J./Wolf, K./Stanat, P./Darsow, A.: Sprachförderung von Kindern und Jugendlichen aus Zuwandererfamilien. In: Zeitschrift für Erziehungswissenschaften, Sonderheft „Herkunft und Bildungserfolg von der frühen Kindheit bis ins Erwachsenenalter" (24) 2014, S. 315–348.

Painter, G.: The effect of a structured tutorial program on the cognitive and language development of culturally disadvantaged infants. In: Merrill-Palmer Quaterly (15) 1969, pp. 279–294.

Pajares, M. F.: Teachers' beliefs and educational research: Cleaning up a messy construct. In: Review of Educational Research, 62 (3), 1992, pp. 307–332.

Penner, Z.: Forschung für die Praxis. Neue Wege der sprachlichen Förderung von Migrantenkindern. Konlab: Berg, 2003.

Penner, Z.: Begleitblatt zum Vortrag „Hirnforschung, Sprache, Zahlen, Rechnen und andere Lernfelder" auf der Tagung „Vor- und frühschulische Maßnahmen zur Förderung der mathematischen Fähigkeiten bei sprachlich benachteiligten Kindern". Köln, 2006.

Petko, D./Waldis, M./Pauli, C./Reusser, K.: Methodologische Überlegungen zur videogestützten Forschung in der Mathematikdidaktik. Ansätze der TIMSS 1999 Video Studie und ihrer schweizerischen Erweiterung. In: Zentralblatt für Didaktik der Mathematik (ZDM) 35 (6) 2003, S. 265–280.

Philipp. M.: Selbstreguliertes Schreiben. Schreibstrategien erfolgreich vermitteln. Weinheim, Basel: Beltz, 2014.

Philipp, M./Schilcher, A.: Selbstreguliertes Lesen. Ein Überblick über wirksame Leseförderansätze. Seelze: Klett, Kallmeyer, 2012.

Plauen, E. O.: Die schönsten Geschichten von Vater und Sohn. Ravensburg: Ravensburger Buchverlag Otto Maier, 2004.

Pohl, T.: Die Epistemisierung des Unterrichtsdiskurses – ein Forschungsrahmen. In: Tschirner, E./Bärenfänger, O./Möhring, J. (Hrsg.): Deutsch als fremde Bildungssprache. Das Spannungsfeld von Fachwissen, sprachlicher Kompetenz, Diagnostik und Didaktik. In der Reihe „Deutsch als Fremd- und Zweitsprache. Schriften des Herder Instituts (SHI), hrsg. von c. Altmeyer, C. Fandrych, K. Schramm und E. Tschirner. Tübingen: Stauffenburg Verlag, 2016. S. 55–79.

Polenz, P. v.: Geschichte der deutschen Sprache. 9. Aufl. Berlin, New York: de Gruyter Verlag, 1983.

Polotzek, S./Hofmann, N./Roos, J./Schöler, H.: Sprachliche Förderung im Elementarbereich. Beschreibung dreier Sprachförderprogramme und ihre Beurteilung durch Anwenderinnen, 2008. http://www.kindergartenpaedagogik.de/1726.html. [letzter Aufruf: 18.07.2015].

Popp, U.: Bildung der Geschlechter – Geschlechterdifferente Bildung?! In: Faulstich-Wieland, H. (Hrsg.): Umgang mit Heterogenität und Differenz. In der Reihe „Professionswissen für Lehrerinnen und Lehrer" (Band 3), hrsg. von Grunder, H.-U./Kansteiner-Schänzlin, K./Moser, H., Baltmannsweiler: Schneider Verlag Hohengehren, 2011, S. 73–96.

Pörksen, U.: Deutsche Naturwissenschaftssprachen. Historische und kritische Studien. Forum für Fachsprachen-Forschung, Band 2. Tübingen: Gunter Narr, 1986.

Pörksen, U.: Wissenschaftssprache und Sprachkritik. Untersuchungen zu Geschichte und Gegenwart. Tübingen: Gunter Narr, 1994.

Prediger, S.: Darstellungen, Register und mentale Konstruktionen von Bedeutungen und Beziehungen – mathematikspezifische sprachliche Herausforderungen identifizieren und bearbeiten. In: Becker-Mrotzek, M./Schramm, K./Thürmann, E./Vollmer, H. J. (Hrsg.): Sprache im Fach. Sprachlichkeit und fachliches Lernen. Münster u. a.: Waxmann Verlag, 2013, S. 167–183.

Prediger, S./Wilhelm, N./Büchter, A./Gürsoy, E./Benholz, C.: Sprachkompetenz und Mathematikleistung. Empirische Untersuchung sprachlich bedingter Hürden in den Zentralen Prüfungen 10. In: Journal für Mathematik-Didaktik 36 (1), 2015. S. 77-104.

Prediger, S.: Mathematische und sprachliche Lernschwierigkeiten – Empirische Befunde und Förderansätze am Beispiel des Multiplikationskonzepts. In: Lernen und Lernstörungen, 8 (4), 2019. S. 247–260.

Prengel, A: Pädagogik der Vielfalt. Verschiedenheit und Gleichberechtigung in der Interkultureller, Feministischer und Integrativer Pädagogik. Opladen: Leske + Budrich, 1993.

Prengel, A.: Heterogenität als Theorem der Grundschulpädagogik. In: Zeitschrift für Grundschulforschung, Heft 1, 2010, S. 7–17.

Püth, D.: Lehrersprache: Eine empirische Untersuchung des Sprechverhaltens einer Lehrkraft des ersten Schuljahrgangs im Unterrichtsfach Deutsch (Masterarbeit), 2010.

Püth, D.: Lehrersprache: Eine empirische Untersuchung des Sprechverhaltens einer Lehrkraft des ersten Schuljahrgangs im Unterrichtsfach Deutsch. In: Elsner, D./Wildemann, A. (Hrsg.): Grundschulunterricht erforschen. Kompetenzen, Methoden und Unterrichtsbeispiele. Band 2 der Reihe „Papers of Excellence. Ausgewählte Arbeiten aus den Fachdidaktiken". Aachen: Shaker, 2011, S. 19–45.

Quasthoff, U.: Entwicklung der mündlichen Kommunikationskompetenz. In: Becker-Mrotzek, M. (Hrsg.): Unterrichtskommunikation und Gesprächsdidaktik. Teilband Mündlichkeit in der Handbuchreihe Deutschunterricht in Theorie und Praxis, Baltmannsweiler: Schneider Verlag Hohengehren, 2009, S. 84–100.

Quehl, T.: Sprachbildung im Sachunterricht der Grundschule. In: Lengyel, D./Reich, H. H./Roth, H. J./Döll, M. (Hrsg.): Von der Sprachdiagnose zur Sprachförderung. Münster: Waxmann Verlag, 2009, S. 193–205.

Quehl, T.: Die Möglichkeiten des Scaffolding. In: Grundschulunterricht Deutsch (4) 2010, S. 28–32.

Quehl, T./Scheffler, U.: Möglichkeit fortlaufender Sprachförderung im Sachunterricht. In: Bainski, C./Krüger-Potratz, M. (Hrsg.): Handbuch Sprachförderung. Essen: Neue deutsche Schule Verlagsgesellschaft, 2008, S. 66–79.

Quehl, T./Trapp, U.: Sprachbildung im Sachunterricht der Grundschule. Mit dem Scaffolding-Konzept unterwegs zur Bildungssprache. 2. Auflage Münster u. a.: Waxmann Verlag, 2020.

Quehl, T./Trapp, U.: Wege zur Bildungssprache im Sachunterricht. Sprachbildung in der Grundschule auf der Basis von Planungsrahmen. Münster u. a.: Waxmann Verlag, 2015.

Raddatz, H.: Untersuchungen zum Lösen eingekleideter Aufgaben. In: Journal für Mathematik-Didaktik (3) 1993, S. 205–217.

Rank, A.: Wie sind Studentinnen des Grundschullehramts auf sprachliche und kulturelle Heterogenität vorbereitet? In: Zeitschrift für Grundschulforschung, Jg. 5, H. 2/2012, S. 79–93.

Rank, A./Gebauer, S./Fölling-Albers, M./Hartinger, A.: Vom Wissen zum Handeln in Diagnose und Förderung. Bedingungen des erfolgreichen Transfers einer situierten Lehrerfortbildung in die Praxis. In: Zeitschrift für Grundschulforschung 4. H. 2, 2011, S. 70–82.

Rathmann, C.: Was soll ich jetzt noch mal genau machen? In: Grundschule Deutsch, Heft 71, 2021. S. 41-43.

Rauer, W./Schuck, K.-D.: FEESS 1-2 – Fragebogen zur Erfassung emotionaler und sozialer Schulerfahrungen von Grundschulkindern erster und zweiter Klassen. Weinheim: Beltz, 2004.

Raven, J. C.: Coloured Progressive Matrices (CPM). Bern: Huber, 2002.

Reblin, M.: Wortschatzarbeit im Mathematikunterricht. In: Sprachsensibler Fachunterricht. Handreichung zur Wortschatzarbeit in den Jahrgangsstufen 5–10 unter besonderer Berücksichtigung der Fachsprache, hrsg. von der Senatsverwaltung für Bildung, Jugend und Wissenschaft. Berlin/Brandenburg, 2013, S. 211–235.

Redder, A.: Von der „Bildungssprache" zur „Alltäglichen Wissenschaftssprache". Vortrag auf der Tagung der Gesellschaft für angewandte Linguistik. Leipzig, 2010.

Redder, A./Schwippert, K./Hasselhorn, M./Forschner, S./Fickermann, D./Ehlich, K./Becker-Mrotzek, M./Krüger-Potratz, M./Rossbach, H.-G./Stanat, P./Weinert, S.: Bilanz und Konzeptualisierung von strukturierter Forschung zu „Sprachdiagnostik und Sprachförderung" ZUSE, Band 2. Hamburg, 2011. http://epub.sub.uni-hamburg.de/epub/volltexte/2011/9874/pdf/zuse_berichte_02.pdf. [letzter Aufruf: 10.06.2015].

Redder, A.: Rezeptive Sprachfähigkeit und Bildungssprache. Anforderungen in Unterrichtsmaterialien. In: Doll, J./Frank, K./Fickermann, D./Schwippert, K. (Hrsg.): Schulbücher im Fokus. Nutzungen, Wirkungen und Evaluation. Münster u. a.: Waxmann Verlag, 2012, S. 83–99.

Reich, H. H.: Materialien zum Workshop „Bildungssprache". Unveröffentlichtes Schulungsmaterial für die FörMig-Weiterqualifizierung „Berater(in) für sprachliche Bildung, Deutsch als Zweitsprache". Hamburg: Universität, 2008.

Reich, H.: Durchgängige Sprachbildung. In: Gogolin, I./Lange, I./Michel, U./Reich, H. H. (Hrsg.): Herausforderung Bildungssprache – und wie man sie meistert. Münster u. a.: Waxmann Verlag, 2013, S. 55–70.

Reich, H. H./Roth, H.-J.: Hamburger Verfahren zur Analyse des Sprachstands Fünfjähriger – HAVAS 5. Landesinstitut für Lehrerbildung und Schulentwicklung Hamburg, 2004.

Reich, H. H./Roth, H. J./Döll, M.: Fast Catch Bumerang. Deutsche Sprachversion. In: Lengyel, D./Reich, H. H./Roth, H. J./Döll, M. (Hrsg.): Von der Sprachdiagnose zur Sprachförderung. Münster u. a.: Waxmann, 2009, S. 209–241.

Reich, H. H./Roth, H. J./Gantefort, C.: Der Sturz ins Tulpenbeet. Deutsche Sprachversion. Auswertungsbogen und Auswertungshinweise. In: Klinger, T./Schwippert, K./Leiblein, B. (Hrsg.): Evaluation im Modellprogramm. Münster u. a.: Waxmann, 2008, S. 209–237.

Reiss, K./Roppler, A./Haag, N./Pant, H. A./Köller, O.: Kompetenzstufenmodelle im Fach Mathematik. Stanat, P./Pant, H. A./Böhme,K./Richter, D. (Hrsg.): Kompetenzen von Schülerinnen und Schülern am Ende der vierten Jahrgangstufe in den Fächern Deutsch und Mathematik. Ergebnisse des IQB-Ländervergleichs 2011. Münster: Waxmann, 2012, S. 72–84.

Reusser, K.: Erwerb mathematischer Kompetenzen. In: Weinert, F. E. (Hrsg.): Entwicklung im Grundschulalter. Weinheim: Beltz Verlag, 1997. S. 141–155.

Reyer, T./Trendel, G./Fischer, H. E.: Was kommt beim Schüler an? – Lehrerintentionen und Schülerlernen im Physikunterricht. In: Doll, J./Prenzel, M. (Hrsg.): Bildungsqualität von Schule: Lehrerprofessionalisierung, Unterrichtsentwicklung und Schülerförderung als Strategien der Qualitätsverbesserung. Münster u. a.: Waxmann Verlag, 2004, S. 195–211.

Ricart Brede, J.: „Wenn man luft reinpustet geht es schneller aus. Warum???" Ein empirisches Forschungsprojekt zu schriftlichen Produktionen von DaZ- und DaM-SchülerInnen im Fachunterricht Biologie. In: Ahrenholz, B./Knapp, W. (Hrsg.): Sprachstand erheben – Spracherwerb erforschen. Beiträge aus dem 6. Workshop „Kinder mit Migrationshintergrund". Band 5. Freiburg im Breisgau: Fillibach, 2012a, S. 225–240.

Ricart Brede, J.: Passivkonstruktionen in Versuchsprotokollen aus dem Fachunterricht Biologie der Sekundarstufe I. Ein Vergleich von lehrerseitigen Erwartungen und schülerseitigen Realisierungen unter besonderer Berücksichtigung der jeweiligen Erstsprachen. In: Jeuk, S./Schäfer, J. (Hrsg.): Deutsch als Zweitsprache in Kindertageseinrichtungen und Schulen. Aneignung, Förderung, Unterricht. Beiträge aus dem 7. Workshop „Kinder mit Migrationshintergrund" 2011. Freiburg im Breisgau: Fillibach, 2012b, S. 265–330.

Richter, S./Brügelmann, H.: Der Schulanfang ist keine Stunde Null. Schrifterfahrungen, die Kinder in die Schule mitbringen. In: Dies. (Hrsg.): Wie wir recht schreiben lernen. Lengwill am Bodensee: Libelle, 1994, S. 62–77.

Richter, D./Kuhl, P./Reimers, H./Pant H. A.: Aspekte der Aus- und fortbildung von Lehrkräften n der Primarstufe. In: Stanat, P./Pant, H. A./Böhme,K./Richter, D. (Hrsg.): Kompetenzen von Schülerinnen und Schülern am Ende der vierten Jahrgangstufe in den Fächern Deutsch und Mathematik. Ergebnisse des IQB-Ländervergleichs 2011. Münster: Waxmann, 2012, S. 238–250.

Riebling, L.: Sprachbildung im naturwissenschaftlichen Unterricht. Eine Studie im Kontext migrationsbedingter sprachlicher Heterogenität. Münster u. a.: Waxmann Verlag, 2013.

Riehl, C. M.: Sprachkontaktforschung. Eine Einführung. 3. überarb. Aufl. Tübingen: Narr Verlag, 2014.

Rincke, K.: Alltagssprache, Fachsprache und ihre besonderen Bedeutungen für das Lernen. In: Zeitschrift für Didaktik der Naturwissenschaften 16, 2010, S. 235–260.

Rjosk, C./Haag, N./Heppt, B./Stanat, P.: Zuwanderungsbezogene Disparitäten. In: Stanat, P./Schipolowski, S./Rjosk, C./Weirich, S./Haag, N. (Hrsg.): IQB-Bildungstrend 2016. Kompetenzen in den Fächern Deutsch und Mathematik am Ende der 4. Jahrgangstufe im zweiten Ländervergleich. Münster u.a. Waxmann Verlag, 2017. S. 237-275.

Röhner, C./Hausmann Oliva, A.: Zweitsprachliche Produktivität von Migrantenkindern im Übergang vom Kindergarten zur Grundschule. In: Ahrenholz, B. (Hrsg.): Deutsch als Zweitsprache – Voraussetzungen und Konzepte für die Förderung von Kindern und Jugendlichen mit Migrationshintergrund. Freiburg i.B.: Fillibach Verlag, 2007, S. 75–93.

Röhner, C./Blümer, H./Li, M./Hopf, M./Hövelbrinks, B.: Abschlussbericht. Stifterverband/Cornelsen Stiftung Lehren und Lernen. „Sprachförderung von Migrantenkindern im Kontext frühen naturwissenschaftlich-technischen Lernens", 2009. [Online: http://www.erziehungswissenschaft.uni-wuppertal.de/fileadmin/erziehungswissenschaft/fach_paedagogik-derfruehen-kindheit/Abschlussbericht-Nawiprojekt.pdf. Letzter Aufruf: 29.07.2021].

Röhner, C./Hövelbrinks, B. (Hrsg.): Fachbezogene Sprachförderung in Deutsch als Zweitsprache. Theoretische Konzepte und empirische Befunde zum Erwerb bildungssprachlicher Kompetenzen. Weinheim, Basel: Beltz, Juventa, 2013a.

Röhner, C./Hövelbrinks, B.: Sprachkompetenz und naturwissenschaftliches Lernen. Sprachproduktivität mehrsprachiger Kinder mit Sprachförderbedarf. In: BUW.output, Forschungsmagazin der Bergischen Universität Wuppertal, Nr. 10, 2013b, S. 30–35. http://www.buw-output.de/de/archive/ausgabe10/sprachkompetenz-und-naturwissenschaftliches-lernen.html. [letzter Aufruf: 22.09.2015].

Röhrl, S./Krauss, S.: Lesestrategien für mathematische Sachaufgaben. In: Praxis Grundschule 38 (3) 2015, S. 10–18.

Roelcke, T.: Fachsprachen. 3., neu bearbeitete Auflage. Berlin: Erich Schmidt Verlag, 2010.

Roos, J./Polotzek, S./Schöler, H.: EVAS – Evaluationsstudie zur Sprachförderung von Vorschulkindern. Wissenschaftliche Begleitung der Sprachfördermaßnahmen im Programm ‚Sag' mal was – Sprachförderung für Vorschulkinder'. Abschlussbericht, 2010. http://www.sagmalwas-bw.de/media/WiBe%201/pdf/EVAS_Abschlussbericht_Januar_2010.pdf. [letzter Aufruf: 20.02.2023].

Rösch, H.: Das interkulturelle Paradigma in der Deutschdidaktik und Pädagogik. In: Rosebrock, C./Fix, M. (Hrsg.): Tumulte. Deutschdidaktik zwischen den Stühlen. Diskussionsforum Deutsch, Band 6. Baltmannsweiler: Schneider Verlag Hohengehren, 2001, S. 106–124.

Rösch, H. (Hrsg.): Deutsch als Zweitsprache. Sprachförderung: Grundlagen, Übungsideen, Kopiervorlagen. Braunschweig: Schroedel, 2003.

Rösch, H.: Nahtstelle Übergang Primar- zum Sekundarbereich. In: Bartnitzky, H. (Hrsg.): Deutsch als Zweitsprache lernen. Unter Mitarbeit von Angelika Speck-Hamdan. (Beiträge zur Reform der Grundschule, Band 120). Frankfurt am Main: Arbeitskreis Grundschule, 2005, S. 110–120.

Rösch, H.: Sprach(lern)bewusstheit als Ressource für den Zweitspracherwerb und die DaZ-Förderung. In: Funke, R./Jakel, O./Januschek, F. (Hrsg.): Denken über Sprechen: Facetten von Sprachbewusstheit. (Flensburg Linguistics: Applied and Interdisciplinary Research FLAIR, Bd. 1). Flensburg: Flensburg Univ. Press, 2008, S. 169–187.

Rösch, H.: Integrative Sprachbildung im Bereich Deutsch als Zweitsprache. In: Röhner, C./Hövelbrinks, B. (Hrsg.): Fachbezogene Sprachförderung in Deutsch als Zweitsprache. Theoretische Konzepte und empirische Befunde zum Erwerb bildungssprachlicher Kompetenzen. Weinheim und Basel: Beltz/Juventa, 2013, S. 18–36.

Rösch, H.: BeFo und die Folgen für die DaZ-Didaktik. In: Lütke, B./Petersen, I. (Hrsg.): Deutsch als Zweitsprache – erwerben, lernen und lehren. Stuttgart: Fillibach bei Klett, 2014, S. 195–208.

Rosebrock, C./Nix, D.: Grundlagen der Lesedidaktik und der systematischen schulischen Leseförderung. 9. überarb. Aufl., Baltmannsweiler: Schneider Verlag Hohengehren, 2020.

Rosebrock, C./Nix, D./Rieckmann, C./Gold, A.: Leseflüssigkeit fördern. Lautleseverfahren für die Primar- und Sekundarstufe. Seelze: Klett, Kallmeyer Verlag, 2011.

Roßbach, H.-G./Leal, T. B.: Mütterfragebogen zu kindlichen Aktivitäten im Kontext des Familiensettings (AKFRA). Deutsche Fassung des Questionnaire on Preschool–Aged Children' Activities in the Family (Unveröffentlichtes Manuskript), 1993.

Roth, H.-J.: Die Karriere der „Bildungssprache" – kursorische Beobachtungen in historisch-systematischer Anmutung. In: Dirim, I./Gogolin, I./Knorr, D./Krüger-Potratz, M./Lengyel, D./Reich, H. H./Weiße, W. (Hrsg.): Impulse für die Migrationsgesellschaft. Bildung, Politik und Religion. Münster: Waxmann, 2015, S. 37–60.

Runge, A.: Die Nutzung (bildungssprachlicher) Verben in naturwissenschaftlichen Aufgabenstellungen bei SchülerInnen der Jgst. 4 und 5. In: Redder, A./Weinert, S. (Hrsg.): Sprachförderung und Sprachdiagnostik. Interdisziplinäre Perspektiven. Münster u. a.: Waxmann Verlag, 2013, S. 152–173.

Rupp, G.: Deutschunterricht lehren weltweit. Basiswissen für Master of Education-Studierende und Deutschlehrer/innen. Baltmannsweiler: Schneider Verlag Hohengehren. 2014.

Sachse, S./Jooss, B./Simon, S./Buschmann, A.: Wie gelingt es, Sprache effektiv im Kita-Alltag zu fördern? Vorstellung eines Konzepts und Ergebnisse wissenschaftlicher Studien. In: KiTa aktuell (4) 2011, S. 98–100.

Sachse, S./Budde, N./Rinker, T./Groth, K.: Evaluation einer Sprachfördermaßnahme für Vorschulkinder. In: Frühe Bildung, 1 (4) 2012, S. 194–201.

Salem, T.: Voraussetzungen für den Aufbau von Sprachbildungsnetzwerken. In: Salem, T./Neumann, U./Michel, U./Dobutowitsch, F. (Hrsg.): Netzwerke für durchgängige Sprachbildung 1. Grundlagen und Fallbeispiele. (FÖRMIG-Material, Band 5). Münster u. a.: Waxmann Verlag, 2013, S. 12–31.

Sandfuchs, U.: Schulbücher und Unterrichtsqualität – historische und aktuelle Reflexionen. In: Fuchs, E. (Hrsg.): Schulbuch konkret – Produktion – Unterricht. Bad Heilbrunn: Klinkhardt, 2010, S. 11–24.

Schaefer, E. S.: Home tutoring, maternal behavior and infant intellectual development. In: Cognitive stimulation in infancy. Symposium presented at the meeting of the American Psychological Association. Washington, D.C., 1969.

Scheler, M.: Die Wissensformen und die Gesellschaft. 2. Aufl. Bern/München: Francke Verlag, 1960.

Schindler, K./Siebert-Ott, G.: Schreiben in der Zweitsprache Deutsch. In: Feilke, H./Pohl, T. (Hrsg.): Schriftlicher Sprachgebrauch, Texte verfassen. In der Reihe „Deutschunterricht in Theorie und Praxis (DTP)", hrsg. von Winfried Ulrich. Bd. 4. Baltmannsweiler: Schneider Verlag Hohengehren, 2014, S. 195–215.

Schipper, W.: Handbuch für den Mathematikunterricht an Grundschulen. Braunschweig: Schroedel Verlag, 2009.

Schleppegrell, M. J.: Linguistic Features of the Language of Schooling. In: Linguistics and Education 4 (12), 2001, S. 431–459.

Schleppegrell, M. J.: The challenges of academic language in school subjects. In: Lindberg, I./Sandwall, K. (Hrsg.): Språket och kunskapen: att läre på sitt andraspråk i skola och högskola. Göteborg: Götenborgs univeristet institutet för svenska som andraspråk, 2006, S. 47–69.

Schleppegrell, M. J.: The Language of Schooling. A Functional Linguistics Perspective. New York: Routhledge, 2010.

Schleppegrell, M. J.: Academic language in teaching and learning. Introduction to the Special Issue. In: The Elementary School Journal 112 (3) 2012, S. 409–418.

Schmölzer-Eibinger, S.: Lernen in der Zweitsprache. Grundlagen und Verfahren der Förderung von Textkompetenz in mehrsprachigen Klassen. Tübingen: Narr, 2011.

Schmölzer-Eibinger, S.: Sprache als Medium des Lernens im Fach. In: Becker-Mrotzek, M./Schramm, K./Thürmann, E./Vollmer, H. J. (Hrsg.): Sprache im Fach. Sprachlichkeit und fachliches Lernen. Münster u. a.: Waxmann Verlag, 2013, S. 25–40.

Schmölzer-Eibinger, S.: Textkompetenz, Lernen und Literale Didaktik. http://www.abrapa.org.br/cd/npdfs/SchmeolzerEibinger-Sabine.pdf [letzter Aufruf: 29.07.2021]

Schmölzer-Eibinger, S./Dorner, M./Langer, E./Helten-Pacher, M.-R.: Handbuch Sprachförderung im Fachunterricht in sprachlich heterogenen Klassen. 2013a. https://www.bmbf.gv.at/schulen/unterricht/ba/dic_bericht_lang_24484.pdf?4dzgm2. [letzter Aufruf: 20.09.2015].

Schmölzer-Eibinger, S./Dorner, M./Langer, E./Helten-Pacher, M.-R.: Sprachförderung im Fachunterricht in sprachlich heterogenen Klassen. Stuttgart: Fillibach bei Klett, 2013b.

Schneider, W./Baumert, J./Becker-Mrotzek, M./Hasselhorn, M./Kammermeyer, G./Rauschenbach, T./Roßbach, H.-G./Roth, H.-J./Rothweiler, M./Stanat, P.: Expertise „Bildung durch Sprache und Schrift (BISS)". Bund-Länder-Initiative zur Sprachförderung, Sprachdiagnostik und Leseförderung, 2012. http://www.bmbf.de/pubRD/BISS_Expertise.pdf. [letzter Aufruf: 16.06.2015].

Schneider, H./Becker-Mrotzek, M./Sturm, A./Jambor-Fahlen, S./Neugebauer, U./Efing, C./Kernen, N.: Expertise „Wirksamkeit von Sprachförderung", 2013. https://www.mercator-institut-sprachfoerderung.de/fileadmin/user_upload/Expertise_Sprachfoerderung_Web_final_03.pdf. [letzter Aufruf: 20.02.2023].

Schramm, K./Hardy, I./Saalbach, H./Gadow, A.: Wissenschaftliches Begründen im Sachunterricht. In: Becker-Mrotzek, M./Schramm, K./Thürmann, E./Vollmer, H. J. (Hrsg.): Sprache im Fach. Sprachlichkeit und fachliches Lernen. Münster u. a.: Waxmann Verlag, 2013, S. 295–314.

Schröder, K.: „Wir knacken Aufgaben". In: Grundschule Deutsch, Heft 71, 2021. S. 23–25.

Schulte. M.: Bildungssprachliche Anregungsqualität im Fachunterricht. Videoanalysen zur sprachlich-kognitiven Aktivierung durch Lehrkraftfragen. Wiesbaden: Springer VS, 2019.

Schupp, H.: Optimieren ist fundamental. In: Mathematik lehren (81) 1997, S. 4.

Schuth, E./Heppt, B./Köhne, J./Weinert, S./Stanat, P.: Die Erfassung schulisch relevanter Sprachkompetenzen bei Grundschulkindern. Entwicklung eines Testinstruments. In: Redder, A./Naumann, J./Tracy, R. (Hrsg.): Forschungsinitiative Sprachdiagnostik und Sprachförderung – Ergebnisse. Münster u.a.: Waxmann Verlag, 2015. S. 93–112.

Schwerin, I. von: Sachaufgaben – da fang ich gar nicht erst an! In: Sache-Wort-Zahl 38 (112) 2010, S. 24–27.

Schwier, V.: Präsentationen. In: von Reeken, D. (Hrsg.): Handbuch Methoden im Sachunterricht (Dimensionen des Sachunterrichts, Band 3). Baltmannsweiler: Schneider Verlag Hohengehren, 2011, S. 206–216.

Schwippert, K./Wendt, H./Tarelli, I.: Lesekompetenzen von Schülerinnen und Schülern mit Migrationshintergrund. In: Bos, W./Tarelli, I./Bremerich-Vos, A./Schwippert, K. (Hrsg.): IGLU 2011. Lesekompetenzen von Grundschulkindern in Deutschland im internationalen Vergleich. Münster: Waxmann, 2012, S. 191–207.

Seedhouse, P.: The interacional architecture of the language classroom: A conversation analysis perspective. Malden, MA: Blackwell, 2004.

Seibicke, W.: Zur Lexik der Fachsprachen. In: Rall, D./Schepping, H./Schleyer, W. (Hrsg.): Beiträge einer Arbeitstagung an der RWTH Aachen vom 30. September bis 4. Oktober 1974. Bonn: DAAD, 1976, S. 69–75.

Seidel, T.: Lehr-Lerntranskripts im Unterricht. Freiräume und Einschränkungen für kognitive und motivationale Lernprozesse – eine Videostudie im Physikunterricht. Münster u. a.: Waxmann, 2003.

Seidel, T./Prenzel, M.: Muster unterrichtlicher Aktivitäten im Physikunterricht. In: Doll, J./Prenzel, M. (Hrsg.): Bildungsqualität von Schule: Lehrerprofessionalisierung, Unterrichtsentwicklung und Schülerförderung als Strategien der Qualitätsverbesserung. Münster u. a.: Waxmann Verlag, 2004, S. 177–194.

Selinker, L.: Interlanguage. In: IRAL/International Review of Applied Linguistics in Language Teaching, 10:3 (1972) p.209.

Selter, C.: Dialogisches Lernen von Sprache und Mathematik, 2010. http://pikas.dzlm.de/upload/Material/Haus_5_-_Individuelles_und_gemeinsames_Lernen/IM/Informationstexte/H5_IM_Dialogisches_Lernen_von_Sprache_und_Mathematik.pdf. [letzter Aufruf: 11.09.2015].

Siebert-Ott, G.: Muttersprachendidaktik – Zweitsprachendidaktik – Fremdsprachendidaktik-Multilingualität. In: Bredel, U./Günther, H./Klotz, P./Ossner, J./Siebert-Ott, G. (Hrsg.): Didaktik der deutschen Sprache. Ein Handbuch, Bd. 1. Paderborn, München: Schöningh, 2003, S. 30–41.

Siepmann, D.: Eigenschaften und Formen lexikalischer Kollokationen. Wider ein zu enges Verständnis. In: Zeitschrift für französische Sprache und Literatur 112/3, 2003. S. 240–263.

Soostmeyer, M.: Genetischer Sachunterricht. Unterrichtsbeispiele und Unterrichtsanalysen zum naturwissenschaftlichen Denken bei Kindern in konstruktivistischer Sicht. Baltmannsweiler: Schneider Verlag Hohengehren, 2002.

Spinner, K. H.: Der standardisierte Schüler. Wider den Wunsch, Heterogenität überwinden zu wollen. In: Friedrich Jahresheft: Standards. Unterrichten zwischen Kompetenzen, zentralen Prüfungen und Vergleichsarbeiten, 2005, S. 88–91.

Stanat, P./Baumert, J./Müller, A. G.: Das Jacobs Sommercamp in Bremen. In: Ballis, A./Spinner, K. H. (Hrsg.): Sommerschule, Sommerkurse, Summer Learning: Deutsch lernen in außerschulischem Kontext. Baltmannsweiler: Schneider Verlag Hohengehren, 2008, S. 14–32.

Stanat, P./Pant, H. A./Böhme,K./Richter, D. (Hrsg.): Kompetenzen von Schülerinnen und Schülern am Ende der vierten Jahrgangstufe in den Fächern Deutsch und Mathematik. Ergebnisse des IQB-Ländervergleichs 2011. Münster: Waxmann, 2012a.

Stanat, P./Schipolowski, S./ Rjosk, C./ Weirich, S./Haag, N. (Hrsg.): IQB-Bildungstrend 2016. Kompetenzen in den Fächern Deutsch und Mathematik am Ende der 4. Jahrgangsstufe im zweiten Ländervergleich. Münster: Waxmann, 2017.

Stanat, A./Weirich, S./Radmann, S.: Sprach- und Leseförderung. In: Stanat, P./Pant, H. A./Böhme, K./Richter, D. (Hrsg.): Kompetenzen von Schülerinnen und Schülern am Ende der vierten Jahrgangstufe in den Fächern Deutsch und Mathematik. Ergebnisse des IQB-Ländervergleichs 2011. Münster: Waxmann, 2012b, S. 251–276.

Stanat, P./Pant H. A./Richter, D./Böhme, K./Engelbert, M./Haag, N./Hannighofer, J./Prengel, J./Reimers, H./Ropplet, A./Weirich, S.: Der Blick in die Länder. In: Stanat, P./Pant,H. A./Böhme, K./Richter, D. (Hrsg.): Kompetenzen von Schülerinnen und Schülern am Ende der vierten Jahrgangstufe in den Fächern Deutsch und Mathematik. Ergebnisse des IQB-Ländervergleichs 2011. Münster: Waxmann, 2012c, S. 131–172.

Steinbrenner, M.: Sprachliche Bildung, Bildungssprache und die Sprachlichkeit der Literatur. In: Leseräume. Zeitschrift für Literalität in Schule und Forschung. 5 (4). 2018. S. 7–21.

Steinmüller, U.: Die Mutter ist die Schnecke, und die ist hier zur Hälfte aufgeschnitten. Gesprochene Fachsprache im akademischen Unterricht. In: Ahrenholz, B./Bredel, U./Klein, W./Rost-Roth, M./Skiba, R. (Hrsg.): Empirische Forschung und Theoriebildung. Beiträge aus Soziolinguistik, Gesprochene Sprache- und Zweitspracherwerbsforschung. Festschrift für Norbert Dittmar zum 65. Geburtstag. Frankfurt a. M.: Peter Lang Verlag, 2008, S. 321–329.

Steinmüller, U./Schwarnhorst, U.: Sprache im Fachunterricht. Ein Beitrag zur Diskussion über Fachsprachen im Unterricht mit ausländischen Schülern. In: Zielsprache Deutsch, 18 (4) 1987, S. 3–12.

Stern, E.: Warum werden Kapitänsaufgaben „gelöst"? Das Verstehen von Textaufgaben aus psychologischer Sicht. In: Der Mathematikunterricht 38 (5) 1992, S. 7–29.

Stubbe, T. C./Bos, W./Euen, B.: Der Übergang von der Primar- in die Sekundarstufe. In: Bos, W./Tarelli, I./Bremerich-Vos, A./Schwippert, K. (Hrsg.): IGLU 2011. Lesekompetenzen von Grundschulkindern in Deutschland im internationalen Vergleich. Münster u. a.: Waxmann, 2012, S. 209–226.

Stubbe, T.C./Bos, W./Schurig, M.: Der Übergang von der Primar- in die Sekundarstufe. In: Hußmann, A./Wendt, H./Bos, W./Bremerich-Vos, A./l Kasper, D./Lankes, E.-M./ McElvany, N./ Stubbe, T.C./Valtin, R.(Hrsg.): IGLU 2016. Lesekompetenzen von Grundschulkindern in Deutschland im internationalen Vergleich. Münster: Waxmann, S. 235-250

Sturm, T.: Lehrbuch Heterogenität in der Schule. München, Basel: Ernst Reinhardt Verlag, 2. Aufl. 2016.

Sumfleth, E./Pitton, A.: Sprachliche Kommunikation im Chemieunterricht: Schülervorstellungen und ihre Bedeutung im Unterrichtsalltag. In: Zeitschrift für Didaktik der Naturwissenschaften, 4 (2) 1998, S. 4–20.

Sylva, K./Melhuish, E./Sammons, P./Siraj-Blatchford, I./Taggart, B.: Final Report from the Primary Phase: Pre-School, School and Family Influences on Children's Development during Key Stage 2 (Age 7–11). Research Report No. DCSF-RR061. London: DCSF, 2008.

Thaler, V.: Mündlichkeit, Schriftlichkeit, Synchronizität. Eine Analyse alter und neuer Konzepte zur Klassifizierung neuer Kommunikationsformen. In: Zeitschrift für germanistische Linguistik, 1–2 (35) 2007, S. 146–181.

Tajmel, T.: Ein Beispiel: Physikunterricht. In: Fürstenau, S./Gomolla, M. (Hrsg.): Migration und schulischer Wandel: Unterricht. Wiesbaden: VS Verlag für Sozialwissenschaften, 2009, S. 139–155.

Tajmel, T./Starl, K. (Hrsg.): Science Education Unlimited. Approaches to Equal Opportunities in Learning Science (Buch und CD-ROM). Münster u. a.: Waxmann, 2009.

Tajmel, T.: DaZ-Förderung im naturwissenschaftlichen Fachunterricht. In: Ahrenholz, B. (Hrsg.): Fachunterricht und Deutsch als Zweitsprache. Tübingen: Narr Verlag, 2010. S. 167–184.

Tajmel, T.: Möglichkeiten der sprachlichen Sensibilisierung von Lehrkräften naturwissenschaftlicher Fächer. In: Röhner, C./Hövelbrinks, B. (Hrsg.): Fachbezogene Sprachförderung in Deutsch als Zweitsprache. Theoretische Konzepte und empirische Befunde zum Erwerb bildungssprachlicher Kompetenzen. Weinheim, Basel: Beltz, Juventa Verlag, 2013, S. 198–211.

Tajmel, T.: Physikunterricht in der Migrationsgesellschaft. Grundzüge einer Reflexiven Physikdidaktik und kritisch-sprachbewussten Praxis. Wiesbaden: Springer VS, 2017.

Textor, R.: Der Übergang vom Kindergarten in die Grundschule: Eine Herausforderung für das Kind und seine Eltern. In: Textor, R. (Hrsg.): Das Kita-Handbuch, o. J. https://www.kindergartenpaedagogik.de/fachartikel/gestaltung-von-uebergaengen/uebergang-von-der-kita-in-die-schule/1982. [letzter Aufruf: 29.07.2021]

Thürmann, E.: Schulsprachliche Kompetenzen: Analyse von Kompetenzerwartungen in Lehrplanentwürfen für die Grundschule. Unveröffentlichtes Manuskript, 2009.

Thürmann, E./Pertzel, E./Schütte A. U.: Der schlafende Riese: Versuch eines Weckrufs zum Schreiben im Fachunterricht. In: Schmölzer-Eibinger, S./Thürmann, E. (Hrsg.): Schreiben als Medium des Lernens. Kompetenzentwicklung durch Schreiben im Fachunterricht. Münster u. a.: Waxmann, 2015, S. 17–45.

Thürmann, E./Vollmer, H.: Checkliste zu sprachlichen Aspekten des Fachunterrichts. 2011, S.1–17. http://www.unterrichtsdiagnostik.info/media/files/Beobachtungsraster_Sprachsensibler_Fachunterricht.pdf. [letzter Aufruf: 29.07.2021].

Tietze, W./Feldkamp, J./Gratz, D./Roßbach, H.-G./Schmied, D.: Skala zur Erfassung des Sozialverhaltens von Vorschulkindern. In: Zeitschrift für empirische Pädagogik (5) 1981, S. 37–48.

Tietze, W./Schuster, K.-M./Grenner, K.: Kindergarten-Skala (KES-R): Feststellung und Unterstützung pädagogischer Qualität in Kindergärten. Weinheim: Beltz, 2005a.

Tietze, W./Roßbach, H.-G./Grenner, K.: Kinder von 4 bis 8 Jahren. Zur Qualität der Erziehung und Bildung im Kindergarten, Grundschule und Familie. Weinheim: Beltz, 2005b.

Tietze, W./Schuster, K.-M./Grenner, K./Rossbach, H.-G.: Kindergarten-Skala (KES-R). Feststellung und Unterstützung pädagogischer Qualität in Kindergärten. 3. Auflage. Weinheim: Beltz, 2007.

Tietze, S./Rank, A./Wildemann, A.: Erfassung bildungssprachlicher Kompetenzen von Kindern im Vorschulalter. Grundlagen und Entwicklungen einer Ratingskala (RaBi), 2016. https://www.pedocs.de/frontdoor.php?source_opus=12076 [letzter Aufruf: 05.07.2021].

Tracy, R.: Sprachliche Frühförderung – Konzeptuelle Grundlagen eines Programms zur Förderung von Deutsch als Zweitsprache im Vorschulalter. Mannheim: Universität Mannheim, Forschungs- und Kontaktstelle Mehrsprachigkeit, 2003.

Tracy, R.: Wie Kinder Sprachen lernen: Und wie wir sie dabei unterstützen können. 2. überarb. Aufl. Marburg: Francke, 2005.

Trautmann, M.: Überzeugungen vom Englischlernen. In: Zeitschrift für Erziehungswissenschaft, 8 (1), 2005, S. 38–52.

Trautmann, C./Reich, H. H.: Pragmatische Basisqualifikationen I und II. In: Ehlich, K./Redel, U./Reich H. H. (Hrsg.): Referenzrahmen zur altersspezifischen Sprachaneignung. Band 29/I, hrsg. vom Bundesministerium für Bildung und Forschung. Berlin, 2008. S. 41–61.

Trautmann, M./Wischer, B.: Heterogenität in der Schule. Eine kritische Einführung. Wiesbaden: VS Verlag. 2011.

Twain, M.: Die schreckliche deutsche Sprache. Köln: Anaconda. 2010 (1880).

Uesseler, S./Runge, A./Redder, A.: „Bildungssprache" diagnostizieren. Entwicklung eines Instruments zur Erfassung von bildungssprachlichen Fähigkeiten bei Viert- und Fünftklässlern. In: Redder, A./Weinert, S. (Hrsg.): Sprachförderung und Sprachdiagnostik. Interdisziplinäre Perspektiven. Münster: Waxmann, 2013, S. 42–67.

van Buer, J./Zlatkin-Troitschanskaia, O.: Diagnostische Lehrerexpertise und adaptive Steuerung unterrichtlicher Entwicklungsangebote. In: Van Buer, J. & Wagner, C. (Hrsg.): Qualität von Schule. Ein kritisches Handbuch. Frankfurt a. M.: Lang, 2009, S. 381–400.

van der Meulen, B. F./Ruiter, S. A. J./Spelberg, H. C. I./Smrkovsky, M.: Baley Scale of Infant Development – II. Nederlandse Versie (BSID-II-NL). Lisse: SwetTest Publishers, 2002.

Verboom, L.: Mit dem Rhombus nach Rom. Aufbau einer fachgebundenen Sprache im Mathematikunterricht der Grundschule. In: Bainski, C./Krüger-Potratz, M. (Hrsg.): Handbuch Sprachförderung. Essen: Neue Deutsche Schule, 2008, S. 95–112.

Verschaffel, L./Greer, B./De Corte, E.: Making sense of word problems. Lisse: Swets & Zeitlinger, 2000.

Victoria State Government: Literacy Professional Learning Resource – Scaffolding: The theory. http://www.education.vic.gov.au/school/teachers/teachingresources/discipline/english/proflearn/pages/velszopds56.aspx. [letzter Aufruf: 12.09.2015].

Vollmer, G.: Sprache und Begriffsbildung im Chemieunterricht. Frankfurt: Diesterweg Verlag, 1980.

Vollmer, H. J.: Schulsprachliche Kompetenzen: zentrale Diskursfunktionen, 2011. http://www.home.uni-osnabrueck.de/hvollmer/VollmerDF-Kurzdefinitionen.pdf. [letzter Aufruf: 29.07.2021].

Vollmer, H. J./Thürmann, E.: Zur Sprachlichkeit des Fachlernens: Modellierung eines Referenzrahmens für Deutsch als Zweitsprache. In: Ahrenholz, B. (Hrsg.): Fachunterricht und Deutsch als Zweitsprache. Tübingen: Narr Verlag, 2010. S. 107–132.

Vollmer, H. J./Thürmann, E.: Sprachbildung und Bildungssprache als Aufgabe aller Fächer der Regelschule. In: Becker-Mrotzek, M./Schramm, K./Thürmann, E./Vollmer, H. J. (Hrsg.): Sprache im Fach. Sprachlichkeit und fachliches Lernen. Münster u. a.: Waxmann Verlag, 2013, S. 41–57.

Wagenschein, M.: Die Sprache im Physikunterricht. In: Ders. (Hrsg.): Ursprüngliches Verstehen und exaktes Denken, Band 2. Stuttgart: Klett, 1970. S. 158–173.

Wahl, D.: Mit Training von trägen Wissen zum kompetenten Handeln? In: Zeitschrift für Pädagogik 48, H. 2, 2002, S. 227–241.

Waldmann, E.: Was steckt in einer Aufgabe? Ein Blick auf Aufgaben für Leistungssituationen. In: Grundschulunterricht Deutsch, 04/2009, S. 10–15.

Wanjek, M.: Sprechhandlungen von Lehrpersonen im Deutschunterricht der Hauptschule. Sprachakte, Intentionen, Rezeptionen. Freiburg i. B.: Fillibach, 2010.

Webersik, J.: Gesprochene Schulsprache in der Primarstufe. Ein empirisches Verfahren zur Evaluation von Fördereffekten im Bereich Deutsch als Zweitsprache. Reihe: DaZ-Forschung, Band 9. Berlin u. a.: De Gruyter Mouton, 2015.

Weinert, S./Ebert, S./Lockl, K./Kuger, S.: Disparitäten im Wortschatzerwerb: Zum Einfluss des Arbeitsgedächtnisses und der Anregungsqualität in Kindergarten und Familie auf den Erwerb lexikalischen Wissens. In: Unterrichtswissenschaft, 40. Jg., Heft 1, 2012, S. 4–25.

Weinhold, S.: Text als Herausforderung. Zur Textkompetenz am Schulanfang. Freiburg i. B.: Fillibach, 2000. Weis, I.: DaZ im Fachunterricht. Sprachbarrieren überwinden – Schüler erreichen und fördern. Mühlheim an der Ruhr: Verlag an der Ruhr, 2013.

Weis, I.: Wie viel Sprache hat die Mathematik in der Grundschule? Über die Notwendigkeit der Verbindung von sprachlichem und fachlichem Lernen im Mathematikunterricht der Grundschule, o. J. https://www.uni-due.de/imperia/md/content/prodaz/wie_viel_sprache_mathematik_grundschule.pdf. [letzter Aufruf: 06.07.2021].

Welsch, W.: Was ist eigentlich Transkulturalität? In: Darowska, L./Lüttenberg, T./Machold, C. (Hrsg.): Hochschule als transkultureller Raum? Kultur, Bildung und Differenz in der Universität. Bielefeld: transcript 2010, S. 39–66.

Welsch, W.: Auf dem Weg zu transkulturellen Gesellschaften. In: Allolio-Näcke, L./Kalscheuer, B./Manzeschke, A. (Hrsg.): Differenzen anders denken. Bausteine zu einer Kulturtheorie der Transdifferenz. Frankfurt, New York: Campe. 2005, S. 314–341.

Welsch, W.: Transkulturalität. 1995. www.forum-interkultur.net/uploads/tx_textdb/ 27.pdf. [letzter Aufruf: 24.08.15]

Wendt, H./Schwippert, K.: Lesekompetenzen von Schülerinnen und Schülern mit und ohne Migrationshintergrund. In: Hußmann, A./ Wendt, H./Bos, W./Bremerich-Vos, A./ l Kasper, D./Lankes, E.-M./ McElvany, N./ Stubbe, T.C./Valtin, R.(Hrsg.): IGLU 2016. Lesekompetenzen von Grundschulkindern in Deutschland im internationalen Vergleich. Münster: Waxmann, S. 219–234.

Wendt, H./Stubbe, T. C./ Schwippert, K.: Soziale Herkunft und Lesekompetenzen von Schülerinnen und Schülern. In: Bos, W./Tarelli, I./Bremerich-Vos, A./Schwippert, K. (Hrsg.): IGLU 2011. Lesekompetenzen von Grundschulkindern in Deutschland im internationalen Vergleich. Münster: Waxmann, 2012, S. 175–190.

Wendt, H./Stubbe, T. C./Schwippert, K./Bos, W. (Hrsg.): 10 Jahre international vergleichender Schulleistungsforschung in der Grundschule. Vertiefende Analysen zu IGLU und TIMSS 2001 bis 2011. Münster u. a.: Waxmann, 2015.

Wenning, N.: In: Budde, J./Dlugosch, A./Sturm,T. (Hrsg.): (Re-)Konstruktive Inklusionsforschung : Differenzlinien - Handlungsfelder - Empirische Zugänge. Leverkusen: Barbara Budrich, 2017, S. 47–67.

Wenning, N.: Heterogenitätsvorstellungen und empirische Wirklichkeit. Am Beispiel der Kategorie Migrationshintergrund. In: Budde, J./Blasse, N./Bossen, A./Rißler, Georg (Hrsg.): Heterogenitätsforschung. Empirische und theoretische Perspektiven. Weinheim, Basel: Beltz Juventa, 2015, S. 63–93.

Wenning, N.: Heterogenität als Dilemma der Bildungseinrichtungen. In: Boller, S./Rosowski, E./Stroot, T. (Hrsg.): Heterogenität in Schule und Unterricht. Handlungsansätze zum pädagogischen Umgang mit Vielfalt. Weinheim, Basel: Beltz, 2007, S. 21–31.

Wenning, N.: Vereinheitlichung und Differenzierung. Zu den „wirklichen" gesellschaftlichen Funktionen des Bildungswesens im Umgang mit Gleichheit und Verschiedenheit. Opladen: Leske + Budrich, 1999.

Wespel, M.: Jeder Unterricht ist immer auch Sprachunterricht. Sprachverständnis ist eine Voraussetzung, um Wissen aufzubauen. In: Grundschule (4) 2006, S. 6–8.

Wieler, P.: Vorlesen in der Familie. Fallstudien zur literarisch-kulturellen Sozialisation von Vierjährigen. Weinheim und München: Juventa, 1997.

Wiener, S: Zukunftschance Kinder – Bildung von Anfang an: Sprachförderung im Kindergarten. Unveröffentlichte Examensarbeit. Landau: Universität, 2007.

Wignell, P.: Genre across the curriculum. In: Linguistics & Education, 6 (4) 1994, S. 355–372.

Wild, E./Möller, J.: Pädagogische Psychologie. Berlin: Springer, 2. Aufl. 2015.

Wildemann, A.: Kinderlyrik im Vorschulalter. Kinder zwischen Mündlichkeit und Schriftlichkeit. Frankfurt a. M.: Peter Lang Verlag, 2003.

Wildemann, A.: Das Können der Kinder in den Blick nehmen. In: Die Grundschulzeitschrift 237, 2010a, S. 38–41.

Wildemann, A.: Sprachdiagnostikkompetenz angehender Deutschlehrkräfte – Annäherungen zwischen Utopie und Wirklichkeit. In: König, J./Hofmann, B. (Hrsg.): Professionalität von Lehrkräften – „Was sollen Lehrkräfte im Lese- und Schreibunterricht wissen und können?" DGLS-Sammelband, 2010b, S. 178–194.

Wildemann, A.: „Eigentlich spreche ich nur Kurdisch und Deutsch. Sprachinteresse und Sprachenselbstbewusstsein mehrsprachiger Schülerinnen und Schüler. In: Jantzen, C./Merklinger, D. (Hrsg.): Lesen und Schreiben: Lernerperspektiven und Könnenserfahrungen. Freiburg i.B.: Fillibach. 2010c, S. 215–232.

Wildemann, A.: Sprechen – mit anderen, vor anderen und für andere. In: Grundschule Deutsch, 29/2011. S. 4–6.

Wildemann, A.: Sprache(n) thematisieren - Sprachbewustheit fördern in der Grund- un Sekundarstufe. In: Gailberger, S./Wietzke, K. (Hrsg.): Handbuch kompetenzorientierter Deutschunterricht. 2. vollständig überarbeitete und erweiterte Aufl. , 2022, S. 346-375.

Wildemann, A.: Orange heißt auf Türkisch turuncu. Mehrsprachiges Sprachwissen am Beispiel von Farbwörtern aufbauen. In: Die Grundschulzeitschrift, 270/2013b, S. 48–53.

Wildemann, A.: Heterogenität im Sprachlichen Anfangsunterricht. Von der Diagnose bis zur Unterrichtsgestaltung. Seelze: Verlag Klett/Kallmeyer, 2018, 2. Aufl.

Wildemann, A.: Sprachliches Lernen am Übergang in die Grundschule. In: Behrensen, B./Gläser, E./Solzbacher, C. (Hrsg.): Fachdidaktik und individuelle Förderung in der Grundschule. Perspektiven auf Unterricht in heterogenen Lerngruppen. Baltmannsweiler: Schneider Verlag Hohengehren, 2015, S. 199–206.

Wildemann, A.: Die schreckliche deutsche Sprache ... oder: Warum sprachliches Lernen Aufgabe aller (Fächer) ist. Vortrag auf dem Grundschultag des Grundschulverbandes in Kooperation mit der Universität Koblenz-Landau am 18.03.2015 in Landau.http://www.wl-lang.de/GSV%20Grundschultag%202014%20Landau/Die%20schreckliche%20deutsche%20Sprache.pdf. [letzter Aufruf: 19.11.2015].

Wildemann, A./Bien-Miller, L./Akbulut, M.: Wenn die Erstsprache die Zweitsprache ist, oder umgekehrt?! Sprachkompetenzen und Sprachtransfers mehrsprachiger Schüler/innen. In: Dirim, I./Wegner, A. (Hrsg.): Normative Grundlagen und reflexive Verortungen im Feld DaF_DaZ*, Berlin: Opladen, 2018a, S. 141–162.

Wildemann, A./Akbulut, M./Bien-Miller, L.: Mehrsprachige Sprachbewusstheit und deren Potenzial für den Grundschulunterricht. In: Mehlhorn, G./Brehmer, B. (Hrsg.): Potenziale von Herkunftssprachen. Sprachliche und außersprachliche Einflussfaktoren. Tübingen: Stauffenburg, S. 117–140.

Wildemann, A./Fornol, S./Bien-Miller, L./Merkert, A./Budumlu, H./Krzyzek, S.: Wörter im Gebrauch lernen: Basis- und Aufbauwortschatz. Materialien zum Üben für die Grundschule. Hannover: Klett, Kallmeyer 2022a.

Wildemann, A./Fornol. S./Bien-Miller, L./Merkert, A./Budumlu, H./Krzyzek, S.: Wörter im Gebrauch lernen: Fachwortschatz Deutsch. Materialien zum Üben für die Grundschule. Hannover: Klett, Kallmeyer, 2022b.

Wildemann, A./Fornol. S./Bien-Miller, L./Merkert, A./Budumlu, H./Krzyzek, S.: Wörter im Gebrauch lernen: Fachwortschatz Mathematik. Materialien zum Üben für die Grundschule. Hannover: Klett, Kallmeyer, 2022c.

Wildemann, A./Fornol. S./Bien-Miller, L./Merkert, A./Budumlu, H./Krzyzek, S.: Wörter im Gebrauch lernen: Fachwortschatz Sachunterricht. Materialien zum Üben für die Grundschule. Hannover: Klett, Kallmeyer, 2023.

Wildemann, A./Hoodgarzadeh, M.: Sprachen und Identitäten. Hauptschülerinnen und Hauptschüler mit Migrationshintergrund. Erzählen und schreiben über sich. In: Hornberg, S./Valtin, R. (Hrsg.): Mehrsprachigkeit. Chance oder Hürde beim Schriftspracherwerb? Empirische Befunde und Beispiele guter Praxis. Berlin: DGLS, 2011, S. 219 – 235.

Wildemann, A./Hoodgarzadeh, M./Esteve, O./Walter, R.: Ein Beitrag zur Sensibilisierung für eine Mehrsprachigkeitsdidaktik in der Lehrerbildung. In: Abendroth-Timmer, D./Henning, E.-M. (Ed.): Plurilingualism and Multiliteracies: International Research on Identity Construction in Language Education. KFU-Reihe. Peter Lang: Frankfurt a. M., 2014. S. 229 – 244

Wildemann, A./Merkert, A.: Sprachdiagnose, Sprachförderung und Sprachbildung in der Grundschule. Grundlagen, Methoden und Praxis. Hannover: Klett, Kallmeyer, 2020.

Wildemann, A./Rank, A.: Sprache am Übergang. Zwischen Spracherwerb und Sprachlernen. In: Dies. (Hrsg.): Sprache am Übergang. Band 4 der Reihe „Papers of Excellence. Ausgewählte Arbeiten aus den Fachdidaktiken" hrsg. von Daniela Elsner und Anja Wildemann. Shaker: Aachen, 2014, S. 5 – 26.

Wildemann, A./Rathmann, C.: Sprachlicher Anfangsunterricht. Band 3: Sprechen und Zuhören, Oberursel: Finken, 2014.

Wildemann, A./Rathmann, C.: Sprachlicher Anfangsunterricht. Band 5: Sprachförderung und Sprachbildung, Oberursel: Finken, 2015a.

Wildemann, A./Rathmann, C.: Sprachlicher Anfangsunterricht. Band 4: Deutsch als Zweitsprache, Oberursel: Finken, 2015b.

Wildemann, A./Reich, H. H./Akbulut, M./Bien, L.: Die Sprache muss die Norm sein. Profilanalytische Auswertung von zweisprachigen Sprachproben am Ende von Klasse 3. Vortrag auf dem Symposion Deutschdidaktik in Basel. https://www.uni-koblenz-landau.de/de/landau/fb5/bildung-kind-jugend/grupaed/mit/profs/wildemann/projekte/deutsch/publikationen-vortraege/basel/view. [letzter Aufruf. 22.09.2015].

Wildemann, A.: Alltagssprache - Lyrische Sprache - Bildungssprache. Zur Bedeutung des Lyrischen für die Entwicklung von (Bildungs-)Sprachlichkeit. In: Leseräume. Zeitschrift für Literalität in Schule und Forschung. 5 (4). 2018. S. 22–34.

Wildemann, A./Vach, K.: Deutsch unterrichten in der Grundschule. Kompetenzen fördern, Lernumgebungen gestalten. Hannover: Verlag Klett/Kallmeyer, 6. Aufl. 2022.

Wildenauer-Jósza, D.: Sprachvergleich als Lernstrategie – Eine Interviewstudie mit erwachsenen Deutschlernenden. Freiburg i. B: Fillibach, 2005.

Winkler, I.: Aufgabenpräferenzen für den Literaturunterricht. Eine Erhebung unter Deutschlehrkräften. Wies-baden: Springer VS, 2005.

Wintersteiner, W.: Transkulturelle literarische Bildung. Die „Poetik der Verschiedenheit" in der literaturdidaktischen Praxis. Innsbruck, Wien, Bozen: StudienVerlag, 2006.

Wischmeier, I.: „Teachers' Beliefs": Überzeugungen von (Grundschul-)Lehrkräften über Schüler und Schülerinnen mit Migrationshintergrund – Theoretische Konzeption und empirische Überprüfung. In: Wiater, W./Manschke, D. (Hrsg.). Verstehen und Kultur. Mentale Modelle und kulturelle Prägungen. Wiesbaden, 2012, S. 166 –189.

Wodzinski, R.: Experimentieren im Sachunterricht. In: Kaiser, A./Pech, D. (Hrsg.): Unterrichtsplanung und Methoden (Basiswissen Sachunterricht, Band 5). Baltmannsweiler: Schneider Verlag Hohengehren, 2012, S. 124 –129.

Wolf, D.: Bilingualer Sachfachunterricht. In: Hallet, W./Königs, F. G. (Hrsg.): Handbuch Fremdsprachendidaktik. Seelze-Velber: Klett, Kallmeyer, 2010, S. 298 – 302.

Wolf, M: Zukunftschance Kinder – Bildung von Anfang an: Sprachförderprogramme im Vergleich. Unveröffentlichte Examensarbeit. Landau: Universität, 2007.

Wolf, K./Stanat, P./Wendt, W.: EkoS – Evaluation der kompensatorischen Sprachförderung. Abschlussbericht. Berlin, 2011. https://www.isq-bb.de/uploads/media/ekos-bericht-3-110216.pdf. [letzter Aufruf: 10.06.2015].

Wygotski, L.: Interaction between learning an development. In: Mind an Society, 1978. S. 79–91.

Wygotski, L.: Ausgewählte Schriften. Band 2: Arbeiten zur psychischen Entwicklung der Persönlichkeit. Köln: Pahl-Rugenstein, 1987.

Wrobel, A.: Raffael ohne Hände? Mediale Bedingungen und Faktoren des Schreibens und Schreibenlernens. In: Pohl, T./Steinhoff, T. (Hrsg.): Textformen als Lernformen. Duisburg: Gilles & Francke Verlag, 2010, S. 27–45.

Zeitler, S./Köller, O./Tesch, B.: Bildungsstandards und ihr Implikationen für Qualitätssicherung und Qualitätsentwicklung. In: Gehrmann, A./Hericks, U./Lüders, M. (Hrsg.): Bildungsstandards und Kompetenzmodelle. Beiträge zur aktuellen Diskussion über Schule, Lehrerbildung und Unterricht. Bad Heilbrunn: Klinkhardt, 2010, S. 23–36.

Zydatiß, W.: Parameter einer „bilingualen Didaktik" für das integrierte Sach-Sprachlernen im Fachunterricht: die CLIL-Perspektive. In: Ahrenholz, B. (Hrsg.): Fachunterricht und Deutsch als Zweitsprache. Tübingen: Narr Verlag, 2010, S. 133–152.

Bildquellenverzeichnis

Cover: © Cheries – Fotolia.com; S. 309: © 2012 Schulverlag plus AG, Sprachland Trainingsbuch © Lehrmittelverlag Zürich, Schulverlag plus AG, © Ivan Nesterov/Alamy

Unter **www.friedrich-verlag.de** finden Sie Materialien zum Buch als Download.
Bitte geben Sie den achtstelligen Download-Code in das Suchfeld ein.

DOWNLOAD-CODE: **d14848sg**

Hinweis:

Das Download-Material (PDF) enthält Materialien für Lehrer(innen) und Schüler(innen), die Sie bei der Vorbereitung Ihres Unterrichts unterstützen und/oder Ihnen vertiefende Hintergrundinformationen liefern.

Durch den Kauf dieses Buches (ISBN 978-3-7800-4848-6) haben Sie das Recht erworben, das ergänzende Download-Material in Ihren derzeitigen und zukünftigen Lerngruppen und Klassen einzusetzen und zu vervielfältigen. So können Sie etwa einzelne Seiten ausdrucken und verteilen oder mit Beamer oder Whiteboard verwenden.

Was Sie **nicht** dürfen:
• das Download-Material oder Teile davon an Kolleginnen und Kollegen weitergeben.
• das Download-Material oder Teile davon in Netzwerke einstellen, wie etwa Schulserver oder Cloud-Systeme, sodass Kolleginnen und Kollegen darauf Zugriff erhalten.
• die Lizenzinformation und Quellenhinweise auf dem Downloadmaterial entfernen.
• bei einer Bibliotheksausleihe des Buches das Download-Material herunterladen.

Bitte tragen Sie im Sinne dieser Lizenz dazu bei, dass wir weiterhin digitales Ergänzungsmaterial für Lehrerinnen und Lehrer bereitstellen können. Der Verlag behält sich dabei vor, auch gegen urheberrechtliche Verstöße vorzugehen.

Die Autorinnen und der Autor sowie der Verlag wünschen Ihnen viel Erfolg bei der Nutzung der Materialien!

Haben Sie Fragen zum Download? Dann wenden Sie sich bitte
an den Leserservice der Friedrich Verlags GmbH.
Schreiben Sie uns oder rufen Sie uns an!

Sie erreichen unseren Leserservice
Montag bis Donnerstag von 8 – 18 Uhr
Freitag von 8 – 14 Uhr
Tel.: 0511/40004-150
Fax: 0511/40004-170
E-Mail: leserservice@friedrich-verlag.de

Wir freuen uns über Ihre Rückmeldung und helfen Ihnen gerne weiter!